O NOVO DIREITO CONSTITUCIONAL BRASILEIRO

CONTRIBUIÇÕES PARA A CONSTRUÇÃO TEÓRICA E PRÁTICA DA JURISDIÇÃO CONSTITUCIONAL NO BRASIL

LUÍS ROBERTO BARROSO
Ministro do Supremo Tribunal Federal. Professor Titular de Direito Constitucional da Universidade do Estado do Rio de Janeiro (UERJ). Professor Visitante da Universidade de Brasília (UnB). Mestre pela Universidade de Yale. Doutor e Livre-Docente pela UERJ. Visiting Scholar, *Universidade de Harvard. Conferencista Visitante nas Universidades de Poitiers, França, e Wroclaw, Polônia.*

O NOVO DIREITO CONSTITUCIONAL BRASILEIRO
CONTRIBUIÇÕES PARA A CONSTRUÇÃO TEÓRICA E PRÁTICA DA JURISDIÇÃO CONSTITUCIONAL NO BRASIL

5ª reimpressão

Belo Horizonte

2018

© 2012 Editora Fórum Ltda.
2013 1ª reimpressão
2013 2ª reimpressão
2014 3ª reimpressão
2018 4ª reimpressão
2018 5ª reimpressão

É proibida a reprodução total ou parcial desta obra, por qualquer meio eletrônico, inclusive por processos xerográficos, sem autorização expressa do Editor.

Conselho Editorial

Adilson Abreu Dallari
Alécia Paolucci Nogueira Bicalho
Alexandre Coutinho Pagliarini
André Ramos Tavares
Carlos Ayres Britto
Carlos Mário da Silva Velloso
Cármen Lúcia Antunes Rocha
Cesar Augusto Guimarães Pereira
Clovis Beznos
Cristiana Fortini
Dinorá Adelaide Musetti Grotti
Diogo de Figueiredo Moreira Neto
Egon Bockmann Moreira
Emerson Gabardo
Fabrício Motta
Fernando Rossi
Flávio Henrique Unes Pereira

Floriano de Azevedo Marques Neto
Gustavo Justino de Oliveira
Inês Virgínia Prado Soares
Jorge Ulisses Jacoby Fernandes
Juarez Freitas
Luciano Ferraz
Lúcio Delfino
Marcia Carla Pereira Ribeiro
Márcio Cammarosano
Marcos Ehrhardt Jr.
Maria Sylvia Zanella Di Pietro
Ney José de Freitas
Oswaldo Othon de Pontes Saraiva Filho
Paulo Modesto
Romeu Felipe Bacellar Filho
Sérgio Guerra
Walber de Moura Agra

Luís Cláudio Rodrigues Ferreira
Presidente e Editor

Coordenação editorial: Leonardo Eustáquio Siqueira Araújo

Av. Afonso Pena, 2770 – 15º andar – Savassi – CEP 30130-012
Belo Horizonte – Minas Gerais – Tel.: (31) 2121.4900 / 2121.4949
www.editoraforum.com.br – editoraforum@editoraforum.com.br

B277n   Barroso, Luís Roberto

O novo direito constitucional brasileiro: contribuições para a construção teórica e prática da jurisdição constitucional no Brasil / Luís Roberto Barroso. – 5. reimpressão. – Belo Horizonte : Fórum, 2018.

522 p.

ISBN 978-85-7700-640-3

1. Direito constitucional. 2. Direito público. 4. Direitos humanos. I. Título.

CDD: 342
CDU: 342.1

Informação bibliográfica deste livro, conforme a NBR 6023:2002 da Associação Brasileira de Normas Técnicas (ABNT):

BARROSO, Luís Roberto. *O novo direito constitucional brasileiro*: contribuições para a construção teórica e prática da jurisdição constitucional no Brasil. 5. reimpr. Belo Horizonte: Fórum, 2018. 522 p. ISBN 978-85-7700-640-3.

Para José Carlos Barbosa Moreira, Jacob Dolinger e José Paulo Sepúlveda Pertence,

Ana Paula Barcellos, Nelson Diz, Carmen Tiburcio e Eduardo Mendonça,

Tereza, Luna e Bernardo.

SUMÁRIO

NOTA PRÉVIA 19
1   1982: o ano em que tudo começou 19
2   Agradecimento 22
3   Apresentação do livro 23

INTRODUÇÃO
O CONSTITUCIONALISMO DEMOCRÁTICO NO BRASIL – CRÔNICA DE UM SUCESSO IMPREVISTO 25

1   Introdução 25
2   A Constituição de 1988 e seu sucesso institucional 26
2.1   A superação dos ciclos do atraso 26
2.2   Algumas circunstâncias e vicissitudes 26
3   A conquista de efetividade pelas normas constitucionais 27
3.1   Um constitucionalismo que não era para valer 27
3.2   Força normativa e efetividade da Constituição 28
4   Neoconstitucionalismo e constitucionalização do Direito 30
4.1   As transformações do direito constitucional contemporâneo 30
4.2   A constitucionalização do Direito 32
5   A nova interpretação constitucional e o conceito de casos difíceis 34
5.1   A interpretação constitucional tradicional 34
5.2   Três mudanças de paradigma que abalaram a interpretação constitucional tradicional 35
5.3   Nova interpretação e casos difíceis 36
6   Jurisdição constitucional e função legislativa: a tênue fronteira entre o Direito e a política 38
6.1   A ascensão política das Supremas Cortes e do Poder Judiciário 38
6.2   Judicialização e ativismo judicial 39
6.3   Críticas à expansão do Judiciário 40
6.4   Complexidade da vida e criação judicial do Direito 41
6.5   STF: contramajoritário e representativo 41

7	A dignidade humana no direito contemporâneo: o centro do sistema constitucional	42
7.1	A dignidade da pessoa humana é um princípio jurídico	43
7.2	O conteúdo jurídico da dignidade humana	44
8	Alguns casos difíceis decididos pelo Supremo Tribunal Federal e a construção judicial do Direito	47
8.1	Anencefalia: legitimidade da interrupção da gestação	48
8.2	Pesquisas com células-tronco embrionárias: legitimidade da legislação autorizadora	48
8.3	Nepotismo: validade do ato normativo do CNJ que restringiu a nomeação de parentes até o terceiro grau de membros do Judiciário para cargos em comissão	49
8.4	Uniões homoafetivas: igualdade de tratamento com as uniões estáveis convencionais	50
8.5	Cesare Battisti: a recusa de sua extradição por ato do Presidente da República	51
9	Conclusão	52

PARTE I

ALGUNS REGISTROS DE UM NOVO MODELO TEÓRICO

CAPÍTULO 1
A EFETIVIDADE DAS NORMAS CONSTITUCIONAIS –
POR QUE NÃO UMA CONSTITUIÇÃO PARA VALER?....... 57

	Nota introdutória	57
1	Introdução	59
1.1	Registro prévio	59
1.2	Apresentação do tema	60
2	A frustração constitucional	62
3	Efetividade das normas constitucionais. Conceito	63
4	Normas constitucionais. Uma classificação	66
5	Meios de assegurar a efetividade das normas constitucionais	77
5.1	O caminho participativo	78
5.2	O caminho jurídico	82
5.2.1	Aplicabilidade direta das normas constitucionais	83
5.2.2	Inconstitucionalidade por omissão	88
6	Conclusões	95

CAPÍTULO 2
FUNDAMENTOS TEÓRICOS E FILOSÓFICOS DO NOVO DIREITO
CONSTITUCIONAL BRASILEIRO – PÓS-MODERNIDADE,
TEORIA CRÍTICA E PÓS-POSITIVISMO 99
    Nota introdutória 99

1	Pré-compreensão do tema	101
1.1	A pós-modernidade e o Direito	101
1.2	A busca da razão possível	104
2	Algumas bases teóricas	108
2.1	A dogmática jurídica tradicional e sua superação	108
2.2	A teoria crítica do Direito	110
3	Algumas bases filosóficas	114
3.1	Ascensão e decadência do jusnaturalismo	114
3.2	Ascensão e decadência do positivismo jurídico	117
3.3	Pós-positivismo e a normatividade dos princípios	120
4	Conclusão	132
4.1	A ascensão científica e política do direito constitucional no Brasil	132
4.2	Síntese das ideias desenvolvidas	134

CAPÍTULO 3
O COMEÇO DA HISTÓRIA. A NOVA INTERPRETAÇÃO CONSTITUCIONAL E O PAPEL DOS PRINCÍPIOS NO DIREITO BRASILEIRO 137

	Nota introdutória	137
1	Introdução: a pré-história constitucional brasileira	139
2	A nova interpretação constitucional	141
2.1	Tradição e modernidades: uma nota explicativa	141
2.2	Pós-positivismo e a ascensão dos princípios	144
2.3	Princípios e regras, ainda uma vez	147
2.4	Ponderação de interesses, bens, valores e normas	153
2.5	A teoria da argumentação	158
3	Princípios instrumentais de interpretação constitucional	164
3.1	Generalidades	164
3.2	Catálogo dos princípios instrumentais	165
3.2.1	Princípio da supremacia da Constituição	166
3.2.2	Princípio da presunção de constitucionalidade das leis e atos do poder público	166
3.2.3	Princípio da interpretação conforme a Constituição	167
3.2.4	Princípio da unidade da Constituição	167
3.2.5	Princípio da razoabilidade ou da proporcionalidade	168
3.2.6	Princípio da efetividade	169
4	Os princípios na Constituição brasileira de 1988	169
4.1	As modalidades de eficácia dos princípios	169
4.1.1	Eficácia positiva ou simétrica	170
4.1.2	Eficácia interpretativa	171
4.1.3	Eficácia negativa	171
4.1.4	Eficácia vedativa do retrocesso	172
4.2	Uma classificação dos princípios	174

4.2.1	Princípios fundamentais	174
4.2.2	Princípios gerais	175
4.2.3	Princípios setoriais	176
4.3	Algumas aplicações concretas dos princípios materiais	177
5	Conclusões	182

CAPÍTULO 4
NEOCONSTITUCIONALISMO E CONSTITUCIONALIZAÇÃO DO DIREITO – O TRIUNFO TARDIO DO DIREITO CONSTITUCIONAL NO BRASIL 187

	Nota introdutória	187
1	Introdução	189
2	Neoconstitucionalismo e transformações do direito constitucional contemporâneo	190
2.1	Marco histórico	190
2.2	Marco filosófico	192
2.3	Marco teórico	193
2.3.1	A força normativa da Constituição	193
2.3.2	A expansão da jurisdição constitucional	194
2.3.3	A nova interpretação constitucional	196
3	A constitucionalização do direito	201
3.1	Generalidades	201
3.2	Origem e evolução do fenômeno	202
3.3	A constitucionalização do Direito no Brasil	209
3.3.1	O direito infraconstitucional na Constituição	209
3.3.2	A constitucionalização do direito infraconstitucional	210
3.3.3	A constitucionalização do Direito e seus mecanismos de atuação prática	212
3.4	Alguns aspectos da constitucionalização do Direito	215
3.4.1	Direito civil	215
3.4.2	Direito administrativo	220
3.4.3	Direito penal	224
4	Constitucionalização e judicialização das relações sociais	227
5	Conclusão	234

CAPÍTULO 5
CONSTITUIÇÃO, DEMOCRACIA E SUPREMACIA JUDICIAL – DIREITO E POLÍTICA NO BRASIL CONTEMPORÂNEO 237

	Nota introdutória	237
1	Introdução	238
2	A ascensão institucional do Judiciário	240
2.1	A jurisdição constitucional	240
2.2	A judicialização da política e das relações sociais	241
2.3	O ativismo judicial	244

2.4	Críticas à expansão da intervenção judicial na vida brasileira	247
2.4.1	Crítica político-ideológica	247
2.4.2	Crítica quanto à capacidade institucional	248
2.4.3	Crítica quanto à limitação do debate	249
2.5	Importância e limites da jurisdição constitucional nas democracias contemporâneas	250
3	Direito e política: a concepção tradicional	252
3.1	Notas sobre a distinção entre direito e política	252
3.2	Constituição e poderes constituídos	253
3.3	A pretensão de autonomia do Judiciário e do direito em relação à política	255
3.3.1	Independência do Judiciário	256
3.3.2	Vinculação ao direito posto e à dogmática jurídica	257
3.3.3	Limites da separação entre direito e política	258
4	Direito e política: o modelo real	259
4.1	Os laços inevitáveis: a lei e sua interpretação como atos de vontade	259
4.2	A interpretação jurídica e suas complexidades: o encontro não marcado entre o direito e a política	260
4.2.1	A linguagem aberta dos textos jurídicos	260
4.2.2	Os desacordos morais razoáveis	261
4.2.3	As colisões de normas constitucionais	261
4.2.4	A interpretação constitucional e seus métodos	262
4.3	O juiz e suas circunstâncias: influências políticas em um julgamento	264
4.3.1	Valores e ideologia do juiz	266
4.3.2	Interação com outros atores políticos e institucionais	269
4.3.2.1	Preservação ou expansão do poder da Corte	270
4.3.2.2	Relações com outros Poderes, órgãos e entidades estatais	273
4.3.3	Perspectiva de cumprimento efetivo da decisão	274
4.3.4	Circunstâncias internas dos órgãos colegiados	276
4.3.5	A opinião pública	277
4.4	A autonomia relativa do direito em relação à política e a fatores extrajudiciais	280
5	Conclusão: entre a razão e a vontade	281

CAPÍTULO 6
A DIGNIDADE DA PESSOA HUMANA NO DIREITO
CONSTITUCIONAL CONTEMPORÂNEO – NATUREZA JURÍDICA,
CONTEÚDOS MÍNIMOS E CRITÉRIOS DE APLICAÇÃO 285

	Nota introdutória	285
1	Introdução	287
2	A dignidade da pessoa humana no direito constitucional contemporâneo	289

2.1	Origem e evolução	289
2.2	A dignidade da pessoa humana no direito comparado e no discurso transnacional	289
2.3	Críticas à utilização da dignidade da pessoa humana no Direito	293
3	Natureza jurídica, conteúdo mínimo e critérios de aplicação	294
3.1	Natureza jurídica da dignidade humana	294
3.2	Conteúdo mínimo da ideia de dignidade humana	300
3.2.1	Nota preliminar: a influência do pensamento kantiano	300
3.2.2	Plasticidade e universalidade	303
3.2.3	Três elementos essenciais à dignidade humana	305
3.2.3.1	Valor intrínseco da pessoa humana	306
3.2.3.2	Autonomia da vontade	308
3.2.3.3	Valor comunitário	312
3.3	O uso da dignidade humana pela jurisprudência brasileira	315
3.4	A dignidade como parâmetro para a solução de casos difíceis	322
4	Conclusão	326
4.1	Síntese das ideias centrais	326
4.2	Epílogo: iguais, nobres e deuses	328

PARTE II
ALGUNS MARCOS DE UMA NOVA PRÁTICA CONSTITUCIONAL

CAPÍTULO 1
ANENCEFALIA – O DIREITO À INTERRUPÇÃO DA
GESTAÇÃO DE FETOS INVIÁVEIS 331

1	Introdução	331
1.1	Antecedentes	331
1.2	Estratégia	332
1.3	A ação proposta	333
2	Principais argumentos e questões debatidas	333
2.1	As motivações para o ajuizamento da ação	334
2.2	Fundamentos jurídicos do pedido	336
2.2.1	Antecipação terapêutica do parto não é aborto. Atipicidade da conduta	337
2.2.2	Ainda que se considerasse a antecipação terapêutica como aborto, ela não seria punível. Interpretação evolutiva do Código Penal	338
2.2.3	O princípio constitucional da dignidade da pessoa humana e o direito fundamental à saúde paralisam a incidência das normas do Código Penal na hipótese	339

2.3	Do pedido formulado. Interpretação conforme a Constituição	340
2.4	Conclusão	341
3	Questão de ordem suscitada pelo Procurador-Geral da República: descabimento da ADPF e inadequação de solução judicial para a matéria	341
3.1	Fundamento e legitimidade da atuação do Supremo Tribunal Federal na matéria	342
3.1.1	Legitimidade da jurisdição constitucional	342
3.1.2	Inexistência de dificuldade contramajoritária	343
3.1.3	A hipótese não é de atuação como legislador positivo	344
3.1.4	Força normativa da Constituição e aplicabilidade direta e imediata de suas normas	344
3.1.5	Centralidade da Constituição e constitucionalização do direito infraconstitucional	345
3.1.6	Democracia deliberativa e razão pública	347
3.2	Possibilidade jurídica do pedido: propriedade da utilização da técnica da interpretação conforme a Constituição	348
3.2.1	Declarar inconstitucional uma incidência normativa não é legislar positivamente	348
3.2.2	A existência de projeto de lei pretendendo modificar dispositivo impugnado perante o STF não impede a Corte de declarar sua inconstitucionalidade total ou parcial	351
3.3	Atendimento dos requisitos constitucionais e legais de cabimento da ADPF	352
4	Decisão sobre o pedido cautelar	354
5	Ao Plenário para o crivo pertinente	355
6	Julgamento da questão de ordem e cassação da liminar	355
7	A audiência pública	356
7.1	Das teses que foram comprovadas	357
7.2	Conclusão	363
8	Resultado	363
8.1	Um argumento de última hora	363
8.2	O julgamento	366
9	O que ninguém ficou sabendo	367

CAPÍTULO 2
NEPOTISMO – ILEGITIMIDADE DA NOMEAÇÃO DE
PARENTES PARA CARGOS PÚBLICOS EM COMISSÃO..................369
1	Introdução	369
1.1	Antecedentes	369
1.2	Estratégia	370
1.3	A ação proposta	370
2	Principais argumentos e questões debatidas	371
2.1	Síntese das ideias desenvolvidas	371

2.2	Breve histórico e conteúdo da Resolução nº 7/05 do CNJ	372
2.3	Cabimento da ação declaratória de constitucionalidade na hipótese	373
2.3.1	Existência de um ato normativo federal	373
2.3.2	Relevante controvérsia judicial e outros elementos	374
2.4	Resumo dos principais argumentos invocados contra a Resolução	375
2.5	Constitucionalidade da Resolução nº 7/05 do CNJ	376
2.5.1	Competência constitucional do Conselho Nacional de Justiça	376
2.5.2	A vedação ao nepotismo como mandamento constitucional	378
2.5.3	Inocorrência de violação ao princípio da legalidade: vinculação direta da Administração às normas constitucionais	382
2.5.4	Ausência de violação à separação dos Poderes e ao princípio federativo	385
2.5.5	Inexistência de direitos fundamentais oponíveis à Resolução	388
3	Resultado	391
4	O que ninguém ficou sabendo	393

CAPÍTULO 3
PESQUISAS COM CÉLULAS-TRONCO EMBRIONÁRIAS –
CONSTITUCIONALIDADE E LEGITIMIDADE MORAL DA
LEGISLAÇÃO AUTORIZADORA 395

1	Introdução	395
1.1	Antecedentes	395
1.2	Estratégia	396
1.3	O memorial de *amicus curiae* apresentado	396
2	Principais argumentos e questões debatidas	397
2.1	A autorização legal para as pesquisas e a arguição de inconstitucionalidade pelo Procurador-Geral da República	397
2.1.1	O dispositivo impugnado e os fundamentos da impugnação	397
2.2	A questão do ponto de vista técnico e doutrinário	399
2.2.1	Fertilização *in vitro*	399
2.2.2	Importância das pesquisas com células-tronco embrionárias	400
2.2.3	Bioética, biodireito e Constituição	401
2.3	A questão do ponto de vista ético	403
2.3.1	O debate sobre o início da vida	403
2.3.2	Outras indagações	404
2.4	A questão do ponto de vista jurídico	405
2.4.1	Inexistência de violação do direito à vida	405
2.4.2	Inexistência de violação à dignidade da pessoa humana	409
2.4.3	A questão em outros países	412
2.5	A questão do ponto de vista institucional	413
2.5.1	Princípio majoritário, jurisdição constitucional e razão pública	413

3	Audiência pública, julgamento e resultado	415
3.1	Audiência pública	415
3.2	Julgamento e resultado	416
3.3	Epílogo	418
4	O que ninguém ficou sabendo	419

CAPÍTULO 4
UNIÕES HOMOAFETIVAS – RECONHECIMENTO JURÍDICO DAS UNIÕES ESTÁVEIS ENTRE PARCEIROS DO MESMO SEXO 421

1	Introdução	421
1.1	Antecedentes	421
1.2	Estratégia	422
1.3	A ação proposta	422
2	Principais argumentos e questões debatidas	423
2.1	Síntese das ideias que fundamentaram a ação	423
2.1.1	As relações homoafetivas e o Direito	423
2.1.2	Fundamentos filosóficos	424
2.1.3	Fundamentos jurídicos	424
2.2	Direito de propositura e cabimento da ADPF	425
2.2.1	Legitimação ativa e pertinência temática	425
2.2.2	Cabimento da ADPF	426
3	Os preceitos fundamentais violados e a solução imposta pela ordem jurídica	431
3.1	Preceitos fundamentais violados	431
3.2	A solução imposta diretamente pela aplicação adequada dos referidos preceitos fundamentais: inclusão das uniões homoafetivas no regime jurídico da união estável	438
3.3	Uma solução alternativa: reconhecimento da existência de uma lacuna normativa, a ser integrada por analogia	439
4	Dos pedidos formulados	441
4.1	Pedido cautelar	442
4.2	Pedido principal	442
4.3	Pedido subsidiário	442
5	Resultado	443
6	O que ninguém ficou sabendo	444

CAPÍTULO 5
O CASO CESARE BATTISTI – CONTRA A PERSEGUIÇÃO POLÍTICA E A RETALIAÇÃO HISTÓRICA 447

1	Introdução	447
1.1	Antecedentes	447
1.2	Estratégia	448
1.3	A defesa apresentada	449

2	Principais argumentos e questões debatidas	450
2.1	Relato objetivo dos fatos	450
2.1.1	Os anos de chumbo na Itália	450
2.1.2	Prisão e condenação de Cesare Battisti por participação em organização subversiva. Exílio na França	451
2.1.3	Reviravolta nos fatos e nas condenações: "Arrependidos" já condenados por participação nos homicídios fazem "delação premiada" contra Battisti. Julgado *in absentia* e à revelia, ele é responsabilizado pelos quatro homicídios	453
2.1.4	Fuga para o Brasil e prisão de Cesare Battisti. Os procedimentos em curso no Supremo Tribunal Federal	454
2.1.5	A reação da Itália	456
2.1.6	A versão de Cesare Battisti: três complementos	458
2.1.6.1	Abandono da luta armada	458
2.1.6.2	Julgamento *in absentia*. Não constituição de advogados. Réu indefeso	458
2.1.6.3	Ambiente de perseguição política e riscos para o requerente	459
2.1.7	Conclusão	459
2.2	A defesa do ato concessivo de refúgio	461
2.2.1	Descrição da hipótese	461
2.2.1.1	A impetração e seu argumento central	461
2.2.1.2	Fundamentos da decisão do Ministro da Justiça	462
2.2.2	Descabimento do mandado de segurança	466
2.2.2.1	Inexistência, mesmo em tese, de direito líquido e certo	466
2.2.2.2	Impossibilidade de discussão de questões de fato	468
2.2.3	Impropriedade jurídica da revisão do mérito da decisão	469
2.2.3.1	Discricionariedade, vinculação e mérito do ato administrativo	469
2.2.3.2	Competência privativa do Executivo em matéria de relações internacionais	470
2.2.3.3	Limites do controle judicial na matéria	472
2.2.4	Validade da decisão impugnada no seu mérito: valoração razoável de elementos objetivos	474
2.2.4.1	A questão no plano do direito interno	474
2.2.4.1.1	Inexistência de impedimento legal à concessão de refúgio	476
2.2.4.1.2	Não interferência em competência do STF	478
2.2.4.1.3	Refúgio e asilo no direito brasileiro e internacional	479
2.2.4.2	A questão no plano do direito internacional	480
2.2.5	Conclusão	483
2.3	A defesa no processo de extradição	484
2.3.1	Nota prévia: extradição, proteção dos direitos fundamentais e competência para execução da decisão	484
2.3.2	Improcedência do pedido de extradição	486
2.3.2.1	Natureza política dos crimes	487

2.3.2.2	Extinção da punibilidade pela anistia	494
2.3.2.3	Violação do devido processo legal	496
3	O primeiro julgamento	504
4	A decisão do Presidente Lula	506
5	Não cumprimento da decisão presidencial	507
6	O segundo julgamento	508
7	O que ninguém ficou sabendo	510
7.1	Coautoria de artigo doutrinário é um perigo	511
7.2	Como era doce o meu francês	512
7.3	O que se faz com um alvará de soltura?	512
	Matéria do *Consultor Jurídico*, do jornalista Rodrigo Haidar	514

NOTA PRÉVIA

1 1982: o ano em que tudo começou

Inicio esta nota pessoal em 1982. No mês de agosto daquele ano, comecei minha carreira acadêmica. Não, não foi no direito constitucional. Minha primeira posição docente foi como professor auxiliar de direito internacional privado. As razões que me levaram a um porto tão distante faziam parte do estranho cenário daqueles anos finais do regime militar. Eu concluíra o curso de Direito em dezembro de 1980 e, ao longo de 1981, passei a dar algumas aulas de direito constitucional, a convite do professor titular da época. Era assim que as coisas funcionavam naquele tempo. Após algumas sessões, o professor me procurou, muito constrangido, para comunicar-me que *teríamos que adiar o nosso projeto*. O motivo não era tão imprevisível: ele havia sido procurado por pessoas ligadas aos "órgãos de informação", que disseram a ele que a minha presença em sala de aula era "inconveniente". De fato, eu tivera uma intensa militância no movimento estudantil e na oposição ao regime militar, no período pós-anos de chumbo, entre 1976-1980. Fui dirigente do Centro Acadêmico Luiz Carpenter — Livre e editor de um jornal universitário, tendo ajudado a organizar diversas manifestações. Mas não integrara qualquer partido político ou organização clandestina, apesar de ter convivido com diversas pessoas que tinham tal participação. Os organismos de segurança travavam uma luta surda contra a abertura democrática e ainda eram muito influentes. Mas não por muito tempo.

Minha carreira acadêmica, assim, parecia morrer no nascedouro. Devo a Jacob Dolinger a superação do episódio e, consequentemente, meu ingresso no magistério, pouco tempo depois. Dolinger era professor titular de direito internacional privado, judeu ortodoxo e homem conservador em matéria de política e de costumes (embora não sempre, nem para tudo). Eu até sou filho de mãe judia — e, portanto, tecnicamente judeu, pela tradição de que é o ventre materno que comanda — e adoro a minha parentada *sefaradim*; mas a verdade é que nem mesmo no tocante à questão palestina pensávamos igual. Mas a vida acadêmica tem a sua magia. Dolinger era um professor admirável e eu era um aluno aplicado e, por implausível que pudesse ser, tornamo-nos amigos e interlocutores constantes. Ainda estudante, passei a frequentar o grupo de estudos de direito internacional que ele coordenava. Eu era um estranho no ninho, mas lá fiz amizades de vida inteira, como a que me une, por exemplo, à professora Carmen Tiburcio. Pois bem: ao saber do tal veto, Dolinger indignou-se e disse que iria ajudar-me. Lembro-me até hoje de quando falei a ele, com humor amargo: "Professor, é o SNI. Não tem uma porta para o senhor bater". Foi por essa época que deparei pela primeira vez com uma frase que se banalizaria depois, mas que na época me pareceu muito expressiva: *não sabendo que era impossível, ele foi lá e fez*.

Para tornar uma longa história curta, Dolinger conseguiu apoio de alguns ex-professores meus, gente de primeira e insuspeita de arroubos esquerdistas, como Flávio Bauer Novelli e José Carlos Barbosa Moreira, que desejavam o meu ingresso na Faculdade. Em seguida, conseguiu a ajuda — impensável para mim — do então professor Oscar Dias Corrêa, que viria a ser Ministro do Supremo Tribunal Federal mais à frente. O professor Oscar havia sido diretor da Faculdade ao tempo em que eu estava no Centro Acadêmico e tivemos, por mais de uma vez, discussões ásperas. Pois ele, com grandeza, não cobrou a conta. Antigo político da UDN e bem relacionado no regime militar, ele disse a Dolinger: "Se o menino é bom, vamos ajudá-lo". E, de fato, eles conseguiram levantar o veto, mas com uma penosa ressalva: eu podia dar aula, mas não podia ser de direito constitucional. Estávamos no início de 1982. Na sequência, o professor Jacob Dolinger mandou-me uma caixa de livros da sua disciplina, para que eu estudasse e me preparasse para dar o curso no semestre seguinte, em uma das turmas da noite. Descobri, ali, que a amizade podia ser mais poderosa que a ideologia.[1] E assim, por cinco anos, empenhei-me em ser professor de direito internacional privado, uma matéria rica e interessante, apesar de um pouco estranha. Em 1987, quando abriu uma vaga em direito constitucional, e a ditadura já ficara para trás, voltei às origens.

---

[1] Tempos depois, deparei com uma passagem de Milan Kundera, em *A identidade*, 1998, p. 45, em que ele dizia: "A amizade para mim era a prova de que existe alguma coisa mais forte do que a ideologia, do que a religião, do que a nação. No romance de Dumas, os quatro amigos se encontram muitas vezes em campos opostos, obrigados assim a lutar uns contra os outros. Mas isso não altera a amizade deles. Não deixam de se ajudar".

Foi também em 1982 que foi publicado meu primeiro livro. No último ano da Faculdade, ainda como estagiário, eu havia participado de um prêmio jurídico da Ordem dos Advogados do Brasil — Seção do Rio de Janeiro, e tirado o primeiro lugar. Ganhei um valor correspondente a três mil dólares, considerei-me rico por um tempo e usei o dinheiro para viajar pelo mundo, logo depois da formatura. Voltei quando o dinheiro acabou. Pois bem: o trabalho que eu escrevera tinha o título de *O Estado federal brasileiro: formação, evolução e distorções atuais*. Era, na verdade, um manifesto contra o regime militar, disfarçado de tese de direito constitucional. Dei uma cópia do texto a José Carlos Barbosa Moreira, um professor extraordinário, que se tornara meu amigo querido. Sem me consultar, José Carlos levou o livro à Editora Forense e submeteu-o para publicação. Uma noite, convidou-me para ir a sua casa e deu-me a notícia, com seu estilo inconfundível: "Se você não se importar, eles querem publicar". Aceitei correndo. Com um belo prefácio de M. Seabra Fagundes, saiu com o título *Direito constitucional brasileiro: o problema da federação*. Paciência. Primeiro livro, a gente não dá muito palpite. Sem culpa para ele, José Carlos foi a figura mais marcante da minha formação acadêmica, aqui e alhures.

Tenho um último registro histórico a fazer. O ano de 1982 começou sob o símbolo do arquivamento do Inquérito do Riocentro, meses antes. Tratava-se de um frustrado atentado de extrema-direita, conduzido por oficiais ligados ao I Exército, sediado no Rio de Janeiro. Diversas bombas deveriam explodir em um *show* de música popular brasileira que comemorava o dia do trabalhador, gerando grande número de mortos e feridos. Por acidente, uma delas explodiu antes da hora, dentro do carro dos agentes do DOI-Codi que a armavam. A presença da imprensa no local permitiu desvendar a trama, por fotos e declarações do primeiro momento. Contudo, o fio de responsabilidade subia alto na cadeia de comando e foi deflagrada uma operação de obstrução das investigações e de ocultação da verdade. Ao final do inquérito, um alto oficial narrou, em cadeia nacional, a versão implausível de que algum grupo de esquerda colocara uma bomba no carro que explodiu, matando o sargento e ferindo o capitão. A desfaçatez da mentira falava por si, como mil desmentidos. Affonso Romano de Sant'anna publicou à época, no *Jornal do Brasil*, um poema antológico:

Mentiram-me. Mentiram-me ontem
e hoje mentem novamente. Mentem
de corpo e alma, completamente.
E mentem de maneira tão pungente
que acho que mentem sinceramente.
Mentem, sobretudo, impune/mente.
Não mentem tristes. Alegremente
mentem. Mentem tão nacional/mente
que acham que mentindo história afora
vão enganar a morte eterna/mente.
Mentem. Mentem e calam. Mas suas frases
falam. E desfilam de tal modo nuas
que mesmo um cego pode ver
a verdade em trapos pelas ruas.
Sei que a verdade é difícil
e para alguns é cara e escura.
Mas não se chega à verdade
pela mentira, nem à democracia
pela ditadura.[2]

Naquele episódio terminou, verdadeiramente, o regime militar, desmoralizado e desonrado. Os grupos de extrema-direita, que nos últimos anos haviam jogado mais de cem bombas em alvos diversos, se desintegraram a partir daí e a abertura política prevaleceu. De lá para cá, apenas vez por outra se ouve uma voz dos porões, queixando-se da luz e da democracia.

2 Agradecimento

"Nenhum homem é uma ilha, completa em si mesma", escreveu em passagem inspirada o poeta inglês John Donne.[3] No meu caso, isso

---

[2] "A implosão da mentira", *Jornal do Brasil*, 7 jul. 1982. Disponível em: <http://palavras todaspalavras.wordpress.com/2008/10/01/a-implosao-da-mentira-ou-o-episodio-do-riocentro-poema-de-affonso-romano-de-santanna/>.

[3] V. John Donne, *Devotions upon Emergent Occasions*, 1624. Disponível em: <http://www.ccel.org/ccel/donne/devotions.iv.iii.xvii.i.html>. Meditação XVII: "Nenhum homem é uma ilha,

é especialmente verdade. Todos os trabalhos profissionais que integram a segunda parte deste livro foram concebidos, desenvolvidos e concretizados em equipe. Uma equipe extraordinária, que toca junto, por partitura e de ouvido, há muitos anos. Se alguém desafina, aqui e ali, sou eu mesmo. Por trás de cada causa esteve um grupo de pessoas brilhantes, dedicadas e comprometidas em fazer as coisas bem feitas. Além de fazer o bem, naturalmente. Desde o início, o critério básico na contratação das pessoas foi o mesmo: "Tem que ter talento e ser gente boa!". E assim se formou um conjunto raro de pessoas que torna tudo melhor e mais fácil, e que me ajuda a viver muitas vidas em uma. Com impagável gratidão, destaco os membros mais antigos da família afetivo-profissional que me acompanha há muitos anos: Ana Paula de Barcellos, Nelson Diz, Carmen Tiburcio, Valéria Oliveira, Karin Khalili Dannemann, Viviane Perez, Rafael Barroso Fontelles, Eduardo Mendonça, Felipe Monnerat, Felipe Barcellos, Thiago Magalhães, Julia Ryfer e Renata Saraiva.

3 Apresentação do livro

O presente livro é dividido em uma introdução e duas partes. Na "Introdução", o texto "O constitucionalismo democrático no Brasil: crônica de um sucesso imprevisto" procura reconstituir, de maneira sumária e sistemática, as transformações vividas pelo direito constitucional brasileiro nas últimas décadas. A *Parte I* do livro, intitulada "Alguns registros de um novo modelo teórico", reúne alguns artigos meus publicados ao longo dos anos, que antecipavam ou documentavam cada uma das diferentes etapas percorridas pela evolução doutrinária e jurisprudencial do constitucionalismo brasileiro. Todos os artigos são antecedidos por uma "Nota introdutória" na qual exponho o contexto em que o trabalho foi escrito e a quais propósitos visava. A *Parte II*, intitulada "Alguns marcos de uma nova prática constitucional", contém o relato das teses jurídicas e alguns episódios de bastidores de cinco casos controvertidos decididos pelo Supremo Tribunal Federal nos últimos anos, nos quais atuei como advogado.

---

completa em si mesma; cada homem é um pedaço do continente, uma parte do todo... a morte de cada homem me diminui, porque eu estou envolvido pela humanidade e, portanto, nunca perguntes por quem os sinos dobram; eles dobram por ti". Ou, em versão nacional, inspirada por Vinicius de Moraes, *bastar-se a si mesmo é a maior solidão*. V. Vinicius de Moraes, "A maior solidão é a do ser que não ama". Disponível em: <http://www.luisrobertobarroso.com.br/wp-content/themes/LRB/pdf/vinicius_de_moraes_a_maior_solidao_e_a_do_ser_que_nao_ama.pdf>.

Como já disse em outra oportunidade, sou um professor que advoga algumas causas. E não um advogado que dá aulas. Não é pequena a diferença. Parodiando Julio Cortazar, *sei onde tenho o coração e por quem ele bate*. Apesar dessa eleição clara da minha ordem de fidelidade e de prioridade, a vida, caprichosamente, produziu, em muitas situações, uma superposição desses papéis. Por sorte ou por fatalidade, estive à frente, como advogado, de algumas causas que testavam minhas próprias ideias teóricas e concretizavam minhas convicções filosóficas. As causas apresentadas aqui tiveram, felizmente, desfecho favorável. Mas nenhuma vida completa é feita só de vitórias. Portanto, para que não haja dúvida, aviso ao caro leitor que houve muitas vezes em que não cheguei nem perto.

Rio de Janeiro – Villa Luna (Petrópolis) – Rochester (MN) – Brasília – Paris, janeiro a julho de 2012.

LRB

INTRODUÇÃO

O CONSTITUCIONALISMO DEMOCRÁTICO NO BRASIL
CRÔNICA DE UM SUCESSO IMPREVISTO

1 Introdução

O constitucionalismo democrático foi a ideologia vitoriosa do século XX, derrotando diversos projetos alternativos e autoritários que com ele concorreram. Também referido como Estado constitucional ou, na terminologia da Constituição brasileira, como Estado democrático de direito, ele é o produto da fusão de duas ideias que tiveram trajetórias históricas diversas, mas que se conjugaram para produzir o modelo ideal contemporâneo. *Constitucionalismo* significa Estado de direito, poder limitado e respeito aos direitos fundamentais. *Democracia*, por sua vez, traduz a ideia de soberania popular, governo do povo, vontade da maioria. O constitucionalismo democrático, assim, é uma fórmula política baseada no respeito aos direitos fundamentais e no autogoverno popular. E é, também, um modo de organização social fundado na cooperação de pessoas livres e iguais.

Nas últimas décadas, a teoria e a prática do direito constitucional, sob a influência de movimentos históricos, políticos e doutrinários — domésticos e internacionais —, passaram por um processo de reelaboração extenso e profundo. A maior parte dessas transformações encontra-se relatada nos artigos e casos do presente livro. Procura-se, nesse capítulo introdutório, conferir uma sistematização capaz de permitir a visão de conjunto dos temas, assim como oferecer uma síntese sumária das ideias substantivas envolvidas.

2 A Constituição de 1988 e seu sucesso institucional
2.1 A superação dos ciclos do atraso

A Constituição de 1988 é o símbolo maior de uma história de sucesso: a transição de um Estado autoritário, intolerante e muitas vezes violento, para um Estado democrático de direito. Sob sua vigência, realizaram-se inúmeras eleições presidenciais, por voto direto, secreto e universal, com debate público amplo, participação popular e alternância de partidos políticos no poder. Mais que tudo, a Constituição assegurou ao país duas décadas de estabilidade institucional. E não foram tempos banais. Ao longo desse período, diversos episódios poderiam ter deflagrado crises que, em outros tempos, teriam levado à ruptura institucional. O mais grave deles terá sido a destituição, por *impeachment*, do primeiro presidente eleito após a ditadura militar. Mesmo nessa conjuntura, jamais se cogitou de qualquer solução que não fosse o respeito à legalidade constitucional. A Constituição de 1988 foi o rito de passagem para a maturidade institucional brasileira. Nas últimas décadas, superamos todos os ciclos do atraso: eleições periódicas, Presidentes cumprindo seus mandatos ou sendo substituídos na forma constitucionalmente prevista, Congresso Nacional em funcionamento sem interrupções, Judiciário atuante e Forças Armadas fora da política. Só quem não soube a sombra não reconhece a luz.

2.2 Algumas circunstâncias e vicissitudes

Por certo, nem tudo foram flores. Com toda a sua valia simbólica, a Constituição de 1988 é a Constituição das nossas circunstâncias, sujeita a imperfeições e vicissitudes. A esse propósito, é preciso ter em conta que o processo constituinte teve como protagonista uma sociedade civil que amargara mais de duas décadas de autoritarismo. Na euforia — saudável euforia — da recuperação das liberdades públicas, a constituinte foi um notável exercício de participação popular. Nesse sentido, é inegável o seu caráter democrático. Mas, paradoxalmente, essa abertura para todos os setores organizados e grupos de interesse fez com que o texto final expressasse uma vasta mistura de reivindicações legítimas de trabalhadores e categorias econômicas, cumulados com interesses cartoriais, reservas de mercado e ambições pessoais. A participação ampla, os interesses múltiplos e a ausência de um anteprojeto geraram um produto final heterogêneo, com qualidade técnica e nível de prevalência do interesse público oscilantes entre extremos. Um texto que, mais do que analítico, era casuístico, prolixo e corporativo. Esse defeito o tempo não curou: muitas das emendas, inclusive ao Ato das Disposições Constitucionais Transitórias (ADCT), espicharam ainda mais a carta constitucional ao longo dos anos.

A Constituição brasileira, portanto, trata de assuntos demais, e o faz de maneira excessivamente detalhada. Tais características produzem duas consequências negativas bastante visíveis. A primeira: como tudo o que é relevante está lá, quaisquer alterações na trajetória política — sejam em questões econômicas, tributárias, previdenciárias ou outras — acabam dependendo de emendas constitucionais. Isso dificulta o exercício do poder pelas maiorias políticas, haja vista que a todo momento é preciso *quorum* qualificado de três quintos para a mudança do texto constitucional. A legislação ordinária, como se sabe, depende apenas de maioria simples. O resultado prático é que, no Brasil, a política ordinária se faz por meio de emendas constitucionais. Tal fato gera dificuldades intuitivas, pois impõe negociações políticas permanentes, com as sequelas fisiológicas daí advindas. A segunda consequência negativa é facilmente previsível: o número espantoso de emendas à Constituição, um recorde mundial. Naturalmente, essa disfunção compromete a vocação de permanência do texto constitucional e o seu papel de simbolizar a prevalência dos valores duradouros sobre as contingências da política.

A despeito do que se vem de afirmar, há um consolo. Naquilo que a Constituição tem de materialmente constitucional — isto é, matérias que inequivocamente deveriam figurar no seu texto — ela tem sido estável. De fato, as normas sobre organização do Estado e das instituições — *e.g.* Federação e separação de Poderes —, sobre a definição e proteção dos direitos fundamentais, assim como as que estabelecem princípios essenciais e fins públicos relevantes não foram afetadas de maneira substantiva ao longo do tempo. Este é um dado bastante significativo. Seja como for, foi com essa Constituição que o Brasil conquistou maturidade institucional e vive um ciclo continuado de desenvolvimento econômico e social. As etapas e transformações a seguir narradas tiveram o texto constitucional de 1988 — e, sobretudo, o sentimento constitucional que ele foi capaz de gerar — como centro de gravidade.

3 A conquista de efetividade pelas normas constitucionais
3.1 Um constitucionalismo que não era para valer

Na antevéspera da convocação da constituinte de 1988, era possível identificar um dos fatores crônicos do fracasso na realização do Estado de direito no país: a falta de seriedade em relação à Lei Fundamental, a indiferença para com a distância entre o texto e a realidade, entre o ser e o dever-ser. Dois exemplos emblemáticos: a Carta de 1824 estabelecia que "a lei será igual para todos", dispositivo que conviveu, sem que se assinalassem perplexidade ou constrangimento, com os privilégios da nobreza, o voto censitário e o regime escravocrata. Outro: a Carta de 1969, outorgada pelo Ministro da Marinha de Guerra, do Exército e da Aeronáutica Militar, assegurava um amplo elenco de liberdades públicas inexistentes e prometia aos trabalhadores um pitoresco rol de direitos sociais não desfrutáveis, que incluíam "colônias de férias e clínicas de repouso". Buscava-se na Constituição, não o caminho, mas o desvio; não a verdade, mas o disfarce. A disfunção mais grave do constitucionalismo brasileiro, naquele final de regime militar, era a falta de efetividade das normas constitucionais. Indiferentes ao que prescrevia a Lei Maior, os estamentos perenemente dominantes construíam uma realidade própria de poder, refratária a uma real democratização da sociedade e do Estado.

3.2 Força normativa e efetividade da Constituição

É bem de ver que o próprio reconhecimento de força normativa às normas constitucionais é conquista relativamente recente no constitucionalismo do mundo romano-germânico.[1] No Brasil, ela se desenvolveu no âmbito de um movimento jurídico-acadêmico conhecido como *doutrina brasileira da efetividade*.[2] Tal movimento procurou não apenas elaborar as categorias dogmáticas da normatividade constitucional, como também superar algumas das crônicas disfunções da formação nacional, que se materializavam na insinceridade normativa, no uso da Constituição como uma mistificação ideológica e na falta de determinação política em dar-lhe cumprimento. A essência da doutrina da efetividade é tornar as normas constitucionais aplicáveis

---

[1] Sobre o tema, v. Konrad Hesse, La fuerza normativa de la Constitución. In: *Escritos de derecho constitucional*, 1983. Trata-se da tradução para o espanhol de um ensaio seminal, publicado em 1958. V. tb., Eduardo García de Enterría, *La Constitución como norma y el Tribunal Constitucional*, 2006. No modelo que vigorou na Europa até o segundo pós-guerra, a Constituição não era vista como uma norma invocável perante os tribunais. As proposições nela contidas funcionavam como mera convocação à atuação do Legislativo e do Executivo. Ao Judiciário não se reconhecia qualquer papel relevante na realização do conteúdo da Constituição. Somente quando tais conteúdos eram desenvolvidos por atos do parlamento ou por atos administrativos, é que se tornavam exigíveis judicialmente.

[2] Sobre o tema, v. Luís Roberto Barroso, *O direito constitucional e a efetividade de suas normas*, 2006 (a primeira versão do texto é de 1987).

direta e imediatamente, na extensão máxima de sua densidade normativa. Como consequência, sempre que violado um mandamento constitucional, a ordem jurídica deve prover mecanismos adequados de tutela — por meio da *ação* e da *jurisdição* —, disciplinando os remédios jurídicos próprios e a atuação efetiva de juízes e tribunais.[3]

Para realizar seus propósitos, o movimento pela efetividade promoveu, com sucesso, três mudanças de paradigma na teoria e na prática do direito constitucional no país. No plano *jurídico*, atribuiu normatividade plena à Constituição, que se tornou fonte de direitos e de obrigações, independentemente da intermediação do legislador. Do ponto de vista *científico* ou dogmático, reconheceu ao direito constitucional um objeto próprio e autônomo, estremando-o do discurso puramente político ou sociológico. E, por fim, sob o aspecto *institucional*, contribuiu para a ascensão do Poder Judiciário no Brasil, dando-lhe um papel mais destacado na concretização dos valores e dos direitos constitucionais. O discurso normativo, científico e judicialista foi fruto de uma necessidade histórica. O *positivismo constitucional*, que deu impulso ao movimento, não importava em *reduzir* o direito à norma, mas sim em *elevá-lo* a esta condição, pois até então ele havia sido menos do que norma. A efetividade foi o rito de passagem do velho para o novo direito constitucional, fazendo com que a Constituição deixasse de ser uma miragem, com as honras de uma falsa supremacia, que não se traduzia em proveito para a cidadania.

Na prática, em todas as hipóteses em que a Constituição tenha criado direitos subjetivos — políticos, individuais, sociais ou difusos — são eles, como regra, direta e imediatamente exigíveis, do Poder Público ou do particular, por via das ações constitucionais e infraconstitucionais contempladas no ordenamento jurídico. O Poder Judiciário, como consequência, passa a ter atuação decisiva na realização da Constituição. A doutrina da efetividade serviu-se, como se registrou acima, de uma metodologia *positivista*: direito constitucional é norma; e de um critério *formal* para estabelecer a exigibilidade de determinados direitos: se está na Constituição é para ser cumprido. Nos dias que correm, tornou-se necessária a sua convivência com novas formulações doutrinárias, de base *pós-positivista*, como a teoria dos princípios, as colisões de direitos fundamentais, a ponderação e o mínimo existencial.

---

[3] Aqui cabe relembrar que o constitucionalismo europeu seguiu trajetória diversa do americano até a segunda metade do século passado, quando iniciou um percurso de aproximação. Nos Estados Unidos, desde a primeira hora, a Constituição foi vista como um documento jurídico, dotado de supremacia e força normativa, passível de aplicação direta pelos tribunais. V. *Marbury vs. Madison*, 5 U.S. (1 Cranch) 137, 1803.

4 Neoconstitucionalismo e constitucionalização do Direito

4.1 As transformações do direito constitucional contemporâneo

Como assinalado ao início desse texto, o direito constitucional, nas últimas décadas, notadamente no mundo romano-germânico, passou por um vertiginoso conjunto de transformações que modificaram o modo como ele é pensado e praticado. É possível reconstituir essa trajetória, objetivamente, levando em conta três marcos fundamentais: o histórico, o filosófico e o teórico. Neles estão contidas as ideias e as mudanças de paradigma que mobilizaram a doutrina e a jurisprudência nesse período, criando uma nova percepção da Constituição e de seu papel na interpretação jurídica em geral.

O marco *histórico* do novo direito constitucional, na Europa continental, foi o constitucionalismo do pós-guerra, especialmente na Alemanha e na Itália. No Brasil, foi a Constituição de 1988 e o processo de redemocratização que ela ajudou a protagonizar. Sem embargo de vicissitudes de maior ou menor gravidade no seu texto e da compulsão com que tem sido emendada ao longo dos anos, a Constituição promoveu uma transição democrática bem sucedida e assegurou ao país estabilidade institucional, mesmo em momentos de crise aguda. Sob a Constituição de 1988, o direito constitucional passou da desimportância ao apogeu em menos de uma geração. O surgimento de um *sentimento constitucional* no país é algo que merece ser celebrado.[4] Superamos a crônica indiferença que, historicamente, se manteve em relação à Constituição. E, para os que sabem, é a indiferença, não o ódio, o contrário do amor.

O marco *filosófico* das transformações aqui descritas é o pós-positivismo.[5] Em certo sentido, apresenta-se ele como uma *terceira via*

---

[4] Sobre o sentido e alcance dessa expressão, v. Pablo Lucas Verdú, *O sentimento constitucional*, 2004 (trad. Agassiz Almeida Filho).

[5] Autores pioneiros nesse debate foram: John Rawls (*A theory of justice*, 1980), Ronald Dworkin (*Taking rights seriously*, 1977), Robert Alexy (*Teoria de los derechos fundamentales*, 1997. 1. ed. alemã, 1986). Sobre o tema, vejam-se também: Gustavo Zagrebelsky (*El derecho dúctil*: lei, derechos, justicia, 2005. 1. ed. 1992); Ernesto Garzón Valdés e Francisco J. Laporta (*El derecho y la justicia*, 2000. 1. ed. 1996). No Brasil, vejam-se: Paulo Bonavides (*Curso de direito constitucional*, 2004), Luís Roberto Barroso (Fundamentos teóricos e filosóficos do novo direito constitucional brasileiro: pós-modernidade, teoria crítica e pós-positivismo. *In: Temas de direito* constitucional, t. II, 2003), Antonio Carlos Diniz e Antônio Carlos Cavalcanti Maia (Pós-positivismo. *In:* Vicente Barreto (Org.). *Dicionário de filosofia do direito*, 2006). A propósito do sentido do termo, v. a pertinente observação de Albert Calsamiglia (Postpositivismo, *Doxa* 21:209, 1998, p. 209):

entre as concepções positivista e jusnaturalista: não trata com desimportância as demandas do Direito por clareza, certeza e objetividade, mas não o concebe desconectado de uma filosofia moral e de uma filosofia política. Contesta, assim, o postulado positivista de separação entre Direito, moral e política, não para negar a especificidade do objeto de cada um desses domínios, mas para reconhecer que essas três dimensões se influenciam mutuamente também quando da aplicação do Direito, e não apenas quando da sua elaboração. No conjunto de ideias ricas e heterogêneas que procuram abrigo nesse paradigma em construção, incluem-se a reentronização dos valores na interpretação jurídica, com o reconhecimento de normatividade aos princípios e de sua diferença qualitativa em relação às regras; a reabilitação da razão prática e da argumentação jurídica; a formação de uma nova hermenêutica; e o desenvolvimento de uma teoria dos direitos fundamentais edificada sobre a dignidade da pessoa humana. Nesse ambiente, promove-se uma reaproximação entre o Direito e a Ética.[6]

Por fim, o marco *teórico* do novo direito constitucional envolve três conjuntos de mudanças de paradigma. O primeiro, já referido, foi o reconhecimento de força normativa às disposições constitucionais, que passam a ter aplicabilidade direta e imediata, transformando-se em fundamentos rotineiros das postulações de direitos e da argumentação jurídica. O segundo foi a expansão da jurisdição constitucional. No mundo, de uma maneira geral, esse fenômeno se manifestou na criação de tribunais constitucionais na grande maioria dos Estados democráticos. No Brasil, em particular, materializou-se ele na atribuição do direito de propositura de ações constitucionais diretas a um longo elenco de órgãos e entidades, o que permitiu fossem levadas ao Supremo Tribunal Federal algumas das grandes questões do debate político, social e moral contemporâneo. A terceira grande transformação teórica se verificou no âmbito da hermenêutica jurídica, com o surgimento de um conjunto de ideias identificadas como *nova interpretação constitucional*. Nesse

---

"En un cierto sentido la teoría jurídica actual se pude denominar postpositivista precisamente porque muchas de las enseñanzas del positivismo han sido aceptadas y hoy todos en un cierto sentido somos positivistas. [...] Denominaré postpositivistas a las teorías contemporáneas que ponen el acento en los problemas de la indeterminación del derecho y las relaciones entre el derecho, la moral y la política".

[6] V. Ricardo Lobo Torres (*Tratado de direito constitucional, financeiro e tributário*: valores e princípios constitucionais tributários, 2005, p. 41): "De uns trinta anos para cá assiste-se ao retorno aos valores como caminho para a superação dos positivismos. A partir do que se convencionou chamar de 'virada kantiana' (*kantische Wende*), isto é, a volta à influência da filosofia de Kant, deu-se a reaproximação entre ética e direito, com a fundamentação moral dos direitos humanos e com a busca da justiça fundada no imperativo categórico. O livro *A Theory of Justice* de John Rawls, publicado em 1971, constitui a certidão do renascimento dessas idéias".

ambiente, foram afetadas premissas tradicionais relativas ao papel da norma, dos fatos e do intérprete, bem como foram elaboradas ou reformuladas categorias como a normatividade dos princípios, as colisões de normas constitucionais, a ponderação como técnica de decisão e a argumentação jurídica.[7] A esse ponto se voltará adiante.

4.2 A constitucionalização do Direito

"Ontem os Códigos; hoje as Constituições. A revanche da Grécia contra Roma".[8] O fenômeno da constitucionalização do Direito tem como ponto de partida a passagem da Constituição para o centro do sistema jurídico, de onde foi deslocado o Código Civil.[9] No Brasil, a partir de 1988 e, especialmente, nos últimos anos, a Constituição passou a desfrutar, além da supremacia formal que sempre teve, também de uma supremacia material, axiológica, potencializada pela abertura do sistema jurídico e pela normatividade dos princípios. Compreendida como uma ordem objetiva de valores, transformou-se no filtro através do qual se deve ler todo o ordenamento jurídico.[10]

---

[7] Sobre a interpretação constitucional contemporânea, v. Luís Roberto Barroso, *Curso de direito constitucional contemporâneo*, 2008, especialmente o capítulo "Novos paradigmas e categorias da interpretação constitucional".

[8] A primeira parte da frase ("Ontem os Códigos; hoje as Constituições") foi pronunciada por Paulo Bonavides, ao receber a medalha Teixeira de Freitas, no Instituto dos Advogados Brasileiros, em 1998. O complemento foi feito por Eros Roberto Grau, ao receber a mesma medalha, em 2003, em discurso publicado em avulso pelo IAB: "Ontem, os códigos; hoje, as Constituições. A revanche da Grécia sobre Roma, tal como se deu, em outro plano, na evolução do direito de propriedade, antes justificado pela origem, agora legitimado pelos fins: a propriedade que não cumpre sua função social não merece proteção jurídica qualquer".

[9] V. Pietro Perlingieri, *Perfis do direito civil*, 1997, p. 6: "O Código Civil certamente perdeu a centralidade de outrora. O papel unificador do sistema, tanto nos seus aspectos mais tradicionalmente civilísticos quanto naqueles de relevância publicista, é desempenhado de maneira cada vez mais incisiva pelo Texto Constitucional". Vejam-se, também, Maria Celina B. M. (A caminho de um direito civil constitucional, *RDC* 65:21, 1993) e Gustavo Tepedino (O Código Civil, os chamados microssistemas e a Constituição: premissas para uma reforma legislativa. *In*: Gustavo Tepedino (Org.). *Problemas de direito civil-constitucional*, 2001).

[10] Na Alemanha, a ideia da Constituição como ordem objetiva de valores, que condiciona a leitura e interpretação de todos os ramos do Direito, foi fixada no julgamento do célebre caso *Lüth*, julgado em 1958, pelo Tribunal Constitucional Federal alemão, que assentou: "Los derechos fundamentales son ante todo derechos de defensa del ciudadano en contra del Estado; sin embargo, en las disposiciones de derechos fundamentales de la Ley Fundamental se incorpora también un orden de valores objetivo, que como decisión constitucional fundamental es válida para todas las esferas del derecho" (Jürgen Schwabe, *Cincuenta años de jurisprudencia del Tribunal Constitucional Federal alemán*, 2003, Sentencia 7, 198). No caso concreto, o tribunal considerou que a conduta de um cidadão convocando ao boicote de determinado filme, dirigido por cineasta de passado ligado ao nazismo, não violava os bons costumes, por estar protegida pela liberdade de expressão.

Nesse ambiente, a Constituição passa a ser não apenas um sistema em si — com a sua ordem, unidade e harmonia — mas também um modo de olhar e interpretar todos os demais ramos do Direito. A constitucionalização identifica um efeito expansivo das normas constitucionais, que se irradiam por todo o sistema jurídico. Os valores, os fins públicos e os comportamentos contemplados nos princípios e regras da Lei Maior passam a condicionar a validade e o sentido de todas as normas do direito infraconstitucional. À luz de tais premissas, toda interpretação jurídica é também interpretação constitucional. Qualquer operação de realização do Direito envolve a aplicação direta ou indireta da Constituição. Direta, quando uma pretensão se fundar em uma norma constitucional; e indireta quando se fundar em uma norma infraconstitucional, por duas razões: a) antes de aplicar a norma, o intérprete deverá verificar se ela é compatível com a Constituição, porque, se não for, não poderá fazê-la incidir; e b) ao aplicar a norma, deverá orientar seu sentido e alcance à realização dos fins constitucionais.

A constitucionalização do Direito produz impacto relevante sobre todos os ramos jurídicos. No direito civil, exemplificativamente, além da vinda para a Constituição de princípios e regras que repercutem sobre as relações privadas — *e.g.*, função social da propriedade, proteção do consumidor, igualdade entre cônjuges, igualdade entre filhos, novas formas de entidade familiar reconhecidas —, houve o impacto revolucionário do princípio da dignidade da pessoa humana. A partir dele, tem lugar uma *despatrimonialização*[11] e uma *repersonalização*[12] do direito civil, com ênfase em valores existenciais e do espírito, bem como no reconhecimento e desenvolvimento dos direitos da personalidade, tanto em sua dimensão física quanto psíquica. A aplicação dos direitos fundamentais às relações privadas também passou a ser um tema objeto de crescente interesse.[13] No direito administrativo, a constitucionalização produziu mudanças doutrinárias e jurisprudenciais importantes,

---

[11] O termo foi colhido em Pietro Perlingieri (*Perfis do direito civil*, 1997, p. 33). Aparentemente, o primeiro a utilizá-lo foi Carmine Donisi (Verso la "depatrimonializzazione" del diritto privato. *In*: *Rassegna di diritto civile 80*, 1980, conforme pesquisa noticiada em Daniel Sarmento, *Direitos fundamentais e relações privadas*, 2004, p. 115).

[12] Luiz Edson Fachin e Carlos Eduardo Pianovski Ruzyk (Um projeto de Código Civil na contramão da Constituição. *Revista Trimestral de Direito Civil* 4:243, 2000): "(A) aferição da constitucionalidade de um diploma legal, diante da *repersonalização* imposta a partir de 1988, deve levar em consideração a prevalência da proteção da dignidade humana em relação às relações jurídicas patrimoniais". A respeito da *repersonalização* do direito civil, v. também Adriano de Cupis (*Diritti della personalità*, 1982).

[13] Sobre este tema, v. Daniel Sarmento (*Direitos fundamentais e relações privadas*, 2004); e Jane Reis Gonçalves Pereira (*Direitos fundamentais e interpretação constitucional*, 2005).

que incluíram a redefinição da ideia de supremacia do interesse público sobre o interesse privado, a vinculação do administrador à noção mais ampla de juridicidade e não apenas à lei e a possibilidade de controle de mérito do ato administrativo, com base em princípios como razoabilidade, moralidade e eficiência.[14]

5 A nova interpretação constitucional e o conceito de casos difíceis

5.1 A interpretação constitucional tradicional

A interpretação constitucional é uma modalidade de interpretação jurídica. Porque assim é, ela se socorre dos elementos tradicionais da interpretação jurídica em geral: gramatical, histórico, sistemático e teleológico. Todavia, as particularidades das normas constitucionais e da interpretação constitucional levaram ao desenvolvimento, ao longo do tempo, de alguns princípios específicos de interpretação constitucional, princípios instrumentais que figuram como pressupostos metodológicos da atuação do intérprete: supremacia da Constituição, presunção de constitucionalidade, interpretação conforme a Constituição, razoabilidade-proporcionalidade e efetividade. Dentro desse universo da interpretação tradicional, era possível definir com precisão o papel da norma, dos fatos e do intérprete. A *norma* deveria trazer, no seu relato abstrato, a solução para os problemas jurídicos. Os *fatos* lá estavam para serem enquadrados na norma, permitindo o silogismo que solucionava os problemas: a lei é a premissa maior; os fatos a premissa menor; a sentença a conclusão, o produto da subsunção dos fatos à norma. E, por fim, o papel do *intérprete*: ele desempenhava uma função técnica de conhecimento, identificando a norma aplicável e pronunciando as consequências de sua incidência sobre o caso concreto. A interpretação, portanto, era um ato de conhecimento e não de vontade.

---

[14] V. Patrícia Batista (*Transformações do direito administrativo*, 2003), Gustavo Binenbojm (Da supremacia do interesse público ao dever de proporcionalidade: um novo paradigma para o direito administrativo. *Revista de Direito Administrativo* 239:1, 2005), Daniel Sarmento (Org.) (*Interesses públicos versus interesses privados*, 2005); Humberto Ávila (Repensando o "princípio da supremacia do interesse público sobre o particular". *Revista Trimestral de Direito Público* 24:159, 1999). V. tb. Diogo de Figueiredo Moreira Neto (*Mutações do direito administrativo*, 2000). Celso Antônio Bandeira de Mello (*Curso de direito administrativo*, 2003), Odete Medauar (*Direito administrativo moderno*, 1998).

5.2 Três mudanças de paradigma que abalaram a interpretação constitucional tradicional

O quarto final do século XX, no Brasil, foi o cenário da superação de algumas concepções do pensamento jurídico clássico, que haviam se consolidado no final do século XIX. Enunciam-se aqui, esquematicamente, três delas:

1. *Superação do formalismo jurídico*
O pensamento jurídico clássico alimentava duas ficções que, na verdade, expressavam o interesse ideológico dos setores hegemônicos: a) a de que o Direito era a expressão da razão, de uma justiça imanente; e b) a de que o Direito se realizava, se interpretava, se concretizava mediante uma operação lógica e dedutiva, em que o juiz fazia a subsunção dos fatos à norma, meramente pronunciando a consequência jurídica que nela já se continha. Ao longo do século XX, consolidou-se a convicção de que: a) o Direito é, frequentemente, não a expressão de uma justiça imanente, mas de interesses que se tornam dominantes em um dado momento e lugar; e b) em uma grande quantidade de situações, a solução para os problemas jurídicos não se encontrará pré-pronta no ordenamento jurídico. Ela terá de ser construída argumentativamente pelo intérprete, com recurso a elementos externos ao sistema normativo. Ele terá de legitimar suas decisões em valores morais e em fins políticos legítimos.

2. *Advento de uma cultura jurídica pós-positivista*
Como já anteriormente assinalado, nesse ambiente em que a solução dos problemas jurídicos não se encontra integralmente na norma jurídica, surge uma cultura jurídica pós-positivista. De fato, se a resposta para os problemas não pode ser encontrada de maneira completa no comando que se encontra na legislação, é preciso procurá-la em outro lugar. E, assim, supera-se a separação profunda que o positivismo jurídico havia imposto entre o Direito e a Moral, entre o Direito e outros domínios do conhecimento. Para achar a resposta que a norma não fornece, o Direito precisa se aproximar da filosofia moral — em busca da justiça e de outros valores —, da filosofia política — em busca de legitimidade democrática e da realização de fins públicos que promovam o bem comum e, de certa forma, também das ciências sociais aplicadas, como economia, psicologia e sociologia. O pós-positivismo não retira a importância da lei, mas parte do pressuposto de que o Direito não cabe integralmente na norma jurídica e, mais que isso, que a justiça pode estar além dela.

3. Ascensão do direito público e centralidade da Constituição

Por fim, o século XX assiste à ascensão do direito público. A teoria jurídica do século XIX havia sido construída, predominantemente, sobre as categorias do direito privado. O século XIX começa com o Código Civil francês, o Código Napoleão, de 1804, e termina com a promulgação do Código Civil alemão, de 1900. Os protagonistas do Direito eram o contratante e o proprietário. Ao longo do século XX, assiste-se a uma progressiva publicização do Direito, com a proliferação de normas de ordem pública. Ao final do século XX, essa publicização do Direito resulta na centralidade da Constituição, como assinalado acima. Toda interpretação jurídica deve ser feita à luz da Constituição, dos seus valores e dos seus princípios. Como consequência, reitera-se, toda interpretação jurídica é, direta ou indiretamente, interpretação constitucional.

5.3 Nova interpretação e casos difíceis

A nova interpretação constitucional surge para atender as demandas de uma sociedade que se tornou bem mais complexa e plural. Ela não derrota a interpretação tradicional, mas vem para atender necessidades deficientemente supridas pelas fórmulas clássicas. Tome-se como exemplo o conceito constitucional de família. Até a Constituição de 1988, havia uma única forma de se constituir família legítima, que era pelo casamento. A partir da nova Carta, três modalidades de família são expressamente previstas no texto constitucional: a família que resulta do casamento, a que advém das uniões estáveis e as famílias monoparentais. Contudo, por decisão do Supremo Tribunal Federal, passou a existir uma nova espécie de família: a que decorre das uniões homoafetivas. Veja-se, então, que onde havia unidade passou a existir uma pluralidade.

A nova interpretação incorpora um conjunto de novas categorias, destinadas a lidar com as situações mais complexas e plurais referidas anteriormente. Entre elas, a normatividade dos princípios (como dignidade da pessoa humana, solidariedade e segurança jurídica), as colisões de normas constitucionais, a ponderação e a argumentação jurídica. Nesse novo ambiente, mudam o papel da norma, dos fatos e do intérprete. A norma, muitas vezes, traz apenas um início de solução, inscrito em um conceito indeterminado ou em um princípio. Os fatos, por sua vez, passam a fazer parte da normatividade, na medida em que só é possível construir a solução constitucionalmente adequada a partir dos elementos do caso concreto. E o intérprete, que se encontra na contingência de construir adequadamente a solução, torna-se co-participante do processo de criação do Direito.

Passa-se, por fim, à ideia de casos difíceis. *Casos fáceis* são aqueles para os quais existe uma solução pré-pronta no direito positivo. Por exemplo: a) a Constituição prevê que aos 70 anos o servidor público deve passar para a inatividade. Se um juiz, ao completar a idade limite, ajuizar uma ação pretendendo permanecer em atividade, a solução será dada de maneira relativamente singela: pela mera subsunção do fato relevante — implementação da idade — na norma expressa, que determina a aposentadoria; b) a Constituição estabelece que o Presidente da República somente pode se candidatar a uma reeleição. Se o Presidente Lula, por exemplo, tivesse pretendido concorrer a um terceiro mandato, a Justiça Eleitoral teria indeferido o registro de sua candidatura, por simples e singela aplicação de uma norma expressa. A verdade, porém, é que para bem e para mal, a vida nem sempre é fácil assim. Há muitas situações em que não existe uma solução pré-pronta no Direito. A solução terá de ser construída argumentativamente, à luz dos elementos do caso concreto, dos parâmetros fixados na norma e de elementos externos ao Direito. São os casos difíceis. Há três grandes situações geradoras de casos difíceis:

a) *Ambiguidade da linguagem*. Quando se vale de princípios ou de conceitos jurídicos indeterminados, o Direito utiliza termos e expressões que têm múltiplos significados possíveis e cujo sentido somente poderá ser estabelecido à luz dos elementos do caso concreto. Princípios como eficiência, razoabilidade ou solidariedade; cláusulas abertas como calamidade pública, repercussão geral ou impacto ambiental; e mesmo vocábulos plurissignificativos como tributos, servidores públicos ou privacidade envolvem, na sua concretização, uma dose maior ou menor de valoração subjetiva por parte do intérprete. A consequência natural é a existência de algum grau de variação e de incerteza na sua interpretação, com implicações inevitáveis sobre a segurança jurídica.

b) *Desacordos morais razoáveis*. No mundo contemporâneo, nas sociedades plurais e complexas em que nós vivemos, pessoas esclarecidas e bem intencionadas pensam de maneira diferente acerca de temas moralmente controvertidos. Não é difícil comprovar e ilustrar o argumento com situações envolvendo a) eutanásia e suicídio assistido, isto é, a existência ou não de um direito à morte digna; b) a questão da recusa de transfusão de sangue por pessoas adeptas da religião Testemunhas de Jeová; e c) o debate sobre a descriminalização das drogas leves. Também aqui a pré-compreensão do intérprete, seu ponto de observação, sua ideologia e visão de mundo acabam por ser, consciente ou inconscientemente, fator determinante na escolha da decisão que se afigura mais acertada.

c) *Colisões de normas constitucionais ou de direitos fundamentais*. A Constituição, por ser um documento dialético, abriga valores contrapostos que, por vezes, entram em tensão entre si, quando não colidem frontalmente. Não é difícil oferecer exemplos emblemáticos. O cantor Roberto Carlos foi a juízo para impedir a divulgação de uma biografia não autorizada, invocando os seus direitos constitucionais de imagem e de privacidade. O autor da obra defendeu-se fundado na sua liberdade de expressão e no direito de informação, igualmente protegidos constitucionalmente. Naturalmente, como os dois lados têm normas constitucionais a seu favor, não é possível resolver esse problema mediante subsunção dos fatos à norma aplicável, porque mais de uma postula incidência sobre a hipótese. Diante disso, a solução terá de ser construída argumentativamente mediante ponderação, isto é, a valoração de elementos do caso concreto com vistas à produção da solução que melhor atende ao caso concreto. As duas soluções possíveis vão disputar a escolha pelo intérprete.

Portanto, casos difíceis são aqueles que, devido a razões diversas, não têm uma solução abstratamente prevista e pronta no ordenamento, que possa ser retirada de uma prateleira de produtos jurídicos. Eles exigem a construção artesanal da decisão, mediante uma argumentação mais elaborada, capaz de justificar e legitimar o papel criativo desempenhado pelo juiz na hipótese.

6 Jurisdição constitucional e função legislativa: a tênue fronteira entre o Direito e a política

6.1 A ascensão política das Supremas Cortes e do Poder Judiciário

Nos últimos anos, o Supremo Tribunal Federal (STF) tem ocupado um espaço relevante no cenário político e no imaginário social. A centralidade da Corte e, de certa forma, do Judiciário como um todo, não é peculiaridade nacional. Em diferentes partes do mundo, em épocas diversas, tribunais constitucionais tornaram-se protagonistas de discussões políticas ou morais em temas controvertidos. Desde o final da Segunda Guerra, em muitas democracias, verificou-se um certo avanço da justiça constitucional sobre o campo da política majoritária, que é aquela feita no âmbito do Legislativo e do Executivo, tendo por combustível o voto popular. Os exemplos são numerosos e inequívocos. Nos Estados Unidos, a eleição de 2000 foi decidida pela Suprema Corte. Em Israel, foi também a Suprema Corte que deu a última palavra sobre a construção de um muro na divisa com o território palestino. Na França, o Conselho Constitucional legitimou a proibição da burca. Esses precedentes ilustram a fluidez da fronteira entre política e direito no mundo contemporâneo. Ainda assim, o caso brasileiro é especial, pela extensão e pelo volume. Apenas em 2011 e 2012, o STF decidiu acerca de uniões homoafetivas, interrupção da gestação de fetos anencefálicos e cotas raciais. Anteriormente, decidira sobre pesquisas com células-tronco embrionárias, nepotismo e demarcação de terras indígenas. Sem mencionar o chamado *Mensalão*. Tudo potencializado pela transmissão ao vivo dos julgamentos pela TV Justiça. Embora seja possível apontar inconveniências nessa deliberação diante das câmeras, os ganhos são maiores do que as perdas. A visibilidade pública contribui para a transparência, para o controle social e, em última análise, para a democracia. TV Justiça só tem no Brasil, não é jabuticaba e é muito boa.

6.2 Judicialização e ativismo judicial

A ascensão do Judiciário deu lugar a uma crescente judicialização da vida e a alguns momentos de ativismo judicial. Judicialização significa que questões relevantes do ponto de vista político, social ou moral estão sendo decididas pelo Judiciário. Trata-se, como intuitivo, de uma transferência de poder das instâncias tradicionais, que são o Executivo e o Legislativo, para juízes e tribunais. Há causas diversas para o fenômeno. A primeira é o reconhecimento de que um Judiciário forte e independente é imprescindível para a proteção dos direitos fundamentais. A segunda envolve uma certa desilusão com a política majoritária. Há uma terceira: atores políticos, muitas vezes, para evitar o desgaste, preferem que o Judiciário decida questões controvertidas, como aborto e direitos dos homossexuais. No Brasil, o fenômeno assume uma proporção maior em razão de a Constituição cuidar de uma impressionante quantidade de temas. Incluir uma matéria na Constituição significa, de certa forma, retirá-la da política e trazê-la para o direito, permitindo a judicialização. A esse contexto ainda se soma o número elevado de pessoas e entidades que podem propor ações diretas perante o STF.

A judicialização ampla, portanto, é um *fato*, uma circunstância decorrente do desenho institucional brasileiro, e não uma opção política do Judiciário. Fenômeno diverso, embora próximo, é o ativismo judicial. O ativismo é uma *atitude*, é a deliberada expansão do papel do Judiciário, mediante o uso da interpretação constitucional para suprir lacunas, sanar omissões legislativas ou determinar políticas públicas quando ausentes ou ineficientes. Exemplos de decisões ativistas, além dos casos já mencionados, envolveram a exigência de fidelidade partidária e a regulamentação do direito de greve dos servidores públicos. Todos esses julgamentos atenderam a demandas sociais não satisfeitas pelo Poder Legislativo. Registre-se, todavia, que apesar de sua importância e visibilidade, tais decisões ativistas representam antes a exceção do que a regra. A decisão do STF sobre as pesquisas com células-tronco, ao contrário do que muitas vezes se afirma, é um exemplo de autocontenção. O Tribunal se limitou a considerar constitucional a lei editada pelo Congresso.

6.3 Críticas à expansão do Judiciário

Inúmeras críticas têm sido dirigidas a essa expansão do papel do Judiciário. A primeira delas é de natureza política: magistrados não são eleitos e, por essa razão, não deveriam poder sobrepor sua vontade à dos agentes escolhidos pelo povo. A segunda é uma crítica ideológica: o Judiciário seria um espaço conservador, de preservação das elites contra os processos democráticos majoritários. Uma terceira crítica diz respeito à capacidade institucional do Judiciário, que seria preparado para decidir casos específicos, e não para avaliar o efeito sistêmico de decisões que repercutem sobre políticas públicas gerais. E, por fim, a judicialização reduziria a possibilidade de participação da sociedade como um todo, por excluir os que não têm acesso aos tribunais.

Todas essas críticas merecem reflexão, mas podem ser neutralizadas. Em primeiro lugar, uma democracia não é feita apenas da vontade das maiorias, mas também da preservação dos direitos fundamentais de todos. Cabe ao Judiciário defendê-los. Em segundo lugar, é possível sustentar que, na atualidade brasileira, o STF está à esquerda do Congresso Nacional. De fato, quando o Tribunal decidiu regulamentar o aviso prévio proporcional ao tempo de serviço, as classes empresariais acorreram ao Congresso, pedindo urgência na aprovação da lei que tardava. Ninguém duvidava que o STF seria mais protetivo dos trabalhadores que o legislador. Quanto à capacidade institucional, juízes e tribunais devem ser autocontidos e deferentes aos outros Poderes em questões técnicas complexas, como transposição de rios ou demarcação de terras indígenas. Por fim, a judicialização jamais deverá substituir a política, nem pode ser o meio ordinário de se resolverem as grandes questões. Pelo contrário. O Judiciário só deve interferir quando a política falha.

6.4 Complexidade da vida e criação judicial do Direito

O Judiciário não apenas ocupou mais espaço como, além disso, sua atuação se tornou mais discricionária. Em muitas situações, em lugar de se limitar a aplicar a lei já existente, o juiz se vê na necessidade de agir em substituição ao legislador. A despeito de algum grau de subversão ao princípio da separação de Poderes, trata-se de uma inevitabilidade, a ser debitada à complexidade e ao pluralismo da vida contemporânea. Foi o que ocorreu no exemplo do reconhecimento das uniões homoafetivas, referido acima. Diante da ausência de norma disciplinando a questão, o Supremo Tribunal Federal precisou criar uma. Evidentemente, como é próprio, não se trata do exercício de voluntarismo judicial, mas, sim, de extrair do sistema constitucional e legal a melhor solução. O mesmo se passa no tocante à interrupção da gestação de fetos anencefálicos. À falta de regra expressa, a Corte construiu — com acerto — a que melhor equacionou o problema.

Juízes e tribunais também precisam desempenhar uma atividade mais criativa — isto é, menos técnica e mais política — nas inúmeras situações de colisões entre normas constitucionais. Tome-se como exemplo a disputa judicial envolvendo a construção de usinas hidrelétricas na Amazônia. O governo invocou, para legitimar sua decisão, a norma constitucional que consagra o desenvolvimento econômico como um dos objetivos fundamentais da República; do outro lado, ambientalistas e a população afetada fundamentavam sua oposição à medida na disposição constitucional que cuida da proteção ao meio ambiente. Pois bem: o juiz não pode decidir que os dois lados têm razão e julgar a lide empatada. Ele terá que resolver a disputa, ponderando interesses e criando argumentativamente a norma que considera adequada para o caso concreto. Tal circunstância aumenta o seu poder individual e reduz a objetividade e previsibilidade do direito. Mas a culpa não é nem do juiz nem dos tribunais. A vida é que ficou mais complicada, impedindo o legislador de prever soluções abstratas para todas as situações.

6.5 STF: contramajoritário e representativo

De tudo o que se disse, é possível concluir que o Judiciário se expande, sobretudo, nas situações em que o Legislativo não pode, não quer ou não consegue atuar. Aqui se chega ao ponto crucial: o problema brasileiro atual não é excesso de judicialização, mas escassez de boa política. Nesse cenário, imaginar que a solução esteja em restringir o papel do Judiciário é assustar-se com a assombração errada. O que o país precisa é restaurar a dignidade da política, superando o descrédito da sociedade civil, particularmente em relação ao Legislativo. É hora de diminuir o peso do dinheiro, dar autenticidade aos partidos e atrair vocações. Enquanto não vier a reforma política necessária, o STF terá de continuar a desempenhar, com intensidade, os dois papéis que o trouxeram até aqui: o contramajoritário, que importa em estabelecer limites às maiorias; e o representativo, que consiste em dar uma resposta às demandas sociais não satisfeitas pelas instâncias políticas tradicionais.

Há uma última questão delicada associada à expansão do papel do STF: sua relação com a opinião pública. Todo poder político, em um ambiente democrático, é exercido em nome do povo e deve contas à sociedade. A autoridade para fazer valer a Constituição, como qualquer autoridade que não repouse na força, depende da confiança dos cidadãos. Mas há sutilezas aqui. Muitas vezes, a decisão correta e justa não é a mais popular. E o populismo judicial é tão ruim quanto qualquer outro. Um Tribunal digno desse nome não pode decidir pensando nas manchetes do dia seguinte ou reagindo às do dia anterior. Faz parte da sabedoria política universal que tentar agradar a todos é o caminho certo para o fracasso. Sem cair nessa armadilha, o STF tem servido bem à democracia brasileira e merece o reconhecimento da sociedade.

7 A dignidade humana no direito contemporâneo: o centro do sistema constitucional

O constitucionalismo democrático tem por fundamento e objetivo a dignidade da pessoa humana. Após a Segunda Grande Guerra, a dignidade tornou-se um dos grandes consensos éticos do mundo ocidental, materializado em declarações de direitos, convenções internacionais e constituições. Apesar do grande apelo moral e espiritual da expressão, sua grande vagueza tem feito com que ela funcione, em extensa medida, como um espelho: cada um projeta nela a sua própria imagem, os seus valores e convicções. Isso tem feito com que a ideia de dignidade seja frequentemente invocada pelos dois lados do litígio, quando estejam em disputa questões moralmente controvertidas. É o que tem se passado, por exemplo, em discussões sobre aborto, suicídio assistido ou pesquisas com células-tronco embrionárias. Sem mencionar o uso indevido do conceito para a decisão de questões triviais, com inconveniente banalização do seu sentido. De conflitos de vizinhança à proibição de brigas de galo, a dignidade é utilizada como uma varinha de condão que resolve problemas, sem maior esforço argumentativo. Naturalmente, não é bom que seja assim. Por essa razão, torna-se necessário um esforço doutrinário para determinar sua natureza jurídica e o seu conteúdo.

7.1 A dignidade da pessoa humana é um princípio jurídico

A dignidade humana é um valor fundamental. Valores, sejam políticos ou morais, ingressam no mundo do Direito assumindo, usualmente, a forma de princípios. A dignidade, portanto, é um princípio jurídico de *status* constitucional.[15] Como valor e como princípio, a dignidade humana funciona tanto como justificação moral quanto como fundamento normativo para os direitos fundamentais. Na verdade, ela constitui parte do conteúdo dos direitos fundamentais. Os princípios constitucionais desempenham diferentes papéis no sistema jurídico. Destacam-se aqui dois deles: a) o de fonte direta de direitos e deveres; e b) o interpretativo. Os princípios operam como fonte direta de direitos e deveres quando do seu núcleo essencial de sentido se extraem regras que incidirão sobre situações concretas. Por exemplo: o conteúdo essencial da dignidade humana implica na proibição da tortura, mesmo em um ordenamento jurídico no qual não exista regra expressa impedindo tal conduta. Já no seu papel interpretativo, o princípio da dignidade humana vai informar o sentido e o alcance dos direitos constitucionais. Além disso, nos casos envolvendo lacunas no ordenamento jurídico, ambiguidades no direito, colisões entre direitos fundamentais e tensões entre direitos e metas coletivas, a dignidade humana pode ser uma boa bússola na busca da melhor solução. Mais ainda, qualquer lei que viole a dignidade, seja em abstrato ou em concreto, será nula.[16]

---

[15] A dignidade humana é melhor caracterizada como um princípio, e não como um direito fundamental, como se sustenta, por exemplo, na Alemanha. V. 27 *BVerfGE* 1 (caso Microcensus) e 30 *BVerfGE* 173 (1971) (caso Mephisto). Esta posição, aliás, tem sido pertinentemente questionada. V. Dieter Grimm, Die Würde des Menschen ist unantastbar. *In*: 24 *Kleine Reihe*, 2010, p. 5.

[16] Uma lei é inconstitucional em abstrato quando é contrária à Constituição em tese, isto é, em qualquer circunstância, e por isso é nula. Uma lei é inconstitucional em concreto quando em tese é compatível com a Constituição, mas produz uma consequência inaceitável em uma circunstância particular.

7.2 O conteúdo jurídico da dignidade humana

Para que possa funcionar como um conceito operacional do ponto de vista jurídico, é indispensável dotar a ideia de dignidade de um conteúdo mínimo, que dê unidade e objetividade à sua aplicação. A primeira tarefa que se impõe é afastá-la das doutrinas abrangentes, sejam elas religiosas ou ideológicas. As características de um conteúdo mínimo devem ser a *laicidade* — não pode ser uma visão judaica, católica ou muçulmana de dignidade —, a *neutralidade política* — isto é, que possa ser compartilhada por liberais, conservadores e socialistas — e a *universalidade* — isto é, que possa ser compartilhada por toda a família humana. Para levar a bom termo esse propósito, deve-se aceitar uma noção de dignidade humana aberta, plástica e plural. Em uma concepção minimalista, dignidade humana identifica 1. o valor intrínseco de todos os seres humanos, assim como 2. a autonomia de cada individuo, 3. limitada por algumas restrições legítimas impostas a ela em nome de valores sociais ou interesses estatais (valor comunitário). Portanto, os três elementos que integram o conteúdo mínimo da dignidade, na sistematização aqui proposta, são: valor intrínseco da pessoa humana, autonomia individual e valor comunitário.

O *valor intrínseco* é, no plano filosófico, o elemento ontológico da dignidade, ligado à natureza do ser. Trata-se da afirmação da posição especial da pessoa humana no mundo, que a distingue dos outros seres vivos e das coisas. As coisas têm preço, mas as pessoas têm dignidade, um valor que não tem preço.[17] A inteligência, a sensibilidade e a capacidade de comunicação (pela palavra, pela arte, por gestos, pelo olhar ou por expressões fisionômicas) são atributos únicos que servem para dar-lhes essa condição singular. No plano jurídico, o valor intrínseco está na origem de uma série de direitos fundamentais, que incluem:

a) *direito à vida*: todos os ordenamentos jurídicos protegem o direito à vida. Como consequência, o homicídio é tratado em todos eles como crime. A dignidade preenche, em quase toda sua extensão, o conteúdo desse direito. Não obstante isso, em torno do direito à vida se travam debates de grande complexidade moral e jurídica, como a pena de morte, o aborto e a eutanásia;

b) *direito à igualdade*: todas as pessoas têm o mesmo valor intrínseco e, portanto, merecem igual respeito e consideração, independentemente de raça, cor, sexo, religião, origem nacional ou

---

[17] Immanuel Kant, *Groundwork of the Metaphysics of Morals*, 1998, p. 42.

social ou qualquer outra condição. Aqui se inclui a igualdade formal — o direito a não ser discriminado arbitrariamente na lei e perante a lei — assim como o respeito à diversidade e à identidade de grupos sociais minoritários (a igualdade como reconhecimento). É nesse domínio que se colocam temas controvertidos como ação afirmativa em favor de grupos sociais historicamente discriminados, reconhecimento das uniões homoafetivas, direitos dos deficientes e dos índios, entre outros;

c) *direito à integridade física*: desse direito decorrem a proibição de tortura, do trabalho escravo ou forçado, as penas cruéis e o tráfico de pessoas. É aqui que se colocam debates complexos como os limites às técnicas de interrogatório, admissibilidade da prisão perpétua e regimes prisionais. E, também, do comércio de órgãos e das pesquisas clínicas;

d) *direito à integridade moral ou psíquica*: nesse domínio estão incluídos a privacidade, a honra e a imagem. Muitas questões intrincadas derivam desses direitos da personalidade, nas suas relações com outros direitos e situações constitucionalmente protegidas. Têm sido recorrentes e polêmicas as colisões entre a liberdade de expressão, de um lado, e os direitos à honra, à privacidade e à imagem, de outro.

A *autonomia* é, no plano filosófico, o elemento ético da dignidade, ligado à razão e ao exercício da vontade em conformidade com determinadas normas. A dignidade como autonomia envolve a capacidade de autodeterminação do indivíduo, de decidir os rumos da própria vida e de desenvolver livremente a sua personalidade. Significa o poder de fazer valorações morais e escolhas existenciais sem imposições externas indevidas. Decisões sobre religião, vida afetiva, trabalho e outras opções personalíssimas não podem ser subtraídas do indivíduo sem violar a sua dignidade. No plano jurídico, a autonomia envolve uma dimensão privada, outra pública e tem, ainda, como pressuposto necessário, a satisfação do mínimo existencial, examinados sumariamente na forma abaixo:

a) *autonomia privada*: está na origem dos direitos individuais, das liberdades públicas, que incluem, além das escolhas existenciais acima referidas, as liberdades de consciência, de expressão, de trabalho e de associação, entre outras;

b) *autonomia pública*: está na origem dos direitos políticos, dos direitos de participação na condução da coisa pública. A democracia funda-se na soberania popular — todas as pessoas são livres e iguais e podem e devem participar das decisões que afetem sua vida —, constituindo uma parceria de todos

em um projeto de autogoverno. A autonomia pública identifica aspectos nucleares do direito de cada um participar politicamente e de influenciar o processo de tomada de decisões, não apenas do ponto de vista eleitoral, mas também através do debate público e da organização social;
c) *mínimo existencial*: trata-se do pressuposto necessário ao exercício da autonomia, tanto pública quanto privada. Para poder ser livre, igual e capaz de exercer plenamente a sua cidadania, todo indivíduo precisa ter satisfeitas as necessidades indispensáveis à sua existência física e psíquica. O mínimo existencial corresponde ao núcleo essencial dos *direitos fundamentais sociais* e seu conteúdo corresponde às pré-condições para o exercício dos direitos individuais e políticos, da autonomia privada e pública.

O *valor comunitário* constitui o elemento social da dignidade humana, o indivíduo em relação ao grupo. Aqui, a dignidade é moldada pelos valores compartilhados pela comunidade, seus padrões civilizatórios, seu ideal de *vida boa*. O que está em questão não são escolhas individuais, mas responsabilidades e deveres a elas associados. A autonomia individual desfruta de grande importância, mas não é ilimitada, devendo ceder em certas circunstâncias. A dignidade como valor comunitário destina-se a promover, sobretudo:

a) *a proteção dos direitos de terceiros*: a autonomia individual deve ser exercida com respeito à autonomia das demais pessoas, de seus iguais direitos e liberdades. Por essa razão, todos os ordenamentos jurídicos protegem a vida, criminalizando o homicídio; protegem a integridade física, criminalizando a lesão corporal; protegem a propriedade, criminalizando o furto, em meio a inúmeros outros bem jurídicos tutelados pelo direito penal e outros ramos do direito;

b) *a proteção do indivíduo contra si próprio*: em certas circunstâncias, o Estado tem o direito de proteger as pessoas contra atos autorreferentes, suscetíveis de lhes causar lesão. Assim, portanto, é possível impor o uso de cinto de segurança ou de capacete, tornar a vacinação obrigatória ou estabelecer o dever de os pais matricularem os filhos menores em escolas. Nesse domínio se inserem questões controvertidas, como eutanásia, sadomasoquismo e o célebre caso do arremesso de anão;[18]

---

[18] O caso envolveu a proibição, por violar a ordem pública e a dignidade humana, a prática do evento "arremesso de anão", levado a efeito em algumas casas noturnas. Nela, um anão

c) *a proteção de valores sociais*: toda sociedade, por mais liberais que sejam seus postulados, impõe coercitivamente um conjunto de valores que correspondem à moral social compartilhada. Proibição do incesto, da pedofilia, da incitação à violência constituem alguns consensos básicos. Mas, também aqui, existem temas divisivos, como a criminalização da prostituição ou a descriminalização das drogas leves. A imposição coercitiva de valores sociais — em geral pelo legislador, eventualmente pelo juiz — exige fundamentação racional consistente e deve levar seriamente em conta: a) a existência ou não de um direito fundamental em questão; b) a existência de consenso social forte em relação ao tema; e c) a existência de risco efetivo para o direito de outras pessoas. É preciso evitar o paternalismo, o moralismo e a tirania das maiorias.

8 Alguns casos difíceis decididos pelo Supremo Tribunal Federal e a construção judicial do Direito

Como ficou assentado linhas atrás, casos difíceis são aqueles para os quais não há uma solução pré-pronta no ordenamento jurídico. Tal circunstância faz com que o intérprete se torne coparticipante do processo de criação do Direito, na medida em que caberá a ele, à luz dos elementos disponíveis, construir argumentativamente a solução que irá resolver a situação. A legitimidade de tal atuação dependerá da capacidade do juiz ou tribunal de convencer o auditório ao qual se dirige de que a decisão produzida é constitucionalmente adequada, por ser legítima, justa e compatível com o sistema normativo. O auditório típico de um juiz de primeiro grau é o seu tribunal. O auditório típico de um tribunal, nas questões constitucionais, é o Supremo Tribunal Federal. O próprio STF não é um tribunal de si próprio. Sua legitimidade e credibilidade dependem da compreensão e do assentimento da sociedade como um todo quanto ao papel que desempenha. No fundo, este é o seu auditório final. Comentam-se, abaixo, sumariamente, cinco decisões produzidas pelo STF em questões jurídica e moralmente controvertidas. Todos eles envolvem complexidades inerentes à interpretação constitucional e quase todos suscitam questões afetas à dignidade humana.

---

era arremessado pelos clientes do estabelecimento à maior distância possível, em disputa por um prêmio. V. *Conseil d'État*, Decisão 136727, 27 de outubro de 1985. Ver também Long et al., *Le Grands Arrêts de la Jurisprudence Administrative*, 1996, p. 790 *et seq.*

8.1 Anencefalia: legitimidade da interrupção da gestação

A Anencefalia é uma má-formação fetal, devido a um problema no fechamento do tubo neural. Na prática, diante da ausência da calota craniana, o feto se forma sem o cérebro e sem qualquer viabilidade de vida extra-uterina. O diagnóstico é feito no terceiro mês de gestação. Na Arguição de Descumprimento de Preceito Fundamental nº 54, o Supremo Tribunal Federal se pronunciou sobre a legitimidade ou não de a mulher poder interromper a gestação após o diagnóstico, se este fosse o seu desejo. O caso era difícil pelas três razões típicas. Em primeiro lugar, pela ambiguidade da linguagem: determinar se o sentido e alcance do direito à vida englobava ou não um feto inviável. Em segundo lugar, pela existência de uma colisão de direitos fundamentais: admitindo-se que houvesse, de fato, um direito à vida potencial por parte do feto, ele se contraporia ao direito da mãe de não se submeter a um sofrimento que considere inútil, com repercussão sobre a sua integridade física e psíquica. E, em terceiro lugar, um descordo moral: em todas as questões que envolvem interrupção da gestação e aborto, contrapõem-se os defensores da liberdade de escolha da mulher — isto é, o exercício de sua liberdade reprodutiva — e os que consideram que o direito à vida é absoluto e se estende ao feto, sendo ilegítima a decisão da mãe de interromper a gestação.

O Supremo Tribunal Federal decidiu que a interrupção da gestação no caso de feto anencefálico é fato atípico, em razão da ausência de potencialidade de vida do feto. Como consequência, reconheceu o direito de a mulher interromper a gestação em tal hipótese, independentemente de autorização judicial.

8.2 Pesquisas com células-tronco embrionárias: legitimidade da legislação autorizadora

A Lei de Biossegurança (Lei nº 11.105, de 24.03.2005), no seu art. 5º, veio autorizar as pesquisas com células-tronco embrionárias, observados determinados requisitos. Admitia, assim, que os embriões resultantes de procedimentos de fertilização *in vitro*, que estivessem congelados há mais de três anos, fossem destinados à pesquisa científica, se os genitores dessem autorização. As células-tronco embrionárias contêm material genético apto a se transformar em qualquer tecido ou órgão do corpo humano, o que significa uma fronteira extraordinária para a pesquisa médica, por oferecer perspectiva de tratamento para doenças até aqui sem cura, como mal de Parkinson, lesões medulares e diabetes, entre outras. O caso também era difícil pelas razões usuais. Havia uma ambiguidade de linguagem relativa ao enquadramento ou não de um embrião congelado no conceito de vida, para fins de proteção constitucional. Também estava presente uma colisão de normas: para quem entendia que se tratava de uma vida potencial, sua preservação se chocava com o interesse dos pesquisadores e dos portadores de doenças cuja cura pudesse ser alcançada por essa linha de pesquisas. Por fim, havia um desacordo moral: preservar o embrião, em nome do direito à vida, ou destiná-lo à ciência, diante da constatação de que ele jamais seria implantado em um útero materno.

Por maioria de votos, o Supremo Tribunal Federal declarou a constitucionalidade da lei, entendendo que um embrião congelado e sem perspectiva de implantação em um útero materno não constituía vida para fins constitucionais. Como consequência, considerou legítimas as pesquisas com células-tronco embrionárias, mesmo que importassem na destruição do embrião.

8.3 Nepotismo: validade do ato normativo do CNJ que restringiu a nomeação de parentes até o terceiro grau de membros do Judiciário para cargos em comissão

A Resolução nº 7, de 18 de outubro de 2005, do Conselho Nacional de Justiça, vedou a prática de nepotismo no âmbito de todos os órgãos do Poder Judiciário. Como consequência, ficou proibida a nomeação para cargo em comissão ou função gratificada — isto é, investiduras que independem de concurso — de cônjuge, companheiro ou parente em linha reta, colateral ou por afinidade, até o terceiro grau, de membro do Poder Judiciário da mesma jurisdição. No plano federal, bem como em alguns Estados-membros da Federação, já havia leis com teor assemelhado. Não, assim, porém, na maioria dos Estados. Editada a resolução pelo CNJ, ela foi amplamente descumprida pelos tribunais estaduais, sob o fundamento de que a matéria era reservada à lei, sendo insuscetível de ser tratada mediante ato normativo secundário.

Diante disso, a Associação dos Magistrados Brasileiros (AMB) ajuizou ação declaratória de constitucionalidade, requerendo ao Supremo Tribunal Federal que reconhecesse a validade da resolução do CNJ. O caso era difícil essencialmente por uma razão: a determinação do sentido e do alcance do princípio da legalidade. De acordo com o conhecimento convencional, esposado pelos tribunais estaduais, na falta de lei não era possível impor a restrição. A AMB sustentou que, no direito contemporâneo, em lugar da legalidade, aplica-se uma noção mais ampla, que é a de juridicidade, que inclui a aplicação direta e imediata da Constituição e seus princípios. O Supremo Tribunal Federal, por maioria larga, declarou a constitucionalidade da Resolução nº 7, do CNJ. Entendeu que dos princípios da moralidade e da impessoalidade, previstos expressamente na Constituição, era possível extrair a regra proibitiva do nepotismo. Pouco após esta decisão, que se referia apenas ao Poder Judiciário, o STF editou a Súmula nº 13, vedando o nepotismo em todos os Poderes.

8.4 Uniões homoafetivas: igualdade de tratamento com as uniões estáveis convencionais

Inexiste no direito brasileiro norma expressa regendo a situação das uniões homoafetivas. A Constituição não cuida delas. O art. 226, §3º faz menção, tão somente, ao reconhecimento de uniões estáveis entre homem e mulher. O mesmo se passa em relação à legislação ordinária, inclusive o art. 1.723 do Código Civil, que, por igual, somente se refere às relações entre homem e mulher. Diante da ausência de norma expressa, a jurisprudência se dividia entre duas soluções: parte dos tribunais entendia que a relação afetiva entre um homem e um homem, ou entre uma mulher e uma mulher, devia ser categorizada como uma *sociedade de fato*, cujos efeitos jurídicos, inclusive em caso de dissolução, deveriam ser pronunciados por um juiz cível; a outra parte entendia que, a despeito do silêncio da legislação, a analogia mais próxima era a da *união estável*, sendo competente a justiça de família. Na ação se pedia que o Supremo Tribunal Federal declarasse que esta última concepção é que estava em conformidade com a Constituição. O caso era difícil por duas razões. A primeira, no tocante à ambiguidade da linguagem, envolvia determinar se a locução união estável, tradicionalmente aplicada às relações heterossexuais, se estendia, também, às relações homoafetivas. Com a dificuldade de que a norma constitucional e a legislação ordinária somente se referiam a "homem e mulher" ao tratar da união estável.

A segunda razão que tornava o caso difícil é a inegável existência de desacordo moral razoável na matéria. De um lado, há segmentos da sociedade que entendem que união estável, assim como casamento, só pode ser entre pessoas de sexos opostos. Sustentam que a homossexualidade é contra as leis da natureza, que há expressa condenação na Bíblia e que, portanto, não deve ser encarada pelo Direito como um fato normal. De outro lado, inúmeros setores consideram que a homossexualidade é um fato da vida, que sua causa é predominantemente genética e que discriminar uma pessoa em razão de sua orientação sexual é como discriminar negros, judeus, ou asiáticos. As relações estáveis homoafetivas se baseiam na afetividade e em um projeto de vida comum. Ou seja: as mesmas características da união estável. Logo, não há fundamento legítimo para o tratamento diverso.

Em surpreendente unanimidade, o Supremo Tribunal Federal decidiu que as uniões estáveis homoafetivas deveriam receber o mesmo tratamento jurídico das uniões estáveis convencionais.

8.5 Cesare Battisti: a recusa de sua extradição por ato do Presidente da República

Cesare Battisti era um antigo militante da esquerda italiana contra quem a República Italiana ajuizou um pedido de extradição em 24 de abril de 2007. Battisti, integrante de uma organização chamada Proletários Armados pelo Comunismo, fora condenado a prisão perpétua na Itália, acusado de ter participado de ações da referida organização que resultaram em quatro homicídios. No curso do processo de extradição, o Ministro da Justiça concedeu a Cesare Battisti refúgio político, com base na legislação vigente. Em essência, considerou serem plausíveis os argumentos de perseguição política contra ele e, sobretudo, de ausência de devido processo legal no julgamento no qual foi condenado. De fato, Battisti foi submetido a um segundo julgamento, por tribunal de júri, à revelia, pois se encontrava em abrigo político na França. As provas eram exclusivamente os depoimentos de "arrependidos", alguns já condenados pelos homicídios cuja culpa transferiam para ele. Mais que tudo: os advogados de Battisti haviam sido constituídos pela própria organização — isto é, pelos "arrependidos" que lhe transferiam a culpa — e a procuração dada a eles era falsa, conforme comprovação pericial.

Em um primeiro julgamento, o Supremo Tribunal, por 5 votos a 4, invalidou o ato de concessão de refúgio e autorizou a extradição. Igualmente por 5 votos a 4, o STF estabeleceu que a competência final na matéria — isto é, a decisão de entregar ou não o extraditando ao Estado requerente — era do Presidente da República. O Presidente Lula decidiu não entregá-lo. A questão tornou a ser judicializada, sendo levada a um segundo julgamento. O STF entendeu, então, que a decisão do Presidente era de natureza política e, consequentemente, insindicável judicialmente. Este caso, a rigor, não constituía um caso difícil em sentido técnico. Sua dificuldade foi política. Juridicamente, as três principais teses em discussão configuravam um caso fácil. Eram elas:

1ª *A concessão de refúgio extingue o processo de extradição.* Tal consequência resulta da dicção expressa da lei e já fora reconhecida anteriormente pelo Supremo Tribunal Federal.

2ª *O ato de concessão de refúgio é de natureza política, não constituindo ato vinculado, cujo conteúdo possa ser revisto pelo Judiciário.* Tal entendimento corresponde à posição pacífica da doutrina e já fora adotado pelo STF em decisão proferida pouco tempo antes.

3ª *A decisão que defere a extradição tem caráter meramente autorizativo, não vinculando o Presidente da República.* Esta era, de longa data — e continuou a ser — a jurisprudência pacífica da Corte.

4ª *Atos praticados pelo Presidente da República na condução das relações internacionais são privativos do Executivo e não podem ser revistos pelo Judiciário.* A tese corresponde ao conhecimento convencional e nunca havia sido questionada.

9 Conclusão

Como afirmado ao início, o presente texto procurou ordenar e sistematizar ideias e fenômenos que revolucionaram o direito constitucional nas últimas três décadas. No caso brasileiro, os cinco precedentes judiciais apresentados no capítulo final do trabalho ilustram o novo papel da Constituição, da interpretação constitucional e dos tribunais. Apesar das resistências, trata-se de mudanças que impulsionaram o processo social e preservaram liberdades fundamentais, contribuindo para a promoção da dignidade humana. A seguir, em proposições objetivas, uma síntese apertada das ideias desenvolvidas:

1. A Constituição de 1988 simboliza um vertiginoso sucesso institucional, tendo propiciado o mais longo período de continuidade democrática da experiência constitucional brasileira. De parte isso, tem sido pano de fundo de um duradouro período de desenvolvimento econômico e social. A despeito do texto excessivamente extenso e detalhista, submetido a muitas dezenas de emendas, a parte da Constituição que contém normas materialmente constitucionais — como a organização do Estado, dos Poderes e o sistema de direitos fundamentais — permaneceu estável ao longo do tempo.
2. A conquista de normatividade e de efetividade pela Constituição foi o rito de passagem para o direito constitucional contemporâneo. A aplicabilidade direta e imediata da Constituição e o reconhecimento dos direitos constitucionais como

direitos subjetivos sindicáveis judicialmente mudaram a face do constitucionalismo brasileiro.
3. O neoconstitucionalismo é produto de transformações profundas no modo como se pensa e se pratica o direito constitucional. O advento de uma cultura pós-positivista e a expansão do papel do Judiciário e da jurisdição constitucional abriram caminho para um constitucionalismo principiológico e voltado para a concretização dos direitos fundamentais.
4. A passagem da Constituição para o centro do sistema jurídico deu lugar ao fenômeno da constitucionalização do Direito, que consiste na leitura do direito infraconstitucional à luz dos princípios, mandamentos e fins previstos na Constituição.
5. A nova interpretação constitucional desenvolveu ou aprofundou novas categorias jurídicas, necessárias para lidar com o pluralismo e a complexidade da vida contemporânea. Os chamados casos difíceis envolvem situações para as quais não há soluções pré-prontas no ordenamento jurídico, exigindo a atuação criativa de juízes e tribunais.
6. A judicialização é, em grande medida, um fenômeno mundial. No Brasil, ela é potencializada pela abrangência da Constituição e pelo sistema amplo de controle de constitucionalidade. O ativismo judicial entre nós tem se manifestado de maneira pontual, como forma de atender demandas sociais não satisfeitas pelo processo político majoritário.
7. A dignidade da pessoa humana é um valor fundamental e um princípio constitucional que serve de fundamento ético e jurídico para os direitos materialmente fundamentais, aos quais fornece parte do conteúdo essencial. Dela se extraem regras específicas e vetores interpretativos. O conteúdo jurídico da dignidade é conformado pelo valor intrínseco da pessoa humana, pela autonomia individual e pelo valor comunitário. É imprescindível dar à dignidade uma dimensão objetiva, que permita o seu uso operacional e a poupe do desgaste da banalização.

PARTE I

ALGUNS REGISTROS DE UM NOVO MODELO TEÓRICO

CAPÍTULO 1

A EFETIVIDADE DAS NORMAS CONSTITUCIONAIS
POR QUE NÃO UMA CONSTITUIÇÃO PARA VALER?

Nota introdutória

O artigo que se segue foi escrito ao longo de 1986, tendo sido apresentado como tese no XIII Congresso Nacional de Procuradores do Estado,[1] realizado em Brasília, em 1987, bem como no VIII Congresso Brasileiro de Direito Constitucional,[2] realizado em Porto Alegre, também em 1987. Alguns anos depois, republiquei-o na *Revista de Direito Administrativo*,[3] adaptando-o à Constituição de 1988. Com ligeiros ajustes, esta é a versão que se publica aqui.[4] Beneficiando-se de trabalhos anteriores, de autores como J. H. Meirelles Teixeira, José Afonso da Silva e Celso Antônio Bandeira de Mello, o artigo — e, posteriormente, o livro que nele se baseou —[5] lançou as bases da

---

[1] V. Anais do Congresso, publicado em volume intitulado *XIII Congresso Nacional de Procuradores do Estado*. Teses. Brasília, 1987, p. 354 *et seq.*
[2] V. *Advogado* n. 12 – Publicação do Instituto dos Advogados do Rio Grande do Sul, 1987, p. 41.
[3] Luís Roberto Barroso, A efetividade das normas constitucionais revisitada, *Revista de Direito Administrativo* 197:30, 1994.
[4] Na sua elaboração, contei com o auxílio de pesquisa valioso da bibliotecária Lúcia Lefebvre Fisher e da então acadêmica de direito Patrícia Izabel Torres Monteiro.
[5] Luís Roberto Barroso, *O direito constitucional e a efetividade de suas normas*, cuja 1. ed. é de 1990.

denominada doutrina brasileira da efetividade.[6] Mais do que uma escola teórica, o constitucionalismo da efetividade representou uma mudança de mentalidade dos operadores jurídicos em geral em relação ao papel da Constituição.[7]

O texto foi elaborado em uma conjuntura na qual o esforço de construção teórica do direito constitucional se justapunha ao empenho político na consolidação democrática do país. A grande premissa ideológica que movia a geração de constitucionalistas que começava a se formar era a de que a Constituição — mesmo a do regime militar — era invariavelmente mais progressista do que a legislação ordinária. De modo que tratar suas disposições como normas jurídicas aplicáveis direta e imediatamente era uma forma de fazer avançar o processo social. Para tanto, foram estigmatizadas algumas crônicas disfunções do constitucionalismo brasileiro, como a insinceridade normativa, a mistificação ideológica e a omissão dos Poderes Públicos.

Após denunciar a crônica falta de cumprimento real das normas constitucionais, e procurando superá-la, o artigo elabora o conceito de efetividade e formula uma classificação para as normas constitucionais que facilita a identificação da posição jurídica subjetiva na qual investem os jurisdicionados. Em seguida, importa para o direito constitucional a ideia de direito subjetivo. Direitos subjetivos são aqueles passíveis de violação. Uma vez violados, nasce para o seu titular uma pretensão, que poderá se manifestar por via de uma ação judicial. Vale dizer: a todo direito subjetivo constitucional corresponde uma ação para tutelá-lo. Este texto foi um dos pioneiros na defesa da ascensão e da centralidade do Poder Judiciário na tutela e na concretização da Constituição, em uma época na qual ele ainda era visto como um departamento técnico-especializado do governo. A conquista de efetividade pelas normas constitucionais foi o rito de passagem para a supremacia material e axiológica da Constituição, que abriu o caminho para o constitucionalismo democrático no país.

---

[6] A expressão que veio a identificar tal movimento doutrinário foi utilizada por Cláudio Pereira de Souza Neto (Fundamentação e normatividade dos direitos fundamentais: uma reconstrução teórica à luz do princípio democrático. In: Luís Roberto Barroso (Org.), *A nova interpretação constitucional*: ponderação, direitos fundamentais e relações privadas, 2003).

[7] Na mesma linha, explorando uma concepção da Constituição como instrumento ativo de concretização de direitos fundamentais, v. Clèmerson Merlin Clève, que reuniu diversos dos seus textos nessa matéria no livro *Para uma dogmática constitucional emancipatória*, 2012. Merece destaque, também, a contribuição trazida, um pouco mais à frente, por Ingo Wolfgang Sarlet, com o livro *Eficácia dos direitos fundamentais*, cuja 1. ed. é de 1998.

1 Introdução

1.1 Registro prévio

Este trabalho é uma versão revista e atualizada de outro que escrevi anteriormente à Constituição de 1988 sobre o mesmo tema, e que foi o embrião de meu livro *O direito constitucional e a efetividade de suas normas* (Renovar, 1990). Com certa obstinação, tenho me dedicado à tarefa de procurar resgatar o caráter normativo do Direito Constitucional, superando a fase em que ele foi convertido em instrumento de retórica, esvaziado de qualquer imperatividade.

Ao longo da história brasileira, sobretudo nos períodos ditatoriais, reservou-se ao direito constitucional um papel menor, marginal. Nele buscou-se, não o caminho, mas o desvio; não a verdade, mas o disfarce. A Constituição de 1988, com suas virtudes e imperfeições, teve o mérito de criar um ambiente propício à superação dessas patologias e à difusão de um sentimento constitucional, apto a inspirar uma atitude de acatamento e afeição em relação à Lei maior.

Já não se vive mais, como ontem, um tempo em que as portarias e os avisos, quando não as meras ordens verbais, pairavam acima da vontade do constituinte. Isto já representa um grande avanço, mas é pouco. Além de restituir ao texto da Constituição o seu papel institucional, é preciso reavivar, também, a sua dimensão científica.

De fato, sem embargo de constituir um domínio marcado por aspectos políticos, o direito constitucional tem conteúdo e discurso próprios, que não são os mesmos da política, da Sociologia ou da militância por causas de qualquer natureza. Mais que isto: Constituição não é plataforma de partido político — onde se inscrevem aspirações remotas e sonhos diversos — nem é o documento onde a classe dominante expia suas culpas, prometendo o paraíso aos dominados.

Em âmbito jurídico, não há avanço maior do que o de assegurar efetividade ao texto constitucional, com a realização concreta dos seus comandos no mundo dos fatos. E isto pela constatação óbvia de que o legislador constituinte é, invariavelmente, mais progressista que o legislador ordinário. Daí por que se devem esgotar todas as potencialidades interpretativas do texto constitucional, sem ficar no aguardo dos agentes infraconstitucionais.

Esta tarefa exige boa dogmática constitucional e razoável dosagem de positivismo. Para fugir do discurso vazio, é necessário ir à norma, interpretá-la, dissecá-la e aplicá-la. Em matéria de direito constitucional, é fundamental que se diga, ser positivista não significa reduzir o direito à norma: mas sim elevá-lo à condição de norma, pois ele tem sido menos que isto. Não é próprio das normas jurídicas — e, *ipso facto*, das normas constitucionais — sugerir, aconselhar, alvitrar. São elas comandos imperativos. O resgate da imperatividade do texto constitucional, por óbvio que possa parecer, é uma instigante novidade neste País habituado a maltratar suas instituições.

Em busca desse desiderato, é importante difundir uma concepção do Direito Constitucional dotada de rigor científico, com a apropriada utilização de princípios, conceitos e elementos interpretativos. Esta é a única forma de isolá-lo do que se poderia chamar de *charlatanismo constitucional*, que é o discurso constitucional inteiramente dissociado do direito, desenvolvido em nível puramente retórico, com vulgaridade e inciência.

Este discurso normativista e "científico" não constitui uma preferência acadêmica ou uma opção *estética*. Ele resulta de uma necessidade histórica. Sem ele, o Direito Constitucional continuaria a ser uma miragem, com as honras de uma falsa supremacia, que não se traduz em nenhum proveito para os cidadãos. Sobretudo os que, já desamparados da fortuna, ficam também desamparados da proteção das normas jurídicas.

Faço, todavia, a ressalva pessoal de que, não sendo filosoficamente positivista, espero ainda viver o dia em que, resgatada a densidade jurídica do direito constitucional, possa dedicar-se à atividade mais atraente de combiná-la e temperá-lo com outros domínios. Não apenas os mais evidentes — política, sociologia, economia —, mas outros mais fascinantes, como a psicanálise, a metafísica, a linguagem.

Lawrence Tribe, professor da Universidade de Harvard, por viver em um país de ampla e vivida soberania constitucional, pôde se conceder o luxo de escrever sobre as relações entre o direito constitucional e a física, em um instigante trabalho intitulado "A curvatura do espaço constitucional: o que a Física moderna pode contribuir para o direito".

A vida acadêmica do terceiro mundo, se se pretender engajada e contemporânea, adia para algum lugar do futuro os planos de *viagens* assim sedutoras. Porém aqui, de certo mais do que lá, tantos são os caminhos a percorrer, que não há risco de tédio ou ociosidade. Já é um consolo.

1.2 Apresentação do tema

A eficiência e aplicabilidade das normas constitucionais constituem um tema que já de algum tempo precisava ser revisitado. Desde a notável monografia de José Afonso da Silva,[8] que remonta a 1968, poucos foram os estudos sistematizados da matéria. Alguns autores, da melhor linhagem, elaboraram cortes parciais que iluminaram aspectos específicos do assunto,[9] sem, contudo, desvendarem inúmeras questões que, com maior ou menor intensidade, têm concorrido, renitentemente, para a frustração do processo institucional brasileiro.

Cabe assinalar que o presente trabalho, conquanto traçado sob uma perspectiva essencialmente jurídica, não se apega a alguns dos postulados da teoria pura do direito, no sentido de afastar todos os componentes e variáveis metajurídicos que permeiam o seu objeto. E assim se procedeu, não por desprezo à valia e cientificidade do pensamento kelseniano, mas porque, metodológica e ideologicamente, optou-se por caminho diverso. Sem embargo, eventuais incursões em áreas mais ligadas à política, à sociologia e à economia tiveram sempre como limite sua repercussão imediata sobre a ciência jurídica, à qual jamais se deixou de reconhecer um objeto próprio, inconfundível com o de outros campos do conhecimento humano.

Descarta-se, assim, eventual objeção de uma já superada ortodoxia positivista, que restringe o papel do jurista ao estudo do direito posto, rejeitando-lhe a função de propor esquemas para o encaminhamento de futuras opções políticas. Decerto é preciso esquivar-se do panfletarismo, atentando, no entanto, como aponta Sérgio Ferraz, que a ciência do direito, ao contrário das ciências exatas, não trata com fenômenos que se ordenem independentemente da atividade do cientista.[10]

Em toda linha de pensamento desenvolvida, rejeitou-se a falsa ideia da neutralidade do jurista, de indiferença ante as decorrências ideológicas que sua adesão científica possa favorecer ou mesmo engendrar.[11] Esta é uma mistificação anacrônica do liberalismo.

---

[8] José Afonso da Silva, *Aplicabilidade das normas constitucionais*, 1968.
[9] Anotem-se, em meio a outros, os seguintes autores e trabalhos que versaram proficientemente o tema: Celso Ribeiro Bastos e Carlos Ayres Britto (*Interpretação e aplicabilidade das normas constitucionais*, 1982), Celso Antônio Bandeira de Mello (*Eficácia das normas constitucionais sobre a justiça social*, tese apresentada à IX Conferência Nacional da OAB, Florianópolis, 1982) Pinto Ferreira (verbete "Eficácia" da *Enciclopédia Saraiva de direito*, 1979).
[10] Sérgio Ferraz, "Justiça social e algumas vertentes autocráticas de nosso direito administrativo", tese apresentada à IX Conferência Nacional da OAB, Florianópolis, 1982.
[11] Sérgio Ferraz, "Justiça social e algumas vertentes autocráticas de nosso direito administrativo", tese apresentada à IX Conferência Nacional da OAB, Florianópolis, 1982.

2 A frustração constitucional

Constituições, como é trivialmente sabido, não nos têm faltado. Antes, pelo contrário, nesta matéria teremos pecado mais pelo excesso do que pela escassez. Em conciso e penetrante ensaio, Seabra Fagundes[12] percorreu cada um dos casos de falência da legitimidade do poder na experiência constitucional brasileira, pela inaplicação das normas constitucionais vigentes a cada época.

Assim é que, numa sucessão de percalços, foram editadas, em 172 anos de independência e menos de 100 anos de República, oito Constituições, num melancólico estigma de instabilidade e falta de continuidade de nossas instituições políticas. Em meio a outras constatações, a experiência revela que a simples existência formal de uma Constituição é de parca utilidade.

Não é difícil comprovar a tese. A Constituição da República do Paraguai — aliás, tal como a brasileira — contém dispositivo declaratório de que todo poder emana do povo e em seu nome é exercido. A realidade, contudo, desmascara com tinturas de crueldade a solene dicção da norma, provendo um modelo político que nem vagamente tangencia o que se pudesse considerar como a expressão da soberania popular no exercício do poder.

Com igual inutilidade, a Constituição portuguesa, vigente até a "Revolução dos Cravos", de 25 de abril de 1974, previa um longo elenco de direitos e garantias individuais não realizados, num Estado que se organizava de forma policial e repressiva.

E, para que não busquem apenas exemplos externos, cabe penosamente rememorar que no Brasil, nos anos sombrios do início da década de 70, encontrava-se em vigor o §14 do art. 153 da Carta Federal, que impunha às autoridades o respeito à integridade física e moral dos detentos e presidiários. Não obstante isto, centenas de pessoas foram presas arbitrariamente, torturadas e mortas sem qualquer operatividade do preceptivo constitucional.

É que mesmo as ditaduras mais retrógradas, por tributo à virtude, fazem constar das Constituições que outorgam os mais elevados direitos incorporados ao patrimônio político da humanidade. Apenas cuidam de evitar que eles se tornem eficazes e efetivos.

Captando esta realidade com amarga ironia, afirmou C. A. Bandeira de Mello que, se um ser extraterreno, dotado de inteligência, aportasse no Brasil e decidisse desvendar os usos e costumes nativos

---

[12] M. Seabra Fagundes, *A legitimidade do poder político na experiência brasileira*, publicação da Ordem dos Advogados do Brasil – Secção de Pernambuco, 1982.

à luz da Constituição de 1969, especialmente do título "Da Ordem Econômica e Social", ficaria surpreso e embevecido com o padrão de civilização que logramos erigir.[13]

Convencer-se-ia, à vista do Texto Constitucional, que o principal vetor da nossa ordem econômica e social, ao lado do desenvolvimento, é a justiça social (art. 160, *caput*); bem como que o trabalho é mais valorizado que o capital (art. 160, II); que a propriedade tem uma função social (art. 160, III), e, pois, inexistem latifúndios rurais e especulação imobiliária urbana; que existe repressão ao abuso do poder econômico (art. 160, V); que os trabalhadores percebem salário mínimo capaz de satisfazer às suas necessidades e às de sua família (art. 165, V). Tudo sem falar em colônias de férias e clínicas de repouso (art. 165, XVIII).

Todas estas normas, que ressoam preciosamente inócuas, padecem de um mesmo mal: não são tornadas eficazes na prática, nem aplicadas concretamente. Ou seja: por causas que em seguida se procurará identificar e remediar, não se tem realizado efetivamente, no dia-a-dia da vida do cidadão, o ideário constitucional, que se torna, assim, vazio e vão.

3 Efetividade das normas constitucionais. Conceito

Ao prefaciar o seu admirável *Tratado de Direito Privado*, averbou Pontes de Miranda que "os sistemas jurídicos são *sistemas lógicos*, compostos de proposições que se referem a situações da vida, criadas pelos interesses mais diversos".[14] A função social do direito é dar valores a estas situações, interesses e bens e regular-lhes a distribuição entre os homens.

As regras de direito, portanto, consistem na atribuição de efeitos jurídicos aos fatos da vida, dando-lhes um peculiar modo de ser. A incidência de uma norma legal sobre determinado suporte fático torna jurídicos os bens da vida. Há de identificar-se, por conseguinte, como realidades próprias e diversas, o mundo dos fatos e o mundo jurídico.

Cifrando o objeto de nosso estudo, tem-se que os atos jurídicos — e, *ipso facto*, os atos normativos de todo grau hierárquico — comportam análise científica em três planos distintos e inconfundíveis: o da *existência*, o da *validade* e o da *eficácia*.

---

[13] Tais comentários, citados de memória, foram feitos em exposição oral no VI Congresso Brasileiro de Direito Constitucional, Vitória, 1985.
[14] Pontes de Miranda, *Tratado de direito privado*, t. I, 1954, p. IX.

Não cabe dissertar mais longamente sobre o tema, afeto, na verdade, à teoria geral do direito, senão para dar contornos precisos à terminologia utilizada e evitar que já do rótulo se embaralhem as ideias.

A *existência* de um ato jurídico — que pressupõe, naturalmente, a sua existência no mundo dos fatos — ocorre quando nele estão presentes os elementos constitutivos definidos pela lei como causa eficiente de sua incidência.[15] É possível distinguir, entre estes elementos, os que se poderiam dizer *comuns*, porque indispensáveis a qualquer ato jurídico (*v.g.* agente, objeto e forma) e os que são *específicos* a determinada categoria de atos.[16]

A ausência, deficiência ou insuficiência dos elementos que constituem pressuposto de incidência da norma impedem o ingresso do ato no mundo jurídico. Será, por via de consequência, um ato inexistente, do qual o direito só se ocupará para repeli-lo adequadamente. Seria inexistente, *v.g.*, uma "lei" que não houvesse resultado de aprovação da Casa Legislativa, por ausente a manifestação de vontade apta a fazê-la ingressar no mundo jurídico.

Existindo o ato, pela presença de seus elementos substantivos, sujeita-se ele a um segundo momento de apreciação, que é a verificação de sua *validade*. Aqui, cuida-se de constatar se os elementos do ato preenchem os atributos, os requisitos que a lei lhes acostou para que sejam recebidos como atos dotados de perfeição.

Não basta, por exemplo, para a prática de um ato administrativo, que exista o *elemento* agente público. De tal agente exige-se algo mais, um atributo: que seja *competente*. Por igual, exteriorizado o ato, estará presente a *forma*. Mas esta há de subsumir-se à prescrição legal: verbal, escrita ou pública, conforme o caso. Ou, ainda, não é suficiente que o ato tenha um determinado *objeto*, pois este tem de ser lícito e possível.

Em síntese: se estiverem presentes os elementos agente, forma e objeto, suficientes à incidência da lei, o ato será *existente*. Se, além disto, estiverem presentes os requisitos competência, forma adequada e licitude-possibilidade, o ato que já existe será também *válido*.

A ausência dos requisitos conduz à invalidade do ato, à qual o ordenamento jurídico, considerando a maior ou menor gravidade da violação, comina as sanções de nulidade e anulabilidade.

A *eficácia* dos atos jurídicos constitui-se na sua aptidão para a produção de efeitos, para a irradiação das consequências que lhe são

---

[15] A propósito do tema, consulte-se o denso trabalho de Sérgio de Andréa Ferreira, Invalidade da norma, *RDP 57-58*/147, 1981.
[16] Sérgio de Andréa Ferreira, Invalidade da norma, *RDP 57-58*/147, 1981.

próprias. Como anotou José Afonso da Silva,[17] tratando-se de uma norma, a *eficácia* jurídica designa a qualidade de produzir, em maior ou menor grau, efeitos jurídicos, ao regular, desde logo, as situações, relações e comportamentos nela indicados.

Cabe distinguir-se da eficiência jurídica o que muitos autores denominam de *eficácia social* da norma, que se refere, como assinala Miguel Reale, ao cumprimento efetivo do direito por parte de uma sociedade, ao "reconhecimento" (AnerKennung) do direito pela comunidade ou, mais particularizadamente, aos efeitos que uma regra suscita através do seu cumprimento.[18] Em tal acepção, eficácia social é a concretização do comando normativo, a sua força operativa no mundo dos fatos.

Da eficácia jurídica cuidou, superiormente, José Afonso Silva, para concluir que todas as normas constitucionais a possuem e são aplicáveis nos limites de tal eficácia. Lastreando-se na lição de Rui Barbosa, assentou que não há, em uma Constituição, cláusula a que se deva atribuir meramente o valor moral de conselhos, avisos ou lições. Todas têm a força imperativa de regras, ditadas pela soberania nacional ou popular aos seus órgãos.[19] Deliberadamente, ao estudar-lhes a capacidade de produzir efeitos, deixou de lado a cogitação de saber se estes efeitos *efetivamente* se produzem.

Como se vê, tratou-se de uma opção metodológica, e não de uma lacuna. Pois é precisamente este tema que ficou em aberto que se pretende desenvolver. Não mais a eficácia jurídica, como possibilidade de aplicação da norma, mas a eficácia social, os mecanismos para sua real aplicação, para sua *efetividade*.

Neste passo, atribui-se à eficácia o conteúdo que lhe deu a lição de Kelsen, ao distingui-la da vigência da norma, como sendo "o fato real de ela ser efetivamente aplicada e observada, a circunstância de uma conduta humana conforme à norma se verificar na ordem dos fatos".[20]

O direito existe para realizar-se. O direito constitucional não foge a este desígnio. Como adverte Biscaretti di Ruffia, sendo a Constituição a própria ordenação suprema do Estado, não pode existir uma norma ulterior, de grau superior, que a proteja. Por conseguinte, ela deve encontrar em si mesma a própria tutela e garantia.[21]

---

[17] José Afonso da Silva, *Aplicabilidade das normas constitucionais*, 1968, p. 58.
[18] Miguel Reale, *Lições preliminares de direito*, 1973, p. 135.
[19] José Afonso da Silva, *Aplicabilidade das normas constitucionais*, 1968, p. 3, 68, 253.
[20] Hans Kelsen, *Teoria pura do Direito*, 1979, p. 29-30.
[21] Paolo Biscaretti di Ruffia, *Direito constitucional*, trad. Maria Helena Diniz, 1984, p. 3.

É possível convir, então, que a perspectiva de efetividade da Lei maior conduz a alguns pressupostos, que assim se resumem:[22]

1. as normas constitucionais devem estruturar-se e ordenar-se de forma tal que possibilitem a pronta identificação da posição jurídica em que investem os jurisdicionados;
2. tais posições jurídicas devem ser resguardadas por instrumentos de tutela adequados, aptos à sua realização prática.

4 Normas constitucionais. Uma classificação

Em sua obra clássica, já de outras vezes referida, José Afonso da Silva enunciou a célebre divisão tricotômica das normas constitucionais, no que diz respeito à sua eficácia e aplicabilidade. Dividiu-as em:
  a) normas constitucionais de eficácia plena e aplicabilidade imediata;
  b) normas constitucionais de eficácia contida e aplicabilidade imediata, mas passíveis de restrição;
  c) normas constitucionais de eficácia limitada ou reduzida (que compreendem as normas definidoras de princípio institutivo e as definidoras de princípio programático), em geral dependentes de integração infraconstitucional para operarem a plenitude de seus efeitos.

Sem fugir de perspectiva semelhante, Celso Ribeiro Bastos e Carlos Ayres Britto formularam a sua própria classificação, dividindo as normas constitucionais, "quanto ao modo de sua incidência", em normas de integração e normas de mera aplicação; e, "quanto à produção de efeitos", em normas de eficácia parcial e normas de eficácia plena.[23]

Não se faz própria a oportunidade para comentar a valiosa contribuição científica de tais trabalhos, pela indispensável sistematização dos conhecimentos acerca do tema. Aqui, contudo, visa-se a objetivo diverso.

A proposição de uma nova classificação, sob perspectiva outra, não exclui nem diminuiu a elaboração precedente. Ao revés, é tributária da ordenação de princípios e conceitos já procedida e que lhe servem de premissas fundamentais.

---

[22] Sobre o tema, embora dirigido para campo específico diverso, veja-se José Carlos Barbosa Moreira, "Notas sobre o problema da efetividade do processo", In: *Temas de direito processual*, 3ª série, p. 27.

[23] Celso Ribeiro Bastos e Carlos Ayres Britto, *Interpretação e aplicação das normas constitucionais*, 1983.

Mais próximo da abordagem que se pretende dar — efetividade das normas constitucionais quanto aos direitos fruíveis individual e coletivamente — encontra-se o bem inspirado trabalho de Celso Antônio Bandeira de Mello versando a eficácia das normas constitucionais sobre justiça social.[24]

Cuidou ele, naquele estudo, de identificar as distintas posições jurídicas em que os administrados se veem investidos em decorrência das regras constitucionais. Concluiu, então, que sob este aspecto, as normas constitucionais alocam-se em três categorias distintas:
a) normas concessivas de poderes jurídicos;
b) normas concessivas de direitos;
c) normas meramente indicadoras de uma finalidade a ser atingida.

É precisamente com o desiderato de demarcar adequadamente a consistência da situação jurídica dos indivíduos ante os preceitos constitucionais que se esboçam as ideias a seguir apresentadas, configurando uma nova classificação, necessariamente experimental.

Tem-se em vista com ela, sobretudo, reduzir a discricionariedade dos poderes públicos na aplicação da Lei fundamental e propiciar um critério mais científico à interpretação constitucional pelo Judiciário, notadamente no que diz respeito aos comportamentos omissivos do Executivo e do Legislativo.

Uma Constituição determina a estrutura do Estado, institui os Poderes, define-lhes a competência, fixa os direitos fundamentais do indivíduo e traça os fins públicos a serem alcançados.[25]

Não cabe, neste passo, alongar a discussão sobre o conteúdo material ou substancial das Constituições, senão para reconhecer que no Estado moderno se têm alargado progressivamente as matérias que recebem assento constitucional. Tal fenômeno, que é ambíguo quanto a suas causas e efeitos, guarda a face virtuosa de incorporar ao texto constitucional elementos, direitos e institutos não contemplados numa superada visão "liberal" do Estado; na face reversa, contudo, tem acarretado uma vulgarização do texto constitucional, pela inserção de regras menores, regulamentares, esvaziando a solenidade e permanência da Lei maior.

---

[24] Celso Antônio Bandeira de Mello, *Eficácia das normas constitucionais sobre a justiça social*, tese apresentada à IX Conferência Nacional da OAB, Florianópolis, 1982.
[25] Veja-se, sobre o conceito de Constituição, M. Seabra Fagundes, *O controle dos atos administrativos pelo Poder Judiciário*, 1984, p. 1 *et seq.*

Consignada a observação e retornando-se à ideia de Constituição averbada no parágrafo anterior, vai-se verificar que toda Lei fundamental apresenta normas da natureza seguinte:

1. *Normas determinadoras da estrutura do Estado, instituidoras dos Poderes e definidoras de suas competências* (Normas Constitucionais de Organização)

A Constituição, já se disse com propriedade, é o conjunto de normas que organizam os elementos do Estado, ou, por outras palavras, normas que se referem "diretamente à organização e funcionamento do estado, à articulação dos elementos primários do mesmo e ao estabelecimento das bases da estrutura política".[26]

Há, portanto, uma característica que, embora não seja privativa, é sobremodo peculiar às normas constitucionais, singularizando-as com a estrutura de *normas de organização*, também referidas como "normas de estrutura ou competência".[27]

Torna-se indispensável, a esta altura, diferenciar as normas de *organização* das normas de *conduta*, distintas que são quanto à sua estrutura, efeitos e hipóteses de incidência.

Todas as regras destinadas a reger comportamentos sociais — vale dizer: a grande maioria das normas jurídicas — possuem uma estrutura dúplice, assim fotografável: preveem um fato ao qual atribuem uma consequência jurídica.

Na linguagem precisa de Reale, tais normas de conduta se estruturam de maneira binada, articulando dois elementos que se denominam, respectivamente, hipótese (ou fato tipo) e dispositivo (ou preceito).[28] Ocorrendo, concretamente, o fato previsto em tese pela norma, esta incide e produz os efeitos jurídicos que lhe são próprios, cabendo ao particular fruir ou suportar tais consequências. Assim, *v.g.*, quem pratica o fato típico "casar-se", frui e suporta, simultaneamente, todos os efeitos jurídicos do casamento traçados pela lei civil. Ou seja, a norma jurídica é redutível a um juízo ou proposição hipotética.

Intuitivamente, diversos são a estrutura, a incidência e os efeitos do dispositivo constante do art. 2º da Constituição Federal, cuja dicção é a seguinte: "Art. 2º São poderes da União, independentes e harmônicos entre si, o Legislativo, o Executivo e o Judiciário".

---

[26] José Afonso da Silva, *Curso de direito constitucional positivo*, 1985, p. 4, 7.
[27] Celso Ribeiro Bastos e Carlos Ayres Britto, *Interpretação e aplicação das normas constitucionais*, 1983.
[28] Miguel Reale, *Lições preliminares de direito*, 1973, p. 120.

Ou desse outro, que abre a Carta em vigor: "Art. 1º A República Federativa do Brasil, formada pela união indissolúvel dos Estados e Municípios e do Distrito Federal, constitui-se em Estado Democrático de Direito [...]".
Ou ainda: "Art. 125. Os Estados organizarão sua Justiça, observados os princípios estabelecidos nesta Constituição".

Tais normas, ao contrário das primeiras, não se destinam a disciplinar comportamentos de indivíduos ou grupos, mas, ao revés, visam à estrutura e funcionamento de órgãos, ou à disciplina de processos técnicos de identificação e aplicação de normas, a fim de assegurar uma convivência jurídica ordenada. Arrematando tal pensamento, escreveu Reale:[29]

> Na realidade, as regras que dispõem sobre organização dos poderes do Estado, as que estruturam os órgãos e distribuem competências e atribuições, bem como as que disciplinam a identificação, modificação e aplicação de outras normas não se apresentam como juízos hipotéticos; o que as caracteriza é a obrigação objetiva de algo que se deve ser feito, sem que o dever enunciado fique subordinado à ocorrência de um fato previsto, do qual possam ou não resultar determinadas consequências. Ora, não havendo a alternativa do cumprimento ou não da regra, não há que se falar em hipoteticidade.

A existência de tais normas, dirigidas aos três poderes — embora, mais comumente, ao Legislativo — não passou despercebida a Celso Bastos e Carlos Britto, que as ressaltaram como "traços tipificadores do direito constitucional",[30] embora, repita-se, em outras áreas do direito se encontrem normas de tal natureza e estrutura, verdadeiras "sobrenormas", como, por exemplo, na Lei de Introdução às normas do Direito Brasileiro — hoje Lei de Introdução às normas do Direito Brasileiro — ou no próprio Código Civil (*v.g.* art. 384).

De parte estas *normas de organização*, é possível assentar-se que os textos constitucionais contêm normas de natureza outra, a assinalar:

2. *Normas definidoras de direitos*

Aqui, aporta-se em terreno tormentoso, pela diversidade terminológica, pela amplitude da conceituação do termo *direito* e pelos

---

[29] Miguel Reale, *Lições preliminares de direito*, 1973, p. 115.
[30] Celso Ribeiro Bastos e Carlos Ayres Britto, *Interpretação e aplicação das normas constitucionais*, 1983, p. 33.

diversos conteúdos que ele pode efetivamente assumir. Nada mais dramático para uma ciência do que situações iguais serem identificadas por nomenclatura diversa, e, sobretudo, situações radicalmente diversas verem-se identificadas por igual denominação. A linguagem torna-se, assim, instrumento da obscuridade, as palavras se esvaziam de sentido e o seu conteúdo real desperdiça-se sem proteção.

Agustín Gordillo, condensando os ensinamentos de John Hospers ("Introducción al Análisis Filosofico") e Genaro Carrió ("Notas sobre Derecho Y Lenguaje"), expôs com proficiência a dificuldade trazida pela fluidez da linguagem, que impede uma precisão absoluta nas definições, nas palavras ou nos símbolos, a menos que se construa uma linguagem nova e totalmente artificial. Isto, prossegue o publicista argentino, é o que foi feito pelas ciências exatas e o que até agora não pôde fazer o direito.[31]

Por tal arte, avultam as perplexidades no que concerne à utilização de termos — e dos respectivos conceitos — tais como situações jurídicas subjetivas, direitos subjetivos, interesses legítimos, direitos potestativos, faculdades, poderes e outros.

Seria imprescindível, não fosse impossível em trabalho desta natureza e extensão, que se procedesse à definição de tais termos, não pela pretensão de serenar a turbulência doutrinária, mas para que se estabelecesse, por convenção, o rótulo que identifica cada um dos conceitos utilizados.

Rendendo-me, todavia, à inviabilidade ocasional de tal empreitada, devo esclarecer que utilizar-se-á como ideia central do tópico ora desenvolvido a concepção mais corrente de *direito subjetivo*, desprezando-se as variações de menor ou maior sutileza em torno do tema e averbando meu entendimento de que mesmo esta noção, tomada por empréstimo ao direito privado, encontra-se à espera de sua versão publicizada.

Ao procurar reduzir a uma categoria específica as normas atributivas (ou declaratórias) de direitos, pretendo cifrá-las aos preceitos que ensejam ao indivíduo, de plano, independentemente de normatização ulterior, situações jurídicas ativas ou de vantagem, imediatamente desfrutáveis e exigíveis, assim do Estado como de outro eventual destinatário da norma.

Desbordando para um campo mais metodológico do que propriamente científico, afigura-se inteiramente desejável que a Constituição reserve o vocábulo *direito* às situações que se caracterizem por sua

---

[31] Agustín Gordillo, *Princípios gerais de direito público*, 1977, p. 2 *et seq.*

pronta exigibilidade, correspondendo a um dever jurídico, realizável por prestações positivas ou negativas.

Estaria, assim, desfeita a ambiguidade de se ter na Constituição, sob a mesma designação de "direitos", hipóteses que investem o jurisdicionado em posições jurídicas inteiramente distintas. E o que é mais grave: sem que muitas vezes seja possível extrair-se, da leitura da norma, qual a exata potencialidade de tais posições jurídicas, no que concerne à exigibilidade dos "direitos" proclamados.

Tomem-se como exemplos as regras contidas no inciso LXI do art. 5º — direito de não ser preso arbitrariamente —, no inciso XXII do art. 5º — direito de propriedade — e no inciso III, b, do art. 150 — direito de não sofrer imposição tributária inobservante do princípio da anterioridade. Em todos estes três casos resulta para o indivíduo uma posição juridicamente consistente, que impõe um dever de abstenção do Estado ou de particulares, e investem-no no poder jurídico de exigir tal prestação negativa.

Confira-se, ainda, o inciso XXXV do mesmo art. 5º, que assegura o direito de ação, correlato do dever do Estado de prestar jurisdição, ensejando ao indivíduo a exigibilidade de uma prestação positiva.

Em cada um destes casos, a norma constitucional investe o indivíduo em uma posição jurídica robustecida, da qual lhe resulta o poder de exigir determinada prestação do Estado ou do particular.

Analise-se, de outra parte, o "direito" que vem previsto no art. 368 do Anteprojeto de Constituição elaborado pela Comissão de Estudos Constitucionais, cuja dicção é a seguinte: "Art. 368. É garantido a todos o direito, para si e para a sua família, de moradia digna e adequada, que lhes preserve a segurança, a intimidade pessoal e familiar".

Assumindo, hipoteticamente, que tal dispositivo se houvesse incorporado à Constituição, ninguém ousaria discordar que este "direito" à moradia não investe o indivíduo numa situação jurídica comparável à dos exemplos anteriores. Entendimento diverso conduziria à conclusão de que, no dia seguinte à promulgação de tal Texto, todo indivíduo que fosse capaz de demonstrar que não possui moradia nos moldes previstos na norma teria ação contra o Poder Público para recebê-la.

Seria insensato supor que este tenha sido o objetivo da norma. Logo, tem-se de admitir que ela visou a coisa diversa do que a de investir cada indivíduo no poder jurídico de exigir prontamente uma prestação positiva do Estado. Se assim é, porque não deveria ser diferente, verifica-se que o vocábulo direito recebeu conteúdo variado e enseja efeitos diversos em cada uma das normas apreciadas.

Este exemplo é extremo. Outros, no entanto, sujeitam o intérprete a uma incerteza grave e indesejável. Vejam-se algumas situações que se configuravam sob o regime da Carta de 1969. Por primeira hipótese, tome-se a conjunção do art. 176, *caput*, da Carta de 1969 — "A educação... é direito de todos e dever do Estado" — com o inciso II do §3º, do mesmo artigo: "II. O ensino primário é obrigatório para todos, dos sete aos quatorze anos, e gratuito nos estabelecimentos oficiais".

De qual dos "direitos" se está aqui tratando? Dos da segunda espécie, valendo a norma como um programa a ser progressivamente implementado ao talante do Poder Público? Ou, ao revés, poderia um chefe de família carente, em região onde não haja uma escola pública, exigir que o Estado custeasse os estudos de seu filho de dez anos em uma escola privada?

Parece-me, definitivamente, que a segunda posição é a correta. Mas este entendimento não seria minimamente pacífico.

Por igual, a EC nº 12, de 17.10.78, assegurava "aos deficientes... educação especial gratuita". Qual a posição jurídica do deficiente que não auferisse o benefício *assegurado* pela norma constitucional? Poderia exigi-lo ou deveria aspirar a que o Poder Público, em algum tempo não muito longínquo, viesse a satisfazê-lo.

Verifica-se, assim, que é inafastável, para segurança do jurisdicionado e orientação do intérprete e aplicador da lei, que se estremem, sem margem a dúvidas, as diferentes situações que resultem para o indivíduo do comando constitucional. Assim, onde se lhe assegurar um *direito*, saber-se-á que se encontra ele investido no poder jurídico de exigir prontamente uma prestação, via Poder Judiciário, sempre que o sujeito passivo deixar de satisfazê-la. Onde se cuidar de um simples programa de ação futura, não será utilizada, por via direta ou indireta, a palavra direito.

A Constituição de 1988 reiterou ser a educação direito de todos e dever do Estado (art. 205), e detalhou, no art. 208, que tal dever será efetivado mediante a garantia de "ensino fundamental, obrigatório e gratuito, inclusive para os que a ele não tiverem acesso na idade própria" (inciso I), bem como pelo "atendimento educacional especializado aos portadores de deficiência..." (inciso II). Também aqui não parece haver dúvida quanto à imperatividade da norma e a exigibilidade do bem jurídico tutelado em ambos os casos.

É bem de ver, no entanto, que o constituinte preferiu não sujeitar-se a riscos de interpretação em matéria à qual dedicou especial atenção: o ensino fundamental. Desse modo, interpretando a si mesmo, fez incluir no §1º do art. 208 a *declaração* de que "o acesso ao ensino obrigatório e gratuito é direito público subjetivo". O dispositivo, todavia, não deve induzir ao equívoco de uma leitura restritiva: todas as outras situações jurídicas constitucionais que sejam redutíveis ao esquema *direito individual — dever do Estado* configuram, da mesma sorte, direitos públicos subjetivos. Não pretendeu o constituinte limitar outras posições jurídicas de vantagem, mas, tão somente, ser meridianamente claro em relação a esta posição específica. Com isto evita que a autoridade pública se furte ao dever que lhe é imposto, atribuindo ao comando constitucional, indevidamente, caráter programático e, pois, insuscetível de ensejar a exigibilidade de prestação positiva.

Fique bem clara a posição que adotamos: direito é direito e, ao ângulo subjetivo, ele designa uma específica posição jurídica. Não pode o poder Judiciário negar-lhe a tutela, quando requerida, sob o fundamento de ser um direito não exigível. Juridicamente, isto não existe.[32] Tampouco poderá invocar a não imperatividade ou ausência de caráter jurídico da norma que o confere. Já demonstramos o desacerto desse ponto de vista. Logo, somente poderá o juiz negar-lhe o cumprimento coercitivo, no caso de impossibilidade material evidente e demonstrável, pela utilização de uma interpretação sistemática influenciada pela teoria geral do Direito. Fundar-se-ia em um raciocínio estruturado de forma assemelhada a esta: a Constituição está no vértice do sistema jurídico. O sistema jurídico é um sistema lógico. Uma regra que preceitue um fato que de antemão se saiba irrealizável viola a lógica do sistema. Não pode, portanto, integrá-lo validamente.

Duas observações se fazem oportunas antes do desfecho deste tópico:

A) Quando se reduz a uma determinada categoria as normas fixadoras de direitos, reconhecidos como direitos subjetivos, não se está a significar que as normas dos outros dois grupos não possam igualmente criá-los. O critério utilizado foi o da predominância ou, antes, o da proeminência do aspecto versado na norma.

Assim, por exemplo, quando uma norma de organização define a competência municipal para desempenho de determinada atividade está, reflexamente, investindo o Município no direito subjetivo de exercê-la, donde lhe resulta o poder jurídico de exigir a abstenção da União ou do Estado, se estas entidades, a qualquer pretexto, invadirem-lhe a competência. Também geram direitos subjetivos as normas do terceiro grupo, que a seguir serão examinadas.

---

[32] Excluem-se, aqui, hipóteses como as das denominadas obrigações naturais (v. C. Civil, art. 970. V. Caio Mario da Silva Pereira, *Instituições de direito civil*, v. 2, 1978, p. 35).

B) A ideia de reservar-se à palavra *direito*, no texto constitucional, uma acepção unívoca, identificadora de uma específica posição jurídica, não é a única forma de atingir-se o objetivo de distinção entre as situações imediatamente tuteláveis e as demais.

Com efeito, a Constituição da Espanha de 1978 adotou fórmula diversa. Assim, é que dedicou o capítulo II do Título I ao que denominou "direitos e liberdades" que se identificam, de forma muito próxima, com os "direitos e garantias individuais" contemplados no art. 5º da Carta brasileira vigente. E, no capítulo III seguinte, cuidou dos "princípios diretivos da política social e econômica", assegurando "direitos" de matizes diversos, correspondentes ao que a doutrina nacional reconhece como "direitos sociais", e que no nosso Texto vêm precipuamente contemplados nos arts. 6º a 11 do Título II (Dos Direitos e Garantias Fundamentais) e no Título VIII (Da Ordem Social).

No art. 53, todavia, a Carta espanhola estremou as situações, ao preceituar que os direitos "reconhecidos no capítulo II" eram tuteláveis perante os tribunais em procedimento sumário, ao passo que os do capítulo III somente poderiam ser invocados "nos termos das leis que lhe derem desenvolvimento".

Tal fórmula, contudo, abriga um aspecto negativo indesejável: impede a eficácia plena e aplicabilidade imediata de toda e qualquer norma concessiva de direitos sociais, subordinando-os, sem exceção, ao legislador infraconstitucional. Sem adiantar, ainda, a discussão sobre a omissão do Legislador em regulamentar direitos assentes na Constituição, parece-me que inúmeros direitos sociais são desfrutáveis e exigíveis independentemente de integração legislativa.

Assim, por exemplo, se a Lei fundamental contempla os trabalhadores com a estabilidade no emprego ou com o repouso semanal remunerado, assegurou-lhes direitos de plano exercitáveis, inexistindo qualquer razão para que fiquem condicionados a futura normatização.

É certo, contudo, que existem verdadeiros direitos, na acepção que aqui se lhes vem dando, que não prescindem da atuação do legislador ordinário. Neste caso, anteriormente ao desfrute do bem jurídico acenado constitucionalmente, surge um direito subjetivo diverso para o beneficiário da norma: o de ver regulamentada, de forma adequada, a situação jurídica desenhada na Lei maior, exigível do Poder Legislativo. Adiante se voltará a este ponto.

Averbe-se, por fim, que, para que tal proposição possa realizar-se eficazmente, é preciso ter em conta a advertência de Eros Grau, de que a Constituição não deve contemplar promessas inexequíveis, seja do ponto de vista social, seja economicamente. Consagrar-se, em sede constitucional, promessas vãs, antecipadamente frustradas, retira a seriedade de um documento fundamental, transformando-o em "mero instrumento de dominação ideológica".[33]

Volvendo ao conceito de Constituição delineado anteriormente, é de se verificar que as Leis fundamentais modernas apresentam, ainda, normas desta última natureza:

3. *Normas delineadoras de um fim a ser alcançado ou de um princípio a ser observado, sem especificar condutas a serem seguidas* (Normas Constitucionais Programáticas)

O Estado, como criação da razão humana, destina-se à consecução de determinados fins. Embora se possa identificar como fim geral do Estado a realização do bem comum, como notou Dalmo Dallari,[34] existem outros tantos objetivos específicos, contingenciais ou de maior permanência, que inspiram — ou devem inspirar — a atuação do poder público a cada época.

Na esteira do Estado intervencionista, surtido do primeiro pós-guerra, incorporaram-se às Constituições modernas, ao lado dos direitos individuais, regras destinadas a conformar a ordem econômica e social a determinados postulados de justiça social, protegendo o indivíduo, não apenas em face do poder do Estado, como também contra o poder econômico e os desequilíbrios dele advindos.

Surgem, assim, disposições indicadoras de fins sociais a serem alcançados. Estas normas, no entanto, limitam-se a estabelecer determinados princípios ou fixar programas de ação para o Poder Público.

Na Constituição de 1988, partilham dessa natureza, *v.g.*, o dispositivo que consagra a "função social da propriedade" (CF, art. 170, III), o que estabeleceu que "a ordem social tem como base o primado trabalho, como objetivo o bem-estar e a justiça sociais" (art. 193) e o que determina que o Estado "apoiará e incentivará a valorização e a difusão das manifestações culturais" (art. 215).

Tais normas, que José Afonso da Silva situa entre as de eficácia limitada, definidoras de princípios programáticos, são usualmente nominadas *normas programáticas*, conceituadas por Pontes de Miranda como "aquelas em que o legislador, constituinte ou não, em vez de editar regra jurídica de aplicação concreta, apenas traça linhas diretoras, pelas quais se hão de orientar os poderes públicos. A legislação,

---

[33] Eros Roberto Grau, *A Constituinte e a Constituição que teremos*, 1985, p. 44, 46.
[34] Dalmo de Abreu Dallari, *Elementos de teoria geral do Estado*, 1981, p. 95.

a execução e a própria justiça ficam sujeitas a esses ditames, que são como programas dados à sua função".[35]

Como observou C. A. Bandeira de Mello, relativamente a tais normas, a posição jurídica dos administrados é menos consistente que nos casos anteriores, pois não lhes confere fruição alguma nem lhes permite exigir que se lhes dê o desfrute de algo. Remarque-se a ideia: as regras desta categoria apenas explicitam fins, sem indicação dos meios previstos para alcançá-los. Por tal razão, não chegam a conferir aos cidadãos uma utilidade substancial, concreta, fruível positivamente e exigível quando negada.[36]

Sem embargo, seria errôneo supor que tais regras não sejam dotadas de qualquer valia. Calha relembrar que José Afonso da Silva demonstrou, com exaustão, que não há norma constitucional alguma destituída de eficácia jurídica, ainda quando esta irradiação de efeitos nem sempre seja plena, comportando uma graduação.

Não é difícil demonstrar este teor de eficácia jurídica das normas programáticas, assim como os meios de sua efetivação.

Tais normas, dirigidas que são aos órgãos estatais, hão de informar a atuação do legislativo, ao editar leis, bem como a da Administração e do Judiciário ao aplicá-las, de ofício ou contenciosamente. Desviando-se os atos de quaisquer dos Poderes da diretriz lançada pelo comando normativo superior, viciam-se por inconstitucionalidade, pronunciável, em cada caso, pela instância competente.

Delas não resultam para o indivíduo o direito subjetivo, em sua versão positiva, de exigir uma determinada prestação. Todavia, fazem nascer um direito subjetivo "negativo" de exigir do Poder Público que se abstenha de praticar atos que contravenham os seus ditames.[37]

Em palavras de C. A. Bandeira de Mello, as regras em apreço conferem ao administrado, de imediato, direito a:[38]

> a) opor-se judicialmente ao cumprimento de regras ou à prática de comportamentos que o atinjam, se forem contrários ao sentido do preceito constitucional;

---

[35] Pontes de Miranda, *Comentários à Constituição, com a emenda nº 1, de 1969*, t. I, 1969, p. 126-7.
[36] Celso Antônio Bandeira de Mello, *Eficácia das normas constitucionais sobre a justiça social*, tese apresentada à IX Conferência Nacional da OAB, Florianópolis, 1982, p. 18, 29.
[37] Veja-se a este propósito, Rosah Russomano, "Das normas constitucionais programáticas". In: Paulo Bonavides (Coord.), *Tendências atuais do direito público*, 1976, p. 267 et seq.
[38] Celso Antônio Bandeira de Mello, *Eficácia das normas constitucionais sobre a justiça social*, tese apresentada à IX Conferência Nacional da OAB, Florianópolis, 1982, p. 19.

b) obter, nas prestações jurisdicionais, interpretações e decisão orientadas no mesmo sentido e direção preconizados por estas normas, sempre que estejam em pauta os interesses constitucionais protegidos por tais regras.

Por derradeiro, consigne-se uma distinção nem sempre traçada adequadamente por muitos autores. O fato de uma regra constitucional contemplar determinado direito cujo exercício dependa de legislação integradora não a torna, só por isto, programática.

Não há identidade possível entre a norma que confere ao trabalhador direito ao "seguro desemprego" em caso de desemprego involuntário (CF, art. 7º II) e a que estatui que a família tem especial proteção do Estado" (CF, art. 226).

No primeiro caso, existe um verdadeiro direito, tutelável consoante os fundamentos que pouco mais adiante serão expostos. Há uma prestação positiva a exigir-se, eventualmente frustrada pela omissão do legislador ordinário. No segundo caso, faltando o Poder Público a um comportamento comissivo, nada lhe será exigível, senão que se abstenha de atos que impliquem a "desproteção" da família.

5 Meios de assegurar a efetividade das normas constitucionais

Passa-se ao largo, neste estudo, da crítica ao Estado burguês — apresentado como Estado neutro, árbitro dos conflitos, constituído sob uma fórmula de compromisso entre o capital e o trabalho e colocado acima das classes —, por ser outro o seu objeto.[39] A amarga dose de hipocrisia que permeia tal realidade estatal não leva, nestas linhas, à sua negação, mas à tentativa de neutralizar-lhe a insinceridade originária. Busca-se, assim, sistematizar os mecanismos diversos de exigência do cumprimento do "compromisso" constitucional, subvertendo sua inspiração falaciosa em uma atuação real e efetiva.

Não passou despercebido à arguta sensibilidade de Dallari o processo de transformação que levou ao atual Estado burguês — o Estado social de direito. Captou ele, assim, o fato de que, "chamado primeiramente a intervir para assegurar a justiça social, contendo os abusos das grandes forças político-sociais, o Estado foi primeiramente

---

[39] Recomenda-se, contudo, sobre o tema — já versado por quase todos os autores marxistas — o trabalho de Paulo Bessa: *Uma nova introdução ao direito*, 1986, p. 87 et seq.

combatido por essas forças, as quais, entretanto, verificando a inevitabilidade da intervenção, mudaram seu comportamento procurando dominar o Estado e utilizá-lo a seu favor, gerando uma nova espécie de intervencionismo".[40]

Superando, ou, ao menos, deixando de lado esta contradição fundamental, cabe averbar que, em um Estado de direito, o intérprete maior das normas jurídicas e titular da competência de aplicá-las aos casos controvertidos é o Poder Judiciário. Usando tal referência, desdobram-se em dois os caminhos a percorrer, no sentido de ensejar a efetivação dos comandos constitucionais.

O primeiro deles, que denominei *participativo*, liga-se, essencialmente, à atuação fiscalizadora da sociedade civil, por seus diferentes organismos. O segundo, identificado como *jurídico*, consiste na utilização e esgotamento do receituário legal disponível para tutela jurisdicional dos direitos constitucionais. Analise-se cada um deles.

5.1 O caminho participativo

O ocaso da fase mais radical do autoritarismo político no Brasil coincidiu com o surgimento de uma nova força política, difusa, atomizada, organizada celularmente, mas importantíssima: *a sociedade civil*. Diante da obstrução dos canais institucionais de participação política — notadamente os partidos políticos — fortaleceram-se e multiplicaram-se as entidades de organização setorial. Assim, à atuação de organismos como a OAB, vieram progressivamente somar-se as comunidades eclesiais, os movimentos de mutuários, de negros, femininos, ecológicos, moradores etc., além dos sindicatos revitalizados.

Conforme noticia Norberto Bobbio, a expressão *sociedade civil* assumiu diversos significados no curso do pensamento político, desde os jusnaturalistas até Gramsci, passando por Rousseau, Hegel, Marx e outros.[41] Na significação que aqui se lhe está dando, e que se tornou corrente na atualidade, designa o conjunto de indivíduos, grupos e forças sociais que atuam e se desenvolvem fora das relações de poder que caracterizam as instituições estatais.

A sublimação da sociedade civil, na extensão que atualmente se constata, é um fenômeno que se caracteriza pelo ineditismo. É que a sociedade brasileira, historicamente, gravitou em torno do *oficialismo*.

---

[40] Dalmo de Abreu Dallari, *Elementos de teoria geral do Estado*, 1981, prefácio.
[41] Norberto Bobbio, *Dicionário de política*, Brasília, 1986, p. 126 *et seq.*

As bênçãos do poder estatal sempre foram — ressalvadas as exceções que confirmam a regra — a razão do êxito ou do fracasso de qualquer projeto político, social ou empresarial que se pretendesse implantar. Este é um traço marcante do caráter nacional, que veio do Império, exacerbou-se na República Velha, atravessou o Estado Novo e vem até os tempos modernos.

Na política sempre foi assim, como agudamente captou Raymundo Faoro:[42] "A verdade eleitoral não sairia da lei, como queriam os estadistas; mesmo depurada com honestidade, traria à tona o próprio país, com o eleitorado obediente ao governo, qualquer que fosse este, uma vez que fosse o poder que nomeia, que possui as armas e o pão".

No campo econômico, por décadas a fio, foi o fomento estatal que patrocinou a opulência dos produtores de café, numa política que atrasou o desenvolvimento nacional pelo incentivo à monocultura e à dependência dos mercados externos. Desde então, sugava-se do Estado o financiamento para o lucro certo, apropriado privadamente, e repassava-se-lhe o *déficit*, a ser partilhado por todos.

E por fim, quando a questão social deixara de ser caso de polícia, para converter-se em questão política, lá estava o Estado tutelando os trabalhadores, infiltrado nos sindicatos, no patrocínio de mais das disfunções institucionais brasileiras: o *peleguismo*.

Diante de tais antecedentes, é impossível exagerar a importância da mobilização da sociedade civil em torno da reivindicação de seus direitos, fazendo nascer um país que tem vida própria fora do oficialismo, da estatalidade tantas vezes opressiva.

Este, portanto, o primeiro componente da via participativa de controle da efetividade das normas constitucionais: a fiscalização atuante dos órgãos da sociedade civil, cobrando o cumprimento da Constituição e das leis, indo desde a pequena ação comunitária até as grandes questões.

Advirta-se que esta via participativa não se reduz a uma atuação estritamente política. Comporta, ao revés, a utilização de instrumentos jurídicos e a intervenção do poder Judiciário, por provocação dos interessados.

A ação popular, contemplada no inciso LXXIII do art. 5º do texto constitucional em vigor, e regulada pela Lei nº 4.717/65, é um destes instrumentos jurídicos. Conquanto destinada especialmente à invalidação de atos lesivos ao patrimônio público, enseja o controle jurisdicional não apenas dos atos causadores de prejuízo pecuniário, como

---

[42] Raymundo Faoro, *Os donos do poder*, 1979, v. 1, p. 343.

também dos que lesem bens imateriais ou refratários a uma avaliação em termos da moeda.[43] Presta-se a ação popular à tutela, em muitos casos, dos assim chamados interesses difusos — em contraposição aos individuais e coletivos —, que são aqueles que não repousam necessariamente sobre uma *relação-base*, sobre um vínculo jurídico bem definido que congregue os interessados.[44]

José Carlos Barbosa Moreira, em valioso ensaio sobre o tema, arrolou alguns casos concretos em que se recorreu à ação popular.[45] Assim é que, por essa via, pleiteou-se a anulação do ato que aprovou o projeto de construção do aeroporto de Brasília, pelo fundamento de que ele não se harmonizava com a concepção estética que inspirava a edificação da nova capital. Noutro caso, impugnou-se a legitimidade de atos administrativos relacionados com o aterro parcial da Lagoa Rodrigo de Freitas, no Rio de Janeiro, sob a invocação de que se desfiguraria local de beleza paisagística. Em São Paulo, propôs-se ação popular destinada a impedir a demolição de edifício de valor histórico para em seu lugar erigir-se uma estação de metrô. Enfim, os exemplos se multiplicam, sem que haja necessidade de enunciá-los mais longamente.

Cabe consignar a conveniência de se ampliar a legitimidade ativa para utilização deste remédio, visto que a cláusula constitucional restritiva — "qualquer cidadão" — impede a propositura da ação por pessoas jurídicas. É bem de ver, no entanto, que, muitas vezes, um sindicato ou uma associação, por exemplo, encontram-se melhor aparelhados para a iniciativa, sem mencionar que a impessoalidade de tais entes serve para diluir os ônus e responsabilidades da medida, que podem tornar-se excessivos para um único indivíduo.

Ajunte-se à ação popular um novo remédio, introduzido pela Lei nº 7.347, de 24.07.85, que disciplina a *ação civil pública* de responsabilidade por danos causados ao meio ambiente, ao consumidor e a bens e direitos de valor artístico, histórico, turístico e paisagístico. Esta nova ação, que se tem revelado especialmente eficaz, foi constitucionalizada pela Carta de 1988, no art. 129, III, onde se lê:

---

[43] A propósito do assunto, veja-se José Carlos Barbosa Moreira ("A ação popular do direito brasileiro como Instrumento de tutela jurisdicional dos chamados interesses difusos". In: *Temas de direito processual*, 1977, p. 115 *et seq.*).

[44] José Carlos Barbosa Moreira, "A ação popular do direito brasileiro como Instrumento de tutela jurisdicional dos chamados interesses difusos". In: *Temas de direito processual*, 1977, p. 112.

[45] José Carlos Barbosa Moreira, "A ação popular do direito brasileiro como instrumento de tutela jurisdicional dos chamados interesses difusos". In: *Temas de direito processual*, 1977, p. 116.

Art. 129. São funções institucionais do Ministério Público:

[...]

III - promover o inquérito civil e a ação civil pública, para a proteção do patrimônio público e social, do meio ambiente e de outros interesses difusos e coletivos.

Destaque-se, nesta nova ação, o papel singular desempenhado pelo Ministério Público, que nela sempre oficia, ora como autor exclusivo, ora em litisconsórcio com os colegitimados, ora como parte imparcial.[46] Na disciplina deste instituto, solucionou-se adequadamente a questão de legitimidade *ad causam*, que foi estendida, também, à União, aos Estados, aos Municípios, autarquias, empresas públicas, fundações, sociedades de economia mista e associações. O "anteprojeto Arinos" havia dado a este instrumento assento constitucional, ao dispor no §2º do art. 36: "§2º É assegurada a legitimação do Ministério Público e de qualquer do povo para a ação civil pública, visando à proteção dos interesses sociais a que se refere o presente artigo".

Tenho para mim que o conjunto dos organismos da sociedade civil, aí incluídas todas as diferentes formas de associação, a Igreja, a Imprensa,[47] às quais adere, em múltiplos aspectos de sua atuação, o Ministério Público,[48] deve ser alçado, ainda que sem uma posição orgânica, à condição de um *quarto poder*, imprescindível à democracia, e que se constitui do *conjunto de organismos formais e informais de fiscalização do Estado por parte da sociedade*.

Não há efetividade possível da Constituição sem uma cidadania participativa. Veja-se que a ordem jurídica, como já afirmamos

---

[46] Veja-se, sobre o tema, Ada Pellegrini Grinnover, "As ações coletivas para a tutela do ambiente e dos consumidores", Anais do XII Congresso Nacional de Procuradores do Estado, 1986.

[47] A Imprensa, sua liberdade indispensável e o seu papel, constitui um tema à espera de um autor. O direito de ser informado honestamente — também um direito essencial — é frequentemente frustrado pelos meios de comunicação, que servem, tantas vezes, alternadamente, ao seu proprietário, a grupos econômicos ou ao Estado (com seus "subsídios" velados ou ostensivos).

[48] Não inclui o Tribunal de Contas, instituição que precisa ser revista e repensada. Amesquinhados pelos governantes, que deles se utilizam para aquinhoar apaniguados diletos (feita, naturalmente, exceção a pessoas honradas que se integram), os Tribunais de Contas têm contribuído muito pouco para a elevação da moralidade administrativa do país. Ainda que sem extingui-los, é hora de buscar-se fórmula diversa de fiscalização financeira e orçamentária. A implantação de um sistema de auditoria privada, sob a supervisão do Poder Legislativo, poderia ser uma alternativa interessante, num país em que a malversação de fundos públicos está longe de ser uma exceção eventual. Há lugar, ainda, no que concerne ao controle "participativo" da efetividade das normas constitucionais, para o *ombudsman*, ou Defensor do Povo ou Ouvidor-Geral, desde que se lhe dê efetiva competência e independência.

em outro estudo,[49] na generalidade das situações, é instrumento de estabilização, e não de transformação. Sem deixar de reconhecer-lhes um ocasional caráter educativo, as leis, usualmente, *refletem* — e não promovem — conquistas sociais longamente amadurecidas no dia a dia das reivindicações populares.

A manipulação das normas jurídicas não é artifício adequado para que se saltem etapas históricas, e é estéril qualquer lei que não seja legitimada pelo suporte político de um anseio social cristalizado. Ilustre-se a tese com um exemplo.

No Estado do Rio de Janeiro, a Lei estadual nº 962/86 vedou a discriminação das empregadas domésticas no acesso aos edifícios residenciais. Tal diploma, de louvável inspiração e alcance, não se tornou efetivo, pela singela razão de que não foi precedido de uma conquista social, sequer de uma reivindicação mais articulada que lhe desse lastro político. Em contraponto, veja-se que não obstante o Decreto-Lei nº 1.632/78, que define as "atividade essenciais" em que é excepcionado o direito de greve, inúmeras categorias nele previstas têm recorrido às paralisações de trabalho, ante o evidente descompasso entre a norma e o avanço político do movimento sindical.

Contudo, em expressiva medida, as normas programáticas refogem a este esquema desenhado. É que elas têm por característica, justamente, esboçar situações idealizadas, prevendo bens jurídicos ou utilidades a serem alcançadas, progressivamente, mediante a atuação dos poderes estatais. Estes, naturalmente, por administrarem recursos escassos, hão de eleger prioridades, e é neste ponto que as formas legítimas de pressão da sociedade civil se tornam decisivas. Na pertinente observação de Canotilho, "o fato de a lei constitucional fornecer linhas e programas de ação política não pode nem deve substituir a luta política".[50]

5.2 O caminho jurídico

Como se advertiu parágrafos atrás, também a atuação timbrada como sendo a via participativa comporta a utilização de remédios jurídicos. Todavia, nela se procurou agrupar os métodos de atuação que pressupõem uma certa articulação de indivíduos, uma mobilização de um ou vários setores da sociedade para realização de um objetivo político imediato.

---

[49] V. Luís Roberto Barroso, A igualdade perante a lei. Algumas reflexões, *Revista de Direito da Procuradoria-Geral do Estado do Rio de Janeiro*, n. 38/64.
[50] José Joaquim Gomes Canotilho, *Direito constitucional*, 1986, p. 71.

Sob a rubrica "caminho jurídico", enfatiza-se um aspecto mais técnico, ligado à interpretação e aplicação do direito. Cuida-se de apreender o verdadeiro alcance daquelas situações que geram posições dedutíveis perante o Poder Judiciário, como órgão apto a proporcionar a realização dos comando constitucionais ante a omissão dos demais órgãos do Poder Público.

C. A. Bandeira de Mello demonstrou, com proficiência, a ampla potencialidade abrigada no próprio Texto Constitucional de 1967/69, inteiramente insuspeito de exageros progressistas. Deixou acentuado o dever do jurista de perquirir no sistema normativo, até a exaustão, todas as possibilidade aí abertas em prol do atendimento de valores socioculturais incorporados ao patrimônio da civilização e abrigados nas Cartas contemporâneas.[51]

Cuida-se, como assinalado anteriormente, de subverter em resultados efetivos as proposições eternamente inócuas da Lei maior, reavivando-as na prática dos Poderes Públicos, inclusive — e sobretudo — pela intervenção do Poder Judiciário. Cabe distinguir, para esse efeito, duas situações diversas: a) as que devem ser prontamente exigíveis pela aplicação direta do texto constitucional; e b) as que não prescindem de legislação infraconstitucional integradora para deflagração da plenitude de seus efeitos.

5.2.1 Aplicabilidade direta das normas constitucionais

As disposições constitucionais, já se demonstrou, são normas jurídicas, dotadas de força normativa e aptas, em muitos casos, a serem efetivadas independentemente de normação ulterior. Conquanto isto pareça uma obviedade, tem sido ela tão longamente negligenciada que diversas Constituições modernas se viram na contingência de declarar expressamente a aplicabilidade imediata dos preceitos constitucionais.

Assim faz a Lei Fundamental da República Federal da Alemanha, em seu artigo 1º, item 3, ao estatuir: "Os direitos fundamentais aqui enunciados constituem preceitos jurídicos diretamente aplicáveis, que vinculam os Poderes Legislativo, Executivo e Judiciário".

Por igual, a Constituição portuguesa, em seu art. 18, item 1, lavrou: "Os preceitos constitucionais respeitantes aos direitos, liberdades e garantias são diretamente aplicáveis e vinculam as entidades públicas e privadas".

---

[51] José Joaquim Gomes Canotilho, *Direito constitucional*, 1986, p. 5 *et seq.*

Seguindo diretriz análoga, a Comissão de Estudos Constitucionais fez constar de seu anteprojeto o dispositivo seguinte: "Art. 10. Os direitos e garantias constantes desta Constituição têm aplicação imediata".

Ainda quando se afigure pouco lógica a existência de uma regra afirmando que as normas constitucionais são aplicáveis, parece bem a sua inclusão no texto, diante de uma prática que reiteradamente nega tal evidência. Por certo, a competência para aplicá-las, quando não o façam espontaneamente os destinatários do comando, há de ser o Poder Judiciário. E mais: a ausência de lei integradora, quando não inviabilize integralmente a aplicação do preceito constitucional, não é empecilho à sua concretização pelo Juiz, mesmo à luz do direito positivo vigente, consoante se extrai do art. 4º da Lei de Introdução ao Código Civil (Lei de Introdução às normas do Direito Brasileiro):[52] "Quando a lei for omissa, o juiz decidirá o caso de acordo com a analogia, os costumes e os princípios gerais do direito".

Forçoso é concluir, assim, que muitos direitos deixaram de se tornar efetivos por omissão da parte e de seus advogados, aos quais faltou alguma dose de ousadia para submeter à tutela jurisdicional pretensões fundadas diretamente no Texto constitucional.

Feitas estas considerações, vejamos como surte a aplicação direta ou imediata das normas constitucionais de cada uma das categorias classificadas no item 4 deste estudo: *normas de organização; normas fixadoras de direitos e normas programáticas*.

A *parte organizatória* da Constituição — que contém algumas decisões políticas fundamentais, *v.g.*, quanto à forma de Estado, à forma e ao sistema de governo — consubstancia-se, basicamente, em normas de eficácia plena, ou seja, de aplicação direta e imediata. Não escapou à pena sensível de José Afonso da Silva que estas normas autoaplicáveis incrustavam-se "predominantemente" entre as regras organizativas de poderes estatais.[53]

Com efeito, como bem intuiu Canotilho, "se o constitucionalismo nem sempre compreendeu o sentido do valor normativo da Constituição, não deixou nunca de considerar que a lei constitucional criava, coordenava e separava, de forma direta e imediata, um sistema de poderes e órgãos constitucionais".[54]

---

[52] Este, também, o entendimento de Eros Roberto Grau (v. A Constituição brasileira e as normas programáticas, *Revista de Direito Constitucional e Ciência Política*, n. 4, p. 46).

[53] José Afonso da Silva, *Aplicabilidade das normas constitucionais*, 1968, p. 94.

[54] José Joaquim Gomes Canotilho, *Direito constitucional*, 1986, p. 134. Assinale-se, contudo, que a parte orgânica da Constituição contém comandos a serem, posteriormente, desenvolvidos

Na Carta em vigor, são exemplos de normas de organização de eficácia plena a aplicabilidade imediata as seguintes:
a) "O Poder Legislativo é exercido pelo Congresso Nacional, que se compõe da Câmara dos Deputados e do Senado Federal" (art. 44);
b) "O Poder Executivo é exercido pelo Presidente da República, auxiliado pelos Ministros de Estado" (art. 76);
c) "São Poderes da União, independentes e harmônicos entre si, o Legislativo, o Executivo e o Judiciário" (art. 2º);
d) "Compete aos Municípios... legislar sobre assuntos de interesse local" (art. 30, I).

Tomem-se os últimos dois exemplos para demonstrar que as normas de organização, a despeito desta natureza, também se efetivam gerando situações jurídicas de vantagem para os indivíduos. Assim é que se agente de um dos Poderes estabelecer imposição restritiva a um particular, em matéria que seria de competência de órgão ou agente de outro Poder, poderá o prejudicado opor-se a tal medida em sede judicial, *v.g.*, pela impetração de mandado de segurança. Da mesma forma, se uma lei estadual disciplinar tema de interesse local, poderá o indivíduo afetado furtar-se à sua observância, por inconstitucional, ou buscar pela via judicial que lhe convenha o reconhecimento incidental do vício.

É, contudo, no tocante às normas definidoras de direitos que a questão da efetividade das normas constitucionais, por sua aplicação direta e imediata, se torna mais relevante.

De parte os direitos políticos, as Constituições contemporâneas costumam reconhecer aos indivíduos duas outras espécies de direito: *individuais* e *sociais*. Os primeiros traçam a esfera de proteção das pessoas em face do poder estatal; os outros, visam à elevação de suas condições materiais e espirituais, direcionados à justiça social e demais valores transcendentes.

Afora os períodos de disfunções institucionais — que, tragicamente, não têm sido poucos — os direitos individuais têm tido melhor sorte em sua proteção pelo Poder Judiciário. Traduzindo, essencialmente, a exigibilidade de uma abstenção por parte do Estado, são fartos e corriqueiros os exemplos de impugnação judicial dos atos administrativos e legislativos que vulneram a área demarcada de proteção.

---

pelo legislador ordinário, enquadrando-se entre as que José Afonso da Silva denomina de normas de eficácia contida, definidoras de princípio institutivo, visto que se limitam a prever esquemas genéricos de instituição de um órgão ou entidade.

De fato, são trivialmente encontradiços feitos em que o jurisdicionado resguarda o seu direito de propriedade, mesmo em face do Poder Público; e aqueles em que se subtrai dos tributos inobservantes do princípio da anterioridade; ou, ainda, aqueles nos quais se relaxa uma prisão ilegal.

Trajetória mais ingrata têm percorrido os direitos sociais. Uma das dificuldades que enfrentam é que, frequentemente, vêm eles encambulhados com as normas programáticas, sem que se possa prontamente discriminar as hipóteses em que existem prestações positivas exigíveis. Daí a relevância do asserto feito no item 3 deste estudo de que a Constituição deve reservar o termo *direito* para as situações que investem o administrado, plenamente, num poder de ação para satisfação do interesse contemplado no Texto.

Pretende-se demonstrar, assim, que existem na Constituição em vigor *direitos sociais* que configuram direitos subjetivos públicos, pronta e diretamente exigíveis. Percorram-se alguns exemplos.

1. "*A educação, direito de todos e dever do Estado* [...]" (art. 205, *caput*), *será efetivada "mediante a garantia de educação básica, obrigatória e gratuita* [...]" (art. 208, *caput* e inciso I)

Os dispositivos acima são em tudo análogos aos que vinham gravados na Carta de 1969, no art. 176 e seu §3º, II. Eles asseguram o "direito", impõem o "dever" do Estado e ainda especificam a obrigatoriedade e gratuidade do ensino fundamental. Daí que, desde o regime anterior, só por falta de seriedade em relação à Carta fundamental se poderia dar a tais preceitos a inteligência de que não investem o indivíduo em qualquer exigibilidade de conduta em face do Estado.

Ainda quando o responsável por uma criança economicamente pobre, em idade de receber ensino fundamental, não pudesse exigir do Estado a construção de uma escola pública, pode — e deve — exigir uma prestação substantiva: que o Poder Público custeie o estudo deste menor em uma escola privada existente na área.

Tome-se, por empréstimo, para fim de comparação, um outro exemplo colhido no regime constitucional anterior. A Emenda Constitucional nº 12, de 17 de outubro de 1978, estabelecia:

2. "*É assegurada aos deficientes a melhoria de sua condição social e econômica, especialmente mediante educação especial e gratuita*" (EC nº 12/78, artigo único, inciso I)

Se desejasse, tão somente, instituir um programa de ação futura, o constituinte derivado consignaria que o "Poder público atuará no sentido de propiciar ao deficiente físico, progressivamente, educação especial e gratuita". Ao optar pela locução "É assegurada", por certo investiu o deficiente que não tenha recursos no poder de exigir do Estado educação especial, quer numa clínica pública, quer numa entidade particular, a expensas do tesouro público.

Não há como fugir deste ponto de vista. Se ele não é viável — e me parece que é —, simplesmente a Constituição não deve acenar, sob a feição de um direito, com algo que não é seriamente realizável, sob pena de desacreditar-se. *Direito social* é uma coisa, *política social* é outra. São órbitas distintas que geram efeitos diversos.

Outros direitos sociais são, do mesmo modo, prontamente exercitáveis, gerando o desfrute imediato e positivo de determinados benefícios e a possibilidade de exigi-los. Diversos deles, é de se notar, já se tornaram efetivos, como, *v.g.*: jornada de trabalho de oito horas (art. 7º, XIII); férias anuais remuneradas (art. 7º, XVII); aposentadoria da mulher aos trinta anos de trabalho (art. 40, II, a), entre outros.

Por fim, vejamos em que limites as *normas programáticas* são diretamente aplicáveis. Não custa, neste passo, reavivar-lhes o conceito: programáticas são as normas constitucionais "através das quais o constituinte, em vez de regular, direta e imediatamente, determinados interesses, limitou-se a traçar-lhes os princípios para serem cumpridos pelos seus órgãos (legislativos, executivos, jurisdicionais e administrativos), como programas das respectivas atividades, visando à realização dos fins sociais do Estado".[55]

Tais normas, como já se viu, investem os indivíduos em posição jurídica menos consistente que as da segunda categoria. É que, por não traçarem suficientemente uma conduta a ser seguida, não ensejam um desfrute imediato de qualquer bem jurídico, criando exigibilidade de uma prestação positiva.

Contudo, conferem direitos subjetivos de caráter negativo, direta e imediatamente exigíveis, amparáveis em sede judicial. Sistematizando a doutrina[56] acerca da matéria, que converge para o reconhecimento do teor da eficácia jurídica das normas programáticas, é possível elencar algumas hipóteses de sua efetividade, visto que as regras desta natureza:

---

[55] José Afonso da Silva, *Aplicabilidade das normas constitucionais*, 1968, p. 132.
[56] Vejam-se as obras citadas de Canotilho, José Afonso da Silva e Celso Antônio Bandeira de Mello.

1. vinculam o legislador, de forma permanente, à sua realização;
2. revogam as leis anteriores com elas incompatíveis;
3. condicionam a atuação da administração pública;
4. informam a interpretação e aplicação da lei pelo Poder Judiciário.

Contêm as normas constitucionais programáticas, por via de consequência, eficácia paralisante de todos os atos que não sejam referentes às proposições acima formuladas e ensejam ao jurisdicionado o reconhecimento e declaração de sua inconstitucionalidade.

5.2.2 Inconstitucionalidade por omissão

A Constituição, já tivemos oportunidades de assinalar, é um conjunto de normas jurídicas, ou seja, compõe-se de preceitos obrigatórios que regram a conduta dos cidadãos.

Vulnera-se a imperatividade de uma norma de direito quer quando se faz aquilo que ela proíbe como quando se deixa de fazer o que ela determina. Vale dizer: Constituição é suscetível de descumprimento tanto por ação como por omissão.

Quando, por via de um comportamento comissivo, se viola uma disposição constitucional, o ordenamento jurídico prevê e provê mecanismos aptos a remediar a inconstitucionalidade, paralisando ou suprimindo os efeitos do ato vicioso.

Ao revés, quando a inconstitucionalidade se manifesta através de um *non-facere*, a ordem jurídica não se encontra eficientemente aparelhada para sancionar e sanar a omissão ou inércia dos órgãos estatais. Indubitavelmente, há que se buscar instrumentos que supram esta lacuna.

Diversos são os casos tipificadores da "inconstitucionalidade por omissão", podendo-se destacar, entre eles: a) a omissão do órgão legislativo em editar lei integradora da Constituição; b) a omissão dos poderes constituídos na prática de atos impostos pela Lei maior; e c) a omissão do Poder Executivo caracterizada pela não expedição de regulamentos de execução das leis.[57]

Dos dois últimos casos referidos a doutrina já tem cuidado, em alguma medida, e há inúmeros precedentes jurisprudenciais em que tais disfunções foram construtivamente remediadas. Já o primeiro caso

---

[57] Anna Cândida da Cunha Ferraz, Inconstitucionalidade por omissão: uma proposta para o constituinte, *Revista de Informação Legislativa*, n. 89, p. 53, 54.

— omissão do legislador — constitui um desafio, pois "em que pese a clara percepção do fenômeno, não há respostas prontas e simples para superá-lo".[58]

Percorram-se alguns casos em que a Carta em vigor prevê a edição das leis infraconstitucionais integradoras da eficácia dos respectivos comandos:

1. "A pequena propriedade rural, assim definida em lei, desde que trabalhada pela família, não será objeto de penhora para pagamento de débitos decorrentes de sua atividade produtiva, dispondo a lei sobre os meios de financiar o seu desenvolvimento" (art. 5º, XXVI);
2. "São direitos dos trabalhadores [...] além de outros [...], participação nos lucros, ou resultados, desvinculada da remuneração, e, excepcionalmente, participação na gestão da empresa, conforme definido em lei" (art. 7º, caput e inciso XI);
3. "Os ganhos habituais do empregado, a qualquer título, serão incorporados ao salário para efeito de contribuição previdenciária e consequente repercussão em benefícios, nos casos *e na forma da lei*" (art. 201, §11).

Todas estas normas são atributivas de direitos aos jurisdicionados, cabendo ao legislador ordinário regulamentá-los. Não são *normas programáticas*, como, a meu ver sem razão, sustentam José Afonso da Silva, Eros Roberto Grau e Anna Cândida da Cunha Ferraz.[59] Aprofunde-se a ideia.

Em todos os exemplos apresentados, a Constituição impõe ao legislador uma atuação. Não são normas que preveem um fim a ser alcançado, deixando aos órgãos estatais o juízo da conveniência, oportunidade e conteúdo das condutas a seguir. Definitivamente não. Tais características estão presentes nestas outras normas, elas, sim, programáticas: "O Estado protegerá as manifestações das culturas populares, indígenas e afro-brasileiras (art. 215, §1º)"; "O Estado promoverá e incentivará o desenvolvimento científico, a pesquisa e a capacitação tecnológicas" (art. 218); ou a que elege como princípio geral da atividade econômica a "função social da propriedade" (art. 170, III).

---

[58] Anna Cândida da Cunha Ferraz, Inconstitucionalidade por omissão: uma proposta para o constituinte, *Revista de Informação Legislativa*, n. 89, p. 50.

[59] José Afonso da Silva, *Aplicabilidade das normas constitucionais*, 1968, p. 132, Eros Roberto Grau, A Constituição brasileira e as normas programáticas, *Revista de Direito Constitucional e Ciência Política*, n. 4, p. 41, e Anna Cândida da Cunha Ferraz, Inconstitucionalidade por omissão: uma proposta para o constituinte, *Revista de Informação Legislativa*, n. 89, p. 51.

Por certo, o descumprimento de desideratos desta natureza é igualmente inconstitucional. Mas eles não investem o jurisdicionado no poder de exigir prestações positivas e é de se reconhecer que a sua concretização depende essencialmente da luta política, da via participativa apreciada no item 5.1.

Distinta é a posição jurídica dos jurisdicionados nas hipóteses dos exemplos 1., 2. e 3. supra. É que aquelas normas especificam o interesse tutelado, apontam um bem jurídico fruível e geram direito subjetivo à sua obtenção. Em sentido amplo, é possível afirmar que existe "um direito subjetivo dos cidadãos à atividade legislativa, não visualizável desde a perspectiva liberal, porém indissolúvel dos pressupostos que ensejam a consagração sobretudo de direitos econômicos e sociais".[60]

Mas a noção corrente de direito subjetivo, em seus limites angustos, que supõe a individualização do sujeito, não acolhe, com propriedade técnica, esta visão. Daí a lucidez e argúcia da observação de Canotilho de que a inconstitucionalidade por omissão é o instituto que reflete as insuficiências resultantes da redução do Estado de direito democrático "aos processos" e instrumentos típicos dos ordenamentos liberais.

Com efeito, prossegue ele, a generalidade da doutrina não reconhece um direito subjetivo dos cidadãos à atividade legislativa. Embora haja um dever jurídico-constitucional do legislador no sentido de este adotar as medidas legislativas necessárias para tornar exequíveis as normas da Constituição, a esse dever não corresponde automaticamente um direito fundamental à legislação.[61]

Surgem, assim, duas contradições insuportáveis à luz dos princípios da moderna ciência jurídica:
1. a existência de um direito que já nasce despido de qualquer poder de ação;
2. a subversão da hierarquia das normas, com a falência da supremacia constitucional, visto que o legislador ordinário se arroga o poder de impedir que um direito conferido pela Lei maior opere seus efeitos.

Para superar tais incongruências, desenvolveu-se na Alemanha, em sede jurisprudencial, na Itália e, posteriormente, em Portugal, na Constituição de 2 de abril de 1976, a figura da inconstitucionalidade por omissão. No Brasil, desde os primeiros momentos do debate sobre

---

[60] Eros Roberto Grau, A Constituição brasileira e as normas programáticas, *Revista de Direito Constitucional e Ciência Política*, n. 4, p. 45.
[61] José Joaquim Gomes Canotilho, *Direito constitucional*, 1986, p. 832.

a nova ordem constitucional, o tema mereceu atenção destacada. O que não significa, no entanto, que se haja chegado ao seu equacionamento completo, com soluções adequadas e satisfatórias.

O Anteprojeto da Comissão Arinos dedicou ao tema o art. 10 e seus parágrafos, cuja íntegra é a seguinte:

> Art. 10. Os direitos e garantias constantes desta Constituição têm aplicação imediata.
>
> §1º Na falta ou omissão da lei prevista para discipliná-la, o juiz decidirá o caso, de modo a atingir os fins da norma constitucional.
>
> §2º Verificando a inexistência ou omissão da lei, inviabilizando a plenitude da eficácia de direitos e garantias assegurados nesta Constituição, o Supremo Tribunal Federal recomendará ao Poder competente a edição da norma que venha a suprir a lacuna.

Como se vê, discriminou o anteprojeto duas situações, para as quais previu soluções diversas:

1ª atribuiu, difusamente, a qualquer órgão jurisdicional, competência para formular, em cada caso, a regra concreta que vai reger a espécie, a despeito da ausência da regra abstrata ordinária;

2ª outorgou, concentradamente, ao STF, nos casos em que a ausência de lei ordinária inviabilize a plenitude do direito, a atribuição de recomendar ao poder competente a edição da norma.

A primeira solução é elogiável; a segunda deficiente. O constituinte de 1988 seguiu por esta mesma trilha, como se verá logo adiante. Observe-se, também, por relevante, que a Constituição em vigor determinou, no §1º do art. 5º, que "as normas constitucionais definidoras dos direitos e garantias fundamentais têm aplicação imediata". Não há necessidade de reexaminar este ponto, salvo para uma breve reflexão.

O domínio aqui versado importa na atribuição ao Poder Judiciário de uma atividade de cunho mais normativo do que jurisdicional. Tal circunstância impõe duas indagações: seria ela compatível com o princípio da separação dos Poderes (*rectius*: das funções estatais)? Estaria o Judiciário legitimado para exercer um papel de cunho "quase legislativo", quando seus integrantes não são representantes da vontade popular?[62]

---

[62] Fábio Konder Comparato, Novas funções judiciais no Estado moderno, *Revista da Associação dos Juízes do Rio Grande do Sul – Ajuris*, n. 37, p. 195.

Fábio Konder Comparato, em conciso, porém denso ensaio, cuidou de remarcar que a primeira indagação constitui um falso problema.[63] Analisando o princípio da separação dos Poderes desde a sua origem, percorrendo o direito comparado — sobretudo a atividade criadora e construtiva da jurisprudência americana — e assinalando a experiência brasileira quanto às sentenças normativas da Justiça do Trabalho, concluiu que o princípio está longe de apresentar "uma rigidez dogmática".

No tocante à legitimidade de tal atuação do Poder Judiciário, afigura-se ela inafastável. Afinal, é o próprio Poder Constituinte que comete a ele a competência de intérprete qualificado da Constituição e das normas jurídicas. De resto, na esteira do precedente lançado no célebre caso *Marbury v. Madison*, construiu-se a teoria de que ao Judiciário cabe declarar a invalidade dos atos inconstitucionais, sem que nisto se vislumbrasse invasão de Poderes.

Ora, bem: se o Judiciário é competente para declarar a inconstitucionalidade dos atos comissivos, por que não o seria em relação aos atos omissivos? É certo que, nesta segunda hipótese, vai-se mais além, porque cuida-se, também, de suprir omissão. Mas supri-la, com base nos princípios e vetores constitucionais, é menos gravoso do que permitir que a omissão legislativa torne letra morta a regra constitucional.

Mais complexa é a solução para as situações em que a omissão do legislador ordinário inviabilize o exercício de um direito previsto constitucionalmente.

Tome-se exemplo do direito do trabalhador à participação nos lucros da empresa ou na sua gestão, "conforme definido em lei" (CF, art. 7º, XI). Aqui, a omissão do legislador não poderá ser, em princípio, satisfatoriamente suprida pelo Judiciário. Que solução poderia dar um Juiz a uma ação movida por um agente administrativo da Petrobras para receber a sua quota-parte nos lucros da empresa auferidos no ano de 1986? Que critérios utilizaria? Sua participação seria maior ou menor que a dos engenheiros ou a dos mensageiros?

Ao que se afigura, nenhum empregado poderia, neste caso, pleitear a individualização do seu benefício, sem que se estabelecesse uma regra geral. Restaria, eventualmente, a via do dissídio coletivo; mas isto significaria, ao ângulo científico, contornar o problema, em lugar de resolvê-lo.

---

[63] *Idem*, p. 195 *et seq*.

Figure-se outro exemplo. Preceitua o art. 37, VIII da Carta atual: "A lei reservará percentual dos cargos e empregos públicos para as pessoas portadoras de deficiência e definirá os critérios de sua admissão". Sem a edição de lei regulamentadora, como é possível determinar quais os cargos e empregos que se prestam a esta forma especial de provimento, bem como o número de vagas a serem destinadas a tal fim?

Para estes casos em que o exercício da plenitude de um direito não pode prescindir de normatização ulterior, e esta não é editada, engendrou o Projeto Arinos o seguinte remédio: "o Supremo Tribunal Federal recomendará ao Poder competente a edição da norma que venha suprir a lacuna."

Juridicamente, o verbo *recomendar* é de escassa ou nenhuma valia. A fórmula aviltada inspira-se no art. 279 da Constituição de Portugal, em sua versão original, que atribuía ao Conselho da Revolução a competência para "recomendar aos órgãos legislativos competentes" que emitissem as medidas normativas "em tempo razoável".

Após a primeira revisão da Carta lusitana, datada de 1982, tal competência transferiu-se ao Tribunal Constitucional, que, verificando a existência da inconstitucionalidade por omissão, "dará disso conhecimento ao órgão legislativo competente" (art. 283).

A solução é patentemente insatisfatória. Conquanto possa representar uma forma de expressão política, a inexistência de qualquer vinculação do legislador a tal recomendação ou comunicação faz com que se volte à estaca zero na hipótese de a omissão persistir.

A Constituição de 1988, ao tratar da omissão inconstitucional dos órgãos do Poder Público, previu dois mecanismos: o mandado de injunção e a ação direta para declaração de inconstitucionalidade por omissão. Um e outro institutos foram objeto de especulações interessantes, embora tenham se sujeitado, em um primeiro momento, a desvarios doutrinários. O mandado de injunção vem introduzido no art. 5º inciso LXXI, que tem a dicção seguinte:

> Art. 5º [...]
> LXXI - conceder-se-á mandado de injunção sempre que a falta de norma regulamentadora torne inviável o exercício dos direitos e liberdades constitucionais e das prerrogativas inerentes à nacionalidade, à soberania e à cidadania.

Poder-se-ia questionar a valia do mandado de injunção diante da regra que determina que as normas definidoras de direitos e garantias fundamentais têm aplicação imediata (art. 5º, §1º), o que já deferiria ao juiz o provimento das situações concretas, independentemente de remédio específico. Seja como for, a verdade é que mais importante que o meio processual empregado é o espírito com que se o aplica. E se o mandado de injunção representar esta transformação, terá cumprido missão digna. É de se deixar remarcado que o instituto tem enfrentado, até aqui, os percalços de uma jurisprudência tímida, conservadora, quando não puramente reacionária.

A ação direta de inconstitucionalidade por omissão vem prevista no §2º do art. 103, *in verbis*:

> Art. 103 [...]
>
> §2º Declarada a inconstitucionalidade por omissão de medida para tornar efetiva norma constitucional, será dada ciência ao Poder competente para a adoção das providências necessárias e, em se tratando de órgão administrativo, para fazê-lo em trinta dias.

Aqui trata-se do controle em tese, *In abstracto*, a ser exercido pelo Supremo Tribunal Federal. A legitimidade para propor ação de inconstitucionalidade, em qualquer de suas modalidades, estende-se agora às pessoas e entidades enunciadas no art. 103 do Texto. Note-se que a decisão proferida opera diferentemente, de acordo com o órgão responsável pela omissão. Se este for administrativo, terá ele caráter mandamental e o agente público competente para sanar a omissão poderá ser responsabilizado administrativa e criminalmente se permanecer inerte.

No que diz respeito à omissão inconstitucional do legislador, verifica-se que o dispositivo deu à matéria o mesmo tratamento prescrito na Constituição de Portugal (art. 282, 2). Sujeita-se, assim, à crítica lançada linhas atrás. Dar "ciência" é ato de reduzida valia jurídica, na medida em que não cria qualquer vínculo. Admite-se, é certo, que ele possua efeito moral e político, mas a eventual recalcitrância do órgão legislativo perpetuará, sem qualquer sanção, a inobservância do comando constitucional.

Importaria em alongar mais do que o razoável o presente estudo analisar-se cada uma das diversas formulações alternativas para equacionar-se este problema. Mas, para que não se impute omissão também ao autor desse texto, cabe aduzir algumas ideias finais.

No que concerne às omissões do Poder Legislativo, insanáveis, em princípio, por via judicial, algumas fórmulas devem ser alçadas ao debate, tais como:

1. nos casos em que a iniciativa da lei dependa do Executivo, sua omissão em encaminhar a mensagem num prazo a ser fixado transferiria a competência a qualquer parlamentar para deflagrar o processo legislativo;
2. ampliar a competência da iniciativa da elaboração das leis, estendendo-se aos poderes estaduais, ao defensor do povo e, mesmo, aos cidadãos, diretamente, por mecanismo a serem regulamentados;[64]
3. fixar a obrigatoriedade de inclusão, sucessivamente, na ordem do dia, do projeto desta natureza que se encontre em tramitação no órgão legislativo. Se ao final de determinado número de sessões não houver sido apreciado, nenhum outro projeto poderá ser votado antes que sobre ele se delibere.

6 Conclusões

1. A frustração reiterada do processo institucional brasileiro está associada à falta de efetividade de nossas Constituições.
2. A eficácia *jurídica* das normas constitucionais traduz, tão somente, a sua aptidão para produzir efeitos e a *possibilidade* de sua aplicação.
3. É também papel do jurista cuidar da eficácia *social* das normas constitucionais, investigando os instrumentos e mecanismos para realização, na prática, das normas e diretrizes constitucionais.
4. A *efetividade* dos preceitos da Constituição identifica a concretização dos direitos e garantias por eles assegurados, o desfrute real dos interesses e bens jurídicos tutelados.
5. Sem despreze a outras classificações, afigura-se de toda utilidade prática identificar as seguintes categorias de normas constitucionais: a) normas de *organização*; b) normas *definidoras de direitos*; c) normas *programáticas*.
6. As normas de *organização* consubstanciam, basicamente, a estrutura do Estado, a partilha das funções estatais e a definição das competências dos diversos Poderes. Delas decorrem, reflexamente, direitos subjetivos para os jurisdicionados.

---

[64] As proposições de nºs 1 e 2, com diferenças mais de forma do que de conteúdo, correspondem, igualmente, às ideias de Anna Cândida da Cunha Ferraz, expostas no trabalho já citado.

7. As normas *definidoras de direitos* investem os jurisdicionados no poder jurídico de exigir do Estado — ou de outro eventual destinatário do comando — prestações positivas ou negativas, que assegurem o desfrute dos interesses ou dos bens jurídicos consagrados.
8. A Constituição deve reservar o termo *direito* para identificar as situações jurídicas caracterizadas no item acima, correspondentes a um dever jurídico do Estado ou de outrem. Não deve o texto maior referir como direito as situações que não ensejam aos jurisdicionados a pronta exigibilidade, positiva ou negativa, de um determinado benefício.
9. As normas constitucionais programáticas, vinculantes para os três Poderes, apontam determinados fins a serem alcançados, sem indicar minuciosamente os meios para atingi-los nem especificar a conduta dos órgãos estatais.
10. Embora estas normas, em princípio, não gerem para os indivíduos a exigibilidade de comportamentos comissivos, investem-nos no poder de exigir dos órgãos estatais que se abstenham de quaisquer atos que contravenham as diretrizes traçadas.
11. Dois são os caminhos pelos quais se pode assegurar, ou, ao menos, ampliar a efetividade das normas constitucionais: a via participativa e a via jurídica.
12. O caminho participativo viabiliza-se pela mobilização e atuação organizada da sociedade civil, valendo-se da articulação coletiva para as reivindicações políticas, bem como de remédios jurídicos como a ação popular, a ação civil pública e o mandado de segurança.
13. A via jurídica, na qual prevalece o aspecto técnico, consiste na utilização da tutela jurisdicional para suprir as omissões dos poderes estatais no cumprimento das normas constitucionais.
14. As normas constitucionais, notadamente as que asseguram direitos, inclusive os sociais, são diretamente invocáveis e aplicáveis aos casos concretos, cabendo ao juiz formular a regra concreta para a espécie, mesmo na omissão do poder competente em editar o regramento genérico e abstrato reclamado pelo preceptivo maior.
15. Ao Poder Judiciário, como intérprete qualificado da Constituição e das leis, cabe um papel mais destacado do que aquele até aqui desempenhado na tutela dos direitos constitucionais. A positivação da regra que consagra a aplicabilidade imediata

das normas definidoras dos direitos e garantias fundamentais, bem como remédios como o mandado de injunção, servirão como suporte de legitimidade para a ampliação de seus poderes.

16. O fenômeno da inconstitucionalidade por omissão do legislador não está eficazmente remediado no texto da Constituição. Não é suficiente a declaração da ilegitimidade da inércia prolongada do Legislativo na integração de determinado preceito constitucional. Deve haver, além disto, um mecanismo que induza à edição da norma.

17. No mandado de injunção, compete ao Judiciário suprir a omissão normativa, formulando para o caso concreto, e com efeito apenas *inter partes*, a regra integrativa do comando constitucional.

18. Diferentemente, na ação direta de inconstitucionalidade por omissão o controle é exercido em abstrato, tendo por objeto dar-se ciência formal da omissão normativa ao Poder Competente, para adoção das providências necessárias, ou, em se tratando de órgão administrativo, para que tome tais providências em trinta dias.

CAPÍTULO 2

FUNDAMENTOS TEÓRICOS E FILOSÓFICOS DO NOVO DIREITO CONSTITUCIONAL BRASILEIRO*
PÓS-MODERNIDADE, TEORIA CRÍTICA E PÓS-POSITIVISMO

Nota introdutória

Este texto foi escrito no ano de 2001. Meu propósito inicial era que ele fosse a Introdução ao meu Curso de Direito Constitucional Contemporâneo, cujas ideias centrais eu começava a alinhavar. Por diversas razões, acabei publicando-o como um artigo autônomo. Até então, minha atuação acadêmica girava em torno da conquista da efetividade e da arrumação didática de alguns temas, como o controle de constitucionalidade.[1] Compreensivelmente, a ênfase dos meus estudos era ditada pelo casamento, que me parecia indispensável, entre o direito constitucional e o processo civil. Escrito no início do milênio, aos 13 anos da Constituição de 1988, este artigo marca, na minha produção, a aproximação do direito constitucional com os valores e a ética, vale dizer, a filosofia moral. A partir daí começam a ser exploradas as ideias e teses agrupadas sob o rótulo genérico de pós-positivismo. O texto se insere, portanto, no âmbito da virada filosófica do direito constitucional ou, mais propriamente, na denominada virada kantiana do direito em geral.

---

* Sou grato à acadêmica Débora Cagy por seu valioso auxílio na pesquisa e na organização dos materiais. E aos colegas Ana Paula de Barcellos, Nelson Nascimento Diz e Luís Eduardo Barbosa Moreira pelas críticas e sugestões apresentadas.
[1] V. Luís Roberto Barroso, Conceitos fundamentais sobre o controle de constitucionalidade e a jurisprudência do Supremo Tribunal Federal. *In*: Daniel Sarmento, *O controle de constitucionalidade e a Lei n. 9.868/99*, 2001.

O trabalho discute, em sua parte inicial, o ambiente da pós-modernidade (conceito que não se confunde com o de pós-positivismo, embora ambos sejam contemporâneos), marcada pelo colapso dos projetos emancipatórios abrangentes, pela fragmentação das ideias e por uma onda de pragmatismo. Um mundo no qual a globalização tornou-se a palavra de ordem e o Estado soberano tradicional enfrenta adversidades externas — com a mitigação da própria ideia de soberania em face do direito comunitário e do direito internacional — e internas, com o questionamento de sua capacidade gerencial, assim como de agente econômico e social eficiente. Faz-se, igualmente, uma reflexão sobre os limites da razão, o papel da ideologia e do inconsciente, bem como sobre os mitos da neutralidade e da objetividade nas ciências humanas e no Direito.

A trajetória de superação da dogmática tradicional — cujos traços marcantes eram o formalismo e o positivismo — teve um importante ponto de inflexão na teoria crítica do Direito. De base marxista, a teoria crítica desempenhou um papel decisivo na desmistificação do conhecimento convencional, que encobria, sob o discurso da imparcialidade do Direito, uma forte carga ideológica em favor do *status quo*. Mas a verdade é que, conquanto correta em muitas das suas premissas, não foi ela capaz, por si só, de oferecer um modelo alternativo à dogmática jurídica herdada do século XIX. Foi preciso superar a visão cética e desconstrutiva da teoria crítica para redefinir o lugar do Direito como um espaço de luta relevante — ainda que limitado — para o avanço social. Mas não se deve minimizar o papel de sua influência sobre a minha geração.

O texto cuida, na sequência, das insuficiências do jusnaturalismo e do positivismo jurídico, aprofundando a ideia de pós-positivismo e de normatividade dos princípios. As ideias de justiça e de dignidade humana passam a fazer parte da essência do discurso jurídico e abrem caminho para transformações profundas. Autores como John Rawls, Ronald Dworkin, Robert Alexy, Peter Häberle, Chaim Perelman e Manuel Atienza, entre muitos outros, integram-se ao debate jurídico nacional, sofisticando a discussão de inúmeros temas. O Programa de Pós-Graduação em Direito Público da Universidade do Estado do Rio de Janeiro (UERJ) torna-se um dos polos de irradiação dessas novas ideias.[2]

---

[2] Nesse processo, merece destaque o papel de liderança intelectual desempenhado pelo Prof. Ricardo Lobo Torres. O programa foi criado por ele, pelo Prof. Paulo Galvão e por mim, tendo formado uma escola que inclui, hoje, jovens publicistas que se projetam nacionalmente, como Daniel Sarmento, Ana Paula de Barcellos, Gustavo Binenbojm, entre muitos outros.

> Escrito no início do milênio, este artigo celebra, em primeiro lugar, o direito constitucional como a ideologia vitoriosa do século XX. Celebra, também, a virtuosa ascensão científica e institucional do direito constitucional brasileiro sob a Constituição de 1988. Com atraso, mas não tarde demais, o modelo vitorioso impôs-se com sucesso entre nós, às vésperas do século XXI.

1 Pré-compreensão do tema

1.1 A pós-modernidade e o Direito[3]

Planeta Terra. Início do século XXI. Ainda sem contato com outros mundos habitados. Entre luz e sombra, descortina-se a *pós-modernidade*. O rótulo genérico abriga a mistura de estilos, a descrença no poder absoluto da razão, o desprestígio do Estado. A era da velocidade. A imagem acima do conteúdo. O efêmero e o volátil parecem derrotar o permanente e o essencial. Vive-se a angústia do que não pôde ser e a perplexidade de um tempo sem verdades seguras. Uma época aparentemente *pós-tudo*: pós-marxista, pós-kelseniana, pós-freudiana.[4]

Brasil. 2001. Ano 13 da Constituição de 1988. Sem superstições. O constitucionalismo vive um momento sem precedentes, de vertiginosa ascensão científica e política. O estudo que se vai desenvolver procura investigar os antecedentes teóricos e filosóficos desse novo

---

[3] Zygmunt Bauman (*A globalização*: as conseqüências humanas, 1999), Ignacio Ramonet (O pensamento único e os regimes globalitários, *in: Globalização*: o fato e o mito, 1998), André-Jean Arnaud (*O direito entre modernidade e globalização*, 1999), Boaventura de Souza Santos (*Uma cartografia simbólica das representações sociais*: prolegômenos a uma concepção pós-moderna do direito, *Revista Brasileira de Ciências Criminais*, 1996), José Eduardo Faria (Globalização, autonomia decisória e política, *in*: Margarida Maria Lacombe Camargo (Org.), *1988-1998*: uma década de Constituição, 1999), Daniel Sarmento (*Constituição e globalização*: a crise dos paradigmas do direito constitucional, *Revista de Direito Administrativo* 215/19, 1999), Marilena Chauí (Público, privado, despotismo, *in*: Adauto Novaes (Org.), *Ética*, 1992), Antônio Junqueira de Azevedo (*O direito pós-moderno e a codificação, in Anais da XVII Conferência Nacional da Ordem dos Advogados do Brasil*, v. 1, 2000), Wilson Ramos Filho (Direito pós-moderno: caos criativo e neoliberalismo, *in: Direito e neoliberalismo*, 1996), Ted Honderich (Ed.) (*The Oxford Companion to Philosophy*, 1995), Nicola Abbagnano (*Dicionário de filosofia*, 1998), Norbert Reich (*Intervenção do Estado na economia* (reflexões sobre a pós-modernidade na teoria jurídica, *Revista de Direito Público* 94/265).

[4] Cláudia Lima Marques (A crise científica do direito na pós-modernidade e seus reflexos na pesquisa, *Cidadania e Justiça*, n. 6, 1999): "(Pós-modernidade) é uma tentativa de descrever o grande ceticismo, o fim do racionalismo, o vazio teórico, a insegurança jurídica que se observam efetivamente na sociedade, no modelo de Estado, nas formas de economia, na ciência, nos princípios e nos valores de nossos povos nos dias atuais. Os pensadores europeus estão a denominar este momento de rompimento (*Umbruch*), de fim de uma era e de início de algo novo, ainda não identificado".

direito constitucional, identificar seus principais adversários e acenar com algumas ideias para o presente e para o futuro. Antes de avançar, traçam-se algumas notas introdutórias para situar o leitor. A interpretação dos fenômenos políticos e jurídicos não é um exercício abstrato de busca de verdades universais e atemporais. Toda interpretação é produto de uma época, de um momento histórico, e envolve os fatos a serem enquadrados, o sistema jurídico, as circunstâncias do intérprete e o imaginário de cada um. A identificação do cenário, dos atores, das forças materiais atuantes e da posição do sujeito da interpretação constitui o que se denomina de *pré-compreensão*.[5]

A paisagem é complexa e fragmentada. No plano *internacional*, vive-se a decadência do conceito tradicional de soberania. As fronteiras rígidas cederam à formação de grandes blocos políticos e econômicos, à intensificação do movimento de pessoas e mercadorias e, mais recentemente, ao fetiche da circulação de capitais. A globalização, como conceito e como símbolo, é a manchete que anuncia a chegada do novo século. A desigualdade ofusca as conquistas da civilização e é potencializada por uma ordem mundial fundada no desequilíbrio das relações de poder político e econômico e no controle absoluto, pelos países ricos, dos órgãos multilaterais de finanças e comércio.

No campo *econômico e social*, tem-se assistido ao avanço vertiginoso da ciência e da tecnologia, com a expansão dos domínios da informática e da rede mundial de computadores e com as promessas e questionamentos éticos da engenharia genética.[6] A obsessão da eficiência tem elevado a exigência de escolaridade, especialização e produtividade, acirrando a competição no mercado de trabalho e ampliando a exclusão social dos que não são competitivos porque não podem ser. O Estado já não cuida de miudezas como pessoas, seus projetos e sonhos,

---

[5] Sobre o tema da *pré-compreensão*, vejam-se Karl Larenz (*Metodologia da ciência do direito*, 1997, p. 285 *et seq.*), e Konrad Hesse (*Escritos de derecho constitucional*, 1983, p. 44): "El intérprete no puede captar el contenido de la norma desde un punto cuasi arquimédico situado fuera de la existencia histórica sino únicamente desde la concreta situación histórica en la que se encuentra, cuya plasmación ha conformado sus hábitos mentales, condicionando sus conocimientos y sus pre-juicios".

[6] Sobre esta temática, vejam-se Vicente de Paulo Barretto (*Bioética, biodireito e direitos humanos*, in Ricardo Lobo Torres (Org.), *Teoria dos direitos fundamentais*, 1999); Luiz Edson Fachin (Bioética e tecnologia, in: *Elementos críticos de direito de família*, 1999), Maria Helena Diniz (*O estado atual do biodireito*, 2001), e Heloísa Helena Barboza e Vicente de Paula Barretto (Org.) (*Temas de biodireito e bioética*, 2001), onde se averbou: "As técnicas de reprodução humana assistida, o mapeamento do genoma, o prolongamento da vida mediante transplantes, as técnicas para alteração do sexo, a clonagem e a engenharia genética descortinam de forma acelerada um cenário desconhecido e imprevisível, no qual o ser humano é simultaneamente ator e espectador" (Heloísa Helena Barboza, *Bioética x biodireito*: insuficiência dos conceitos jurídicos, p. 2).

e abandonou o discurso igualitário ou emancipatório. O desemprego, o subemprego e a informalidade tornam as ruas lugares tristes e inseguros. Na *política*, consuma-se a desconstrução do Estado tradicional, duramente questionado na sua capacidade de agente do progresso e da justiça social. As causas se acumularam impressentidas, uma conspiração: a onda conservadora nos Estados Unidos (Reagan, Bush) e na Europa (Thatcher) na década de 80; o colapso da experiência socialista, um sonho desfeito em autoritarismo, burocracia e pobreza; e o fiasco das ditaduras sul-americanas, com seu modelo estatizante e violento, devastado pelo insucesso e pela crise social. Quando a noite baixou, o espaço privado invadira o espaço público, o público dissociara-se do estatal e a desestatização virara um dogma. O Estado passou a ser o guardião do lucro e da competitividade.

No *direito*, a temática já não é a liberdade individual e seus limites, como no Estado liberal; ou a intervenção estatal e seus limites, como no *welfare state*. Liberdade e igualdade já não são os ícones da temporada. A própria lei caiu no desprestígio. No direito público, a nova onda é a governabilidade. Fala-se em desconstitucionalização, *delegificação*, desregulamentação. No direito privado, o código civil perde sua centralidade, superado por múltiplos microssistemas. Nas relações comerciais revive-se a *lex mercatoria*.[7] A segurança jurídica — e seus conceitos essenciais, como o direito adquirido — sofre o sobressalto da velocidade, do imediatismo e das interpretações pragmáticas, embaladas pela ameaça do horror econômico. As fórmulas abstratas da lei e a discrição judicial já não trazem todas as respostas. O paradigma jurídico, que já passara, na modernidade, da lei para o juiz, transfere-se agora para o caso concreto, para a melhor solução, singular ao problema a ser resolvido.

Seria possível seguir adiante, indefinidamente, identificando outras singularidades dos tempos atuais. Mas o objeto específico do presente estudo, assim como circunstâncias de tempo e de espaço, recomendam não prosseguir com a apresentação analítica das complexidades e perplexidades desse início de era. Cumpre dar desfecho a este tópico.[8]

---

[7] Como o comércio internacional não tem fronteiras, tende a ser regulado por regras de fontes não nacionais, denominadas *lex mercatoria*, que consagram o primado dos usos no comércio internacional e se materializam também por meio dos contratos e cláusulas-tipo, jurisprudência arbitral, regulamentações profissionais elaboradas por suas associações representativas e princípios gerais comuns às legislações dos países.

[8] Nada obstante, não resisto à transcrição de trecho de José Carlos Barbosa Moreira acerca da influência da globalização sobre a cultura e a linguagem no Brasil (*A subserviência cultural*, in *Temas de direito processual*, Sétima Série, 2001): "Às vezes me assalta a tentação de dizer, à guisa de imagem, que a língua portuguesa, entre nós, está sendo repetidamente estuprada.

O discurso acerca do Estado atravessou, ao longo do século XX, três fases distintas: a pré-modernidade (ou Estado liberal), a modernidade (ou Estado social) e a pós-modernidade (ou Estado neoliberal). A constatação inevitável, desconcertante, é que o Brasil chega à pós-modernidade sem ter conseguido ser liberal nem moderno. Herdeiros de uma tradição autoritária e populista, elitizada e excludente, seletiva entre amigos e inimigos — e não entre certo e errado, justo ou injusto —, mansa com os ricos e dura com os pobres, chegamos ao terceiro milênio atrasados e com pressa.

1.2 A busca da razão possível[9]

Os gregos inventaram a ideia ocidental de *razão* como um pensamento que segue princípios e regras de valor universal. Ela é o traço distintivo da condição humana, juntamente com a capacidade de acumular conhecimento e transmiti-lo pela linguagem. Traz em si a superação dos mitos, dos preconceitos, das aparências, das opiniões sem fundamento. Representa, também, a percepção do outro, do próximo, em sua humanidade e direitos. Idealmente, a razão é o caminho da justiça, o domínio da inteligência sobre os instintos, interesses e paixões.

Sem enveredar por um debate filosófico feito de sutilezas e complexidades, a verdade é que a crença iluminista no poder quase absoluto da razão tem sido intensamente revisitada e terá sofrido pelo menos dois grandes abalos. O primeiro, ainda no século XIX, provocado por Marx, e o segundo, já no século XX, causado por Freud. Marx, no desenvolvimento do conceito essencial à sua teoria — o *materialismo histórico* —, assentou que as crenças religiosas, filosóficas, políticas e morais dependiam da posição social do indivíduo, das relações de produção e de trabalho, na forma como estas se constituem em cada fase

---

A imagem, contudo, não é boa: o estupro importa violência do sujeito ativo sobre o passivo. Ora, não costuma partir dos norte-americanos, que se saiba, pressão alguma no sentido de batizarmos com nomes ingleses condomínios e clínicas, nem de exclamarmos 'uau' quando nos sentimos agradavelmente surpreendidos. O que se passa é que muitos gostam de entregar-se ainda na ausência de qualquer compulsão. Isso acontece com o corpo, e já é algo lamentável. Mas também acontece com a alma, e aí só se pode falar de desgraça".

[9] Marilena Chaui (*Convite à filosofia*, 1999), Giorgio Del Vecchio (*Filosofia del derecho*, 1997), Miguel Reale (*Filosofia do direito*, 2000), Gustav Radbruch (*Filosofia do direito*, 1997), Maria Lúcia de Arruda Aranha e Maria Helena Pires Martins (*Filosofando*: introdução à filosofia, 1986), H. Japiassu (*O mito da neutralidade científica*, 1975), Sigmund Freud (*Pensamento vivo*, 1985), John Rickman (Ed.) (*A general selection from the works of Sigmund Freud*, 1989), Maria Rita Kehl (A psicanálise e o domínio das paixões, in: Adauto Novaes (Org.), *Os sentidos da paixão*, 1991), Hans Kelsen (*Teoria pura do direito*, 1979) Bruce Ackerman (*The rise of world constitutionalism*, 1997), Charles van Doren (*A history of knowlegde*, 1991).

da história econômica. Vale dizer: a razão não é fruto de um exercício da liberdade de ser, pensar e criar, mas prisioneira da *ideologia*, um conjunto de valores introjetados e imperceptíveis que condicionam o pensamento, independentemente da vontade.

O segundo abalo veio com Freud. Em passagem clássica, ele identifica três momentos nos quais o homem teria sofrido duros golpes na percepção de si mesmo e do mundo à sua volta, todos desferidos pela mão da ciência. Inicialmente com Copérnico e a revelação de que a Terra não era o centro do universo, mas um minúsculo fragmento de um sistema cósmico de vastidão inimaginável. O segundo com Darwin, que através da pesquisa biológica destruiu o suposto lugar privilegiado que o homem ocuparia no âmbito da criação e provou sua incontestável natureza animal. O último desses golpes — que é o que aqui se deseja enfatizar — veio com o próprio Freud: a descoberta de que o homem não é senhor absoluto sequer da própria vontade, de seus desejos, de seus instintos. O que ele fala e cala, o que pensa, sente e deseja é fruto de um poder invisível que controla o seu psiquismo: o *inconsciente*.[10][11]

É possível, aqui, enunciar uma conclusão parcial: os processos políticos, sociais e psíquicos movem-se por caminhos muitas vezes ocultos e imperceptíveis racionalmente. Os estudos de ambos os pensadores acima — sem embargo de amplamente questionados ao longo e, especialmente, ao final do século XX — operaram uma mudança profunda na compreensão do mundo. Admita-se, assim, que a razão divida o palco da existência humana pelo menos com esses dois outros fatores: a ideologia e o inconsciente. O esforço para superar cada

---

[10] Sigmund Freud (*Pensamento vivo*, 1985, p. 59): "Mas a megalomania humana terá sofrido o seu terceiro e mais contundente golpe da parte da pesquisa psicológica atual, que procura provar ao ego que nem mesmo em sua própria casa é ele quem dá as ordens, mas que deve contentar-se com as escassas informações do que se passa inconscientemente em sua mente".

[11] Em uma crônica densa e espirituosa ("A quarta virada", Revista de Domingo, *Jornal do Brasil*), após comentar as transformações advindas com Copérnico, Darwin e Freud, escreveu Luís Fernando Veríssimo: "Mas houve outra virada no pensamento humano. A de Marx, que nos permitiu pensar num homem predestinado, não pelas estrelas ou pelos seus instintos, mas pela história. Mesmo sem a orientação divina, estaríamos destinados a ser justos, pois a história, no fim, é moral. Em vez da escatologia cristã, Marx propôs uma redenção final cientificamente inescapável, e, se ninguém mais acredita em materialismo histórico na prática, a compulsão solidária persiste, como uma fé religiosa que o desmentido dos fatos só reforça. Talvez porque seja a fé secular que reste para muita gente. Ficamos órfãos de todas as melhores ilusões a nosso respeito (inclusive as marxistas) e nem assim nos resignamos à idéia de que aquilo que vemos no espelho é apenas um bípede egoísta, em breve e descomprometida passagem por um dos planetas menores. Quando esta fé acabar, aí sim estaremos prontos para os magos e as seitas. Tenho ouvido falar numa que adora a Alcachofra Mística e ainda ensina como aplicar na bolsa. Vou investigar".

um deles, pela autocrítica e pelo autoconhecimento, não é vão, mas é limitado. Nem por isso a razão se torna menos importante. A despeito de seus eventuais limites, ela conserva dois conteúdos de especial valia para o espírito humano: (i) o *ideal de conhecimento*, a busca do sentido para a realidade, para o mundo natural e cultural e para as pessoas, suas ações e obras; (ii) o *potencial da transformação*, o instrumento crítico para compreender as condições em que vivem os seres humanos e a energia para interferir na realidade, alterando-a quando necessário.[12]

As reflexões acima incidem diretamente sobre dois conceitos que integram o imaginário do conhecimento científico: a neutralidade e a objetividade. Ao menos no domínio das ciências humanas e, especialmente no campo do Direito, a realização plena de qualquer um deles é impossível. A *neutralidade*, entendida como um distanciamento absoluto da questão a ser apreciada, pressupõe um operador jurídico isento não somente das complexidades da subjetividade pessoal, mas também das influências sociais. Isto é: sem história, sem memória, sem desejos. Uma ficção. O que é possível e desejável é produzir um intérprete consciente de suas circunstâncias: que tenha percepção da sua postura ideológica (autocrítica) e, na medida do possível, de suas neuroses e frustrações (autoconhecimento). E, assim, sua atuação não consistirá na manutenção inconsciente da distribuição de poder e riquezas na sociedade nem na projeção narcísica de seus desejos ocultos, complexos e culpas.

A *objetividade* se realizaria na existência de princípios, regras e conceitos de validade geral, independentemente do ponto de observação e da vontade do observador. O certo, contudo, é que o conhecimento, qualquer conhecimento, não é uma foto, um flagrante incontestável da realidade. Todos os objetos estão sujeitos à *interpretação*. Isto é especialmente válido para o Direito, cuja matéria-prima é feita de normas, palavras, significantes e significados. A moderna dogmática jurídica já superou a ideia de que as leis possam ter, sempre e sempre, sentido unívoco, produzindo uma única solução adequada para cada caso. A objetividade possível do Direito reside no conjunto de possibilidades interpretativas que o relato da norma oferece.

Tais possibilidades interpretativas podem decorrer, por exemplo, (i) da discricionariedade atribuída pela norma ao intérprete, (ii) da pluralidade de significados das palavras ou (iii) da existência de normas contrapostas, exigindo a ponderação de interesses à vista do caso concreto. Daí a constatação inafastável de que a aplicação do Direito

---

[12] Marilena Chauí, *Convite à filosofia*, 1999, p. 85-7.

não é apenas um ato de conhecimento — revelação do sentido de uma norma pré-existente —, mas também um ato de vontade — escolha de uma possibilidade entre as diversas que se apresentam.[13] O direito constitucional define a moldura dentro da qual o intérprete exercerá sua criatividade e seu senso de justiça, sem conceder-lhe, contudo, um mandato para voluntarismos de matizes variados. De fato, a Constituição institui um conjunto de normas que deverão orientar sua escolha entre as alternativas possíveis: princípios, fins públicos, programas de ação.

O constitucionalismo chega vitorioso ao início do milênio, consagrado pelas revoluções liberais e após haver disputado com inúmeras outras propostas alternativas de construção de uma sociedade justa e de um Estado democrático.[14] A razão de seu sucesso está em ter conseguido oferecer ou, ao menos, incluir no imaginário das pessoas: (i) *legitimidade* — soberania popular na formação da vontade nacional, por meio do poder constituinte; (ii) *limitação do poder* — repartição de competências, processos adequados de tomada de decisão, respeito aos direitos individuais, inclusive das minorias; (iii) *valores* — incorporação à Constituição material das conquistas sociais, políticas e éticas acumuladas no patrimônio da humanidade.

Antes de encerrar este tópico, é de proveito confrontar estas ideias — reconfortantes e apaziguadoras — com o mundo real à volta,

---

[13] Tal conclusão tem a adesão do próprio Hans Kelsen, que intentou desenvolver uma teoria jurídica pura, isto é, purificada de toda a ideologia política e de todos os elementos de ciência natural, considerando que o problema da justiça, enquanto problema valorativo, situa-se fora da teoria do direito. Em sua celebrada *Teoria pura do direito* — uma das obras de maior significação no século que se encerrou — escreveu ele (trad. João Baptista Machado, Armênio Amado, Coimbra, 1979, p. 466-70): "A teoria usual da interpretação quer fazer crer que a lei, aplicada ao caso concreto, poderia fornecer, em todas as hipóteses, apenas *uma única* solução correta (ajustada) e que a 'justeza' (correção) jurídico-positiva desta decisão é fundada na própria lei. [...] A interpretação de uma lei não deve necessariamente conduzir a uma única solução como sendo a única correta, mas possivelmente a várias soluções que — na medida em que apenas sejam aferidas pela lei a aplicar — têm igual valor, se bem que apenas uma delas se torne Direito positivo no ato do órgão aplicador do Direito. [...] Na aplicação do Direito por um órgão jurídico, a interpretação cognoscitiva (obtida por uma operação de conhecimento) do Direito a aplicar combina-se com um ato de vontade em que o órgão aplicador do Direito efetua uma escolha entre as possibilidades reveladas através daquela mesma interpretação cognoscitiva".

[14] V. Luís Roberto Barroso (Doze anos da Constituição brasileira de 1988, *in*: *Temas de Direito Constitucional*, 2001): "O *constitucionalismo* tem se mostrado como a melhor opção de limitação do poder, respeito aos direitos e promoção do progresso. Nada parecido com *o fim da história*, porque valorizar e prestigiar a Constituição não suprime a questão política de definir o que vai dentro dela. Mas o fato é que as outras vias de institucionalização do poder praticadas ao longo do tempo não se provaram mais atraentes". Vejam-se algumas outras propostas que tiveram relevância ao longo do século. O marxismo-leninismo colocava no centro do sistema, não a Constituição, mas o Partido. Os militarismo anti-comunista gravitava em torno das Forças Armadas. O fundamentalismo islâmico tem como peça central o Corão. Nenhuma dessas propostas foi mais bem-sucedida.

com a história e seus descaminhos. A injustiça passeia impunemente pelas ruas; a violência social e institucional é o símbolo das grandes cidades; a desigualdade entre pessoas e países salta entre os continentes; a intolerância política, racial, tribal, religiosa povoa ambos os hemisférios. Nada assegura que as conclusões alinhavadas nos parágrafos acima sejam produto inequívoco de um conhecimento racional. Podem expressar apenas a ideologia ou o desejo. Um esforço de estabilização, segurança e paz onde talvez preferissem luta os dois terços da população mundial sem acesso aos frutos do progresso, ao consumo e mesmo à alimentação.

A crença na Constituição e no constitucionalismo não deixa de ser uma espécie de fé: exige que se acredite em coisas que não são direta e imediatamente apreendidas pelos sentidos. Como nas religiões semíticas — judaísmo, cristianismo e islamismo —, tem seu marco zero, seus profetas e acena com o paraíso: vida civilizada, justiça e talvez até felicidade. Como se percebe, o projeto da modernidade não se consumou. Por isso não pode ceder passagem. Não no direito constitucional. A pós-modernidade, na porção em que apreendida pelo pensamento neoliberal, é descrente do constitucionalismo em geral, e o vê como um entrave ao desmonte do Estado social.[15] Nesses tempos de tantas variações esotéricas, se lhe fosse dada a escolha, provavelmente substituiria a Constituição por um mapa astral.

2 Algumas bases teóricas
2.1 A dogmática jurídica tradicional e sua superação[16]

O Direito é uma invenção humana, um fenômeno histórico e cultural, concebido como técnica de solução de conflitos e instrumento

---

[15] José Eduardo Faria (*in* Prefácio ao livro de Gisele Cittadino, *Pluralismo, direito e justiça distributiva*, 1999): "No limiar do século XXI, contudo, a idéia de constituição cada vez mais é apontada como entrave ao funcionamento do mercado, como freio da competitividade dos agentes econômicos e como obstáculo à expansão da economia". Insere-se nessa discussão a ideia de Constituição meramente procedimental, que estabeleceria apenas as regras do processo político, sem fazer opções por valores ideologicamente engajados. Sobre o tema, v. Ana Paula de Barcellos (*A eficácia jurídica dos princípios constitucionais. O princípio da dignidade da pessoa humana*, 2001, p. 20).

[16] Hans Kelsen (*Teoria pura do direito*, 1979), Norberto Bobbio (*Teoria do ordenamento jurídico*, 1990), Karl Engisch (*Introdução ao pensamento jurídico*, 1996), Karl Larenz (*Metodologia da ciência do direito*, 1997), René David (*Os grandes sistemas jurídicos*, 1978), Miguel Reale (*Lições preliminares de direito*, 1990), Claus-Wilhelm Canaris (*Pensamento sistemático e conceito de sistema na ciência do direito*, 1996), Tércio Sampaio Ferraz (*Função social da dogmática jurídica*, 1998), José Reinaldo de Lima Lopes (*O direito na história*, 2000), José de Oliveira Ascensão (*O direito*: introdução e teoria geral, 1993).

de pacificação social. A família jurídica romano-germânica surge e desenvolve-se em torno das relações privadas, com o direito civil no centro do sistema. Seus institutos, conceitos e ideias fizeram a história de povos diversos e atravessaram os tempos. O Estado moderno surge no século XVI, ao final da Idade Média, sobre as ruínas do feudalismo e fundado no direito divino dos reis. Na passagem do Estado absolutista para o Estado liberal, o Direito incorpora o jusnaturalismo racionalista dos séculos XVII e XVIII, matéria-prima das revoluções francesa e americana. O direito moderno, em suas categorias principais, consolida-se no século XIX, já arrebatado pela onda positivista, com *status* e ambição de ciência.

Surgem os mitos. A lei passa a ser vista como expressão superior da razão. A ciência do Direito — ou, também, teoria geral do Direito, dogmática jurídica — é o domínio asséptico da segurança e da justiça. O Estado é a fonte única do poder e do Direito. O sistema jurídico é completo e autossuficiente: lacunas eventuais são resolvidas internamente, pelo costume, pela analogia, pelos princípios gerais. Separado da filosofia do direito por incisão profunda, a dogmática jurídica volta seu conhecimento apenas para a lei e o ordenamento positivo, sem qualquer reflexão sobre seu próprio saber e seus fundamentos de legitimidade.

Na aplicação desse direito puro e idealizado, pontifica o Estado como árbitro imparcial. A interpretação jurídica é um processo silogístico de subsunção dos fatos à norma. O juiz — *la bouche qui prononce les paroles de la loi* —[17] é um revelador de verdades abrigadas no comando geral e abstrato da lei. Refém da separação de Poderes, não lhe cabe qualquer papel criativo. Em síntese simplificadora, estas algumas das principais características do Direito na perspectiva clássica: a) caráter científico; b) emprego da lógica formal; c) pretensão de completude; d) pureza científica; e) racionalidade da lei e neutralidade do intérprete. Tudo regido por um ritual solene, que abandonou a peruca, mas conservou a tradição e o formalismo. Têmis, vendada, balança na mão, é o símbolo maior, musa de muitas gerações: o Direito produz ordem e justiça, com equilíbrio e igualdade.

Ou talvez não seja bem assim.

---

[17] Montesquieu, *De l'esprit des lois*, livre XI, chap. 6, 1748. No texto em português (*O espírito das leis*, Saraiva, 1987, p. 176): "Mas os Juízes da Nação, como dissemos, são apenas a boca que pronuncia as palavras da lei; seres inanimados que não lhe podem moderar nem a força, nem o rigor".

2.2 A teoria crítica do Direito[18]

Sob a designação genérica de teoria crítica do direito, abriga-se um conjunto de movimentos e de ideias que questionam o saber jurídico tradicional na maior parte de suas premissas: cientificidade, objetividade, neutralidade, estatalidade, completude. Funda-se na constatação de que o Direito não lida com fenômenos que se ordenem independentemente da atuação do sujeito, seja o legislador, o juiz ou o jurista. Este engajamento entre sujeito e objeto compromete a pretensão científica do Direito e, como consequência, seu ideal de objetividade, de um conhecimento que não seja contaminado por opiniões, preferências, interesses e preconceitos.

A teoria crítica, portanto, enfatiza o caráter ideológico do Direito, equiparando-o à política, a um discurso de legitimação do poder. O Direito surge, em todas as sociedades organizadas, como a institucionalização dos interesses dominantes, o acessório normativo da hegemonia de classe. Em nome da racionalidade, da ordem, da justiça, encobre-se a dominação, disfarçada por uma linguagem que a faz parecer natural e neutra. A teoria crítica preconiza, ainda, a atuação concreta, a militância do operador jurídico, à vista da concepção de que o papel do conhecimento não é somente a interpretação do mundo, mas também a sua transformação.[19]

Uma das teses fundamentais do pensamento crítico é a admissão de que o Direito possa não estar integralmente contido na lei, tendo condição de existir independentemente da bênção estatal, da positivação, do reconhecimento expresso pela estrutura de poder. O intérprete

---

[18] Marx e Engels (*Obras escolhidas*, 2 vs., 1961), Luiz Fernando Coelho (*Teoria crítica do direito*, 1991), Óscar Correas (*Crítica da ideologia jurídica*, 1995), Michel Miaille (*Introdução crítica ao direito*, 1989), Luis Alberto Warat (*Introdução geral ao direito*, 2 vs., 1994-5), Plauto Faraco de Azevedo (*Crítica à dogmática e hermenêutica jurídica*, 1989), Antonio Carlos Wolkmer (*Introdução ao pensamento crítico*, 1995), Luis Alberto Warat (*O outro lado da dogmática jurídica*, in Leonel Severo da Rocha (Org.), *Teoria do direito e do Estado*, 1994), Robert Hayman e Nancy Levit (*Jurisprudence*: contemporary readings, problems, and narratives, 1994), Enrique Marí et al. (*Materiales para una teoria critica del derecho*, 1991), Carlos María Cárcova (*A opacidade do direito*, 1998), Óscar Correas (*El neoliberalismo en el imaginario jurídico*, in *Direito e neoliberalismo: elementos para uma leitura interdisciplinar*, 1996), Clèmerson Merlin Clève (*A teoria constitucional e o direito alternativo* (para uma dogmática constitucional emancipatória), in *Direito Alternativo* – Seminário nacional sobre o uso alternativo do direito, Instituto dos Advogados Brasileiros, 1993), Luiz Edson Fachin (*Teoria crítica do direito civil*, 2000), Paulo Ricardo Schier (*Filtragem constitucional*, 1999), Leonel Severo Rocha (*Da teoria do direito à teoria da sociedade*, in *Teoria do direito e do Estado*, 1994), Ted Honderich (Ed.) (*The Oxford Companion to Philosophy*, 1995), Marilena Chauí (*Convite à filosofia*, 1999), Marcus Vinicius Martins Antunes (*Engels e o direito*, in *Fios de Ariadne*: ensaios de interpretação marxista, 1999).

[19] Proposição inspirada por uma passagem de Marx, na XI Tese sobre Feuerbach: os filósofos apenas interpretaram de diversos modos o mundo; o que importa é transformá-lo.

deve buscar a justiça, ainda quando não a encontre na lei. A teoria crítica resiste, também, à ideia de completude, de autossuficiência e de *pureza*, condenando a cisão do discurso jurídico, que dele afasta os outros conhecimentos teóricos. O estudo do sistema normativo (dogmática jurídica) não pode insular-se da realidade (sociologia do direito) e das bases de legitimidade que devem inspirá-lo e possibilitar a sua própria crítica (filosofia do direito).[20] A interdisciplinariedade, que colhe elementos em outras áreas do saber — inclusive os menos óbvios, como a psicanálise ou a linguística —, tem uma fecunda colaboração a prestar ao universo jurídico.

O pensamento crítico teve expressão na produção acadêmica de diversos países, notadamente nas décadas de 70 e 80. Na França, a *Critique du Droit*, influenciada por Althusser, procurou atribuir caráter científico ao Direito, mas uma ciência de base marxista, que seria a única ciência verdadeira.[21] Nos Estados Unidos, os *Critical Legal Studies*, também sob influência marxista — embora menos explícita —, difundiram os fundamentos de sua crença de que *law is politics*, convocando os operadores jurídicos a recompor a ordem legal e social com base em princípios humanísticos e comunitários.[22] Anteriormente, na Alemanha, a denominada Escola de Frankfurt lançara algumas das bases da teoria crítica, questionando o postulado positivista da separação entre ciência e ética, completando a elaboração de duas categorias nucleares — a ideologia e a práxis —,[23] bem como identificando a existência de

---

[20] Elías Díaz, *Sociologia y filosofia del derecho*, 1976, p. 54 *apud* Plauto Faraco de Azevedo, *Crítica à dogmática e hermenêutica jurídica*, 1989, p. 36.

[21] Óscar Correas, *Crítica da ideologia jurídica*, 1995, p. 126-32. Michel Miaille, *Introdução crítica ao direito*, 1989, p. 327: "Esta experiência crítica do direito abre campo a uma nova maneira de tratar o direito. [...] É o sentido profundo do marxismo, deslocar o terreno do conhecimento do real, oferecendo uma passagem libertadora: o trabalho teórico liberta e emancipa condições clássicas da investigação intelectual pelo fato decisivo de o pensamento marxista refletir, ao mesmo tempo, sobre as condições da sua existência e sobre as condições da sua interseção na vida social".

[22] Robert L. Hayman e Nancy Levit, *Jurisprudence: contemporary readings, problems, and narratives* (1994, p. 215). Uma das lideranças do movimento foi o professor de Harvard, de nacionalidade brasileira, Roberto Mangabeira Unger, que produziu um dos textos mais difundidos sobre esta corrente de pensamento: *The critical legal studies movement* (1986). Para uma história do movimento, v. Mark Tushnet (Critical legal studies: a political history, 100 Yale Law Journal 1515, 1991). Para uma crítica da teoria crítica, v. Owen Fiss (*The death of the law*, 72 Cornell Law Review 1, 1986).

[23] Luiz Fernando Coelho, *Teoria crítica do direito*, 1991, p. 398: "As categorias críticas exsurgidas dessa dialética são a práxis, que se manifesta como teoria crítica, como atividade produtiva e como ação política, e a ideologia, vista como processo de substituição do real pelo imaginário e de legitimação da ordem social real em função do imaginário".

duas modalidades de razão: a instrumental e a crítica.[24] A produção filosófica de pensadores como Horkheimer, Marcuse, Adorno e, mais recentemente, Jürgen Habermas, terá sido a principal influência pós-marxista da teoria crítica.

No Brasil, a teoria crítica do direito compartilhou dos mesmos fundamentos filosóficos que a inspiraram em sua matriz europeia, tendo se manifestado em diferentes vertentes de pensamento: epistemológico, sociológico, semiológico,[25] psicanalítico[26] e teoria crítica da sociedade.[27] Todas elas tinham como ponto comum a denúncia do Direito como instância de poder e instrumento de dominação de classe, enfatizando o papel da ideologia na ocultação e legitimação dessas relações. O pensamento crítico no país alçou voos de qualidade e prestou inestimável contribuição científica. Mas não foi um sucesso de público.

Nem poderia ter sido diferente. O embate para ampliar o grau de conscientização dos operadores jurídicos foi desigual. Além da hegemonia quase absoluta da dogmática convencional — beneficiária da tradição e da inércia —, a teoria crítica conviveu, também, com um inimigo poderoso: a ditadura militar e seu arsenal de violência institucional, censura e dissimulação. A atitude filosófica em relação à ordem jurídica era afetada pela existência de uma *legalidade paralela* — dos atos institucionais e da segurança nacional — que, frequentemente, desbordava para um Estado de fato. Não eram tempos amenos para o pensamento de esquerda e para o questionamento das estruturas de poder político e de opressão social.

Na visão de curto prazo, o trabalho de *desconstrução* desenvolvido pela teoria crítica, voltado para a desmistificação do conhecimento jurídico convencional, trouxe algumas *consequências problemáticas*,[28] entre

---

[24] Marilena Chauí, *Convite à filosofia*, 1999: "Os filósofos da Teoria Crítica consideram que existem, na verdade, duas modalidades da razão: a *razão instrumental* ou razão técnico-científica, que está a serviço da exploração e da dominação, da opressão e da violência, e a *razão crítica* ou filosófica, que reflete sobre as contradições e os conflitos sociais e políticos e se apresenta como uma força libertadora".

[25] Para um alentado estudo da interpretação jurídica sob esta perspectiva, v. Lenio Luiz Streck, *Hermenêutica jurídica em crise*, 1999.

[26] Sobre esta temática, vejam-se dois trabalhos publicados na obra coletiva *Direito e neoliberalismo*, 1996: Agustinho Ramalho, *Subsídios para pensar a possibilidade de articular direito e psicanálise*; Jacinto de Miranda Coutinho, *Jurisdição, psicanálise e o mundo neoliberal*.

[27] Luiz Fernando Coelho, *op. cit.*, p. 396-7.

[28] Paulo Schier, *Filtragem constitucional*, 1999, p. 34: "Essas teorias, de certa forma, acabaram por desencadear algumas conseqüências problemáticas, dentre as quais [...]: (i) a impossibilidade de se vislumbrar a dogmática jurídica como instrumento de emancipação dos homens em sociedade e (ii) o esvaziamento da dignidade normativa da ordem jurídica".

as quais: a) o abandono do Direito como espaço de atuação das forças progressistas; b) o desperdício das potencialidades interpretativas das normas em vigor. Disso resultou que o mundo jurídico tornou-se feudo do pensamento conservador ou, no mínimo, tradicional. E que não se exploraram as potencialidades da aplicação de normas de elevado cunho social, algumas inscritas na própria Constituição outorgada pelo regime militar.

Porém, dentro de uma visão histórica mais ampla, é impossível desconsiderar a influência decisiva que a teoria crítica teve no surgimento de uma geração menos dogmática, mais permeável a outros conhecimentos teóricos e sem os mesmos compromissos com o *status quo*. A teoria crítica deve ser vista, nesse início de século, na mesma perspectiva que a teoria marxista: apesar de seu refluxo na quadra atual, sobretudo após os eventos desencadeados a partir de 1989, conserva as honras de ter modificado e elevado o patamar do conhecimento convencional.

A redemocratização no Brasil impulsionou uma volta ao Direito.[29] É certo que já não se alimenta a crença de que a lei seja "a expressão da vontade geral institucionalizada"[30] e se reconhece que, frequentemente, estará a serviço de interesses, e não da razão. Mas ainda assim ela significa um avanço histórico: fruto do debate político, ela representa a despersonalização do poder e a institucionalização da vontade política. O tempo das negações absolutas passou. Não existe compromisso com o outro sem a lei.[31] É preciso, portanto, explorar as potencialidades positivas da dogmática jurídica, investir na interpretação principiológica, fundada em valores, na ética e na razão possível. A liberdade de que o pensamento intelectual desfruta hoje impõe compromissos tanto com a legalidade democrática como com a conscientização e a emancipação. Não há, no particular, nem incompatibilidade nem exclusão.

---

[29] Pessoalmente, fiz a travessia do pensamento crítico para a utilização construtiva da dogmática jurídica em um trabalho escrito em 1986 — "A efetividade das normas constitucionais (Por que não uma Constituição para valer?)", apresentado no VIII Congresso Brasileiro de Direito Constitucional, Porto Alegre, 1987. Esse texto foi a base de minha tese de livre-docência, concluída em 1988, e que se converteu no livro *O direito constitucional e a efetividade de suas normas* (2001).

[30] Declaração dos Direitos do Homem e do Cidadão, 1789, art. 6º: "A lei é a expressão da vontade geral institucionalizada".

[31] Luis Alberto Warat, *O outro lado da dogmática jurídica*, in *Teoria do direito e do Estado* (Org. Leonel Severo Rocha), 1994, p. 83-5.

3 Algumas bases filosóficas[32]
3.1 Ascensão e decadência do jusnaturalismo

O termo jusnaturalismo identifica uma das principais correntes filosóficas que tem acompanhado o Direito ao longo dos séculos, fundada na existência de um *direito natural*. Sua ideia básica consiste no reconhecimento de que há, na sociedade, um conjunto de valores e de pretensões humanas legítimas que não decorrem de uma norma jurídica emanada do Estado, isto é, independem do direito positivo. Esse direito natural tem validade em si, legitimado por uma ética superior, e estabelece limites à própria norma estatal. Tal crença contrapõe-se a outra corrente filosófica de influência marcante, o positivismo jurídico, que será examinado mais à frente.

O rótulo genérico do *jusnaturalismo* tem sido aplicado a fases históricas diversas e a conteúdos heterogêneos, que remontam à antiguidade clássica[33] e chegam aos dias de hoje, passando por densa e complexa elaboração ao longo da Idade Média.[34] A despeito das múltiplas variantes, o direito natural apresenta-se, fundamentalmente, em duas versões: a) a de uma lei estabelecida pela vontade de Deus; b) a de uma lei ditada pela razão. O direito natural moderno começa

---

[32] Norberto Bobbio (*O positivismo jurídico*, 1995), Bobbio, Matteucci e Pasquino (*Dicionário de política*, 1986; Nicola Abbagnano (*Dicionário de filosofia*, 1998), Giorgio Del Vecchio (*Filosofia del derecho*, 1991), José Reinaldo de Lima Lopes (*O direito na história*, 2000), Antonio M. Hespanha (*Panorama histórico da cultura jurídica européia*, 1977), Nelson Saldanha (*Filosofia do direito*, 1998) Paulo Nader (*Introdução ao estudo do direito*, 1995), Cícero (*Da república*, [s.d.]), René David (*Os grandes sistemas do direito contemporâneo*, 1978), Bertrand Russell (*História do pensamento ocidental*, 2001), Vladímir Tumánov (*O pensamento jurídico burguês contemporâneo*, 1984), Margarida Maria Lacombe Camargo (*Hermenêutica e argumentação*, 1999), Ana Paula de Barcellos (As relações da filosofia do direito com a experiência jurídica. Uma visão dos séculos XVIII, XIX e XX. Algumas questões atuais, *Revista Forense* 351/3).

[33] O jusnaturalismo tem sua origem associada à cultura grega, onde Platão já se referia a uma justiça inata, universal e necessária. Coube a Cícero sua divulgação em Roma, em passagem célebre de seu *De republica*, que teve forte influência no pensamento cristão e na doutrina medieval: "A razão reta, conforme à natureza, gravada em todos os corações, imutável, eterna, cuja voz ensina e prescreve o bem [...]. Essa lei não pode ser contestada, nem derrogada em parte, nem anulada; não podemos ser isentos de seu cumprimento pelo povo nem pelo senado [...]. Não é uma lei em Roma e outra em Atenas, — uma antes e outra depois, mas uma, sempiterna e imutável, entre todos os povos e em todos os tempos; uno será sempre o seu imperador e mestre, que é Deus, seu inventor, sancionador e publicador, não podendo o homem desconhecê-la sem renegar a si mesmo..." (Cicero, *Da república*, Ediouro, [s.d.], p. 100).

[34] Santo Tomás de Aquino (1225-1274) desenvolveu o mais influente sistema filosófico e teológico da Idade Média, o tomismo, demarcando fronteiras entre a fé e a razão. Pregando ser a lei um ato de razão e não de vontade, distinguiu quatro espécies de leis: uma lei eterna, uma lei natural, uma lei positiva humana e uma lei positiva divina. Sua principal obra foi a *Summa teologica*. Sobre o contexto histórico de Tomás de Aquino, v. José Reinaldo de Lima Lopes (*O direito na história*, 2000, p. 144 *et seq.*).

a formar-se a partir do século XVI, procurando superar o dogmatismo medieval e escapar do ambiente teológico em que se desenvolveu. A ênfase na natureza e na razão humanas, e não mais na origem divina, é um dos marcos da Idade Moderna e base de uma nova cultura laica, consolidada a partir do século XVII.[35]

A modernidade, que se iniciara no século XVI, com a reforma protestante, a formação dos Estados nacionais e a chegada dos europeus à América, desenvolve-se em um ambiente cultural não mais submisso à teologia cristã. Cresce o ideal de conhecimento, fundado na razão, e o de liberdade, no início de seu confronto com o absolutismo. O jusnaturalismo passa a ser a filosofia natural do Direito e associa-se ao iluminismo[36] na crítica à tradição anterior, dando substrato jurídico-filosófico às duas grandes conquistas do mundo moderno: a tolerância religiosa e a limitação ao poder do Estado. A burguesia articula sua chegada ao poder.

A crença de que o homem possui *direitos naturais*, vale dizer, um espaço de integridade e de liberdade a ser preservado e respeitado pelo próprio Estado, foi o combustível das revoluções liberais e fundamento das doutrinas políticas de cunho individualista que enfrentaram a monarquia absoluta. A Revolução Francesa e sua Declaração dos Direitos do Homem e do Cidadão (1789)[37] e, anteriormente, a Declaração de

---

[35] O surgimento do jusnaturalismo moderno é usualmente associado à doutrina de Hugo Grócio (1583-1645), exposta em sua obra clássica *De iure belli ac pacis*, de 1625, considerada, também, precursora do direito internacional. Ao difundir a ideia de direito natural como aquele que poderia ser reconhecido como válido por todos os povos, porque fundado na razão, Grócio desvincula-o *não só da vontade de Deus, como de sua própria existência*. Vejam-se: Bobbio, Matteucci e Pasquino (*Dicionário de política*, 1986, p. 657), e Ana Paula de Barcellos (As relações da filosofia do direito com a experiência jurídica. Uma visão dos séculos XVIII, XIX e XX. Algumas questões atuais, *Revista Forense* 351/3, p. 8-9).

[36] *Iluminismo* designa a revolução intelectual que se operou na Europa, especialmente na França, no século XVIII. O movimento representou o ápice das transformações iniciadas no século XIV, com o Renascimento. O antropocentrismo e o individualismo renascentistas, ao incentivarem a investigação científica, levaram à gradativa separação entre o campo da fé (religião) e o da razão (ciência), determinando profundas transformações no modo de pensar e de agir do homem. Para os iluministas, somente através da razão o homem poderia alcançar o conhecimento, a convivência harmoniosa em sociedade, a liberdade individual e a felicidade. Ao propor a reorganização da sociedade com uma política centrada no homem, sobretudo no sentido de garantir-lhe a liberdade, a filosofia iluminista defendia a causa burguesa contra o Antigo Regime. Alguns nomes que merecem destaque na filosofia e na ciência política: Descartes, Locke, Montesquieu, Voltaire e Rousseau.

[37] O Preâmbulo da Declaração afirma que ela contém *os direitos naturais, inalienáveis e sagrados do Homem*, tendo o art. 2º a seguinte dicção: "Artigo 2º O fim de toda associação política é a conservação dos direitos naturais e imprescindíveis do homem. Esses direitos são a liberdade, a propriedade, a segurança e a resistência à opressão".

Independência dos Estados Unidos (1776),[38] estão impregnadas de ideias jusnaturalistas, sob a influência marcante de John Locke,[39] autor emblemático dessa corrente filosófica e do pensamento contratualista, no qual foi antecedido por Hobbes[40] e sucedido por Rousseau.[41] Sem embargo da precedência histórica dos ingleses, cuja *Revolução Gloriosa* foi concluída em 1689, o Estado liberal ficou associado a esses eventos e a essa fase da história da humanidade.[42] O constitucionalismo moderno inicia sua trajetória.

O jusnaturalismo racionalista esteve uma vez mais ao lado do iluminismo no movimento de codificação do Direito, no século XVIII, cuja maior realização foi o Código Civil francês — o Código de Napoleão —, que entrou em vigor em 1804. Em busca de clareza, unidade e simplificação, incorporou-se à tradição jurídica romano-germânica a elaboração de códigos, isto é, documentos legislativos que agrupam e organizam sistematicamente as normas em torno de determinado objeto. Completada a revolução burguesa, o direito natural viu-se "domesticado e ensinado dogmaticamente".[43] A técnica de codificação tende a promover a identificação entre direito e lei. A Escola da Exegese, por sua vez, irá impor o apego ao texto e à interpretação gramatical e histórica, cerceando a atuação criativa do juiz em nome de uma interpretação pretensamente objetiva e neutra.[44]

---

[38] Da Declaração, redigida por Thomas Jefferson, constam referências às *leis da natureza* e ao *Deus da natureza* e a seguinte passagem: "Sustentamos que estas verdades são evidentes, que todos os homens foram criados iguais, que foram dotados por seu Criador de certos Direitos inalienáveis, que entre eles estão a Vida, a Liberdade e a Busca da Felicidade".

[39] Autor dos *Dois tratados sobre o governo civil*, 1689-90 e do *Ensaio sobre o entendimento humano*, 1690. Vejam-se John Locke, *Second treatise of government*, Indianapolis-Cambridge, Hacket Publishing Co, 1980; e John Locke, *Ensaio acerca do entendimento humano*, Coleção Os Pensadores, São Paulo, Nova Cultural, 1990.

[40] Thomas Hobbes, *Leviathan*, Londres, Penguin Books, 1985 (a 1. ed. da obra é de 1651). Há edição em português na Coleção Os Pensadores, São Paulo, Nova Cultural, 1999.

[41] Jean-Jacques Rousseau, *O contrato social*, Edições de Ouro, [s.d.]. a 1. ed. de *Du contrat social* é de 1762.

[42] Em seu magnífico estudo *On revolution* (Londres, Penguin Books, 1987. 1. ed. em 1963), Hannah Arendt comenta o fato intrigante de que a foi a Revolução Francesa, e não a Inglesa ou a Americana, que correu mundo e simbolizou a divisão da história da humanidade em antes e depois. Escreveu ela: "A 'Revolução Gloriosa', evento pelo qual o termo (revolução), paradoxalmente, encontrou seu lugar definitivo na linguagem política e histórica, não foi vista como uma revolução, mas como uma restauração do poder monárquico aos seus direitos pretéritos e à sua glória. [...] Foi a Revolução Francesa e não a Americana que colocou fogo no mundo. [...] A triste verdade na matéria é que a Revolução Francesa, que terminou em desastre, entrou para a história do mundo, enquanto a Revolução Americana, com seu triunfante sucesso, permaneceu como um evento de importância pouco mais que local" (p. 43, 55-6).

[43] José Reinaldo de Lima Lopes, *O direito na história*, 2000, p. 188.

[44] Sobre codificação, Escola da Exegese e *fetichismo da lei*, vejam-se: Gustavo Tepedino (*O Código Civil, os chamados microssistemas e a Constituição*: premissas para uma reforma

O advento do Estado liberal, a consolidação dos ideais constitucionais em textos escritos e o êxito do movimento de codificação simbolizaram a vitória do direito natural, o seu apogeu. Paradoxalmente, representaram, também, a sua superação histórica.[45] No início do século XIX, os direitos naturais, cultivados e desenvolvidos ao longo de mais de dois milênios, haviam se incorporado de forma generalizada aos ordenamentos positivos.[46] Já não traziam a revolução, mas a conservação. Considerado metafísico e anticientífico, o direito natural é empurrado para a margem da história pela onipotência positivista do século XIX.

3.2 Ascensão e decadência do positivismo jurídico

O positivismo filosófico foi fruto de uma idealização do conhecimento científico, uma crença romântica e onipotente de que os múltiplos domínios da indagação e da atividade intelectual pudessem ser regidos por leis naturais, invariáveis, independentes da vontade e da ação humana. O homem chegara à sua maioridade racional e tudo passara a ser ciência: o único conhecimento válido, a única moral, até mesmo a única religião. O universo, conforme divulgado por Galileu, teria uma linguagem matemática, integrando-se a um sistema de leis a serem descobertas, e os métodos válidos nas ciências da natureza deviam ser estendidos às ciências sociais.[47]

---

legislativa, in Gustavo Tepedino (Org.), *Problemas de direito civil-constitucional*, 2000) e Maria Celina Bodin de Moraes (*Constituição e direito civil*: tendências, in *Anais da XVII Conferência Nacional dos Advogados*, Rio de Janeiro, 1999).

[45] Bobbio, Matteucci e Pasquino (*Dicionário de política*, 1986, p. 659): "Com a promulgação dos códigos, principalmente do napoleônico, o Jusnaturalismo exauria a sua função no momento mesmo em que celebrava o seu triunfo. Transposto o direito racional para o código, não se via nem admitia outro direito senão este. O recurso a princípios ou normas extrínsecos ao sistema do direito positivo foi considerado ilegítimo".

[46] Ana Paula de Barcellos, As relações da filosofia do direito com a experiência jurídica. Uma visão dos séculos XVIII, XIX e XX. Algumas questões atuais, *Revista Forense* 351/3, p. 10: "Em fins do século XVIII e início do século XIX, com a instalação do Estado Liberal e todo o seu aparato jurídico (constituição escrita, igualdade formal, princípio da legalidade etc.), o *direito natural* conheceria seu momento áureo na história moderna do direito. As idéias desenvolvidas no âmbito da filosofia ocidental haviam se incorporado de uma forma sem precedentes à realidade jurídica. Talvez por isso mesmo, tendo absorvido os elementos propostos pela reflexão filosófica, o direito haja presumido demais de si mesmo, considerando que podia agora prescindir dela. De fato, curiosamente, a seqüência histórica reservaria para o pensamento jusfilosófico não apenas um novo nome — filosofia do direito — como também mais de um século de ostracismo".

[47] Em sentido amplo, o termo positivismo designa a crença ambiciosa na ciência e nos seus métodos. Em sentido estrito, identifica o pensamento de Auguste Comte que, em seu *Curso de filosofia positiva* (seis volumes escritos entre 1830 e 1842), desenvolveu a denominada *lei dos três estados*, segundo a qual o conhecimento humano havia atravessado três estágios históricos: o teológico, o metafísico e ingressara no estágio positivo ou científico.

As teses fundamentais do positivismo filosófico, em síntese simplificadora, podem ser assim expressas:

(i) a ciência é o único conhecimento verdadeiro, depurado de indagações teológicas ou metafísicas, que especulam acerca de causas e princípios abstratos, insuscetíveis de demonstração;

(ii) o conhecimento científico é objetivo. Funda-se na distinção entre sujeito e objeto e no método descritivo, para que seja preservado de opiniões, preferências ou preconceitos;

(iii) o método científico empregado nas ciências naturais, baseado na observação e na experimentação, deve ser estendido a todos os campos de conhecimento, inclusive às ciências sociais.

O positivismo jurídico foi a importação do positivismo filosófico para o mundo do Direito, na pretensão de criar-se uma *ciência* jurídica, com características análogas às ciências exatas e naturais. A busca de objetividade científica, com ênfase na realidade observável e não na especulação filosófica, apartou o Direito da moral e dos valores transcendentes. Direito é norma, ato emanado do Estado com caráter imperativo e força coativa. A ciência do Direito, como todas as demais, deve fundar-se em juízos *de fato*, que visam ao conhecimento da realidade, e não em juízos *de valor*, que representam uma tomada de posição diante da realidade.[48] Não é no âmbito do Direito que se deve travar a discussão acerca de questões como legitimidade e justiça.

O positivismo comportou algumas variações[49] e teve seu ponto culminante no normativismo de Hans Kelsen.[50] Correndo o risco das

---

[48] Norberto Bobbio, *Positivismo jurídico* (1995, p. 135), onde se acrescenta: "A ciência exclui do próprio âmbito os juízos de valor, porque ela deseja ser um conhecimento puramente *objetivo* da realidade, enquanto os juízos em questão são sempre *subjetivos* (ou pessoais) e conseqüentemente contrários à exigência da objetividade". Pouco mais à frente, o grande mestre italiano, defensor do que denominou de "positivismo moderado", desenvolve a distinção, de matriz kelseniana, entre *validade* e *valor* do Direito.

[49] Antonio M. Hespanha (*Panorama histórico da cultura jurídica européia*, 1977, p. 174-5): "[...] As várias escolas entenderam de forma diversa o que fossem 'coisas positivas'. Para uns, positiva era apenas a lei (positivismo legalista). Para outros, positivo era o direito plasmado na vida, nas instituições ou num espírito do povo (positivismo histórico). Positivo era também o seu estudo de acordo com as regras das novas ciências da sociedade, surgidas na segunda metade do século XIX (positivismo sociológico, naturalismo). Finalmente, para outros, positivos eram os conceitos jurídicos genéricos e abstratos, rigorosamente construídos e concatenados, válidos independentemente da variabilidade da legislação positiva (positivismo conceitual)".

[50] A obra-prima de Kelsen foi a *Teoria pura do direito* (cuja 1. ed. data de 1934 — embora seus primeiros trabalhos remontassem a 1911 —, havendo sido publicada uma 2. ed. em 1960, incorporando alguns conceitos novos).

simplificações redutoras, é possível apontar algumas características essenciais do positivismo jurídico:
(i) a aproximação quase plena entre Direito e norma;
(ii) a afirmação da estatalidade do Direito: a ordem jurídica é una e emana do Estado;
(iii) a completude do ordenamento jurídico, que contém conceitos e instrumentos suficientes e adequados para solução de qualquer caso, inexistindo lacunas;
(iv) o formalismo: a validade da norma decorre do procedimento seguido para a sua criação, independendo do conteúdo. Também aqui se insere o dogma da subsunção,[51] herdado do formalismo alemão.

O positivismo tornou-se, nas primeiras décadas do século XX, a filosofia dos juristas. A teoria jurídica empenhava-se no desenvolvimento de ideias e de conceitos dogmáticos, em busca da cientificidade anunciada. O direito reduzia-se ao conjunto de normas em vigor, considerava-se um sistema perfeito e, como todo dogma, não precisava de qualquer justificação além da própria existência.[52] Com o tempo, o positivismo sujeitou-se à crítica crescente e severa, vinda de diversas procedências, até sofrer dramática derrota histórica. A troca do ideal racionalista de justiça pela ambição positivista de certeza jurídica custou caro à humanidade.

Conceitualmente, jamais foi possível a transposição totalmente satisfatória dos métodos das ciências naturais para a área de humanidades. O direito, ao contrário de outros domínios, não tem nem pode ter uma postura puramente descritiva da realidade, voltada para relatar o que existe. Cabe-lhe prescrever um *dever-ser* e fazê-lo valer nas situações concretas. O direito tem a pretensão de atuar sobre a realidade, conformando-a e transformando-a. Ele não é um *dado*, mas uma *criação*. A relação entre o sujeito do conhecimento e seu objeto de estudo — isto é, entre o intérprete, a norma e a realidade — é tensa e intensa. O ideal positivista de objetividade e neutralidade é insuscetível de realizar-se.

O positivismo pretendeu ser uma *teoria* do direito, na qual o estudioso assumisse uma atitude cognoscitiva (de conhecimento), fundada em juízos de fato. Mas resultou sendo uma *ideologia*, movida por

---

[51] A aplicação do Direito consistiria em um processo lógico-dedutivo de submissão à lei (premissa maior) da relação de fato (premissa menor), produzindo uma conclusão natural e óbvia, meramente declarada pelo intérprete, que não desempenharia qualquer papel criativo. Como visto anteriormente, esta concepção não tem a adesão de Hans Kelsen.
[52] Vladímir Tumánov, *O pensamento jurídico burguês contemporâneo*, 1984, p. 141.

juízos de valor, por ter se tornado não apenas um modo de *entender* o direito, como também de *querer* o Direito.[53] O fetiche da lei e o legalismo acrítico, subprodutos do positivismo jurídico, serviram de disfarce para autoritarismos de matizes variados. A ideia de que o debate acerca da justiça se encerrava quando da positivação da norma tinha um caráter legitimador da ordem estabelecida. Qualquer ordem.

Sem embargo da resistência filosófica de outros movimentos influentes nas primeiras décadas do século,[54] a decadência do positivismo é emblematicamente associada à derrota do fascismo na Itália e do nazismo na Alemanha. Esses movimentos políticos e militares ascenderam ao poder dentro do quadro de legalidade vigente e promoveram a barbárie em nome da lei. Os principais acusados de Nuremberg invocaram o cumprimento da lei e a obediência a ordens emanadas da autoridade competente. Ao fim da Segunda Guerra Mundial, a ideia de um ordenamento jurídico indiferente a valores éticos e da lei como uma estrutura meramente formal, uma embalagem para qualquer produto, já não tinha mais aceitação no pensamento esclarecido.

A superação histórica do jusnaturalismo e o fracasso político do positivismo abriram caminho para um conjunto amplo e ainda inacabado de reflexões acerca do Direito, sua função social e sua interpretação. O *pós-positivismo* é a designação provisória e genérica de um ideário difuso, no qual se incluem a definição das relações entre valores, princípios e regras, aspectos da chamada *nova hermenêutica* e a teoria dos direitos fundamentais.[55]

3.3 Pós-positivismo e a normatividade dos princípios[56]

O Direito, a partir da segunda metade do século XX, já não cabia mais no positivismo jurídico. A aproximação quase absoluta entre

---

[53] Norberto Bobbio, *O positivismo jurídico*, 1995, p. 223-4. V. também Michael Löwy, *Ideologias e ciência social*: elementos para uma análise marxista, 1996, p. 40: "O positivismo, que se apresenta como ciência livre de juízos de valor, neutra, rigorosamente científica, [...] acaba tendo uma função política e ideológica".
[54] Como por exemplo, a *jurisprudência dos interesses*, iniciada por Ihering, e o *movimento pelo direito livre*, no qual se destacou Ehrlich.
[55] Sobre o tema, vejam-se: Antônio Augusto Cançado Trindade (*A proteção internacional dos direitos humanos*: fundamentos jurídicos e instrumentos básicos, 1991), Ingo Wolfgang Sarlet (*A eficácia dos direitos fundamentais*, 1998), Flávia Piovesan (*Temas de direitos humanos*, 1998), Ricardo Lobo Torres (Org.) (*Teoria dos direitos fundamentais*, 1999), Willis Santiago Guerra Filho (*Processo constitucional e direitos fundamentais*, 1999), e Gilmar Ferreira Mendes, Inocêncio Mártires Coelho e Paulo Gustavo Gonet Branco (*Hermenêutica constitucional e direitos fundamentais*, 2000).

Direito e norma e sua rígida separação da ética não correspondiam ao estágio do processo civilizatório e às ambições dos que patrocinavam a causa da humanidade. Por outro lado, o discurso científico impregnara o Direito. Seus operadores não desejavam o retorno puro e simples ao jusnaturalismo, aos fundamentos vagos, abstratos ou metafísicos de uma razão subjetiva. Nesse contexto, o pós-positivismo não surge com o ímpeto da desconstrução, mas como uma superação do conhecimento convencional. Ele inicia sua trajetória guardando deferência relativa ao ordenamento positivo, mas nele reintroduzindo as ideias de justiça e legitimidade.

O constitucionalismo moderno promove, assim, uma volta aos valores, uma reaproximação entre ética e Direito.[57] Para poderem beneficiar-se do amplo instrumental do Direito, migrando da filosofia para o mundo jurídico, esses valores compartilhados por toda a comunidade, em dado momento e lugar, materializam-se em princípios, que passam a estar abrigados na Constituição, explícita ou implicitamente. Alguns nela já se inscreviam de longa data, como a liberdade e a igualdade, sem embargo da evolução de seus significados. Outros, conquanto clássicos, sofreram releituras e revelaram novas sutilezas, como a separação dos Poderes e o Estado democrático de direito. Houve, ainda, princípios que se incorporaram mais recentemente ou, ao menos, passaram a ter uma nova dimensão, como o da dignidade da pessoa humana, da razoabilidade, da solidariedade e da reserva de justiça.

A novidade das últimas décadas não está, propriamente, na existência de princípios e no seu eventual reconhecimento pela ordem

---

[56] Ronald Dworkin (*Taking rights seriously*, 1997), Robert Alexy (*Teoria de los derechos fundamentales*, 1997), J.J. Gomes Canotilho (*Direito constitucional e teoria da Constituição*, 1998), Paulo Bonavides (*Curso de direito constitucional*, 2000), Jürgen Habermas (*Direito e democracia*: entre facticidade e validade, 1997), Jacob Dolinger (*Evolution of principles for resolving conflicts in the field of contracts and torts*, Recueil des Cours, v. 283, p. 203 *et seq.*, Hague Academy of International Law), Miguel Reale (*Filosofia do direito*, 2000) Nicola Abbagnano (*Dicionario de filosofia*, 1998), Paulo Nader (*Filosofia do direito*, 2000), Giorgio del Vecchio (*Filosofia del derecho*, 1997), Marilena Chauí (*Convite à filosofia*, 1999), Ricardo Lobo Torres (*O orçamento na Constituição*, 2000), Eros Roberto Grau (*A ordem econômica na Constituição de 1988*, 1996), Juarez de Freitas (Tendências atuais e perspectivas da hermenêutica constitucional, *Ajuris* 76/397), Ruy Samuel Espíndola (*Conceito de princípios constitucionais*, 1998), Daniel Sarmento (*A ponderação de interesses na Constituição Federal*, 2000), Margarida Maria Lacombe Camargo (*Hermenêutica e argumentação*: uma contribuição ao estudo do direito, 1999), Oscar Vilhena Vieira (*A Constituição e sua reserva de justiça*, 1999), Marcos Antonio Maselli de Pinheiro Gouvêa (*A sindicabilidade dos direitos prestacionais à luz de conceitos-chave contemporâneos*, 2001), Ana Paula de Barcellos (*A eficácia jurídica dos princípios constitucionais*. O princípio da dignidade da pessoa humana, 2001).

[57] Esse fenômeno é referido por autores alemães como "virada kantiana". V., a respeito, Ricardo Lobo Torres, em remissão a Otfried Höffe, *Kategorische Rechtsprinzipien. Ein Kontrapunkt der Moderne* (*O orçamento na Constituição*, 1995, p. 90).

jurídica. Os princípios, vindos dos textos religiosos, filosóficos ou jusnaturalistas, de longa data permeiam a realidade e o imaginário do Direito, de forma direta ou indireta. Na tradição judaico-cristã, colhe-se o mandamento de *respeito ao próximo*, princípio magno que atravessa os séculos e inspira um conjunto amplo de normas. Da filosofia grega origina-se o princípio da não contradição, formulado por Aristóteles, que se tornou uma das leis fundamentais do pensamento: "Nada pode ser e não ser simultaneamente", preceito subjacente à ideia de que o Direito não tolera antinomias. No direito romano pretendeu-se enunciar a síntese dos princípios básicos do Direito: "Viver honestamente, não lesar a outrem e dar a cada um o que é seu".[58] Os princípios, como se percebe, vêm de longe e desempenham papéis variados. O que há de singular na dogmática jurídica da quadra histórica atual é o reconhecimento de sua *normatividade*.

Os princípios constitucionais, portanto, explícitos ou não,[59] passam a ser a síntese dos valores abrigados no ordenamento jurídico. Eles espelham a ideologia da sociedade, seus postulados básicos, seus fins. Os princípios dão unidade e harmonia ao sistema, integrando suas diferentes partes e atenuando tensões normativas. De parte isto, servem de guia para o intérprete, cuja atuação deve pautar-se pela identificação do princípio maior que rege o tema apreciado, descendo do mais genérico ao mais específico, até chegar à formulação da regra concreta que vai reger a espécie. Estes os papéis desempenhados pelos princípios: a) condensar valores; b) dar unidade ao sistema; c) condicionar a atividade do intérprete.

Na trajetória que os conduziu ao centro do sistema, os princípios tiveram de conquistar o *status* de norma jurídica, superando a crença

---

[58] Ulpiano, *Digesto 1.1.10.1*: "*Honeste vivere, alterum non laedere, suum cuique tribuere*". V. Paulo Nader, *Filosofia do Direito*, 2000, p. 82; e Jacob Dolinger (*Evolution of principles for resolving conflicts in the field of contracts and torts*, Recueil des Cours, v. 283, p. 203 *et seq.*, Hague Academy of International Law).

[59] Luís Roberto Barroso (*Interpretação e aplicação da Constituição*), "Os grandes princípios de um sistema jurídico são normalmente enunciados em algum texto de direito positivo. Não obstante, [...] tem-se, aqui, como fora de dúvida que esses bens sociais supremos existem fora e acima da letra expressa das normas legais, e nelas não se esgotam, até porque não têm caráter absoluto e estão em permanente mutação". Em decisão do Tribunal Constitucional Federal alemão: "O direito não se identifica com a totalidade das leis escritas. Em certas circunstâncias, pode haver um 'mais' de direito em relação aos estatutos positivos do poder do Estado, que tem a sua fonte na ordem jurídica constitucional como uma totalidade de sentido e que pode servir de corretivo para a lei escrita; é tarefa da jurisdição encontrá-lo e realizá-lo em suas decisões" (*BVerGE* 34, 269 *apud* Jürgen Habermas, *Direito e democracia: entre facticidade e validade*, v. 1, 1997, p. 303).

de que teriam uma dimensão puramente axiológica,[60] ética, sem eficácia jurídica ou aplicabilidade direta e imediata. A dogmática moderna avaliza o entendimento de que as normas em geral, e as normas constitucionais em particular, enquadram-se em duas grandes categorias diversas: os princípios e as regras. Normalmente, as regras contêm relato mais objetivo, com incidência restrita às situações específicas às quais se dirigem. Já os princípios têm maior teor de abstração e uma finalidade mais destacada no sistema. Inexiste hierarquia entre ambas as categorias, à vista do princípio da unidade da Constituição. Isto não impede que princípios e regras desempenhem funções distintas dentro do ordenamento.

A distinção qualitativa entre regra e princípio é um dos pilares da moderna dogmática constitucional, indispensável para a superação do positivismo legalista, onde as normas se cingiam a regras jurídicas. A Constituição passa a ser encarada como um sistema aberto de princípios e regras, permeável a valores jurídicos suprapositivos, no qual as ideias de justiça e de realização dos direitos fundamentais desempenham um papel central. A mudança de paradigma nessa matéria deve especial tributo à sistematização de Ronald Dworkin.[61] Sua elaboração acerca dos diferentes papéis desempenhados por regras e princípios ganhou curso universal e passou a constituir o conhecimento convencional na matéria.

Regras são proposições normativas aplicáveis sob a forma de *tudo ou nada* (*"all or nothing"*). Se os fatos nela previstos ocorrerem, a regra deve incidir, de modo direto e automático, produzindo seus efeitos. Por exemplo: a cláusula constitucional que estabelece a aposentadoria compulsória por idade é uma regra. Quando o servidor completa setenta anos, deve passar à inatividade, sem que a aplicação do preceito comporte maior especulação. O mesmo se passa com a norma constitucional que prevê que a criação de uma autarquia depende de lei específica. O comando é objetivo e não dá margem a elaborações mais sofisticadas acerca de sua incidência. Uma regra somente deixará de incidir sobre a hipótese de fato que contempla se for inválida, se houver outra mais específica ou se não estiver em vigor. Sua aplicação se dá, predominantemente, mediante *subsunção*.

Princípios contêm, normalmente, uma maior carga valorativa, um fundamento ético, uma decisão política relevante, e indicam uma

---

[60] A *axiologia* está no centro da filosofia e é também referida como teoria dos valores, por consistir, precisamente, na atribuição de valores às coisas da vida (V. Miguel Reale, *Filosofia do direito*, 2000, p. 37 *et seq.*).
[61] Ronald Dworkin, *Taking rights seriously*, 1997. a 1. ed. é de 1977.

determinada direção a seguir. Ocorre que, em uma ordem pluralista, existem outros princípios que abrigam decisões, valores ou fundamentos diversos, por vezes contrapostos. A colisão de princípios, portanto, não só é possível, como faz parte da lógica do sistema, que é dialético. Por isso a sua incidência não pode ser posta em termos de *tudo ou nada*, de validade ou invalidade. Deve-se reconhecer aos princípios uma dimensão de peso ou importância. À vista dos elementos do caso concreto, o intérprete deverá fazer escolhas fundamentadas, quando se defronte com antagonismos inevitáveis, como os que existem entre a liberdade de expressão e o direito de privacidade, a livre iniciativa e a intervenção estatal, o direito de propriedade e a sua função social. A aplicação dos princípios se dá, predominantemente, mediante *ponderação*.[62]

Nesse contexto, impõe-se um breve aprofundamento da questão dos conflitos normativos. O Direito, como se sabe, é um sistema de normas harmonicamente articuladas. Uma situação não pode ser regida simultaneamente por duas disposições legais que se contraponham. Para solucionar essas hipóteses de conflito de leis, o ordenamento jurídico se serve de três critérios tradicionais: o da *hierarquia* — pelo qual a lei superior prevalece sobre a inferior —, o *cronológico* — onde a lei posterior prevalece sobre a anterior — e o da *especialização* — em que a lei específica prevalece sobre a lei geral.[63] Estes critérios, todavia, não são adequados ou plenamente satisfatórios quando a colisão se dá entre normas constitucionais, especialmente entre os princípios constitucionais, categoria na qual devem ser situados os conflitos entre direitos fundamentais.[64]

---

[62] O tema foi retomado, substancialmente sobre as mesmas premissas, pelo autor alemão Robert Alexy (*Teoria de los derechos fundamentales*, 1997, p. 81 *et seq.*), cujas ideias centrais na matéria são resumidas a seguir. As regras veiculam *mandados de definição*, ao passo que os princípios são *mandados de otimização*. Por essas expressões se quer significar que as regras (*mandados de definição*) têm natureza biunívoca, isto é, só admitem duas espécies de situação, dado seu substrato fático típico: ou são válidas e se aplicam ou não se aplicam por inválidas. Uma regra vale ou não vale juridicamente. Não são admitidas gradações. A exceção da regra ou é outra regra, que invalida a primeira, ou é a sua violação.
Os princípios se comportam de maneira diversa. Como *mandados de otimização*, pretendem eles ser realizados da forma mais ampla possível, admitindo, entretanto, aplicação mais ou menos intensa de acordo com as possibilidades jurídicas existentes, sem que isso comprometa sua validade. Esses limites jurídicos, capazes de restringir a otimização do princípio, são (i) regras que excepcionam em algum ponto e (ii) outros princípios de mesma estatura e opostos que procuram igualmente maximizar-se, impondo a necessidade eventual de ponderação.

[63] Sobre antinomias e critérios para solucioná-las, v. Norberto Bobbio (*Teoria do ordenamento jurídico*, 1990, p. 81 *et seq.*).

[64] Robert Alexy, *Colisão e ponderação como problema fundamental da dogmática dos direitos fundamentais*. (mimeografado), palestra proferida na Fundação Casa de Rui Barbosa, no Rio de Janeiro, em 11.12.98, p. 10: "As colisões dos direitos fundamentais acima mencionados devem ser consideradas, segundo a teoria dos princípios, como uma colisão de princípios".

Relembre-se: enquanto as regras são aplicadas na plenitude da sua força normativa — ou, então, são violadas —, os princípios são ponderados. A denominada *ponderação de valores* ou *ponderação de interesses* é a técnica pela qual se procura estabelecer o peso relativo de cada um dos princípios contrapostos. Como não existe um critério abstrato que imponha a supremacia de um sobre o outro, deve-se, à vista do caso concreto, fazer concessões recíprocas, de modo a produzir um resultado socialmente desejável, sacrificando o mínimo de cada um dos princípios ou direitos fundamentais em oposição. O legislador não pode, arbitrariamente, escolher um dos interesses em jogo e anular o outro, sob pena de violar o texto constitucional. Seus balizamentos devem ser o princípio da razoabilidade (v. *infra*) e a preservação, tanto quanto possível, do núcleo mínimo do valor que esteja cedendo passo.[65] Não há, aqui, superioridade formal de nenhum dos princípios em tensão, mas a simples determinação da solução que melhor atende o ideário constitucional na situação apreciada.[66]

Cabe assinalar, antes de encerrar a discussão acerca da distinção qualitativa entre regra e princípio, que ela nem sempre é singela. As dificuldades decorrem de fatores diversos, como as vicissitudes da técnica legislativa, a natureza das coisas e os limites da linguagem. Por vezes, uma regra conterá termo ou locução de conteúdo indeterminado, aberto ou flexível, como, por exemplo, ordem pública, justa indenização, relevante interesse coletivo, melhor interesse do menor.[67] Em

---

[65] Juarez Freitas, Tendências atuais e perspectivas da hermenêutica constitucional, *Ajuris* 76/397, resgata um bom exemplo: "Caso emblemático no Direito Comparado é o do prisioneiro que faz greve de fome. Após acesa polêmica, a solução encontrada foi a de fazer valer o direito à vida sobre a liberdade de expressão, contudo o soro somente foi aplicado quando o grevista caiu inconsciente, uma vez que, neste estado, não haveria sentido falar propriamente em liberdade de expressão".

[66] Sobre o tema, na doutrina alemã, Robert Alexy (*Colisão e ponderação como problema fundamental da dogmática dos direitos fundamentais*. Mimeografado. Palestra proferida na Fundação Casa de Rui Barbosa, no Rio de Janeiro, em 11.12.98), Karl Larenz, (*Metodologia da ciência do direito*, 1997, p. 164 *et seq.*), Klaus Stern (*Derecho del Estado de la Republica Federal alemana*, 1987, p. 295). Na doutrina nacional, vejam-se Luís Roberto Barroso (*Interpretação e aplicação da Constituição*, 1999, p. 192) e Ricardo Lobo Torres (*Da ponderação de interesses ao princípio da ponderação*, 2001. Mimeografado). E, ainda, as dissertações de mestrado de Daniel Sarmento, *A ponderação de interesses na Constituição Federal*, 2000, e de Marcos Antonio Maselli de Pinheiro Gouvêa, *A sindicabilidade dos direitos prestacionais*, 2001, mimeografado, onde averbou: "No mais das vezes, contudo, a aplicação da norma constitucional ou legal não pode ser efetuada de modo meramente subsuntivo, dada a existência de princípios colidentes com o preceito que se pretende materializar [...] À luz do conceito-chave da proporcionalidade, desenvolveu-se o método da ponderação pelo qual o magistrado, considerando-se a importância que os bens jurídicos cotejados têm em tese mas também as peculiaridades do caso concreto, poderá prover ao direito postulado, fundamentando-se na precedência condicionada deste sobre os princípios contrapostos" (p. 381).

[67] V. José Carlos Barbosa Moreira, *Regras de experiência e conceitos jurídicos indeterminados*, in *Temas de direito processual*: segunda série, 1980, p. 61 *et seq.*

hipóteses como essas, a regra desempenhará papel semelhante ao dos princípios, permitindo ao intérprete integrar com sua subjetividade o comando normativo e formular a decisão concreta que melhor irá reger a situação de fato apreciada. Em algumas situações, uma regra excepcionará a aplicação de um princípio. Em outras, um princípio poderá paralisar a incidência de uma regra. Enfim, há um conjunto amplo de possibilidades nessa matéria. Esta não é, todavia, a instância própria para desenvolvê-las.

A perspectiva pós-positivista e principiológica do direito influenciou decisivamente a formação de uma moderna hermenêutica constitucional. Assim, ao lado dos princípios materiais envolvidos, desenvolveu-se um catálogo de princípios instrumentais e específicos de interpretação constitucional.[68] Do ponto de vista metodológico, o problema concreto a ser resolvido passou a disputar com o sistema normativo a primazia na formulação da solução adequada,[69] solução que deve fundar-se em uma linha de argumentação apta a conquistar racionalmente os interlocutores,[70] sendo certo que o processo interpretativo não tem como personagens apenas os juristas, mas a comunidade como um todo.[71]

---

[68] Luís Roberto Barroso, *Interpretação e aplicação da Constituição*, 1999, identifica o seguinte catálogo de princípios de interpretação especificamente constitucional: supremacia da Constituição, presunção de constitucionalidade das leis e dos atos emanados do Poder Público, interpretação conforme a Constituição, unidade da Constituição, razoabilidade e efetividade. Para uma sistematização sob perspectiva diversa, v. Juarez de Freitas, Tendências atuais e perspectivas da hermenêutica constitucional, *Ajuris* 76/397.

[69] O método tópico aplicado ao problema funda-se em um modo de raciocínio voltado para o problema e não para a norma. A decisão a ser produzida deve basear-se no exame de um conjunto de elementos, de *topoi* (pontos de vista) relevantes para o caso — além da norma, os fatos, as consequências, os valores —, que dialeticamente ponderados, permitem a solução justa para a situação concreta examinada. O trabalho clássico no tema é de Theodor Viehweg (*Tópica e jurisprudência*, 1979. 1. ed. do original *Topik und Jurisprudenz* é de 1953).

[70] A obra fundamental da denominada teoria da argumentação é do belga Chaim Perelman, em parceria com Lucie Olbrechts-Tyteca (*Tratado da Argumentação*: a nova retórica, 1996. 1. ed. do original *Traité de l'argumentation*: la nouvelle rhetorique, 1958). Vejam-se, também, Antônio Carlos Cavalcanti Maia (*Notas sobre direito, argumentação e democracia*, in Margarida Maria Lacombe Camargo (Org.), *1988-1998*: uma década de Constituição, 1999) e Daniel Sarmento (*A ponderação de interesses na Constituição Federal*, p. 89-90), onde averbou: "No campo das relações humanas, as discussões se dão em torno de argumentos, prevalecendo aquele que tiver maiores condições de convencer os interlocutores. Não há verdades apodíticas, mas escolhas razoáveis, que são aquelas que podem ser racionalmente justificadas, logrando a adesão do auditório".

[71] Peter Häberle (*Hermenêutica constitucional. A sociedade aberta dos intérpretes da Constituição*: contribuição para a interpretação pluralista e procedimental da Constituição, 1997. 1. ed. do original *Die offene Gesellschaft der Verfassungsinterpreten. Ein Beitrag zur pluralistischen und "prozessualen" Verfassungsinterpretation*, 1975, p. 13): "Propõe-se, pois, a seguinte tese: no processo de interpretação constitucional estão potencialmente vinculados

O novo século se inicia fundado na percepção de que o direito é um sistema aberto de valores. A Constituição, por sua vez, é um conjunto de princípios e regras destinados a realizá-los, a despeito de se reconhecer nos valores uma dimensão suprapositiva. A ideia de *abertura* se comunica com a Constituição e traduz a sua permeabilidade a elementos externos e a renúncia à pretensão de disciplinar, por meio de regras específicas, o infinito conjunto de possibilidades apresentadas pelo mundo real.[72] Por ser o principal canal de comunicação entre o sistema de valores e o sistema jurídico, os princípios não comportam enumeração taxativa. Mas, naturalmente, existe um amplo espaço de consenso, onde têm lugar alguns dos protagonistas da discussão política, filosófica e jurídica do século que se encerrou: Estado de direito democrático, liberdade, igualdade, justiça.

Há dois outros princípios que despontaram no Brasil nos últimos anos: o da razoabilidade e o da dignidade da pessoa humana. O primeiro percorreu longa trajetória no direito anglo-saxão — notadamente nos Estados Unidos —[73] e chegou ao debate nacional amadurecido pela experiência alemã, que o vestiu com o figurino da argumentação romano-germânica e batizou-o de princípio da proporcionalidade.[74] O segundo — a dignidade da pessoa humana — ainda vive, no Brasil e no mundo, um momento de elaboração doutrinária e de busca de

---

todos os órgãos estatais, todas as potências públicas, todos os cidadãos e grupos, não sendo possível estabelecer-se um elenco cerrado ou fixado com *numerus clausus* de intérpretes da Constituição".

[72] V. Claus-Wilhelm Canaris (*Pensamento sistemático e conceito de sistema na ciência do direito*, 1996, p. 281): "(O sistema jurídico) não é fechado, mas antes *aberto*. Isto vale tanto para o sistema de proposições doutrinárias ou 'sistema científico', como para o próprio sistema da ordem jurídica, o 'sistema objetivo'. A propósito do primeiro, a abertura significa a incompletude do conhecimento científico, e a propósito do último, a mutabilidade dos valores jurídicos fundamentais".

[73] Para uma breve análise da evolução histórica da razoabilidade no direito norte-americano, a partir da cláusula do devido processo legal, v. Luís Roberto Barroso (*Interpretação e aplicação da Constituição*, 1999, p. 209 et seq. V. também, Marcos Antonio Maselli de Pinheiro Gouvêa, O princípio da razoabilidade na jurisprudência contemporânea das cortes norte-americanas, *Revista de Direito da Associação dos Procuradores do Novo Estado do Rio de Janeiro*, v. 5, 2000).

[74] Guardada a circunstância de que suas origens reconduzem a sistemas diversos — ao americano em um caso e ao alemão em outro — razoabilidade e proporcionalidade são conceitos próximos o suficiente para serem intercambiáveis. Cabe a observação, contudo, de que a trajetória do princípio da razoabilidade fluiu mais ligada ao controle dos atos normativos, ao passo que o princípio da proporcionalidade surgiu ligado ao direito administrativo e ao controle dos atos dessa natureza. Vale dizer: em suas matrizes, razoabilidade era mecanismo de controle dos atos de criação do direito, ao passo que proporcionalidade era critério de aferição dos atos de concretização. Em linha de divergência com a equiparação aqui sustentada, v. Humberto Bergmann Ávila, (A distinção entre princípios e regras e a redefinição do dever de proporcionalidade, *Revista de Direito Administrativo* 215/151, 1999).

maior densidade jurídica. Procura-se estabelecer os contornos de uma objetividade possível, que permita ao princípio transitar de sua dimensão ética e abstrata para as motivações racionais e fundamentadas das decisões judiciais.

O princípio da razoabilidade[75] é um mecanismo para controlar a discricionariedade legislativa e administrativa. Ele permite ao Judiciário invalidar atos legislativos ou administrativos quando: a) não haja adequação entre o fim perseguido e o meio empregado; b) a medida não seja exigível ou necessária, havendo caminho alternativo para chegar ao mesmo resultado com menor ônus a um direito individual; c) não haja proporcionalidade em sentido estrito, ou seja, o que se perde com a medida tem maior relevo do que aquilo que se ganha. O princípio, com certeza, não liberta o juiz dos limites e possibilidades oferecidos pelo ordenamento. Não é de voluntarismo que se trata. A razoabilidade, contudo, abre ao Judiciário uma estratégia de ação construtiva para produzir o melhor resultado, ainda quando não seja o único possível, ou mesmo aquele que, de maneira mais óbvia, resultaria da aplicação acrítica da lei. A jurisprudência do Supremo Tribunal Federal tem se valido do princípio para invalidar discriminações infundadas, exigências absurdas e mesmo vantagens indevidas.

O princípio da dignidade da pessoa humana[76] identifica um espaço de integridade moral a ser assegurado a todas as pessoas por

---

[75] Sobre o tema, vejam-se alguns trabalhos monográficos produzidos nos últimos anos: Raquel Denize Stumm (*Princípio da proporcionalidade no direito constitucional brasileiro*, 1995), Suzana Toledo de Barros (*O princípio da proporcionalidade e o controle de constitucionalidade das leis restritivas de direitos fundamentais*, 1996), Paulo Armínio Tavares Buechele (*O princípio da proporcionalidade e a interpretação da Constituição*, 1999). Também em língua portuguesa, com tradução de Ingo Wolfgang Sarlet (Heinrich Scholler, O princípio da proporcionalidade no direito constitucional e administrativo da Alemanha, *Interesse Público* 2/93, 1999).

[76] Alguns trabalhos monográficos recentes sobre o tema: José Afonso da Silva (Dignidade da pessoa humana como valor supremo da democracia, *Revista de Direito Administrativo* 212/89), Carmen Lúcia Antunes Rocha (*O princípio da dignidade da pessoa humana e a exclusão social*, Anais da XVII Conferência Nacional da Ordem dos Advogados do Brasil, 1999), Ingo Wolfgang Sarlet (*Dignidade da pessoa humana e direitos fundamentais na Constituição brasileira de 1988*, 2001), Cleber Francisco Alves (*O princípio constitucional da dignidade da pessoa humana*, 2001), Ana Paula de Barcellos (*A eficácia jurídica dos princípios constitucionais. O princípio da dignidade da pessoa humana*, 2001). Em texto escrito no início da década de 90, quando algumas decisões do Supremo Tribunal Federal ameaçavam a efetividade e a força normativa da Constituição, manifestei ceticismo em relação à utilidade do princípio da dignidade da pessoa humana na concretização dos direitos fundamentais, devido à sua baixa densidade jurídica (Princípios constitucionais brasileiros ou de como o papel aceita tudo, *Revista Trimestral de Direito Público*, v. 1). Essa manifestação foi *datada* e representava uma reação à repetição de erros passados. A Carta de 1988, todavia, impôs-se como uma Constituição normativa, dando ao princípio, hoje, uma potencialidade que nele não se vislumbrava há dez anos.

sua só existência no mundo. É um respeito à criação, independente da crença que se professe quanto à sua origem. A dignidade relaciona-se tanto com a liberdade e valores do espírito como com as condições materiais de subsistência. O desrespeito a este princípio terá sido um dos estigmas do século que se encerrou e a luta por sua afirmação um símbolo do novo tempo.[77] Ele representa a superação da intolerância, da discriminação, da exclusão social, da violência, da incapacidade de aceitar o outro, o diferente, na plenitude de sua liberdade de ser, pensar e criar.

Dignidade da pessoa humana expressa um conjunto de valores civilizatórios incorporados ao patrimônio da humanidade. O conteúdo jurídico do princípio vem associado aos direitos fundamentais, envolvendo aspectos dos direitos individuais, políticos e sociais. Seu núcleo material elementar é composto do *mínimo existencial*,[78] locução que identifica o conjunto de bens e utilidades básicas para a subsistência física e indispensável ao desfrute da própria liberdade. Aquém daquele patamar, ainda quando haja sobrevivência, não há dignidade. O elenco de prestações que compõem o mínimo existencial comporta variação conforme a visão subjetiva de quem o elabore, mas parece haver razoável consenso de que inclui: renda mínima, saúde básica e educação fundamental. Há, ainda, um elemento instrumental, que é o acesso à justiça, indispensável para a exigibilidade e efetivação dos direitos.[79]

---

[77] O Preâmbulo da Declaração Universal dos Direitos do Homem, aprovada pela Assembleia Geral das Nações Unidas em 1948, inicia-se com as seguintes constatações: "Considerando que o reconhecimento da dignidade inerente a todos os membros da família humana e de seus direitos iguais e inalienáveis é o fundamento da liberdade, da justiça e da paz no mundo; Considerando que o desprezo e o desrespeito pelos direitos do homem resultaram em atos bárbaros que ultrajaram a consciência da Humanidade e que o advento de um mundo em que os homens gozem da liberdade de palavra, de crença e da liberdade de viverem a salvo do temor e da necessidade foi proclamado como a mais alta aspiração do homem comum [...]".

[78] Sobre o tema, v. Ricardo Lobo Torres (*A cidadania multidimensional na era dos direitos*, in *Teoria dos direitos fundamentais* (Org. Ricardo Lobo Torres), 1999). Veja-se, também, para uma interessante variação em torno dessa questão, Luiz Edson Fachin (*Estatuto jurídico do patrimônio mínimo*, 2001, nota prévia): "A presente tese defende a existência de uma garantia patrimonial mínima inerente a toda pessoa humana, integrante da respectiva esfera jurídica individual ao lado dos atributos pertinentes à própria condição humana. Trata-se de um patrimônio mínimo indispensável a uma vida digna do qual, em hipótese alguma, pode ser desapossada, cuja proteção está acima dos interesses dos credores".

[79] Ana Paula de Barcellos, em preciosa dissertação de mestrado (*A eficácia jurídica dos princípios constitucionais*. O princípio da dignidade da pessoa humana), assim consignou seu entendimento: "Uma proposta de concretização do mínimo existencial, tendo em conta a ordem constitucional brasileira, deverá incluir os direitos à educação fundamental, à saúde básica, à assistência no caso de necessidade e ao acesso à justiça".

Aos poucos se vai formando uma massa crítica de jurisprudência acerca do princípio, tendo como referência emblemática a decisão do Conselho de Estado francês, no curioso caso *Morsang-sur-Orge*.[80] No Brasil, o princípio tem sido fundamento de decisões importantes, superadoras do legalismo estrito, como a proferida pelo Superior Tribunal de Justiça ao autorizar o levantamento do FGTS por mãe de pessoa portadora do vírus da AIDS, para ajudá-la no tratamento da doença, independentemente do fato de esta hipótese estar ou não tipificada na lei como causa para o saque do fundo.[81] Em outro acórdão, de elevada inspiração, o Tribunal deferiu *habeas corpus* em caso de prisão civil em alienação fiduciária, após constatar, entre outros fatores, que o aumento absurdo da dívida por força de juros altíssimos comprometia a sobrevida digna do impetrante.[82] No Supremo Tribunal Federal, a

---

[80] O Prefeito da cidade de Morsang-sur-Orge interditou a atividade conhecida como *lancer de nain* (arremesso de anão), atração existente em algumas casas noturnas da região metropolitana de Paris. Consistia ela em transformar um anão em projétil, sendo arremessado de um lado para outro de uma discoteca. A casa noturna, tendo como litisconsorte o próprio deficiente físico, recorreu da decisão para o tribunal administrativo, que anulou o ato do Prefeito, por "excès de pouvoir". O Conselho de Estado, todavia, na sua qualidade de mais alta instância administrativa francesa, reformou a decisão, assentando: "*Que le respect de la dignité de la personne humaine est une des composantes de l'ordre public; que l'autorité investie du pouvoir de police municipale peut, même en l'absence de circonstances locales particulières, interdire une attraction qui porte atteinte au respet de la dignité de la personne humaine*" (Que o respeito à dignidade da pessoa humana é um dos componentes da ordem pública; que a autoridade investida do poder de polícia municipal pode, mesmo na ausência de circunstâncias locais particulares, interditar uma atração atentatória à dignidade da pessoa humana). V. Long, Wil, Braibant, Devolvé e Genevois, *Le grands arrêts de la jurisprudence administrative*, 1996, p. 790 *et seq*. Veja-se, em língua portuguesa, o comentário à decisão elaborado por Joaquim B. Barbosa Gomes (*O poder de polícia e o princípio da dignidade da pessoa humana na jurisprudência francesa, in Seleções Jurídicas ADV* n. 12, 1996, p. 17 *et seq*.).

[81] STJ. REsp. nº 249.026/PR. Rel. Min. José Delgado. *DJU*, 26 jun. 2000, p. 138: "FGTS. LEVANTAMENTO, TRATAMENTO DE FAMILIAR PORTADOR DO VÍRUS HIV. POSSIBILIDADE. RECURSO ESPECIAL DESPROVIDO. 1. É possível o levantamento do FGTS para fins de tratamento de portador do vírus HIV, ainda que tal moléstia não se encontre elencada no art. 20, XI, da Lei 8036/90, pois não se pode apegar, de forma rígida, à letra fria da lei, e sim considerá-la com temperamentos, tendo-se em vista a intenção do legislador, mormente perante o preceito maior insculpido na Constituição Federal garantidor do direito à saúde, à vida e a dignidade humana e, levando-se em conta o caráter social do Fundo, que é, justamente, assegurar ao trabalhador o atendimento de suas necessidades básicas e de seus familiares".

[82] STJ. HC nº 12.547-DF. Rel. Min. Ruy Rosado de Aguiar. *DJU*, 12 fev. 2001, onde se consignou: "A decisão judicial que atende a contrato de financiamento bancário com alienação fiduciária em garantia e ordena a prisão de devedora por dívida que se elevou, após alguns meses, de R$18.700,00 para 86.858,24, fere o princípio da dignidade da pessoa humana, dá validade a uma relação negocial sem nenhuma equivalência, priva por quatro meses o devedor de seu maior valor, que é a liberdade, consagra o abuso de uma exigência que submete uma das partes a perder o resto provável de vida que não seja o de cumprir com a exigência do credor. Houve ali ofensa ao princípio da dignidade da pessoa, que pode ser aplicado diretamente para o reconhecimento da invalidade do decreto de prisão".

preservação da dignidade da pessoa humana foi um dos fundamentos invocados para liberar réu em ação de investigação de paternidade da condução forçada para submeter-se a exame de DNA.[83] A demonstrar a dificuldade na definição do conteúdo do princípio da dignidade da pessoa humana, além dos votos vencidos proferidos neste caso, parte da doutrina sustentou que, ao contrário da tese central do acórdão, a preservação da dignidade da pessoa humana estava em assegurar o direito do autor da ação de ter confirmada a sua filiação, como elemento integrante da sua identidade pessoal.[84]

Encerra-se esse tópico com uma síntese das principais ideias nele expostas. O pós-positivismo é uma superação do legalismo, não com recurso a ideias metafísicas ou abstratas, mas pelo reconhecimento de valores compartilhados por toda a comunidade. Estes valores integram o sistema jurídico, mesmo que não positivados em um texto normativo específico. Os princípios expressam os valores fundamentais do sistema, dando-lhe unidade e condicionando a atividade do intérprete. Em um ordenamento jurídico pluralista e dialético, princípios podem entrar em rota de colisão. Em tais situações, o intérprete, à luz dos elementos do caso concreto, da proporcionalidade e da preservação do núcleo fundamental de cada princípio e dos direitos fundamentais, procede a uma ponderação de interesses. Sua decisão deverá levar em conta a norma e os fatos, em uma interação não formalista, apta a produzir a solução justa para o caso concreto, por fundamentos acolhidos pela comunidade jurídica e pela sociedade em geral. Além dos princípios tradicionais como Estado de direito democrático, igualdade e liberdade, a quadra atual vive a consolidação do princípio da razoabilidade e o desenvolvimento do princípio da dignidade da pessoa humana.

---

[83] STF. RTJ nº 165/902, HC nº 71.373-RS. Tribunal Pleno, rel. Min. Marco Aurélio. j. 10.11.94: *"Investigação de paternidade – Exame DNA – Condução do réu 'debaixo de vara'*. Discrepa, a mais não poder, de garantias constitucionais implícitas — preservação da dignidade humana, da intimidade, da intangibilidade do corpo humano, do império da lei e da inexecução específica e direta de obrigação de fazer — provimento judicial que, em ação civil de investigação de paternidade, implique determinação no sentido de o réu ser conduzido ao laboratório, 'debaixo de vara', para coleta do material indispensável à feitura do exame DNA. A recusa resolve-se no plano jurídico-instrumental, consideradas a dogmática, a doutrina e a jurisprudência, no que voltadas ao deslinde das questões ligadas à prova dos fatos". Ficaram vencidos os Ministros Francisco Rezek, Ilmar Galvão, Carlos Velloso e Sepúlveda Pertence.

[84] Vejam-se, em linha crítica da decisão, Maria Celina Bodin de Moraes, Recusa à realização do exame de DNA na investigação da paternidade e direitos da personalidade, *Revista dos Tribunais*/85; e Maria Christina de Almeida, *Investigação de paternidade e DNA*, 2001.

4 Conclusão

4.1 A ascensão científica e política do direito constitucional no Brasil

O direito constitucional brasileiro vive um momento virtuoso. Do ponto de vista de sua elaboração científica e da prática jurisprudencial, duas mudanças de paradigma deram-lhe nova dimensão: a) o compromisso com a efetividade de suas normas;[85] e b) o desenvolvimento de uma dogmática da interpretação constitucional.[86] Passou a ser premissa do estudo da Constituição o reconhecimento de sua força normativa,[87] do caráter vinculativo e obrigatório de suas disposições, superada a fase em que era tratada como um conjunto de aspirações políticas e uma convocação à atuação dos Poderes Públicos. De outra parte, embora se insira no âmbito da interpretação jurídica, a especificidade das normas constitucionais, com seu conteúdo próprio, sua abertura e superioridade jurídica, exigiram o desenvolvimento de novos métodos hermenêuticos e de princípios específicos de interpretação constitucional.

Essas transformações redefiniram a posição da Constituição na ordem jurídica brasileira. De fato, nas últimas décadas, o Código Civil foi perdendo sua posição de preeminência, mesmo no âmbito das relações privadas, onde se formaram diversos microssistemas (consumidor, criança e adolescente, locações, direito de família). Progressivamente, foi se consumando no Brasil um fenômeno anteriormente verificado na Alemanha, após a Segunda Guerra: a passagem da Lei Fundamental para o centro do sistema. À supremacia até então meramente formal, agregou-se uma valia material e axiológica à Constituição, potencializada pela abertura do sistema jurídico e pela normatividade de seus princípios.[88]

---

[85] Sobre o tema, v. Luís Roberto Barroso, *O direito constitucional e a efetividade de suas normas*, 2001.

[86] Para um levantamento da doutrina nacional e estrangeira acerca do tema, v. Luís Roberto Barroso, *Interpretação e aplicação da Constituição*, 2001.

[87] V. Konrad Hesse, *La fuerza normativa de la Constitución*, in Escritos de derecho constitucional, 1983 e Eduardo García de Enterría, *La Constitución como norma y el Tribunal Constitucional*, 1985.

[88] V. Pietro Perlingieri, *Perfis do direito civil*, 1997, p. 6: "O Código Civil certamente perdeu a centralidade de outrora. O papel unificador do sistema, tanto nos seus aspectos mais tradicionalmente civilísticos quanto naqueles de relevância publicista, é desempenhado de maneira cada vez mais incisiva pelo Texto Constitucional". Vejam-se, também: Maria Celina B. M. A caminho de um direito civil constitucional, *Revista de Direito Civil* 65/21 e Gustavo Tepedino, *O Código Civil, os chamados microssistemas e a Constituição: premissas para uma reforma legislativa*, in Gustavo Tepedino (Org.), Problemas de direito civil-constitucional, 2001.

A Constituição passa a ser, assim, não apenas um sistema em si — com a sua ordem, unidade e harmonia — mas também um modo de olhar e interpretar todos os demais ramos do Direito. Este fenômeno, identificado por alguns autores como *filtragem constitucional*, consiste em que toda a ordem jurídica deve ser lida e apreendida sob a lente da Constituição, de modo a realizar os valores nela consagrados. A constitucionalização do direito infraconstitucional não identifica apenas a inclusão na Lei Maior de normas próprias de outros domínios, mas, sobretudo, a reinterpretação de seus institutos sob uma ótica constitucional.[89]

A ascensão científica e política do direito constitucional brasileiro é contemporânea da reconstitucionalização do país com a Carta de 1988, em uma intensa relação de causa e efeito. A Assembleia Constituinte foi cenário de ampla participação da sociedade civil, que permanecera alijada do processo político por mais de duas décadas. O produto final de seu trabalho foi heterogêneo. De um lado, avanços como a inclusão de uma generosa carta de direitos, a recuperação das prerrogativas dos Poderes Legislativo e Judiciário, a redefinição da Federação. De outro, no entanto, o texto casuístico, prolixo, corporativo, incapaz de superar a perene superposição entre o espaço público e o espaço privado no país. A Constituição de 1988 não é a Carta da nossa maturidade institucional, mas das nossas circunstâncias. Não se deve, contudo, subestimar o papel que tem desempenhado na restauração democrática brasileira. Sob sua vigência vem se desenrolando o mais longo período de estabilidade institucional da história do país, com a absorção de graves crises políticas dentro do quadro da legalidade constitucional. É nossa primeira Constituição verdadeiramente normativa e, a despeito da compulsão reformadora que abala a integridade de seu texto, vem consolidando um inédito sentimento constitucional.[90]

O constitucionalismo, por si só, não é capaz de derrotar algumas das vicissitudes que têm adiado a plena democratização da sociedade brasileira. (O direito tem seus limites e possibilidades, não sendo o único e nem sequer o melhor instrumento de ação social). Tais desvios envolvem, em primeiro lugar, a *ideologia da desigualdade. Desigualdade econômica*, que se materializa no abismo entre os que têm e os que não

---

[89] J.J. Gomes Canotilho e Vital Moreira (*Fundamentos da Constituição*, 1991, p. 45): "A principal manifestação da preeminência normativa da Constituição consiste em que toda a ordem jurídica deve ser *lida à luz dela* e passada pelo seu crivo". V. também, Paulo Ricardo Schier, *Filtragem constitucional*, 1999.

[90] V. Luís Roberto Barroso, *Doze anos da Constituição brasileira de 1988, in Temas de Direito Constitucional*, 2001. Para um denso estudo acerca da expansão da jurisdição constitucional no Brasil, veja-se Gustavo Binenbojm (*A nova jurisdição constitucional brasileira*, 2001).

têm, com a consequente dificuldade de se estabelecer um projeto comum de sociedade. *Desigualdade política*, que faz com que importantes opções de políticas públicas atendam prioritariamente aos setores que detêm força eleitoral e parlamentar, mesmo quando já sejam os mais favorecidos. *Desigualdade filosófica*: o vício nacional de buscar o privilégio em vez do direito, aliado à incapacidade de perceber o outro, o próximo.[91]

Em segundo lugar, enfraquece e adia o projeto da democratização mais profunda da sociedade brasileira a *corrupção* disseminada e institucionalizada. Nem sempre a do dinheiro, mas também a do favor político e a da amizade. No *sistema eleitoral*, a maldição dos financiamentos eleitorais e as relações promíscuas que engendram. No *sistema orçamentário*, o estigma insuperado do fisiologismo e das negociações de balcão nas votações no âmbito do Congresso. No *sistema tributário*, a cultura da sonegação, estimulada pela voracidade fiscal e por esquemas quase formais de extorsão e composição. No *sistema de segurança pública*, profissionais mal pagos, mal treinados, vizinhos de porta daqueles a quem deviam policiar, envolvem-se endemicamente com a criminalidade e a venda de proteção. A exemplificação é extensa e desanimadora.

A superação dos ciclos do atraso e o amadurecimento dos povos inserem-se em um processo de longo prazo, que exige engajamento e ideal. O novo direito constitucional brasileiro tem sido um aliado valioso e eficaz na busca desses desideratos. Mas o aprofundamento democrático impõe, também, o resgate de valores éticos, o exercício da cidadania e um projeto de país inclusivo de toda a gente. Um bom programa para o próximo milênio.

4.2 Síntese das ideias desenvolvidas

Ao final desta exposição, que procurou reconstituir alguns dos antecedentes teóricos e filosóficos do direito constitucional brasileiro, é possível compendiar de forma sumária as ideias expostas, nas proposições seguintes:

1. O constitucionalismo foi o projeto político vitorioso ao final do milênio. A proposta do minimalismo constitucional, que procura destituir a Lei Maior de sua dimensão política e axiológica, para reservar-lhe um papel puramente procedimental,

---

[91] Sobre o tema, v. o ensaio de Umberto Eco, Quando o outro entra em cena, nasce a ética, *in*: Umberto Eco e Carlo Maria Martini, *Em que crêem os que não crêem?*, 2001, p. 83: "A dimensão ética começa quando entra em cena o outro. Toda lei, moral ou jurídica, regula relações interpessoais, inclusive aquelas com um Outro que a impõe".

não é compatível com as conquistas do processo civilizatório. O ideal democrático realiza-se não apenas pelo princípio majoritário, mas também pelo compromisso na efetivação dos direitos fundamentais.
2. A dogmática jurídica tradicional desenvolveu-se sob o mito da objetividade do Direito e o da neutralidade do intérprete. Coube à teoria crítica desfazer muitas das ilusões positivistas do Direito, enfatizando seu caráter ideológico e o papel que desempenha como instrumento de dominação econômica e social, disfarçada por uma linguagem que a faz parecer natural e justa. Sua contribuição renovou a percepção do conhecimento jurídico convencional, sem, todavia, substituí-lo por outro. Passada a fase da desconstrução, a perspectiva crítica veio associar-se à boa doutrina para dar ao Direito uma dimensão transformadora e emancipatória, mas sem desprezo às potencialidades da legalidade democrática.
3. O pós-positivismo identifica um conjunto de ideias difusas que ultrapassam o legalismo estrito do positivismo normativista, sem recorrer às categorias da razão subjetiva do jusnaturalismo. Sua marca é a ascensão dos valores, o reconhecimento da normatividade dos princípios e a essencialidade dos direitos fundamentais. Com ele, a discussão ética volta ao Direito. O pluralismo político e jurídico, a nova hermenêutica e a ponderação de interesses são componentes dessa reelaboração teórica, filosófica e prática que fez a travessia de um milênio para o outro.
4. O novo direito constitucional brasileiro, cujo desenvolvimento coincide com o processo de redemocratização e reconstitucionalização do país, foi fruto de duas mudanças de paradigma: a) a busca da efetividade das normas constitucionais, fundada na premissa da força normativa da Constituição; b) o desenvolvimento de uma dogmática da interpretação constitucional, baseada em novos métodos hermenêuticos e na sistematização de princípios específicos de interpretação constitucional. A ascensão política e científica do direito constitucional brasileiro conduziram-no ao centro do sistema jurídico, onde desempenha uma função de *filtragem constitucional* de todo o direito infraconstitucional, significando a interpretação e leitura de seus institutos à luz da Constituição.

5. O direito constitucional, como o direito em geral, tem possibilidades e limites. A correção de vicissitudes crônicas da vida nacional, como a ideologia da desigualdade e a corrupção institucional, depende antes da superação histórica e política dos ciclos do atraso, do que de normas jurídicas. O aprofundamento democrático no Brasil está subordinado ao resgate de valores éticos, ao exercício da cidadania e a um projeto generoso e inclusivo de país.

CAPÍTULO 3

O COMEÇO DA HISTÓRIA. A NOVA INTERPRETAÇÃO CONSTITUCIONAL E O PAPEL DOS PRINCÍPIOS NO DIREITO BRASILEIRO

Nota introdutória

O artigo que se segue foi escrito entre 2003 e 2004, em conjunto com Ana Paula de Barcellos. A ela tocou escrever os tópicos sobre ponderação, a parte inicial dedicada à argumentação jurídica e sobre modalidades de eficácia dos princípios. Na ocasião, Ana concluía sua tese de doutorado sob minha orientação. O restante do texto foi escrito por mim, inclusive a Introdução algo panfletária, ligeiramente contrastante com o restante do texto, mais dogmático, onde procurávamos difundir algumas ideias e conceitos ainda não totalmente correntes no debate nacional. Na verdade, o surgimento de um novo direito constitucional, explorado no artigo anterior, teve como componente essencial o desenvolvimento de uma nova interpretação constitucional, capaz de atender às novas demandas e percepções de uma sociedade plural e complexa. Daí a necessidade de novas técnicas e categorias interpretativas, inclusive e notadamente, a ênfase no papel dos princípios, tanto os de hermenêutica quanto os de conteúdo material.

A interpretação constitucional é, por certo, uma modalidade de interpretação jurídica. Como demonstrado no primeiro texto dessa coletânea, dedicado à efetividade, a conquista de normatividade foi, precisamente, um dos saltos evolutivos do direito constitucional brasileiro. Por se tratar de uma modalidade de interpretação jurídica, a interpretação constitucional se socorre dos elementos hermenêuticos tradicionais: gramatical, histórico, sistemático e teleológico. Todavia, em razão das particularidades das normas da Constituição, foram desenvolvidos, ao longo do tempo, princípios específicos de interpretação constitucional. São eles normas de coordenação, dirigidas ao intérprete, de modo a organizar e estruturar o seu raciocínio no processo de aplicação das normas constitucionais. Interpretar uma norma constitucional envolve, com frequência, um tipo de atuação diversa da que se manifesta na interpretação do direito ordinário. Tais elementos tradicionais e princípios específicos, todavia, eram ainda insuficientes para a nova realidade social.

Aos poucos, mesmo em uma tradição formalista e positivista como a nossa, foi se impondo uma dupla constatação: (i) nem sempre a solução para os problemas jurídicos se encontra pronta no relato da norma; e (ii) o direito e a justiça não cabem integralmente dentro de textos normativos positivados. Diante disso, passou-se a reconhecer, como inevitável, que o intérprete — sobretudo o intérprete constitucional — não era um aplicador mecânico de soluções já concebidas pelo autor da norma. Tal fenômeno, que decorre do pluralismo e da complexidade da vida contemporânea, acarretou o desenvolvimento de uma nova interpretação constitucional. Nela, modifica-se o papel da norma, do intérprete e dos próprios fatos. O artigo que se segue foi um dos primeiros a tratar dessas transformações no direito brasileiro.

O texto faz um contraste entre a interpretação constitucional tradicional, com seu modelo de regras e subsunção, com a nova interpretação, que recorre frequentemente aos princípios e à ponderação. Nele se retoma a ideia de pós-positivismo, com a reaproximação entre direito e ética, e a centralidade dos direitos fundamentais. Na sequência, o artigo destaca o modo como se estrutura o raciocínio jurídico no processo de ponderação e expõe a importância da argumentação jurídica nesses novos tempos. Com efeito, em um ambiente no qual nem sempre a solução para os problemas jurídicos se encontra pré-pronta no ordenamento jurídico, o juiz se torna coparticipante do processo de criação do direito. Compreensivelmente, a justificação política do papel do Judiciário já não se exaure no princípio da separação de Poderes, na medida em que o juiz não se limita a aplicar, aos casos concretos, soluções já antecipadas pelo constituinte e pelo legislador. Nesse contexto, potencializa-se o papel da argumentação jurídica como fundamento de legitimidade de tais decisões criativas, cuja racionalidade e adequação constitucional precisam ser discursivamente demonstradas. Em sua parte final, o artigo identifica um conjunto de princípios instrumentais à interpretação constitucional e explora as diferentes categorias de princípios materialmente constitucionais. Com esse texto, amadureciam as ideias que viriam a desaguar na sistematização dos elementos característicos do novo paradigma constitucional: o neoconstitucionalismo.

1 Introdução: a pré-história constitucional brasileira

A experiência política e constitucional do Brasil, da independência até 1988, é a melancólica história do desencontro de um país com sua gente e com seu destino. Quase dois séculos de ilegitimidade renitente do poder, de falta de efetividade das múltiplas Constituições e de uma infindável sucessão de violações da legalidade constitucional. Um acúmulo de gerações perdidas.

A *ilegitimidade* ancestral materializou-se na dominação de uma elite de visão estreita, patrimonialista, que jamais teve um projeto de país para toda a gente.[1] Viciada pelos privilégios e pela apropriação privada do espaço público, produziu uma sociedade com *deficit* de educação, de saúde, de saneamento, de habitação, de oportunidades de vida digna. Uma legião imensa de pessoas sem acesso à alimentação adequada, ao consumo e à civilização, em um país rico, uma das maiores economias do mundo.

A *falta de efetividade* das sucessivas Constituições brasileiras decorreu do não reconhecimento de força normativa aos seus textos e da falta de vontade política de dar-lhes aplicabilidade direta e imediata.[2] Prevaleceu entre nós a tradição europeia da primeira metade do século, que via a Lei Fundamental como mera ordenação de programas de ação, convocações ao legislador ordinário e aos poderes públicos em geral. Daí porque as Cartas brasileiras sempre se deixaram inflacionar por promessas de atuação e pretensos direitos que jamais se consumaram na prática. Uma história marcada pela insinceridade e pela frustração.

---

[1] Sobre o tema v. Raymundo Faoro (*Os donos do poder*, 2000. 1. ed. é de 1957).
[2] Sobre o conceito de "força normativa" v. Konrad Hesse, *A força normativa da Constituição*, 1991 (trata-se da aula inaugural proferida por Konrad Hesse na Universidade de Freiburg em 1959). V. também, sobre o tema: José Afonso da Silva (*Aplicabilidade das normas constitucionais*, 1998. 1. ed. de 1969) e Luís Roberto Barroso (*O direito constitucional e a efetividade de suas normas*, 2003. 1. ed. de 1990).

O *desrespeito à legalidade constitucional* acompanhou a evolução política brasileira como uma maldição, desde que D. Pedro I dissolveu a primeira Assembleia Constituinte. Das rebeliões ao longo da Regência ao golpe republicano, tudo sempre prenunciou um enredo acidentado, onde a força bruta diversas vezes se impôs sobre o Direito. Foi assim com Floriano Peixoto, com o golpe do Estado Novo, com o golpe militar, com o impedimento de Pedro Aleixo, com os Atos Institucionais. Intolerância, imaturidade e insensibilidade social derrotando a Constituição. Um país que não dava certo.

A Constituição de 1988 foi o marco zero de um recomeço, da perspectiva de uma nova história. Sem as velhas utopias, sem certezas ambiciosas, com o caminho a ser feito ao andar. Mas com uma carga de esperança e um lastro de legitimidade sem precedentes, desde que tudo começou. E uma novidade. Tardiamente, o povo ingressou na trajetória política brasileira, como protagonista do processo, ao lado da velha aristocracia e da burguesia emergente.

Nessa história ainda em curso, e sem certeza de final feliz, é fato, quanto à ilegitimidade ancestral, que a elite já não conserva a onipotência e a insensibilidade da antiga plutocracia. Seus poderes foram atenuados por fenômenos políticos importantes, como a organização da sociedade, a liberdade de imprensa, a formação de uma opinião pública mais consciente, o movimento social e, já agora, a alternância do poder.

A legalidade constitucional, a despeito da compulsão com que se emenda a Constituição, vive um momento de elevação: quinze anos sem ruptura, um verdadeiro recorde em um país de golpes e contra-golpes. Ao longo desse período, destituiu-se um Presidente, afastaram-se Senadores e chegou ao poder um partido de esquerda, sem que uma voz sequer se manifestasse pelo desrespeito às regras constitucionais. Nessa saudável transformação, não deve passar despercebido o desenvolvimento de uma nova atitude e de uma nova mentalidade nas Forças Armadas.

E a efetividade da Constituição, rito de passagem para o início da maturidade institucional brasileira, tornou-se uma ideia vitoriosa e incontestada. As normas constitucionais conquistaram o *status* pleno de normas *jurídicas*, dotadas de imperatividade, aptas a tutelar direta e imediatamente todas as situações que contemplam. Mais do que isso, a Constituição passa a ser a lente através da qual se leem e se interpretam todas as normas infraconstitucionais. A Lei Fundamental e seus princípios deram novo sentido e alcance ao direito civil, ao direito processual, ao direito penal, enfim, a todos os demais ramos jurídicos.[3] A efetividade da Constituição é a base sobre a qual se desenvolveu, no Brasil, a nova interpretação constitucional.[4] A seguir, expõem-se algumas ideias a propósito dessa fase de efervescente criatividade na dogmática jurídica e de sua aproximação com a ética e com a realização dos direitos fundamentais. O debate é universal, mas a perspectiva é brasileira. Um esforço de elaboração teórica a serviço dos ideais de avanço social e de construção de um país justo e digno. Que possa derrotar o passado que não soube ser.

2 A nova interpretação constitucional

2.1 Tradição e modernidades: uma nota explicativa

A ideia de uma nova interpretação constitucional liga-se ao desenvolvimento de algumas fórmulas originais de realização da vontade da Constituição. Não importa em desprezo ou abandono do método clássico — o *subsuntivo*,[5] fundado na aplicação de *regras* — nem dos elementos tradicionais da hermenêutica: gramatical, histórico, sistemático e teleológico. Ao contrário, continuam eles a desempenhar um papel relevante na busca de sentido das normas e na solução de casos concretos. Relevante, mas nem sempre suficiente.

Mesmo no quadro da dogmática jurídica tradicional, já haviam sido sistematizados diversos princípios específicos de interpretação constitucional, aptos a superar as limitações da interpretação jurídica

---

[3] O direito civil, em especial, tem desenvolvido toda uma nova perspectiva de estudo a partir da Constituição. V., entre outros, Gustavo Tepedino (Coord.), *A parte geral do novo Código Civil. Estudos na perspectiva civil-constitucional*, 2002.

[4] Sobre o tema, Luís Roberto Barroso (*O direito constitucional e a efetividade de suas normas*, 2003, *nota prévia*): "A verdade, no entanto, é que a preocupação com o cumprimento da Constituição, com a realização prática dos comandos nela contidos, enfim, com a sua *efetividade* incorporou-se, de modo natural, à prática jurídica brasileira pós-1988. Passou a fazer parte da pré-compreensão do tema, como se houvéssemos descoberto o óbvio após longa procura. A capacidade — ou não — de operar com as categorias, conceitos e princípios do direito constitucional passou a ser um traço distintivo dos profissionais das diferentes carreiras jurídicas. A Constituição, liberta da tutela indevida do regime militar, adquiriu força normativa e foi alçada, ainda que tardiamente, ao centro do sistema jurídico, fundamento e filtro de toda a legislação infraconstitucional. Sua supremacia, antes apenas formal, entrou na vida do país e das instituições".

[5] Nessa perspectiva, a interpretação jurídica consiste em um processo silogístico de subsunção dos fatos à norma: a lei é a premissa maior, os fatos são a premissa menor e a sentença é a conclusão. O papel do juiz consiste em revelar a vontade da norma, desempenhando uma atividade de mero conhecimento, sem envolver qualquer parcela de criação do Direito para o caso concreto.

convencional, concebida sobretudo em função da legislação infraconstitucional, e mais especialmente do direito civil. A grande virada na interpretação constitucional se deu a partir da difusão de uma constatação que, além de singela, sequer era original: não é verdadeira a crença de que as normas jurídicas em geral — e as normas constitucionais em particular — tragam sempre em si um sentido único, objetivo, válido para todas as situações sobre as quais incidem. E que, assim, caberia ao intérprete uma atividade de mera revelação do conteúdo pré-existente na norma, sem desempenhar qualquer papel criativo na sua concretização.

A nova interpretação constitucional assenta-se no exato oposto de tal proposição: as cláusulas constitucionais, por seu conteúdo aberto, principiológico e extremamente dependente da realidade subjacente, não se prestam ao sentido unívoco e objetivo que uma certa tradição exegética lhes pretende dar. O relato da norma, muitas vezes, demarca apenas uma moldura dentro da qual se desenham diferentes possibilidades interpretativas. À vista dos elementos do caso concreto, dos princípios a serem preservados e dos fins a serem realizados é que será determinado o sentido da norma, com vistas à produção da solução constitucionalmente adequada para o problema a ser resolvido.

Antes de avançar no tema, cabe ainda uma nota de advertência. Muitas situações ainda subsistem em relação às quais a interpretação constitucional envolverá uma operação intelectual singela, de mera subsunção de determinado fato à norma. Tal constatação é especialmente verdadeira em relação à Constituição brasileira, povoada de regras de baixo teor valorativo, que cuidam do varejo da vida. Alguns exemplos de normas que, de ordinário, não dão margem a maiores especulações teóricas: (i) implementada a idade para a aposentadoria compulsória, o servidor público deverá passar para a inatividade (CF, art. 40, §1º, II); (ii) o menor de trinta e cinco anos não é elegível para o cargo de Senador da República (CF, art. 14, §3º, VI, *a*); (iii) não é possível o divórcio antes de um ano da separação judicial (CF, art. 226, §6º).[6]

Portanto, ao se falar em nova interpretação constitucional, normatividade dos princípios, ponderação de valores, teoria da argumentação, não se está renegando o conhecimento convencional, a importância das regras ou a valia das soluções subsuntivas. Embora a história das ciências se faça, por vezes, em movimentos revolucionários de ruptura,

---

6 Esta regra foi alterada pela Emenda Constitucional nº 66, de 2010, que deu ao §6º do art. 226 a seguinte redação: "§6º O casamento civil pode ser dissolvido pelo divórcio".

não é disso que se trata aqui. A nova interpretação constitucional é fruto de evolução seletiva, que conserva muitos dos conceitos tradicionais, aos quais, todavia, agrega ideias que anunciam novos tempos e acodem a novas demandas.

No fluxo das modernidades aqui assinaladas, existem técnicas, valores e personagens que ganharam destaque. E outros que, sem desaparecerem, passaram a dividir o palco, perdendo a primazia do papel principal. Um bom exemplo: a norma, na sua dicção abstrata, já não desfruta da onipotência de outros tempos. Para muitos, não se pode sequer falar da existência de *norma* antes que se dê a sua interação com os *fatos*, tal como pronunciada por um *intérprete*.[7] É claro que os fatos e o intérprete sempre estiveram presentes na interpretação constitucional. Mas nunca como agora. Faça-se uma anotação sumária sobre cada um:
(i) Os fatos subjacentes e as consequências práticas da interpretação. Em diversas situações, inclusive e notadamente nas hipóteses de colisão de normas e de direitos constitucionais, não será possível colher no sistema, em tese, a solução adequada: ela somente poderá ser formulada à vista dos elementos do caso concreto, que permitam afirmar qual desfecho corresponde à vontade constitucional.[8] Ademais, o resultado do processo interpretativo, seu impacto sobre a realidade não pode ser desconsiderado:[9] é preciso saber se o produto

---

[7] A não identidade entre norma e texto normativo, entre o "programa normativo" (correspondente ao comando jurídico) e o "domínio normativo" (a realidade social), é postulado básico da denominada metódica "normativo-estruturante" de Friedrich Müller (*Discourse de la méthode juridique*, 1996. 1. ed. do original *Juristische Methodik* é de 1993). Sobre o tema, v. J. J. Gomes Canotilho (*Direito constitucional e teoria da Constituição*, 2001, p. 1179): "O facto de o texto constitucional ser o primeiro elemento do processo de interpretação-concretização constitucional (=processo metódico) não significa que o *texto* ou a *letra* da lei constitucional contenha já a *decisão do problema* a resolver mediante a aplicação das normas constitucionais. Diferentemente dos postulados da metodologia dedutivo-positivista, deve considerar-se que: (1) a letra da lei não dispensa a *averiguação de seu conteúdo semântico*; (2) a *norma constitucional* não se identifica com o *texto*; (3) a delimitação do âmbito normativo, feita através da atribuição de um significado à norma, deve ter em atenção elementos de concretização relacionados com o *problema* carecido de decisão". V. tb. Friedrich Müller, *Modernas concepções de interpretação dos direitos humanos*, XV Conferência Nacional de Advogados, 1994. V. especialmente, Karl Larenz, *Metodologia da ciência do direito*, 1997. O trabalho de Karl Larenz continua a ser um marco fundamental para a compreensão das características dessa nova hermenêutica.

[8] Qual o bem jurídico de maior valia: a liberdade de expressão ou a liberdade de ir e vir? Quando será legítima uma manifestação política que paralise o trânsito em uma via pública? Se for o comício de encerramento da campanha presidencial do candidato de um partido político nacional, parece razoável. Mas se vinte estudantes secundaristas deitarem-se ao longo de uma larga avenida, em protesto contra a qualidade da merenda, seria uma manifestação legítima?

[9] Eduardo García de Enterría, *La Constitución como norma y el tribunal constitucional*, 1994, p. 183 *et seq*.

da incidência da norma sobre o fato realiza finalisticamente o mandamento constitucional.[10]

(ii) O intérprete e os limites de sua discricionariedade. A moderna interpretação constitucional envolve escolhas pelo intérprete, bem como a integração subjetiva de princípios, normas abertas e conceitos indeterminados. Boa parte da produção científica da atualidade tem sido dedicada, precisamente, à contenção da discricionariedade judicial, pela demarcação de parâmetros para a ponderação de valores e interesses e pelo dever de demonstração fundamentada da racionalidade e do acerto de suas opções.

Feita a advertência, passa-se à discussão de alguns dos temas que têm mobilizado o universo acadêmico nos últimos tempos e que, mais recentemente, vêm migrando para a dogmática jurídica e para a prática jurisprudencial.

2.2 Pós-positivismo e a ascensão dos princípios

O jusnaturalismo moderno começa a formar-se a partir do século XVI, procurando superar o dogmatismo medieval e escapar do ambiente teológico em que se desenvolveu. Aproximando a lei da razão, torna-se a partir daí a filosofia natural do Direito, associando-se ao Iluminismo na crítica à tradição anterior e dando substrato jurídico-filosófico às duas grandes conquistas do mundo moderno: a tolerância religiosa e a limitação ao poder do Estado. A crença no direito natural — isto é, na existência de valores e de pretensões humanas legítimas que não decorrem de uma norma emanada do Estado — foi um dos trunfos ideológicos da burguesia e o combustível das revoluções liberais.

O advento do Estado liberal, a consolidação dos ideais constitucionais em textos escritos e o êxito do movimento de codificação simbolizaram a vitória do direito natural, o seu apogeu. Paradoxalmente, representaram, também, a sua superação histórica.[11] No início do século

---

[10] Pode acontecer que uma norma, sendo constitucional no seu relato abstrato, produza um resultado inconstitucional em uma determinada incidência. Por exemplo: o STF considerou constitucional a lei que impede a concessão de antecipação de tutela contra a Fazenda Pública (*DJ*, p. 2, 21 maio 99, ADCMC 4, Rel. Min. Sydney Sanches), fato que, todavia, não impediu um Tribunal de Justiça de concedê-la, porque a abstenção importaria no sacrifício do direito à vida da requerente (TJRS, AI 598.398.600, Rel. Des. Araken de Assis). Veja-se o comentário dessa decisão em Ana Paula Ávila, Razoabilidade, proteção do direito fundamental à saúde e antecipação da tutela contra a Fazenda Pública, *Ajuris*, 86:361, 2003.

[11] Bobbio, Matteucci e Pasquino (*Dicionário de política*, 1986, p. 659): "Com a promulgação dos códigos, principalmente do napoleônico, o Jusnaturalismo exauria a sua função no momento

XIX, os direitos naturais, cultivados e desenvolvidos ao longo de mais de dois milênios, haviam se incorporado de forma generalizada aos ordenamentos positivos.[12] Já não traziam a revolução, mas a conservação. Considerado metafísico e anti-científico, o direito natural é empurrado para a margem da história pela onipotência positivista do século XIX.

O positivismo filosófico foi fruto de uma crença exacerbada no poder do conhecimento científico. Sua importação para o Direito resultou no positivismo jurídico, na pretensão de criar-se uma *ciência* jurídica, com características análogas às ciências exatas e naturais. A busca de objetividade científica, com ênfase na realidade observável e não na especulação filosófica, apartou o Direito da moral e dos valores transcendentes. Direito é norma, ato emanado do Estado com caráter imperativo e força coativa. A ciência do Direito, como todas as demais, deve fundar-se em juízos *de fato*, que visam ao conhecimento da realidade, e não em juízos *de valor*, que representam uma tomada de posição diante da realidade.[13] Não é no âmbito do Direito que se deve travar a discussão acerca de questões como legitimidade e justiça.

---

mesmo em que celebrava o seu triunfo. Transposto o direito racional para o código, não se via nem admitia outro direito senão este. O recurso a princípios ou normas extrínsecos ao sistema do direito positivo foi considerado ilegítimo". Na bela imagem de Viviane Nunes Araújo Lima (*A saga do zangão*: uma visão sobre o direito natural, 2000, p. 181): "Tal qual o zangão no reino animal, o macho que desde o seu nascimento esforça-se para atingir a idade adulta e assim fecundar a abelha-Rainha para morrer em seguida, o Direito Natural, desde os tempos mais remotos, esforça-se para fecundar o Direito Positivo, impregnando-o dos valores mais preciosos — Justiça, Liberdade, Bem-Comum. No momento em que realiza essa tarefa [...], morre solapado pelo positivismo imperioso e avassalador do século seguinte, pela Era das Codificações, pelas idéias surgidas com as novas correntes de pensamento jurídico, pela Escola da Exegese na França, pela Escola Histórica na Alemanha".

[12] Ana Paula de Barcellos (As relações da filosofia do direito com a experiência jurídica. Uma visão dos séculos XVIII, XIX e XX. Algumas questões atuais, *RF*, 351:10, 2000): "Em fins do século XVIII e início do século XIX, com a instalação do Estado Liberal e todo o seu aparato jurídico (constituição escrita, igualdade formal, princípio da legalidade etc.), o *direito natural* conheceria seu momento áureo na história moderna do direito. As idéias desenvolvidas no âmbito da filosofia ocidental haviam se incorporado de uma forma sem precedentes à realidade jurídica. Talvez por isso mesmo, tendo absorvido os elementos propostos pela reflexão filosófica, o direito haja presumido demais de si mesmo, considerando que podia agora prescindir dela. De fato, curiosamente, a seqüência histórica reservaria para o pensamento jusfilosófico não apenas um novo nome — filosofia do direito — como também mais de um século de ostracismo".

[13] Norberto Bobbio, *Positivismo jurídico* (1995, p. 135), onde se acrescenta: "A ciência exclui do próprio âmbito os juízos de valor, porque ela deseja ser um conhecimento puramente *objetivo* da realidade, enquanto os juízos em questão são sempre *subjetivos* (ou pessoais) e conseqüentemente contrários à exigência da objetividade". Pouco mais à frente, o grande mestre italiano, defensor do que denominou de "positivismo moderado", desenvolve a distinção, de matriz kelseniana, entre *validade* e *valor* do Direito.

O positivismo pretendeu ser uma *teoria* do Direito, na qual o estudioso assumisse uma atitude cognoscitiva (de conhecimento), fundada em juízos de fato. Mas resultou sendo uma *ideologia*, movida por juízos de valor, por ter se tornado não apenas um modo de *entender* o Direito, como também de *querer* o Direito.[14] O fetiche da lei e o legalismo acrítico, subprodutos do positivismo jurídico, serviram de disfarce para autoritarismos de matizes variados. A ideia de que o debate acerca da justiça se encerrava quando da positivação da norma tinha um caráter legitimador da ordem estabelecida. Qualquer ordem.

Sem embargo da resistência filosófica de outros movimentos influentes nas primeiras décadas do século XX,[15] a decadência do positivismo é emblematicamente associada à derrota do fascismo na Itália e do nazismo na Alemanha. Esses movimentos políticos e militares ascenderam ao poder dentro do quadro de legalidade vigente e promoveram a barbárie em nome da lei. Os principais acusados de Nuremberg invocaram o cumprimento da lei e a obediência a ordens emanadas da autoridade competente. Ao fim da Segunda Guerra Mundial, a ideia de um ordenamento jurídico indiferente a valores éticos e da lei como uma estrutura meramente formal, uma embalagem para qualquer produto, já não tinha mais aceitação no pensamento esclarecido.[16]

A superação histórica do jusnaturalismo e o fracasso político do positivismo abriram caminho para um conjunto amplo e ainda inacabado de reflexões acerca do Direito, sua função social e sua interpretação. O *pós-positivismo* é a designação provisória e genérica de um ideário difuso, no qual se incluem a definição das relações entre valores, princípios e regras, aspectos da chamada *nova hermenêutica constitucional*, e a teoria dos direitos fundamentais, edificada sobre o fundamento da dignidade humana.[17] A valorização dos princípios, sua incorporação,

---

[14] Norberto Bobbio, *O positivismo jurídico*, 1995, p. 223-4. V. também Michael Löwy (*Ideologias e ciência social* – elementos para uma análise marxista, 1996, p. 40): "O positivismo, que se apresenta como ciência livre de juízos de valor, neutra, rigorosamente científica, [...] acaba tendo uma função política e ideológica".

[15] Como por exemplo, a *jurisprudência dos interesses*, iniciada por Ihering, e o *movimento pelo direito livre*, no qual se destacou Ehrlich.

[16] Carlos Santiago Nino (*Etica y derechos humanos*, 1989, p. 3 *et seq.*); e Ricardo Lobo Torres (*Os direitos humanos e a tributação* – Imunidades e isonomia, 1995, p. 6 *et seq.*).

[17] Sobre o tema, vejam-se: Antônio Augusto Cançado Trindade (*A proteção internacional dos direitos humanos*: fundamentos jurídicos e instrumentos básicos, 1991), Ingo Wolfgang Sarlet (*A eficácia dos direitos fundamentais*, 199), Flávia Piovesan (*Temas de direitos humanos*, 1998), Ricardo Lobo Torres (Org.) (*Teoria dos direitos fundamentais*, 1999), Willis Santiago Guerra Filho (*Processo constitucional e direitos fundamentais*, 1999), e Gilmar Ferreira Mendes Inocêncio Mártires Coelho e Paulo Gustavo Gonet Branco (*Hermenêutica constitucional e direitos fundamentais*, 2000).

explícita ou implícita, pelos textos constitucionais e o reconhecimento pela ordem jurídica de sua normatividade fazem parte desse ambiente de reaproximação entre Direito e Ética.

Gradativamente, diversas formulações antes dispersas ganham unidade e consistência, ao mesmo tempo em que se desenvolve o esforço teórico que procura transformar o avanço filosófico em instrumental técnico-jurídico aplicável aos problemas concretos. O discurso acerca dos princípios, da supremacia dos direitos fundamentais e do reencontro com a Ética — ao qual, no Brasil, se deve agregar o da transformação social e o da emancipação — deve ter repercussão sobre o ofício dos juízes, advogados e promotores, sobre a atuação do Poder Público em geral e sobre a vida das pessoas. Trata-se de transpor a fronteira da reflexão filosófica, ingressar na dogmática jurídica e na prática jurisprudencial e, indo mais além, produzir efeitos positivos sobre a realidade. Os tópicos que se seguem têm a ambição de servir de guia elementar para a construção da normatividade e da efetividade do pós-positivismo.

2.3 Princípios e regras, ainda uma vez

Na trajetória que os conduziu ao centro do sistema, os princípios tiveram de conquistar o *status* de norma jurídica, superando a crença de que teriam uma dimensão puramente axiológica, ética, sem eficácia jurídica ou aplicabilidade direta e imediata. A dogmática moderna avaliza o entendimento de que as normas em geral, e as normas constitucionais em particular, enquadram-se em duas grandes categorias diversas: os princípios e as regras. Antes de uma elaboração mais sofisticada da teoria dos princípios, a distinção entre eles fundava-se, sobretudo, no critério da generalidade.[18] Normalmente, as regras contêm relato mais objetivo, com incidência restrita às situações específicas às quais se dirigem. Já os princípios têm maior teor de abstração e incidem sobre uma pluralidade de situações. Inexiste hierarquia entre ambas as categorias, à vista do princípio da unidade da Constituição. Isto não impede que princípios e regras desempenhem funções distintas dentro do ordenamento.

Nos últimos anos, todavia, ganhou curso generalizado uma distinção qualitativa ou estrutural entre regra e princípio, que veio a se tornar um dos pilares da moderna dogmática constitucional, indispensável para a superação do positivismo legalista, onde as normas se

---

[18] Josef Esser, *Principio y norma en la elaboración jurisprudencial del derecho privado*, 1961, p. 66.

cingiam a regras jurídicas.[19] A Constituição passa a ser encarada como um sistema aberto de princípios e regras, permeável a valores jurídicos suprapositivos, no qual as ideias de justiça e de realização dos direitos fundamentais desempenham um papel central. A mudança de paradigma nessa matéria deve especial tributo às concepções de Ronald Dworkin[20] e aos desenvolvimentos a ela dados por Robert Alexy.[21] A conjugação das ideias desses dois autores dominou a teoria jurídica e passou a constituir o conhecimento convencional na matéria.[22]

Regras são, normalmente, relatos objetivos, descritivos de determinadas condutas e aplicáveis a um conjunto delimitado de situações. Ocorrendo a hipótese prevista no seu relato, a regra deve incidir, pelo mecanismo tradicional da *subsunção*: enquadram-se os fatos na previsão abstrata e produz-se uma conclusão. A aplicação de uma regra se opera na modalidade *tudo ou nada*: ou ela regula a matéria em sua inteireza ou é descumprida. Na hipótese do conflito entre duas regras, só uma será válida e irá prevalecer.[23] *Princípios*, por sua vez, contêm relatos com maior grau de abstração, não especificam a conduta a ser seguida e se aplicam a um conjunto amplo, por vezes indeterminado, de situações. Em uma ordem democrática, os princípios frequentemente entram em tensão dialética, apontando direções diversas. Por essa razão, sua

---

[19] Rodolfo L. Vigo, *Los principios jurídicos* – Perspectiva jurisprudencial, 2000, p. 9-20. O autor apresenta um interessante panorama dos critérios distintivos entre princípios e regras já propostos pela doutrina.

[20] Ronald Dworkin, *Taking rights seriously*, 1997 (a 1. ed. é de 1977). O texto seminal nessa matéria, do próprio Dworkin, foi "The model of rules" (*University of Chicago Law Review*, 35:14 1967).

[21] Robert Alexy, *Teoria de los derechos fundamentales*, 1997 (a 1. ed. do original *Theorie der Grundrechte* é de 1986).

[22] O consenso vem sendo, todavia, progressivamente rompido pelo surgimento de trabalhos críticos de qualidade. V. na doutrina nacional, Humberto Ávila, (*Teoria dos princípios*: da definição à aplicação dos princípios jurídicos, 2003), na doutrina estrangeira, Klaus Günther (*The sense of appropriateness*: Application discourses in morality and law, 1993). Para uma defesa das posições de Alexy, v. Thomas da Rosa Bustamante (*A distinção estrutural entre princípios e regras e sua importância para a dogmática jurídica*, 2003. Mimeografado. Original gentilmente cedido pelo autor).

[23] V Luís Roberto Barroso (Fundamentos teóricos e filosóficos do novo direito constitucional brasileiro. In: *Temas de direito constitucional*, 2003, t. II, p. 32): "O Direito, como se sabe, é um sistema de normas harmonicamente articuladas. Uma situação não pode ser regida simultaneamente por duas disposições legais que se contraponham. Para solucionar essas hipóteses de conflito de leis, o ordenamento jurídico se serve de três critérios tradicionais: o da *hierarquia* — pelo qual a lei superior prevalece sobre a inferior —, o *cronológico* — onde a lei posterior prevalece sobre a anterior — e o da *especialização* — em que a lei específica prevalece sobre a lei geral. Estes critérios, todavia, não são adequados ou plenamente satisfatórios quando a colisão se dá entre normas constitucionais, especialmente entre princípios constitucionais, categoria na qual devem ser situados os conflitos entre direitos fundamentais".

aplicação deverá se dar mediante *ponderação*: à vista do caso concreto, o intérprete irá aferir o peso que cada princípio deverá desempenhar na hipótese, mediante concessões recíprocas, e preservando o máximo de cada um, na medida do possível. Sua aplicação, portanto, não será no esquema *tudo ou nada*, mas graduada à vista das circunstâncias representadas por outras normas ou por situações de fato.[24]

Pois bem: ultrapassada a fase de um certo deslumbramento com a redescoberta dos princípios como elementos normativos, o pensamento jurídico tem se dedicado à elaboração teórica das dificuldades que sua interpretação e aplicação oferecem, tanto na determinação de seu conteúdo quanto no de sua eficácia. A ênfase que se tem dado à teoria dos princípios deve-se, sobretudo, ao fato de ser nova e de apresentar problemas ainda irresolvidos. O modelo tradicional, como já mencionado, foi concebido para a interpretação e aplicação de regras. É bem de ver, no entanto, que o sistema jurídico ideal se consubstancia em uma distribuição equilibrada de regras e princípios, nos quais as regras desempenham o papel referente à *segurança jurídica* — previsibilidade e objetividade das condutas — e os princípios, com sua flexibilidade, dão margem à realização da *justiça* do caso concreto.[25]

É de proveito aprofundar o tema da distinção entre princípios e regras, especialmente no que diz respeito às potencialidades que oferecem para a atuação do intérprete constitucional. Sem embargo da multiplicidade de concepções na matéria, há pelo menos um consenso sobre o qual trabalha a doutrina em geral: princípios e regras desfrutam

---

[24] Robert Alexy (*Teoria de los derechos fundamentales*, 1997, p. 86): "Princípios são normas que ordenam que algo seja realizado na maior medida possível, dentro das possibilidades jurídicas e reais existentes. Por isso, são mandados de otimização, caracterizados pelo fato de que podem ser cumpridos em diferentes graus e que a medida devida de seu cumprimento não só depende das possibilidades reais, mas também das jurídicas. O âmbito do juridicamente possível é determinado pelos princípios e regras opostas".

[25] V. Ana Paula de Barcellos (*Ponderação de normas*: alguns parâmetros jurídicos, projeto de tese de doutoramento aprovado no programa de Pós-graduação em Direito Público da Universidade do Estado do Rio de Janeiro): "É possível identificar uma relação entre a segurança, a estabilidade e a previsibilidade e as regras jurídicas. Isso porque, na medida em que veiculam efeitos jurídicos determinados, pretendidos pelo legislador de forma específica, as regras contribuem para a maior previsibilidade do sistema jurídico. A justiça, por sua vez, depende em geral de normas mais flexíveis, à maneira dos princípios, que permitam uma adaptação mais livre às infinitas possibilidades do caso concreto e que sejam capazes de conferir ao intérprete liberdade de adaptar o sentido geral do efeito pretendido, muitas vezes impreciso e indeterminado, às peculiaridades da hipótese examinada. Nesse contexto, portanto, os princípios são espécies normativas que se ligam de modo mais direto à idéia de justiça. Assim, como esquema geral, é possível dizer que a estrutura das regras facilita a realização do valor *segurança*, ao passo que os princípios oferecem melhores condições para que a *justiça* possa ser alcançada" (texto ligeiramente editado).

igualmente do *status* de norma jurídica e integram, sem hierarquia, o sistema referencial do intérprete. Dos múltiplos critérios distintivos possíveis,[26] três deles são aqui destacados: (i) o conteúdo; (ii) a estrutura normativa; (iii) as particularidades da aplicação.

Quanto ao *conteúdo*, destacam-se os princípios como normas que identificam valores a serem preservados ou fins a serem alcançados. Trazem em si, normalmente, um conteúdo axiológico ou uma decisão política. Isonomia, moralidade, eficiência são *valores*. Justiça social, desenvolvimento nacional, redução das desigualdades regionais são *fins* públicos. Já as regras limitam-se a traçar uma conduta. A questão relativa a valores ou a fins públicos não vem explicitada na norma porque já foi decidida pelo legislador, e não transferida ao intérprete. Daí ser possível afirmar-se que regras são descritivas de conduta, ao passo que princípios são valorativos ou finalísticos.

Com relação à *estrutura* normativa, tem-se que o relato de uma regra especifica os atos a serem praticados para seu cumprimento adequado. Embora a atividade do intérprete jamais possa ser qualificada como mecânica — pois a ele cabe dar o toque de humanidade que liga o texto à vida real —, a aplicação de uma regra normalmente não envolverá um processo de racionalização mais sofisticado. Se ocorre o fato previsto em abstrato, produz-se o efeito concreto prescrito. Já os princípios indicam fins, *estados ideais* a serem alcançados. Como a norma não detalha a conduta a ser seguida para sua realização, a atividade do intérprete será mais complexa, pois a ele caberá definir a ação a tomar.

Pode ocorrer ainda, em relação aos princípios, uma dificuldade adicional: o fim a ser atingido ou o estado ideal a ser transformado em

---

[26] Sobre o tema, vejam-se Karl Larenz (*Metodologia da ciência do direito*, 1997), Claus-Wilhelm Canaris (*Pensamento sistemático e conceito de sistema na ciência do direito*, 1996). Na doutrina brasileira, v. o importante estudo de Humberto Ávila (*Teoria dos princípios*: da definição à aplicação dos princípios jurídicos, 2003), no qual, ao traçar o panorama da evolução da distinção entre princípios e regras, destaca quatro critérios, com os seguintes comentários: "Em primeiro lugar, há o critério do *caráter hipotético-condicional* que se fundamenta no fato de as regras possuírem uma hipótese e uma conseqüência que predeterminam a decisão, sendo aplicadas ao modo *se, então*, enquanto os princípios apenas indicam o fundamento a ser utilizado pelo aplicador para futuramente encontrar a regra para o caso concreto. Em segundo lugar, há o critério do *modo final de aplicação*, que se sustenta no fato de as regras serem aplicadas de modo absoluto *tudo ou nada*, ao passo que os princípios são aplicados de modo gradual *mais ou menos*. Em terceiro lugar, o critério do *relacionamento normativo*, que se fundamenta na idéia de a antinomia entre as regras consubstanciarem verdadeiro conflito, solucionável com a declaração de invalidade de uma das regras ou com a criação de uma exceção, ao passo que o relacionamento entre os princípios consiste num imbricamento, solucionável mediante uma ponderação que atribua uma dimensão de peso a cada um deles. Em quarto lugar, há o critério do *fundamento axiológico*, que considera os princípios, ao contrário das regras, como fundamentos axiológicos para a decisão a ser tomada".

realidade pode não ser objetivamente determinado, envolvendo uma integração subjetiva por parte do intérprete. Um princípio tem um sentido e alcance mínimos, um núcleo essencial, no qual se equiparam às regras. A partir de determinado ponto, no entanto, ingressa-se em um espaço de indeterminação, no qual a demarcação de seu conteúdo estará sujeita à concepção ideológica ou filosófica do intérprete. Um exemplo é fornecido pelo princípio da dignidade da pessoa humana. Além de não explicitar os comportamentos necessários para realizar a dignidade humana — esta, portanto, é a primeira dificuldade: descobrir os comportamentos — poderá haver controvérsia sobre o que significa a própria dignidade a partir de um determinado conteúdo essencial, conforme o ponto de observação do intérprete.[27]

Quanto ao modo ou particularidades de sua *aplicação*, a doutrina que se desenvolveu sobre as premissas teóricas de Dworkin e Alexy traça a distinção entre princípios e regras na forma já registrada acima e que se reproduz sumariamente, para fins de encadeamento do raciocínio. Regras são proposições normativas aplicáveis sob a forma de *tudo ou nada* (*all or nothing*). Se os fatos nela previstos ocorrerem, a regra deve incidir, de modo direto e automático, produzindo seus efeitos. Uma regra somente deixará de incidir sobre a hipótese de fato que contempla se for inválida, se houver outra mais específica ou se não estiver em vigor. Sua aplicação se dá, predominantemente, mediante *subsunção*.

Princípios contêm, normalmente, uma maior carga valorativa, um fundamento ético, uma decisão política relevante, e indicam uma determinada direção a seguir. Ocorre que, em uma ordem pluralista, existem outros princípios que abrigam decisões, valores ou fundamentos diversos, por vezes contrapostos. A colisão de princípios, portanto, não só é possível, como faz parte da lógica do sistema, que é dialético. Por isso a sua incidência não pode ser posta em termos de *tudo ou nada*, de validade ou invalidade. Deve-se reconhecer aos princípios uma dimensão de peso ou importância. À vista dos elementos do caso concreto, o intérprete deverá fazer escolhas fundamentadas, quando se defronte com antagonismos inevitáveis, como os que existem entre a liberdade de expressão e o direito de privacidade, a livre iniciativa e a intervenção

---

[27] Essa característica dos princípios, aliás, é que permite que a norma se adapte, ao longo do tempo, a diferentes realidades, além de permitir a concretização do princípio da maioria, inerente ao regime democrático. Há um sentido mínimo, oponível a qualquer grupo que venha a exercer o poder, e também um espaço cujo conteúdo será preenchido pela deliberação democrática.

estatal, o direito de propriedade e a sua função social. A aplicação dos princípios se dá, predominantemente, mediante *ponderação*.[28] É certo que, mais recentemente, já se discute tanto a aplicação do esquema *tudo ou nada* aos princípios como a possibilidade de também as regras serem ponderadas. Isso porque, como visto, determinados princípios — como o princípio da dignidade da pessoa humana e outros — apresentam um núcleo de sentido ao qual se atribui natureza de regra, aplicável biunivocamente.[29] Por outro lado, há situações em que uma regra, perfeitamente válida em abstrato, poderá gerar uma inconstitucionalidade ao incidir em determinado ambiente ou, ainda, há hipóteses em que a adoção do comportamento descrito pela regra violará gravemente o próprio fim que ela busca alcançar.[30] Esses são fenômenos de percepção recente, que começam a despertar o interesse da doutrina, inclusive e sobretudo por seu grande alcance prático.

Princípios — e, com crescente adesão na doutrina, também as regras — são ponderados, à vista do caso concreto. E, na determinação

---

[28] Partindo da ideia original de Dworkin, o autor alemão Robert Alexy (*Teoria de los derechos fundamentales*, 1997, p. 81 *et seq.*) deu novos desenvolvimentos analíticos ao tema, nos termos a seguir resumidos. As regras veiculam *mandados de definição*, ao passo que os princípios são *mandados de otimização*. Por essas expressões se quer significar que as regras (*mandados de definição*) têm natureza biunívoca, isto é, só admitem duas espécies de situação, dado seu substrato fático típico: ou são válidas e se aplicam ou não se aplicam por inválidas. Uma regra vale ou não vale juridicamente. Não são admitidas gradações. A exceção da regra ou é outra regra, que invalida a primeira, ou é a sua violação.
Os princípios se comportam de maneira diversa. Como *mandados de otimização*, pretendem eles ser realizados da forma mais ampla possível, admitindo, entretanto, aplicação mais ou menos intensa de acordo com as possibilidades jurídicas existentes, sem que isso comprometa sua validade. Esses limites jurídicos, capazes de restringir a otimização do princípio, são (i) regras que o excepcionam em algum ponto e (ii) outros princípios de mesma estatura e opostos que procuram igualmente maximizar-se, impondo a necessidade eventual de ponderação.

[29] Ana Paula de Barcellos, *A eficácia jurídica dos princípios constitucionais*: o princípio da dignidade da pessoa humana, 2002, p. 191 *et seq.*

[30] V. Humberto Ávila (*Teoria dos princípios*: da definição à aplicação dos princípios jurídicos), 2003, p. 28 *et seq.*). O STF, no julgamento do HC nº 7.703-PE (*DJ*, 11 set. 98, Rel. Min. Marco Aurélio), considerou ser essa a hipótese e afastou, no caso concreto, a aplicação do art. 1º do Decreto-Lei nº 200/67 para conceder a ordem e trancar ação penal proposta contra ex-Prefeita. A hipótese era a seguinte. Determinado Município contratou, sem concurso público, um gari por cerca de nove meses; posteriormente, o gari ingressou na justiça trabalhista exigindo um conjunto de direitos. A reclamação foi julgada improcedente pelo Juízo trabalhista que acolheu a alegação do Município de nulidade da relação por falta de concurso público e determinou a remessa de peças ao Ministério Público para responsabilização da autoridade responsável pelo descumprimento da regra constitucional. Com fundamento nesses fatos, o Ministério Público propôs a ação penal em face da ex-Prefeita. O STF, no entanto, considerou que o evento era insignificante, que a Municipalidade não teria sofrido prejuízo e que o fim da norma prevista no art. 1º do Decreto-Lei nº 200/67 não fora afetado e, por essas razões, determinou o trancamento da ação penal.

de seu sentido e na escolha dos comportamentos que realizarão os fins previstos, deverá o intérprete demonstrar o fundamento racional que legitima sua atuação. Chega-se, assim, aos dois temas que se seguem: a ponderação e a argumentação jurídica.

2.4 Ponderação de interesses, bens, valores e normas[31]

Durante muito tempo, a subsunção foi a única fórmula para compreender a aplicação do direito, a saber: premissa maior — a norma — incidindo sobre a premissa menor — os fatos — e produzindo como consequência a aplicação do conteúdo da norma ao caso concreto. Como já se viu, essa espécie de raciocínio continua a ser fundamental para a dinâmica do direito. Mais recentemente, porém, a dogmática jurídica deu-se conta de que a subsunção tem limites, não sendo por si só suficiente para lidar com situações que, em decorrência da expansão dos princípios, são cada vez mais frequentes. Não é difícil demonstrar e ilustrar o argumento.

Imagine-se uma hipótese em que mais de uma norma possa incidir sobre o mesmo conjunto de fatos — várias premissas maiores, portanto, para apenas uma premissa menor —, como no caso clássico da oposição entre liberdade de imprensa e de expressão, de um lado, e os direitos à honra, à intimidade e à vida privada, de outro.[32] Como se constata singelamente, as normas envolvidas tutelam valores distintos e apontam soluções diversas e contraditórias para a questão. Na sua lógica unidirecional (premissa maior — premissa menor), a solução subsuntiva para esse problema somente poderia trabalhar com uma das normas, o que importaria na escolha de uma única premissa maior, descartando-se as demais. Tal fórmula, todavia, não seria constitucionalmente adequada: por força do princípio instrumental da unidade da Constituição

---

[31] Ronald Dworkin (*Taking rights seriously*, 1997), Robert Alexy (*Teoria de los derechos fundamentales*, 1997) e os seguintes textos mimeografados: *Colisão e ponderação como problema fundamental da dogmática dos direitos fundamentais* (1998) e *Constitutional rights, balancing, and rationality* (2002) (textos gentilmente cedidos por Margarida Lacombe Camargo); Karl Larenz (*Metodologia da ciência do direito*, 1997), Daniel Sarmento (*A ponderação de interesses na Constituição Federal*, 2000) Ricardo Lobo Torres (Da ponderação de interesses ao princípio da ponderação. *In*: Urbano Zilles (Coord.), *Miguel Reale*: estudos em homenagem a seus 90 anos, 2000, p. 643 *et seq.*), Aaron Barak (Foreword: a judge on judging: the role of a Supreme Court in a Democracy, *Harvard Law Review*, 116:01, 2002), Marcos Maselli Gouvêa (*O controle judicial das omissões administrativas*, 2003), Humberto Ávila (*Teoria dos princípios*: da definição à aplicação dos princípios jurídicos, 2003).

[32] Há diversos estudos sobre esse conflito específico. Veja-se, por todos, o trabalho de Edilsom Pereira de Farias, *Colisão de direitos*: a honra, a intimidade, a vida privada e a imagem *versus* a liberdade de expressão e informação (1996).

(v. *infra*), o intérprete não pode simplesmente optar por uma norma e desprezar outra em tese também aplicável, como se houvesse hierarquia entre elas. Como consequência, a interpretação constitucional viu-se na contingência de desenvolver técnicas capazes de lidar com o fato de que a Constituição é um documento dialético — que tutela valores e interesses potencialmente conflitantes — e que princípios nela consagrados frequentemente entram em rota de colisão.

A dificuldade que se acaba de descrever já foi amplamente percebida pela doutrina; é pacífico que casos como esses não são resolvidos por uma subsunção simples. Será preciso um raciocínio de estrutura diversa, mais complexo, que seja capaz de trabalhar multidirecionalmente, produzindo a regra concreta que vai reger a hipótese a partir de uma síntese dos distintos elementos normativos incidentes sobre aquele conjunto de fatos. De alguma forma, cada um desses elementos deverá ser considerado na medida de sua importância e pertinência para o caso concreto, de modo que na solução final, tal qual em um quadro bem pintado, as diferentes cores possam ser percebidas, ainda que uma ou algumas delas venham a se destacar sobre as demais. Esse é, de maneira geral, o objetivo daquilo que se convencionou denominar de *técnica da ponderação*.

A ponderação consiste, portanto, em uma técnica de decisão jurídica[33] aplicável a casos difíceis,[34] em relação aos quais a subsunção se mostrou insuficiente, especialmente quando uma situação concreta dá ensejo à aplicação de normas de mesma hierarquia que indicam soluções diferenciadas.[35] A estrutura interna do raciocínio ponderativo ainda não é bem conhecida, embora esteja sempre associada às noções difusas de balanceamento e sopesamento de interesses, bens, valores ou normas. A importância que o tema ganhou no dia a dia da atividade jurisdicional, entretanto, tem levado a doutrina a estudá-lo mais cuidadosamente.[36] De forma simplificada, é possível descrever a ponderação como um processo em três etapas, relatadas a seguir.

---

[33] José Maria Rodríguez de Santiago, *La ponderación de bienes e intereses en el derecho administrativo*, 2000.

[34] Do inglês *hard cases*, a expressão identifica situações para as quais não há uma formulação simples e objetiva a ser colhida no ordenamento, sendo necessária a atuação subjetiva do intérprete e a realização de escolhas, com eventual emprego de discricionariedade.

[35] A ponderação também tem sido empregada em outras circunstâncias, como na definição do conteúdo de conceitos jurídicos indeterminados (a definição dos que sejam os "valores éticos e sociais da pessoa e da família", referidos no art. 221, IV, da Constituição, envolverá por certo um raciocínio do tipo ponderativo) ou na aplicação da equidade a casos concretos, embora este último caso possa ser reconduzido a um confronto de princípios, já que a equidade tem como fundamento normativo específico o princípio constitucional da justiça.

[36] Ricardo Lobo Torres, Da ponderação de interesses ao princípio da ponderação. *In*: Urbano Zilles (Coord.), *Miguel Reale*: estudos em homenagem a seus 90 anos, 2000, p. 643 *et seq*.

Na *primeira* etapa, cabe ao intérprete detectar no sistema as normas relevantes para a solução do caso, identificando eventuais conflitos entre elas. Como se viu, a existência dessa espécie de conflito — insuperável pela subsunção — é o ambiente próprio de trabalho da ponderação.[37] Assinale-se que norma não se confunde com dispositivo: por vezes uma norma será o resultado da conjugação de mais de um dispositivo. Por seu turno, um dispositivo isoladamente considerado pode não conter uma norma ou, ao revés, abrigar mais de uma.[38] Ainda neste estágio, os diversos fundamentos normativos — isto é: as diversas premissas maiores pertinentes — são agrupados em função da solução que estejam sugerindo. Ou seja: aqueles que indicam a mesma solução devem formar um conjunto de argumentos. O propósito desse agrupamento é facilitar o trabalho posterior de comparação entre os elementos normativos em jogo.

Na *segunda* etapa, cabe examinar os fatos, as circunstâncias concretas do caso e sua interação com os elementos normativos. Relembre-se, na linha do que já foi exposto anteriormente, a importância assumida pelos fatos e pelas consequências práticas da incidência da norma na moderna interpretação constitucional. Embora os princípios e regras tenham uma existência autônoma em tese, no mundo abstrato dos enunciados normativos, é no momento em que entram em contato com as situações concretas que seu conteúdo se preencherá de real sentido. Assim, o exame dos fatos e os reflexos sobre eles das normas identificadas na primeira fase poderão apontar com maior clareza o papel de cada uma delas e a extensão de sua influência.

Até aqui, na verdade, nada foi solucionado e nem sequer há maior novidade. Identificação das normas aplicáveis e compreensão dos fatos relevantes fazem parte de todo e qualquer processo interpretativo, sejam os casos fáceis ou difíceis. É na *terceira* etapa que a ponderação irá singularizar-se, em oposição à subsunção. Relembre-se, como já assentado, que os princípios, por sua estrutura e natureza, e observados determinados limites, podem ser aplicados com maior ou menor intensidade, à vista de circunstâncias jurídicas ou fáticas, sem que isso afete sua validade.[39] Pois bem: nessa fase dedicada à decisão, os diferentes

---

[37] É bem de ver que algumas vezes o conflito se estabelece mais claramente entre interesses que se opõem, quando então será preciso verificar se esses interesses podem ser reconduzidos a normas jurídicas (normas que, por sua vez, podem ter como fundamento regras e/ou princípios, explícitos ou implícitos).

[38] Sobre o tema, v. Humberto Ávila, *Teoria dos princípios*: da definição à aplicação dos princípios jurídicos, 2003, p. 13.

[39] Essa estrutura em geral não se repete com as regras, de modo que a ponderação de regras será um fenômeno muito mais complexo e excepcional.

grupos de normas e a repercussão dos fatos do caso concreto estarão sendo examinados de forma conjunta, de modo a apurar os pesos que devem ser atribuídos aos diversos elementos em disputa e, portanto, o grupo de normas que deve preponderar no caso. Em seguida, é preciso ainda decidir quão intensamente esse grupo de normas — e a solução por ele indicada — deve prevalecer em detrimento dos demais, isto é: sendo possível graduar a intensidade da solução escolhida, cabe ainda decidir qual deve ser o grau apropriado em que a solução deve ser aplicada. Todo esse processo intelectual tem como fio condutor o princípio instrumental da *proporcionalidade* ou *razoabilidade* (v. *infra*).

Da exposição apresentada extrai-se que a ponderação ingressou no universo da interpretação constitucional como uma necessidade, antes que como uma opção filosófica ou ideológica.[40] É certo, no entanto, que cada uma das três etapas descritas acima — identificação das normas pertinentes, seleção dos fatos relevantes e atribuição geral de pesos, com a produção de uma conclusão — envolve avaliações de caráter subjetivo, que poderão variar em função das circunstâncias pessoais do intérprete e de outras tantas influências.[41] É interessante observar que alguns dos principais temas da atualidade constitucional no Brasil tem seu equacionamento posto em termos de ponderação de valores, podendo-se destacar:

(i) o debate acerca da relativização da coisa julgada, onde se contrapõem o princípio da segurança jurídica e outros valores socialmente relevantes, como a justiça, a proteção dos direitos da personalidade e outros;[42]

---

[40] Há, na verdade, quem critique essa necessidade e a própria conveniência de aplicar-se a ponderação a temas constitucionais que, por seu caráter fundamental, não deveriam estar sujeitos a avaliações tão subjetivas como as que ocorrem em um processo de ponderação: v. T. Alexander Aleinikoff, Constitutional law in the age of balancing, *Yale Law Journal*, 96:943, 1987.

[41] Para o exame de algumas situações concretas de ponderação na nossa perspectiva, vejam-se em Luís Roberto Barroso (*Temas de direito constitucional*, t. I, 2002): "Liberdade de expressão, direito à informação e banimento da publicidade de cigarro", p. 243 *et seq.* (sobre liberdade de expressão e informação *versus* políticas públicas de proteção à saúde); "Liberdade de expressão, censura e controle da programação de televisão na Constituição de 1988", p. 341 *et seq.* (sobre liberdade de expressão *versus* proteção aos valores éticos e sociais da pessoa e da família). E em *Temas de direito constitucional*, t. II, 2003: "A ordem constitucional e os limites à atuação estatal no controle de preços", p. 47 *et seq.* (sobre livre iniciativa e livre concorrência *versus* proteção do consumidor); e "Banco Central e Receita Federal. Comunicação ao Ministério Público para fins penais. Obrigatoriedade da conclusão prévia do processo administrativo", p. 539 *et seq.* (sobre proteção da honra, imagem e privacidade *versus* repressão de ilícitos).

[42] V. Cândido Rangel Dinamarco, Relativizar a coisa julgada material. *In*: Carlos Valder do Nascimento (Coord.), *Coisa julgada inconstitucional*, 2002, p. 33 *et seq.*

(ii) o debate acerca da denominada "eficácia horizontal dos direitos fundamentais", envolvendo a aplicação das normas constitucionais às relações privadas, onde se contrapõem a autonomia da vontade e a efetivação dos direitos fundamentais;[43]

(iii) o debate acerca do papel da imprensa, liberdade de expressão e direito à informação em contraste com o direito à honra, à imagem e à vida privada.

Algumas observações finais sobre o tema. A metáfora da ponderação, associada ao próprio símbolo da justiça, não é imune a críticas, sujeita-se ao mau uso e não é remédio para todas as situações. Embora tenha merecido ênfase recente, por força da teoria dos princípios, trata-se de uma ideia que vem de longe.[44] Há quem a situe como um componente do princípio mais abrangente da proporcionalidade[45] e outros que já a vislumbram como um princípio próprio, autônomo, o princípio da ponderação.[46] É bem de ver, no entanto, que a ponderação, embora preveja a atribuição de pesos diversos aos fatores relevantes de uma determinada situação, não fornece referências materiais ou axiológicas para a valoração a ser feita. No seu limite máximo, presta-se ao papel de oferecer um rótulo para voluntarismos e soluções *ad hoc*, tanto as bem-inspiradas como as nem tanto.[47]

O risco de tal disfunção, todavia, não a desmerece como técnica de decisão nem priva a doutrina da possibilidade de buscar parâmetros melhor definidos para sua aplicação. No estágio atual, a ponderação ainda não atingiu o padrão desejável de objetividade, dando lugar a

---

[43] Ingo Wolfgang Sarlet, Direitos fundamentais e direito privado: algumas considerações em torno da vinculação dos particulares aos direitos fundamentais. *In*: Ingo Wolfgang Sarlet (Org.), *A Constituição concretizada*. Construindo pontes entre o público e o privado, 2000, p. 107 *et seq.*

[44] Roscoe Pound, *Interpretations of legal history*, 1923, é citado como grande impulsionador da moderna técnica de ponderação, no âmbito da "jurisprudência sociológica". V. Murphy, Fleming e Harris, II, *American constitutional interpretation*, 1986, p. 309.

[45] Robert Alexy, *Constitutional rights, balancing, and rationality*, 2002, p. 06. Mimeografado.

[46] Ricardo Lobo Torres, Da ponderação de interesses ao princípio da ponderação. *In*: Urbano Zilles (Coord.), *Miguel Reale*. Estudos em homenagem a seus 90 anos, 2000, p. 643 *et seq.*

[47] Antônio Henrique Corrêa da Silva, em monografia de final de curso na Pós-graduação em Direito Público da UERJ, significativamente denominada de *Colisão de princípios e ponderação de interesses solução ruim para problema inexistente*, 2002, faz densa crítica à ideia de ponderação em si e, considerando artificiais as distinções entre regra e princípio, concluiu: "a) a distinção entre regra e princípio é inócua do ponto de vista funcional, uma vez que o princípio não pode operar por si só, mas apenas através de uma regra que dele se extraia; b) uma 'colisão de princípios' é, na verdade, um conflito de regras extraídas de princípios, que podem ou não ser solucionável pelos critérios tradicionais de superação de antinomias".

ampla discricionariedade judicial. Tal discricionariedade, no entanto, como regra, deverá ficar limitada às hipóteses em que o sistema jurídico não tenha sido capaz de oferecer a solução em tese, elegendo um valor ou interesse que deva prevalecer. A existência de ponderação não é um convite para o exercício indiscriminado de ativismo judicial. O controle de legitimidade das decisões obtidas mediante ponderação tem sido feito através do exame da *argumentação* desenvolvida. Seu objetivo, de forma bastante simples, é verificar a correção dos argumentos apresentados em suporte de uma determinada conclusão ou ao menos a racionalidade do raciocínio desenvolvido em cada caso, especialmente quando se trate do emprego da ponderação. O próximo tópico será dedicado a esse tema.

2.5 A teoria da argumentação[48]

Após um primeiro momento de perplexidade, os iniciantes no estudo do Direito passam a encarar com naturalidade um fenômeno que causa estranheza a uma pessoa leiga: a existência de decisões em sentidos opostos acerca de uma mesma matéria, posições doutrinárias divergentes e até mesmo votos conflitantes em um mesmo julgado.[49] Isto é: considerados os mesmos fatos e os mesmos elementos normativos, pessoas diferentes poderão chegar a conclusões diversas. A principal questão formulada pela chamada *teoria da argumentação*[50] pode ser

---

[48] Sobre o tema, v. Chaim Perelman e Lucie Olbrechts-Tyteca (*Tratado da argumentação*: a nova retórica, 1996. 1. ed. do original *Traité de l'argumentation*: la nouvelle rhétorique, 1958); Stephen E. Toulmin (*The uses of argument*, 1958), Neil Maccormick (*Legal reasoning and legal theory*, 1978), Robert Alexy (*Teoria de la argumentación jurídica*, 1989. 1. ed. do original *Theorie der juristischen Argumentation*, 1978); Manuel Atienza (*As razões do direito*. Teorias da argumentação jurídica, 2002). Antônio Carlos Cavalcanti Maia (Notas sobre direito, argumentação e democracia. *In*: Margarida Maria Lacombe Camargo (Org.), *1988-1998*: uma década de Constituição, 1999).

[49] O HC nº 73.662-MG (STF, *DJ*, p. 34.535, 20 set. 96, Rel. Min. Marco Aurélio) é um exemplo interessante e emblemático do que se afirma. A discussão envolvia a interpretação dos arts. 213 e 224, alínea "a", do Código Penal, e em particular da presunção de violência nos casos de relação sexual com menor de 14 anos, para o fim de tipificar-se o crime de estupro. O voto do Relator defendeu que a presunção deveria ser compreendida como relativa, tanto pelas circunstâncias do caso concreto (a menor levava vida promíscua, aparentava maior idade e consentiu com a relação sexual), como por força da norma constitucional que prevê deva ser conferida especial proteção à família (art. 226). Isso porque, segundo o Ministro Relator, 5 (cinco) anos já se haviam passado do evento e, nesse ínterim, o paciente no *habeas corpus*, condenado por estupro, havia casado e constituído família. Os votos vencidos, por outro lado, e afora outros argumentos, defendiam a presunção absoluta de violência no caso com fundamento no art. 227, §4º, da Constituição, pelo qual "a lei punirá severamente o abuso, a violência e a exploração sexual da criança e do adolescente".

[50] Na verdade, há várias teorias sobre a argumentação, mas suas preocupações concentram-se em elementos comuns, de modo que se estará fazendo referência a elas de forma unificada.

facilmente visualizada nesse ambiente: se há diversas possibilidades interpretativas acerca de uma mesma hipótese, qual delas é a correta? Ou, mais humildemente, ainda que não se possa falar de *uma* decisão correta,[51] qual (ou quais) delas é (são) capaz(es) de apresentar uma fundamentação racional consistente? Como verificar se uma determinada argumentação é melhor do que outra?

Existem diversas teorias acerca dos parâmetros que a argumentação deve observar para ser considerada válida e não se pretende aqui discutir suas complexidades, cujo exame forma por si só um ramo novo e autônomo de estudo.[52] Mesmo sem ingressar nelas, no entanto, é possível sistematizar três parâmetros elementares de controle da argumentação que, a despeito de sua simplicidade, serão especialmente úteis quando a técnica da ponderação esteja sendo utilizada.

Em primeiro lugar, a argumentação jurídica deve ser capaz de apresentar fundamentos *normativos* (implícitos que sejam) que a apoiem e lhe deem sustentação. Ou seja: não basta o bom-senso e o sentido de justiça pessoal — é necessário que o intérprete apresente elementos da ordem jurídica que referendem tal ou qual decisão. Embora óbvia, essa exigência tem sido deixada de lado com mais frequência do que se poderia supor, substituída por concepções pessoais embaladas em uma retórica de qualidade. Não custa lembrar que, em um Estado democrático de direito, o Judiciário apenas pode impor coativamente determinada conduta a alguém com fundamento em lei. A argumentação jurídica deve preservar exatamente seu caráter *jurídico* — não se trata apenas de uma argumentação lógica ou moral. Nessa mesma linha, ao menos como orientação *prima facie*, um conflito normativo deve ser resolvido em favor da solução que apresente em seu suporte o maior número de normas jurídicas.[53] Nesse ponto, é oportuno fazer uma observação de caráter geral.

Apenas será possível controlar a argumentação do intérprete se *houver* uma argumentação explicitamente apresentada. Essa evidência conduz ao problema da motivação das decisões que envolvam a técnica da ponderação, particularmente as decisões judiciais. Como é corrente,

---

[51] Com efeito, praticamente todas as teorias que se têm desenvolvido acerca dos parâmetros que a argumentação deve observar para ser considerada válida reconhecem que, muitas vezes, não haverá *uma* resposta certa, mas um conjunto de soluções plausíveis e razoáveis. V. Manuel Atienza, As razões do direito. Teorias da argumentação jurídica, 2002, p. 40 *et seq.*

[52] Manuel Atienza, em *As razões do direito: teorias da argumentação jurídica* (2002), faz uma apresentação do pensamento dos principais autores sobre o assunto.

[53] Humberto Ávila, Argumentação jurídica e a imunidade do livro eletrônico, *RDT*, 79:178, 2001.

toda e qualquer decisão judicial deve ser motivada quanto aos fatos e quanto ao direito; mas quando uma decisão judicial envolve a técnica da ponderação, o dever de motivar torna-se ainda mais grave. Nesses casos, como visto, o julgador percorre um caminho muito mais longo e acidentado para chegar à conclusão É seu dever constitucional guiar as partes por essa viagem, demonstrando, em cada ponto, porque decidiu por uma direção ou sentido e não por outro.

Nada obstante o truísmo do que se acaba de afirmar, provavelmente nunca se motivou tão pouco e tão mal.[54] Há uma série de explicações para esse fenômeno, que vão do excesso de trabalho atribuído aos juízes, passam pela chamada "motivação concisa", autorizada pela jurisprudência das Cortes superiores,[55] e pelas recentes reformas do Código de Processo Civil, que admite agora como fundamentação de determinadas decisões a mera referência a súmulas.[56] Não é o momento aqui de examinar cada uma dessas questões. Ainda que se possam admitir *motivações concisas* em muitos casos, certamente isso não é possível quando se trate de decidir adotando a técnica de ponderação. Nessas hipóteses, é absolutamente indispensável que o julgador exponha analítica e expressamente o raciocínio e a argumentação que o conduziram a uma determinada conclusão, permitindo assim que as partes possam controlá-la.

Feita a digressão, e retornando ao ponto, um segundo parâmetro útil para o controle da argumentação jurídica, em especial quando ela envolva a ponderação, diz respeito à possibilidade de universalização

---

[54] A ausência de motivação chega, às vezes, a ser tautológica, como registrou o Ministro Sepúlveda Pertence no acórdão que segue: "Sentença condenatória: o acórdão que improvê apelação: motivação necessária. A apelação devolve integralmente ao Tribunal a decisão da causa, de cujos motivos o teor do acórdão há de dar conta total: não o faz o que — sem sequer transcrever a sentença — limita-se a afirmar, para refutar apelação arrazoada com minúcia, que 'no mérito, não tem os apelantes qualquer parcela de razão, somando-se ao vazio dessa afirmação a tautologia de que 'a prova é tranqüila em desfavor dos réus': a melhor prova da ausência de motivação válida de uma decisão judicial — que deve ser a demonstração da adequação do dispositivo a um caso concreto e singular — é que ela sirva a qualquer julgado, o que vale por dizer que não serve a nenhum" (STF. *DJ*, p. 09, 19 mar. 99, HC n° 78.013-RJ, Rel. Min. Sepúlveda Pertence).

[55] STF. *DJ*, p. 133, 28 jun. 02, AgRg no AI n° 310.272-RJ. Rel. Min. Maurício Corrêa: "A fundamentação concisa atende à exigência do artigo 93, IX da Constituição Federal, não implicando a invalidação da decisão que a utiliza".

[56] CPC, art. 557: "O relator negará seguimento a recurso manifestamente inadmissível, improcedente, prejudicado ou em confronto com súmula ou com jurisprudência dominante do respectivo Tribunal, do Supremo Tribunal Federal, ou de Tribunal Superior.
§1º-A Se a decisão recorrida estiver em manifesto confronto com súmula ou com jurisprudência dominante do Supremo Tribunal Federal, ou de Tribunal Superior, o relator poderá dar provimento ao recurso".

dos critérios adotados pela decisão. Por força do imperativo de isonomia, espera-se que os critérios empregados para a solução de um determinado caso concreto possam ser transformados em regra geral para situações semelhantes. Esse exercício de raciocínio — verificar a possibilidade de generalizar o critério de decisão que se pretende adotar no caso concreto — projeta a argumentação desenvolvida para o caso concreto em um conjunto maior de hipóteses, facilitando a visualização de desvios e inconsistências.

Por fim, um último parâmetro capaz de balizar de alguma forma a argumentação jurídica, especialmente a constitucional, é formado por dois conjuntos de princípios: o primeiro, composto de princípios instrumentais ou específicos de interpretação constitucional; o segundo, por princípios materiais propriamente ditos, que trazem em si a carga ideológica, axiológica e finalística da ordem constitucional. Ambas as categorias de princípios orientam a atividade do intérprete, de tal maneira que, diante de várias soluções igualmente plausíveis, deverá ele percorrer o caminho ditado pelos princípios instrumentais e realizar, tão intensamente quanto possível, à luz dos outros elementos em questão, o estado ideal pretendido pelos princípios materiais.

Aqui vale fazer uma nota. Os três parâmetros de argumentação expostos acima estão relacionados com *um* dos problemas suscitados pela teoria da argumentação, talvez o principal deles: a verificação da correção ou validade de uma argumentação que, consideradas determinadas premissas fáticas e a incidência de determinadas normas, conclui que uma consequência jurídica deve ser aplicada ao caso concreto. Isto é: cuida-se aqui do momento final da aplicação do direito, quando os fatos já foram identificados e as normas pertinentes selecionadas. Isso não significa, porém, que esses dois momentos anteriores — seleção de fatos e de enunciados normativos — sejam autoevidentes. Ao contrário.

Desse modo, fica apenas o registro de que, além da questão posta acima, outros dois problemas que têm ocupado os estudiosos da argumentação jurídica envolvem exatamente a seleção das normas e dos fatos que serão consideradas em uma determinada situação. Com efeito, não é incomum, diante de um caso, que alguns fatos sejam considerados relevantes e outros ignorados. Que critérios levam o intérprete a dar relevância jurídica a alguns eventos e ignorar outros?[57] Também a seleção

---

[57] Um exemplo dessa espécie de problema pode ser observado na decisão do Supremo Tribunal Federal que considerou legítima a aplicação de aumento da alíquota do imposto de renda, publicado ao longo de determinado ano, ao fato gerador que se consolidou em 31 de dezembro daquele mesmo ano. Na hipótese, era possível considerar ao menos dois fatos

da norma ou normas aplicáveis, isto é, o estabelecimento da premissa normativa, nem sempre é um evento simples. A pergunta aqui, que muitas vezes não terá uma resposta unívoca, pode ser formulada nos seguintes termos: que normas são pertinentes ou aplicáveis ao caso?[58] Em suma, o controle da racionalidade do discurso jurídico suscita questões diversas e complexas, que se tornam tanto mais graves quanto maior seja a liberdade concedida a quem interpreta. No caso da interpretação constitucional, a argumentação assume, muitas vezes, um papel decisivo: é que o caráter aberto de muitas normas, o espaço de indefinição de conduta deixado pelos princípios e os conceitos indeterminados conferem ao intérprete elevado grau de subjetividade. A demonstração lógica adequada do raciocínio desenvolvido é vital para a legitimidade da decisão proferida.

Em desfecho desta parte do trabalho, faz-se a seguir, para ilustrar as ideias desenvolvidas, um exercício singelo de ponderação e argumentação. Suponha-se o seguinte fato: o ocupante de um importante cargo político na República é visto na saída de um motel, acompanhado de uma senhora que não é sua esposa. Um jornalista que se encontrava na calçada em frente fotografa o casal, ainda sob a placa identificadora do estabelecimento. A foto irá ilustrar a capa de uma importante revista semanal, que circulará no sábado seguinte, trazendo ampla matéria intitulada "A infidelidade no poder". Tomando conhecimento do fato,

---

aparentemente relevantes: (i) o fato gerador já estava em curso quando do incremento da alíquota; e (ii) o fato gerador se consolida no dia 31 de dezembro. O intérprete que tomasse em consideração apenas o primeiro fato poderia concluir pela inconstitucionalidade do aumento, tendo em conta o princípio constitucional da anterioridade tributária. Por outro lado, aquele que apenas considerasse relevante o segundo, como fez o STF, entenderia constitucional a incidência do aumento desde logo. Confira-se: "Tratava-se, nesse precedente, como nos da súmula, de Lei editada no final do ano-base, que atingiu a renda apurada durante todo o ano, já que o fato gerador somente se completa e se caracteriza, ao final do respectivo período, ou seja, a 31 de dezembro" (STF. *DJ*, p. 15, 08 maio 98, RE n° 194.612-1-SC, Rel. Min. Sydney Sanches).

[58] Nos casos, *e.g.*, em que o conteúdo de matérias jornalísticas se pode opor à honra e à privacidade, há autores que procuram solucionar o problema afirmando que a liberdade de expressão assegurada constitucionalmente é aplicável apenas às pessoas naturais, individualmente consideradas, e não às empresas que exploram meios de comunicação. Estas gozariam apenas da liberdade de empresa e de iniciativa, direitos também assegurados pela Constituição, mas que poderiam ser restringidos com muito maior facilidade que a liberdade de expressão, prevista, afinal, como uma cláusula pétrea. Esta é a posição do professor Fábio Konder Comparato, expressa em obra coletiva em homenagem a Paulo Bonavides (A democratização dos meios de comunicação de massa. *In*: Eros Roberto Grau e Willis Santiago Guerra Filho (Coord.), *Direito constitucional*: estudos em homenagem a Paulo Bonavides, 2001). Ora, o fato de a liberdade de expressão ser ou não um elemento normativo relevante no caso é fundamental para sua solução.

a autoridade propõe medida judicial de natureza cautelar com o fim de impedir a publicação de sua foto e de referências à sua pessoa, invocando seu direito de privacidade (CF, art. 5º, X) e alegando que: estava em seu carro particular, fora do horário do expediente e que não há qualquer interesse legítimo em divulgar fatos de sua vida pessoal e sexual. Os direitos contrapostos, como intuitivo, são os da liberdade de expressão (CF, art. 5º, IX) e o da informação (CF, arts. 5º, XIV, e 220).

Não é um caso fácil, por envolver um conflito entre direitos fundamentais, sem que o ordenamento jurídico forneça, em tese, a solução constitucionalmente adequada. O juiz, portanto, terá de fazer a ponderação entre os valores em conflito e efetuar escolhas. E, reconheça-se, pessoas esclarecidas e de boa-fé poderão produzir soluções diferentes para o problema. Veja-se a demonstração argumentativa de uma delas. Apreciando a matéria, o juiz de primeiro grau nega a liminar, fundamentando sua decisão em um teste tríplice:

a) *O fato é verdadeiro*. Argumento: somente em situações de rara excepcionalidade deve o Judiciário impedir, mediante interferência prévia, a divulgação de um fato que incontroversamente ocorreu;

b) *O conhecimento do fato foi obtido por meio lícito*. Argumento: o Judiciário pode e deve interferir para impedir a divulgação de uma notícia se ela tiver sido produto, por exemplo, de um crime, como uma interceptação telefônica clandestina ou uma invasão de domicílio. Não sendo este o caso, não deve fazê-lo;

c) *Há interesse público potencial no conhecimento do fato*. Suponha-se que a autoridade em questão exercesse seu cargo no Ministério dos Transportes, onde uma importante licitação estivesse por ser decidida. E que a senhora que o acompanhava estivesse a serviço de um dos licitantes, utilizando argumentos — como dizer? — não previstos no edital.

Em sua fundamentação, portanto, o juiz levou em conta as normas constitucionais relevantes, os elementos do caso concreto e a existência ou não de interesse público legitimador de uma determinada opção. Esta solução não era a única possível, pois o domínio dos conflitos de direitos fundamentais não é de verdades ou certezas absolutas. Mas a argumentação desenvolvida é suficientemente lógica e racional para pretender conquistar a adesão de um universo de pessoas bem-intencionadas e esclarecidas.

3 Princípios instrumentais de interpretação constitucional
3.1 Generalidades

As normas constitucionais são espécies de normas jurídicas. Aliás, a conquista desse *status* fez parte do processo histórico de ascensão científica e institucional da Constituição, libertando-a de uma dimensão estritamente política e da subordinação ao legislador infraconstitucional. A Constituição é dotada de força normativa e suas normas contêm o atributo típico das normas jurídicas em geral: a imperatividade. Como consequência, aplicam-se direta e imediatamente às situações nelas contempladas e sua inobservância deverá deflagrar os mecanismos próprios de sanção e de cumprimento coercitivo.

Por serem as normas constitucionais normas jurídicas, sua interpretação serve-se dos conceitos e elementos clássicos da interpretação em geral.[59] Todavia, as normas constitucionais apresentam determinadas especificidades que as singularizam, entre as quais é possível destacar: a) a superioridade jurídica;[60] b) a natureza da linguagem;[61] c) o conteúdo específico;[62] d) o caráter político.[63] Em razão disso, desenvolveram-se ou sistematizaram-se categorias doutrinárias próprias,

---

[59] Além dos elementos clássicos, como o gramatical, histórico, sistemático e teleológico, vale-se das múltiplas categorias desenvolvidas pela hermenêutica, como a interpretação declarativa, restritiva e extensiva, a analogia, o costume, entre muitas outras. Sobre o tema, v. Luís Roberto Barroso (*Interpretação e aplicação da Constituição*, 2003).

[60] A Constituição é dotada de superlegalidade, de superioridade jurídica em relação às demais normas do ordenamento. Tal característica faz dela o parâmetro de validade, o paradigma pelo qual se afere a compatibilidade de uma norma com o sistema como um todo. Adiante se voltará ao tema.

[61] A natureza da linguagem constitucional, própria à veiculação de normas principiológicas ou esquemáticas, faz com que estas apresentem maior abertura, maior grau de abstração e, consequentemente, menor densidade jurídica. Cláusulas gerais e conceitos indeterminados conferem à Constituição uma adaptabilidade às mudanças operadas na realidade e ao intérprete um significativo espaço de discricionariedade.

[62] As normas materialmente constitucionais podem ser classificadas em três grandes categorias: a) as normas constitucionais de organização, que contêm as decisões políticas fundamentais, instituem os órgãos de poder e definem suas competências; b) as normas constitucionais definidoras de direitos, que identificam os direitos individuais, políticos, sociais e coletivos de base constitucional; e c) as normas programáticas, que estabelecem valores e fins públicos a serem realizados. As normas definidoras de direitos têm, como regra, a estrutura típica das normas de conduta, presentes nos diferentes ramos do Direito: preveem um fato e a ele atribuem uma consequência jurídica. Mas as normas de organização e as normas programáticas têm características singulares na sua estrutura e no seu modo de aplicação.

[63] A Constituição é o documento que faz a travessia entre o poder constituinte originário — fato político — e a ordem instituída, que é um fenômeno jurídico. Cabe ao direito constitucional o enquadramento jurídico dos fatos políticos. Embora a interpretação constitucional não possa e não deva romper as suas amarras jurídicas, deve ela ser sensível à convivência harmônica entre os Poderes, aos efeitos simbólicos dos pronunciamentos do Supremo Tribunal Federal e aos limites e possibilidades da atuação judicial.

identificadas como princípios específicos ou princípios instrumentais de interpretação constitucional.

Impõe-se, nesse passo, uma qualificação prévia. O emprego do termo *princípio*, nesse contexto, prende-se à proeminência e à precedência desses mandamentos dirigidos ao intérprete, e não propriamente ao seu conteúdo, à sua estrutura ou à sua aplicação mediante ponderação. Os *princípios instrumentais* de interpretação constitucional constituem premissas conceituais, metodológicas ou finalísticas que devem anteceder, no processo intelectual do intérprete, a solução concreta da questão posta. Nenhum deles encontra-se expresso no texto da Constituição, mas são reconhecidos pacificamente pela doutrina e pela jurisprudência.

3.2 Catálogo dos princípios instrumentais

Como intuitivo, toda classificação tem um componente subjetivo e até mesmo arbitrário. Nada obstante, parece-me ter resistido ao teste do tempo a sistematização que identifica os seguintes princípios instrumentais de interpretação constitucional:[64]
   a) princípio da supremacia da Constituição;
   b) princípio da presunção de constitucionalidade das leis e atos do Poder Público;
   c) princípio da interpretação conforme a Constituição;
   d) princípio da unidade da Constituição;
   e) princípio da razoabilidade ou da proporcionalidade;
   f) princípio da efetividade.
A seguir, breve comentário objetivo acerca de cada um deles.

---

[64] Esta foi a ordenação da matéria proposta em nosso *Interpretação e aplicação da Constituição* (cuja 1. ed. é de 1995), e que teve amplo curso. Autores alemães e portugueses de grande expressão adotam sistematizações diferentes, mas o elenco acima parece o de maior utilidade, dentro de uma perspectiva brasileira de concretização da Constituição. Na doutrina brasileira mais recente, embora de forte influência germânica, destaca-se o tratamento dado ao tema por Humberto Ávila, em seu *Teoria dos princípios: da definição à aplicação dos princípios jurídicos* (2003). Propõe ele a superação do modelo dual de separação *regras-princípios* pela criação de uma terceira categoria normativa: a dos *postulados normativos aplicativos*. Seriam eles "instrumentos normativos metódicos" que imporiam "condições a serem observadas na aplicação das regras e dos princípios, com eles não se confundindo". Em alguma medida, tal categoria se aproxima daquilo que temos denominado de *princípios instrumentais* de interpretação constitucional. Todavia, sua classificação é bem distinta, nela se identificando o que denomina de *postulados inespecíficos* (ponderação, concordância prática e proibição de excesso) e *postulados específicos* (igualdade, razoabilidade e proporcionalidade).

3.2.1 Princípio da supremacia da Constituição

Do ponto de vista jurídico, o principal traço distintivo da Constituição é a sua supremacia, sua posição hierárquica superior à das demais normas do sistema. As leis, atos normativos e atos jurídicos em geral não poderão existir validamente se incompatíveis com alguma norma constitucional. A Constituição regula tanto o modo de produção das demais normas jurídicas como também delimita o conteúdo que possam ter. Como consequência, a inconstitucionalidade de uma lei ou ato normativo poderá ter caráter formal ou material. A supremacia da Constituição é assegurada pelos diferentes mecanismos de controle de constitucionalidade.[65] O princípio não tem um conteúdo próprio: ele apenas impõe a prevalência da norma constitucional, qualquer que seja ela. É por força da supremacia da Constituição que o intérprete pode deixar de aplicar uma norma inconstitucional a um caso concreto que lhe caiba apreciar — controle *incidental* de constitucionalidade — ou o Supremo Tribunal Federal pode paralisar a eficácia, com caráter *erga omnes*, de uma norma incompatível com o sistema constitucional (controle *principal* ou por ação direta).

3.2.2 Princípio da presunção de constitucionalidade das leis e atos do poder público

A Constituição contém o código de conduta dos três Poderes do Estado, cabendo a cada um deles sua interpretação e aplicação no âmbito de sua competência. De fato, a atividade legislativa destina-se, em última análise, a assegurar os valores e a promover os fins constitucionais. A atividade administrativa, tanto normativa quanto concretizadora, igualmente se subordina à Constituição e destina-se a efetivá-la. O Poder Judiciário, portanto, não é o único intérprete da Lei Maior, embora o sistema lhe reserve a primazia de dar a palavra final. Por isso mesmo, deve ter uma atitude de deferência para com a interpretação levada a efeito pelos outros dois ramos do governo, em nome da independência e harmonia dos Poderes. O princípio da presunção de constitucionalidade, portanto, funciona como fator de autolimitação da atuação judicial: um ato normativo somente deverá ser declarado inconstitucional quando a invalidade for patente e não for possível decidir a lide com base em outro fundamento.

---

[65] Clèmerson Merlin Clève, *A fiscalização abstrata de constitucionalidade no direito brasileiro*, 2001.

3.2.3 Princípio da interpretação conforme a Constituição

A interpretação conforme a Constituição pode ser apreciada como um princípio de interpretação e como uma técnica de controle de constitucionalidade. Como princípio de interpretação, decorre ele da confluência dos dois princípios anteriores: o da supremacia da Constituição e o da presunção de constitucionalidade. Com base na interpretação conforme a Constituição, o aplicador da norma infraconstitucional, entre mais de uma interpretação possível, deverá buscar aquela que a compatibilize com a Constituição, ainda que não seja a que mais obviamente decorra do seu texto. Como técnica de controle de constitucionalidade, a interpretação conforme a Constituição consiste na expressa exclusão de uma determinada interpretação da norma, uma ação "corretiva" que importa em declaração de inconstitucionalidade sem redução de texto. Em qualquer de suas aplicações, o princípio tem por limite as possibilidades semânticas do texto, para que o intérprete não se converta indevidamente em um legislador positivo.[66]

3.2.4 Princípio da unidade da Constituição

A ordem jurídica é um *sistema*, o que pressupõe unidade, equilíbrio e harmonia. Em um sistema, suas diversas partes devem conviver sem confrontos inarredáveis. Para solucionar eventuais conflitos entre normas jurídicas infraconstitucionais utilizam-se, como já visto, os critérios tradicionais da hierarquia, da norma posterior e o da especialização. Na colisão de normas constitucionais, especialmente de princípios — mas também, eventualmente, entre princípios e regras e entre regras e regras — emprega-se a técnica da ponderação. Por força do princípio da unidade, inexiste hierarquia entre normas da Constituição, cabendo ao intérprete a busca da harmonização possível, *in concreto*, entre comandos que tutelam valores ou interesses que se contraponham. Conceitos como os de ponderação e concordância prática são instrumentos de preservação do princípio da unidade, também conhecido como princípio da unidade hierárquico-normativa da Constituição.

---

[66] Gilmar Ferreira Mendes, *Jurisdição constitucional*, 1998, p. 268 *et seq.*

3.2.5 Princípio da razoabilidade ou da proporcionalidade

O princípio da razoabilidade ou da proporcionalidade, termos aqui empregados de modo fungível,[67] não está expresso na Constituição, mas tem seu fundamento nas ideias de devido processo legal substantivo e na de justiça. Trata-se de um valioso instrumento de proteção dos direitos fundamentais e do interesse público, por permitir o controle da discricionariedade dos atos do Poder Público e por funcionar como a medida com que uma norma deve ser interpretada no caso concreto para a melhor realização do fim constitucional nela embutido ou decorrente do sistema. Em resumo sumário, o princípio da razoabilidade permite ao Judiciário invalidar atos legislativos ou administrativos quando: a) não haja adequação entre o fim perseguido e o instrumento empregado (*adequação*); b) a medida não seja exigível ou necessária, havendo meio alternativo menos gravoso para chegar ao mesmo resultado (*necessidade/vedação do excesso*); c) não haja proporcionalidade em sentido estrito, ou seja, o que se perde com a medida é de maior relevo do que aquilo que se ganha (*proporcionalidade em sentido estrito*). O princípio pode operar, também, no sentido de permitir que o juiz gradue o peso da norma, em uma determinada incidência, de modo a não permitir que ela produza um resultado indesejado pelo sistema, assim fazendo a justiça do caso concreto.

---

[67] A ideia de razoabilidade remonta ao sistema jurídico anglo-saxão, tendo especial destaque no direito norte-americano, como desdobramento do conceito de devido processo legal substantivo. O princípio foi desenvolvido, como próprio do sistema do *common law*, através de precedentes sucessivos, sem maior preocupação com uma formulação doutrinária sistemática. Já a noção de proporcionalidade vem associada ao sistema jurídico alemão, cujas raízes romano-germânicas conduziram a um desenvolvimento dogmático mais analítico e ordenado. De parte isto, deve-se registrar que o princípio, nos Estados Unidos, foi antes de tudo um instrumento de direito constitucional, funcionando como um critério de aferição da constitucionalidade de determinadas leis. Já na Alemanha, o conceito evoluiu a partir do direito administrativo, como mecanismo de controle dos atos do Executivo. Sem embargo da origem e do desenvolvimento diversos, um e outro abrigam os mesmos valores subjacentes: racionalidade, justiça, medida adequada, senso comum, rejeição aos atos arbitrários ou caprichosos. Por essa razão, razoabilidade e proporcionalidade são conceitos próximos o suficiente para serem intercambiáveis. Este é o ponto de vista que tenho sustentado desde a 1. ed. de meu *Interpretação e aplicação da Constituição*, que é de 1995. No sentido do texto, v. por todos Fábio Corrêa Souza de Oliveira, *Por uma teoria dos princípios*. O princípio constitucional da razoabilidade, 2003, p. 81 *et seq*.
É certo, no entanto, que a linguagem é uma convenção. E se nada impede que se atribuam significados diversos à mesma palavra, com muito mais razão será possível fazê-lo em relação a vocábulos distintos. Basta, para tanto, qualificar previamente a acepção com que se está empregando um determinado termo. É o que faz, por exemplo, Humberto Ávila (*Teoria dos princípios*, 2003), que explicita conceitos diversos para proporcionalidade e razoabilidade. Ainda na mesma temática, Luís Virgílio Afonso da Silva (O proporcional e o razoável, *RT*, 798:23, 2002) investe grande energia procurando demonstrar que os termos não são sinônimos e critica severamente a jurisprudência do STF na matéria.

3.2.6 Princípio da efetividade

Consoante doutrina clássica, os atos jurídicos em geral, inclusive as normas jurídicas, comportam análise em três planos distintos: os da sua existência, validade e eficácia. No período imediatamente anterior e ao longo da vigência da Constituição de 1988, consolidou-se um quarto plano fundamental de apreciação das normas constitucionais: o da sua efetividade. Efetividade significa a realização do Direito, a atuação prática da norma, fazendo prevalecer no mundo dos fatos os valores e interesses por ela tutelados. Simboliza a efetividade, portanto, a aproximação, tão íntima quanto possível, entre o *dever ser* normativo e o *ser* da realidade social.[68] O intérprete constitucional deve ter compromisso com a efetividade da Constituição: entre interpretações alternativas e plausíveis, deverá prestigiar aquela que permita a atuação da vontade constitucional, evitando, no limite do possível, soluções que se refugiem no argumento da não autoaplicabilidade da norma ou na ocorrência de omissão do legislador.

4 Os princípios na Constituição brasileira de 1988

Examinou-se, até aqui, o instrumental dogmático referido como nova interpretação constitucional, bem como o conjunto de princípios instrumentais específicos de interpretação constitucional. A parte final do presente estudo é dedicada aos princípios constitucionais materiais, aqueles que, como visto, consagram valores e indicam fins a serem realizados. O discurso acerca da importância dos princípios exige, para sua concretização, a compreensão do conteúdo e alcance de cada um, bem como a identificação dos comportamentos exigíveis com fundamento neles. Esse esforço se desenvolve em duas frentes interligadas. A primeira delas exige a elaboração de uma teoria específica e consistente sobre a eficácia jurídica dos princípios; a segunda supõe a aplicação dessa teoria a cada princípio constitucional, de acordo com seu sentido particular. A esses dois pontos são dedicados os tópicos que se seguem.

4.1 As modalidades de eficácia dos princípios[69]

Eficácia é um atributo associado às normas e consiste na consequência jurídica que deve resultar de sua observância, podendo ser

---

[68] Luís Roberto Barroso, *O direito constitucional e a efetividade de suas normas*, 2003.
[69] Ana Paula de Barcellos, *A eficácia jurídica dos princípios*: o princípio da dignidade da pessoa humana, 2002, p. 59 *et seq.*

exigida judicialmente se necessário. O natural seria que se pudesse exigir diante do Poder Judiciário exatamente aquele resultado que a norma pretende produzir e que, por qualquer razão, não veio a acontecer espontaneamente. Bastaria, assim, identificar o efeito pretendido pela norma e solicitar ao Judiciário que o produzisse no mundo dos fatos, coativamente. Embora essa seja a situação desejável, nem sempre é o que ocorre, seja porque o próprio ordenamento atribui ao caso eficácia jurídica diferenciada,[70] seja por impossibilidade material ou por deficiência da dogmática jurídica nesse particular.

A percepção de que também aos princípios constitucionais deve ser reconhecida eficácia jurídica é fenômeno relativamente recente, em comparação com as regras. De toda sorte, a doutrina tem procurado expandir a capacidade normativa dos princípios através de dois movimentos: aplicando, com as adaptações necessárias, a modalidade convencional de eficácia jurídica das regras também aos princípios — é a eficácia positiva ou simétrica referida abaixo — e desenvolvendo modalidades diferenciadas, adaptadas às características próprias dos princípios — de que são exemplo as três outras modalidades de eficácia apresentadas na sequência.[71]

4.1.1 Eficácia positiva ou simétrica

Eficácia jurídica positiva ou simétrica é o nome pelo qual se convencionou designar a eficácia associada à maioria das regras. Embora sua enunciação seja bastante familiar, a aplicação da eficácia positiva aos princípios ainda é uma construção recente. Seu objetivo, no entanto, seja quando aplicável a regras, seja quando aplicável a princípios, é o mesmo: reconhecer àquele que seria beneficiado pela norma, ou simplesmente àquele que deveria ser atingido pela realização de seus efeitos, direito subjetivo a esses efeitos, de modo que seja possível obter a tutela específica da situação contemplada no texto legal. Ou seja: se os efeitos pretendidos pelo princípio constitucional não ocorreram

---

[70] Por exemplo: a norma civil não quer que menores se casem sem a autorização de seus pais ou responsáveis. Mas se eles o fazem, o tempo passa, nascem filhos, que se há de fazer? Determinar, a qualquer tempo, que tudo seja desfeito? Não parece razoável. Há, entretanto, razões menos nobres responsáveis pela circunstância de algumas modalidades de eficácia jurídica serem associadas a determinadas normas e não a outras, como o preconceito, as opções ideológicas travestidas de técnica e a acomodação dogmática.

[71] Paulo Bonavides (*Curso de direito constitucional*, 1999, p. 254), Luís Roberto Barroso (*Interpretação e aplicação da Constituição*, 2004, p. 151), e Ruy Samuel Espíndola (*Conceito de princípios constitucionais*, 1999).

— tenha a norma sido violada por ação ou por omissão —, a eficácia positiva ou simétrica pretende assegurar ao interessado a possibilidade de exigi-los diretamente, na via judicial se necessário. Como se vê, um pressuposto para o funcionamento adequado dessa modalidade de eficácia é a identificação precisa dos efeitos pretendidos por cada princípio constitucional. A este ponto se retornará adiante.

4.1.2 Eficácia interpretativa

A *eficácia interpretativa* significa, muito singelamente, que se pode exigir do Judiciário que as normas de hierarquia inferior sejam interpretadas de acordo com as de hierarquia superior a que estão vinculadas. Isso acontece, *e.g.*, entre leis e seus regulamentos e entre as normas constitucionais e a ordem infraconstitucional como um todo. A eficácia interpretativa poderá operar também dentro da própria Constituição, em relação aos princípios; embora eles não disponham de superioridade hierárquica sobre as demais normas constitucionais, é possível reconhecer-lhes uma ascendência axiológica sobre o texto constitucional em geral, até mesmo para dar unidade e harmonia ao sistema.[72] A eficácia dos princípios constitucionais, nessa acepção, consiste em orientar a interpretação das regras em geral (constitucionais e infraconstitucionais), para que o intérprete faça a opção, entre as possíveis exegeses para o caso, por aquela que realiza melhor o efeito pretendido pelo princípio constitucional pertinente.

4.1.3 Eficácia negativa

A *eficácia negativa*,[73] por sua vez, autoriza que sejam declaradas inválidas todas as normas ou atos que contravenham os efeitos

---

[72] José Afonso da Silva (*Aplicabilidade das normas constitucionais*, 1998, p. 157 *et seq.*), e Luís Roberto Barroso (*Interpretação e aplicação da Constituição*, 2004, p. 151 *et seq.*).

[73] A eficácia jurídica negativa é também uma forma de nulidade, mas que se apresenta em circunstâncias e com características diferenciadas. Sobre essa modalidade de eficácia, vejam-se: Jorge Miranda (*Manual de direito constitucional*, v. 2, 1990, p. 220 *et seq.*); German J. Bidart Campos (*La interpretación y el control constitucionales en la jurisdicción constitucional*, 1987, p. 238 *et seq.*), Celso Antônio Bandeira de Mello (Eficácia das normas constitucionais sobre justiça social, *RDP*, 57:243), José Afonso da Silva (*Aplicabilidade das normas constitucionais*, 1998, p. 158 *et seq.*), Luís Roberto Barroso (*Interpretação e aplicação da Constituição*, 2004, p. 378), e ainda Luís Roberto Barroso (*O direito constitucional e a efetividade de suas normas*, 2003, p. 121-2, 321). Vale registrar que alguns dos autores referidos desenvolvem a eficácia negativa (e também a interpretativa) principalmente em relação às chamadas normas programáticas, e apenas secundariamente no que diz respeito aos princípios. Todavia, as

pretendidos pela norma.[74] É claro que para identificar se uma norma ou ato viola ou contraria os efeitos pretendidos pelo princípio constitucional é preciso saber que efeitos são esses. Como já referido, os efeitos pretendidos pelos princípios podem ser relativamente indeterminados a partir de um certo núcleo; é a existência desse núcleo, entretanto, que torna plenamente viável a modalidade de eficácia jurídica negativa. Imagine-se um exemplo. Uma determinada empresa rural prevê, no contrato de trabalho de seus empregados, penas corporais no caso de descumprimento de determinadas regras. Ou sanções como privação de alimentos ou proibição de avistar-se com seus familiares. Afora outras especulações, inclusive de natureza constitucional, não há dúvida de que a eficácia negativa do princípio da dignidade da pessoa humana conduziria tal norma à invalidade. É que nada obstante a relativa indeterminação do conceito de dignidade humana, há consenso de que em seu núcleo central deverão estar a rejeição às penas corporais, à fome compulsória e ao afastamento arbitrário da família.

4.1.4 Eficácia vedativa do retrocesso

A *vedação do retrocesso*, por fim, é uma derivação da eficácia negativa,[75] particularmente ligada aos princípios que envolvem os direitos fundamentais. Ela pressupõe que esses princípios sejam concretizados através de normas infraconstitucionais (isto é: frequentemente, os efeitos que pretendem produzir são especificados por meio da

---

chamadas normas programáticas não são mais do que espécies de princípios, de modo que o raciocínio utilizado para extrair delas tais modalidades de eficácia se aplica perfeitamente aos princípios como gênero.

[74] No caso das normas, elas poderão ser consideradas revogadas ou não recepcionadas, caso anteriores à promulgação da Constituição.

[75] A vedação do retrocesso enfrenta ainda alguma controvérsia, especialmente quanto à sua extensão. Para uma visão crítica dessa construção, confira-se José Carlos Vieira de Andrade (*Os direitos fundamentais na Constituição portuguesa de 1976*, 1998, p. 307-11): "O princípio da *proibição do retrocesso*, enquanto determinante heterónoma vinculativa para o legislador implicaria, bem vistas as coisas, a elevação das medidas legais concretizadoras dos direitos sociais a direito constitucional. [...]
De facto, aceitamos um processo de transformação constitucionalizante de normas de direito legal, baseado na 'consciência jurídica geral', pois entendemos a Constituição susceptível de evolução, incluindo aí a possibilidade de, ao nível constitucional, se vir a densificar (determinar) o conteúdo dos preceitos.
Contudo, isso não implica a aceitação de um princípio geral de proibição do retrocesso, nem uma 'eficácia irradiante' dos preceitos relativos aos direitos sociais, encarados como um 'bloco constitucional dirigente'.
A proibição do retrocesso não pode constituir um princípio geral nesta matéria, sob pena de se destruir a autonomia da função legislativa [...]". (grifos no original).

legislação ordinária) e que, com base no direito constitucional em vigor, um dos efeitos gerais pretendidos por tais princípios é a progressiva ampliação dos direitos fundamentais.[76] Partindo desses pressupostos, o que a vedação do retrocesso propõe se possa exigir do Judiciário é a invalidade da revogação de normas que, regulamentando o princípio, concedam ou ampliem direitos fundamentais, sem que a revogação em questão seja acompanhada de uma política substitutiva ou equivalente. Isto é: a invalidade, por inconstitucionalidade, ocorre quando se revoga uma norma infraconstitucional concessiva de um direito, deixando um vazio em seu lugar.[77] Não se trata, é bom observar, da substituição de uma forma de atingir o fim constitucional por outra, que se entenda mais apropriada. A questão que se põe é a da revogação pura e simples da norma infraconstitucional, pela qual o legislador esvazia o comando constitucional, exatamente como se dispusesse contra ele diretamente.[78]

A atribuição aos princípios constitucionais das modalidades de eficácia descritas acima tem contribuído decisivamente para a construção de sua normatividade. Entretanto, como indicado em vários momentos no texto, essas modalidades de eficácia somente podem produzir o resultado a que se destinam se forem acompanhadas da identificação cuidadosa dos efeitos pretendidos pelos princípios e das condutas que realizem o fim indicado pelo princípio ou que preservem o bem jurídico por ele protegido.

---

[76] Na Carta brasileira, esse propósito fica claro tanto no art. 5º, §2º, como no *caput* do art. 7º.

[77] Cármen Lúcia Antunes Rocha (O princípio da dignidade da pessoa humana e a exclusão social, *IP*, 4:41): "De se atentar que prevalece, hoje, no direito constitucional, o princípio do *não-retrocesso*, segundo o qual as conquistas relativas aos direitos fundamentais não podem ser destruídas, anuladas ou combalidas [...]".

[78] V. J.J. Gomes Canotilho (*Direito constitucional e teoria da Constituição*, 1999, p. 327): "O princípio da proibição do retrocesso social pode formular-se assim: o núcleo essencial dos direitos sociais já realizado e efectivado através de medidas legislativas ('lei de segurança social', 'lei do subsídio de desemprego', 'lei do serviço de saúde') deve considerar-se constitucionalmente garantido, sendo inconstitucionais quaisquer medidas estaduais que, sem a criação de outros esquemas alternativos ou compensatórios, se traduzam na prática numa 'anulação', 'revogação' ou 'aniquilação' pura e simples desse núcleo essencial. A liberdade de conformação do legislador e inerente auto-reversibilidade têm como limite o núcleo essencial já realizado"; e Balladore Pallieri (*Diritto costituzionale*, 1955, p. 322 *apud* José Afonso da Silva, *Aplicabilidade das normas constitucionais*, 1998, p. 158): "Prescrevem à legislação ordinária uma via a seguir; não conseguem constranger, juridicamente, o legislador a seguir aquela via, mas o compelem, quando nada, a não seguir outra diversa. Seria inconstitucional a lei que dispusesse de modo contrário a quanto a constituição comanda. E, além disso, uma vez dada execução à norma constitucional, o legislador ordinário não pode voltar atrás".

4.2 Uma classificação dos princípios

A Constituição, conforme assinalado, é um sistema de princípios e regras. A atividade de interpretação constitucional, portanto, envolverá sempre a identificação de uns e de outras. Por vezes, um princípio será diretamente o fundamento jurídico de uma decisão. De outras vezes, sua incidência será indireta, condicionando a interpretação de uma determinada regra ou paralisando a sua eficácia. Entre regras e princípios não há hierarquia jurídica, como decorrência do princípio instrumental da unidade da Constituição, embora alguns autores se refiram a uma hierarquia axiológica,[79] devido ao fato de os princípios condicionarem a compreensão das regras e até mesmo, em certas hipóteses, poderem afastar sua incidência.

Uma classificação que tem se mostrado útil e parece ter resistido ao teste do tempo é a que procura singularizar os princípios — princípios materiais, note-se, e não mais instrumentais — de acordo com o seu destaque no âmbito do sistema e a sua abrangência.[80] Os princípios, ao expressar valores ou indicar fins a serem alcançados pelo Estado e pela sociedade, irradiam-se pelo sistema, interagem entre si e pautam a atuação dos órgãos de poder, inclusive a do Judiciário na determinação do sentido das normas. Nem todos os princípios, todavia, possuem o mesmo raio de ação. Eles variam na amplitude de seus efeitos e mesmo no seu grau de influência. Por essa razão, podem ser agrupados em três categorias diversas, que identificam os princípios como fundamentais, gerais e setoriais.

4.2.1 Princípios fundamentais

Os princípios fundamentais expressam as principais decisões políticas no âmbito do Estado, aquelas que vão determinar sua estrutura essencial. Veiculam, assim, a forma, o regime e o sistema de governo, bem como a forma de Estado. De tais opções resultará a configuração básica da organização de um dado Estado. No caso brasileiro, à vista do direito posto, são princípios fundamentais:
- princípio republicano (art. 1º, *caput*);
- princípio federativo (art. 1º, *caput*);
- princípio do Estado democrático de direito (art. 1º, *caput*);

---

[79] V. Diogo de Figueiredo Moreira Neto, A ordem econômica na Constituição de 1988, *RPGERJ*, 42:57, 1990.
[80] Luís Roberto Barroso, Princípios constitucionais brasileiros (ou de como o papel aceita tudo), *RTDP* 01:168, 1993.

- princípio da separação de Poderes (art. 2º);
- princípio presidencialista (art. 76);
- princípio da livre iniciativa (art. 1º, IV).

Veja-se que tais princípios são protegidos pelas limitações materiais ao poder de emenda à Constituição, inscritos no art. 60, §4º.[81] O voto direto, secreto, universal e periódico, assim como os direitos e garantias individuais (onde é possível inserir o conceito de livre iniciativa), são elementos inerentes ao princípio democrático. O princípio republicano não figura nesse elenco devido à previsão de realização de um plebiscito para definição da forma de governo, que constou do art. 2º do Ato das Disposições Constitucionais Transitórias (ADCT).

No mundo globalizado e de interação cada vez mais profunda entre os Estados, parece adequado incluir na categoria de princípios fundamentais os princípios proclamados pela Constituição para reger a República Federativa do Brasil em suas relações internacionais, que podem ser agrupados nos seguintes conjuntos:
- soberania, independência, autodeterminação dos povos, não intervenção e igualdade entre os Estados (art. 4º, I, III, IV, V);
- defesa da paz, de solução pacífica dos conflitos e repúdio ao terrorismo e ao racismo (art. 4º, VI, VII e VIII);
- prevalência dos direitos humanos (art. 4º, II).

No âmbito da referência a direitos humanos, deve-se agregar, com destaque de princípio fundamental de âmbito interno e externo, a dignidade da pessoa humana (art. 1º, III), que se tornou o centro axiológico da concepção de Estado democrático de direito e de uma ordem mundial idealmente pautada pelos direitos fundamentais.

4.2.2 Princípios gerais

Os princípios constitucionais gerais, embora não integrem o núcleo das decisões políticas que conformam o Estado, são importantes especificações dos princípios fundamentais. Têm eles menor grau de

---

[81] CF, art. 60, §4º: "Não será objeto de deliberação a proposta de emenda tendente a abolir: I - a forma federativa de Estado; II - o voto direto, secreto, universal e periódico; III - a separação dos Poderes; IV - os direitos e garantias individuais." A limitação não alcança o princípio presidencialista, que de fato consiste em uma decisão política fundamental, mas não integra o núcleo duro da Constituição. Afigura-se perfeitamente legítimo o debate acerca do parlamentarismo e eventual emenda destinada a implantá-lo, sem que se deva falar em medida "tendente a abolir" a separação de Poderes. A questão da legitimidade de proposta nesse sentido, devido à rejeição do sistema parlamentar no plebiscito realizado em 1993, parece-me superada pelo distanciamento no tempo daquela decisão. Pode-se, todavia, cogitar de referendo ou mesmo de outro plebiscito caso o tema volte à agenda política.

abstração, sendo mais facilmente determinável o núcleo em que operam como regras. Por tal razão, prestam-se mais facilmente à tutela direta e imediata das situações jurídicas que contemplam. Por serem desdobramentos dos princípios fundamentais, irradiam-se eles por toda a ordem jurídica. Figuram entre os princípios constitucionais gerais no direito brasileiro os seguintes:
- princípio da legalidade (art. 5º, II);
- princípio da liberdade (art. 5º, II e diversos incisos do art. 5º, como IV, VI, IX, XIII, XIV, XV, XVI, XVII, etc.);
- princípio da isonomia (art. 5º, *caput* e inciso I);
- princípio da autonomia estadual e municipal (art. 18);
- princípio do acesso ao Judiciário (art. 5º, XXXV);
- princípio do juiz natural (art. 5º, XXXVII e LIII);
- princípio do devido processo legal (art. 5º, LIV).

O elenco, naturalmente, não é exaustivo e comportaria significativa ampliação, de acordo com o ponto de observação de cada um. Há características peculiares a esses princípios, em contraste com os que se identificam como fundamentais. Notadamente, não têm caráter organizatório do Estado, mas sim limitativo de seu poder, resguardando situações individuais. A maior parte dos princípios gerais concentra-se no art. 5º da Constituição, dedicado aos direitos e deveres individuais e coletivos, o que apenas ratifica a equiparação doutrinária que se costuma fazer entre direitos fundamentais e princípios.[82]

4.2.3 Princípios setoriais

Princípios setoriais ou especiais são aqueles que presidem um específico conjunto de normas afetas a determinado tema, capítulo ou título da Constituição. Eles se irradiam limitadamente, mas no seu âmbito de atuação são supremos. Por vezes, são mero detalhamento dos princípios gerais, como os princípios da legalidade tributária ou da reserva legal em matéria penal. Outras vezes são autônomos, como o princípio da anterioridade em matéria tributária ou o do concurso público para provimento de cargos na administração pública. Também aqui sem a pretensão de ser exaustivo, é possível destacar os que vão adiante mencionados, dentro das respectivas área de atuação:

---

[82] Robert Alexy (*Colisão e ponderação como problema fundamental da dogmática dos direitos fundamentais*, 1998, p. 10): "As colisões dos direitos fundamentais acima mencionadas devem ser consideradas segundo a teoria dos princípios como uma colisão de princípios. O processo para a solução de colisões de princípios é a ponderação".

a) no domínio da *Administração Pública*: legalidade administrativa (art. 37, *caput*), impessoalidade (art. 37, *caput*), moralidade (art. 37, *caput*), publicidade (art. 37, *caput*), concurso público (art. 37, II) e prestação de contas (arts. 70, parágrafo único, 34, VII, *d*, e 35, II);
b) com referência à *organização dos Poderes*: majoritário (arts. 46 e 77, §2º), proporcional (arts. 45, e 58, §1º), publicidade e motivação das decisões judiciais e administrativas (art. 93, IX e X), independência e imparcialidade dos juízes (arts. 95 e 96) e subordinação das Forças Armadas ao poder civil (art. 142);
c) na esfera da *tributação e do orçamento*: capacidade contributiva (art. 145, §1º), legalidade tributária (art. 150, I), isonomia tributária (art. 150, II), anterioridade da lei tributária (art. 150, III), imunidade recíproca das pessoas jurídicas de direito público (art. 150, VI, *a*), anualidade orçamentária (art. 165, III), universalidade do orçamento (art. 165, §5º) e exclusividade da matéria orçamentária (art. 165, §8º);
d) na *ordem econômica*: garantia da propriedade privada (art. 170, II), função social da propriedade (art. 170, III), livre concorrência (art. 170, IV), defesa do consumidor (art. 170, V) e defesa do meio ambiente (art. 170, VI);
e) no âmbito da *ordem social*: gratuidade do ensino público (art. 206, IV), autonomia universitária (art. 207) e autonomia desportiva (art. 217, I).

Após a sistematização das diferentes modalidades de eficácia dos princípios e da elaboração de uma tipologia de acordo com o destaque e o âmbito de incidência no sistema, cabe examinar, ilustrativamente, algumas aplicações concretas da normatividade dos princípios.

4.3 Algumas aplicações concretas dos princípios materiais

Não é possível, à vista do objetivo do presente estudo e das circunstâncias de tempo e espaço, analisar o sentido, alcance, propriedades e particularidades de cada um dos princípios destacados. E, especialmente, o núcleo no qual cada um operará como regra e o espaço remanescente onde deverão ser ponderados entre si. Mas para ilustração, antes do desfecho das ideias desenvolvidas, faz-se o destaque da aplicação concreta de alguns deles: os princípios republicano,[83] da

---
[83] Geraldo Ataliba, *República e Constituição*, 1998.

dignidade humana[84] e do devido processo legal,[85] concluindo com breve apreciação do papel desempenhado pelo princípio da razoabilidade no âmbito do sistema.

O reconhecimento da força normativa dos princípios e do seu papel na interpretação constitucional vem ganhando terreno na jurisprudência. Em decisão recente, o Supremo Tribunal Federal cancelou sua Súmula nº 394, pela qual se entendia, acerca do foro privilegiado conferido aos titulares dos cargos e mandatos indicados no art. 102, I, *b*, que "cometido o crime durante o exercício funcional, prevalece a competência especial por prerrogativa de função, ainda que o inquérito ou a ação penal sejam iniciados após a cessão daquele exercício". Em suas razões de decidir, o Tribunal registrou que, por força do *princípio republicano*, "as prerrogativas de foro, pelo privilégio que de certa forma conferem, não devem ser interpretadas ampliativamente, numa Constituição que pretende tratar igualmente os cidadãos comuns, como são, também, os ex-exercentes de tais cargos ou mandatos". O novo entendimento, assentado sobre tal premissa, passou a ser o de que o órgão competente para julgar a ação penal proposta contra ex-exercentes dos cargos e mandatos em questão é o juízo de 1º grau.[86]

O *princípio da dignidade da pessoa humana* identifica um espaço de integridade moral a ser assegurado a todas as pessoas por sua só existência no mundo. É um respeito à criação, independentemente da crença que se professe quanto à sua origem. A dignidade relaciona-se tanto com a liberdade e valores do espírito como com as condições materiais de subsistência. Não tem sido singelo, todavia, o esforço para permitir que o princípio transite de uma dimensão ética e abstrata

---

[84] Ana Paula de Barcellos (*A eficácia jurídica dos princípios constitucionais*: o princípio da dignidade da pessoa humana, 2002), Ingo Wolfgang Sarlet (*Dignidade da pessoa humana e direitos fundamentais*, 2002), Fernando Ferreira dos Santos (*O princípio constitucional da dignidade da pessoa humana*, 1999), Cleber Francisco Alves (*O princípio constitucional da dignidade da pessoa humana*: o enfoque da doutrina social da Igreja, 2001), Fábio Konder Comparato (*A afirmação histórica dos direitos humanos*, 2003), Alexandre de Moraes (*Direitos humanos fundamentais*, 2002), Lúcia Barros Freitas de Alvarenga (*Direitos humanos, dignidade e erradicação da pobreza*: uma dimensão hermenêutica para a realização constitucional, 1998), Joaquim B. Barbosa Gomes (O poder de polícia e o princípio da dignidade da pessoa humana na jurisprudência francesa, *ADVSJ*, 12:17, 1996), Cármen Lúcia Antunes Rocha (O princípio da dignidade da pessoa humana e a exclusão social, *IP*, 04:23, 1999), Antonio Junqueira de Azevedo (Caracterização jurídica da dignidade da pessoa humana, *RT*, 797:11, 2002); Valter Shuenquener de Araújo (Hierarquização axiológica de princípios: relativização do princípio da dignidade da pessoa humana e o postulado da preservação do contrato social, *RPGERJ*, 55:82, 2002).

[85] Ada Pellegrini Grinover, Antônio Carlos de Araújo Cintra e Cândido Rangel Dinamarco (*Teoria geral do processo*, 1998, p. 56).

[86] STF, *DJ*, p. 44, 09 nov. 01, QO no Inq. nº 687-SP, Rel. Min. Sydney Sanches.

para as motivações racionais e fundamentadas das decisões judiciais. Partindo da premissa anteriormente estabelecida de que os princípios, a despeito de sua indeterminação a partir de um certo ponto, possuem um núcleo no qual operam como regras, tem-se sustentado que no tocante ao princípio da dignidade da pessoa humana esse núcleo é representado pelo mínimo existencial. Embora haja visões mais ambiciosas do alcance elementar do princípio,[87] há razoável consenso de que ele inclui os direitos à renda mínima, saúde básica, educação fundamental e acesso à justiça.[88]

A percepção da centralidade do princípio chegou à jurisprudência dos tribunais superiores, onde já se assentou que "a dignidade da pessoa humana, um dos fundamentos do Estado democrático de direito, ilumina a interpretação da lei ordinária".[89] De fato, tem ela servido de fundamento para decisões de alcance diverso, como o fornecimento compulsório de medicamentos pelo Poder Público,[90] a nulidade de cláusula contratual limitadora do tempo de internação hospitalar,[91] a rejeição da prisão por dívida motivada pelo não pagamento de juros absurdos,[92] entre muitas outras. Curiosamente, no tocante à sujeição do réu em ação de investigação de paternidade ao exame compulsório de DNA, há decisões em um sentido[93] e noutro,[94] com invocação do princípio da dignidade humana.

---

[87] Como, por exemplo, a que inclui no mínimo existencial o atendimento às necessidades que deveriam ser supridas pelo salário mínimo, nos termos do art. 7º, IV, da Constituição, a saber: moradia, alimentação, educação, saúde, lazer, vestuário, higiene, transporte e previdência social.

[88] Ana Paula de Barcellos, *A eficácia jurídica dos princípios constitucionais*: o princípio da dignidade da pessoa humana, 2002, p. 247 *et seq*.

[89] STJ. *DJ*, 26 mar. 01, HC nº 9.892-RJ, Rel. orig. Min. Hamilton Carvalhido, Rel. para o acórdão Min. Fontes de Alencar.

[90] STJ. *DJ*, 04 set. 00, ROMS nº 11.183-PR, Rel. Min. José Delgado.

[91] TJSP. AC nº 110.772-4/4-00, ADV 40-01/636, nº 98859, Rel. Des. O. Breviglieri.

[92] STJ. *DJ*, 12 fev. 01, HC nº 12.547-DF, Rel. Min. Ruy Rosado de Aguiar.

[93] STF. *DJ*, p. 45686, 10 nov. 94, HC nº 71.373-RS, Rel. Min. Marco Aurélio: "Discrepa, a mais não poder, de garantias constitucionais implícitas e explícitas — preservação da dignidade humana, da intimidade, da intangibilidade do corpo humano, do império da lei e da inexecução específica e direta de obrigação de fazer — provimento judicial que, em ação civil de investigação de paternidade, implique determinação no sentido de o réu ser conduzido ao laboratório *debaixo de vara* para coleta do material indispensável à feitura do exame do DNA. A recusa resolve-se no plano jurídico-instrumental, consideradas a dogmática, a doutrina e a jurisprudência, no que voltadas ao deslinde das questões ligadas à prova dos fatos".

[94] TJSP. AC nº 191.290-4/7-0, ADV 37-01/587, n. 98580, Rel. Des. A. Germano: "Caracterizar-se uma simples picada de agulha e retirada de uma pequena porção de sangue como ato invasivo, vexatório e humilhante constitui exagero tão manifesto que insinua as verdadeiras razões da recusa: o temor ou a certeza de que essa prova com certeza científica absoluta quase certamente confirmará a paternidade em questão".

Quanto ao *princípio do devido processo legal*, embora seus corolários mais diretos já estejam analiticamente previstos no texto constitucional e na legislação infraconstitucional, tem sido aplicado de modo a gerar a exigibilidade de outros comportamentos não explicitados. O princípio foi invocado para considerar, com base nele, inválido o oferecimento de denúncia por outro membro do Ministério Público, após anterior arquivamento do inquérito policial,[95] entender ilegítima a anulação de processo administrativo que repercutia sobre interesses individuais sem observância do contraditório,[96] reconhecer haver constrangimento ilegal no uso de algemas quando as condições do réu não ofereciam perigo,[97] para negar extradição à vista da perspectiva de inobservância do devido processo legal no país requerente[98] e para determinar fosse ouvida a parte contrária na hipótese de embargos de declaração opostos com pedido de efeitos modificativos, a despeito de não haver previsão nesse sentido na legislação.[99]

Por fim, merece uma nota especial o princípio da *razoabilidade*,[100] que tem sido fundamento de decidir em um conjunto abrangente de

---

[95] STJ. *RT*, 755:569, 1998, HC nº 6.802-RJ, Rel. Min. Vicente Leal. O acórdão considerou atentar contra o princípio do Promotor Natural e a garantia do devido processo legal o oferecimento de denúncia por outro membro do Ministério Público, após anterior pedido de arquivamento do inquérito policial, sem que se tenha adotado o procedimento previsto no art. 28 do CPP, impondo-se, em consequência, a anulação da peça de acusação.

[96] STF. *DJ*, 14 ago. 97, AI nº 199.620-55. Tratando-se da anulação de ato administrativo cuja formalização haja repercutido no campo de interesses individuais, não prescinde ela da observância do contraditório, ou seja, da instauração de processo administrativo que permita a audiência daqueles que terão modificada situação já alcançada. O ato administrativo tem presunção de legitimidade, que não pode ser afastada unilateralmente, porque é comum à Administração e ao particular.

[97] TJRS. *RT*, 785:692, 2001, HC nº 70.001.561.562, Rel. Des. Silvestre Jasson Ayres Torres: "Há constrangimento ilegal, no uso de algemas, quando as condições do réu não ofereceM situação de efetiva periculosidade, estando escoltado, existindo policiais fazendo o serviço de revista nas demais pessoas que ingressam no local de julgamento, não se constatando qualquer animosidade por parte do público, inclusive havendo possibilidade de ser requisitado reforço policial".

[98] STF. *DJ*, p. 67, 06 abr. 01, Ext. 633-China, Rel. Min. Celso de Mello: "O Supremo Tribunal Federal não deve deferir o pedido de extradição, se o ordenamento jurídico do Estado requerente não se revelar capaz de assegurar, aos réus, em juízo criminal, a garantia plena de um julgamento imparcial, justo, regular e independente. A incapacidade de o Estado requerente assegurar ao extraditando o direito ao *fair trial* atua como causa impeditiva do deferimento do pedido de extradição".

[99] STF. *DJ*, p. 09, 19 dez. 01, AgRg no AI nº 327.728-SP, Rel. Min. Nelson Jobim: "Constitucional. Processual. Julgamento de embargos declaratórios com efeitos modificativos sem a manifestação da parte embargada. Ofensa ao princípio do contraditório. Precedente (RE 250936)." No mesmo sentido: STJ. *DJ*, 07 maio 01, REsp nº 296.836-RJ, Rel. Min. Sálvio de Figueiredo Teixeira.

[100] Sobre o tema, vejam-se alguns trabalhos monográficos ou livros com capítulos específicos produzidos nos últimos anos: Carlos Roberto de Siqueira Castro (*O devido processo legal e o princípio da razoabilidade na nova Constituição brasileira*, 1989), Luís Roberto Barroso

situações, por parte de juízes e tribunais, inclusive e especialmente o Supremo Tribunal Federal. Com base nele tem-se feito o controle de legitimidade das desequiparações entre pessoas, de vantagens concedidas a servidores públicos,[101] de exigências desmesuradas formuladas pelo Poder Público[102] ou de privilégios concedidos à Fazenda Pública.[103] O princípio, referido na jurisprudência como da proporcionalidade ou razoabilidade (v. *supra*), é por vezes utilizado como um parâmetro de justiça — e, nesses casos, assume uma dimensão material —, porém, mais comumente, desempenha papel instrumental na interpretação de outras normas. Confira-se a demonstração do argumento.

O princípio da razoabilidade faz parte do processo intelectual lógico de aplicação de outras normas, ou seja, de outros princípios e regras. Por exemplo: ao aplicar uma regra que sanciona determinada conduta com uma penalidade administrativa, o intérprete deverá agir com proporcionalidade, levando em conta a natureza e a gravidade da falta. O que se estará aplicando é a norma sancionadora, sendo o princípio da razoabilidade um instrumento de medida. O mesmo se passa quando ele é auxiliar do processo de ponderação. Ao admitir o estabelecimento de uma idade máxima ou de uma altura mínima para alguém prestar concurso para determinado cargo público,[104] o que o

---

(*Interpretação e aplicação da Constituição*, 1995. 1. ed.); Raquel Denize Stumm (*Princípio da proporcionalidade no direito constitucional brasileiro*, 1995), Suzana Toledo de Barros (*O princípio da proporcionalidade e o controle de constitucionalidade das leis restritivas de direitos fundamentais*, 1996), Paulo Armínio Tavares Buechele (*O princípio da proporcionalidade e a interpretação da Constituição*, 1999) Fábio Corrêa de Souza de Oliveira (*Por uma teoria dos princípios*: o princípio constitucional da razoabilidade, 2003). Também em língua portuguesa, com tradução de Ingo Wolfgang Sarlet, Heinrich Scholler (O princípio da proporcionalidade no direito constitucional e administrativo da Alemanha, *IP* 02:93, 1999).

[101] STF. *DJ*, p. 15154, 26 maio 95, ADIn nº 1.158-8-AM, Rel. Min. Celso de Mello. A norma legal que concede ao servidor vantagem pecuniária cuja razão de ser se revela absolutamente destituída de causa (gratificação de férias) ofende o princípio da razoabilidade.

[102] STF. *DJ*, p. 20212, 01 out. 93, ADIn 855-2-PR, Rel. Min. Sepúlveda Pertence. Viola o princípio da razoabilidade e da proporcionalidade lei estadual que determina a pesagem de botijões de gás à vista do consumidor.

[103] STF. *DJ*, 12 jun. 98, ADInMC nº 1.753-DF, Rel. Min. Sepúlveda Pertence: "A igualdade das partes é imanente ao procedural due process of law; quando uma das partes é o Estado, a jurisprudência tem transigido com alguns favores legais que, além da vetustez, tem sido reputados não arbitrários por visarem a compensar dificuldades da defesa em juízo das entidades públicas; se, ao contrário, desafiam a medida da razoabilidade ou da proporcionalidade, caracterizam privilégios inconstitucionais: parece ser esse o caso das inovações discutidas, de favorecimento unilateral aparentemente não explicável por diferenças reais entre as partes e que, somadas a outras vantagens processuais da Fazenda Pública, agravam a consequência perversa de retardar sem limites a satisfação do direito do particular já reconhecido em juízo".

[104] STF. *DJ*, p. 104, 15 dez. 00, RE nº 140.889-MS, Rel. Min. Marco Aurélio: "Razoabilidade da exigência de altura mínima para ingresso na carreira de delegado de polícia, dada a

Judiciário faz é interpretar o princípio da isonomia, de acordo com a razoabilidade: se o meio for adequado, necessário e proporcional para realizar um fim legítimo, deve ser considerado válido. Nesses casos, como se percebe intuitivamente, a razoabilidade é o meio de aferição do cumprimento ou não de outras normas.[105]

Uma observação final. Alguns dos exemplos acima envolveram a não aplicação de determinadas regras porque importariam em contrariedade a um princípio ou a um fim constitucional. Essa situação — aquela em que uma regra não é em si inconstitucional, mas em uma determinada incidência produz resultado inconstitucional — começa a despertar interesse da doutrina.[106] O fato de uma norma ser constitucional em tese não exclui a possibilidade de ser inconstitucional *in concreto*, à vista da situação submetida a exame. Portanto, uma das consequências legítimas da aplicação de um princípio constitucional poderá ser a não aplicação da regra que o contravenha.[107]

Mas este já é o começo de uma outra história.

5 Conclusões

Ao final dessa exposição, é possível compendiar algumas das principais ideias desenvolvidas nas proposições que se seguem.

---

natureza do cargo a ser exercido. Violação ao princípio da isonomia. Inexistência. Recurso extraordinário não conhecido". *Mas*: STF. DJ, p. 12, 07 maio 99, RE nº 150.455-MS, Rel. Min. Marco Aurélio: "Caso a caso, há de perquirir-se a sintonia da exigência, no que implica fator de tratamento diferenciado com a função a ser exercida. No âmbito da polícia, ao contrário do que ocorre com o agente em si, não se tem como constitucional a exigência de altura mínima, considerados homens e mulheres, de um metro e sessenta para a habilitação ao cargo de escrivão, cuja natureza é estritamente escriturária, muito embora de nível elevado".

[105] No mesmo sentido, v. Humberto Ávila (*Teoria dos princípios*: da definição à aplicação dos princípios jurídicos, 2003, p. 71): "[N]o caso em que o Supremo Tribunal Federal declarou inconstitucional uma lei estadual que determinava a pesagem de botijões de gás à vista do consumidor, o princípio da livre iniciativa foi considerado violado, por ter sido restringido de modo desnecessário e desproporcional. Rigorosamente, não é a *proporcionalidade* que foi violada, mas o princípio da livre iniciativa, na sua inter-relação horizontal com o princípio da defesa do consumidor, que deixou de ser aplicado adequadamente".

[106] Normalmente, na linha da doutrina de Dworkin e Alexy, a ponderação se dá entre princípios. Trata-se aqui, no entanto, de uma hipótese menos típica, mas possível, de ponderação entre princípio e regra. Usualmente, a regra já espelhará uma ponderação feita pelo legislador e deverá ser aplicada em toda a sua extensão, desde que seja válida. Mas a ponderação feita em tese pelo legislador, assim como a pronúncia em tese de constitucionalidade pelo STF, pode não realizar a justiça do caso concreto.

[107] Luís Roberto Barroso (*Interpretação e aplicação da Constituição, post scriptum*, 2004). Para uma importante reflexão sobre o tema, v. Ana Paula Oliveira Ávila (Razoabilidade, proteção do direito fundamental à saúde e antecipação de tutela contra a Fazenda Pública, *Ajuris* 86:361, 2003).

1. A interpretação constitucional tradicional assenta-se em um modelo de regras, aplicáveis mediante subsunção, cabendo ao intérprete o papel de revelar o sentido das normas e fazê-las incidir no caso concreto. Os juízos que formula são de fato, e não de valor. Por tal razão, não lhe toca função criativa do Direito, mas apenas uma atividade de conhecimento técnico. Esta perspectiva convencional ainda continua de grande valia na solução de boa parte dos problemas jurídicos, mas nem sempre é suficiente para lidar com as questões constitucionais, notadamente a colisão de direitos fundamentais.

2. A nova interpretação constitucional assenta-se em um modelo e princípios, aplicáveis mediante ponderação, cabendo ao intérprete proceder à interação entre fato e norma e realizar escolhas fundamentadas, dentro das possibilidades e limites oferecidos pelo sistema jurídico, visando à solução justa para o caso concreto. Nessa perspectiva pós-positivista do Direito, são ideias essenciais a normatividade dos princípios, a ponderação de valores e a teoria da argumentação.

3. Pós-positivismo é a designação provisória e genérica de um ideário difuso, no qual se incluem o resgate dos valores, a distinção qualitativa entre princípios e regras, a centralidade dos direitos fundamentais e a reaproximação entre o Direito e a Ética. A estes elementos devem-se agregar, em um país como o Brasil, uma perspectiva do Direito que permita a superação da ideologia da desigualdade e a incorporação à cidadania da parcela da população deixada à margem da civilização e do consumo. É preciso transpor a fronteira da reflexão filosófica, ingressar na prática jurisprudencial e produzir efeitos positivos sobre a realidade.

4. A ponderação de valores, interesses, bens ou normas consiste em uma técnica de decisão jurídica utilizável nos casos difíceis, que envolvem a aplicação de princípios (ou, excepcionalmente, de regras) que se encontram em linha de colisão, apontando soluções diversas e contraditórias para a questão. O raciocínio ponderativo, que ainda busca parâmetros de maior objetividade, inclui a seleção das normas e dos fatos relevantes, com a atribuição de pesos aos diversos elementos em disputa, em um mecanismo de concessões recíprocas que procura preservar, na maior intensidade possível, os valores contrapostos.

5. A teoria da argumentação tornou-se elemento decisivo da interpretação constitucional, nos casos em que a solução de um determinado problema não se encontra previamente estabelecida pelo ordenamento, dependendo de valorações subjetivas a serem feitas à vista do caso concreto. Cláusulas de conteúdo aberto, normas de princípio e conceitos indeterminados envolvem o exercício de discricionariedade por parte do intérprete. Nessas hipóteses, o fundamento de legitimidade da atuação judicial transfere-se para o processo argumentativo: a demonstração racional de que a solução proposta é a que mais adequadamente realiza a vontade constitucional.
6. A interpretação constitucional serve-se das categorias da interpretação jurídica em geral, inclusive os elementos gramatical, histórico, sistemático e teleológico. Todavia, as especificidades das normas constitucionais levaram ao desenvolvimento de um conjunto de princípios específicos de interpretação da Constituição, de natureza instrumental, que funcionam como premissas conceituais, metodológicas ou finalísticas da aplicação das normas que vão incidir sobre a relação jurídica de direito material. Estes princípios instrumentais são os da supremacia da Constituição, da presunção de constitucionalidade, da interpretação conforme a Constituição, da unidade, da razoabilidade-proporcionalidade e da efetividade.
7. Os princípios constitucionais materiais classificam-se, em função do seu *status* e do grau de irradiação, em fundamentais, gerais e setoriais. Entre as modalidades de eficácia dos princípios, merecem destaque a *interpretativa* — que subordina a aplicação de todas as normas do sistema jurídico aos valores e fins neles contidos — e a *negativa* — que paralisa a incidência de qualquer norma que seja com eles incompatível. É possível acontecer de uma norma ser constitucional no seu relato abstrato, mas revelar-se inconstitucional em uma determinada incidência, por contrariar o próprio fim nela abrigado ou algum princípio constitucional.
8. A jurisprudência produzida a partir da Constituição de 1988 tem progressivamente se servido da teoria dos princípios, da ponderação de valores e da argumentação. A dignidade da pessoa humana começa a ganhar densidade jurídica e a servir de fundamento para decisões judiciais. Ao lado dela, o princípio

instrumental da razoabilidade funciona como a justa medida de aplicação de qualquer norma, tanto na ponderação feita entre princípios quanto na dosagem dos efeitos das regras.

9. A Constituição de 1988 tem sido valiosa aliada do processo histórico de superação da ilegitimidade renitente do poder político, da atávica falta de efetividade das normas constitucionais e da crônica instabilidade institucional brasileira. Sua interpretação criativa, mas comprometida com a boa dogmática jurídica, tem se beneficiado de uma teoria constitucional de qualidade e progressista. No Brasil, o discurso jurídico, para desfrutar de legitimidade histórica, precisa ter compromisso com a transformação das estruturas, a emancipação das pessoas, a tolerância política e o avanço social.

CAPÍTULO 4

NEOCONSTITUCIONALISMO E CONSTITUCIONALIZAÇÃO DO DIREITO
O TRIUNFO TARDIO DO DIREITO CONSTITUCIONAL NO BRASIL[1]

Nota introdutória

Este artigo foi escrito em julho de 2005, na Universidade de San Francisco, onde estive a convite do Professor Jack Garvey. Eu vinha estudando o tema já fazia algum tempo e ali consegui me organizar para colocar as ideias no papel. Este é, provavelmente, meu texto que foi publicado em maior número de lugares e, igualmente, o mais citado. Também mereceu algumas críticas contundentes de autores veteranos e modernos.[2] O texto procurou fazer uma arrumação das

---

[1] Este trabalho foi escrito, em sua maior parte, durante minha estada na Universidade de San Francisco (USFCA). Sou grato a Jack Garvey pelo convite e por ter tornado a vida mais fácil durante minha estada por lá. Sou igualmente grato a Nelson Diz, Ana Paula de Barcellos e Cláudio Pereira de Souza Neto por haverem lido os originais e formulado críticas e sugestões valiosas, bem como a Eduardo Mendonça, Teresa Melo e Danielle Lins pela ajuda inestimável na pesquisa e na revisão do texto.

[2] V. Manoel Gonçalves Ferreira Filho (Notas sobre o direito constitucional pós-moderno, em particular sobre certo neoconstitucionalismo à brasileira, *Revista de Direito Administrativo*, 250:151, 2009), Dimitri Dimoulis (Uma visão crítica do neoconstitucionalismo. *In*: George Leite Salomão e Glauco Leite Salomão (Coord.), *Constituição e efetividade*, 2008), Humberto Ávila (Neoconstitucionalismo: entre a ciência do Direito e o Direito da ciência. *In*: Cláudio Pereira de Souza Neto, Daniel Sermento e Gustavo Binenbojm (Coord.), *Vinte anos da Constituição Federal de 1988*, 2009). Humberto, na verdade, critica o neoconstitucionalismo em geral, e não o meu texto em particular. No entanto, sua identificação do que seja o fenômeno do neoconstitucionalismo não coincide em nada com as ideias que eu sustento.

ideias que se encontravam dispersas e agrupá-las de uma maneira coerente e sistemática. Busquei, assim, identificar as transformações do direito constitucional contemporâneo e ordená-las em torno de três grandes marcos: histórico, filosófico e teórico. Em relação a este último, o texto analisa algumas mudanças importantes de paradigma no modo pelo qual se compreende e se pratica o direito constitucional contemporâneo: o reconhecimento de força normativa e aplicabilidade direta da Constituição; a expansão da jurisdição, em geral, e da jurisdição constitucional, em particular; e a nova interpretação constitucional. Negar a existência de um novo constitucionalismo é, a meu ver, virar as costas para a história e cultivar uma visão idiossincrática do Direito e da vida.

Após identificar as características do neoconstitucionalismo, o artigo explora um fenômeno que assumiu dimensão especialmente importante no Brasil dos últimos anos: a constitucionalização do Direito. A denominação identifica, na verdade, dois movimentos: a vinda de diversos princípios do direito infraconstitucional para a Constituição e, sobretudo, a ida de princípios constitucionais para o direito infraconstitucional, modificando o sentido e o alcance de suas normas. Tal fenômeno, como intuitivo, está associado à passagem da Constituição para o centro do sistema jurídico e as consequências dessa revolução copernicana. A partir daí, a Constituição passa a desfrutar não apenas da supremacia formal que sempre teve, mas de uma verdadeira supremacia material e axiológica.

A constitucionalização atingiu, em primeiro lugar, o direito civil. De fato, uma consequência natural das transformações aqui descritas foi a perda da centralidade do Código Civil, tradicionalmente visto como o direito geral e comum. Mesmo diante desse quadro, civilistas de visão larga foram pioneiros em perceber tais eventos como uma forma de valorizar e potencializar o direito civil, cujos institutos foram unificados e vivificados por uma interpretação à luz da Constituição. Processos semelhantes se passaram em todos os ramos do direito. No direito administrativo, por exemplo, paradigmas tradicionais como os da supremacia do interesse público, da legalidade e da insindicabilidade do mérito administrativo foram revisados em vista da leitura constitucional das concepções tradicionais. O mesmo ocorreu com o direito penal, o direito processual e demais ramos.

O neoconstitucionalismo e a constitucionalização do Direito são os componentes teóricos dos principais casos apresentados na segunda parte deste livro. Ambos os termos identificam mais uma realidade fática — o atual estágio do constitucionalismo no Brasil e em diversas partes do mundo — do que um programa doutrinário ou ideológico. Ainda assim, é possível dizer que a defesa desse modelo abriga não apenas um modo de descrever o direito constitucional contemporâneo, mas também uma forma de desejá-lo. A parte final do texto inicia a discussão que se tornaria onipresente no Brasil dos dias de hoje: a judicialização da política e das relações sociais. A centralidade da Constituição, sua efetividade e o advento de uma nova interpretação constitucional produziram uma consequência previsível e inevitável: a ascensão política e institucional do Poder Judiciário. Este é o tema do artigo posterior a este.

1 Introdução

Chega de ação. Queremos promessas.

(Anônimo)

Assim protestava o grafite, ainda em tinta fresca, inscrito no muro de uma cidade, no coração do mundo ocidental. A espirituosa inversão da lógica natural dá conta de uma das marcas dessa geração: a velocidade da transformação, a profusão de ideias, a multiplicação das novidades. Vivemos a perplexidade e a angústia da aceleração da vida. Os tempos não andam propícios para doutrinas, mas para mensagens de consumo rápido. Para *jingles*, e não para sinfonias. O Direito vive uma grave crise existencial. Não consegue entregar os dois produtos que fizeram sua reputação ao longo dos séculos. De fato, a *injustiça* passeia pelas ruas com passos firmes[3] e a *insegurança* é a característica da nossa era.[4]

Na aflição dessa hora, imerso nos acontecimentos, não pode o intérprete beneficiar-se do distanciamento crítico em relação ao fenômeno que lhe cabe analisar. Ao contrário, precisa operar em meio à fumaça e à espuma. Talvez esta seja uma boa explicação para o recurso recorrente aos prefixos *pós* e *neo*: pós-modernidade, pós-positivismo, neoliberalismo, neoconstitucionalismo. Sabe-se que veio depois e que tem a pretensão de ser novo. Mas ainda não se sabe bem o que é. Tudo é ainda incerto. Pode ser avanço. Pode ser uma volta ao passado. Pode ser apenas um movimento circular, uma dessas guinadas de 360 graus.

---

[3] Bertold Brecht, Elogio da dialética. *In: Antologia poética*, 1977.
[4] John Kenneth Galbraith, *A era da incerteza*, 1984.

O artigo que se segue procura estudar as causas e os efeitos das transformações ocorridas no direito constitucional contemporâneo, lançando sobre elas uma visão positiva e construtiva. Procura-se oferecer consolo e esperança. Alguém dirá que parece um texto de autoajuda. Não adianta: ninguém escapa do seu próprio tempo.

2 Neoconstitucionalismo e transformações do direito constitucional contemporâneo

Nos três tópicos que se seguem, empreende-se o esforço de reconstituir, de maneira objetiva, a trajetória percorrida pelo direito constitucional nas últimas décadas, na Europa e no Brasil, levando em conta três marcos fundamentais: o histórico, o teórico e o filosófico. Neles estão contidas as ideias e as mudanças de paradigma que mobilizaram a doutrina e a jurisprudência nesse período, criando uma nova percepção da Constituição e de seu papel na interpretação jurídica em geral.

2.1 Marco histórico

O marco histórico do novo direito constitucional, na Europa continental, foi o constitucionalismo do pós-guerra, especialmente na Alemanha e na Itália. No Brasil, foi a Constituição de 1988 e o processo de redemocratização que ela ajudou a protagonizar. A seguir, breve exposição sobre cada um desses processos.

A reconstitucionalização da Europa, imediatamente após a 2ª Grande Guerra e ao longo da segunda metade do século XX, redefiniu o lugar da Constituição e a influência do direito constitucional sobre as instituições contemporâneas. A aproximação das ideias de constitucionalismo e de democracia produziu uma nova forma de organização política, que atende por nomes diversos: Estado democrático de direito, Estado constitucional de direito, Estado constitucional democrático. Seria mau investimento de tempo e energia especular sobre sutilezas semânticas na matéria.

A principal referência no desenvolvimento do novo direito constitucional é a Lei Fundamental de Bonn (Constituição alemã),[5] de

---

[5] A Constituição alemã, promulgada em 1949, tem a designação originária de "Lei Fundamental", que sublinhava seu caráter provisório, concebida que foi para uma fase de transição. A Constituição definitiva só deveria ser ratificada depois que o país recuperasse a unidade. Em 31 de agosto de 1990 foi assinado o Tratado de Unificação, que regulou a adesão da República Democrática Alemã (RDA) à República Federal da Alemanha (RFA). Após a unificação não foi promulgada nova Constituição. Desde o dia 3 de outubro de 1990 a Lei Fundamental vigora em toda a Alemanha.

1949, e, especialmente, a criação do Tribunal Constitucional Federal, instalado em 1951. A partir daí teve início uma fecunda produção teórica e jurisprudencial, responsável pela ascensão científica do direito constitucional no âmbito dos países de tradição romano-germânica. A segunda referência de destaque é a da Constituição da Itália, de 1947, e a subsequente instalação da Corte Constitucional, em 1956. Ao longo da década de 70, a redemocratização e a reconstitucionalização de Portugal (1976) e da Espanha (1978) agregaram valor e volume ao debate sobre o novo direito constitucional.

No caso brasileiro, o renascimento do direito constitucional se deu, igualmente, no ambiente de reconstitucionalização do país, por ocasião da discussão prévia, convocação, elaboração e promulgação da Constituição de 1988. Sem embargo de vicissitudes de maior ou menor gravidade no seu texto, e da compulsão com que tem sido emendada ao longo dos anos, a Constituição foi capaz de promover, de maneira bem-sucedida, a travessia do Estado brasileiro de um regime autoritário, intolerante e, por vezes, violento para um Estado democrático de direito.

Mais que isso: a Carta de 1988 tem propiciado o mais longo período de estabilidade institucional da história republicana do país. E não foram tempos banais. Ao longo da sua vigência, destituiu-se por *impeachment* um Presidente da República, houve um grave escândalo envolvendo a Comissão de Orçamento da Câmara dos Deputados, foram afastados Senadores importantes no esquema de poder da República, foi eleito um Presidente de oposição e do Partido dos Trabalhadores, surgiram denúncias estridentes envolvendo esquemas de financiamento eleitoral e de vantagens para parlamentares, em meio a outros episódios. Em nenhum desses eventos houve a cogitação de qualquer solução que não fosse o respeito à legalidade constitucional. Nessa matéria, percorremos em pouco tempo todos os ciclos do atraso.[6]

Sob a Constituição de 1988, o direito constitucional no Brasil passou da desimportância ao apogeu em menos de uma geração. Uma Constituição não é só técnica. Tem de haver, por trás dela, a capacidade de simbolizar conquistas e de mobilizar o imaginário das pessoas para novos avanços. O surgimento de um *sentimento constitucional* no País é algo que merece ser celebrado. Trata-se de um sentimento ainda tímido, mas real e sincero, de maior respeito pela Lei Maior, a despeito da volubilidade de seu texto. É um grande progresso. Superamos a crônica indiferença que, historicamente, se manteve em relação à Constituição. E, para os que sabem, é a indiferença, não o ódio, o contrário do amor.

---

[6] V. Luis Roberto Barroso, Doze anos da Constituição brasileira de 1988: uma breve e acidentada história de sucesso. In: *Temas de direito constitucional*, t. I, 2002.

2.2 Marco filosófico

O marco filosófico do novo direito constitucional é o pós-positivismo. O debate acerca de sua caracterização situa-se na confluência das duas grandes correntes de pensamento que oferecem paradigmas opostos para o Direito: o jusnaturalismo e o positivismo. Opostos, mas, por vezes, singularmente complementares. A quadra atual é assinalada pela superação — ou, talvez, sublimação — dos modelos puros por um conjunto difuso e abrangente de ideias, agrupadas sob o rótulo genérico de pós-positivismo.[7]

O jusnaturalismo moderno, desenvolvido a partir do século XVI, aproximou a lei da razão e transformou-se na filosofia natural do Direito. Fundado na crença em princípios de justiça universalmente válidos, foi o combustível das revoluções liberais e chegou ao apogeu com as Constituições escritas e as codificações. Considerado metafísico e anti-científico, o direito natural foi empurrado para a margem da história pela ascensão do positivismo jurídico, no final do século XIX. Em busca de objetividade científica, o positivismo equiparou o Direito à lei, afastou-o da filosofia e de discussões como legitimidade e justiça e dominou o pensamento jurídico da primeira metade do século XX. Sua decadência é emblematicamente associada à derrota do fascismo na Itália e do nazismo na Alemanha, regimes que promoveram a barbárie sob a proteção da legalidade. Ao fim da 2ª Guerra, a ética e os valores começam a retornar ao Direito.[8]

A superação histórica do jusnaturalismo e o fracasso político do positivismo abriram caminho para um conjunto amplo e ainda inacabado de reflexões acerca do Direito, sua função social e sua interpretação. O pós-positivismo busca ir além da legalidade estrita, mas não despreza o direito posto; procura empreender uma leitura moral do Direito, mas sem recorrer a categorias metafísicas. A interpretação e aplicação do ordenamento jurídico hão de ser inspiradas por uma teoria de justiça,

---

[7] Autores pioneiros nesse debate foram: John Rawls (*A theory of justice*, 1980), Ronald Dworkin (*Taking rights seriously*, 1977), Robert Alexy (*Teoria de los derechos fundamentales*, 1993). V. Albert Calsamiglia (Postpositivismo, *Doxa* 21:209, 1998, p. 209): "En un cierto sentido la teoría jurídica actual se puede denominar postpositivista precisamente porque muchas de las enseñanzas del positivismo han sido aceptadas y hoy todos en un cierto sentido somos positivistas. [...] Denominaré postpositivistas a las teorías contemporáneas que ponen el acento en los problemas de la indeterminación del derecho y las relaciones entre el derecho, la moral y la política".

[8] Para um estudo mais aprofundado do tema, com referências bibliográficas, v. Luís Roberto Barroso (Fundamentos teóricos e filosóficos do novo direito constitucional brasileiro. *In*: *Temas de direito constitucional*, t. III).

mas não podem comportar voluntarismos ou personalismos, sobretudo os judiciais. No conjunto de ideias ricas e heterogêneas que procuram abrigo neste paradigma em construção incluem-se a atribuição de normatividade aos princípios e a definição de suas relações com valores e regras; a reabilitação da razão prática e da argumentação jurídica; a formação de uma nova hermenêutica constitucional; e o desenvolvimento de uma teoria dos direitos fundamentais edificada sobre o fundamento da dignidade humana. Nesse ambiente, promove-se uma reaproximação entre o Direito e a filosofia.[9]

2.3 Marco teórico

No plano teórico, três grandes transformações subverteram o conhecimento convencional relativamente à aplicação do direito constitucional: a) o reconhecimento de força normativa à Constituição; b) a expansão da jurisdição constitucional; c) o desenvolvimento de uma nova dogmática da interpretação constitucional. A seguir, a análise sucinta de cada uma delas.

2.3.1 A força normativa da Constituição

Uma das grandes mudanças de paradigma ocorridas ao longo do século XX foi a atribuição à norma constitucional do *status* de norma jurídica. Superou-se, assim, o modelo que vigorou na Europa até meados do século passado, no qual a Constituição era vista como um documento essencialmente político, um convite à atuação dos Poderes Públicos. A concretização de suas propostas ficava invariavelmente condicionada à liberdade de conformação do legislador ou à discricionariedade do administrador. Ao Judiciário não se reconhecia qualquer papel relevante na realização do conteúdo da Constituição.

Com a reconstitucionalização que sobreveio à 2ª Guerra Mundial, este quadro começou a ser alterado. Inicialmente na Alemanha[10] e,

---

[9] V. Ricardo Lobo Torres (*Tratado de direito constitucional, financeiro e tributário*: Valores e princípios constitucionais tributários, 2005, p. 41): "De uns trinta anos para cá assiste-se ao retorno aos valores como caminho para a superação dos positivismos. A partir do que se convencionou chamar de 'virada kantiana' (*kantische Wende*), isto é, a volta à influência da filosofia de Kant, deu-se a reaproximação entre ética e direito, com a fundamentação moral dos direitos humanos e com a busca da justiça fundada no imperativo categórico. O livro *A Theory of Justice* de John Rawls, publicado em 1971, constitui a certidão do renascimento dessas idéias".

[10] Trabalho seminal nessa matéria é o de Konrad Hesse (La fuerza normativa de la Constitución. *In*: *Escritos de derecho constitucional*, 1983). O texto, no original alemão, correspondente

com maior retardo, na Itália.[11] E, bem mais à frente, em Portugal[12] e na Espanha.[13] Atualmente, passou a ser premissa do estudo da Constituição o reconhecimento de sua força normativa, do caráter vinculativo e obrigatório de suas disposições. Vale dizer: as normas constitucionais são dotadas de imperatividade, que é atributo de todas as normas jurídicas, e sua inobservância há de deflagrar os mecanismos próprios de coação, de cumprimento forçado. A propósito, cabe registrar que o desenvolvimento doutrinário e jurisprudencial na matéria não eliminou as tensões inevitáveis que se formam entre as pretensões de normatividade do constituinte, de um lado, e, de outro lado, as circunstâncias da realidade fática e as eventuais resistências do *status quo*.

O debate acerca da força normativa da Constituição só chegou ao Brasil, de maneira consistente, ao longo da década de 80, tendo enfrentado as resistências previsíveis.[14] Além das complexidades inerentes à concretização de qualquer ordem jurídica, padecia o país de patologias crônicas, ligadas ao autoritarismo e à insinceridade constitucional. Não é surpresa, portanto, que as Constituições tivessem sido, até então, repositórios de promessas vagas e de exortações ao legislador infraconstitucional, sem aplicabilidade direta e imediata. Coube à Constituição de 1988, bem como à doutrina e à jurisprudência que se produziram a partir de sua promulgação, o mérito elevado de romper com a posição mais retrógrada.

2.3.2 A expansão da jurisdição constitucional

Antes de 1945, vigorava na maior parte da Europa um modelo de supremacia do Poder Legislativo, na linha da doutrina inglesa de

---

à sua aula inaugural na cátedra da Universidade de Freiburg, é de 1959. Há uma versão em língua portuguesa: *A força normativa da Constituição* (1991, trad. Gilmar Ferreira Mendes).

[11] V. Ricardo Guastini, La "constitucionalización" del ordenamiento jurídico. *In*: Miguel Carbonnel, *Neoconstitucionalismo(s)*, 2003.

[12] V. J. J.Gomes Canotilho e Vital Moreira, *Fundamentos da Constituição*, 1991, p. 43 *et seq.*

[13] Sobre a questão em perspectiva geral e sobre o caso específico espanhol, vejam-se, respectivamente, dois trabalhos preciosos de Eduardo García de Enterría: *La Constitución como norma y el Tribunal Constitucional* (1991), e *La constitución española de 1978 como pacto social y como norma jurídica* (2003).

[14] Luís Roberto Barroso, A efetividade das normas constitucionais: por que não uma Constituição para valer?. *In*: *Anais do Congresso Nacional de Procuradores de Estado*, 1986; e tb. *A força normativa da Constituição*: Elementos para a efetividade das normas constitucionais (1987, tese de livre-docência apresentada na Universidade do Estado do Rio de Janeiro, publicada sob o título *O direito constitucional e a efetividade de suas normas*, 1990, data de 1. ed.). Na década de 60, em outro contexto e movido por preocupações distintas, José Afonso da Silva escreveu sua célebre tese *Aplicabilidade das normas constitucionais*, 1968.

soberania do Parlamento e da concepção francesa da lei como expressão da vontade geral. A partir do final da década de 40, todavia, a onda constitucional trouxe não apenas novas constituições, mas também um novo modelo, inspirado pela experiência americana: o da supremacia da Constituição. A fórmula envolvia a constitucionalização dos direitos fundamentais, que ficavam imunizados em relação ao processo político majoritário: sua proteção passava a caber ao Judiciário. Inúmeros países europeus vieram a adotar um modelo próprio de controle de constitucionalidade, associado à criação de tribunais constitucionais.

Assim se passou, inicialmente, na Alemanha (1951) e na Itália (1956), como assinalado. A partir daí, o modelo de tribunais constitucionais se irradiou por toda a Europa continental. A tendência prosseguiu com Chipre (1960) e Turquia (1961). No fluxo da democratização ocorrida na década de 70, foram instituídos tribunais constitucionais na Grécia (1975), na Espanha (1978) e em Portugal (1982). E também na Bélgica (1984). Nos últimos anos do século XX, foram criadas cortes constitucionais em países do leste europeu, como Polônia (1986), Hungria (1990), Rússia (1991), República Tcheca (1992), Romênia (1992), República Eslovaca (1992) e Eslovênia (1993). O mesmo se passou em países africanos, como Argélia (1989), África do Sul (1996) e Moçambique (2003). Atualmente na Europa, além do Reino Unido, somente a Holanda e Luxemburgo ainda mantêm o padrão de supremacia parlamentar, sem adoção de qualquer modalidade de *judicial review*. O caso francês será objeto de menção à parte.

No Brasil, o controle de constitucionalidade existe, em molde incidental, desde a primeira Constituição republicana, de 1891. A denominada ação genérica (ou, atualmente, ação direta), destinada ao controle por via principal — abstrato e concentrado —, foi introduzida pela Emenda Constitucional nº 16, de 1965. Nada obstante, a jurisdição constitucional expandiu-se, verdadeiramente, a partir da Constituição de 1988. A causa determinante foi a ampliação do direito de propositura.[15] A ela somou-se a criação de novos mecanismos de controle concentrado, como a ação declaratória de constitucionalidade[16] e a regulamentação da arguição de descumprimento de preceito fundamental.[17]

---

[15] Desde a sua criação até a configuração que lhe foi dada pela Constituição de 1969, o direito de propositura da "representação de inconstitucionalidade" era monopólio do Procurador-Geral da República. A Constituição de 1988 rompeu com esta hegemonia, prevendo um expressivo elenco de legitimados ativos no seu art. 103.
[16] Introduzida pela Emenda Constitucional nº 3, de 1993. V, ainda, Lei nº 9.868, de 10.11.1999.
[17] V. Lei nº 9.882, de 03.12.99. Antes da lei, prevalecia o entendimento de que o mecanismo não era aplicável.

No sistema constitucional brasileiro, o Supremo Tribunal Federal pode exercer o controle de constitucionalidade (i) em ações de sua competência originária (CF, art. 102, I), (ii) por via de recurso extraordinário (CF, art. 102, III) e (iii) em processos objetivos, nos quais se veiculam as ações diretas.[18] De 1988 até abril de 2005 já haviam sido ajuizadas 3.469 ações diretas de inconstitucionalidade (ADIn), 9 ações declaratórias de constitucionalidade e 69 arguições de descumprimento de preceito fundamental. Para conter o número implausível de recursos extraordinários interpostos para o Supremo Tribunal Federal, a Emenda Constitucional nº 45, que procedeu a diversas modificações na disciplina do Poder Judiciário, criou a figura da *repercussão geral* da questão constitucional discutida, como requisito de admissibilidade do recurso.[19]

2.3.3 A nova interpretação constitucional

A interpretação constitucional é uma modalidade de interpretação jurídica. Tal circunstância é uma decorrência natural da força normativa da Constituição, isto é, do reconhecimento de que as normas constitucionais são normas jurídicas, compartilhando de seus atributos. Porque assim é, aplicam-se à interpretação constitucional os elementos tradicionais de interpretação do Direito, de longa data definidos como o gramatical, o histórico, o sistemático e o teleológico. Cabe anotar, neste passo, para adiante voltar-se ao tema, que os critérios tradicionais de solução de eventuais conflitos normativos são o hierárquico (lei superior prevalece sobre a inferior), o temporal (lei posterior prevalece sobre a anterior) e o especial (lei especial prevalece sobre a geral).

Sem prejuízo do que se vem de afirmar, o fato é que as especificidades das normas constitucionais (v. *supra*) levaram a doutrina e a

---

[18] As ações diretas no direito constitucional brasileiro são a ação direta de inconstitucionalidade (art. 102, I, *a*), a ação declaratória de constitucionalidade (arts. 102, I, *a*, e 103, §4º) e a ação direta de inconstitucionalidade por omissão (art. 103, §2º). Há, ainda, duas hipóteses especiais de controle concentrado: a arguição de descumprimento de preceito fundamental (art. 102, §1º) e a ação direta interventiva (art. 36, III). Sobre o tema do controle de constitucionalidade no direito brasileiro, v. entre muitos: Gilmar Ferreira Mendes (*Controle de constitucionalidade*, 1990), Clèmerson Merlin Clève (*A fiscalização abstrata de constitucionalidade no direito brasileiro*, 2000), Ronaldo Poletti (*Controle da constitucionalidade das leis*, 2001), Lenio Luiz Streck (*Jurisdição constitucional e hermenêutica*, 2002), Zeno Velloso (*Controle jurisdicional de constitucionalidade*, 2003), e Luís Roberto Barroso (*O controle de constitucionalidade no direito brasileiro*, 2004).

[19] A EC nº 45/2004 introduziu o §3º do art. 102, com a seguinte dicção: "§3º No recurso extraordinário o recorrente deverá demonstrar a repercussão geral das questões constitucionais discutidas no caso, nos termos da lei, a fim de que o Tribunal examine a admissão do recurso, somente podendo recusá-lo pela manifestação de dois terços de seus membros".

jurisprudência, já de muitos anos, a desenvolver ou sistematizar um elenco próprio de princípios aplicáveis à interpretação constitucional. Tais princípios, de natureza instrumental, e não material, são pressupostos lógicos, metodológicos ou finalísticos da aplicação das normas constitucionais. São eles, na ordenação que se afigura mais adequada para as circunstâncias brasileiras: o da supremacia da Constituição, o da presunção de constitucionalidade das normas e atos do Poder Público, o da interpretação conforme a Constituição, o da unidade, o da razoabilidade e o da efetividade.[20]

Antes de prosseguir, cumpre fazer uma advertência: a interpretação jurídica tradicional não está derrotada ou superada como um todo. Pelo contrário, é no seu âmbito que continua a ser resolvida boa parte das questões jurídicas, provavelmente a maioria delas. Sucede, todavia, que os operadores jurídicos e os teóricos do Direito se deram conta, nos últimos tempos, de uma situação de carência: as categorias tradicionais da interpretação jurídica não são inteiramente ajustadas para a solução de um conjunto de problemas ligados à realização da vontade constitucional. A partir daí deflagrou-se o processo de elaboração doutrinária de novos conceitos e categorias, agrupados sob a denominação de *nova interpretação constitucional*, que se utiliza de um arsenal teórico diversificado, em um verdadeiro sincretismo metodológico.[21] Procede-se, a seguir, a uma breve comparação entre os dois modelos.

A interpretação jurídica tradicional desenvolveu-se sobre duas grandes premissas: (i) quanto ao *papel da norma*, cabe a ela oferecer, no seu relato abstrato, a solução para os problemas jurídicos; (ii) quanto ao papel do *juiz*, cabe a ele identificar, no ordenamento jurídico, a norma aplicável ao problema a ser resolvido, revelando a solução nela contida. Vale dizer: a resposta para os problemas está integralmente no sistema jurídico e o intérprete desempenha uma função técnica de conhecimento, de formulação de juízos de fato. No modelo convencional,

---

[20] V. Luís Roberto Barroso, *Interpretação e aplicação da Constituição*, 2003.
[21] No caso brasileiro, como no de outros países de constitucionalização recente, doutrina e jurisprudência ainda se encontram em fase de elaboração e amadurecimento, fato que potencializa a importância das referências estrangeiras. Esta é uma circunstância histórica com a qual precisamos lidar, evitando dois extremos indesejáveis: a subserviência intelectual, que implica na importação acrítica de fórmulas alheias e, pior que tudo, a incapacidade de reflexão própria; e a soberba intelectual, pela qual se rejeita aquilo que não se tem. Nesse ambiente, não é possível utilizar modelos puros, concebidos alhures, e se esforçar para viver a vida dos outros. O sincretismo — desde que consciente e coerente — resulta sendo inevitável e desejável. Em visão aparentemente diversa, v. Virgílio Afonso da Silva, Interpretação constitucional e sincretismo metodológico. *In*: Virgílio Afonso da Silva (Org.), *Interpretação constitucional*, 2005.

as normas são percebidas como *regras*, enunciados descritivos de condutas a serem seguidas, aplicáveis mediante *subsunção*.[22]

Com o avanço do direito constitucional, as premissas ideológicas sobre as quais se erigiu o sistema de interpretação tradicional deixaram de ser integralmente satisfatórias. Assim: (i) quanto ao *papel da norma*, verificou-se que a solução dos problemas jurídicos nem sempre se encontra no relato abstrato do texto normativo. Muitas vezes só é possível produzir a resposta constitucionalmente adequada à luz do problema, dos fatos relevantes, analisados topicamente; (ii) quanto ao *papel do juiz*, já não lhe caberá apenas uma função de conhecimento técnico, voltado para revelar a solução contida no enunciado normativo. O intérprete torna-se coparticipante do processo de criação do Direito, completando o trabalho do legislador, ao fazer valorações de sentido para as cláusulas abertas e ao realizar escolhas entre soluções possíveis.

Estas transformações noticiadas acima, tanto em relação à norma quanto ao intérprete, são ilustradas de maneira eloquente pelas diferentes categorias com as quais trabalha a nova interpretação. Entre elas incluem-se as cláusulas gerais, os princípios, as colisões de normas constitucionais, a ponderação e a argumentação. Abaixo uma breve nota sobre cada uma delas.

As denominadas *cláusulas gerais* ou conceitos jurídicos indeterminados contêm termos ou expressões de textura aberta, dotados de plasticidade, que fornecem um início de significação a ser complementado pelo intérprete, levando em conta as circunstâncias do caso concreto. A norma em abstrato não contém integralmente os elementos de sua aplicação. Ao lidar com locuções como ordem pública, interesse social e boa-fé, entre outras, o intérprete precisa fazer a valoração de fatores objetivos e subjetivos presentes na realidade fática, de modo a definir o sentido e o alcance da norma. Como a solução não se encontra integralmente no enunciado normativo, sua função não poderá limitar-se à revelação do que lá se contém; ele terá de ir além, integrando o comando normativo com a sua própria avaliação.[23]

---

[22] Identificada a norma aplicável, procede-se ao enquadramento do fato no relato da regra jurídica, pronunciando-se a conclusão. Um raciocínio, portanto, de natureza silogística, no qual a norma é a premissa maior, o fato relevante é a premissa menor e a conclusão é a sentença.

[23] As cláusulas gerais não são uma categoria nova no Direito — de longa data elas integram a técnica legislativa — nem são privativas do direito constitucional — podem ser encontradas no direito civil, no direito administrativo e em outros domínios. Não obstante, elas são um bom exemplo de como o intérprete é coparticipante do processo de criação do Direito. Um exemplo real, amplamente divulgado pela imprensa: quando da morte da cantora Cássia Eller, disputaram a posse e guarda do seu filho, à época com cinco anos, o avô materno e a

O reconhecimento de normatividade aos *princípios* e sua distinção qualitativa em relação às regras é um dos símbolos do pós-positivismo (v. *supra*). Princípios não são, como as regras, comandos imediatamente descritivos de condutas específicas, mas sim normas que consagram determinados valores ou indicam fins públicos a serem realizados por diferentes meios. A definição do conteúdo de cláusulas como dignidade da pessoa humana, razoabilidade, solidariedade e eficiência também transfere para o intérprete uma dose importante de discricionariedade. Como se percebe claramente, a menor densidade jurídica de tais normas impede que delas se extraia, no seu relato abstrato, a solução completa das questões sobre as quais incidem. Também aqui, portanto, impõe-se a atuação do intérprete na definição concreta de seu sentido e alcance.[24]

A existência de *colisões de normas constitucionais*, tanto as de princípios como as de direitos fundamentais,[25] passou a ser percebida como um fenômeno natural — até porque inevitável — no constitucionalismo contemporâneo. As Constituições modernas são documentos dialéticos, que consagram bens jurídicos que se contrapõem. Há choques potenciais entre a promoção do desenvolvimento e a proteção ambiental, entre a livre-iniciativa e a proteção do consumidor. No plano dos direitos fundamentais, a liberdade religiosa de um indivíduo pode conflitar-se com a de outro, o direito de privacidade e a liberdade de expressão vivem em tensão contínua, a liberdade de reunião de alguns pode interferir com o direito de ir e vir dos demais.[26] Quando duas normas de igual hierarquia colidem em abstrato, é intuitivo que não possam

---

companheira da artista. O critério fornecido pela Constituição e pela legislação ao juiz era o de atender ao "melhor interesse do menor". Sem o exame dos elementos do caso concreto e sua adequada valoração, não era possível sequer iniciar a solução do problema.

[24] Tome-se, como exemplo, o princípio da dignidade da pessoa humana e veja-se a divergência quanto à sua interpretação, manifestada por dois juristas da nova geração, criados no mesmo ambiente acadêmico. Ana Paula de Barcellos situa o mínimo existencial no âmbito da dignidade humana e dele extrai os direitos à educação fundamental, à saúde básica, à assistência no caso de necessidade e ao acesso à justiça (*A eficácia jurídica dos princípios constitucionais*: o princípio da dignidade da pessoa humana, 2002, p. 305). Dessa posição diverge Daniel Sarmento, por entender inadequada a escolha de algumas prestações sociais, com exclusão de outras que, a seu ver, são igualmente direitos fundamentais, como o direito à "saúde curativa" (*Direitos fundamentais e relações privadas*, 2004, p. 114).

[25] Note-se que há direitos fundamentais que assumem a forma de princípios (liberdade, igualdade) e outros a de regras (irretroatividade da lei penal, anterioridade tributária). Ademais, há princípios que não são direitos fundamentais (livre-iniciativa).

[26] Sobre o tema das restrições aos direitos fundamentais, v. Jane Reis Gonçalves Pereira, *Direitos fundamentais e interpretação constitucional*: Uma contribuição ao estudo das restrições aos direitos fundamentais na perspectiva da teoria dos princípios, 2004, tese de doutoramento apresentada ao programa de Pós-graduação em Direito Público da Universidade do Estado do Rio de Janeiro (UERJ).

fornecer, pelo seu relato, a solução do problema. Nestes casos, a atuação do intérprete criará o Direito aplicável ao caso concreto.

A existência de colisões de normas constitucionais leva à necessidade de *ponderação*.[27] A subsunção, por óbvio, não é capaz de resolver o problema, por não ser possível enquadrar o mesmo fato em normas antagônicas. Tampouco podem ser úteis os critérios tradicionais de solução de conflitos normativos — hierárquico, cronológico e da especialização — quando a colisão se dá entre disposições da Constituição originária. Neste cenário, a ponderação de normas, bens ou valores (v. *infra*) é a técnica a ser utilizada pelo intérprete, por via da qual ele (i) fará *concessões recíprocas*, procurando preservar o máximo possível de cada um dos interesses em disputa ou, no limite, (ii) procederá à *escolha* do direito que irá prevalecer, em concreto, por realizar mais adequadamente a vontade constitucional. Conceito-chave na matéria é o princípio instrumental da *razoabilidade*.

Chega-se, por fim, à *argumentação*,[28] à razão prática, ao controle da racionalidade das decisões proferidas, mediante ponderação, nos *casos difíceis*, que são aqueles que comportam mais de uma solução possível e razoável. As decisões que envolvem a atividade criativa do juiz potencializam o dever de fundamentação, por não estarem inteiramente legitimadas pela lógica da separação de Poderes — por esta última, o juiz limita-se a aplicar, no caso concreto, a decisão abstrata tomada pelo legislador. Para assegurar a legitimidade e a racionalidade de sua interpretação nessas situações, o intérprete deverá, em meio a outras considerações: (i) reconduzi-la sempre ao sistema jurídico, a uma norma constitucional ou legal que lhe sirva de fundamento — a legitimidade de uma decisão judicial decorre de sua vinculação a uma deliberação majoritária, seja do constituinte ou do legislador; (ii) utilizar-se de um fundamento jurídico que possa ser generalizado aos casos equiparáveis, que tenha pretensão de universalidade: decisões judiciais não devem ser casuísticas; (iii) levar em conta as consequências práticas que sua decisão produzirá no mundo dos fatos.[29]

---

[27] Ronald Dworkin (*Taking rights seriously*, 1997), Robert Alexy (*Teoria de los derechos fundamentales*, 1997), Daniel Sarmento (*A ponderação de interesses na Constituição Federal*, 2000).

[28] Sobre o tema, v. Chaim Perelman e Lucie Olbrechts-Tyteca (*Tratado da argumentação*: a nova retórica, 1996. 1. ed. do original *Traité de l'argumentation*: La nouvelle rhétorique, 1958); Robert Alexy (*Teoria de la argumentación jurídica*, 1989. 1. ed. do original *Theorie der juristischen Argumentation*, 1978); Manuel Atienza, *As razões do direito*: teorias da argumentação jurídica, 2002), Margarida Maria Lacombe Camargo (*Hermenêutica e argumentação*, 2003), Antônio Carlos Cavalcanti Maia (Notas sobre direito, argumentação e democracia. *In*: Margarida Maria Lacombe Camargo (Org.), *1988-1998*: uma década de Constituição, 1999).

[29] Sobre o tema, v. Ana Paula de Barcellos, *Ponderação, racionalidade e atividade judicial*, 2005. V. tb. Neil Maccormick, *Legal reasoning and legal theory*, 1978.

Em suma: o neoconstitucionalismo ou novo direito constitucional, na acepção aqui desenvolvida, identifica um conjunto amplo de transformações ocorridas no Estado e no direito constitucional, em meio às quais podem ser assinalados, (i) como *marco histórico*, a formação do Estado constitucional de direito, cuja consolidação se deu ao longo das décadas finais do século XX; (ii) como *marco filosófico*, o pós-positivismo, com a centralidade dos direitos fundamentais e a reaproximação entre Direito e ética; e (iii) como *marco teórico*, o conjunto de mudanças que incluem a força normativa da Constituição, a expansão da jurisdição constitucional e o desenvolvimento de uma nova dogmática da interpretação constitucional. Desse conjunto de fenômenos resultou um processo extenso e profundo de constitucionalização do Direito.

3 A constitucionalização do direito
3.1 Generalidades

A locução *constitucionalização do Direito* é de uso relativamente recente na terminologia jurídica e, além disso, comporta múltiplos sentidos. Por ela se poderia pretender caracterizar, por exemplo, qualquer ordenamento jurídico no qual vigorasse uma Constituição dotada de supremacia. Como este é um traço comum de grande número de sistemas jurídicos contemporâneos, faltaria especificidade à expressão. Não é, portanto, nesse sentido que está aqui empregada. Poderia ela servir para identificar, ademais, o fato de a Constituição formal incorporar em seu texto inúmeros temas afetos aos ramos infraconstitucionais do Direito. Trata-se de fenômeno iniciado, de certa forma, com a Constituição portuguesa de 1976, continuado pela Constituição espanhola de 1978 e levado ao extremo pela Constituição brasileira de 1988. Embora esta seja uma situação dotada de características próprias, não é dela, tampouco, que se estará cuidando.[30]

A ideia de constitucionalização do Direito aqui explorada está associada a um efeito expansivo das normas constitucionais, cujo conteúdo material e axiológico se irradia, com força normativa, por todo o sistema jurídico.[31] Os valores, os fins públicos e os comportamentos

---

[30] Embora não se possa negar que a presença, na Constituição, de normas cujo conteúdo pertence a outros ramos do Direito (civil, administrativo, penal) influencie a interpretação do direito infraconstitucional correspondente. Votar-se-á ao ponto mais à frente.
[31] Alguns autores têm utilizado os termos *impregnar* e *impregnação*, que em português, no entanto, podem assumir uma conotação depreciativa. V. Louis Favoreu — notável divulgador do direito constitucional na França, falecido em 2004 —, La constitutionnalization du droit.

contemplados nos princípios e regras da Constituição passam a condicionar a validade e o sentido de todas as normas do direito infraconstitucional. Como intuitivo, a constitucionalização repercute sobre a atuação dos três Poderes, inclusive e notadamente nas suas relações com os particulares. Porém, mais original ainda: repercute, também, nas relações entre particulares. Veja-se como este processo, combinado com outras noções tradicionais, interfere com as esferas acima referidas.

Relativamente ao *Legislativo*, a constitucionalização (i) limita sua discricionariedade ou liberdade de conformação na elaboração das leis em geral e (ii) impõe-lhe determinados deveres de atuação para realização de direitos e programas constitucionais. No tocante à *Administração Pública*, além de igualmente (i) limitar-lhe a discricionariedade e (ii) impor a ela deveres de atuação, ainda (iii) fornece fundamento de validade para a prática de atos de aplicação direta e imediata da Constituição, independentemente da interposição do legislador ordinário. Quanto ao *Poder Judiciário*, (i) serve de parâmetro para o controle de constitucionalidade por ele desempenhado (incidental e por ação direta), bem como (ii) condiciona a interpretação de todas as normas do sistema. Por fim, para os *particulares*, estabelece limitações à sua autonomia da vontade, em domínios como a liberdade de contratar ou o uso da propriedade privada, subordinando-a a valores constitucionais e ao respeito a direitos fundamentais.

3.2 Origem e evolução do fenômeno

O estudo que se vem empreendendo até aqui relata a evolução do direito constitucional na Europa e no Brasil ao longo das últimas décadas. Este processo, que passa pelos marcos históricos, filosóficos e teóricos acima expostos, conduz ao momento atual, cujo traço distintivo é a constitucionalização do Direito. A aproximação entre constitucionalismo e democracia, a força normativa da Constituição e a difusão

---

In: Bertrand Mathieu e Michel Verpeaux (*La constitutionnalisation des branches du droit*, 1998, p. 191): "Quer-se designar aqui, principalmente, a constitucionalização dos direitos e liberdades, que conduz a uma impregnação dos diferentes ramos do direito, ao mesmo tempo que levam à sua transformação". E, também, Ricardo Guastini, La "constitucionalización" del ordenamiento jurídico: El caso italiano. *In*: Miguel Carbonnel, *Neoconstitucionalismo(s)*, 2003, p. 49: "Por 'constitucionalización del ordenamiento jurídico' propongo entender um proceso de transformación de un ordenamiento al término del qual el ordenamiento en cuestión resulta totalmente 'impregnado' por las normas constitucionales. Un ordenamiento jurídico constitucionalizado se caracteriza por una Constitución extremamente invasora, entrometida (*pervasiva, invadente*), capaz de condicionar tanto la legislación como la jurisprudencia y el estilo doctrinal, la acción de los actores políticos, así como las relaciones sociales".

da jurisdição constitucional foram ritos de passagem para o modelo atual.[32] O leitor atento já terá se dado conta, no entanto, de que a sequência histórica percorrida e as referências doutrinárias destacadas não são válidas para três experiências constitucionais marcantes: as do Reino Unido, dos Estados Unidos e da França. O caso francês será analisado um pouco mais à frente. Um breve comentário é pertinente sobre os outros dois.

No tocante ao Reino Unido, os conceitos não se aplicam. Embora tenha sido o Estado precursor do modelo liberal, com limitação do poder absoluto e afirmação do *rule of the law*, falta-lhe uma Constituição escrita e rígida, que é um dos pressupostos, como o nome sugere, da constitucionalização do Direito. Poder-se-ia argumentar, é certo, que há entre os britânicos uma Constituição histórica e que ela é, inclusive, mais rígida que boa parte das Cartas escritas do mundo. Ou reconhecer o fato de que o Parlamento inglês adotou, em 1998, o "Human Rights Act", incorporando ao direito interno a Convenção Europeia de Direitos Humanos.[33] Mas mesmo que se concedesse a esses argumentos, não seria possível superar um outro: a inexistência do controle de constitucionalidade e, mais propriamente, de uma jurisdição constitucional no sistema inglês.[34] No modelo britânico vigora a supremacia do Parlamento, e não da Constituição.

Já quanto aos Estados Unidos, a situação é exatamente oposta. Berço do constitucionalismo escrito e do controle de constitucionalidade, a Constituição americana — a mesma desde 1787 — teve, desde a primeira hora, o caráter de documento jurídico, passível de aplicação direta e imediata pelo Judiciário. De fato, a normatividade ampla e a judicialização das questões constitucionais têm base doutrinária em *O Federalista* e precedente jurisprudencial firmado desde 1803, quando do julgamento do caso *Marbury v. Madison* pela Suprema Corte. Por esta

---

[32] Alguns autores procuraram elaborar um catálogo de condições para a constitucionalização do Direito. É o caso de Ricardo Guastini, La "constitucionalización" del ordenamiento jurídico: El caso italiano. *In*: Miguel Carbonnel, *Neoconstitucionalismo(s)*, 2003, p. 50 *et seq.*, que inclui entre elas: (i) uma Constituição rígida; (ii) a garantia jurisdicional da Constituição; (iii) a força vinculante da Constituição; (iv) a "sobreinterpretação" da Constituição (sua interpretação extensiva, com o reconhecimento de normas implícitas); (v) a aplicação direta das normas constitucionais; (vi) a interpretação das leis conforme a Constituição; (vii) a influência da Constituição sobre as relações políticas.

[33] A nova lei somente entrou em vigor em 2000.

[34] A propósito, e em desenvolvimento de certo modo surpreendente, deve ser registrada a aprovação do Constitutional Reform Act, de 2005, que previu a criação de uma Suprema Corte (*in*: <http://www.opsi.gov.uk/acts/acts2005/20050004.htm>. Acesso em: 08 ago. 2005). Assinale-se a curiosidade de, não existindo uma Constituição escrita, ter sido aprovado, não obstante, um ato que a reforma.

razão, a interpretação de todo o direito posto à luz da Constituição é característica histórica da experiência americana, e não singularidade contemporânea.[35] O grande debate doutrinário nos Estados Unidos é acerca da legitimidade e dos limites da atuação do Judiciário na aplicação de valores substantivos e no reconhecimento de direitos fundamentais que não se encontrem expressos na Constituição (v. *infra*).

Há razoável consenso de que o marco inicial do processo de constitucionalização do Direito foi estabelecido na Alemanha. Ali, sob o regime da Lei Fundamental de 1949 e consagrando desenvolvimentos doutrinários que já vinham de mais longe, o Tribunal Constitucional Federal assentou que os direitos fundamentais, além de sua dimensão subjetiva de proteção de situações individuais, desempenham uma outra função: a de instituir uma ordem objetiva de valores.[36] O sistema jurídico deve proteger determinados direitos e valores, não apenas pelo eventual proveito que possam trazer a uma ou a algumas pessoas, mas pelo interesse geral da sociedade na sua satisfação. Tais normas constitucionais condicionam a interpretação de todos os ramos do Direito, público ou privado, e vinculam os Poderes estatais. O primeiro grande precedente na matéria foi o caso Lüth,[37] julgado em 15 de janeiro de 1958.[38]

---

[35] Veja-se, a este propósito, exemplificativamente, a jurisprudência que se produziu em matéria de direito processual penal, pela submissão do *common law* dos Estados aos princípios constitucionais. Em *Mapp v. Ohio*, 367 U.S. 643, 1961, considerou-se ilegítima a busca e apreensão feita sem mandado, como exigido pela 4ª Emenda. Em *Gideon v. Wainwright*, 372 U.S. 335, 1963, entendeu-se que a 6ª emenda assegurava a todos os acusados em processo criminal o direito a um advogado. Em *Miranda v. Arizona*, 384 U.S. 436, 1966, impôs-se à autoridade policial, na abordagem de um suspeito, que comunique a ele que a) tem o direito de permanecer calado; b) tudo que disser poderá e será usado contra ele; c) tem direito a consultar-se com um advogado antes de depor e que este poderá estar presente ao interrogatório; d) caso não tenha condições financeiras para ter um advogado, um poderá ser-lhe designado. V. Kermit L. Hall (*The Oxford guide to United States Supreme Court decisions*, 1999), Paul C. Bartholomew e Joseph F. Menez (*Summaries of leading cases on the Constitution*, 1980), Duane Lockard e Walter F. Murphy (*Basic cases in constitutional law*, 1992). Para uma análise objetiva e informativa sobre este e outros aspectos, em língua portuguesa, v. José Alfredo de Oliveira Baracho Júnior (Interpretação dos direitos fundamentais na Suprema Corte dos EUA e no Supremo Tribunal Federal. *In*: José Adércio Leite Sampaio, *Jurisdição constitucional e direitos fundamentais*, 2003).

[36] Sobre a questão da dimensão objetiva dos direitos fundamentais na literatura em língua portuguesa, v. José Carlos Vieira de Andrade (*Os direitos fundamentais na Constituição portuguesa de 1976*, 2001, p. 149, Gilmar Ferreira Mendes, *Direitos fundamentais e controle de constitucionalidade*, 1998, p. 214) e Daniel Sarmento (*Direitos fundamentais e relações privadas*, 2004, p. 371).

[37] Os fatos subjacentes eram os seguintes. Erich Lüth, presidente do Clube de Imprensa de Hamburgo, incitava ao boicote de um filme dirigido por Veit Harlan, cineasta que havia sido ligado ao regime nazista no passado. A produtora e a distribuidora do filme obtiveram, na jurisdição ordinária, decisão determinando a cessação de tal conduta, por considerá-la em violação do §826 do Código Civil (BGB) ("Quem, de forma atentatória aos bons costumes, infligir dano a outrem, está obrigado a reparar os danos causados"). O Tribunal Constitucional Federal reformou a decisão, em nome do direito fundamental à liberdade de expressão, que deveria pautar a interpretação do Código Civil.

A partir daí, baseando-se no catálogo de direitos fundamentais da Constituição alemã, o Tribunal Constitucional promoveu uma verdadeira "revolução de ideias",[39] especialmente no direito civil. De fato, ao longo dos anos subsequentes, a Corte invalidou dispositivos do BGB, impôs a interpretação de suas normas de acordo com a Constituição e determinou a elaboração de novas leis. Assim, por exemplo, para atender ao princípio da igualdade entre homens e mulheres, foram introduzidas mudanças legislativas em matéria de regime matrimonial, direitos dos ex-cônjuges após o divórcio, poder familiar, nome de família e direito internacional privado. De igual sorte, o princípio da igualdade entre os filhos legítimos e naturais provocou reformas no direito de filiação.[40] De parte isso, foram proferidos julgamentos interessantes em temas como uniões homossexuais (homoafetivas)[41] e direito dos contratos.[42]

---

[38] *BverfGE* 7, 198. Tradução livre e editada da versão da decisão publicada em Jürgen Schwabe, *Cincuenta años de jurisprudencia del Tribunal Constitucional Federal alemán*, 2003, p. 132-37: "Os direitos fundamentais são antes de tudo direitos de defesa do cidadão contra o Estado; sem embargo, nas disposições de direitos fundamentais da Lei Fundamental se incorpora também uma ordem objetiva de valores, que como decisão constitucional fundamental é válida para todas as esferas do direito. [...] Esse sistema de valores — que encontra seu ponto central no seio da comunidade social, no livre desenvolvimento da personalidade e na dignidade da pessoa humana... — oferece direção e impulso para o legislativo, a administração e o judiciário, projetando-se, também, sobre o direito civil. Nenhuma disposição de direito civil pode estar em contradição com ele, devendo todas ser interpretadas de acordo com seu espírito. [...] A expressão de uma opinião, que contém um chamado para um boicote, não viola necessariamente os bons costumes, no sentido do §826 do Código Civil. Pode estar justificada constitucionalmente pela liberdade de opinião, ponderadas todas as circunstâncias do caso". Esta decisão é comentada por inúmeros autores nacionais, entre os quais: Gilmar Ferreira Mendes (*Direitos fundamentais e controle de constitucionalidade*, 1998, p. 220-2), onde descreve brevemente outros dois casos: "Blinkfüer" e "Wallraff"; Daniel Sarmento (*Direitos fundamentais e relações privadas*, 2004, p. 141 *et seq.*), Jane Reis Gonçalves Pereira (*Direitos fundamentais e interpretação constitucional*: uma contribuição ao estudo das restrições aos direitos fundamentais na perspectiva da teoria dos princípios, p. 416 *et seq.*) e Wilson Steinmetz (*A vinculação dos particulares a direitos fundamentais*, 2004, p. 105 *et seq.*).

[39] Sabine Corneloup, Table ronde: Le cas de l'Alemagne. *In*: Michel Verpeaux, *Code civil e constitution(s)*, 2005, p. 85.

[40] Sabine Corneloup, Table ronde: Le cas de l'Alemagne. *In*: Michel Verpeaux, *Code civil e constitution(s)*, 2005, p. 87-8, com identificação de cada uma das leis. A jurisprudência referida na sequência do parágrafo foi localizada a partir de referências contidas nesse texto.

[41] Em um primeiro momento, em nome do princípio da igualdade, uma lei de 16 de fevereiro de 2001 disciplinou as uniões homossexuais, pondo fim à discriminação existente. Em um segundo momento, esta lei foi objeto de arguição de inconstitucionalidade, sob o fundamento de que afrontaria o art. 6º, I da Lei Fundamental, pelo qual "o casamento e a família são colocados sob proteção particular do Estado", ao legitimar um outro tipo de instituição de direito de família, paralelo ao casamento heterossexual. A Corte não acolheu o argumento, assentando que a nova lei nem impedia o casamento tradicional nem conferia à união homossexual qualquer privilégio em relação à união convencional (1 BvF 1/01, de 17 jul. 2002, com votos dissidentes dos juízes Papier e Hass, v. sítio <http://www.bverfg.de>. Acesso em: 04 ago. 2005).

[42] Um contrato de fiança prestada pela filha, em favor do pai, tendo por objeto quantia muitas vezes superior à sua capacidade financeira foi considerado nulo por ser contrário a moral

Na Itália, a Constituição entrou em vigor em 1º de janeiro de 1948. O processo de constitucionalização do Direito, todavia, iniciou-se apenas na década de 60, consumando-se nos anos 70. Relembre-se que a Corte Constitucional italiana somente veio a se instalar em 1956. Antes disso, o controle de constitucionalidade foi exercido, por força da disposição constitucional transitória VII, pela jurisdição ordinária, que não lhe deu vitalidade. Pelo contrário, remonta a esse período a formulação, pela Corte de Cassação, da distinção entre normas *preceptivas*, de caráter vinculante e aplicáveis pelos tribunais, e normas de *princípio* ou *programáticas*, dirigidas apenas ao legislador e não aplicáveis diretamente pelo Judiciário. Assim, pelos nove primeiros anos de vigência, a Constituição e os direitos fundamentais nela previstos não repercutiram sobre a aplicação do direito ordinário.[43]

Somente com a instalação da Corte Constitucional — e, aliás, desde a sua primeira decisão — as normas constitucionais de direitos fundamentais passaram a ser diretamente aplicáveis, sem intermediação do legislador. A Corte desenvolveu um conjunto de técnicas de decisão,[44] tendo enfrentado, durante os primeiros anos de sua atuação, a arraigada resistência das instâncias ordinárias e, especialmente, da

---

(*BverfGE* t. 89, p. 214 *apud* Sabine Corneloup, Table ronde: Le cas de l'Alemagne. *In*: Michel Verpeaux, *Code civil e constitution*(s), 2005, p. 90), um pacto nupcial no qual a mulher, grávida, renunciou a alimentos em nome próprio e em nome da criança foi considerado nulo, por não poder prevalecer a liberdade contratual quando há dominação de uma parte sobre a outra (1 BvR 12/92, de 6 fev. 2001, unânime, v. sítio <http://www.bverfg.de>. Acesso em: 04 ago. 2005); um pacto sucessório que impunha ao filho mais velho do imperador Guilherme II o dever de se casar com uma mulher que preenchesse determinadas condições ali impostas foi considerado nulo por violar a liberdade de casamento (1 BvR 2248/01, de 22 mar. 2004, unânime, v. sítio <http://www.bverfg.de>. Acesso em: 04 ago. 2005).

[43] Sobre o tema, v. Vezio Crisafulli (*La Costituzione e le sue disposizione di principio*, 1952), José Afonso da Silva (*Aplicabilidade das normas constitucionais*, 1968), Ricardo Guastini (La "constitucionalización" del ordenamiento jurídico: El caso italiano. *In*: Miguel Carbonnel, *Neoconstitucionalismo*(s), 2003) e Therry Di Manno (Code Civil e Constitution en Italie. *In*: Michel Verpeaux (Org.), *Code Civil e Constitution*(s), 2005).

[44] Além das decisões declaratórias de inconstitucionalidade, a Corte utiliza diferentes técnicas, que incluem: 1. *decisões interpretativas*, que correspondem à interpretação conforme a Constituição, podendo ser a) com recusa da arguição de inconstitucionalidade, mas afirmação da interpretação compatível ou b) com aceitação da arguição de inconstitucionalidade, com declaração de inconstitucionalidade da interpretação que vinha sendo praticada pela jurisdição ordinária, em ambos os casos permanecendo em vigor a disposição atacada; 2. *decisões manipuladoras*, nas quais se dá a aceitação da arguição de inconstitucionalidade e, além da declaração de invalidade do dispositivo, a Corte vai além, proferindo a) *sentença aditiva*, estendendo a norma à situação nela não contemplada, quando a omissão importar em violação ao princípio da igualdade; e b) *sentença substitutiva*, pela qual a Corte não apenas declara a inconstitucionalidade de determinada norma, como também introduz no sistema, mediante declaração própria, uma norma nova. Sobre o tema, v. Ricardo Guastini, La "constitucionalización" del ordenamiento jurídico: el caso italiano. *In*: Miguel Carbonnel, *Neoconstitucionalismo*(s), 2003, p. 63-7.

Corte de Cassação, dando lugar a uma disputa referida, em certa época, como "guerra das cortes".[45] A exemplo do ocorrido na Alemanha, a influência da constitucionalização do Direito e da própria Corte Constitucional se manifestou em decisões de inconstitucionalidade, em convocações à atuação do legislador e na reinterpretação das normas infraconstitucionais em vigor.

De 1956 a 2003, a Corte Constitucional proferiu 349 decisões em questões constitucionais envolvendo o Código Civil, das quais 54 declararam a inconstitucionalidade de dispositivos seus, em decisões da seguinte natureza: 8 de invalidação, 12 interpretativas e 34 aditivas[46] (sobre as características de cada uma delas, v. nota ao parágrafo anterior). Foram proferidos julgados em temas que incluíram adultério,[47] uso do nome do marido[48] e direitos sucessórios de filhos ilegítimos,[49] em meio a outros. No plano legislativo, sob influência da Corte Constitucional, foram aprovadas, ao longo dos anos, modificações profundas no direito de família, inclusive em relação ao divórcio, no direito à adoção e no direito do trabalho. Estas alterações, levadas a efeito por leis especiais, provocaram a denominada "descodificação" do direito civil.[50]

Na França, o processo de constitucionalização do Direito teve início muito mais tarde e ainda vive uma fase de afirmação. A Constituição de 1958, como se sabe, não previu o controle de constitucionalidade, quer no modelo europeu, quer no americano, tendo optado por uma fórmula diferenciada: a do controle prévio, exercido pelo Conselho Constitucional em relação a algumas leis, antes de entrarem em vigor.[51]

---

[45] Thierry Di Manno, Table ronde: Le cas de l'Italie. In: Michel Verpeaux, Code civil e constitution(s), 2005, p. 107.

[46] Thierry Di Manno, Table ronde: Le cas de l'Italie. In: Michel Verpeaux, Code civil e constitution(s), 2005, p. 103.

[47] Sentença nº 127/68, j. 16 dez. 1968, Rel. Bonifácio, v. sítio <http://www.cortecostituzionale.it>. Acesso em: 04 ago. 2005. A Corte invalidou o artigo do Código Civil (art. 151, 2) que tratava de maneira diferente o adultério do marido e o da mulher. O da mulher sempre seria causa para separação, ao passo que o do homem somente em caso de "injúria grave à mulher".

[48] Sentença nº 128/70, j. 24 jun. 1970, Rel. Mortati, v. sítio <http://www.cortecostituzionale.it>. Acesso em: 04 ago. 2005. A Corte proferiu sentença aditiva para permitir à mulher retirar o nome do marido após a separação (ocorrida por culpa do marido), o que não era previsto pelo art. 156 do Código Civil.

[49] Sentença nº 55/79, j. 15 jun. 1979, Rel. Amadei, v. sítio <http://www.cortecostituzionale.it>. Acesso em: 04 ago. 2005. A Corte declarou a inconstitucionalidade do art. 565 do Código Civil, na parte em que excluía do benefício da sucessão legítima os filhos naturais reconhecidos.

[50] N. Irti, L'etá della decodificzione, 1989. V., tb., Pietro Perlingieri, Perfis do direito civil, 1997, p. 5.

[51] Na sua concepção original, o Conselho Constitucional destinava-se, sobretudo, a preservar as competências de um Executivo forte contra as invasões do Parlamento. Suas funções

De modo que não há no sistema francês, a rigor técnico, uma verdadeira jurisdição constitucional. Não obstante, alguns avanços significativos e constantes vêm ocorrendo, a começar pela decisão de 16 de julho de 1971.[52] A ela seguiu-se a Reforma de 29 de outubro de 1974, ampliando a legitimidade para suscitar-se a atuação do Conselho Constitucional.[53]

---

principais eram três: a) o controle dos regimentos de cada uma das câmaras (Assembleia Nacional e Senado), para impedir que se investissem de poderes que a Constituição não lhes atribui, como ocorrido na III e na IV Repúblicas; b) o papel de "justiça eleitoral", relativamente às eleições presidenciais, parlamentares e aos referendos; c) a delimitação do domínio da lei, velando pela adequada repartição entre as competências legislativas e regulamentares. Esta última função se exercia em três situações: a do art. 41, relacionada à invasão pela lei parlamentar de competência própria do governo; a do art. 61, alínea 2, que permitia ao primeiro-ministro provocar o controle acerca da inconstitucionalidade de uma lei, após sua aprovação, mas antes de sua promulgação; e a do art. 37, alínea 2, relativamente à modificabilidade, por via de decreto, de leis que possuíssem caráter regulamentar. Com a reforma constitucional de 1974, o controle de constitucionalidade das leis passou a ser a atividade principal do Conselho, aproximando-o de uma corte constitucional. V. Louis Favoreu (La place du Conseil Constitutionnel dans la Constitution de 1958. Disponível em: <http://www.conseil-constitutionnel.fr>. Acesso em: 26 jul. 2005), François Luchaire (*Le Conseil Constitutionnel*, 3 vs., 1997) e (John Bell, *French constitutional law*, 1992).

[52] Objetivamente, a Decisão nº 71-44 DC, de 16.07.71 (Disponível em: <http://www.conseil-constitutionnel.fr/decision/1971/7144dc.htm>. Acesso em: 26 jul. 2005), considerou que a exigência de autorização prévia, administrativa ou judicial, para a constituição de uma associação violava a liberdade de associação. Sua importância, todavia, foi o reconhecimento de que os direitos fundamentais previstos na Declaração de Direitos do Homem e do Cidadão, de 1789, e no preâmbulo da Constituição de 1946, incorporavam-se à Constituição de 1958, por força de referência constante do preâmbulo desta, figurando, portanto, como parâmetro para o controle de constitucionalidade das leis. Essa decisão reforçou o prestígio do Conselho Constitucional, que passou a desempenhar o papel de protetor dos direitos e liberdades fundamentais. Além disso, consagrou o "valor positivo e constitucional" do preâmbulo da Constituição e firmou a ideia de "bloco de constitucionalidade". Essa expressão significa que a Constituição não se limita às normas que integram ou se extraem do seu texto, mas inclui outros textos normativos, que no caso eram a Declaração de Direitos do Homem e do Cidadão, de 1789, e o Preâmbulo da Constituição de 1946, bem como os princípios fundamentais das leis da República, aos quais o referido preâmbulo fazia referência. Sobre a importância dessa decisão, v. Léo Hamon (Contrôle de constitutionnalité et protection des droits individuels, *Dalloz*, 1974, p. 83-90), G. Haimbowgh (Was it France's Marbury v. Madison?, *Ohio State Law Journal* 35:910, 1974), J. E. Beardsley (The Constitutional council and Constitutional liberties in France, *American Journal of Comparative Law*, 1972, p. 431-52). Para um comentário detalhado da decisão, v. L. Favoreu e L. Philip (*Les grandes décisions du Conseil Constitutionnel*, 2003). Especificamente sobre bloco de constitucionalidade, v. Michel de Villiers (*Dictionaire du droit constitutionnel*, 2001) e Olivier Duhamel e Yves Mény (*Dictionnaire constituionnel*, 1992).

[53] A partir daí, o direito de provocar a atuação do Conselho Constitucional, que antes recaía apenas sobre o Presidente da República, o Primeiro-Ministro, o Presidente da Assembleia Nacional e o Presidente do Senado estendeu-se, também, a sessenta Deputados ou sessenta Senadores. O controle de constitucionalidade tornou-se um importante instrumento de atuação da oposição parlamentar. Entre 1959 e 1974, foram proferidas apenas 9 (nove) decisões acerca de leis ordinárias (por iniciativa do Primeiro-Ministro e do Presidente do Senado) e 20 (vinte) acerca de leis orgânicas (pronunciamento obrigatório). De 1974 até 1998 houve 328 provocações (*saisine*) ao Conselho Constitucional. Os dados constam de Louis Favoreu, La place du Conseil Constitutionnel dans la Constitution de 1958. Disponível em: <http://www.conseil-constitutionnel.fr>. Acesso em: 26 jul. 2005.

Aos poucos, começam a ser incorporados ao debate constitucional francês temas como a *impregnação* da ordem jurídica pela Constituição, o reconhecimento de força normativa às normas constitucionais e o uso da técnica da interpretação conforme a Constituição.[54] Tal processo de constitucionalização do Direito, cabe advertir, enfrenta a vigorosa resistência da doutrina mais tradicional, que nele vê ameaças diversas, bem como a usurpação dos poderes do Conselho de Estado e da Corte de Cassação.[55]

3.3 A constitucionalização do Direito no Brasil

3.3.1 O direito infraconstitucional na Constituição

A Carta de 1988, como já consignado, tem a virtude suprema de simbolizar a travessia democrática brasileira e de ter contribuído decisivamente para a consolidação do mais longo período de estabilidade política da história do país. Não é pouco. Mas não se trata, por suposto, da Constituição da nossa maturidade institucional. É a Constituição das nossas circunstâncias. Por vício e por virtude, seu texto final expressa uma heterogênea mistura de interesses legítimos de trabalhadores, classes econômicas e categorias funcionais, cumulados com paternalismos, reservas de mercado e privilégios corporativos. A euforia constituinte — saudável e inevitável após tantos anos de exclusão da sociedade civil — levaram a uma Carta que, mais do que analítica, é prolixa e corporativa.[56]

Quanto ao ponto aqui relevante, é bem de ver que todos os principais ramos do direito infraconstitucional tiveram aspectos seus,

---

[54] V. Louis Favoreu, La constitutionnalisation du droit. *In*: Bertrand Mathieu e Michel Verpeaux, *La constitutionnalisation des branches du droit*, 1998, p. 190-2.

[55] Veja-se a discussão do tema em Guillaume Drago, Bastien François e Nicolas Molfessis (Org.), *La légitimité de la jurisprudence du Conseil Constitutionnel*, 1999. Na conclusão do livro, que documenta o Colóquio de Rennes, de setembro de 1996, François Terré, ao apresentar o que corresponderia à conclusão do evento, formulou crítica áspera à ascensão da influência do Conselho Constitucional: "Les perpétuelles incantations que suscitent l'État de droit, la soumission de l'État à des juges, sous l'influence conjugée du kelsénisme, de la mauvaise conscience de l'Allemagne Fédérale et de l'américanisme planétaire sont lassantes. Des contrepoids s'imposent. Puisque le Conseil constituionnel est une juridiction, puisque la règle du double degré de juridiction et le droit d'appel sont devenus paroles d'evangile, il est naturel et urgent de faciliter le recours au referendum afin de permettre plus facilement au peuple souverain de mettre, lê cãs échéant, un terme aux errances du Conseil constitutionnel" (p. 409).

[56] Sobre o tema, v. Luís Roberto Barroso, Doze anos da Constituição brasileira de 1988. *In*: *Temas de direito constitucional*, t. I, 2002.

de maior ou menor relevância, tratados na Constituição. A catalogação dessas previsões vai dos princípios gerais às regras miúdas, levando o leitor do espanto ao fastio. Assim se passa com o direito administrativo, civil, penal, do trabalho, processual civil e penal, financeiro e orçamentário, tributário, internacional e mais além. Há, igualmente, um título dedicado à ordem econômica, no qual se incluem normas sobre política urbana, agrícola e sistema financeiro. E outro dedicado à ordem social, dividido em numerosos capítulos e seções, que vão da saúde até os índios.

Embora o fenômeno da constitucionalização do Direito, como aqui analisado, não se confunda com a presença de normas de direito infraconstitucional na Constituição, há um natural espaço de superposição entre os dois temas. Com efeito, na medida em que princípios e regras específicos de uma disciplina ascendem à Constituição, sua interação com as demais normas daquele subsistema muda de qualidade e passa a ter um caráter subordinante. Trata-se da constitucionalização das fontes do Direito naquela matéria. Tal circunstância, nem sempre desejável,[57] interfere com os limites de atuação do legislador ordinário e com a leitura constitucional a ser empreendida pelo Judiciário em relação ao tema que foi constitucionalizado.

3.3.2 A constitucionalização do direito infraconstitucional

Nos Estados de democratização mais tardia, como Portugal, Espanha e, sobretudo, o Brasil, a constitucionalização do Direito é um processo mais recente, embora muito intenso. Verificou-se, entre nós, o mesmo movimento translativo ocorrido inicialmente na Alemanha e em seguida na Itália: a passagem da Constituição para o centro do sistema jurídico. A partir de 1988, e mais notadamente nos últimos cinco ou dez anos, a Constituição passou a desfrutar já não apenas da supremacia formal que sempre teve, mas também de uma supremacia material, axiológica, potencializada pela abertura do sistema jurídico e pela normatividade de seus princípios. Com grande ímpeto, exibindo força normativa sem precedente, a Constituição ingressou na paisagem jurídica do país e no discurso dos operadores jurídicos.

---

[57] Tanto a doutrina como a jurisprudência, no plano do direito penal, têm condenado, por exemplo, a constitucionalização da figura dos "crimes hediondos" (art. 5º, XLIII). V., por todos, João José Leal, *Crimes hediondos*: a Lei 8.072 como expressão do direito penal da severidade, 2003.

Do centro do sistema jurídico foi deslocado o velho Código Civil. Veja-se que o direito civil desempenhou no Brasil — como alhures — o papel de um direito geral, que precedeu muitas áreas de especialização, e que conferia certa unidade dogmática ao ordenamento. A própria teoria geral do direito era estudada dentro do direito civil, e só mais recentemente adquiriu autonomia didática. No caso brasileiro, deve-se registrar, o Código Civil já vinha perdendo influência no âmbito do próprio direito privado. É que, ao longo do tempo, na medida em que o Código envelhecia, inúmeras leis específicas foram editadas, passando a formar microssistemas autônomos em relação a ele, em temas como alimentos, filiação, divórcio, locação, consumidor, criança e adolescente, sociedades empresariais. A exemplo do que se passou na Itália, também entre nós deu-se a "descodificação" do direito civil,[58] fenômeno que não foi afetado substancialmente pela promulgação de um novo Código Civil em 2002, com vigência a partir de 2003.[59]

Nesse ambiente, a Constituição passa a ser não apenas um sistema em si — com a sua ordem, unidade e harmonia — mas também um modo de olhar e interpretar todos os demais ramos do Direito. Este fenômeno, identificado por alguns autores como *filtragem constitucional*, consiste em que toda a ordem jurídica deve ser lida e apreendida sob a lente da Constituição, de modo a realizar os valores nela consagrados. Como antes já assinalado, a constitucionalização do direito infraconstitucional não tem como sua principal marca a inclusão na Lei Maior de

---

[58] Sobre o caso italiano, v. Pietro Perlingieri, *Perfis do direito civil*, 1997, p. 6: "O Código Civil certamente perdeu a centralidade de outrora. O papel unificador do sistema, tanto nos seus aspectos mais tradicionalmente civilísticos quanto naqueles de relevância publicista, é desempenhado de maneira cada vez mais incisiva pelo Texto Constitucional". Sobre o caso brasileiro, vejam-se, entre outros: Maria Celina B. M. (A caminho de um direito civil constitucional, *Revista de Direito Civil* 65:21) e Gustavo Tepedino (*O Código Civil, os chamados microssistemas e a Constituição*: Premissas para uma reforma legislativa. *In*: Gustavo Tepedino (Org.), *Problemas de direito civil-constitucional*, 2001).

[59] O novo Código Civil, com início de vigência em 2003, foi duramente criticado por setores importantes da doutrina civilista. Gustavo Tepedino referiu-se a ele como "retrógrado e demagógico" acrescentando: "Do Presidente da República, espera-se o veto; do Judiciário que tempere o desastre" (*Revista Trimestral de Direito civil* 7, 2001, Editorial). Luiz Edson Fachin e Carlos Eduardo Pianovski Ruzyk, consideraram inconstitucional o projeto de Código Civil, em parecer publicado sob o título Um projeto de Código Civil na contramão da Constituição (*Revista Trimestral de Direito Civil* 4:243, 2000), por não traduzir a supremacia da dignidade humana sobre os aspectos patrimoniais e por violar o princípio da vedação do retrocesso. Em sentido contrário, v. Judith Martins Costa (*O direito privado como um "sistema em construção"*. Disponível em: <http://www.jus.com.br>. Acesso em: 04 ago. 2005), e Miguel Reale (*Visão geral do novo Código Civil*. Disponível em: <http://www.jus.com.br>. Acesso em: 04 ago. 2005) e (*O novo Código Civil e seus críticos*. Disponível em: <http://www.jus.com.br>. Acesso em: 04 ago. 2005).

normas próprias de outros domínios, mas, sobretudo, a reinterpretação de seus institutos sob uma ótica constitucional.[60] À luz de tais premissas, toda interpretação jurídica é também interpretação constitucional. Qualquer operação de realização do direito envolve a aplicação direta ou indireta da Lei Maior. Aplica-se a Constituição:

a) *diretamente*, quando uma pretensão se fundar em uma norma do próprio texto constitucional. Por exemplo: o pedido de reconhecimento de uma imunidade tributária (CF, art. 150, VI) ou o pedido de nulidade de uma prova obtida por meio ilícito (CF, art. 5º, LVI);

b) *indiretamente*, quando uma pretensão se fundar em uma norma infraconstitucional, por duas razões:

(i) antes de aplicar a norma, o intérprete deverá verificar se ela é compatível com a Constituição, porque se não for, não deverá fazê-la incidir. Esta operação está sempre presente no raciocínio do operador do Direito, ainda que não seja por ele explicitada;

(ii) ao aplicar a norma, o intérprete deverá orientar seu sentido e alcance à realização dos fins constitucionais.

Em suma: a Constituição figura hoje no centro do sistema jurídico, de onde irradia sua força normativa, dotada de supremacia formal e material. Funciona, assim, não apenas como parâmetro de validade para a ordem infraconstitucional, mas também como vetor de interpretação de todas as normas do sistema.

3.3.3 A constitucionalização do Direito e seus mecanismos de atuação prática

A constitucionalização do Direito, como já antecipado, repercute sobre os diferentes Poderes estatais. Ao legislador e ao administrador, impõe deveres negativos e positivos de atuação, para que observem os limites e promovam os fins ditados pela Constituição. A constitucionalização, no entanto, é obra precípua da jurisdição constitucional, que no Brasil pode ser exercida, difusamente, por juízes e

---

[60] J.J. Gomes Canotilho e Vital Moreira (*Fundamentos da Constituição*, 1991, p. 45): "A principal manifestação da preeminência normativa da Constituição consiste em que toda a ordem jurídica deve ser *lida à luz dela* e passada pelo seu crivo". V. também, Paulo Ricardo Schier (*Filtragem constitucional*, 1999).

tribunais, e concentradamente pelo Supremo Tribunal Federal, quando o paradigma for a Constituição Federal. Esta realização concreta da supremacia formal e axiológica da Constituição envolve diferentes técnicas e possibilidades interpretativas, que incluem:
a) o reconhecimento da revogação das normas infraconstitucionais anteriores à Constituição (ou à emenda constitucional), quando com ela incompatíveis;
b) a declaração de inconstitucionalidade de normas infraconstitucionais posteriores à Constituição, quando com ela incompatíveis;
c) a declaração da inconstitucionalidade por omissão, com a consequente convocação à atuação do legislador;[61]
d) a interpretação conforme a Constituição, que pode significar:
(i) a leitura da norma infraconstitucional da forma que melhor realize o sentido e o alcance dos valores e fins constitucionais a ela subjacentes;
(ii) a declaração de inconstitucionalidade parcial sem redução do texto, que consiste na exclusão de uma determinada interpretação possível da norma — geralmente a mais óbvia — e a afirmação de uma interpretação alternativa, compatível com a Constituição.[62]

Aprofunde-se um pouco mais o argumento, especialmente em relação à interpretação conforme a Constituição. O controle de constitucionalidade é uma modalidade de interpretação e aplicação da Constituição. Independentemente de outras especulações, há consenso de que cabe ao Judiciário pronunciar a invalidade dos enunciados normativos incompatíveis com o texto constitucional, paralisando-lhes a eficácia. De outra parte, na linha do conhecimento convencional, a ele não caberia inovar na ordem jurídica, criando comando até então inexistente. Em outras palavras: o Judiciário estaria autorizado a invalidar um ato do Legislativo, mas não a substituí-lo por um ato de vontade própria.[63]

---

[61] Isso quando não prefira o Supremo Tribunal produzir uma decisão integrativa, a exemplo da sentença aditiva do direito italiano. Esta atuação envolve a sempre controvertida questão da atuação como legislador positivo (v. *infra*).
[62] Relativamente a esta segunda possibilidade, v. Luís Roberto Barroso, *Interpretação e aplicação da Constituição*, 2004, p. 189.
[63] Nesse sentido, v. STF. *DJU*, 15 abr. 1988, Rp nº 1.417-DF, Rel. Min. Moreira Alves: "Ao declarar a inconstitucionalidade de uma lei em tese, o STF — em sua função de Corte Constitucional — atua como legislador negativo, mas não tem o poder de agir como legislador positivo, para criar norma jurídica diversa da instituída pelo Poder Legislativo". Passa-se ao largo,

Pois bem. As modernas técnicas de interpretação constitucional — como é o caso da interpretação conforme a Constituição — continuam vinculadas a esse pressuposto, ao qual agregam um elemento inexorável. A interpretação jurídica dificilmente é unívoca, seja porque um mesmo enunciado, ao incidir sobre diferentes circunstâncias de fato, pode produzir normas diversas,[64] seja porque, mesmo em tese, um enunciado pode admitir várias interpretações, em razão da polissemia de seus termos. A interpretação conforme a Constituição, portanto, pode envolver (i) uma singela determinação de sentido da norma, (ii) sua não incidência a uma determinada situação de fato ou (iii) a exclusão, por inconstitucional, de uma das normas que podem ser extraídas do texto. Em qualquer dos casos, não há declaração de inconstitucionalidade do enunciado normativo, permanecendo a norma no ordenamento. Por esse mecanismo se reconciliam o princípio da supremacia da Constituição e o princípio da presunção de constitucionalidade. Naturalmente, o limite de tal interpretação está nas possibilidades semânticas do texto normativo.[65]

---

nesta instância, da discussão mais minuciosa do tema, que abriga inúmeras complexidades, inclusive e notadamente em razão do reconhecimento de que juízes e tribunais, em múltiplas situações, desempenham uma atividade de coparticipação na criação da norma.

[64] A doutrina mais moderna tem traçado uma distinção entre enunciado normativo e norma, baseada na premissa de que não há interpretação em abstrato. *Enunciado normativo* é o texto, o relato contido no dispositivo constitucional ou legal. *Norma*, por sua vez, é o produto da aplicação do enunciado a uma determinada situação, isto é, a concretização do enunciado. De um mesmo enunciado é possível extrair diversas normas. Por exemplo: do enunciado do art. 5º, LXIII da Constituição — o *preso* tem direito de permanecer calado — extraem-se normas diversas, inclusive as que asseguram o direito à não autoincriminação ao *interrogado* em geral (STF. *DJU*, 14 dez. 2001, HC nº 80.949, Rel. Min. Sepúlveda Pertence) e até ao *depoente em CPI* (STF. *DJU*, 16 fev. 2001, HC nº 79.812, Rel. Min. Celso de Mello). Sobre o tema, v. Karl Larenz (*Metodologia da ciência do direito*, 1969, p. 270 *et seq.*), Friedrich Müller (Métodos de trabalho do direito constitucional, *Revista da Faculdade de Direito da UFRGS, Edição especial comemorativa dos 50 anos da Lei Fundamental da República Federal da Alemanha*, 1999, p. 45 *et seq.*), Riccardo Guastini (*Distinguendo*. Studi di teoria e metateoria del diritto, 1996, p. 82-3) e Humberto Ávila (*Teoria dos princípios*, 2003, p. 13).

[65] Na jurisprudência do Tribunal Constitucional Federal alemão: "Ao juiz não é permitido mediante 'interpretação conforme a Constituição' dar um significado diferente a uma lei cujo teor e sentido resulta evidente" (1 BvL 149/52-33, 11 jun. 1958); no da Supremo Tribunal Federal brasileiro: "se a única interpretação possível para compatibilizar a norma com a Constituição contrariar o sentido inequívoco que o Poder Legislativo lhe pretendeu dar, não se pode aplicar o princípio da interpretação conforme a Constituição, que implicaria, em verdade, criação de norma jurídica, o que é privativo do legislador positivo" (STF. *DJU*, 15 abr. 1988, Rp nº 1.417-7/DF, Rel. Min. Moreira Alves).

3.4 Alguns aspectos da constitucionalização do Direito

3.4.1 Direito civil[66]

As relações entre o direito constitucional e o direito civil atravessaram, nos últimos dois séculos, três fases distintas, que vão da indiferença à convivência intensa. O marco inicial dessa trajetória é a Revolução Francesa, que deu a cada um deles o seu objeto de trabalho: ao direito constitucional, uma Constituição escrita, promulgada em 1791; ao direito civil, o Código Civil napoleônico, de 1804. Apesar da contemporaneidade dos dois documentos, direito constitucional e direito civil não se integravam nem se comunicavam entre si. Veja-se cada uma das etapas desse processo de aproximação lenta e progressiva:

1ª fase: *Mundos apartados*
No início do constitucionalismo moderno, na Europa, a Constituição era vista como uma Carta *Política*, que servia de referência para as relações entre o Estado e o cidadão, ao passo que o Código Civil era o documento *jurídico* que regia as relações entre particulares, frequentemente mencionado como a "Constituição do direito privado". Nessa etapa histórica, o papel da Constituição era limitado, funcionando como uma convocação à atuação dos Poderes Públicos, e sua concretização dependia, como regra geral, da intermediação do legislador. Destituída de força normativa própria, não desfrutava de aplicabilidade direta e imediata. Já o direito civil era herdeiro da tradição milenar do direito romano. O Código napoleônico realizava adequadamente o ideal burguês de proteção da propriedade e da liberdade de contratar, dando segurança jurídica aos protagonistas do novo regime liberal: o contratante e o proprietário. Esse modelo inicial de incomunicabilidade foi sendo progressivamente superado.

---

[66] Pietro Perlingieri (*Perfis de direito civil*, 1997), Maria Celina Bodin de Moraes (A caminho de um direito civil constitucional, *Revista de Direito Civil* 65:23, 1993, A constitucionalização do direito civil, *Revista de Direito Comparado Luso-Brasileiro* 17:76, 1999, *Danos à pessoa humana*: uma leitura civil-constitucional dos danos morais, 2003, Conceito de dignidade humana: substrato axiológico e conteúdo normativo. *In*: Ingo Wolfgang Sarlet, *Constituição, direitos fundamentais e direito privado*, 2003), Gustavo Tepedino (*Temas de direito civil*, 2004, *Problemas de direito civil constitucional* (Coord.), 2000, O direito civil e a legalidade constitucional. *In*: *Revista Del Rey Jurídica* 13:23, 2004), Luiz Edson Fachin: *Repensando fundamentos do direito civil brasileiro contemporâneo* (Coord.), 1998, *Teoria crítica do direito civil*, 2000), Heloísa Helena Barboza (Perspectivas do direito civil brasileiro para o próximo século, *Revista da Faculdade de Direito*, UERJ, 1998-99), Teresa Negreiros (*Fundamentos para uma interpretação constitucional do princípio da boa-fé*, 1998, *Teoria do contrato*: novos paradigmas, 2002), Judith Martins Costa (Org.) (*A reconstrução do direito privado*, 2002), Paulo Luiz Neto Lôbo (Constitucionalização do direito civil, *Revista de Direito Comparado Luso-Brasileiro* 17:56, 1999), Renan Lotufo (*Direito civil constitucional*, cad. 3, 2002), Michel Verpeaux (Org.) (*Code Civil et Constitution(s)*, 2005).

2ª fase: *Publicização do direito privado*
O Código napoleônico e os modelos que ele inspirou — inclusive o brasileiro — baseavam-se na liberdade individual, na igualdade formal entre as pessoas e na garantia absoluta do direito de propriedade. Ao longo do século XX, com o advento do Estado social e a percepção crítica da desigualdade material entre os indivíduos, o direito civil começa a superar o individualismo exacerbado, deixando de ser o reino soberano da *autonomia da vontade*. Em nome da solidariedade social e da função social de instituições como a propriedade e o contrato, o Estado começa a interferir nas relações entre particulares, mediante a introdução de *normas de ordem pública*. Tais normas se destinam, sobretudo, à proteção do lado mais fraco da relação jurídica, como o consumidor, o locatário, o empregado. É a fase do *dirigismo contratual*, que consolida a publicização do direito privado.[67]

3ª fase: *Constitucionalização do direito civil*
"Ontem os Códigos; hoje as Constituições. A revanche da Grécia contra Roma".[68] A fase atual é marcada pela passagem da Constituição para o centro do sistema jurídico, de onde passa a atuar como o filtro axiológico pelo qual se deve ler o direito civil. Há regras específicas na Constituição, impondo o fim da supremacia do marido no casamento, a plena igualdade entre os filhos, a função social da propriedade. E princípios que se difundem por todo o ordenamento, como a igualdade, a solidariedade social, a razoabilidade. Não é o caso de se percorrerem as múltiplas situações de impacto dos valores constitucionais sobre o direito civil, especificamente, e sobre o direito privado em geral.[69] Mas há dois desenvolvimentos que merecem destaque, pela dimensão das transformações que acarretam.

---

[67] Sobre o tema, v. Orlando Gomes, *Introdução ao direito civil*, 1999, p. 26; e Caio Mário da Silva Pereira, *Instituições de direito civil*, v. 1, 2004, p. 18.

[68] A primeira parte da frase ("Ontem os Códigos; hoje as Constituições") foi pronunciada por Paulo Bonavides, ao receber a medalha Teixeira de Freitas, no Instituto dos Advogados Brasileiros, em 1998. O complemento foi feito por Eros Roberto Grau, ao receber a mesma medalha, em 2003, em discurso publicado em avulso pelo IAB: "Ontem, os códigos; hoje, as Constituições. A revanche da Grécia sobre Roma, tal como se deu, em outro plano, na evolução do direito de propriedade, antes justificado pela origem, agora legitimado pelos fins: a propriedade que não cumpre sua função social não merece proteção jurídica qualquer".

[69] Para este fim, v. Gustavo Tepedino (Org.), *Problemas de direito civil constitucional*, 2000, obra coletiva na qual se discute a constitucionalização do direito civil em domínios diversos, incluindo o direito das obrigações, as relações de consumo, o direito de propriedade e o direito de família. Sobre o tema específico da boa-fé objetiva, vejam-se Judith Martins-Costa (*A boa-fé no direito privado*, 1999) e Teresa Negreiros (*Fundamentos para uma interpretação constitucional do princípio da boa-fé*, 1998).

O primeiro deles diz respeito ao *princípio da dignidade da pessoa humana* na nova dogmática jurídica. Ao término da 2ª Guerra Mundial, tem início a *reconstrução* dos direitos humanos,[70] que se irradiam a partir da dignidade da pessoa humana,[71] referência que passou a constar dos documentos internacionais e das Constituições democráticas,[72] tendo figurado na Carta brasileira de 1988 como um dos *fundamentos* da República (art. 1º, III). A dignidade humana impõe limites e atuações positivas ao Estado, no atendimento das necessidades vitais básicas,[73] expressando-se em diferentes dimensões.[74] No tema específico aqui versado, o princípio promove uma *despatrimonialização*[75] e uma

---

[70] Este é o título do celebrado trabalho de Celso Lafer (*A reconstrução dos direitos humanos*, 1988). Sobre o tema, v. tb. Antônio Augusto Cançado Trindade (*A proteção internacional dos direitos humanos*: fundamentos jurídicos e instrumentos básicos, 1991).

[71] O conteúdo jurídico da dignidade humana se relaciona com a realização dos direitos fundamentais ou humanos, nas suas três dimensões: individuais, políticos e sociais. Sobre o tema, vejam-se Ana Paula de Barcellos (*A eficácia jurídica dos princípios*: o princípio da dignidade da pessoa humana, 2002), Ingo Sarlet (*Dignidade da pessoa humana e direitos fundamentais*, 2004), José Afonso da Silva (Dignidade da pessoa humana como valor supremo da democracia, *Revista de Direito Administrativo* 212:89, 1998), Cármen Lúcia Antunes Rocha (O princípio da dignidade da pessoa humana e a exclusão social, revista *Interesse Público* 4:2, 1999). Vejam-se dois excertos representativos do entendimento dominante: José Carlos Vieira de Andrade (*Os direitos fundamentais na Constituição Portuguesa*, 1998, p. 102): "[O] princípio da dignidade da pessoa humana está na base de todos os direitos constitucionalmente consagrados, quer dos direitos e liberdades tradicionais, quer dos direitos de participação política, quer dos direitos dos trabalhadores e direitos a prestações sociais"; e Daniel Sarmento (*A ponderação de interesses na Constituição brasileira*, 2000, p. 59-60): "O princípio da dignidade da pessoa humana representa o epicentro axiológico da ordem constitucional, irradiando efeitos sobre todo o ordenamento jurídico e balizando não apenas os atos estatais, mas também toda a miríade de relações privadas que se desenvolvem no seio da sociedade civil e do mercado".

[72] Como, *e.g.*, na Declaração Universal dos Direitos Humanos, de 1948, na Constituição italiana de 1947, na Constituição alemã de 1949, na Constituição portuguesa de 1976 e na Constituição espanhola de 1978.

[73] Sobre o tema, v. Ana Paula de Barcellos (*A eficácia jurídica dos princípios constitucionais*: O princípio da dignidade da pessoa humana, 2002, p. 305): "O conteúdo básico, o núcleo essencial do princípio da dignidade da pessoa humana, é composto pelo mínimo existencial, que consiste em um conjunto de prestações materiais mínimas sem as quais se poderá afirmar que o indivíduo se encontra em situação de indignidade. [...] Uma proposta de concretização do mínimo existencial, tendo em conta a ordem constitucional brasileira, deverá incluir os direitos à educação fundamental, à saúde básica, à assistência no caso de necessidade e ao acesso à justiça".

[74] Em denso estudo, Maria Celina Bodin de Moraes (Conceito de dignidade humana: substrato axiológico e conteúdo normativo. *In*: Ingo Wolfgang Sarlet (Org.), *Constituição, direitos fundamentais e direito privado*, 2003), decompõe o conteúdo jurídico da dignidade humana em quatro princípios: igualdade, integridade física e moral (psicofísica), liberdade e solidariedade.

[75] O termo foi colhido em Pietro Perlingieri, *Perfis do direito civil*, 1997, p. 33. Aparentemente, o primeiro a utilizá-lo foi Carmine Donisi, Verso la 'depatrimonializzazione' del diritto privato. *In*: *Rassegna di diritto civile* 80, 1980 (conforme pesquisa noticiada em Daniel Sarmento, *Direitos fundamentais e relações privadas*, 2004, p. 115).

repersonalização[76] do direito civil, com ênfase em valores existenciais e do espírito, bem como no reconhecimento e desenvolvimento dos direitos da personalidade, tanto em sua dimensão física quanto psíquica. O segundo desenvolvimento doutrinário que comporta uma nota especial é a *aplicabilidade dos direitos fundamentais às relações privadas*.[77] O debate remonta à decisão do caso *Lüth* (v. *supra*), que superou a rigidez da dualidade público-privado ao admitir a aplicação da Constituição às relações particulares, inicialmente regidas pelo Código Civil. O tema envolve complexidades e não será aprofundado aqui. As múltiplas situações suscetíveis de ocorrerem no mundo real não comportam solução unívoca.[78] Nada obstante, com exceção da jurisprudência norte-americana (e, mesmo assim, com atenuações), há razoável consenso de que as normas constitucionais se aplicam, em alguma medida, às relações entre particulares. A divergência nessa matéria reside, precisamente, na determinação do modo e da intensidade dessa incidência. Doutrina e jurisprudência dividem-se em duas correntes principais:

a) a da eficácia indireta e mediata dos direitos fundamentais, mediante atuação do legislador infraconstitucional e atribuição de sentido às cláusulas abertas;

---

[76] Luiz Edson Fachin e Carlos Eduardo Pianovski Ruzyk (Um projeto de Código Civil na contramão da Constituição, *Revista Trimestral de Direito Civil* 4:243, 2000): "(A) aferição da constitucionalidade de um diploma legal, diante da *repersonalização* imposta a partir de 1988, deve levar em consideração a prevalência da proteção da dignidade humana em relação às relações jurídicas patrimoniais". A respeito da *repersonalização* do direito civil, v. também Adriano de Cupis, *Diritti della personalità*, 1982.

[77] Sobre este tema, v. duas teses de doutorado desenvolvidas no âmbito do Programa de Pós-graduação em Direito Público da UERJ, ambas aprovadas com distinção e louvor e publicadas em edição comercial: Daniel Sarmento (*Direitos fundamentais e relações privadas*, 2004), e Jane Reis Gonçalves Pereira (*Direitos fundamentais e interpretação constitucional*, 2005). Aliás, trabalhos de excelente qualidade têm sido produzidos sobre a matéria, entre os quais Wilson Steinmetz (*A vinculação dos particulares a direitos fundamentais*, 2004), Ingo Wolfgang Sarlet (Org.) (*Constituição, direitos fundamentais e direito privado*, 2003), Rodrigo Kaufmann (*Dimensões e perspectivas da eficácia horizontal dos direitos fundamentais*, 2003, dissertação de mestrado apresentada à Universidade de Brasília), Luís Virgílio Afonso da Silva (*A constitucionalização do direito*: os direitos fundamentais nas relações entre particulares, 2004, mimeografado, tese de livre-docência apresentada na Universidade de São Paulo – USP), André Rufino do Vale (*Eficácia dos direitos fundamentais nas relações privadas*, 2004) e Thiago Luís Santos Sombra (*A eficácia dos direitos fundamentais nas relações jurídico-privadas*, 2004).

[78] Vejam-se, exemplificativamente, algumas delas: a) pode um clube de futebol impedir o ingresso em seu estádio de jornalistas de um determinado veículo de comunicação que tenha feito críticas ao time (liberdade de trabalho e de imprensa)?; b) pode uma escola judaica impedir o ingresso de crianças não judias (discriminação em razão da religião)?; c) pode o empregador prever no contrato de trabalho da empregada a demissão por justa causa em caso de gravidez (proteção da mulher e da procriação)?; d) pode o locador recusar-se a firmar o contrato de locação porque o pretendente locatário é muçulmano (de novo, liberdade de religião)?; e) pode um jornalista ser demitido por ter emitido opinião contrária à do dono do jornal (liberdade de opinião)?

b) a da eficácia direta e imediata dos direitos fundamentais, mediante um critério de ponderação entre os princípios constitucionais da livre iniciativa e da autonomia da vontade, de um lado, e o direito fundamental em jogo, do outro lado.

O ponto de vista da aplicabilidade direta e imediata afigura-se mais adequado para a realidade brasileira e tem prevalecido na doutrina. Na ponderação a ser empreendida, como na ponderação em geral, deverão ser levados em conta os elementos do caso concreto. Para esta específica ponderação entre autonomia da vontade *versus* outro direito fundamental em questão, merecem relevo os seguintes fatores: a) a igualdade ou desigualdade material entre as partes (*e.g.*, se uma multinacional renuncia contratualmente a um direito, tal situação é diversa daquela em que um trabalhador humilde faça o mesmo); b) a manifesta injustiça ou falta de razoabilidade do critério (*e.g.*, escola que não admite filhos de pais divorciados); c) preferência para valores existenciais sobre os patrimoniais; d) risco para a dignidade da pessoa humana (*e.g.*, ninguém pode se sujeitar a sanções corporais).[79]

O processo de constitucionalização do direito civil, no Brasil, avançou de maneira progressiva, tendo sido amplamente absorvido pela jurisprudência e pela doutrina, inclusive civilista. Aliás, coube a esta, em grande medida, o próprio fomento da aproximação inevitável.[80] Ainda se levantam, aqui e ali, objeções de naturezas diversas, mas o fato é que as resistências, fundadas em uma visão mais tradicionalista do direito civil, dissiparam-se em sua maior parte. Já não há quem negue abertamente o impacto da Constituição sobre o direito privado.[81] A

---

[79] Para um aprofundamento do tema, v. Daniel Sarmento (*Direitos fundamentais e relações privadas*, 2004) e Jane Reis Gonçalves Pereira (*Direitos fundamentais e interpretação constitucional*, 2005).

[80] No caso da Universidade do Estado do Rio de Janeiro, esta é uma das principais linhas do Programa de Pós-graduação em Direito Civil, onde foram pioneiros doutrinadores como Gustavo Tepedino, Maria Celina Bodin de Moraes e Heloísa Helena Barbosa. Na Universidade Federal do Paraná, destacam-se os trabalhos do Professor Luiz Edson Fachin. Na Universidade Federal do Rio Grande do Sul, da Professora Judith Martins Costa. Na PUC de São Paulo, do Professor Renan Lotufo. Na Universidade Federal de Alagoas, Paulo Neto Lôbo.

[81] Gustavo Tepedino, O direito civil e a legalidade constitucional, *Revista Del Rey Jurídica* 13:23, 2004: "Ao contrário do cenário dos anos 80, não há hoje civilista que negue abertamente a eficácia normativa da Constituição e sua serventia para, ao menos de modo indireto, auxiliar na interpretação construtiva da norma infraconstitucional". Em seguida, em preciosa síntese, identifica o autor as quatro objeções mais frequentes à aplicação da Constituição às relações de direito civil: a) não cabe ao constituinte, mas ao legislador, que constitui uma instância mais próxima da realidade dos negócios, a regulação da autonomia privada; b) a baixa densidade normativa dos princípios constitucionais propiciaria excessiva discricionariedade aos magistrados; c) a estabilidade milenar do direito civil restaria abalada pela instabilidade do jogo político-constitucional; d) o controle axiológico das relações de direito civil, para além dos limites claros do lícito e do ilícito, significaria desmesurada ingerência na vida privada.

sinergia com o direito constitucional potencializa e eleva os dois ramos do Direito, em nada diminuindo a tradição secular da doutrina civilista.

3.4.2 Direito administrativo[82]

O direito constitucional e o direito administrativo têm origem e objetivos comuns: o advento do liberalismo e a necessidade de limitação do poder do Estado. Nada obstante, percorreram ambos trajetórias bem diversas, sob influência do paradigma francês. De fato, o direito constitucional passou o século XIX e a primeira metade do século XX associado às categorias da política, destituído de força normativa e aplicabilidade direta e imediata (v. *supra*). O direito administrativo, por sua vez, desenvolveu-se como ramo jurídico autônomo e arrebatou a disciplina da Administração Pública. A existência de uma jurisdição administrativa dissociada da atuação judicial e o prestígio do Conselho de Estado francês deram ao direito administrativo uma posição destacada no âmbito do direito público,[83] associando-o à continuidade e à

---

[82] Sobre as transformações do direito administrativo na quadra atual, v. Diogo de Figueiredo Moreira Neto (*Sociedade, Estado e Administração Pública*, 1996, *Mutações do direito administrativo*, 2000 e *Direito regulatório*, 2003), Caio Tácito (O retorno do pêndulo: serviço público e empresa privada: o exemplo brasileiro, *Revista de Direito Administrativo* 202:1, 1995), Eros Roberto Grau (*A ordem econômica na Constituição de 1988*, 1990), Odete Medauar (*Direito administrativo moderno*, 1998), Maria Sylvia Zanella Di Pietro (*Parcerias na Administração Pública, concessão, permissão, franquia, terceirização e outras formas*, 1999) Carlos Ari Sundfeld (*Direito administrativo ordenador*, 2003), Patrícia Batista (*Transformações do direito administrativo*, 2003), Marcos Juruena (*Desestatização, privatização, concessões e terceirizações*, 2000), Paulo Modesto (A reforma da previdência e a definição de limites de remuneração e subsídio dos agentes públicos no Brasil. *In: Direito público*: estudos em homenagem ao professor Adilson Abreu Dallari, 2004), Humberto Ávila (Repensando o "princípio da supremacia do interesse público sobre o particular". *In: O direito público em tempos de crise*: estudos em homenagem a Ruy Ruben Ruschel, 1999), Alexandre Aragão (*Agências Reguladoras*, 2002), Gustavo Binenbojm (Da supremacia do interesse público ao dever de proporcionalidade: um novo paradigma para o direito administrativo, *Revista de Direito Administrativo* 239:1, 2005). V. tb. Luís Roberto Barroso (Modalidades de intervenção do Estado na ordem econômica. Regime jurídico das sociedades de economia mista. *In: Temas de direito constitucional*, t. I, 2002, A ordem econômica constitucional e os limites à atuação estatal no controle de preços. *In: Temas de direito constitucional*, t. II, 2003, Regime constitucional do serviço postal: legitimidade da atuação da iniciativa privada. *In: Idem*; Agências reguladoras. Constituição, transformações do Estado e legitimidade democrática. *In: Idem*), para a formação da doutrina administrativista no Brasil, preste-se a homenagem devida e merecida a Miguel Seabra Fagundes (*O controle dos atos administrativos pelo Poder Judiciário*, 1. ed. de 1957) e Hely Lopes Meirelles (*Curso de direito administrativo brasileiro*, 1. ed. de 1964). Caio Tácito, além de escritos e inúmeros pareceres, dirige desde 1993 a *Revista de Direito Administrativo*, a mais antiga e prestigiosa publicação na matéria. Celso Antônio Bandeira de Mello (*Elementos de direito administrativo*, 1. ed. de 1980, e, depois, *Curso de direito administrativo*), teve influência decisiva no desenvolvimento de um direito administrativo na perspectiva da cidadania e não da Administração.

[83] Sobre o tema, v. Patrícia Batista, *Transformações do direito administrativo*, 2003, p. 36-7.

estabilidade das instituições.[84] Somente após a 2ª Guerra Mundial, com o movimento de constitucionalização, esta situação de preeminência iria se modificar.

Não se vai reconstituir o histórico da relação entre o direito constitucional e o direito administrativo, que é feito pelos administrativistas em geral[85] e desviaria o foco da análise que aqui se quer empreender. Na quadra presente, três conjuntos de circunstâncias devem ser considerados no âmbito da constitucionalização do direito administrativo: a) a existência de uma vasta quantidade de normas constitucionais voltadas para a disciplina da Administração Pública; b) a sequência de transformações sofridas pelo Estado brasileiro nos últimos anos; c) a influência dos princípios constitucionais sobre as categorias do direito administrativo. Todas elas se somam para a configuração do modelo atual, no qual diversos paradigmas estão sendo repensados ou superados.

A presença de dispositivos sobre a Administração Pública nas Constituições modernas tem início com as Cartas italiana e alemã, em precedentes que foram ampliados pelos Textos português e espanhol. A Constituição brasileira de 1988 discorre amplamente sobre a Administração Pública (v. *supra*), com censurável grau de detalhamento e contendo um verdadeiro estatuto dos servidores públicos. Nada obstante, contém algumas virtudes, como a dissociação da função administrativa da atividade de governo[86] e a enunciação expressa de princípios setoriais do direito administrativo, que na redação original eram os da legalidade, impessoalidade, moralidade e publicidade. A Emenda Constitucional nº 19, de 04.06.98, acrescentou ao elenco o princípio da eficiência.[87] A propósito, a tensão entre a eficiência, de um lado, e a legitimidade democrática, de outro, é uma das marcas da Administração Pública na atualidade.[88]

---

[84] A propósito, v. o célebre artigo de Georges Vedel, Discontinuité du droit constituionnel et continuité du droit administratif. In: *Mélanges Waline*, 1974. Sobre o tema, v. também Louis Favoreu, La constitutionnalisation du droit. In: Bertrand Mathieu e Michel Verpeaux, *La constitutionnalisation des branches du droit*, 1998, p. 182.

[85] V. por todos, Hely Lopes Meirelles (*Direito administrativo brasileiro*, 1993, p. 31). Para uma visão severamente crítica da origem e evolução do direito administrativo, v. Gustavo Binenbojm (Da supremacia do interesse público ao dever de proporcionalidade: um novo paradigma para o direito administrativo, *Revista de Direito Administrativo* 239:1, 2005).

[86] V. Patrícia Batista, *Transformações do direito administrativo*, 2003, p. 74.

[87] A Lei nº 9.784, de 29.01.99, que regula o processo administrativo no plano federal, enuncia como princípios da Administração Pública, entre outros, os da legalidade, finalidade, motivação, razoabilidade, proporcionalidade, moralidade, ampla defesa, contraditório, segurança jurídica, interesse público e eficiência.

[88] V. Luís Roberto Barroso, Agências reguladoras. Constituição, transformações do Estado e legitimidade democrática. In: *Temas de direito constitucional*, t. II, 2003, p. 303-4.

De parte isso, deve-se assinalar que o perfil constitucional do Estado brasileiro, nos domínios administrativo e econômico, foi alterado por um conjunto amplo de reformas econômicas, levadas a efeito por emendas e por legislação infraconstitucional, e que podem ser agrupadas em três categorias: a extinção de determinadas restrições ao capital estrangeiro, a flexibilização de monopólios estatais e a desestatização. Tais transformações modificaram as bases sobre as quais se dava a atuação do Poder Público, tanto no que diz respeito à prestação de serviços públicos como à exploração de atividades econômicas. A diminuição expressiva da atuação empreendedora do Estado transferiu sua responsabilidade principal para o campo da regulação e fiscalização dos serviços delegados à iniciativa privada e das atividades econômicas que exigem regime especial. Foi nesse contexto que surgiram as agências reguladoras, via institucional pela qual se consumou a mutação do papel do Estado em relação à ordem econômica.[89]

Por fim, mais decisivo que tudo para a constitucionalização do direito administrativo, foi a incidência no seu domínio dos princípios constitucionais — não apenas os específicos, mas sobretudo os de caráter geral, que se irradiam por todo o sistema jurídico. Também aqui, a partir da centralidade da dignidade humana e da preservação dos direitos fundamentais, alterou-se a qualidade das relações entre Administração e administrado, com a superação ou reformulação de paradigmas tradicionais.[90] Entre eles é possível destacar:

a) *A redefinição da ideia de supremacia do interesse público sobre o interesse privado*

Em relação a este tema, deve-se fazer, em primeiro lugar, a distinção necessária entre interesse público (i) *primário* — isto é, o interesse da sociedade, sintetizado em valores como justiça, segurança e bem-estar social — e (ii) *secundário*, que é o interesse da pessoa jurídica de direito público (União, Estados e Municípios), identificando-se com o interesse da Fazenda Pública, isto é, do erário.[91] Pois bem: o interesse público

---

[89] As agências reguladoras, como categoria abstrata, não receberam disciplina constitucional. O texto da Constituição, todavia, faz menção a duas delas: a de telecomunicações (art. 21, XI) e a de petróleo (art. 177, §2º, III).

[90] Sobre este tema específico, v. os projetos de doutoramento de Gustavo Binenbojm (*Direitos fundamentais, democracia e Administração Pública*, 2003) e de Arícia Corrêa Fernandes (*Por uma releitura do princípio da legalidade administrativa e da reserva de Administração*, 2003), ambos apresentados ao Programa de Pós-graduação em Direito Público da Universidade do Estado do Rio de Janeiro, sob minha orientação. V. tb. Patrícia Batista (*Transformações do direito administrativo*, 2003) e Gustavo Binenbojm (Da supremacia do interesse público ao dever de proporcionalidade: um novo paradigma para o direito administrativo, *Revista de Direito Administrativo* 239:1, 2005).

[91] Esta classificação, de origem italiana, é pouco disseminada na doutrina e na jurisprudência brasileiras. V. Renato Alessi, *Sistema Istituzionale del diritto administrativo italiano*, 1960, p. 197,

secundário jamais desfrutará de uma supremacia *a priori* e abstrata em face do interesse particular. Se ambos entrarem em rota de colisão, caberá ao intérprete proceder à ponderação desses interesses, à vista dos elementos normativos e fáticos relevantes para o caso concreto.[92]

b) *A vinculação do administrador à Constituição e não apenas à lei ordinária*
Supera-se, aqui, a ideia restrita de vinculação positiva do administrador à lei, na leitura convencional do princípio da legalidade, pela qual sua atuação estava pautada por aquilo que o legislador determinasse ou autorizasse. O administrador pode e deve atuar tendo por fundamento direto a Constituição e independentemente, em muitos casos, de qualquer manifestação do legislador ordinário. O princípio da legalidade transmuda-se, assim, em princípio da constitucionalidade ou, talvez mais propriamente, em princípio da juridicidade, compreendendo sua subordinação à Constituição e à lei, nessa ordem.

c) *A possibilidade de controle judicial do mérito do ato administrativo*
O conhecimento convencional em matéria de controle jurisdicional do ato administrativo limitava a cognição dos juízes e tribunais aos aspectos da legalidade do ato (competência, forma e finalidade) e não do seu mérito (motivo e objeto), aí incluídas a conveniência e oportunidade de sua prática. Já não se passa mais assim. Não apenas os princípios constitucionais gerais já mencionados, mas também os específicos, como moralidade, eficiência e, sobretudo, a razoabilidade-proporcionalidade permitem o controle da discricionariedade administrativa (observando-se, naturalmente, a contenção e a prudência, para que não se substitua a discricionariedade do administrador pela do juiz).[93]

---

apud Celso Antônio Bandeira de Mello, *Curso de direito administrativo*, 2003, p. 57. Depois de Celso Antônio, outros autores utilizaram esta distinção. V. Diogo de Figueiredo Moreira Neto, *Curso de direito administrativo*, 1997, p. 429 *et seq.*

[92] Para um aprofundamento dessa discussão, v. meu prefácio ao livro de Daniel Sarmento (Org.), *Interesses públicos* versus *interesses privados*: Desconstruindo o princípio de supremacia do interesse público, 2005. V. tb., naturalmente, o próprio livro, do qual constam textos de grande valia sobre o tema, escritos por Humberto Ávila, Paulo Ricardo Schier, Gustavo Binenbojm, Daniel Sarmento e Alexandre Aragão. O texto de Humberto Ávila foi pioneiro na discussão da matéria. Sob outro enfoque, merece referência o trabalho de Fábio Medina Osório (Existe uma supremacia do interesse público sobre o privado no direito brasileiro?, *Revista de Direito Administrativo* 220:107, 2000).

[93] Sobre princípios constitucionais da Administração Pública, v. Cármen Lúcia Antunes Rocha (*Princípios constitucionais da Administração Pública*, 1994), Romeu Bacellar (*Princípios constitucionais do processo administrativo disciplinar*, 1998), Juarez Freitas (*O controle dos atos administrativos e os princípios fundamentais*, 1999), Ruy Samuel Espíndola (Princípios constitucionais e atividade jurídico-administrativa: anotações em torno de questões contemporâneas, *Interesse Público* 21:57, 2003).

Um último comentário se impõe nesse passo. Há autores que se referem à mudança de alguns paradigmas tradicionais do direito administrativo como caracterizadores de uma *privatização do direito público*, que passa a estar submetido, por exemplo, a algumas categorias do direito das obrigações. Seria, de certa forma, a mão inversa da *publicização do direito privado*. Na verdade, é a aplicação de princípios constitucionais que leva determinados institutos de direito público para o direito privado e, simetricamente, traz institutos de direito privado para o direito público. O fenômeno em questão, portanto, não é nem de publicização de um, nem de privatização de outro, mas de constitucionalização de ambos. Daí resulta uma diluição do rigor da dualidade direito público/direito privado, produzindo áreas de confluência e fazendo com que a distinção passe a ser antes quantitativa do que qualitativa.[94]

3.4.3 Direito penal

A repercussão do direito constitucional sobre a disciplina legal dos crimes e das penas é ampla, direta e imediata, embora não tenha sido explorada de maneira abrangente e sistemática pela doutrina especializada. A Constituição tem impacto sobre a validade e a interpretação das normas de direito penal, bem como sobre a produção legislativa na matéria. Em primeiro lugar, pela previsão de um amplo catálogo de garantias, inserido no art. 5º (v. *supra*). Além disso, o texto constitucional impõe ao legislador o dever de criminalizar determinadas condutas,[95] assim como impede a criminalização de outras.[96] Adicione-se a circunstância de que

---

[94] Não é possível aprofundar o tema, que é rico e intrincado, sem um desvio que seria inevitavelmente longo e descabido nas circunstâncias. Vejam-se, sobre a questão: Pietro Perlingieri (*Perfis de direito civil*, 1997, p. 17), Maria Celina Bodin de Moraes (A caminho de um direito civil constitucional, *Revista de Direito Civil* 65:23, 1993, p. 25) e Gustavo Tepedino (Premissas metodológicas para a constitucionalização do direito civil. In: *Temas de direito civil*, 2004, p. 19): "Daí a inevitável alteração dos confins entre o direito público e o direito privado, de tal sorte que a distinção deixa de ser qualitativa e passa a ser quantitativa, nem sempre se podendo definir qual exatamente é o território do direito público e qual o território do direito privado. Em outras palavras, pode-se provavelmente determinar os campos do direito público ou do direito privado pela prevalência do interesse público ou do interesse privado, não já pela inexistência de intervenção pública nas atividades de direito privado ou pela exclusão da participação do cidadão nas esferas da administração pública. A alteração tem enorme significado hermenêutico, e é preciso que venha a ser absorvida pelos operadores".

[95] Como, por exemplo, nos casos de racismo, tortura, ação de grupos armados contra a ordem constitucional, crimes ambientais e violência contra a criança, entre outras referências expressas. V. arts. 5º, XLI, XLII, XLIII, XLIV, 7º, X, 225, §3º e 227, §4º.

[96] Como por exemplo: "Art. 53. Os Deputados e Senadores são invioláveis, civil e penalmente, por quaisquer de suas opiniões, palavras e votos"; "Art. 5º [...] XVI - todos podem reunir-se pacificamente, sem armas, em locais abertos ao público, independentemente de autorização [...]; XVII - é plena a liberdade de associação para fins lícitos, vedada a de caráter paramilitar".

algumas tipificações previamente existentes são questionáveis à luz dos novos valores constitucionais ou da transformação dos costumes,[97] assim como podem ser excepcionadas em algumas de suas incidências concretas, se provocarem resultado constitucionalmente indesejável.[98]

A constitucionalização do direito penal suscita um conjunto instigante e controvertido de ideias, a serem submetidas ao debate doutrinário e à consideração da jurisprudência. Boa parte do pensamento jurídico descrê das potencialidades das penas privativas de liberdade, que somente deveriam ser empregadas em hipóteses extremas, quando não houvesse meios alternativos eficazes para a proteção dos interesses constitucionalmente relevantes.[99] Os bens jurídicos constitucionais obedecem a uma ordenação hierárquica, de modo que a gravidade da punição deve ser graduada em função dessa lógica.[100] A disciplina

---

[97] É o caso de tipos previstos no Código Penal (CP), como os de sedução (art. 217), adultério (art. 240) ou de escrito obsceno, assim descrito: "Art. 234. Fazer, importar, exportar, adquirir ou ter sob sua guarda, para fim de comércio, de distribuição ou de exposição pública, escrito, desenho, pintura, estampa ou qualquer objeto obsceno: Pena – detenção, de 6 (seis) meses a 2 (dois) anos, ou multa".

[98] Duas decisões do Supremo Tribunal Federal exemplificam o argumento. Na primeira, concedeu-se *habeas corpus* em favor de um jovem acusado de estupro, por haver mantido relação sexual com uma menina de 12 anos. Por maioria, decidiu a Corte que a presunção de violência do art. 224 do CP é relativa e que o crime não se configurava, à vista de elementos do caso concreto — consentimento da vítima e sua aparência de ter mais de 14 anos — que tornariam extremamente injusta a aplicação literal do dispositivo do Código Penal (STF. *DJU*, 20 set. 1996, HC nº 73.662-MG, Rel. Min. Marco Aurélio). Num outro caso, a Corte trancou a ação penal promovida contra ex-Prefeito Municipal, pela contratação de boa-fé, mas sem concurso público, de um único gari. O fundamento utilizado foi a *insignificância jurídica do ato apontado como delituoso, gerando falta de justa causa para a ação penal* (STF. *DJU*, 11 set. 1998, HC nº 77.003-4, Rel. Min. Marco Aurélio). Sobre o tema da interpretação conforme a equidade, de modo a evitar a incidência iníqua de determinada regra, v. Ana Paula de Barcellos, *Ponderação, racionalidade e atividade jurisdicional*, 2005.

[99] O presente parágrafo beneficia-se da discussão de ideias trazidas por Valéria Caldi de Magalhães, *Constitucionalização do direito e controle de constitucionalidade das leis penais*: Algumas considerações, mimeografado, 2005, trabalho de final de curso apresentado na disciplina *Interpretação Constitucional*, do Programa de Pós-graduação em Direito Público da Universidade do Estado do Rio de Janeiro (UERJ). Averbou a autora: "Ao mesmo tempo em que o funda e autoriza, a Constituição reduz e limita o direito penal, na medida em que só autoriza a criminalização de condutas que atinjam de modo sensível um bem jurídico essencial para a vida em comunidade. Este é o papel do direito penal: atuar como última *ratio*, quando seja absolutamente necessário e não haja outros mecanismos de controle social aptos a impedir ou punir aquelas lesões".

[100] Lênio Luiz Streck e Luciano Feldens (*Crime e Constituição*, 2003, p. 44-5): "No campo do Direito Penal, em face dos objetivos do Estado Democrático de Direito estabelecidos expressamente na Constituição (erradicação da pobreza, redução das desigualdades sociais e regionais, direito à saúde, proteção do meio-ambiente, proteção integral à criança e ao adolescente, etc.), os delitos que devem ser penalizados com (maior) rigor são exatamente aqueles que, de uma maneira ou outra, obstaculizam/dificultam/impedem a concretização dos objetivos do Estado Social e Democrático. Entendemos ser possível, assim, afirmar que os crimes de sonegação de tributos,

jurídica dada a determinada infração ou a pena aplicável não deve *ir além* nem tampouco *ficar aquém* do necessário à proteção dos valores constitucionais em questão. No primeiro caso, haverá inconstitucionalidade por falta de razoabilidade ou proporcionalidade;[101] no segundo, por omissão em atuar na forma reclamada pela Constituição.[102] Uma hipótese específica de constitucionalização do direito penal suscitou candente debate na sociedade e no Supremo Tribunal Federal: a da legitimidade ou não da interrupção da gestação nas hipóteses de feto anencefálico. Na ação constitucional ajuizada pediu-se a interpretação conforme a Constituição dos dispositivos do Código Penal que tipificam o crime de aborto, para declarar sua não incidência naquela situação de inviabilidade fetal. A grande questão teórica em discussão era a de saber se, ao declarar a não incidência do Código Penal a uma determinada situação, porque isso provocaria um resultado inconstitucional, estaria o STF interpretando a Constituição — que é o seu papel — ou criando uma nova hipótese de não punibilidade do aborto, em invasão da competência do legislador.[103]

---

lavagem de dinheiro e corrupção (para citar apenas alguns) merecem do legislador um tratamento mais severo que os crimes que dizem respeito às relações meramente interindividuais (desde que cometidos sem violência ou grave ameaça)".

[101] É o caso da disciplina penal dada pela Lei nº 9.677/98 (Lei dos Remédios) à adulteração de cosméticos. O delito é equiparado à adulteração de medicamentos que, por sua vez, prevê penas mínimas superiores à do crime de homicídio para a falsificação, corrupção, adulteração ou alteração de produto destinado a fins terapêuticos ou medicinais (CP, art. 273 e §1º, *a*). Sobre o tema, v. Miguel Reale Júnior, A inconstitucionalidade da Lei dos Remédios, *Revista dos Tribunais* 763:415, 1999. Outro exemplo é o da Lei nº 9.437/97, que em seu art. 10 pune com penas idênticas o porte de arma de fogo e o porte de arma de brinquedo. Sobre a proporcionalidade no âmbito do direito penal, v. Ingo Sarlet (Constituição e proporcionalidade: o direito penal e os direitos fundamentais entre proibição de excesso e de insuficiência, *Revista de Estudos Criminais* 12:86, 2003).

[102] Valéria Caldi de Magalhães (*Constitucionalização do direito e controle de constitucionalidade das leis penais*: algumas considerações, mimeografado, 2005, p. 15), considera de "duvidosa constitucionalidade" a previsão legal de extinção da punibilidade de crimes contra a ordem tributária, em razão do pagamento do tributo antes e, até mesmo, após o recebimento da denúncia. A matéria é disciplinada pelo art. 34 da Lei nº 9.249/95 e pelo art. 9º da Lei nº 10.684/03.

[103] STF, ADPF nº 54, Rel. Min. Marco Aurélio. Por 7 votos a 4, o STF decidiu conhecer da ação e apreciar-lhe o mérito. Alguns dos argumentos apresentados pela autora da ação, a Confederação Nacional dos Trabalhadores na Saúde foram os seguintes: (i) atipicidade do fato: pelo direito positivo brasileiro, a vida se extingue pela morte encefálica; o feto anencefálico não chega sequer a ter vida cerebral (princípio da legalidade); (ii) exclusão da punibilidade: o Código Penal determina a não punição nos casos de risco de morte para a mãe e de estupro; tais situações, por envolverem feto com potencialidade de vida, são mais drásticas do que a da anencefalia, que só não foi prevista expressamente por inexistirem recursos tecnológicos de diagnóstico, quando da elaboração do Código Penal, em 1940 (interpretação evolutiva); (iii) violação do princípio da dignidade da pessoa humana, tanto na versão da integridade física quanto psíquica, pela imposição de sofrimento imenso e inútil à mulher, obrigando-a

Não é propósito desse estudo, voltado para uma análise panorâmica, percorrer caso a caso o impacto da Constituição sobre os diferentes segmentos do Direito. A constitucionalização, como já observado, manifesta-se de maneira difusa pelos diferentes domínios, ainda que em graus variados. As ideias gerais apresentadas são válidas, portanto, para todos os ramos, aí incluídos o direito do trabalho, o direito comercial, o direito ambiental, o direito processual e assim por diante.

4 Constitucionalização e judicialização das relações sociais

A constitucionalização, na linha do argumento aqui desenvolvido, expressa a irradiação dos valores constitucionais pelo sistema jurídico. Esta difusão da Lei Maior pelo ordenamento se dá por via da jurisdição constitucional, que abrange a aplicação direta da Constituição a determinadas questões; a declaração de inconstitucionalidade de normas com ela incompatíveis; e a interpretação conforme a Constituição, para atribuição de sentido às normas jurídicas em geral. No caso brasileiro, deve-se enfatizar, a jurisdição constitucional é exercida amplamente: do juiz estadual ao Supremo Tribunal Federal, todos interpretam a Constituição, podendo, inclusive, recusar aplicação à lei ou outro ato normativo que considerem inconstitucional.[104]

Ao lado desse exercício amplo de jurisdição constitucional, há um outro fenômeno que merece ser destacado. Sob a Constituição de 1988, aumentou de maneira significativa a demanda por justiça na sociedade brasileira. Em primeiro lugar, pela redescoberta da cidadania e pela conscientização das pessoas em relação aos próprios direitos. Em seguida, pela circunstância de haver o texto constitucional criado novos direitos, introduzido novas ações e ampliado a legitimação ativa para tutela de interesses, mediante representação ou substituição processual. Nesse ambiente, juízes e tribunais passaram a desempenhar um papel simbólico importante no imaginário coletivo. Isso conduz a

---

a levar a termo uma gestação inviável. [Recentemente, em 12 abr. 2012, por 8 votos a 2, o Tribunal julgou procedente pedido, a fim de declarar a inconstitucionalidade da interpretação segundo a qual a interrupção da gravidez de feto anencefálico seria conduta tipificada Código Penal].

[104] A Constituição de 1988 manteve o sistema eclético, híbrido ou misto, combinando o controle *por via incidental e difuso* (sistema americano), que vinha desde o início da República, com o controle *por via principal e concentrado*, implantado com a EC n° 16/65 (sistema continental europeu). V. Luís Roberto Barroso (*O controle de constitucionalidade no direito brasileiro*, 2004).

um último desenvolvimento de natureza política, que é considerado no parágrafo abaixo.

Uma das instigantes novidades do Brasil dos últimos anos foi a virtuosa ascensão institucional do Poder Judiciário. Recuperadas as liberdades democráticas e as garantias da magistratura, juízes e tribunais deixaram de ser um departamento técnico especializado e passaram a desempenhar um papel político, dividindo espaço com o Legislativo e o Executivo. Tal circunstância acarretou uma modificação substantiva na relação da sociedade com as instituições judiciais, impondo reformas estruturais e suscitando questões complexas acerca da extensão de seus poderes.

Pois bem: em razão desse conjunto de fatores — constitucionalização, aumento da demanda por justiça e ascensão institucional do Judiciário —, verificou-se no Brasil uma expressiva *judicialização* de questões políticas e sociais, que passaram a ter nos tribunais a sua instância decisória final.[105] Vejam-se abaixo, ilustrativamente, alguns dos temas e casos que foram objeto de pronunciamento do Supremo Tribunal Federal ou de outros tribunais, em período recente:

(i) políticas públicas: a constitucionalidade de aspectos centrais da Reforma da Previdência (contribuição dos inativos) e da Reforma do Judiciário (criação do Conselho Nacional de Justiça);

(ii) relações entre Poderes: determinação dos limites legítimos de atuação das Comissões Parlamentares de Inquérito (como quebra de sigilos e decretação de prisão) e do papel do Ministério Público na investigação criminal;

(iii) direitos fundamentais: legitimidade da interrupção da gestação em certas hipóteses de inviabilidade fetal;

(iv) questões do dia a dia das pessoas: legalidade da cobrança de assinaturas telefônicas, a majoração do valor das passagens de transporte coletivo ou a fixação do valor máximo de reajuste de mensalidade de planos de saúde.

Os métodos de atuação e de argumentação dos órgãos judiciais são, como se sabe, *jurídicos*, mas a natureza de sua função é inegavelmente *política*, aspecto que é reforçado pela exemplificação acima. Sem

---

[105] O tema é ainda pouco explorado na doutrina. V., no entanto, o trabalho-pesquisa elaborado por Luiz Werneck Vianna, Maria Alice de Carvalho, Manuel Cunha Melo e Marcelo Baumann Burgos (*A judicialização da política e das relações sociais no Brasil*, 1999). E também, para duas visões diversas, Luiz Werneck Vianna (Org.) (*A democracia e os três Poderes no Brasil*, 2002) e Rogério Bastos Arantes (*Ministério Público e política no Brasil*, 2002). Para uma análise crítica desses dois trabalhos, v. Débora Alves Maciel e Andrei Koerner, Sentidos da judicialização da política: duas análises, *Lua Nova*, 57:113, 2002.

embargo de desempenhar um poder político, o Judiciário tem características diversas das dos outros Poderes. É que seus membros não são investidos por critérios eletivos nem por processos majoritários. E é bom que seja assim. A maior parte dos países do mundo reserva uma parcela de poder para que seja desempenhado por agentes públicos selecionados com base no mérito e no conhecimento específico. Idealmente preservado das paixões políticas, ao juiz cabe decidir com imparcialidade, baseado na Constituição e nas leis. Mas o poder de juízes e tribunais, como todo poder em um Estado democrático, é representativo. Vale dizer: é exercido em nome do povo e deve contas à sociedade.

Nesse ponto se coloca uma questão que só mais recentemente vem despertando o interesse da doutrina no Brasil, que é a da legitimidade democrática da função judicial, suas possibilidades e limites. Relativamente ao controle de constitucionalidade das normas, já há alguma literatura recente.[106] No tocante ao controle de constitucionalidade de políticas públicas, o tema só agora começa a ser desbravado.[107] Vale a pena investir uma energia final nessa matéria.

Em sentido amplo, a jurisdição constitucional envolve a interpretação e aplicação da Constituição, tendo como uma de suas principais expressões o controle de constitucionalidade das leis e atos normativos. No Brasil, esta possibilidade vem desde a primeira Constituição republicana (controle incidental e difuso), tendo sido ampliada após a Emenda Constitucional nº 16/65 (controle principal e concentrado). A existência de fundamento normativo expresso, aliada a outras circunstâncias, adiou o debate no país acerca da legitimidade do desempenho pela corte constitucional de um papel normalmente referido como

---

[106] No direito comparado, no qual o tema é discutido de longa data, v., exemplificativamente: Hamilton, Madison e Jay, *The federalist papers*, 1981 (a publicação original foi entre 1787 e 1788), especialmente *O Federalista nº 78*; John Marshall, voto em *Marbury v. Madison* [5 U.S. (1 Cranch)], 1803, Hans Kelsen (*Quién debe ser el defensor de la Constitución*, 1931), Carl Schmitt (*La defensa de la constitución*, 1931), John Hart Ely (*Democracy and distrust*, 1980), Alexander Bickel (*The least dangerous branch*, 1986), Ronald Dworkin (*A matter of principle*, 1985), John Rawls (*A theory of justice*, 1999), Jürgen Habermas (*Direito e democracia*: entre facticidade e validade, 1989), Bruce Ackerman (*We the people*: foundations, 1993), Carlos Santiago Nino (*La Constitución de la democracia deliberativa*, 1997). Na literatura nacional mais recente, vejam-se: Bianca Stamato Fernandes (*Jurisdição constitucional*, 2005), Gustavo Binenbojm (*A nova jurisdição constitucional brasileira*, 2004), Cláudio de Souza Pereira Neto (*Jurisdição constitucional, democracia e racionalidade prática*, 2002), José Adércio Leite Sampaio (*A Constituição reinventada pela jurisdição constitucional*, 2002).

[107] V. Ana Paula de Barcellos (Neoconstitucionalismo, direitos fundamentais e controle das políticas públicas, *Revista de Direito Administrativo* 240, 2005) e Marcos Maselli Pinheiro Gouvêa (*O controle judicial das omissões administrativas*, 2003). Abordagens iniciais da questão podem ser encontradas em Luís Roberto Barroso (*O direito constitucional e a efetividade de suas normas*, 2003) e Ingo Wolfgang Sarlet (*A eficácia dos direitos fundamentais*, 2004).

contra-majoritário:[108] órgãos e agentes públicos não eleitos têm o poder de afastar ou conformar leis elaboradas por representantes escolhidos pela vontade popular. Ao longo dos últimos dois séculos, impuseram-se doutrinariamente duas grandes linhas de justificação desse papel das supremas cortes/tribunais constitucionais. A primeira, mais tradicional, assenta raízes na soberania popular e na separação de Poderes: a Constituição, expressão maior da vontade do povo, deve prevalecer sobre as leis, manifestações das maiorias parlamentares. Cabe assim ao Judiciário, no desempenho de sua função de aplicar o Direito, afirmar tal supremacia, negando validade à lei inconstitucional. A segunda, que lida com a realidade mais complexa da nova interpretação jurídica, procura legitimar o desempenho do controle de constitucionalidade em outro fundamento: a preservação das condições essenciais de funcionamento do Estado democrático. Ao juiz constitucional cabe assegurar determinados valores substantivos e a observância dos procedimentos adequados de participação e deliberação.[109]

A questão do controle das políticas públicas envolve, igualmente, a demarcação do limite adequado entre matéria constitucional e matéria a ser submetida ao processo político majoritário. Por um lado, a Constituição protege os direitos fundamentais e determina a adoção de políticas públicas aptas a realizá-los. Por outro, atribuiu as decisões sobre o investimento de recursos e as opções políticas a serem perseguidas a cada tempo aos Poderes Legislativo e Executivo. Para assegurar a supremacia da Constituição, mas não a hegemonia judicial, a doutrina começa a voltar sua atenção para o desenvolvimento de parâmetros objetivos de controle de políticas públicas.[110]

---

[108] A expressão "dificuldade contra-majoritária" (*the counter-majoritarian difficulty*) foi cunhada por Alexander Bickel, *The least dangerous branch*, 1986, p. 16, cuja 1. ed. é de 1962.

[109] Sobre o tema, vejam-se Cláudio Pereira de Souza Neto (*Jurisdição, democracia e racionalidade prática*, 2002; José Adércio Leite Sampaio, *A Constituição reinventada pela jurisdição constitucional*, 2002), Bianca Stamato (*Jurisdição constitucional*, 2005).

[110] V., especialmente, Ana Paula de Barcellos (Neoconstitucionalismo, direitos fundamentais e controle das políticas públicas, *Revista de Direito Administrativo* 240, 2005). Em duas passagens, sintetiza a autora, de maneira feliz, os dois pólos da questão: "Em um Estado democrático, não se pode pretender que a Constituição invada o espaço da política em uma versão de substancialismo radical e elitista, em que as decisões políticas são transferidas, do povo e de seus representantes, para os reis filósofos da atualidade: os juristas e operadores do direito em geral". Porém de outra parte: "Se a Constituição contém normas nas quais estabeleceu fins públicos prioritários, e se tais disposições são normas *jurídicas*, dotadas de *superioridade* hierárquica e de *centralidade* no sistema, não haveria sentido em concluir que a atividade de definição das políticas públicas — que irá ou não realizar esses fins — deve estar totalmente infensa ao controle jurídico. Em suma: não se trata da absorção do político pelo jurídico, mas apenas da limitação do primeiro pelo segundo" (grifos no original).

CAPÍTULO 4
NEOCONSTITUCIONALISMO E CONSTITUCIONALIZAÇÃO DO DIREITO...

O papel do Judiciário, em geral, e do Supremo Tribunal, em particular, na interpretação e na efetivação da Constituição, é o combustível de um debate permanente na teoria/filosofia[111] constitucional contemporânea, pelo mundo afora. Como as nuvens, o tema tem percorrido trajetórias variáveis, em função de ventos circunstanciais, e tem assumido formas as mais diversas: ativismo *versus* contenção judicial; interpretativismo *versus* não interpretativismo; constitucionalismo popular *versus* supremacia judicial. A terminologia acima deixa trair a origem do debate: a discussão existente sobre a matéria nos Estados Unidos, desde os primórdios do constitucionalismo naquele país. A seguir uma palavra sobre a experiência americana.

A atuação pró-ativa da Suprema Corte, no início da experiência constitucional americana, foi uma bandeira do pensamento conservador. Não há surpresa nisso: ali se encontrou apoio para a política da segregação racial[112] e para a invalidação das leis sociais em geral,[113] culminando no confronto entre o Presidente Roosevelt e a Corte.[114] A

---

[111] Os conceitos de teoria e de filosofia constitucional não se confundem, mas vêm se aproximando, como notou Cláudio Pereira de Souza Neto (A teoria constitucional e seus lugares específicos: Notas sobre o aporte reconstrutivo. In: *Direito constitucional contemporâneo*: estudos em homenagem ao professor Paulo Bonavides, 2005, p. 87 *et seq.*): "Tradicionalmente, a teoria da constituição se destinava à identificação, análise e descrição do que 'é' uma constituição. Hoje, contudo, abrange também o campo das indagações que versem sobre o que a constituição 'deve ser', *i. e.*, incorpora dimensões racional-normativas, as quais se situam na seara do que se vem denominando 'filosofia constitucional'".

[112] Em *Dred Scott vs. Sandford* [60 U.S. (10 How.) 393], julgado em 1857, a Suprema Corte considerou serem inconstitucionais tanto as leis estaduais como as federais que pretendessem conferir cidadania aos negros, que eram vistos como seres inferiores e não tinham proteção constitucional. Na mais condenada decisão do constitucionalismo americano, a Suprema Corte alinhou-se com a defesa da escravidão. Muitos anos se passaram até que o Tribunal recuperasse sua autoridade moral e política. V. Nowack, Rotunda e Young, *Constitutional law*, 2000, p. 687.

[113] A partir do final do século XIX, a Suprema Corte fez-se intérprete do pensamento liberal, fundado na ideia do *laissez faire*, pelo qual o desenvolvimento é melhor fomentado com a menor interferência possível do Poder Público. A decisão que melhor simbolizou esse período foi proferida em 1905 no caso *Lochner vs. New York* (198 U.S. 45), na qual, em nome da liberdade de contrato, considerou-se inconstitucional uma lei de Nova York que limitava a jornada de trabalho dos padeiros. Sob o mesmo fundamento, a Suprema Corte invalidou inúmeras outras lei. Esse período ficou conhecido como era *Lochner*.

[114] Eleito em 1932, após a crise de 1929, Franklin Roosevelt deflagrou o *New Deal*, programa econômico e social caracterizado pela intervenção do Estado no domínio econômico e pela edição de ampla legislação social. Com base na doutrina desenvolvida na era *Lochner*, a Suprema Corte passou a declarar inconstitucionais tais leis, gerando um confronto com o Executivo. Roosevelt chegou a enviar um projeto de lei ao Congresso, ampliando a composição da Corte — *Court-packing plan* —, que não foi aprovado. A Suprema Corte, no entanto, veio a mudar sua orientação e abdicou do exame do mérito das normas de cunho econômico e social, tendo por marco a decisão proferida em *West Coast vs. Parrish* (300 U.S. 379), datada de 1937.

situação se inverteu completamente a partir da década de 50, quando a Suprema Corte, nas presidências Warren e Burger, produziu jurisprudência progressista em matéria de direitos fundamentais,[115] incluindo negros, presos e mulheres, bem como questões relativas a privacidade e aborto.[116] Pelos anos seguintes, o debate central na teoria constitucional norte-americana contrapôs, de um lado, liberais (ou progressistas), favoráveis ao *judicial review* e a algum grau de ativismo judicial, e, de outro, conservadores, favoráveis à autocontenção judicial e a teorias como originalismo e não interpretativismo.[117] De algum tempo para cá, em razão do amplo predomínio republicano e conservador, com reflexos na jurisprudência da Suprema Corte, alguns juristas liberais vêm questionando o que denominam "supremacia judicial" e defendendo um ainda impreciso constitucionalismo popular, com a "retirada da Constituição dos tribunais".[118]

---

[115] Veja-se o registro dessa mudança em Larry D. Kramer, Popular constitutionalism, circa 2004, *California Law Review* 92:959, 2004, p. 964-5: "(The Warren Court), for the first time in American history, gave progressives a reason to see the judiciary as a friend rather than a foe. This had never been a problem for conservatives. Going all the way back to the Federalist era, conservatives had always embraced an idea of broad judicial authority, including judicial supremacy, and they continued to do so after Chief Justice Warren took over. For them, the problem with the Warren Court was simply that its decisions were wrong. [...] Beginning with Robert Bork's 1968 attack on the Court in Fortune Magazine, many conservatives started to assail the Court using the traditionally liberal rhetoric of countermajoritarianism".

[116] Earl Warren presidiu a Suprema Corte de 1953 a 1969; Warren Burger, de 1969 a 1986. Algumas decisões emblemáticas desses períodos foram: Brown *vs.* Board of Education (1954), que considerou inconstitucional a política de segregação racial nas escolas públicas; Griswold *vs.* Connecticut (1965), que invalidou lei estadual que incriminava o uso de pílula anticoncepcional, reconhecendo um direito implícito à privacidade; e Roe *vs.* Wade (1973), que considerou inconstitucional lei estadual que criminalizava o aborto, mesmo que antes do terceiro mês de gestação. No domínio do processo penal, foram proferidas as decisões marcantes já mencionadas (v. *supra*), em casos como Gideon *vs.* Wainwright (1963) e Miranda *vs.* Arizona (1966).

[117] A crítica de viés conservador, estimulada por longo período de governos republicanos, veio embalada por uma corrente doutrinária denominada de *originalismo*, defensora da ideia pouco consistente de que a interpretação constitucional deveria ater-se à intenção original dos criadores da Constituição. Sobre o tema, v. Robert Bork, *The tempting of América*, 1990, e William Rehnquist, The notion of a living Constitution, *Texas Law Review* 54:693, 1976. Em sentido oposto, v. Morton J. Horwitz, Foreword: the Constitution of change: legal fundamentality without fundamentalism, *Harvard Law Review* 107:30, 1993, e Laurence Tribe, *American constitutional law*, 2000, p. 302 *et seq.* Para uma análise ampla dessa temática em língua portuguesa, v. Bianca Stamato, *Jurisdição constitucional*, 2005.

[118] Vejam-se alguns textos escritos nos últimos anos. Em favor do "popular constitutionalism", v.: Larry D. Kramer, *The people themselves*: Popular constitutionalism and judicial review, 2004; Mark Tushnet, *Taking the Constitution away from the courts*, 1999; Jeremy Waldron, *The dignity of legislation*, 1999; Richard D. Parker, "*Here the people rule*": A popular constitutionalist manifest, 1994. Em defesa do "judicial review", v.: Cristopher L. Eisgruber's, *Constitutional self-government*, 2001; Erwin Chemerinsky, In defense of judicial review: A reply to professor Kramer, *California Law Review* 92:1013, 2004; Frederick Schauer, Judicial supremacy and the modest Constitution, *California Law Review* 92: 1045.

O debate, na sua essência, é universal e gravita em torno das tensões e superposições entre constitucionalismo e democracia. É bem de ver, no entanto, que a ideia de democracia não se resume ao princípio majoritário, ao governo da maioria. Há outros princípios a serem preservados e há direitos da minoria a serem respeitados. Cidadão é diferente de eleitor; governo do povo não é governo do eleitorado.[119] No geral, o processo político majoritário se move por interesses, ao passo que a lógica democrática se inspira em valores. E, muitas vezes, só restará o Judiciário para preservá-los.[120] O *deficit* democrático do Judiciário, decorrente da dificuldade contra-majoritária, não é necessariamente maior que o do Legislativo, cuja composição pode estar afetada por disfunções diversas, entre as quais o uso da máquina administrativa, o abuso do poder econômico, a manipulação dos meios de comunicação.[121]

O papel do Judiciário e, especialmente, das cortes constitucionais e supremos tribunais deve ser o de resguardar o processo democrático e promover os valores constitucionais, superando o *deficit* de legitimidade dos demais Poderes, quando seja o caso. Sem, contudo, desqualificar sua própria atuação, o que ocorrerá se atuar abusivamente, exercendo preferências políticas em lugar de realizar os princípios constitucionais.[122] Além disso, em países de tradição democrática menos

---

[119] Christopher L. Eisgruber, Constitutional self-government and judicial review: A reply to five critics, *University of San Francisco Law Review* 37:115, 2002, p. 119-31.

[120] A jurisdição constitucional legitimou-se, historicamente, pelo inestimável serviço prestado às duas ideias centrais que se fundiram para criar o moderno Estado democrático de direito: constitucionalismo (*i.e.*, poder limitado e respeito aos direitos fundamentais) e democracia (soberania popular e governo da maioria). O papel da corte constitucional é assegurar que todos estes elementos convivam em harmonia, cabendo-lhe, ademais, a atribuição delicada de estancar a vontade da maioria quando atropele o procedimento democrático ou vulnere direitos fundamentais da minoria. Um bom exemplo foi a decisão do STF reconhecendo o direito público subjetivo, assegurado às minorias legislativas, de ver instaurada Comissão Parlamentar de Inquérito (CPI dos Bingos). Diante da inércia dos líderes partidários em indicar representantes de suas agremiações, a Corte concedeu mandado de segurança para que o próprio Presidente do Senado designasse os nomes faltantes. V. *Inf. STF 393*, MS nº 24.831, Rel. Min. Celso de Mello, j. 22 jun. 2005.

[121] V. Vital Moreira, O futuro da Constituição. *In*: Eros Roberto Grau e Willis Santiago Guerra Filho, *Estudos em homenagem a Paulo Bonavides*, 2001, p. 323: "Na fórmula constitucional primordial, 'todo poder reside no povo'. Mas a verdade é que, na reformulação de Sternberger, 'nem todo o poder vem do povo'. Há o poder econômico, o poder mediático, o poder das corporações sectoriais. E por vezes estes poderes sobrepõem-se ao poder do povo".

[122] Luís Roberto Barroso, Disciplina legal dos direitos do acionista minoritário e do preferencialista. Constituição e espaços de atuação legítima do Legislativo e do Judiciário. *In*: *Temas de direito constitucional*, t. III, 2005, p. 314-5: "Como já referido, porém, a Constituição não ocupa, nem pode pretender ocupar todos os espaços jurídicos dentro do Estado, sob pena de asfixiar o exercício democrático dos povos em cada momento histórico. Respeitadas as regras constitucionais e dentro do espaço de sentido possível dos princípios constitucionais, o Legislativo está livre para fazer as escolhas que lhe pareçam melhores e mais consistentes com os anseios da população que o elegeu.

enraizada, cabe ao tribunal constitucional funcionar como garantidor da estabilidade institucional, arbitrando conflitos entre Poderes ou entre estes e a sociedade civil. Estes os seus grandes papéis: resguardar os valores fundamentais e os procedimentos democráticos, assim como assegurar a estabilidade institucional.

No Brasil, só mais recentemente se começam a produzir estudos acerca do ponto de equilíbrio entre supremacia da Constituição, interpretação constitucional pelo Judiciário e processo político majoritário. O texto prolixo da Constituição, a disfuncionalidade do Judiciário e a crise de legitimidade que envolve o Executivo e o Legislativo tornam a tarefa complexa. Os diversos outros ingredientes da vivência brasileira espantam os riscos de tédio ou marasmo, embora provoquem sustos paralisantes. A difícil tarefa de construir as instituições de um país que se atrasou na história exige energia, idealismo e imunização contra a amargura. Não adianta: ninguém escapa do seu próprio tempo.

5 Conclusão

O novo direito constitucional ou neoconstitucionalismo desenvolveu-se na Europa, ao longo da segunda metade do século XX, e, no Brasil, após a Constituição de 1988. O ambiente filosófico em que floresceu foi o do pós-positivismo, tendo como principais mudanças de paradigma, no plano teórico, o reconhecimento de força normativa à Constituição, a expansão da jurisdição constitucional e a elaboração das diferentes categorias da nova interpretação constitucional.

Fruto desse processo, a constitucionalização do Direito importa na irradiação dos valores abrigados nos princípios e regras da Constituição por todo o ordenamento jurídico, notadamente por via da jurisdição constitucional, em seus diferentes níveis. Dela resulta a aplicabilidade direta da Constituição a diversas situações, a inconstitucionalidade das normas incompatíveis com a Carta Constitucional e, sobretudo, a interpretação das normas infraconstitucionais conforme a Constituição, circunstância que irá conformar-lhes o sentido e o alcance. A constitucionalização, o aumento da demanda por justiça por parte da sociedade

---

A disputa política entre diferentes visões alternativas e plausíveis acerca de como dar desenvolvimento concreto a um princípio constitucional é própria do pluralismo democrático. A absorção institucional dos conflitos pelas diversas instâncias de mediação, com a conseqüente superação da força bruta, dá o toque de civilidade ao modelo. Mas não é possível pretender derrotar a vontade majoritária, em espaço no qual ela deva prevalecer, pela via oblíqua de uma interpretação jurídica sem lastro constitucional. Ao agir assim, o intérprete estaria usurpando tanto o papel do constituinte quanto do legislador".

brasileira e a ascensão institucional do Poder Judiciário provocaram, no Brasil, uma intensa judicialização das relações políticas e sociais. Tal fato potencializa a importância do debate, na teoria constitucional, acerca do equilíbrio que deve haver entre supremacia constitucional, interpretação judicial da Constituição e processo político majoritário. As circunstâncias brasileiras, na quadra atual, reforçam o papel do Supremo Tribunal Federal, inclusive em razão da crise de legitimidade por que passam o Legislativo e o Executivo, não apenas como um fenômeno conjuntural, mas como uma crônica disfunção institucional.

CAPÍTULO 5

CONSTITUIÇÃO, DEMOCRACIA E SUPREMACIA JUDICIAL
DIREITO E POLÍTICA NO BRASIL CONTEMPORÂNEO

Nota introdutória

Este artigo terminou de ser escrito no ano de 2010. Boa parte do texto foi produzida durante duas breves temporadas na Kennedy School of Government, a escola de políticas públicas da Universidade de Harvard. Minha estada lá foi facilitada pelo professor brasileiro Filipe Campante. O texto aprofunda um pequeno trabalho que eu havia publicado anteriormente, intitulado "Judicialização, Ativismo Judicial e Legitimidade Democrática".[1] O trabalho publicado a seguir procura refletir sobre um dos fenômenos mais visíveis no cenário político contemporâneo no Brasil: a ascensão institucional do Poder Judiciário, que passou a disputar espaço com os outros dois Poderes, tanto em termos de visibilidade quanto de poder efetivo. Decisões judiciais, assim do Supremo Tribunal Federal como dos tribunais em geral, passaram a fazer parte da rotina das manchetes de jornais. As possibilidades e limites da atuação judicial, e as fronteiras de sua legitimidade em uma democracia fundada na soberania popular, são questões centrais nas reflexões aqui apresentadas.

---

[1] Luís Roberto Barroso, Judicialização, ativismo judicial e legitimidade democrática. Disponível em: <http://www.conjur.com.br/2008-dez-22/judicializacao_ativismo_legitimidade_democratica>.

Na primeira parte (tópico 2), dedicada à ascensão do Poder Judiciário, o artigo faz uma distinção, que considero importante, entre judicialização e ativismo judicial. Nela são apresentados, igualmente, três grandes linhas de críticas à expansão judicial. Na segunda parte (tópico 3), descrevo a concepção tradicional acerca das relações entre direito e política, cuidando de aspectos como a independência judicial e a vinculação de juízes e tribunais ao direito vigente. Por fim, a terceira parte (tópico 4) é dedicada à análise do modelo real das relações entre Direito e política. O texto procura demonstrar as situações em que o juiz se torna, inevitavelmente, um agente político criador de normas e de soluções, bem como explora os fatores extrajurídicos que influenciam o processo decisório. Apesar da viagem relativamente longa, o ponto de chegada não é surpreendente: o Direito deve ter uma vigorosa pretensão de autonomia em relação à política. Mas essa autonomia será sempre relativa e suas fronteiras serão móveis. Reconhecer a evidência da interação entre Direito e política e procurar submeter tal convivência a parâmetros racionais e controláveis é, a meu ver, uma postura mais realista e construtiva do que negar uma realidade inelutável.

1 Introdução

O estudo que se segue está dividido em três partes. Na primeira, narra-se a ascensão institucional do Judiciário nos últimos anos, no Brasil e no mundo. São apresentados, assim, os fenômenos da jurisdição constitucional, da judicialização e do ativismo judicial, bem como as críticas à expansão do Judiciário na vida brasileira. O tópico se encerra com a demonstração da importância e dos limites da jurisdição constitucional nas democracias contemporâneas. A segunda parte é dedicada à concepção tradicional das relações entre direito e política, fundada na separação plena entre os dois domínios.[2] A Constituição faz a interface entre o universo político e o jurídico, instituindo o Estado de direito, os poderes constituídos e fazendo a distinção entre legislar, administrar e julgar. A atuação de juízes e tribunais é preservada do contágio político

---

[2] É da tradição da doutrina brasileira grafar a palavra direito com letra maiúscula, em certos contextos. Nesse trabalho, todavia, em que o termo é empregado em sua relação com a política, o uso da maiúscula poderia passar a impressão de uma hierarquização entre os dois domínios, o que não é minha intenção. Restaria a alternativa de grafar política com maiúscula. Mas também não me pareceu ser o caso.

por meio da independência do Judiciário em relação aos demais Poderes e por sua vinculação ao direito, que constitui um mundo autônomo, tanto do ponto de vista normativo quanto doutrinário. Essa visão, inspirada pelo formalismo jurídico, apresenta inúmeras insuficiências teóricas e enfrenta boa quantidade de objeções, em uma era marcada pela complexidade da interpretação jurídica e por forte interação do Judiciário com outros atores políticos relevantes.

A terceira parte introduz uma questão relativamente nova no debate jurídico brasileiro: o modelo *real* das relações entre direito e política. Uma análise sobre o que de fato ocorre no exercício da prestação jurisdicional e na interpretação das normas jurídicas, e não um discurso convencional sobre como elas deveriam ser. Trata-se de uma especulação acerca dos elementos e circunstâncias que motivam e influenciam um juiz, para além da boa aplicação do direito. Com isso, procura-se superar a persistente negação com que os juristas tradicionalmente lidam com o tema, proclamando uma independência que não é desse mundo. Na construção do argumento, examinam-se algumas hipóteses que produzem os chamados *casos difíceis*, que exigem a atuação criativa de juízes e tribunais; e faz-se, igualmente, uma reflexão acerca dos diferentes métodos de interpretação e sua utilização em função do resultado a que se quer chegar. Por fim, são identificados diversos fatores extrajurídicos relevantes, capazes de repercutir em maior ou menor medida sobre um julgamento, como os valores pessoais do juiz, as relações do Judiciário com outros atores políticos e a opinião pública, entre outros.

Entre o ceticismo do realismo jurídico e da teoria crítica, que equiparam o direito ao voluntarismo e à política, e a visão idealizada do formalismo jurídico, com sua crença na existência de um muro divisório entre ambos, o presente estudo irá demonstrar o que já se afigurava intuitivo: no mundo real, não vigora nem a equiparação nem a separação plena. Na concretização das normas jurídicas, sobretudo as normas constitucionais, direito e política convivem e se influenciam reciprocamente, numa interação que tem complexidades, sutilezas e variações.[3] Em múltiplas hipóteses, não poderá o intérprete fundar-se em elementos de pura razão e objetividade, como é a ambição do direito. Nem por isso, recairá na discricionariedade e na subjetividade, presentes nas decisões políticas. Entre os dois extremos, existe um espaço em

---

[3] O termo "política" é utilizado nesse trabalho em uma acepção ampla, que transcende uma conotação partidária ou de luta pelo poder. Na acepção aqui empregada, "política" abrange qualquer influência extrajurídica capaz de afetar o resultado de um julgamento.

que a vontade é exercida dentro de parâmetros de razoabilidade e de legitimidade, que podem ser controlados pela comunidade jurídica e pela sociedade. Vale dizer: o que se *quer* é balizado pelo que se *pode* e pelo que se *deve* fazer.

2 A ascensão institucional do Judiciário[4]

2.1 A jurisdição constitucional

O Estado constitucional de direito se consolida, na Europa continental, a partir do final da II Guerra Mundial. Até então, vigorava um modelo identificado, por vezes, como Estado legislativo de direito.[5] Nele, a Constituição era compreendida, essencialmente, como um documento político, cujas normas não eram aplicáveis diretamente, ficando na dependência de desenvolvimento pelo legislador ou pelo administrador. Tampouco existia o controle de constitucionalidade das leis pelo Judiciário — ou, onde existia, era tímido e pouco relevante. Nesse ambiente, vigorava a centralidade da lei e a supremacia do parlamento. No Estado constitucional de direito, a Constituição passa a valer como norma jurídica. A partir daí, ela não apenas disciplina o modo de produção das leis e atos normativos, como estabelece determinados limites para o seu conteúdo, além de impor deveres de atuação ao Estado. Nesse novo modelo, vigora a centralidade da Constituição e a supremacia judicial, como tal entendida a primazia de um tribunal constitucional ou suprema corte na interpretação final e vinculante das normas constitucionais.

A expressão jurisdição constitucional designa a interpretação e aplicação da Constituição por órgãos judiciais. No caso brasileiro, essa competência é exercida por todos os juízes e tribunais, situando-se o Supremo Tribunal Federal no topo do sistema. A jurisdição constitucional compreende duas atuações particulares. A primeira, de aplicação direta da Constituição às situações nela contempladas. Por exemplo, o reconhecimento de que determinada competência é do Estado, não da União; ou do direito do contribuinte a uma imunidade tributária; ou do direito à liberdade de expressão, sem censura ou licença prévia. A

---

[4] A primeira parte deste trabalho, especialmente os itens 2.2 e 2.3, beneficia-se da pesquisa e de algumas passagens de texto anterior de minha autoria, "Judicialização, ativismo judicial e legitimidade democrática", publicado na *Revista de Direito do Estado* 13:71, 2009.
[5] V. Luigi Ferrajoli (Pasado y futuro Del Estado de derecho. *In*: Miguel Carbonell (Org.), *Neoconstitucionalismo(s)*, 2003, p. 14-17), e Gustavo Zagrebelsky (*El derecho dúctil*: ley, derechos, justicia, 2005, p. 21-41).

segunda atuação envolve a aplicação indireta da Constituição, que se dá quando o intérprete a utiliza como parâmetro para aferir a validade de uma norma infraconstitucional (controle de constitucionalidade) ou para atribuir a ela o melhor sentido, em meio a diferentes possibilidades (interpretação conforme a Constituição). Em suma: a jurisdição constitucional compreende o poder exercido por juízes e tribunais na aplicação direta da Constituição, no desempenho do controle de constitucionalidade das leis e dos atos do Poder Público em geral e na interpretação do ordenamento infraconstitucional conforme a Constituição.

2.2 A judicialização da política e das relações sociais[6]

Judicialização significa que questões relevantes do ponto de vista político, social ou moral estão sendo decididas, em caráter final, pelo Poder Judiciário. Trata-se, como intuitivo, de uma transferência de poder para as instituições judiciais, em detrimento das instâncias políticas tradicionais, que são o Legislativo e o Executivo. Essa expansão da jurisdição e do discurso jurídico constitui uma mudança drástica no modo de se pensar e de se praticar o direito no mundo romano-germânico.[7] Fruto da conjugação de circunstâncias diversas,[8] o fenômeno é mundial, alcançando até mesmo países que tradicionalmente seguiram o

---

[6] Sobre o tema, v. o trabalho pioneiro de Luiz Werneck Vianna, Maria Alice Resende de Carvalho, Manuel Palacios Cunha Melo e Marcelo Baumann Burgos (*A judicialização da política e das relações sociais no Brasil*, 1999). V. tb., Giselle Cittadino (Judicialização da política, constitucionalismo democrático e separação de Poderes. In: Luiz Werneck Vianna (Org.), *A democracia e os três Poderes no Brasil*, 2002). Vejam-se, ainda: Luiz Werneck Vianna, Marcelo Baumann Burgos e Paula Martins Salles (Dezessete anos de judicialização da política, *Tempo Social* 19:39, 2007), Ernani Carvalho (Judicialização da política no Brasil: controle de constitucionalidade e racionalidade política, *Análise Social* 44:315, 2009, e Em busca da judicialização da política no Brasil: apontamentos para uma nova abordagem, *Revista de Sociologia Política* 23:115, 2004), Rogério Bastos Arantes (Judiciário: entre a justiça e a política, *in*: <http://academico.direito-rio.fgv.br/ccmw/images/9/9d/Arantes.pdf>, e Constitutionalism, the expansion of justice and the judicialization of politics in Brazil. *In*: Rachel Sieder, Line Schjolden e Alan Angell, *The judicialization of politics in Latin America*, 2005, p. 231-62), Martonio Mont'Alverne Barreto Lima (Judicialização da política e comissões parlamentares de inquérito: um problema da teoria constitucional da democracia, *Revista Jurídica da FIC* 7:9, 2006), Luciano Da Ros (Tribunais como árbitros ou como instrumentos de oposição: uma tipologia a partir dos estudos recentes sobre judicialização da política com aplicação ao caso brasileiro contemporâneo, *Direito, Estado e Sociedade* 31:86, 2007), e Thais Florencio de Aguiar (A judicialização da política ou o rearranjo da democracia liberal, *Ponto e Vírgula* 2:142, 2007).

[7] V. Alec Stone Sweet, *Governing with judges: constitutional politics in Europe*, 2000, p. 35-36 e 130. A visão prevalecente nas democracias parlamentares tradicionais de ser necessário evitar um "governo de juízes", reservando ao Judiciário apenas uma atuação como legislador negativo, já não corresponde à prática política atual. Tal compreensão da separação de Poderes encontra-se em "crise profunda" na Europa continental.

[8] Para uma análise das condições para o surgimento e consolidação da judicialização, v. C. Neal Tate e Torbjörn Vallinder (Ed.), *The global expansion of judicial power*, 1995, p. 117.

modelo inglês — a chamada democracia ao estilo de Westminster —, com soberania parlamentar e ausência de controle de constitucionalidade.[9] Exemplos numerosos e inequívocos de judicialização ilustram a fluidez da fronteira entre política e justiça no mundo contemporâneo, documentando que nem sempre é nítida a linha que divide a criação e a interpretação do direito. Os precedentes podem ser encontrados em países diversos e distantes entre si, como Canadá,[10] Estados Unidos,[11] Israel,[12] Turquia,[13] Hungria[14] e Coreia,[15] entre muitos outros. No início de 2010, uma decisão do Conselho Constitucional francês e outra da Suprema Corte americana produziram controvérsia e a reação política dos dois presidentes.[16] Na América Latina,[17] o caso da Colômbia é um dos mais significativos.[18]

Há causas de naturezas diversas para o fenômeno. A primeira delas é o reconhecimento da importância de um Judiciário forte e independente, como elemento essencial para as democracias modernas.

---

[9] V. Ran Hirschl, The new constitutionalism and the judicialization of pure politics worldwide, Fordham Law Review 75:721, 2006-2007, p. 721. A referência envolve países como Canadá, Israel, Nova Zelândia e o próprio Reino Unido.

[10] Decisão da Suprema Corte sobre a constitucionalidade de os Estados Unidos fazerem testes com mísseis em solo canadense. Este exemplo e os seguintes vêm descritos em maior detalhe em Ran Hirschl, The judicialization of politics. In: Whittington, Kelemen e Caldeira (Ed.), The Oxford handbook of law and politics, 2008, p. 124-5.

[11] Decisão da Suprema Corte que definiu a eleição de 2000, em Bush v. Gore.

[12] Decisão da Suprema Corte sobre a compatibilidade, com a Constituição e com os atos internacionais, da construção de um muro na fronteira com o território palestino.

[13] Decisões da Suprema Corte destinadas a preservar o Estado laico contra o avanço do fundamentalismo islâmico.

[14] Decisão da Corte Constitucional sobre a validade de plano econômico de grande repercussão sobre a sociedade.

[15] Decisão da Corte Constitucional restituindo o mandato de presidente destituído por impeachment.

[16] Na França, foi anulado o imposto do carbono, que incidiria sobre o consumo e a emissão de gases poluentes, com forte reação do governo. V. Le Monde, 12 jan. 2010, <http://www.lemonde.fr/politique/article/2010/01/12/m-devedjian-je-souhaite-que-le-conseil-constitutionnel-soit-a-l-abri-des-soupcons_1290457_823448.html>. Nos Estados Unidos, a decisão em Citizens United v. Federal Election Commission, invalidando os limites à participação financeira das empresas em campanhas eleitorais, foi duramente criticada pelo Presidente Barak Obama. V. New York Times, 24 jan. 2010, p. A-20.

[17] Sobre o fenômeno na América Latina, v. Rachel Sieder, Line Schjolden e Alan Angell, The judicialization of politics in Latin America, 2005.

[18] De acordo com Rodrigo Uprimny Yepes, Judicialization of politics in Colombia, International Journal on Human Rights 6:49, 2007, p. 50, algumas das mais importantes hipóteses de judicialização da política na Colômbia envolveram: a) luta contra a corrupção e para mudança das práticas políticas; b) contenção do abuso das autoridades governamentais, especialmente em relação à declaração do estado de emergência ou estado de exceção; c) proteção das minorias, assim como a autonomia individual; d) proteção das populações estigmatizadas ou aqueles em situação de fraqueza política; e e) interferência com políticas econômicas, em virtude da proteção judicial de direitos sociais.

Como consequência, operou-se uma vertiginosa ascensão institucional de juízes e tribunais, assim na Europa como em países da América Latina, particularmente no Brasil. A segunda causa envolve certa desilusão com a política majoritária, em razão da crise de representatividade e de funcionalidade dos parlamentos em geral. Há uma terceira: atores políticos, muitas vezes, preferem que o Judiciário seja a instância decisória de certas questões polêmicas, em relação às quais exista desacordo moral razoável na sociedade. Com isso, evitam o próprio desgaste na deliberação de temas divisivos, como uniões homoafetivas, interrupção de gestação ou demarcação de terras indígenas.[19] No Brasil, o fenômeno assumiu proporção ainda maior, em razão da constitucionalização abrangente e analítica — constitucionalizar é, em última análise, retirar um tema do debate político e trazê-lo para o universo das pretensões judicializáveis — e do sistema de controle de constitucionalidade vigente entre nós, em que é amplo o acesso ao Supremo Tribunal Federal por via de ações diretas.

Como consequência, quase todas as questões de relevância política, social ou moral foram discutidas ou já estão postas em sede judicial, especialmente perante o Supremo Tribunal Federal. A enunciação que se segue, meramente exemplificativa, serve como boa ilustração dos temas judicializados: (i) instituição de contribuição dos inativos na Reforma da Previdência (ADI nº 3.105/DF); (ii) criação do Conselho Nacional de Justiça na Reforma do Judiciário (ADI nº 3.367); (iii) pesquisas com células-tronco embrionárias (ADI nº 3.510/DF); (iv) liberdade de expressão e racismo (HC nº 82.424/RS — caso Ellwanger); (v) interrupção da gestação de fetos anencefálicos (ADPF nº 54/DF); (vi) restrição ao uso de algemas (HC nº 91.952/SP e Súmula Vinculante nº 11); (vii) demarcação da reserva indígena Raposa Serra do Sol (Pet nº 3.388/RR); (viii) legitimidade de ações afirmativas e quotas sociais e raciais (ADI nº 3.330); (ix) vedação ao nepotismo (ADC nº 12/DF e Súmula nº 13); (x) não recepção da Lei de Imprensa (ADPF nº 130/DF).

---

[19] V. Rodrigo Uprimny Yepes (Judicialization of politics in Colombia, *International Journal on Human Rights* 6:49, mimeografado, 2007, p. 57). V. tb. José Ribas Vieira, Margarida Maria Lacombe Camargo e Alexandre Garrido Silva (O Supremo Tribunal Federal como arquiteto institucional: a judicialização da política e o ativismo judicial. In: *Anais do I Forum de Grupos de Pesquisa em direito Constitucional e Teoria dos direitos*, 2009, p. 44): "Em casos politicamente custosos, os poderes Legislativo e Executivo podem, de um modo estratégico, por meio de uma inércia deliberada, abrir um espaço para a atuação ativista dos tribunais. Temas profundamente controvertidos, sem perspectiva de consenso na sociedade, tais como a abertura dos arquivos da ditadura militar, uniões homoafetivas, aborto, entre outros, têm os seus custos políticos estrategicamente repassados para os tribunais, cujos integrantes não precisam passar pelo crivo do voto popular após suas decisões".

A lista poderia prosseguir indefinidamente, com a identificação de casos de grande visibilidade e repercussão, como a extradição do militante italiano Cesare Battisti (Ext nº 1.085/Itália e MS nº 27.875/DF), a questão da importação de pneus usados (ADPF nº 101/DF) ou da proibição do uso do amianto (ADI nº 3.937/SP). Merece destaque a realização de diversas audiências públicas, perante o STF, para debater a questão da judicialização de prestações de saúde, notadamente o fornecimento de medicamentos e de tratamentos fora das listas e dos protocolos do Sistema Único de Saúde (SUS).[20]

Uma observação final relevante dentro deste tópico. No Brasil, como assinalado, a judicialização decorre, sobretudo, de dois fatores: o modelo de constitucionalização abrangente e analítica adotado; e o sistema de controle de constitucionalidade vigente entre nós, que combina a matriz americana — em que todo juiz e tribunal podem pronunciar a invalidade de uma norma no caso concreto — e a matriz europeia, que admite ações diretas ajuizáveis perante a corte constitucional. Nesse segundo caso, a validade constitucional de leis e atos normativos é discutida em tese, perante o Supremo Tribunal Federal, fora de uma situação concreta de litígio. Essa fórmula foi maximizada no sistema brasileiro pela admissão de uma variedade de ações diretas e pela previsão constitucional de amplo direito de propositura. Nesse contexto, a judicialização constitui um *fato* inelutável, uma circunstância decorrente do desenho institucional vigente, e não uma opção política do Judiciário. Juízes e tribunais, uma vez provocados pela via processual adequada, não têm a alternativa de se pronunciarem ou não sobre a questão. Todavia, o modo como venham a exercer essa competência é que vai determinar a existência ou não de ativismo judicial.

2.3 O ativismo judicial

Ativismo judicial é uma expressão cunhada nos Estados Unidos[21] e que foi empregada, sobretudo, como rótulo para qualificar a atuação da

---

[20] V. <http://www.stf.jus.br/portal/cms/verTexto.asp?servico=processoAudienciaPublicaSaude>.
[21] A locução "ativismo judicial" foi utilizada, pela primeira vez, em artigo de um historiador sobre a Suprema Corte americana no período do *New Deal*, publicado em revista de circulação ampla. V. Arthur M. Schlesinger, Jr., The Supreme Court: 1947, *Fortune*, jan. 1947, p. 208, *apud* Keenan D. Kmiec, The origin and current meanings of 'judicial activism', *California Law Review* 92:1441, 2004, p. 1446. A descrição feita por Schlesinger da divisão existente na Suprema Corte, à época, é digna de transcrição, por sua atualidade no debate contemporâneo: "Esse conflito pode ser descrito de diferentes maneiras. O grupo de Black e de Douglas acredita que a Suprema Corte pode desempenhar um papel afirmativo na promoção do

Suprema Corte durante os anos em que foi presidida por Earl Warren, entre 1954 e 1969.[22] Ao longo desse período, ocorreu uma revolução profunda e silenciosa em relação a inúmeras práticas políticas nos Estados Unidos, conduzida por uma jurisprudência progressista em matéria de direitos fundamentais.[23] Todas essas transformações foram efetivadas sem qualquer ato do Congresso ou decreto presidencial.[24] A partir daí, por força de uma intensa reação conservadora, a expressão ativismo judicial assumiu, nos Estados Unidos, uma conotação negativa, depreciativa, equiparada ao exercício impróprio do poder judicial.[25] Todavia, depurada dessa crítica ideológica — até porque pode ser progressista ou conservadora —[26] a ideia de ativismo judicial está associada a uma

---

bem-estar social; o grupo de Frankfurter e Jackson defende uma postura de autocontenção judicial. Um grupo está mais preocupado com a utilização do poder judicial em favor de sua própria concepção do bem social; o outro, com a expansão da esfera de atuação do Legislativo, mesmo que isso signifique a defesa de pontos de vista que eles pessoalmente condenam. Um grupo vê a Corte como instrumento para a obtenção de resultados socialmente desejáveis; o segundo, como um instrumento para permitir que os outros Poderes realizem a vontade popular, seja ela melhor ou pior. Em suma, Black-Douglas e seus seguidores parecem estar mais voltados para a solução de casos particulares de acordo com suas próprias concepções sociais; Frankfurter-Jackson e seus seguidores, com a preservação do Judiciário na sua posição relevante, mas limitada, dentro do sistema americano".

[22] Sobre o tema, em língua portuguesa, v. Luís Roberto Barroso, A americanização do direito constitucional e seus paradoxos. In: *Temas de direito constitucional*, t. IV, p. 144 *et seq*. (O legado de Warren: ativismo judicial e proteção dos direitos fundamentais). Para uma interessante biografia de Warren, bem como um denso relato do período, v. Jim Newton, *Justice for all*: Earl Warren and the Nation he made, 2006.

[23] Alguns exemplos representativos: considerou-se ilegítima a segregação racial nas escolas (*Brown v. Board of Education*, 1954); foram assegurados aos acusados em processo criminal o direito de defesa por advogado (*Gideon v. Wainwright*, 1963) e o direito à não autoincriminação (*Miranda v. Arizona*, 1966); e de privacidade, sendo vedado ao Poder Público a invasão do quarto de um casal para reprimir o uso de contraceptivos (*Griswold v. Connecticut*, 1965). Houve decisões marcantes, igualmente, no tocante à liberdade de imprensa (*New York Times v. Sullivan*, 1964) e a direitos políticos (*Baker v. Carr*, 1962). Em 1973, já sob a presidência de Warren Burger, a Suprema Corte reconheceu direitos de igualdade às mulheres (*Richardson v. Frontiero*, 1973), assim como em favor dos seus direitos reprodutivos, vedando a criminalização do aborto até o terceiro mês de gestação (*Roe v. Wade*).

[24] Jim Newton, *Justice for all*: Earl Warren and the Nation he made, 2006, p. 405.

[25] V. Randy E. Barnett (Constitututional clichês, *Capital University Law Review* 36:493, 2007, p. 495): "Normalmente, no entanto, 'ativismo judicial' é empregado para criticar uma prática judicial que deve ser evitada pelos juízes e que merece a oposição do público". Keenan D. Kmiec, The origin and current meanings of 'judicial activism', *California Law Review* 92:1441, 2004, p. 1463 *et seq*., afirma que não se trata de um conceito monolítico e aponta cinco sentidos em que o termo tem sido empregado no debate americano, no geral com uma conotação negativa: a) declaração de inconstitucionalidade de atos de outros Poderes que não sejam claramente inconstitucionais; b) ignorar precedentes aplicáveis; c) legislação pelo Judiciário; d) distanciamento das metodologias de interpretação normalmente aplicadas e aceitas; e e) julgamentos em função dos resultados.

[26] Como assinalado no texto, a expressão ativismo judicial foi amplamente utilizada para estigmatizar a jurisprudência progressista da Corte Warren. É bem de ver, no entanto, que o

participação mais ampla e intensa do Judiciário na concretização dos valores e fins constitucionais, com maior interferência no espaço de atuação dos outros dois Poderes. Em muitas situações, sequer há confronto, mas mera ocupação de espaços vazios. No Brasil, há diversos precedentes de postura ativista do STF, manifestada por diferentes linhas de decisão. Entre elas se incluem: a) a aplicação direta da Constituição a situações não expressamente contempladas em seu texto e independentemente de manifestação do legislador ordinário, como se passou em casos como o da imposição de fidelidade partidária e o da vedação do nepotismo; b) a declaração de inconstitucionalidade de atos normativos emanados do legislador, com base em critérios menos rígidos que os de patente e ostensiva violação da Constituição, de que são exemplos as decisões referentes à verticalização das coligações partidárias e à cláusula de barreira; c) a imposição de condutas ou de abstenções ao Poder Público, tanto em caso de inércia do legislador — como no precedente sobre greve no serviço público ou sobre criação de município — como no de políticas públicas insuficientes, de que têm sido exemplo as decisões sobre direito à saúde. Todas essas hipóteses distanciam juízes e tribunais de sua função típica de aplicação do direito vigente e os aproximam de uma função que mais se assemelha à de criação do próprio direito.

A judicialização, como demonstrado acima, é um fato, uma circunstância do desenho institucional brasileiro. Já o ativismo é uma atitude, a escolha de um modo específico e proativo de interpretar a Constituição, expandindo o seu sentido e alcance. Normalmente, ele se instala — e este é o caso do Brasil — em situações de retração do Poder Legislativo, de um certo descolamento entre a classe política e a sociedade civil, impedindo que determinadas demandas sociais sejam

---

ativismo judicial precedeu a criação do termo e, nas suas origens, era essencialmente conservador. De fato, foi na atuação proativa da Suprema Corte que os setores mais reacionários encontraram amparo para a segregação racial (*Dred Scott v. Sanford*, 1857) e para a invalidação das leis sociais em geral (Era *Lochner*, 1905-1937), culminando no confronto entre o Presidente Roosevelt e a Corte, com a mudança da orientação jurisprudencial contrária ao intervencionismo estatal (*West Coast v. Parrish*, 1937). A situação se inverteu no período que foi de meados da década de 50 a meados da década de 70 do século passado. Todavia, depois da guinada conservadora da Suprema Corte, notadamente no período da presidência de William Rehnquist (1986-2005), coube aos progressistas a crítica severa ao ativismo judicial que passou a desempenhar. V. Frank B. Cross e Stefanie A. Lindquistt (The scientific study of judicial activism, *Minnesota Law Review* 91:1752, 2006-2007, p. 1753 e 1757-8), Cass Sunstein (Tilting the scales rightward, *New York Times*, 26 abr. 2001) ("um notável período de ativismo judicial direitista") e Erwin Chemerinsky (Perspective on Justice: and federal law got narrower, narrower, *Los Angeles Times*, 18 maio 2000) ("ativismo judicial agressivo e conservador").

atendidas de maneira efetiva. O oposto do ativismo é a *autocontenção judicial*, conduta pela qual o Judiciário procura reduzir sua interferência nas ações dos outros Poderes.[27] A principal diferença metodológica entre as duas posições está em que, em princípio, o ativismo judicial legitimamente exercido procura extrair o máximo das potencialidades do texto constitucional, inclusive e especialmente construindo regras específicas de conduta a partir de enunciados vagos (princípios, conceitos jurídicos indeterminados). Por sua vez, a autocontenção se caracteriza justamente por abrir mais espaço à atuação dos Poderes políticos, tendo por nota fundamental a forte deferência em relação às ações e omissões desses últimos.

2.4 Críticas à expansão da intervenção judicial na vida brasileira

Diversas objeções têm sido opostas, ao longo do tempo, à expansão do Poder Judiciário nos Estados constitucionais contemporâneos. Identificam-se aqui três delas. Tais críticas não infirmam a importância do papel desempenhado por juízes e tribunais nas democracias modernas, mas merecem consideração séria. O modo de investidura dos juízes e membros de tribunais, sua formação específica e o tipo de discurso que utilizam são aspectos que exigem reflexão. Ninguém deseja o Judiciário como instância hegemônica e a interpretação constitucional não pode se transformar em usurpação da função legislativa. Aqui, como em quase tudo mais, impõem-se as virtudes da prudência e da moderação.[28]

2.4.1 Crítica político-ideológica

Juízes e membros dos tribunais não são agentes públicos eleitos. Sua investidura não tem o batismo da vontade popular. Nada obstante isso, quando invalida atos do Legislativo ou do Executivo ou

---

[27] Por essa linha, juízes e tribunais (i) evitam aplicar diretamente a Constituição a situações que não estejam no seu âmbito de incidência expressa, aguardando o pronunciamento do legislador ordinário; (ii) utilizam critérios rígidos e conservadores para a declaração de inconstitucionalidade de leis e atos normativos; e (iii) abstêm-se de interferir na definição das políticas públicas.

[28] V. Aristóteles (*Ética a Nicômaco*, 2007, p. 70-77): "Em primeiro lugar, temos que observar que as qualidades morais são de tal modo constituídas que são destruídas pelo excesso e pela deficiência. [...] [O] excesso e a deficiência são uma marca do vício e a observância da mediania uma marca da virtude...".

impõe-lhes deveres de atuação, o Judiciário desempenha um papel que é inequivocamente político. Essa possibilidade de as instâncias judiciais sobreporem suas decisões às dos agentes políticos eleitos gera aquilo que em teoria constitucional foi denominado de *dificuldade contramajoritária*.[29] A jurisdição constitucional e a atuação expansiva do Judiciário têm recebido, historicamente, críticas de natureza política, que questionam sua legitimidade democrática e sua suposta maior eficiência na proteção dos direitos fundamentais.[30] Ao lado dessas, há, igualmente, críticas de cunho ideológico, que veem no Judiciário uma instância tradicionalmente conservadora das distribuições de poder e de riqueza na sociedade. Nessa perspectiva, a judicialização funcionaria como uma reação das elites tradicionais contra a democratização, um antídoto contra a participação popular e a política majoritária.[31]

2.4.2 Crítica quanto à capacidade institucional

Cabe aos três Poderes interpretar a Constituição e pautar sua atuação com base nela. Mas, em caso de divergência, a palavra final é do Judiciário. Essa primazia não significa, porém, que toda e qualquer matéria deva ser decidida em um tribunal. Para evitar que o

---

[29] Alexander Bickel, *The least dangerous branch*, 1986, p. 16-23: "A questão mais profunda é que o controle de constitucionalidade (*judicial review*) é uma força contramajoritária em nosso sistema. [...] [Q]uando a Suprema Corte declara inconstitucional um ato legislativo ou um ato de um membro eleito do Executivo, ela se opõe à vontade de representantes do povo, o povo que está aqui e agora; ela exerce um controle, não em nome da maioria dominante, mas contra ela. [...] O controle de constitucionalidade, no entanto, é o poder de aplicar e interpretar a Constituição, em matérias de grande relevância, contra a vontade da maioria legislativa, que, por sua vez, é impotente para se opor à decisão judicial".

[30] Um dos principais representantes dessa corrente é Jeremy Waldron, autor de *Law and disagreement* (1999) e The core of the case against judicial review (*Yale Law Journal* 115:1346, 2006). Sua tese central é a de que nas sociedades democráticas nas quais o Legislativo não seja "disfuncional", as divergências acerca dos direitos devem ser resolvidas no âmbito do processo legislativo e não do processo judicial.

[31] V. Ran Hirschl, *Towrds juristocracy*: the origins and consequences of the new constitutionalism, 2004. Após analisar as experiências de Canadá, Nova Zelândia, Israel e África do Sul, o autor conclui que o aumento do poder judicial por via da constitucionalização é, no geral, "um pacto estratégico entre três partes: as elites políticas hegemônicas (e crescentemente ameaçadas) que pretendem proteger suas preferências políticas contra as vicissitudes da política democrática; as elites econômicas que comungam da crença no livre mercado e da antipatia em relação ao governo; e cortes supremas que buscar fortalecer seu poder simbólico e sua posição institucional" (p. 214). Nos Estados Unidos, em linha análoga, uma corrente de pensamento referida como "constitucionalismo popular" também critica a ideia de supremacia judicial. V., entre muitos, Mark Tushnet, *Taking the constitution away from the courts*, 1999, p. 177, onde escreveu: "Os liberais (progressistas) de hoje parecem ter um profundo medo do processo eleitoral. Cultivam um entusiasmo no controle judicial que não se justifica, diante das experiências recentes. Tudo porque têm medo do que o povo pode fazer".

Judiciário se transforme em uma indesejável instância hegemônica,[32] a doutrina constitucional tem explorado duas ideias destinadas a limitar a ingerência judicial: a de capacidade institucional e a de efeitos sistêmicos.[33] *Capacidade institucional* envolve a determinação de qual Poder está mais habilitado a produzir a melhor decisão em determinada matéria. Temas envolvendo aspectos técnicos ou científicos de grande complexidade podem não ter no juiz de direito o árbitro mais qualificado, por falta de informação ou de conhecimento específico.[34] Também o risco de *efeitos sistêmicos* imprevisíveis e indesejáveis podem recomendar uma posição de cautela e de deferência por parte do Judiciário. O juiz, por vocação e treinamento, normalmente estará preparado para realizar a justiça do caso concreto, a microjustiça,[35] sem condições, muitas vezes, de avaliar o impacto de suas decisões sobre um segmento econômico ou sobre a prestação de um serviço público.[36]

2.4.3 Crítica quanto à limitação do debate

O mundo do direito tem categorias, discurso e métodos próprios de argumentação. O domínio desse instrumental exige conhecimento

---

[32] A expressão é do Ministro Celso de Mello. V. STF. *DJ*, 12 maio 2000, MS nº 23.452/RJ, Rel. Min. Celso de Mello.

[33] V. Cass Sunstein e Adrian Vermeulle, Intepretation and institutions, *Public Law and Legal Theory Working Paper nº 28*, 2002: "Ao chamarmos atenção para as capacidades institucionais e para os efeitos sistêmicos, estamos sugerindo a necessidade de um tipo de virada institucional no estudo das questões de interpretação jurídicas" (p. 2). Sobre o tema, v. tb. Adrian Vermeule, Foreword: system effects and the constitution, *Harvard Law Review* 123:4, 2009.

[34] Por exemplo: em questões como demarcação de terras indígenas ou transposição de rios, em que tenha havido estudos técnicos e científicos adequados, a questão da capacidade institucional deve ser sopesada de maneira criteriosa.

[35] Ana Paula de Barcellos (Constitucionalização das políticas públicas em matéria de direitos fundamentais: o controle político-social e o controle jurídico no espaço democrático, *Revista de direito do Estado* 3:17, 2006, p. 34). Também sobre o tema, v. Daniel Sarmento (Interpretação constitucional, pré-compreensão e capacidades institucionais do intérprete. *In*: Cláudio Pereira de Souza Neto, Daniel Sarmento e Gustavo Binenbojm (coords.), *Vinte anos da Constituição Federal de 1988*, 2008, p. 317): "[U]ma teoria hermenêutica construída a partir de uma imagem romântica do juiz pode produzir resultados desastrosos quando manejada por magistrados de carne e osso que não correspondam àquela idealização...".

[36] Exemplo emblemático nessa matéria tem sido o setor de saúde. Ao lado de intervenções necessárias e meritórias, tem havido uma profusão de decisões extravagantes ou emocionais em matéria de medicamentos e terapias, que põem em risco a própria continuidade das políticas públicas de saúde, desorganizando a atividade administrativa e comprometendo a alocação dos escassos recursos públicos. Sobre o tema, v. Luís Roberto Barroso (Da falta de efetividade à constitucionalização excessiva: direito à saúde, fornecimento gratuito de medicamentos e parâmetros para a atuação judicial. *In*: *Temas de direito constitucional*, tomo IV, 2009).

técnico e treinamento específico, não acessíveis à generalidade das pessoas. A primeira consequência drástica da judicialização é a elitização do debate e a exclusão dos que não dominam a linguagem nem têm acesso aos *locus* de discussão jurídica.[37] Institutos como audiências públicas, *amicus curiae* e direito de propositura de ações diretas por entidades da sociedade civil atenuam mas não eliminam esse problema. Surge, assim, o perigo de se produzir uma apatia nas forças sociais, que passariam a ficar à espera de juízes providenciais.[38] Na outra face da moeda, a transferência do debate público para o Judiciário traz uma dose excessiva de politização dos tribunais, dando lugar a paixões em um ambiente que deve ser presidido pela razão.[39] No movimento seguinte, processos passam a tramitar nas manchetes de jornais — e não na imprensa oficial — e juízes trocam a racionalidade plácida da argumentação jurídica por embates próprios da discussão parlamentar, movida por visões políticas contrapostas e concorrentes.[40]

2.5 Importância e limites da jurisdição constitucional nas democracias contemporâneas

A jurisdição constitucional pode não ser um componente indispensável do constitucionalismo democrático, mas tem servido bem à causa, de uma maneira geral.[41] Ela é um espaço de legitimação discursiva

---

[37] V. Jeremy Waldron (The core case against judicial review, *The Yale Law Journal* 115:1346, p. 133): "A judicialização tende a mudar o foco da discussão pública, que passa de um ambiente onde as razões podem ser postas de maneira aberta e abrangente para um outro altamente técnico e formal, tendo por objeto textos e ideias acerca de interpretação" (tradução livre e ligeiramente editada).

[38] Rodrigo Uprimny Yepes (Judicialization of politics in Colombia, *International Journal on Human Rights* 6:49, 2007, p. 63): "O uso de argumentos jurídicos para resolver problemas sociais complexos pode dar a impressão de que a solução para muitos problemas políticos não exige engajamento democrático, mas em vez disso juízes e agentes públicos providenciais".

[39] Exemplo emblemático de debate apaixonado foi o que envolveu o processo de extradição do ex-militante da esquerda italiana Cesare Battisti. Na ocasião, assinalou o Ministro Eros Grau: "Parece que não há condições no tribunal de um ouvir o outro, dada a paixão que tem presidido o julgamento deste caso". Sobre o ponto, v. Felipe Recondo e Mariângela Gallucci, Caso Battisti expõe crise no STF. *Estado de S. Paulo*, 22 nov. 2009.

[40] Em 22 abr. 2009, diferentes visões sobre a relação Judiciário, mídia e sociedade levaram a uma ríspida discussão entre os Ministros Gilmar Mendes e Joaquim Barbosa. V. <http://oglobo.globo.com/pais/noblat/posts/2009/04/22/na-integra-bate-boca-entre-joaquim-barbosa-mendes-179585.asp>.

[41] V. Dieter Grimm (Jurisdição constitucional e democracia, *Revista de Direito do Estado* 4:3, 2006, p. 9): "A jurisdição constitucional não é nem incompatível nem indispensável à democracia. [...] [Há] suficientes provas históricas de que um estado democrático pode dispensar o controle de constitucionalidade. [...] Ninguém duvidaria do caráter democrático de Estados

ou argumentativa das decisões políticas, que coexiste com a legitimação majoritária, servindo-lhe de "contraponto e complemento".[42] Isso se torna especialmente verdadeiro em países de redemocratização mais recente, como o Brasil, onde o amadurecimento institucional ainda se encontra em curso, enfrentando uma tradição de hegemonia do Executivo e uma persistente fragilidade do sistema representativo.[43] As constituições contemporâneas, como já se assinalou, desempenham dois grandes papéis: (i) o de condensar os valores políticos nucleares da sociedade, os consensos mínimos quanto a suas instituições e quanto aos direitos fundamentais nela consagrados; e (ii) o de disciplinar o processo político democrático, propiciando o governo da maioria, a participação da minoria e a alternância no poder.[44] Pois este é o grande papel de um tribunal constitucional, do Supremo Tribunal Federal, no caso brasileiro: proteger e promover os direitos fundamentais, bem como resguardar as regras do jogo democrático. Eventual atuação contramajoritária do Judiciário em defesa dos elementos essenciais da Constituição se dará a favor e não contra a democracia.[45]

Nas demais situações — isto é, quando não estejam em jogo os direitos fundamentais ou os procedimentos democráticos —, juízes e tribunais devem acatar as escolhas legítimas feitas pelo legislador,

---

como o Reino Unido e a Holanda, que não adotam o controle de constitucionalidade". Sobre o tema, inclusive com uma reflexão acerca da posição de Dieter Grimm aplicada ao Brasil, v. Thiago Magalhães Pires (Crônicas do subdesenvolvimento: jurisdição constitucional e democracia no Brasil, *Revista de Direito do Estado* 12:181, 2009, p. 194 *et seq.*).

[42] Eduardo Bastos de Mendonça (A *constitucionalização da política*: entre o inevitável e o excessivo, p. 10). Artigo inédito, gentilmente cedido pelo autor. Para uma defesa do ponto de vista de que as cortes constitucionais deve servir como "instâncias de fortalecimento da representação política", v. Thamy Pogrebinschi, Entre judicialização e representação. O papel político do Supremo Tribunal Federal e o experimentalismo democrático brasileiro, mimeografado, 2009.

[43] Um dos principais críticos da *judicial review*, isto é, à possibilidade de cortes de justiça declararem a inconstitucionalidade de atos normativos, Jeremy Waldron, no entanto, reconhece que ela pode ser necessária para enfrentar patologias específicas, em um ambiente em que certas características políticas e institucionais das democracias liberais não estejam totalmente presentes. V. Jeremy Waldron, The core case against judicial review, *The Yale Law Journal* 115:1346, p. 1359 *et seq.*

[44] Luís Roberto Barroso, *Curso de direito constitucional contemporâneo*, 2009, p. 89-90.

[45] Para uma crítica da visão do Judiciário como instância de proteção das minorias e de defesa das regras democráticas, v. Luciano Da Ros, Tribunais como árbitros ou como instrumentos de oposição: uma tipologia a partir dos estudos recentes sobre judicialização da política com aplicação ao caso brasileiro contemporâneo, *Direito, Estado e Sociedade* 31:86, 2007, p. 100-1, onde averbou: "Pode-se afirmar que tribunais são instituições que operam rigorosamente dentro dos limites que a dinâmica das outras forças políticas e institucionais lhes impõem, raramente decidindo fora do círculo de preferências dos atores políticos. A idéia de que tribunais salvaguardam a democracia e a Constituição contra tudo e contra todos, como muitas vezes se veicula nos círculos acadêmicos, pode ser considerada ingênua".

assim como ser deferentes com o exercício razoável de discricionariedade pelo administrador, abstendo-se de sobrepor-lhes sua própria valoração política.[46] Isso deve ser feito não só por razões ligadas à legitimidade democrática, como também em atenção às capacidades institucionais dos órgãos judiciários e sua impossibilidade de prever e administrar os efeitos sistêmicos das decisões proferidas em casos individuais. Os membros do Judiciário não devem presumir demais de si próprios — como ninguém deve, aliás, nessa vida —, supondo-se *experts* em todas as matérias. Por fim, o fato de a última palavra acerca da interpretação da Constituição ser do Judiciário não o transforma no único — nem no principal — foro de debate e de reconhecimento da vontade constitucional a cada tempo. A jurisdição constitucional não deve suprimir nem oprimir a voz das ruas, o movimento social, os canais de expressão da sociedade. Nunca é demais lembrar que o poder emana do *povo*, não dos juízes.

3 Direito e política: a concepção tradicional

3.1 Notas sobre a distinção entre direito e política

A separação entre direito e política tem sido considerada como essencial no Estado constitucional democrático. Na política, vigoram a soberania popular e o princípio majoritário. O domínio da vontade. No direito, vigora o primado da lei (*the rule of law*) e o respeito aos direitos fundamentais. O domínio da razão. A crença mitológica nessa distinção tem resistido ao tempo e às evidências. Ainda hoje, já avançado o século XXI, mantém-se a divisão tradicional entre o espaço da política e o espaço do direito.[47] No plano de sua *criação*, não há como o direito ser separado da política, na medida em que é produto do processo constituinte ou do processo legislativo, isto é, da vontade das maiorias. O direito é, na verdade, um dos principais produtos da política, o troféu pelo qual muitas batalhas são disputadas.[48] Em um

---

[46] Na jurisprudência norte-americana, o caso *Chevron* é o grande precedente da teoria da *deferência administrativa* em relação à *interpretação razoável* dada pela Administração. De fato, em *Chevron USA Inc. vs. National Resources Defense Council Inc.* (467 U.S. 837 (1984) ficou estabelecido que, havendo ambiguidade ou delegação legislativa para a agência, o Judiciário somente deve intervir se a Administração (no caso, uma agência reguladora) tiver atuado *contra legem* ou de maneira irrazoável.

[47] V. Larry Kramer, *The people themselves*: popular constitutionalism and judicial review, 2004, p. 7.

[48] V. Keith E. Whittington, R. Daniel Kelemen e Gregory A. Caldeira (Ed.), *The Oxford handbook of law and politics*, 2008, p. 3.

Estado de direito, a Constituição e as leis, a um só tempo, legitimam e limitam o poder político.

Já no plano da *aplicação* do direito, sua separação da política é tida como possível e desejável. Tal pretensão se realiza, sobretudo, por mecanismos destinados a evitar a ingerência do poder político sobre a atuação judicial. Isso inclui limitações ao próprio legislador, que não pode editar leis retroativas, destinadas a atingir situações concretas.[49] Essa separação é potencializada por uma visão tradicional e formalista do fenômeno jurídico. Nela se cultivam crenças como a da neutralidade científica, da completude do direito e a da interpretação judicial como um processo puramente mecânico de concretização das normas jurídicas, em valorações estritamente técnicas.[50] Tal perspectiva esteve sob fogo cerrado ao longo de boa parte do século passado, tendo sido criticada por tratar questões políticas como se fossem linguísticas e por ocultar escolhas entre diferentes possibilidades interpretativas por trás do discurso da única solução possível.[51] Mais recentemente, autores diversos têm procurado resgatar o formalismo jurídico, em uma versão requalificada, cuja ênfase é a valorização das regras e a contenção da discricionariedade judicial.[52]

3.2 Constituição e poderes constituídos

A Constituição é o primeiro e principal elemento na interface entre política e direito. Cabe a ela transformar o poder constituinte

---

[49] Dieter Grimm, *Constituição e política*, 2006, p. 13.

[50] O termo *formalismo* é empregado aqui para identificar posições que exerceram grande influência em todo o mundo, como a da Escola da Exegese, na França, a Jurisprudência dos Conceitos, na Alemanha, e o Formalismo Jurídico, nos Estados Unidos, cuja marca essencial era a da concepção mecanicista do direito, com ênfase na lógica formal e grande desconfiança em relação à interpretação judicial.

[51] Para Brian Z. Tamanaha (*Beyond the formalist-realist divide*: the role of politics in judging, 2010), a existência do formalismo jurídico, com as características que lhe são atribuídas, não corresponde à realidade histórica. Segundo ele, ao menos nos Estados Unidos, essa foi uma invenção de alguns realistas jurídicos, que se apresentaram para combater uma concepção que jamais existiu, ao menos não com tais características: autonomia e completude do direito, soluções únicas e interpretação mecânica. A tese refoge ao conhecimento convencional e certamente suscitará polêmica.

[52] V. Frederick Schauer (Formalism: legal, constitutional, judicial. In: Keith E. Whittington, R. Daniel Kelemen e Gregory A. Caldeira (Ed.), *The Oxford handbook of law and politics*, 2008, p. 428-36), e Noel Struchiner (Posturas interpretativas e modelagem institucional: a dignidade (contingente) do formalismo jurídico. In: Daniel Sarmento (Coord.), *Filosofia e teoria constitucional contemporânea*, 2009, p. 463-82). Sobre as ambiguidades do termo *formalismo*, v. Martin Stone, verbete "formalismo". In: Jules Coleman e Scott Shapiro (Ed.), *The Oxford handbook of jurisprudence and philosophy of law*, 2002, p. 166-205.

originário — energia política em estado quase puro, emanada da soberania popular — em poder constituído, que são as instituições do Estado, sujeitas à legalidade jurídica, à *rule of law*. É a Constituição que institui os Poderes do Estado, distribuindo-lhes competências diversas.[53] Dois deles recebem atribuições essencialmente políticas: o Legislativo e o Executivo. Ao Legislativo toca, precipuamente, a criação do direito positivo.[54] Já o Executivo, no sistema presidencialista brasileiro, concentra as funções de chefe de Estado e de chefe de governo, conduzindo com razoável proeminência a política interna e externa. Legislativo e Executivo são o espaço por excelência do processo político majoritário, feito de campanhas eleitorais, debate público e escolhas discricionárias. Um universo no qual o título principal de acesso é o voto: o que elege, reelege ou deixa de fora.

Já ao Poder Judiciário são reservadas atribuições tidas como fundamentalmente técnicas. Ao contrário do chefe do Executivo e dos parlamentares, seus membros não são eleitos. Como regra geral, juízes ingressam na carreira no primeiro grau de jurisdição, mediante concurso público. O acesso aos tribunais de segundo grau se dá por via de promoção, conduzida pelo órgão de cúpula do próprio tribunal.[55] No tocante aos tribunais superiores, a investidura de seus membros sofre maior influência política, mas, ainda assim, está sujeita a parâmetros constitucionais.[56] A atribuição típica do Poder Judiciário consiste na aplicação do direito a situações em que tenha surgido uma disputa, um

---

[53] O poder constituinte, titularizado pelo povo, elabora a Constituição. A Constituição tem por propósito submeter a política ao direito, impondo a ela regras procedimentais e determinados valores substantivos. Isso não significa, todavia, quer a judicialização plena quer a supressão da política, mas a mera existência de limites, de uma "moldura", como referido por Dieter Grimm, que acrescentou: "[U]ma política totalmente judicializada estaria no fundo despida de seu caráter político e por fim reduzida à administração" (*Constituição e política*, 2006, p. 10).

[54] Note-se que no âmbito da atuação política do Legislativo inclui-se, com destaque, a fiscalização do governo e da administração pública. Importante ressaltar, igualmente, que nos países presidencialistas — e no Brasil, especialmente —, o chefe do Executivo tem participação destacada no processo legislativo, seja pela iniciativa seja pelo poder de sanção ou veto. Sobre o tema, v. Clèmerson Merlin Clève, *A atividade legislativa do Poder Executivo*, 2000, p. 99-118.

[55] Salvo no tocante ao chamado quinto constitucional, em que há participação do chefe do Executivo na designação de advogados e membros do Ministério Público para o tribunal (CF, art. 94).

[56] Nos tribunais superiores — Superior Tribunal de Justiça, Tribunal Superior Eleitoral, Tribunal Superior do Trabalho e Superior Tribunal Militar —, a indicação de seus ministros é feita pelo Presidente da República, com aprovação do Senado Federal (exceto no caso do TSE). Ainda assim, existem balizamentos constitucionais, que incluem, conforme o caso, exigências de notório saber jurídico e reputação ilibada, idade e origem funcional. V. CF, arts. 101, 104, 119, 111-A e 123.

litígio entre partes. Ao decidir a controvérsia — esse o entendimento tradicional —, o juiz faz prevalecer, no caso concreto, a solução abstratamente prevista na lei. Desempenharia, assim, uma função técnica de conhecimento, de mera declaração de um resultado já previsto, e não uma atividade criativa, suscetível de influência política.[57] Mesmo nos casos de controle de constitucionalidade em tese — isto é, de discussão acerca da validade abstrata de uma lei —, o Judiciário estaria fazendo prevalecer a vontade superior da Constituição sobre a decisão política majoritária do Legislativo.

3.3 A pretensão de autonomia do Judiciário e do direito em relação à política

A maior parte dos Estados democráticos do mundo reserva uma parcela de poder político para ser exercido pelo Judiciário, isto é, por agentes públicos que não são eleitos. Quando os órgãos judiciais resolvem disputas entre particulares, determinando, por exemplo, o pagamento de uma indenização por quem causou um acidente, decretando um divórcio ou o despejo de um imóvel, não há muita polêmica sobre a legitimidade do poder que exerce. A Constituição confere a ele competência para solucionar os litígios em geral e é disso que se trata. A questão ganha em complexidade, todavia, quando o Judiciário atua em disputas que envolvem a validade de atos estatais ou nas quais o Estado — isto é, outros órgãos de Poder — seja parte. É o que ocorre quando declara inconstitucional a cobrança de um tributo, suspende a execução de uma obra pública por questões ambientais ou determina a um hospital público que realize tratamento experimental em paciente que solicitou tal providência em juízo. Nesses casos, juízes e tribunais sobrepõem sua vontade à de agentes públicos de outros Poderes, eleitos ou nomeados para o fim específico de fazerem leis, construírem estradas ou definirem as políticas de saúde.

Para blindar a atuação judicial da influência imprópria da política, a cultura jurídica tradicional sempre se utilizou de dois grandes instrumentos: a independência do Judiciário em relação aos órgãos propriamente políticos de governo; e a vinculação ao direito, pela qual juízes e tribunais têm sua atuação determinada pela Constituição e pelas

---

[57] Sobre a interpretação jurídica como mera função técnica de conhecimento, v. Michel Troper, verbete "Interprétation". *In*: Denis Alland e Stéphane Rials *Dictionnaire de la culture juridique*, 2003, p. 843.

leis. Órgãos judiciais, ensina o conhecimento convencional, não exercem vontade própria, mas concretizam a vontade política majoritária manifestada pelo constituinte ou pelo legislador. A atividade de interpretar e aplicar normas jurídicas é regida por um conjunto de princípios, regras, convenções, conceitos e práticas que dão especificidade à ciência do direito ou dogmática jurídica. Este, portanto, o discurso padrão: juízes são independentes da política e limitam-se a aplicar o direito vigente, de acordo com critérios aceitos pela comunidade jurídica.

3.3.1 Independência do Judiciário

A independência do Judiciário é um dos dogmas das democracias contemporâneas. Em todos os países que emergiram de regimes autoritários, um dos tópicos essenciais do receituário para a reconstrução do Estado de direito é a organização de um Judiciário que esteja protegido de pressões políticas e que possa interpretar e aplicar a lei com isenção, baseado em técnicas e princípios aceitos pela comunidade jurídica. Independência e imparcialidade como condições para um *governo de leis*, e não de homens. De leis, e não de *juízes*, fique bem entendido.[58] Para assegurar que assim seja, a Constituição brasileira, por exemplo, confere à magistratura garantias institucionais — que incluem autonomia administrativa e financeira — e funcionais, como a vitaliciedade, inamovibilidade e irredutibilidade de remuneração.[59] Naturalmente, para resguardar a harmonia com outros Poderes, o Judiciário está sujeito a *checks and balances* e, desde a Emenda Constitucional nº 45, de 2004, ao controle administrativo, financeiro e disciplinar do Conselho Nacional de Justiça. Em uma democracia, todo poder é representativo, o que significa que deve ser transparente e prestar contas à sociedade. Nenhum poder pode estar fora do controle social, sob pena de se tornar um fim em si mesmo, prestando-se ao abuso e a distorções diversas.[60]

---

[58] Registre-se a aguda observação de Dieter Grimm, ex-juiz da Corte Constitucional alemã: "A garantia constitucional de independência judicial protege os juízes da política, mas não protege o sistema constitucional e a sociedade de juízes que, por razões distintas da pressão política direta, estão dispostos a desobedecer ou distorcer a lei (Dieter Grimm, Constitutions, constitutional courts and constitutional interpretation at the interface of law and politics. *In*: Bogdan Iancu (Ed.), *The law/politics distinction in contemporary public law adjudication*, 2009, p. 26).

[59] V. Constituição Federal, arts. 95 e 99. Sobre o tema, v. Luís Roberto Barroso, Constitucionalidade e legitimidade da criação do Conselho Nacional de Justiça, *Interesse Público* 30:13, 2005.

[60] Em texto escrito anteriormente à criação do Conselho Nacional de Justiça, e tendo como pano de fundo disputas politizadas ligadas à privatização e aos planos econômicos, escrevi

3.3.2 Vinculação ao direito posto e à dogmática jurídica

O mundo do direito tem suas fronteiras demarcadas pela Constituição e seus caminhos determinados pelas leis. Além disso, tem valores, categorias e procedimentos próprios, que pautam e limitam a atuação dos agentes jurídicos, sejam juízes, advogados ou membros do Ministério Público. Pois bem: juízes não inventam o direito do nada. Seu papel é o de aplicar normas que foram positivadas pelo constituinte ou pelo legislador. Ainda quando desempenhem uma função criativa do direito para o caso concreto, deverão fazê-lo à luz dos valores compartilhados pela comunidade a cada tempo. Seu trabalho, portanto, não inclui escolhas livres, arbitrárias ou caprichosas. Seus limites são a vontade majoritária e os valores compartilhados. Na imagem recorrente, juízes de direito são como árbitros desportivos: cabe-lhes valorar fatos, assinalar faltas, validar gols ou pontos, marcar o tempo regulamentar, enfim, assegurar que todos cumpram as regras e que o jogo seja justo. Mas não lhes cabe formular as regras.[61] A metáfora já teve mais prestígio, mas é possível aceitar, para não antecipar a discussão do próximo tópico, que ela seja válida para qualificar a rotina da atividade judicial, embora não as grandes questões constitucionais.

Não está em questão, portanto, que as escolhas políticas devem ser feitas, como regra geral, pelos órgãos eleitos, isto é, pelo Congresso e pelo Presidente. Os tribunais desempenham um papel importante na vida democrática, mas não o papel principal. Dois autores contemporâneos utilizaram expressões que se tornaram emblemáticas para demarcar o papel das cortes constitucionais. Ronald Dworkin referiu-se a "fórum de princípios". Em uma sociedade democrática, algumas questões decisivas devem ser tratadas como questões de princípios — morais ou políticos — e não como uma questão de poder político, de vontade majoritária. São elas as que envolvem direitos fundamentais

---

Carlos Santiso (Economic reform and judicial governance in Brazil: balancing independence with accountability. *In*: Siri Gloppen, Roberto Gargarella e Elin Skaar, *Democratization and the judiciary*, 2004, p. 172, 177): "Excessiva independência tende a gerar incentivos perversos e insular o Judiciário do contexto político e econômico mais amplo, convertendo-o em uma instituição autárquica, incapaz de responder às demandas sociais. [...] Independência sem responsabilidade política (*accountability*) pode ser parte do problema e não da solução".

[61] Em uma das audiências que antecederam sua confirmação como Presidente da Suprema Corte americana, em setembro de 2005, John G. Roberts Jr. voltou a empregar essa metáfora frequente: "Juízes são como árbitros desportivos (*umpires*). Eles não fazem as regras; eles as aplicam. O papel de um árbitro, assim como o de um juiz, é muito importante. Eles asseguram que todos joguem de acordo com as regras. Mas é um papel limitado". A passagem está reproduzida em Week in review, *New York Times*, 12 jul. 2005. V. a íntegra do depoimento em <http://www.gpoaccess.gov/congress/senate/judiciary/sh109-158/55-56.pdf>.

das pessoas, e não escolhas gerais sobre como promover o bem-estar social.[62] Já John Rawls explorou a ideia de "razão pública". Em uma democracia pluralista, a razão pública consiste na justificação das decisões políticas sobre questões constitucionais essenciais e sobre questões de justiça básica, como os direitos fundamentais. Ela expressa os argumentos que pessoas com formação política e moral diversa podem acatar, o que exclui, portanto, o emprego de doutrinas abrangentes, como as de caráter religioso ou ideológico.[63] Em suma: questões de princípio devem ser decididas, em última instância, por cortes constitucionais, com base em argumentos de razão pública.

3.3.3 Limites da separação entre direito e política

Direito é, certamente, diferente da política. Mas não é possível ignorar que a linha divisória entre ambos, que existe inquestionavelmente, nem sempre é nítida, e certamente não é fixa.[64] Do ponto de vista da teoria jurídica, tem escassa adesão, nos dias que correm, a crença de que as normas jurídicas tragam sempre em si um sentido único, objetivo, válido para todas as situações sobre as quais incidem. E que, assim, caberia ao intérprete uma atividade de mera revelação do conteúdo preexistente na norma, sem desempenhar qualquer papel criativo na sua concretização. Há praticamente consenso, na doutrina contemporânea, de que a interpretação e aplicação do direito envolvem elementos cognitivos e volitivos. Do ponto de vista funcional, é bem de ver que esse papel de intérprete final e definitivo, em caso de controvérsia, é desempenhado por juízes e tribunais. De modo que o Poder

---

[62] V. Ronald Dworkin, *A matter of principle*, 1985, p. 69-71. "A fiscalização judicial assegura que as questões mais fundamentais de moralidade política serão apresentadas e debatidas como questões de princípio, e não apenas de poder político. Essa é uma transformação que não poderá jamais ser integralmente bem-sucedida apenas no âmbito do Legislativo". Por exemplo: a igualdade racial, a igualdade de gênero, a orientação sexual, os direitos reprodutivos, o direito do acusado ao devido processo legal, entre outras, são questões de princípio, e não de política.

[63] John Rawls, *Political liberalism*, 1996, p. 212 et seq., especialmente p. 231-40. Nas suas próprias palavras: "(A razão pública) se aplica também, e de forma especial, ao Judiciário e, acima de tudo, à suprema corte, onde haja uma democracia constitucional com controle de constitucionalidade. Isso porque os Ministros têm que explicar e justificar suas decisões, baseadas na sua compreensão da Constituição e das leis e precedentes relevantes. Como os atos do Legislativo e do Executivo não precisam ser justificados dessa forma, o papel especial da Corte a torna um caso exemplar de razão pública". Para uma crítica da visão de Rawls, v. Jeremy Waldron, Public reason and 'justification' in the courtroom, *Journal of Law, Philosophy and Culture* 1:108, 2007.

[64] V. Eduardo Mendonça, A inserção da jurisdição constitucional na democracia: algum lugar entre o direito e a política, *Revista de Direito do Estado* 13:211, 2009, p. 212.

Judiciário e, notadamente, o Supremo Tribunal Federal, desfruta de uma posição de primazia na determinação do sentido e do alcance da Constituição e das leis, pois cabe-lhe dar a palavra final, que vinculará os demais Poderes. Essa *supremacia judicial* quanto à determinação do que é o direito envolve, por evidente, o exercício de um poder político, com todas as suas implicações para a legitimidade democrática.[65]

4 Direito e política: o modelo real

4.1 Os laços inevitáveis: a lei e sua interpretação como atos de vontade

No mundo romano-germânico, é comum fazer-se referência ao direito como uma ciência. A afirmação pode ser aceita, ainda que com reserva, se o termo ciência for tomado no sentido de um conjunto organizado de conhecimentos, que guarda uma lógica interna e tem princípios, conceitos e categorias específicos, unificados em uma terminologia própria. Mas é intuitiva a distinção a ser feita em relação às ciências da natureza. Essas últimas são domínios que lidam com fenômenos que se ordenam independentemente da vontade humana, seja o legislador, o público em geral ou o intérprete. São ciências que se destinam a explicar o que lá já está. Sem pretender subestimar complexidades epistemológicas, são domínios em que o anseio científico por objetividade e comprovação imparcial se realiza mais intensamente. Já o direito se insere no campo das ciências sociais e tem, sobretudo, uma pretensão prescritiva: ele procura moldar a vida de acordo com suas normas. E normas jurídicas não são reveladas, mas, sim, criadas por decisões e escolhas políticas, tendo em vista determinadas circunstâncias e visando determinados fins. E, por terem caráter prospectivo, precisarão ser interpretadas no futuro, tendo em conta fatos e casos concretos.

Como consequência, tanto a criação quanto a aplicação do direito dependem da atuação de um sujeito, seja o legislador ou o intérprete. A legislação, como ato de vontade humana, expressará os interesses dominantes — ou, se se preferir, o interesse público, tal como compreendido pela maioria, em um dado momento e lugar. E a jurisdição, que é a interpretação final do direito aplicável, expressará, em maior ou menor intensidade, a compreensão particular do juiz ou do tribunal acerca do sentido das normas. Diante de tais premissas, é possível extrair uma

---

[65] Sobre o conceito de legitimidade e sua evolução, v. Diogo de Figueiredo Moreira Neto, 2008, *Quatro paradigmas do direito administrativo pós-moderno*, p. 33-47.

conclusão parcial bastante óbvia, ainda que frequentemente encoberta: o mantra repetido pela comunidade jurídica mais tradicional de que o direito é diverso da política exige um complemento. É distinto, sim, e por certo; mas não é isolado dela. Suas órbitas se cruzam e, nos momentos mais dramáticos, se chocam, produzindo vítimas de um ou dos dois lados: a justiça e a segurança jurídica, que movem o direito; ou a soberania popular e a legitimidade democrática, que devem conduzir a política. A seguir se exploram diferentes aspectos dessa relação. Alguns deles são ligados à teoria do direito e da interpretação, e outros às circunstâncias dos juízes e órgãos julgadores.

4.2 A interpretação jurídica e suas complexidades: o encontro não marcado entre o direito e a política

4.2.1 A linguagem aberta dos textos jurídicos

A linguagem jurídica, como a linguagem em geral, utiliza-se de signos que precisam ser interpretados. Tais signos, muitas vezes, possuem determinados sentidos consensuais ou de baixo grau de controvérsia. Embora nem sempre as coisas sejam simples como parecem, há pouca dúvida do que signifique município, orçamento ou previdência complementar. Mas a Constituição se utiliza, igualmente, de inúmeras cláusulas abertas, que incluem conceitos jurídicos indeterminados e princípios. Calamidade pública, relevância e urgência ou crime político são conceitos que transmitem uma ideia inicial de sentido, mas que precisam ser integrados à luz dos elementos do caso concreto. E, em relação a eles, embora possam existir certezas positivas e negativas sobre o que significam ou deixam de significar, é indiscutível que há uma ampla área de penumbra que se presta a valorações que não poderão refugir a algum grau de subjetividade. O fenômeno se repete com maior intensidade quando se trate de princípios constitucionais, com sua intensa carga axiológica, como dignidade da pessoa humana, moralidade administrativa ou solidariedade social. Também aqui será impossível falar em sentidos claros e unívocos. Na interpretação de normas cuja linguagem é aberta e elástica, o direito perde muito da sua objetividade e abre espaço para valorações do intérprete. O fato de existir consenso de que ao atribuir sentido a conceitos indeterminados e a princípios não deve o juiz utilizar-se dos seus próprios valores morais e políticos não elimina riscos e complexidades, funcionando como uma bússola de papel.

4.2.2 Os desacordos morais razoáveis

Além dos problemas de ambiguidade da linguagem, que envolvem a determinação semântica de sentido da norma, existem, também, em uma sociedade pluralista e diversificada, o que se tem denominado de desacordo moral razoável.[66] Pessoas bem-intencionadas e esclarecidas, em relação a múltiplas matérias, pensam de maneira radicalmente contrária, sem conciliação possível. Cláusulas constitucionais como direito à vida, dignidade da pessoa humana ou igualdade dão margem a construções hermenêuticas distintas, por vezes contrapostas, de acordo com a pré-compreensão do intérprete. Esse fenômeno se revela em questões que são controvertidas em todo o mundo, inclusive no Brasil, como, por exemplo, interrupção de gestação, pesquisas com células-tronco embrionárias, eutanásia/ortotanásia, uniões homoafetivas, em meio a inúmeras outras. Nessas matérias, como regra geral, o papel do direito e do Estado deve ser o de assegurar que cada pessoa possa viver sua autonomia da vontade e suas crenças. Ainda assim, inúmeras complexidades surgem, motivadas por visões filosóficas e religiosas diversas.

4.2.3 As colisões de normas constitucionais

Constituições são documentos dialéticos e compromissórios, que consagram valores e interesses diversos, que eventualmente entram em rota de colisão. Essas colisões podem se dar, em primeiro lugar, entre princípios ou interesses constitucionalmente protegidos. É o caso, por exemplo, da tensão entre desenvolvimento nacional e proteção do meio-ambiente ou entre livre-iniciativa e repressão ao abuso do poder econômico. Também é possível a colisão entre direitos fundamentais, como a liberdade de expressão e o direito de privacidade, ou entre a liberdade de reunião e o direito de ir e vir (no caso, imagine-se, de uma passeata que bloqueie integralmente uma via de trânsito essencial). Por fim, é possível cogitar de colisão de direitos fundamentais com certos princípios ou interesses constitucionalmente protegidos, como o caso da liberdade individual, de um lado, e a segurança pública e a persecução penal, de outro. Em todos esses exemplos, à vista do princípio da unidade da Constituição, o intérprete não pode escolher arbitrariamente um dos lados, já que não há hierarquia entre normas constitucionais.

---

[66] Sobre o tema, na literatura mais recente, v. Christopher McMahon, *Reasonable disagreement*: a theory of political morality, 2009; e Folke Tersman, *Moral disagreement*, 2006.

De modo que ele precisará demonstrar, argumentativamente, à luz dos elementos do caso concreto, mediante ponderação e uso da proporcionalidade, que determinada solução realiza mais adequadamente a vontade da Constituição, naquela situação específica.

Todas essas hipóteses referidas acima — ambiguidade da linguagem, desacordo moral e colisões de normas — recaem em uma categoria geral que tem sido referida como casos difíceis (*hard cases*).[67] Nos casos fáceis, a identificação do efeito jurídico decorrente da incidência da norma sobre os fatos relevantes envolve uma operação simples, de mera subsunção. O proprietário de um imóvel urbano deve pagar imposto predial. A Constituição não permite ao Chefe do Executivo um terceiro mandato. Já os casos difíceis envolvem situações para as quais não existe uma solução acabada no ordenamento jurídico. Ela precisa ser construída argumentativamente, por não resultar do mero enquadramento do fato à norma. Pode um artista, em nome do direito de privacidade, impedir a divulgação de sua biografia, escrita por um pesquisador? Pode o autor de uma ação de investigação de paternidade exigir que o indigitado pai se submeta coativamente a exame de DNA? Em ambos os casos, que envolvem questões constitucionais — privacidade, liberdade de expressão, direitos da personalidade, liberdade individual — a solução para a disputa não é encontrável pré-pronta no sistema jurídico: ela precisa ser desenvolvida justificadamente pelo intérprete.

4.2.4 A interpretação constitucional e seus métodos

Em todas as hipóteses referidas acima, envolvendo casos difíceis, o sentido da norma precisará ser fixado pelo juiz. Como se registrou, são situações em que a solução não estará pronta em uma prateleira jurídica e, portanto, exigirá uma atuação criativa do intérprete, que deverá argumentativamente justificar seu itinerário lógico e suas escolhas. Se a solução não está integralmente na norma, o juiz terá de recorrer a elementos externos ao direito posto, em busca do justo, do bem, do legítimo. Ou seja, sua atuação terá de se valer da filosofia moral e da filosofia política. Mesmo admitida esta premissa — a de que o juiz, ao menos em certos casos, precisa recorrer a elementos extrajurídicos —, ainda assim se vai verificar que diferentes juízes adotam diferentes métodos de interpretação. Há juízes que pretendem extrair da Constituição

---

[67] Sobre o tema, v. Ronald Dworkin (*Taking rights seriiusly*, 1997, p. 81 *et seq.*); e Aharon Barak (*The judge in a democracy*, 2006, p. xiii *et seq.*).

suas melhores potencialidades, realizando na maior extensão possível os princípios e direitos fundamentais. Há outros que entendem mais adequado não ler na Constituição o que nela não está de modo claro ou expresso, prestando maior deferência ao legislador ordinário.[68] Uma pesquisa empírica revelará, sem surpresa, que os mesmos juízes nem sempre adotam os mesmos métodos de interpretação.[69] Seu método ou filosofia judicial é mera racionalização da decisão que tomou por outras razões.[70] E aí surge uma nova variável: o resultado baseado não no princípio, mas no fim, no resultado.[71]

Nesse ponto, impossível não registrar a tentação de se abrir espaço para o debate acerca de uma das principais correntes filosóficas do direito contemporâneo: o *pragmatismo jurídico*, com seu elemento constitutivo essencial, que é o consequencialismo. Para essa concepção, as consequências e resultados práticos das decisões judiciais, assim em relação ao caso concreto como ao sistema como um todo, devem

---

[68] Cass Sunstein (*Radicals in robes*, 2005), identifica quatro abordagens no debate constitucional: perfeccionismo, majoritarianismo, minimialismo e fundamentalismo. O perfeccionismo, adotado por muitos juristas progressistas, quer fazer da Constituição "o melhor que ela possa ser". O majoritarianismo pretende diminuir o papel da Suprema Corte e favorecer o processo político democrático, cujo centro de gravidade estaria no Legislativo. O minimalismo é cético acerca de teorias interpretativas e acredita em decisões menos abrangentes, focadas no caso concreto e não em proposições amplas. O fundamentalismo procura interpretar a Constituição dando-lhe o sentido que tinha quando foi ratificada. Para uma dura crítica ao minimalismo defendido por Sunstein, v. Ronald Dworkin, Looking for Cass Sunstein, *The New York Review of Books* 56, 30 abr. 2009 (também disponível em: <http://www.nybooks.com/articles/22636>).

[69] Sobre o ponto, v. Alexandre Garrido da Silva (Minimalismo, democracia e *expertise*: o Supremo Tribunal Federal diante de questões políticas e científicas complexas, *Revista de direito do Estado* 12:107, p. 139): "É importante destacar que não há um magistrado que em sua prática jurisdicional seja sempre minimalista ou perfeccionista. Nos casos da fidelidade partidária, da cláusula de barreira e da inelegibilidade, por exemplo, o Min. Eros Grau assumiu um posicionamento nitidamente minimalista e formalista, ao passo que no caso do amianto aproximou-se, conforme foi visto, do modelo perfeccionista".

[70] Para essa visão cética, v. Richard A. Posner (*How judges think*, 2008, p. 13), onde registrou que as filosofias judiciais "são ou racionalizações para decisões tomadas por outros fundamentos ou armas retóricas".

[71] V., ainda uma vez, Alexandre Garrido da Silva (Minimalismo, democracia e *expertise*: o Supremo Tribunal Federal diante de questões políticas e científicas complexas, *Revista de Direito do Estado* 12:107, p. 139): "Frequentemente, os juízes tendem a fazer um uso estratégico dos modelos anteriormente descritos tendo em vista fins previamente escolhidos, ou seja, optam pragmaticamente pelo modelo mais adequado para a resolução do problema enfrentado no caso concreto". Sobre o consequencialismo — isto é, o processo decisório fundado no resultado —, v. Diego Werneck Arguelles, *Deuses pragmáticos, mortais formalistas*: a justificação consequencialista das decisões judiciais, dissertação de mestrado apresentada ao Programa de Pós-Graduação em direito Público da Universidade do Estado do Rio de Janeiro (UERJ), mimeografado, 2006.

ser o fator decisivo na atuação dos juízes e tribunais.[72] O pragmatismo jurídico afasta-se do debate filosófico em geral, seja moral ou político — inclusive o que mobilizou jusnaturalistas e positivistas em torno da resposta à pergunta "o que é o direito?" — e se alinha a um empreendimento teórico distinto, cuja indagação central é: "como os juízes devem decidir?".[73] Não é o caso, aqui, de se objetar que uma coisa não exclui a outra. A realidade incontornável, na circunstância presente, é que o desvio que conduz ao debate sobre o pragmatismo jurídico não poderá ser feito no âmbito desse trabalho. E isso não apenas por afastá-lo do seu eixo central, como também pela complexidade da tarefa de qualificar o que seja pragmatismo jurídico e de sistematizar as diferentes correntes que reivindicam o rótulo.

4.3 O juiz e suas circunstâncias: influências políticas em um julgamento[74]

No modelo idealizado, o direito é imune às influências da política, por força de diferentes institutos e mecanismos. Basicamente, eles consistiriam: na independência do Judiciário e na vinculação do juiz ao sistema jurídico. A independência se manifesta, como assinalado, em garantias institucionais — como a autonomia administrativa e financeira — e garantias funcionais dos juízes, como a vitaliciedade, a inamovibilidade e a irredutibilidade de subsídios. Como regra geral, a investidura e a ascensão na carreira da magistratura se dá por critérios técnicos ou por valorações *interna corporis*. Nos casos em que há participação política na nomeação de magistrados para tribunais, ela se esgota após a posse, pois a permanência vitalícia do magistrado no

---

[72] Sobre o pragmatismo filosófico, v. Richard Rorty (*Consequences of pragmatism*, 1982). Sobre o pragmatismo jurídico, no debate norte-americano, vejam-se, entre muitos: Richard Posner (*Law, pragmatism and democracy*, 2003) e Jules Coleman (*The practice of principle*: in defence of a pragmatic approach to legal theory, 2001). Em língua portuguesa, v. Diego Werneck Arguelhes e Fernando Leal (Pragmatismo como [meta] teoria normativa da decisão judicial: caracterização, estratégia e implicações. *In*: Daniel Sarmento (Coord.), *Filosofia e teoria constitucional contemporânea*, 2009), Thamy Pogrebinschi (*Pragmatismo*: teoria social e política, 2005), e Cláudio Pereira de Souza Neto (A interpretação constitucional contemporânea entre o construtivismo e o pragmatismo. *In*: Maia, Melo, Cittadino e Pogrebinschi (Org.), *Perspectivas atuais da filosofia do direito*, 2005).

[73] Sobre esse ponto específico, v. Diego Werneck Arguelhes e Fernando Leal (Pragmatismo como [meta] teoria normativa da decisão judicial: caracterização, estratégia e implicações. *In*: Daniel Sarmento (Coord.), *Filosofia e teoria constitucional contemporânea*, 2009, p. 175-187).

[74] As ideias que se seguem beneficiaram-se, intensamente, das formulações contidas em Barry Friedman, The politics of judicial review, *Texas Law Review* 84:257, 2005.

cargo já não dependerá de qualquer novo juízo político. A autonomia e especificidade do universo jurídico, por sua vez, consistem em um conjunto de doutrinas, categorias e princípios próprios, manejados por juristas em geral — aí incluídos juízes, advogados, membros do Ministério Público e demais participantes do processo jurídico e judicial — que não se confundem com os da política. Trata-se de um discurso e de um código de relação diferenciados. Julgar é distinto de legislar e de administrar. Juízes não criam o direito nem definem as ações administrativas. Seu papel é aplicar a Constituição e as leis, valendo-se de um conjunto de institutos consolidados de longa data, sendo que a jurisprudência desempenha, crescentemente, um papel limitador dessa atuação, pela vinculação aos precedentes. Direito e política, nessa visão, constituem mundos apartados.

Há um modelo oposto a esse, que se poderia denominar de modelo cético, que descrê da autonomia do direito em relação à política e aos fenômenos sociais em geral. Esse é o ponto de vista professado por movimentos teóricos de expressão, como o realismo jurídico, a teoria crítica e boa parte das ciências sociais contemporâneas. Todos eles procuram descrever o mundo jurídico e as decisões judiciais como são, e não como deveriam ser. Afirmam, assim, que a crença na objetividade do direito e a existência de soluções prontas no ordenamento jurídico não passam de mitos. Não é verdade que o direito seja um sistema de regras e de princípios harmônicos, de onde um juiz imparcial e apolítico colhe as soluções adequadas para os problemas, livre de influências externas. Essa é uma fantasia do formalismo jurídico. Decisões judiciais refletem as preferências pessoais dos juízes, proclama o realismo jurídico; são essencialmente políticas, verbera a teoria crítica; são influenciadas por inúmeros fatores extrajurídicos, registram os cientistas sociais. Todo *caso difícil* pode ter mais de uma solução razoável construída pelo intérprete, e a solução que ele produzirá será, em última análise, aquela que melhor atenda a suas preferências pessoais, sua ideologia ou outros fatores externos, como os de natureza institucional. Ele sempre agirá assim, tenha ou não consciência do que está fazendo.

O modelo real, como não é difícil de intuir, terá uma dose razoável de cada uma das visões extremas descritas acima. O direito pode e deve ter uma vigorosa pretensão de autonomia em relação à política. Isso é essencial para a subsistência do conceito de Estado de direito e para a confiança da sociedade nas instituições judiciais. A realidade, contudo, revela que essa autonomia será sempre relativa. Existem razões institucionais, funcionais e humanas para que seja assim. Decisões judiciais, com frequência, refletirão fatores extrajurídicos. Entre eles incluem-se os valores pessoais e ideológicos do juiz, assim como outros elementos de natureza política e institucional. Por longo tempo, a teoria do direito procurou negar esse fato, a despeito das muitas evidências. Pois bem: a energia despendida na construção de um muro de separação entre o direito e a política deve voltar-se agora para outra empreitada.[75] Cuida-se de entender melhor os mecanismos dessa relação intensa e inevitável, com o propósito relevante de preservar, no que é essencial, a especificidade e, sobretudo, a integridade do direito.[76] Pois é justamente este o objetivo do presente tópico: analisar alguns desses elementos metajurídicos que influenciam ou podem influenciar as decisões judiciais. Confira-se a sistematização a seguir.

4.3.1 Valores e ideologia do juiz

Como assinalado, o realismo jurídico, um dos mais importantes movimentos teóricos do direito no século XX, contribuiu decisivamente para a superação do formalismo jurídico e da crença de que a atividade judicial seria mecânica, acrítica e unívoca. Enfatizando que o direito tem ambiguidades e contradições, o realismo sustentava que a lei não é o único — e, em muitos casos, sequer o mais importante — fator a influenciar uma decisão judicial. Em uma multiplicidade de hipóteses, é o juiz que faz a escolha do resultado, à luz de suas intuições, personalidade, preferências e preconceitos.[77] Em linha análoga, mas dando proeminência absoluta ao elemento político, a teoria crítica,[78] no mundo romano-germânico, e os *critical legal studies*, nos Estados Unidos,

---

[75] V. Barry Friedman, The politics of judicial review, *Texas Law Review* 84:257, 2005, p. 267 e p. 269, onde averbou: "Se, como os juristas vêm crescentemente reconhecendo, direito e política não podem ser mantidos separados, ainda precisamos de uma teoria que possa integrá-los, sem abrir mão dos compromissos com o Estado de direito que esta sociedade tanto preza".

[76] Sobre a ideia de direito como integridade, v. Ronald Dworkin, *O império do direito*, 1999, p. 271-331.

[77] Sobre o tema, v. William W. Fisher III *et. al.* (Ed.) (*American Legal realism*, 1993, 164-5), Oliver Wendel Holmes Jr. (The path of the law, *Harvard Law Review* 10:457, 1897), Karl Llewellyn (Some realism about realism: responding to Dean Pound, *Harvard Law Review* 44:1222, 1931), e Jerome Frank (What courts do in fact, *Illinois Law Review* 26:645, 1932). Para uma análise da incorporação de ideias do realismo jurídico americano no Brasil, sua "assimilação antropofágica", v. Paulo Macedo Garcia Neto (*A influência do realismo jurídico americano no direito constitucional brasileiro*, mimeografado, dissertação de mestrado apresentada na Universidade de São Paulo, sob orientação do Professor José Reinaldo Lima Lopes).

[78] V. Michel Miaille (*Introdução crítica ao direito*, 1989), Carlos Maria Cárcova (*Teorías jurídicas alternativas*: escritos sobre derecho y política, 1993), e Luiz Fernando Coelho (*Teoria crítica do direito*, 1991).

sustentaram que decisões judiciais não passam de escolhas políticas, encobertas por um discurso que procura exibir neutralidade.[79] Tanto o realismo quanto a teoria crítica refluíram drasticamente nas últimas décadas, mas deixaram uma marca indelével no pensamento jurídico contemporâneo.[80] Mais recentemente, um conjunto de estudos empíricos, oriundos, sobretudo, da ciência política, recolocaram no centro do debate jurídico o tema dos valores, preferências e ideologia do juiz na determinação do resultado de casos judiciais.[81]

Há, de fato, quem sustente ser mais fácil saber um voto ou uma decisão pelo nome do juiz do que pela tese jurídica aplicável.[82] Essa visão cética acarreta duas consequências negativas: deslegitima a função judicial e libera os juízes para fazerem o que quiserem.[83] Há uma razão subjetiva e outra objetiva que se pode opor a esse ponto de vista. A primeira: é possível assumir, como regra geral, que juízes verdadeiramente vocacionados têm como motivação primária e principal a interpretação adequada do direito vigente, com a valoração imparcial dos elementos fáticos e jurídicos relevantes.[84] Não se deve minimizar esse sentido de dever que move as pessoas de bem em uma sociedade civilizada. Em segundo lugar, o direito — a Constituição, as leis, a jurisprudência, os elementos e métodos de interpretação — sempre desempenhará uma função limitadora. O discurso normativo e a dogmática jurídica são autônomos em relação às preferências pessoais do julgador. Por exemplo: o desejo de punir uma determinada conduta não é capaz de superar a ocorrência de prescrição. O ímpeto de conhecer e julgar uma causa não muda a regra sobre legitimação ativa ou sobre prejudicialidade.[85]

---

[79] V. Duncan Kennedy (Legal education and the reproduction of hierarchy, *Journal of Legal Education* 32:591, 1982), Mark Tushnet (Critical legal studies: a political history, *Yale Law Journal* 100:1515, 1991).

[80] V. Jeremy Waldron (Public reason and 'justification' in the courtroom, *Journal of Law, Philosophy and Culture* 1:107, 2007, p. 127): "A maioria dos juristas contemporâneos não aceita a visão crítica do realismo jurídico".

[81] V. Cass Sunstein, David Schkade, Lisa M. Ellman e Andres Sawicki (*Are judges political?* An empirical analysis of the Federal Judiciary, 2006), e Thomas J. Miles e Cass Sunstein (The new legal realism. *Public Law and Legal Theory Working Paper nº 191*, dezembro de 2007. Disponível em: <http://ssrn.com/abstract_id=1070283>. Acesso em: 16 ago. 2009).

[82] Robert H. Bork, *Coercing virtue*: the worldwide rule of judges, 2003, p. 9.

[83] Michael Dorf, *No litmus test*: Law versus politics in the twentieth century, 2006, xix.

[84] Barry Friedman, The politics of judicial review. *Texas Law Review*, 84:257, 2005, p. 270.

[85] Foi o que ocorreu, por exemplo, em ação direta de inconstitucionalidade em que se questionava lei que, supostamente, impediria o reconhecimento das uniões estáveis homoafetivas como entidade familiar. O Ministro Relator, claramente contrariado, viu-se na contingência de extinguir a ação, pois a superveniência do novo Código Civil revogou a lei impugnada (STF, *DJ*, 09 fev. 2006, ADI nº 3.300 MC/DF, Rel. Min. Celso de Mello, decisão monocrática).

De modo que o sentimento pessoal de cumprir o próprio dever e a força vinculante do direito são elementos decisivos na atuação judicial. Mas há que se reconhecer que não são únicos. Com efeito, a observação atenta, a prática política e pesquisas empíricas confirmam o que sempre foi possível intuir: os valores pessoais e a ideologia dos juízes influenciam, em certos casos de maneira decisiva, o resultado dos julgamentos. Por exemplo: na apreciação da constitucionalidade das pesquisas com células-tronco embrionárias, a posição contrária à lei que as autorizava foi liderada por Ministro ligado historicamente ao pensamento e à militância católica,[86] sendo certo que a Igreja se opõe às investigações científicas dessa natureza.[87] Nos Estados Unidos, fez parte da estratégia conservadora, iniciada com a posse de Ronald Reagan, em 1981, nomear para a Suprema Corte Ministros que pudessem reverter decisões judiciais consideradas progressistas, em temas como ações afirmativas, aborto e direitos dos acusados em processos criminais.[88] Inúmeras pesquisas, no Brasil[89] e nos Estados Unidos,[90] confirmam que as preferências políticas dos juízes constituem uma das variáveis mais relevantes para as decisões judiciais, notadamente nos casos difíceis. É de se registrar que o processo psicológico que conduz a uma decisão pode ser consciente ou inconsciente.[91]

O mesmo se passou em *habeas corpus* no qual se discutia a legitimidade da interrupção da gestação na hipótese de feto anencefálico. O Relator chegou a divulgar o seu voto favorável ao direito de escolha da mulher, mas a ocorrência do parto, seguido do óbito, anteriormente ao julgamento, impediu a sua realização (STF, *DJ*, 25 jun. 2004, HC nº 84.025-6/RJ, Rel. Min. Joaquim Barbosa).

[86] A referência é ao saudoso Ministro Carlos Alberto Menezes Direito, falecido em setembro de 2009.

[87] Na Adin nº 3.510, na qual se questionou a constitucionalidade do dispositivo legal que autorizava as pesquisas, a Conferência Nacional dos Bispos do Brasil, representada pelo Professor Ives Gandra da Silva Martins, foi admitida como *amicus curiae* e pediu a procedência da ação.

[88] Robert Post (Roe rage: democratic constitutionalism and backlash, *Harvard Civil Rigts-Civil Liberties Law Review* 42:373, 2007, p. 9): "É bem documentado que o Departamento de Justiça, durante o Governo Reagan, de maneira pré-ordenada e bem-sucedida utilizou as nomeações de juízes para alterar as práticas então predominantes em termos de interpretação constitucional".

[89] Alexandre Garrido da Silva, Minimalismo, democracia e *expertise*: o Supremo Tribunal Federal diante de questões políticas e científicas complexas, *Revista de Direito do Estado* 12:107, 2008.

[90] Theodore W. Ruger, Pauline T. Kim, Andrew D. Martin e Kevin M. Quinn (The Supreme Court Forecasting Project: legal and political science approaches to predicting Supreme Courte decisionmaking, *Columbia Law Review* 104:1150, 2004).

[91] Ao produzir uma decisão, o juiz atua dentro de um universo cognitivo próprio, que inclui sua formação moral e intelectual, suas experiências passadas, sua visão de mundo e suas crenças. Tais fatores podem levá-lo, inconscientemente, a desejar um resultado e procurar

Note-se que no Brasil, ao contrário dos Estados Unidos, o carimbo político é menos relevante ou, no mínimo, menos visível, na medida em que a maior parte dos cargos no Judiciário são preenchidos mediante concurso público e promoções internas.[92] Mas não é este o caso das nomeações para o Supremo Tribunal Federal, em que os parâmetros constitucionais são vagos — reputação ilibada e notável saber jurídico — e a escolha pessoal do Presidente é o fator mais importante, sem embargo da aprovação pelo Senado Federal. Na literatura norte-americana, tem sido destacada a importância do gênero e da raça na determinação de certos padrões decisórios do juiz. No caso brasileiro, em tribunais superiores, em geral, e no STF, em particular, a origem profissional do Ministro imprime características perceptíveis na sua atuação judicial: Ministros que vêm da Magistratura, do Ministério Público, da advocacia privada, da advocacia pública ou da academia tendem a refletir, no exercício da jurisdição, a influência de experiências pretéritas.[93] Note-se, todavia, em desfecho do tópico, que eventuais preferências políticas do juiz são contidas não apenas por sua subordinação aos sentidos mínimos das normas constitucionais e legais, como também por fatores extrajudiciais, entre os quais se podem destacar: a interação com outros atores políticos e institucionais, a perspectiva de cumprimento efetivo da decisão, as circunstâncias internas dos órgãos colegiados e a opinião pública.

4.3.2 Interação com outros atores políticos e institucionais

Como se vem enfatizando até aqui, decisões judiciais são influenciadas por fatores múltiplos. Tribunais não são guardiães de um direito que não sofre o influxo da realidade, das maiorias políticas e dos múltiplos atores de uma sociedade plural. Órgãos, entidades e pessoas que se mobilizam, atuam e reagem. Entre eles é possível mencionar,

---

realizá-lo. Tal fenômeno é diverso do que se manifesta na vontade consciente e deliberada de produzir determinado resultado, ainda que não seja o que se considera juridicamente melhor, com o propósito de agradar a quem quer que seja ou para a satisfação de sentimento pessoal. Nessa segunda hipótese, como intuitivo, a conduta não será legítima. Sobre o ponto, v. Brian Z. Tamanaha, *Beyond the formalist-realist divide*: the role of politics in judging, 2010, p. 187-8.

[92] Nos EUA, os juízes federais são indicados pelo Presidente da República e aprovados pelo Senado. No plano estadual, muitos são eleitos e outros são nomeados.

[93] Um exemplo, colhido na composição atual do STF: Ministros que têm sua origem funcional no Ministério Público — como os Ministros Joaquim Barbosa e Ellen Gracie — têm uma visão mais rígida em matéria penal do que os que vêm da advocacia privada ou da academia, como Carlos Ayres Britto e Eros Grau.

exemplificativamente, os Poderes Legislativo e Executivo, o Ministério Público, os Estados da Federação e entidades da sociedade civil. Todos eles se manifestam, nos autos ou fora deles, procurando fazer valer seus direitos, interesses e preferências. Atuam por meios formais e informais. E o Supremo Tribunal Federal, como a generalidade das cortes constitucionais, não vive fora do contexto político-institucional sobre o qual sua atuação repercute. Diante disso, o papel e as motivações da Corte sofrem a influência de fatores como, por exemplo: a preservação e, por vezes, a expansão de seu próprio poder; a interação com outros Poderes, instituições ou entes estatais; e as consequências práticas de seus julgados, inclusive e notadamente, a perspectiva de seu efetivo cumprimento.

4.3.2.1 Preservação ou expansão do poder da Corte

O primeiro impulso natural do poder é a autoconservação. É intuitivo, assim, que um tribunal, em suas relações com os outros atores políticos, institucionais ou sociais, procure demarcar e preservar seu espaço de atuação e sua autoridade, quer pelo acolhimento de reclamações,[94] quer pela reafirmação de sua jurisprudência. Alguns exemplos comprovam o argumento. Após haver cancelado a Súmula nº 394, excluindo do *foro privilegiado* os agentes públicos que deixassem o exercício da função,[95] o STF invalidou lei editada pelo Congresso Nacional que restabelecia a orientação anterior. O acórdão considerou haver usurpação de sua função de intérprete final da Constituição.[96] Em outro caso, o STF considerou inconstitucional dispositivo legal que impedia a progressão de regime em caso de crime hediondo.[97] Decisão do juiz de direito de Rio Branco, no Acre, deixou de aplicar a nova orientação, sob o argumento de que a declaração de inconstitucionalidade

---

[94] A reclamação é o remédio jurídico previsto na Constituição e regulamentado pela Lei nº 8.038/90, pela Lei nº 11.417/06 e pelo Regimento Interno do Supremo Tribunal Federal, cujo objeto é a preservação da competência da Corte, a garantia da autoridade de suas decisões e a observância do entendimento consolidado em súmula vinculante (CF/88, arts. 102, I, *l*, e 103-A, §3º).

[95] Súmula nº 394: "Cometido o crime durante o exercício funcional, prevalece a competência especial por prerrogativa de função, ainda que o inquérito ou a ação penal sejam iniciados após a cessação daquele exercício". O cancelamento se deu em decisão proferida em 1999. V. STF. *DJ*, 09 nov. 2001, QO no Inq nº 687/DF, Rel. Min. Sydney Sanches.

[96] STF. *DJ*, 19 dez. 2006, ADIn nº 2.797, Rel. Min. Sepúlveda Pertence.

[97] STF. *DJ*, 1º set. 2006, HC nº 82.959, Rel. Min. Marco Aurélio. Decisão constante do sítio do STF: <http://www.stf.jus.br/portal/diarioJustica/verDiarioProcesso.asp?numDj=169&data PublicacaoDj=01/09/2006&numProcesso=82959&siglaClasse=HC&codRecurso=0&tipoJul gamento=M&codCapitulo=5&numMateria=27&codMateria=1>.

fora incidental e não produzia efeitos vinculantes. A Corte reagiu, e não apenas desautorizou o pronunciamento específico do magistrado estadual, como deu início a uma discussão de mais largo alcance sobre a atribuição de efeitos vinculantes e *erga omnes* à sua decisão de inconstitucionalidade, mesmo que no controle incidental, retirando do Senado a atribuição de suspender a lei considerada inválida.[98] Um terceiro e último exemplo: após haver concedido *habeas corpus* a um banqueiro, preso temporariamente ao final de uma polêmica operação policial, o STF considerou afronta à Corte a decretação, horas depois, de nova prisão, dessa vez de natureza preventiva, ordenada pelo mesmo juiz, e concedeu um segundo *habeas corpus*.[99]

O segundo impulso natural do poder é a expansão.[100] No caso brasileiro, esse movimento de ampliação do Poder Judiciário, particularmente do Supremo Tribunal Federal, tem sido contemporâneo da retração do Legislativo, que passa por uma crise de funcionalidade e de representatividade. Nesse vácuo de poder, fruto da dificuldade de o Congresso Nacional formar maiorias consistentes e legislar, a corte suprema tem produzido decisões que podem ser reputadas ativistas, tal como identificado o fenômeno em tópico anterior.[101] Exemplos emblemáticos e sempre lembrados são os dos julgamentos da fidelidade

---

[98] STF. Rcl nº 4.335, Rel. Min. Gilmar Mendes. Em setembro de 2009, o processo se encontrava com vista para o Ministro Ricardo Lewandowski. Haviam votado favoravelmente ao caráter vinculante da decisão do STF, mesmo que em controle incidental de constitucionalidade, os Ministro Gilmar Mendes e Eros Grau. Divergiram, no particular, os Ministros Sepúlveda Pertence e Joaquim Barbosa.

[99] Med. Caut. no HC nº 95.009-4 – São Paulo, Rel. Min. Eros Grau. A decisão concessiva de ambos os *habeas corpus* foi do Presidente do Tribunal, Ministro Gilmar Mendes, em razão do recesso de julho.

[100] V. Tom Ginsburg, *Judicial review in new democracies*: constitutional courts in Asian cases, 2003. Em resenha sobre diferentes livros versando o tema da judicialização, Shannon Roesler, em Permutations of judicial Power: the new constitutionalism and the expansion of judicial authority, *Law and Social Inquiry* 32:557, assim descreveu a posição de Ginsburg: "Os juízes são atores estratégicos que buscam aumentar seu poder em vez de interpretar e aplicar normas de acordo com a intenção ou os interesses originais dos agentes eleitos que as elaboraram. [...] Uma das premissas dessa abordagem é que os juízes vão buscar aumentar o poder de um tribunal, mesmo que divirjam entre si quanto ao direito substantivo" (tradução livre, texto ligeiramente editado).

[101] Nesse sentido, v. também Forum de Grupos de Pesquisa em direito Constitucional e Teoria do direito, *Anais do I Forum de Grupos de Pesquisa em direito Constitucional e Teoria do direito*. Rio de Janeiro: Faculdade Nacional de direito, 2009, p. 54: "A hipótese assumida na investigação reconhece, por parte dos integrantes do Supremo Tribunal Federal, sim um 'ativismo', mas de caráter jurisdicional. Isto é, um procedimento, construído a partir das mais relevantes decisões, objetivando, precipuamente, não a concretização de direitos, mas o alargamento de sua competência institucional". Pesquisa "A judicialização da política e o ativismo judicial no Brasil", conduzida por Alexandre Garrido da Silva *et. al.*

partidária — em que o STF criou, por interpretação do princípio democrático, uma nova hipótese de perda de mandato parlamentar —[102] e do nepotismo, em que a Corte, com base na interpretação dos princípios constitucionais da moralidade e da impessoalidade, estabeleceu a vedação do nepotismo nos três Poderes.[103] Ações como as que tratam da legitimidade da interrupção da gestação em caso de feto anencefálico[104] e da extensão do regime da união estável às uniões homoafetivas[105] também envolvem uma atuação quase normativa do Supremo Tribunal Federal. Tudo sem mencionar a mudança jurisprudencial em tema de mandado de injunção[106] e o progressivo questionamento que se vem fazendo, no âmbito da própria Corte, acerca da jurisprudência tradicional de que o STF somente possa funcionar como legislador negativo.[107]

Em 2009, o STF solucionou uma disputa constitucional — e de espaço político — entre a Ordem dos Advogados do Brasil (OAB) e o Superior Tribunal de Justiça (STJ), em favor da expansão do poder desse último. De fato, acórdão da 2ª Turma do STF, por diferença de um voto, legitimou decisão do STJ de devolver lista sêxtupla enviada pela OAB, sem motivação objetiva, sob o fundamento de que nenhum dos nomes obteve quorum para figurar na lista tríplice a ser encaminhada ao Presidente da República.[108] A decisão, de certa forma, está em desacordo com precedente do próprio STF[109] e esvazia a competência do órgão de representação dos advogados, cuja lista, doravante, estará sujeita a ingerência do STJ. A matéria não chegou ao Plenário do STF, onde o resultado, possivelmente, teria sido diverso.

---

[102] STF. *DJ*, 17 out. 2008, MS nº 26.602/DF, Rel. Min. Eros Grau; *DJ*, 19 dez. 2008, MS nº 26.603/DF, Rel. Min. Celso de Mello; e *DJ*, 03 out. 2008, MS nº 26.604/DF, Rel. Min. Cármen Lúcia.
[103] STF. *DJ*, 18 dez. 2009, ADC nº 12, Rel. Min. Carlos Britto; e *DJ*, 24 out. 2009. RE nº 579.951/RN, Rel. Min. Ricardo Lewandowski.
[104] STF. ADPF nº 54, Rel. Min. Marco Aurélio.
[105] STF. ADPF nº 132, Rel. Min. Carlos Britto.
[106] STF. *DJ*, 06 nov. 2007, MI nº 670, Rel. Min. Maurício Corrêa; *DJ*, 31 out. 2008, MI nº 708, Rel. Min. Gilmar Mendes; *DJ*, 31 out. 2008, MI nº 712, Rel. Min. Eros Grau.
[107] V. voto do Min. Gilmar Mendes em STF, ADIn nº 3.510, Rel. Min. Carlos Britto: "Portanto, é possível antever que o Supremo Tribunal Federal acabe por se livrar do vetusto dogma do legislador negativo e se alie à mais progressiva linha jurisprudencial das decisões interpretativas com eficácia aditiva, já adotadas pelas principais Cortes Constitucionais européias. A assunção de uma atuação criativa pelo Tribunal poderá ser determinante para a solução de antigos problemas relacionados à inconstitucionalidade por omissão, que muitas vezes causa entraves para a efetivação de direitos e garantias fundamentais assegurados pelo texto constitucional".
[108] Decisão do STJ: *DJ*, 22 out. 2008, MS nº 13.532-DF, Rel. Min. Paulo Gallotti. Decisão do STF: *DJ*, 04 dez. 2009, RMS nº 27.920-DF, Rel. Min. Eros Grau.
[109] STF. *DJ*, 19 dez. 2006, MS nº 25.624/DF, Rel. Min. Sepúlveda Pertence.

4.3.2.2 Relações com outros Poderes, órgãos e entidades estatais

As manifestações processuais e extraprocessuais de outros Poderes, órgãos e entidades estatais são elementos relevantes do contexto institucional em que produzidas as decisões judiciais, especialmente do Supremo Tribunal Federal. Em tema de ações diretas de inconstitucionalidade, as ações movidas pelo Procurador-Geral da República têm o maior índice de acolhimento entre todos os legitimados.[110] O parecer da Procuradoria-Geral da República — isto é, seu pronunciamento nos casos em que não é parte — é visto como expressão do interesse público primário que deve ser preservado na questão. A despeito da ausência de pesquisas empíricas, é possível intuir que um percentual muito significativo das decisões do STF acompanha a manifestação do Ministério Público Federal.[111] Já a atuação da Advocacia-Geral da União expressará o interesse ou o ponto de vista do Poder Executivo, especialmente do Presidente da República. Em questões que envolvem a Fazenda Pública, estudos empíricos certamente demonstrariam uma atuação favorável ao erário, revelada emblematicamente em questões de vulto, como as relativas ao FGTS, à Cofins ou ao IPI alíquota zero, por exemplo.[112] Em todas elas, a Corte alterou ou a sua própria jurisprudência ou a do Superior Tribunal de Justiça, dando ganho de causa à União.[113] A cultura política dominante ainda considera aceitável que

---

[110] V. Luiz Werneck Vianna, Marcelo Baumann Burgos e Paula Martins Salles, Dezessete anos de judicialização da política, *Tempo Social* 19:38, p. 43, 48 e 79, de onde se colheram os dados a seguir. Entre 1988 e 2005, foram ajuizadas 1.713 Adins. Destas, 810 foram ajuizadas pelo PGR (22,2% do total). De acordo com a pesquisa, o PGR "teve nada menos que 68,5% das liminares de Adins julgadas deferidas ou parcialmente deferidas". No mesmo sentido, Ernani Carvalho, Judicialização da política no Brasil: controle de constitucionalidade e racionalidade política, *Análise Social* 44:315, p. 327.

[111] Recente pesquisa empreendida pelo autor revelou que em cem pedidos de extradição, apenas três resultaram em decisões que não acompanharam a manifestação do Ministério Público.

[112] V., a propósito, Fábio Martins de Andrade, O argumento pragmático ou consequencialista de cunho econômico e a modulação temporal dos efeitos das decisões do Supremo Tribunal Federal em matéria tributária, mimeografado, 2010. Tese de doutorado submetida ao Programa de Pós-Graduação em Direito Público da Universidade do Estado do Rio de Janeiro (UERJ).

[113] No caso do FGTS, deixou de considerar o tema do direito adquirido como infraconstitucional. No da Cofins, mudou a orientação sumulada pelo STJ, mesmo depois de haver recusado conhecimento a diversos recursos extraordinários na matéria, e sequer modulou os efeitos, como seria próprio em razão da alteração da jurisprudência. No IPI alíquota zero, considerou que uma decisão do Plenário por 9 a 1, decisão de uma das turmas e mais de 5 dezenas de decisões monocráticas não firmavam jurisprudência. Em seguida, mudou a orientação, igualmente sem modular efeitos.

Ministros de Estado visitem pessoalmente os Ministros do Supremo Tribunal Federal, por vezes após iniciados os julgamentos, para pedirem decisões favoráveis ao ponto de vista em que têm interesse.[114] Também o Congresso Nacional apresenta defesa em processos nos quais seja parte e, especialmente, em ações diretas contra leis federais. Sendo a ação direta de inconstitucionalidade contra lei estadual, também participam do processo a Assembleia Legislativa e o Governador do Estado. Note-se que o peso político do Estado pode fazer diferença em relação à deferência para com a legislação estadual. Por exemplo: após inúmeras decisões considerando inconstitucionais leis estaduais que proibiam o uso do amianto, o STF deixou de conceder medida cautelar para suspender lei do Estado de São Paulo que dispunha no mesmo sentido, revisitando tema que se encontrava já pacificado na Corte.[115]

4.3.3 Perspectiva de cumprimento efetivo da decisão

Tribunais, como os titulares de poder em geral, não gostam de correr o risco de que suas decisões não sejam efetivamente cumpridas. E, portanto, esta é uma avaliação ordinariamente feita por órgãos judiciais, ainda que não seja explicitada. Tribunais não têm tropas nem a chave do cofre.[116] Em muitas situações, precisarão do Executivo, do Congresso ou mesmo da aceitação social para que suas deliberações sejam cumpridas. Há exemplos, em diferentes partes do mundo, de decisões que não se tornaram efetivas. Na Itália, aliás, o primeiro Presidente do Tribunal Constitucional renunciou precisamente por essa razão.[117] Na

---

[114] V. Blog do Noblat, 06 ago. 2009: "O ministro das Comunicações, Helio Costa, empenhou-se na defesa dos interesses econômicos da ECT. Na terça-feira, após classificar de desastre a eventual abertura do mercado de cartas comerciais à iniciativa privada, ele foi ao STF para conversar a portas fechadas com Ayres Brito e Gilmar Mendes, presidente da Corte". Disponível em: <http://oglobo.globo.com/pais/noblat/posts/2009/08/06/decisao-do-stf-mantem-monopolio-dos-correios-211690.asp>.

[115] STF. *Inf. STF nº 477 e 509*, ADI nº 3.937 MC/SP, Rel. Min. Marco Aurélio. O relator votou na linha do entendimento tradicional, expresso em decisões como as das ADIs nºs 2.656/SP e 2.396/MS. Mas o Min. Eros Grau deu início à dissidência, suscitando a inconstitucionalidade da própria lei federal que cuida da matéria.

[116] Shannon Roesler, Permutations of judicial Power: the new constitutionalism and the expansion of judicial authority, *Law and Social Inquiry* 32:557: "[...] [T]ribunais não possuem as garantias convencionais do poder, vale dizer, dinheiro e poder militar". Por isso mesmo, Alexander Hamilton se referiu ao Judiciário como "the least dangerous branch" (o poder menos perigoso), no Federalista nº 78. V. Barry Friedman, The politics of judicial review, *Texas Law Review* 84:257, 2005, p. 260.

[117] Criada pela Constituição de 1948, a instalação efetiva da Corte Constitucional somente se deu oito anos depois, em 1956. Pouco tempo após, seu Presidente, Enrico de Nicola, renunciou ao

Alemanha, a decisão no célebre caso do crucifixo foi generalizadamente desrespeitada.[118] Nos Estados Unidos, a dessegregação imposta por *Brown v. Board of Education*, em decisão de 1954, levou mais de uma década para começar a ser efetivamente cumprida.[119] A decisão no caso *Chada* foi ignorada pelo Congresso.[120] No Brasil, há precedentes em que o STF fixou prazo para a atuação do legislador, sem que tivesse sido obedecido.[121] Em tema de intervenção federal, a despeito do manifesto descumprimento por Estados da Federação do dever constitucional de pagar precatórios, a Corte igualmente optou por linha jurisprudencial que não desmoralizasse suas decisões, diante das dificuldades financeiras dos entes estatais.[122] Outro exemplo emblemático, nesse domínio, foi a decisão proferida em 1955, quando da tentativa do Vice-Presidente Café Filho de retornar à presidência.[123]

---

cargo, indignado com a recalcitrância do governo democrata-cristão em dar cumprimento às decisões do tribunal. V. Revista *Time*, 1º out. 1956, "Italy: effective resignation". Disponível em: <http://www.time.com/time/magazine/article/0,9171,862380,00.html>. Acesso em: 23 jan. 2010. V. tb. Georg Vanberg, *The politics of constitutional review in Germany*. Cambridge University Press, Cambridge, 2005, p. 7.

[118] A decisão declarou inconstitucional uma lei da Baviária que previa a exibição de crucifixos nas salas de aula das escolas públicas de ensino fundamental. V. BVerfGE 93, I. Sob protestos e manifestações que mobilizaram milhares de pessoas, os crucifixos terminaram não sendo efetivamente retirados. V. Georg Vanberg, *The politics of constitutional review in Germany*, 2005, p. 2-4.

[119] V. Robert J. Cottrol, Raymond T. Diamond e Leland B. Ware, *Brown v. Board of Education*: case, culture, and the constitution, 2003, p. 183.

[120] *INS v. Chadda*, 462 U.S. 919, 1983. Nessa decisão, a Suprema Corte considerou inconstitucional o chamado *legislative veto*, procedimento pelo qual uma das Casas do Congresso poderia suspender decisões de agências reguladoras que estivessem atuando por delegação legislativa. A Corte entendeu que a providência somente poderia ser tomada mediante lei, que inclui a manifestação das duas Casas e a possibilidade de veto pelo Presidente. Não obstante isso, inúmeras leis foram aprovadas, prevendo o veto legislativo por apenas uma das Casas do Congresso. V. Georg Vanberg, *The politics of constitutional review in Germany*. Cambridge University Press, Cambridge, 2005, p. 5 et seq.

[121] V. STF. DJ, 03 ago. 2007, Adin nº 2.240, Rel. Min. Eros Grau, No julgamento do Mandado de Injunção nº 725, o STF determinara que o Congresso Nacional, no prazo de 18 meses, editasse a lei complementar federal referida no §4º do art. 18 da Constituição, o que não aconteceu.

[122] O STF adotou a orientação de que somente autorizaria a intervenção federal o descumprimento doloso do dever de pagar precatórios. A omissão na inclusão das verbas correspondentes em orçamento e a falta de recursos são, assim, elementos suficientes para afastar a intervenção. Nesse sentido, v., por todos, STF. DJ, 25 abr. 2008, IF 5050 AgR/SP, Relª. Minª. Ellen Gracie.

[123] Vice-presidente no segundo governo de Getúlio Vargas, Café Filho assumiu a presidência após o suicídio de Vargas, em 1954. Dela afastou-se, por motivo de saúde, tendo sido substituído por Carlos Luz. Após a eleição de Juscelino, em 1955, o Marechal Henrique Lott liderou um "contragolpe preventivo" para assegurar a posse do presidente eleito, destituindo Carlos Luz. Quando Café Filho, já recuperado, tenta voltar à presidência por via de ação impetrada no STF, a Corte adia o julgamento até o fim do Estado de sítio, o que somente

4.3.4 Circunstâncias internas dos órgãos colegiados

Inúmeros fatores extrajurídicos influenciam as decisões de um órgão colegiado.[124] No caso do Supremo Tribunal Federal, em particular, a primeira característica distintiva relevante é que o tribunal delibera em sessão pública. Na maior parte dos países, sem embargo da existência de uma audiência pública, de um *hearing*, com a intervenção dos advogados, o processo de discussão e decisão é interno, em conferência reservada, na qual participam apenas os ministros ou juízes. A deliberação pública é uma singularidade brasileira. A transmissão ao vivo dos julgamentos, por uma televisão oficial, constitui traço distintivo ainda mais original, talvez sem outro precedente pelo mundo afora.[125] Em parte como consequência desse modelo de votação pública, o sistema brasileiro segue um padrão agregativo e não propriamente deliberativo. Vale dizer: a decisão é produto da soma de votos individuais e não da construção argumentativa de pronunciamentos consensuais ou intermediários.[126] Isso não significa que não possam ocorrer mudanças de opinião durante os debates. Mas o modelo não é concebido como uma troca de impressões previamente à definição de uma posição final.

Nada obstante isso, um colegiado nunca será a mera soma de vontades individuais, mesmo em um sistema como o brasileiro. Não é incomum um Ministro curvar-se à posição da maioria, ao ver seu ponto

---

se daria por ocasião da posse de Juscelino, quando o mandado de segurança já estaria prejudicado. Interessante registro histórico é o do voto vencido do Ministro Nelson Hungria, que lavrou: "Contra uma insurreição pelas armas, coroada de êxito, somente valerá uma contra-insurreição com maior força. E esta, positivamente, não pode ser feita pelo Supremo Tribunal, posto que este não iria cometer a ingenuidade de, numa inócua declaração de princípios, expedir mandado para cessar a insurreição. [...] O impedimento do impetrante para assumir a Presidência da República, antes de ser declaração do Congresso, é imposição das forças insurreicionais do Exército, contra a qual não há remédio na farmacologia jurídica. Não conheço do pedido de segurança". V. Luís Roberto Barroso, *O direito constitucional e a efetividade de suas normas*, 2009, p. 29-30.

[124] Sobre o tema, v. José Carlos Barbosa Moreira, Notas sobre alguns fatores extrajurídicos no julgamento colegiado" *Caderno de Doutrina e Jurisprudência da Ematra XV*, v. 1, n. 3, 2005, p. 79 et seq.

[125] A despeito de críticas e de um ou outro inconveniente que se pode apontar, a transmissão ao vivo deu visibilidade, transparência e legitimidade democrática à jurisdição constitucional exercida pelo Supremo Tribunal Federal no Brasil.

[126] Na Suprema Corte americana, coube a John Marshall a transformação do modelo agregativo ou *seriatim* para o modelo de discussão prévia, com vistas à produção de consenso. V. William E. Nelson, The province of the Judiciary, *John Marshall Law Review* 37:325, 2004, p. 345. V. tb. Barry Friedman, The politics of judicial review, *Texas Law Review* 84:257, 2005, p. 284: "No modelo agregativo, as decisões colegiadas simplesmente cumulam as visões dos membros do tribunal. No modelo deliberativo, os julgadores devem interagir de modo a que cada um considere os pontos de vista do outro, produzindo-se, dessa forma, melhores decisões".

de vista derrotado. Por vezes, os julgadores poderão procurar, mediante concessões em relação à própria convicção, produzir um resultado de consenso.[127] Alinhamentos internos, em função da liderança intelectual ou pessoal de um Ministro, podem afetar posições. Por vezes, até mesmo um desentendimento pessoal poderá produzir impacto sobre a votação. Ainda quando possa ocorrer em qualquer tribunal do mundo, seria menos aceitável, eticamente, a troca de apoios em casos diversos: um Ministro acompanhando o outro em determinada votação, em troca de reciprocidade — em típica apropriação da linguagem político-partidária.[128] Também podem influenciar decisivamente o resultado de um julgamento o relator sorteado, a ordem de votação efetivamente seguida ou mesmo um pedido de vista. Por igual, o método de seleção de casos a serem conhecidos e a elaboração da própria pauta de julgamentos envolve escolhas políticas acerca da agenda da corte a cada tempo.[129]

4.3.5 A opinião pública

O poder de juízes e tribunais, como todo poder político em um Estado democrático, é representativo. Vale dizer: é exercido em nome do povo e deve contas à sociedade. Embora tal assertiva seja razoavelmente óbvia, do ponto de vista da teoria democrática, a verdade é que a percepção concreta desse fenômeno é relativamente recente. O

---

[127] Com efeito, pesquisa realizada nos EUA concluiu que juízes federais atuando em colegiados de três membros são afetados pela forma como votam os colegas: se um juiz nomeado por Presidente republicano atua com dois nomeados por Presidente democrata, seus votos mostram padrões liberais, enquanto um juiz nomeado por um democrata vota em linha mais conservadora quando atua com dois nomeados por Presidente republicano. Em qualquer dos casos, os padrões tornam-se mais moderados se há, no órgão, juízes nomeados por Presidentes de partidos diversos. O resultado da pesquisa é relatado por Richard H. Thaler e Cass R. Sunstein (*Nudge*: improving decisions about health, wealth, and happiness, 2009, p. 55).

[128] Sobre comportamentos estratégicos no âmbito de órgãos colegiados, v. Evan H. Caminker, Sincere and strategic: voting norms on multimbember courts, *Michigan Law Review* 97:2297, 1999; Robert Post, The Supreme Court opinion as institutional practice: dissent, legal scholarship and decisiomaking in the Taft Court, *Minnesota Law Review* 85:1267, 2001; e V. Barry Friedman, The politics of judicial review, *Texas Law Review* 84:257, 2005, p. 287.

[129] A repercussão geral, introduzida pela Emenda Constitucional nº 45, de 2004, e regulamentada pela Lei nº 11.418, de 19.12.2006, produziu significativa redução do volume de processos julgados pelo STF. O número, todavia, ainda é muito superior ao máximo possível tolerável. A pauta das sessões plenárias é elaborada pelo presidente da Corte, que seleciona, com razoável grau de discrição, as prioridades. A própria ordem de inserção de um processo na pauta pode ter repercussão sobre o resultado do julgamento. José Carlos Barbosa Moreira, Notas sobre alguns fatores extrajurídicos no julgamento colegiado" (*Caderno de Doutrina e Jurisprudência da Ematra XV*, v. 1, n. 3, 2005, p. 82).

distanciamento em relação ao cidadão comum, à opinião pública e aos meios de comunicação fazia parte da autocompreensão do Judiciário e era tido como virtude.[130] O quadro, hoje, é totalmente diverso.[131] De fato, a legitimidade democrática do Judiciário, sobretudo quando interpreta a Constituição, está associada à sua capacidade de corresponder ao sentimento social. Cortes constitucionais, como os tribunais em geral, não podem prescindir do respeito, da adesão e da aceitação da sociedade. A autoridade para fazer valer a Constituição, como qualquer autoridade que não repouse na força, depende da confiança dos cidadãos. Se os tribunais interpretarem a Constituição em termos que divirjam significativamente do sentimento social, a sociedade encontrará mecanismos de transmitir suas objeções e, no limite, resistirá ao cumprimento da decisão.[132]

A relação entre órgãos judiciais e a opinião pública envolve complexidades e sutilezas. De um lado, a atuação dos tribunais, em geral — e no controle de constitucionalidade das leis, em particular —, é reconhecida, de longa data, como um mecanismo relevante de contenção das paixões passageiras da vontade popular. De outra parte, a ingerência do Judiciário, em linha oposta à das maiorias políticas, enfrenta, desde sempre, questionamentos quanto à sua legitimidade democrática. Nesse ambiente, é possível estabelecer uma correlação entre Judiciário e opinião pública e afirmar que, quando haja desencontro de posições, a tendência é no sentido de o Judiciário se alinhar ao sentimento social.[133] Três exemplos de decisões do Supremo Tribunal Federal, no Brasil, que representaram revisão de entendimentos anteriores que não correspondiam às demandas sociais: a limitação das hipóteses de foro por prerrogativa de função (cancelamento da Súmula nº 394); a proibição do nepotismo, conduta que por longo tempo foi social e juridicamente aceita; e a imposição de fidelidade

---

[130] Sobre este ponto, v. Luís Roberto Barroso, A segurança jurídica na era da velocidade e do pragmatismo. In: *Temas de direito constitucional*, t. I, 2002, p. 69 et seq.

[131] Sobre o modo como os juízes veem a si mesmos e à sua função, v. pesquisa realizada em 2005 "Magistrados brasileiros: caracterização e opiniões", patrocinada pela Associação dos Magistrados Brasileiros, sob a coordenação de Maria Tereza Sadeck. Disponível em: <http://www.amb.com.br/portal/docs/pesquisa/PesquisaAMB2005.pdf>. Sobre a mudança de perfil da magistratura, pela incorporação das mulheres e de magistrados cuja origem está em família mais humildes, v. entrevista dada pela pesquisadora à revista eletrônica *Consultor Jurídico*, 8 fev. 2009.

[132] Robert Post e Reva Siegel, Roe rage: democratic constitutionalism and backlash, *Harvard Civil Rigts-Civil Liberties Law Review* 42:373, 2007, p. 373.

[133] Barry Friedman, The politics of judicial review, *Texas Law Review* 84:257, 2005, p. 321-2.

partidária, penalizando o "troca-troca" de partidos após as eleições.[134] Nos Estados Unidos, a Suprema Corte, na década de 30, após se opor tenazmente às políticas sociais do *New Deal*, terminou por se alinhar com as iniciativas de Roosevelt, que tinham amplo apoio popular. Mais recentemente, passou-se o mesmo em relação à descriminalização das relações homossexuais.[135]

Todavia, existe nesse domínio uma fina sutileza. Embora deva ser transparente e prestar contas à sociedade, o Judiciário não pode ser escravo da opinião pública. Muitas vezes, a decisão correta e justa não é a mais popular. Nessas horas, juízes e tribunais não devem hesitar em desempenhar um papel contramajoritário. O populismo judicial é tão pernicioso à democracia como o populismo em geral. Em suma: no constitucionalismo democrático, o exercício do poder envolve a interação entre as cortes judiciais e o sentimento social, manifestado por via da opinião pública ou das instâncias representativas. A participação e o engajamento popular influenciam e legitimam as decisões judiciais, e é bom que seja assim.[136] Dentro de limites, naturalmente. O mérito de uma decisão judicial não deve ser aferido em pesquisa de opinião pública. Mas isso não diminui a importância de o Judiciário, no conjunto de sua atuação, ser compreendido, respeitado e acatado pela população. A opinião pública é *um* fator extrajurídico relevante no processo de tomada de decisões por juízes e tribunais.[137] Mas não

---

[134] Exemplo inverso, em que o STF não seguiu a opinião pública dominante, envolveu a questão da elegibilidade de candidatos que tivessem "ficha-suja", isto é, tivessem sofrido condenações judiciais, ainda que não transitadas em julgado. A Corte entendeu que só a lei complementar, prevista no §9º do art. 14 da Constituição, poderia instituir outros casos de inelegibilidade. *Inf. STF nº 514*, ADPF nº 144, Rel. Min. Celso de Mello.

[135] Em *Bowers v. Hardwick*, julgado em 1986, a Suprema Corte considerou constitucional lei estadual que criminalizava a sodomia. Em 2003, ao julgar *Lawrence v. Texas*, considerou inconstitucional tal criminalização. A Ministra Sandra O'Connor, que votou com a maioria nos dois casos — isto é, mudou de opinião de um caso para o outro —, observou em seu livro *The majesty of the law*: reflections of a Supreme Court Justice, 2003, p. 166: "Mudanças reais, quando chegam, derivam principalmente de mudanças de atitude na população em geral. É rara a vitória jurídica — no tribunal ou no legislativo — que não seja a conseqüência de um novo consenso social. Tribunais, em particular, são notadamente instituições reativas".

[136] V., a propósito, uma vez mais, o depoimento de Sandra O'Connor, Public trust as a dimension of equal justice: some suggestions to increase public trust, *The Supreme Court Review* 36:10, 1999, p. 13: "Nós não possuímos forças armadas para dar cumprimento a nossas decisões, nós dependemos da confiança do público na correção das nossas decisões. Por essa razão, devemos estar atentos à opinião e à atitude públicas em relação ao nosso sistema de justiça, e é por isso que precisamos tentar manter e construir esta confiança".

[137] Na sustentação oral, no julgamento da ADI nº 3.510-DF, este foi um dos pontos destacados: o fato de que as entidades da sociedade civil, maciçamente, e a opinião pública, em percentuais bastante elevados, apoiavam a legitimidade das pesquisas com células-tronco embrionárias. V. o vídeo em <http://www.lrbarroso.com.br/pt/videos/celula_tronco_1.html>.

é o único e, mais que isso, nem sempre é singela a tarefa de captá-la com fidelidade.[138]

4.4 A autonomia relativa do direito em relação à política e a fatores extrajudiciais

Na literatura jurídica norte-americana, os autores costumam identificar modelos diversos de comportamento judicial, entre os quais se destacam o legalista, o ideológico e o estratégico.[139] O modelo legalista corresponde à concepção mais tradicional, próxima ao formalismo jurídico, crente na objetividade do direito e na neutralidade do intérprete. O modelo ideológico coloca ênfase nas preferências políticas pessoais do juiz como fator determinante das decisões judiciais. O modelo estratégico, por sua vez, leva em conta pretensões de juízes e tribunais de conservação e expansão de seu poder, conjugada com a preocupação de ver suas decisões cumpridas e, no limite, assegurar a própria sobrevivência. O presente trabalho desenvolveu-se sobre a crença de que nenhum dos três modelos prevalece em sua pureza: a vida real é feita da combinação dos três. Sem embargo das influências políticas e das opções estratégicas, o direito conservará sempre uma autonomia parcial.[140]

---

[138] A sintonia com a opinião pública envolve diversas nuances. Por vezes, grupos de pressão bem situados são capazes de induzir ou falsear a real vontade popular. De parte isso, a opinião pública, manipulada ou não, sofre variações, por vezes abruptas, em curto espaço de tempo. Será preciso, assim, distinguir, com as dificuldades previsíveis, entre clamor público, paixões do momento e opinião sedimentada. Ted Roosevelt, antigo presidente norte-americano, referiu-se à distinção entre "vontade popular permanente" e "opinião pública do momento. Sobre esse último ponto, v. Barry Friedman, *The will of the people*: how public opinion has influenced the Supreme Court and shaped the meaning of the Constitution, 2009, p. 382.

[139] V. Jeffrey A. Segal e Harold J. Spaeth (*The Supreme Court and the attitudinal model revisited*, 2002), Lee Epstein e Jack Knight (*The choices justices make*, 1998), Richard Posner (How judges think?, 2008, p. 19-56), identifica "nove teorias de comportamento judicial": ideological, estratégica, organizacional, econômica, psicológica, sociológica, pragmática, fenomenológica e legalista. V. tb. Cass Sunstein, David Schkade, Lisa M. Ellman e Andres Sawicki (*Are judges political?*: An empirical analysis of the Federal Judiciary, 2006), e Richard Posner (*How judges think*, 2008).

[140] Este é, também, o ponto de vista de Michael Dorf, em *No litmus test*: Law versus politics in the twentieth century, 2006, xix. O autor defende uma posição intermediária entre os extremos representados pelo realismo e pelo formalismo. Em suas palavras: "Os realistas prestam um serviço importante ao corrigirem a visão exageradamente mecânica que os formalistas têm do direito. Mas vão longe demais ao sugerirem que não há nada de especificamente *jurídico* na metodologia de decisão empregada pelos tribunais e outros atores jurídicos".

Ainda quando não possa oferecer todas as soluções pré-prontas em seus enunciados normativos, conceitos e precedentes, o direito limita as possibilidades legítimas de solução. De fato, deverão elas caber nas alternativas de sentido e de propósitos dos textos, assim como harmonizar-se com o sistema jurídico como um todo. De parte isso, os argumentos utilizáveis em um processo judicial na construção de qualquer decisão precisam ser assimiláveis pelo direito, não somente por serem de razão pública, mas por seguirem a lógica jurídica, e não a de qualquer outro domínio.[141] Ademais, a racionalidade e a razoabilidade de qualquer decisão estará sujeita, no mínimo, à revisão por um segundo grau de jurisdição, assim como ao controle social, que hoje é feito em sítios jurídicos na internet, em fóruns de debates e, crescentemente, na imprensa geral. Vale dizer: a atuação judicial é limitada pelas possibilidades de solução oferecidas pelo ordenamento, pelo tipo de argumentação jurídica utilizável e pelo controle de razoabilidade e de racionalidade que restringem as influências extrajudiciais de natureza ideológica ou estratégica. Mas não as inibem inteiramente. Reconhecer isso não diminui o direito, mas antes permite que ele se relacione com a política de maneira transparente, e não escamoteada.

5 Conclusão: entre a razão e a vontade

Examinando cada uma das partes em que se dividiu o presente trabalho, é possível enunciar, em proposições objetivas, três ideias básicas:

1. Um dos traços mais marcantes do constitucionalismo contemporâneo é a ascensão institucional do Poder Judiciário. Tal fenômeno se manifesta na amplitude da jurisdição constitucional, na judicialização de questões sociais, morais e políticas, bem como em algum grau de ativismo judicial. Nada obstante isso, deve-se cuidar para que juízes e tribunais não se transformem em uma instância hegemônica, comprometendo a legitimidade democrática de sua atuação, exorbitando de suas capacidades institucionais e limitando impropriamente

---

[141] A lógica jurídica, como intuitivo, é diferente da econômica, da histórica ou da psicanalítica. Por exemplo: um juiz não poderá se recusar a aplicar uma regra que exacerbe a proteção do inquilino em um contrato de aluguel, sob o fundamento de que a teoria econômica já provou que o protecionismo produz efeito negativo sobre os interesses dos inquilinos em geral, por diminuir a oferta de imóveis e aumentar o preço da locação. Cabe-lhe aplicar a norma mesmo que discorde da lógica econômica subjacente a ela.

o debate público. Quando não estejam em jogo os direitos fundamentais ou a preservação dos procedimentos democráticos, juízes e tribunais devem acatar as escolhas legítimas feitas pelo legislador, assim como ser deferentes com o exercício razoável de discricionariedade pelo administrador, abstendo-se de sobrepor a eles sua própria valoração política. Ademais, a jurisdição constitucional não deve suprimir nem oprimir a voz das ruas, o movimento social e os canais de expressão da sociedade. Nunca é demais lembrar que o poder emana do *povo*, não dos juízes.

2. Na concepção tradicional e idealizada, direito e política integram mundos apartados, que não devem se comunicar. Para realizar tal propósito, o Judiciário é dotado de garantias que visam a assegurar sua independência e os órgãos judiciais são vinculados ao direito posto. Vale dizer: limitar-se-iam a aplicar a Constituição e as leis, produtos da vontade do constituinte e do legislador, sem exercer vontade política própria nem atividade criativa. Essa pretensão de autonomia absoluta do direito em relação à política é impossível de se realizar. As soluções para os problemas nem sempre são encontradas prontas no ordenamento jurídico, precisando ser construídas argumentativamente por juízes e tribunais. Nesses casos — ao menos neles —, a experiência demonstra que os valores pessoais e a ideologia do intérprete desempenham, tenha ele consciência ou não, papel decisivo nas conclusões a que chega.

3. Embora não possa oferecer soluções pré-prontas em muitas situações, o direito limita as possibilidades legítimas de solução que podem ser construídas pelos intérpretes judiciais. Com isso, contém-se parcialmente o exercício de escolhas voluntaristas e arbitrárias. De parte isso, inúmeros outros fatores influenciam a atuação de juízes e tribunais, como a interação com outros atores políticos e institucionais, preocupações com o cumprimento das decisões judiciais, circunstâncias internas dos órgãos colegiados e a opinião pública, entre outros. Em suma: o direito pode e deve ter uma vigorosa pretensão de autonomia em relação à política. Isso é essencial para a subsistência do conceito de Estado de direito e para a confiança da sociedade nas instituições judiciais. Essa autonomia, todavia, será sempre relativa. Reconhecer este fato não envolve qualquer capitulação, mas antes dá transparência a uma relação

complexa, na qual não pode haver hegemonia nem de um nem de outro. A razão pública e a vontade popular — o direito e a política, se possível com maiúscula — são os dois pólos do eixo em torno do qual o constitucionalismo democrático executa seu movimento de rotação. Dependendo do ponto de observação de cada um, às vezes será noite, às vezes será dia.

CAPÍTULO 6

A DIGNIDADE DA PESSOA HUMANA NO DIREITO CONSTITUCIONAL CONTEMPORÂNEO
NATUREZA JURÍDICA, CONTEÚDOS MÍNIMOS E CRITÉRIOS DE APLICAÇÃO[1]

Nota introdutória

O último artigo desta coletânea terminou de ser escrito no início de 2011. Sua estrutura fora delineada durante um mês de pesquisas que passei na França, dividindo-me entre as bibliotecas da Sorbonne e François Mitterrand (uma delícia de lugar, com uma área exclusiva para pesquisadores). Boa parte do material eu havia recolhido na Kennedy School, sem ter conseguido lê-lo até então. Minha anfitriã em Paris foi a adorável professora Jacqueline Morrand-Devillers. Embora a dignidade da pessoa humana tivesse passado a ser reconhecida como o centro axiológico dos sistemas constitucionais contemporâneos, a verdade é que, do ponto de vista jurídico, seu uso efetivo era extremamente limitado. A razão para isso não era difícil de identificar: a vagueza e a indeterminação da expressão permitiam que seu sentido fosse apropriado por quase

---

[1] Este trabalho serviu de base para um texto mais amplo, escrito em inglês, durante minha estada como *Visiting Scholar* na Universidade de Harvard. V. referência na Nota introdutória. Na presente versão, a jurisprudência do Supremo Tribunal Federal foi atualizada.

qualquer linha de argumentação, cada intérprete projetando nela a sua própria imagem de dignidade. O fenômeno era universal e não apenas brasileiro. Para enfrentar o problema, dediquei-me à tarefa de procurar construir um sentido jurídico para a dignidade. Após escrever este texto, aprofundei um tanto mais minhas pesquisas e produzi outro, com foco no direito comparado e internacional, que foi publicado fora do Brasil.[2]

O presente artigo, em sua parte inicial, também volta sua atenção para o direito comparado e para decisões de cortes internacionais, colecionando um conjunto de casos interessantes em que a ideia de dignidade humana foi utilizada. A partir dessa massa crítica, o texto procura determinar a natureza jurídica da dignidade humana, identificada como sendo um princípio jurídico e não um direito fundamental. Procuro demonstrar, no texto, as razões pelas quais esta formulação me parece melhor. Em seguida, na parte mais complexa, o estudo busca atribuir três conteúdos específicos à dignidade, fazendo a passagem de cada um deles da filosofia para o Direito. Tais conteúdos são: o valor intrínseco da pessoa humana, a autonomia individual e o valor comunitário. Este último conceito refere-se ao papel do Estado e da sociedade na conformação do sentido da dignidade, inclusive pela imposição de limites legítimos à autonomia individual. Definida a natureza jurídica e os elementos constitutivos da dignidade, o texto aplica tal arranjo teórico a três hipóteses de casos difíceis e moralmente divisivos: interrupção da gestação de fetos anencefálicos, pesquisas com células-tronco embrionárias e uniões homoafetivas.

---

[2] Luís Roberto Barroso, "Here, There and Everywhere": Human Dignity in Contemporary Law and in the International Discourse, *Boston College International and Comparative Law Review* 35, n. 2. Disponível em: <http://papers.ssrn.com/sol3/papers.cfm?abstract_id=1945741>.

1 Introdução[3]

O Sr. Wackeneim, na França, queria tomar parte em um espetáculo conhecido como arremesso de anão, no qual frequentadores de uma casa noturna deveriam atirá-lo à maior distância possível. A Sra. Evans, no Reino Unido, após perder os ovários, queria poder implantar em seu útero os embriões fecundados com seus óvulos e o sêmen do ex-marido, de quem se divorciara. A família da Sra. Englaro, na Itália, queria suspender os procedimentos médicos e deixá-la morrer em paz, após dezessete anos em estado vegetativo. O Sr. Ellwanger, no Brasil, gostaria de continuar a publicar textos negando a ocorrência do Holocausto. O Sr. Lawrence, nos Estados Unidos, desejava poder manter relações homoafetivas com seu parceiro, sem ser considerado um criminoso. A Sra. Lais, na Colômbia, gostaria de ver reconhecido o direito de exercer sua atividade de trabalhadora do sexo, também referida como prostituição. O Sr. Gründgens, na Alemanha, pretendia impedir a republicação de um livro que era baseado na vida de seu pai e que considerava ofensivo à sua honra. O jovem Perruche, na França, representado por seus pais, queria receber uma indenização pelo fato de ter nascido, isto é, por não ter sido abortado, tendo em vista que um erro de diagnóstico deixou de prever o risco grave de lesão física e mental de que veio a ser acometido. A Sra. Gootboom, na África do Sul, em situação de grande privação, postulava do Poder Público um abrigo para si e para sua família. Todos esses exemplos reais, envolvendo situações aparentemente distantes, guardam entre si um elemento comum: a necessidade de se fixar o sentido e alcance da dignidade humana, como elemento argumentativo necessário à produção da solução justa.

A dignidade da pessoa humana tornou-se, nas últimas décadas, um dos grandes consensos éticos do mundo ocidental. Ela é mencionada em incontáveis documentos internacionais, em Constituições, leis e decisões judiciais. No plano abstrato, poucas ideias se equiparam a ela na capacidade de seduzir o espírito e ganhar adesão unânime. Tal

---

[3] Meu interesse e minhas ideias acerca da dignidade da pessoa humana foram influenciados, na literatura nacional, por alguns importantes trabalhos que gostaria de registrar, homenageando seus autores. São eles: Ingo Wolfgang Sarlet, *Dignidade da pessoa humana e direitos fundamentais*; Maria Celina Bodin de Moraes, *Conceito de dignidade humana*: substrato axiológico e conteúdo normativo; Ana Paula de Barcellos, *A eficácia jurídica dos princípios*: o princípio da dignidade da pessoa humana; e Letícia de Campos Velho Martel, *Direitos fundamentais indisponíveis*: os limites e os padrões do consentimento para a autolimitação do direito fundamental à vida. Merece destaque, também, o erudito painel da trajetória da dignidade humana e dos direitos humanos traçado por Fábio Konder Comparato, em *A afirmação histórica dos direitos humanos*, 2001.

fato, todavia, não minimiza — antes agrava — as dificuldades na sua utilização como um instrumento relevante na interpretação jurídica. Com frequência, ela funciona como um mero espelho, no qual cada um projeta sua própria imagem de dignidade. Não por acaso, pelo mundo afora, ela tem sido invocada pelos dois lados em disputa, em temas como interrupção da gestação, eutanásia, suicídio assistido, uniões homoafetivas, *hate speech*, negação do Holocausto, clonagem, engenharia genética, inseminação artificial *post mortem*, cirurgias de mudança de sexo, prostituição, descriminalização de drogas, abate de aviões sequestrados, proteção contra a autoincriminação, pena de morte, prisão perpétua, uso de detector de mentiras, greve de fome, exigibilidade de direitos sociais. A lista é longa.

O presente estudo procura realizar quatro propósitos principais. O primeiro deles é o de registrar a importância que a dignidade da pessoa humana assumiu no direito contemporâneo, no plano doméstico, internacional e no discurso transnacional. Trata-se de um conceito que tem viajado entre países e continentes e que, por isso mesmo, precisa de uma elaboração apta a dar alguma uniformidade à sua utilização. O segundo propósito é o de precisar a natureza jurídica da dignidade da pessoa humana, como pressuposto da determinação do seu modo de aplicação. Direito fundamental, valor absoluto ou princípio jurídico são algumas das qualificações feitas em diferentes países, tendo por consequência embaraços teóricos e práticos. O terceiro objetivo visado é o de definir conteúdos mínimos para a dignidade humana, como premissa indispensável para libertá-la do estigma de uma ideia vaga e inconsistente, capaz de legitimar soluções contraditórias para problemas complexos. E, por fim, determinada sua natureza jurídica e definidos seus conteúdos mínimos, o quarto objetivo é o de estabelecer critérios para sua aplicação, de modo a permitir que ela sirva para estruturar o raciocínio jurídico no processo decisório, bem como para a ajudar a executar ponderações e escolhas fundamentadas, quando necessário.

A meta desse estudo é tornar a dignidade da pessoa humana um conceito mais objetivo, claro e operacional. Dessa forma, ela poderá passar a ser um elemento argumentativo relevante — e não mero ornamento retórico — na atuação de advogados públicos e privados, membros do Ministério Público e, sobretudo, de juízes e tribunais, que nela poderão encontrar uma ferramenta valiosa na busca da melhor interpretação jurídica e da realização mais adequada da justiça. Um projeto ambicioso e de risco, para o qual peço a indulgência do leitor.

2 A dignidade da pessoa humana no direito constitucional contemporâneo

2.1 Origem e evolução

A dignidade da pessoa humana, na sua acepção contemporânea, tem origem *religiosa*, bíblica: o homem feito à imagem e semelhança de Deus. Com o Iluminismo e a centralidade do homem, ela migra para a *filosofia*, tendo por fundamento a razão, a capacidade de valoração moral e autodeterminação do indivíduo. Ao longo do século XX, ela se torna um objetivo *político*, um fim a ser buscado pelo Estado e pela sociedade. Após a 2ª Guerra Mundial, a ideia de dignidade da pessoa humana migra paulatinamente para o mundo *jurídico*, em razão de dois movimentos. O primeiro foi o surgimento de uma cultura pós-positivista, que reaproximou o Direito da filosofia moral e da filosofia política, atenuando a separação radical imposta pelo positivismo normativista. O segundo consistiu na inclusão da dignidade da pessoa humana em diferentes documentos internacionais e Constituições de Estados democráticos. Convertida em um conceito jurídico, a dificuldade presente está em dar a ela um conteúdo mínimo, que a torne uma categoria operacional e útil, tanto na prática doméstica de cada país quanto no discurso transnacional.

2.2 A dignidade da pessoa humana no direito comparado e no discurso transnacional

A despeito de sua relativa proeminência na história das ideias, foi somente no final da segunda década do século XX que a dignidade humana passou a figurar em documentos jurídicos, a começar pelas Constituições do México (1917) e da Alemanha de Weimar (1919).[4] Antes de viver sua apoteose como símbolo humanista, esteve presente em textos com pouco *pedigree* democrático, como o Projeto de Constituição do Marechal Pétain (1940), na França, durante o período de colaboração com os nazistas,[5] e em Lei Constitucional decretada por Francisco

---

[4] Cristopher McGrudden, Human dignity and judicial interpretation of human rights, *The European Journal of International Law* 19:655, 2008, p. 664.
[5] Lei Constitucional de 10 de julho de 1940. In: *Les Constitutions de France depuis 1789*, 1995. V. tb. Véronique Gimeno-Cabrera, *Le traitment jurisprudentiel du principe de dignité de la personne humaine dans la jurisprudence du Conseil Constitutionnel Français et du Tribunal Constitutionnel Espagnol*, 2004, p. 34.

Franco (1945), durante a longa ditadura espanhola.[6] Após a Segunda Guerra Mundial, a dignidade humana foi incorporada aos principais documentos internacionais, como a Carta da ONU (1945), a Declaração Universal dos Direitos do Homem (1948) e inúmeros outros tratados e pactos internacionais, passando a desempenhar um papel central no discurso sobre direitos humanos. Mais recentemente, recebeu especial destaque na Carta Europeia de Direitos Fundamentais, de 2000, e no Projeto de Constituição Europeia, de 2004.

No âmbito do direito constitucional, a partir do segundo pós-guerra, inúmeras Constituições incluíram a proteção da dignidade humana em seus textos. A primazia, no particular, tocou à Constituição Alemã (Lei Fundamental de Bonn, 1949), que previu, em seu art. 1º, a inviolabilidade da dignidade humana, dando lugar a uma ampla jurisprudência, desenvolvida pelo Tribunal Constitucional Federal, que a alçou ao *status* de valor fundamental e centro axiológico de todo o sistema constitucional. Diversas outras Constituições contêm referência expressa à dignidade em seu texto — Japão, Itália, Portugal, Espanha, África do Sul, Brasil, Israel, Hungria e Suécia, em meio a muitas outras — ou em seu preâmbulo, como a do Canadá. E mesmo em países nos quais não há qualquer menção expressa à dignidade na Constituição, como Estados Unidos[7] e França,[8] a jurisprudência tem invocado sua força jurídica e argumentativa, em decisões importantes. A partir daí, as cortes constitucionais de diferentes países iniciaram um diálogo transnacional, pelo qual se valem de precedentes e argumentos utilizados pelas outras cortes, compartilhando um sentido comum para a dignidade. Trata-se de uma integração em que os atores nacionais, internacionais e estrangeiros se somam.[9]

No plano do direito comparado, merece destaque, em primeiro lugar, a atuação do Tribunal Constitucional Federal Alemão, cujas decisões são citadas em diferentes jurisdições. Na prática da Corte, a

---

[6] Trata-se do "Fuero de los Españoles", uma das leis fundamentais aprovadas ao longo do governo franquista. V. <http://www.cervantesvirtual.com/obra-visor/fuero-de-los-espanoles-de-1945--0/pdf/>. Sobre este e outros aspectos da experiência constitucional espanhola, v. Francisco Fernandez Segado (*El sistema constitucional español*, 1992, p. 39 *et seq.*). No Brasil, o Ato Institucional nº 5, de 13.12.1968, outorgado pelo Presidente Costa e Silva, que deu início à escalada ditatorial e à violência estatal contra os adversários políticos, fez referência expressa à dignidade da pessoa humana.

[7] Maxime D. Goodman, Human dignity in Supreme Court constitutional jurisprudence, *Nebraska Law Review* 84:740, 2005-2006.

[8] Dominique Rousseau, *Les libertés individuelles et la dignité de la personne humaine*, 1998, p. 62-70.

[9] Sem embargo da existência de muitas dificuldades teóricas. Sobre o tema, v. Sir Basil Markesinis & Jörg Fedtke, *Judicial recourse to foreign Law*: a new source of inspiration?, 2006.

dignidade humana sempre esteve no centro das discussões de inúmeros casos como, por exemplo, a declaração de inconstitucionalidade da descriminalização do aborto (Aborto I),[10] a flexibilização dessa mesma decisão (Aborto II),[11] a proibição de derrubada de aviões sequestrados por terroristas[12] e a vedação do uso de diário pessoal como meio de prova,[13] entre muitos outros. A jurisprudência Alemã na matéria é abundante. Também nos Estados Unidos, embora com menor intensidade, diluída em outros fundamentos e sob intensa polêmica,[14] a dignidade humana vem sendo crescentemente utilizada na argumentação jurídica dos tribunais.[15] Em decisão mais antiga, envolvendo a constitucionalidade da pena de morte, a Suprema Corte decidiu que os objetivos sociais de retribuição e prevenção superavam as preocupações com a dignidade.[16] Todavia, considerou violadora da dignidade humana a execução de deficientes mentais[17] e de menores de dezessete anos.[18] Em tema de interrupção da gestação, houve referência expressa na decisão

---

[10] BVerfGE 39:1. Em decisão de 1975, a Corte entendeu que o direito à vida e os deveres de proteção que o Estado tem em relação a tal direito impõem a criminalização do aborto.

[11] Uma lei de 1992, que teve sua arguição de inconstitucionalidade rejeitada, torna o aborto não punível até o terceiro mês, desde que a mulher se submeta, previamente, a aconselhamento obrigatório, no qual ela será informada de que o feto em desenvolvimento constitui uma vida independente. Ela deverá aguardar 72 horas após o aconselhamento e a realização do procedimento.

[12] BVerfG, 1 BvR nº 357/05. Em decisão de 2006, considerou inconstitucional a previsão legal que dava ao Ministro da Defesa poder para ordenar o abate de aviões em circunstâncias nas quais fosse possível assumir que ele seria utilizado contra vidas humanas. V. <http://www.transnationalterrorism.eu/tekst/publications/Germany%20case%20study%20 (WP%206%20Del%2012b).pdf>. Acesso em: 27 nov. 2010.

[13] BVerfGE 80, 367. Trata-se de decisão do Tribunal Federal de Justiça no sentido de que a leitura de registros em diário pessoal viola a dignidade e a privacidade. V. Cristoph Enders, The right to have rights: the concept of human dignity in German Basic Law, *Revista de Estudos Constitucionais, Hermenêutica e Teoria do Direito* 2:1, 2010, p. 5.

[14] Nos Estados Unidos, a referência a decisões estrangeiras que faziam menção à dignidade humana, por parte de Justices da Suprema Corte, provocou forte reação em setores jurídicos e políticos. Sobre o tema, v. Jeremy Waldron, Foreign law and the modern *ius gentium*, *Harvard Law Review* 119:129, 2005. Em debate comigo na Universidade de Brasília, em 2009, o Juiz da Suprema Corte Americana, *Justice* Antonin Scalia, afirmou que a cláusula da dignidade da pessoa humana não consta da Constituição dos Estados Unidos e que, por essa razão, não pode ser invocada por juízes e tribunais.

[15] Para um levantamento amplo e detalhado da matéria na jurisprudência norte-americana, v. Maxime D. Goodman, Human dignity in Supreme Court constitutional jurisprudence, *Nebraska Law Review* 84:740, 2005-2006.

[16] *Gregg v. Georgia*. 428 U.S. 153 (1976).

[17] *Atkins v. Virginia*. 536 U.S. 304 (2002). A decisão emprega a expressão "retardados mentais", que já não é mais aceita. Utiliza-se, correntemente, apenas deficiência, ou deficiência intelectiva ou psíquica.

[18] *Roper v. Simmons*. 543 U.S. 551 (2005).

que reafirmou, com reservas, o direito da mulher ao aborto.[19] No julgado que deu maior ênfase à dignidade humana, a Corte considerou inconstitucional a criminalização de relações sexuais entre pessoas do mesmo sexo.[20] Pelo mundo afora, cortes constitucionais e internacionais têm apreciado casos de grande complexidade moral envolvendo o sentido e o alcance da dignidade da pessoa humana. Na França, além do célebre caso do arremesso de anão, que será comentado adiante, outras decisões suscitaram acirrada controvérsia. No *affaire* Perruche, a Corte de Cassação, em decisão duramente criticada, reconheceu o "direito de não nascer", ao assegurar a uma criança, representada por seus pais, uma indenização pelo fato de ter nascido cega, surda e com transtorno mental severo. Um erro de diagnóstico no teste de rubéola realizado na mãe deixou de detectar o risco de anomalia fetal grave, impedindo-a de interromper voluntariamente a gestação, como era de seu desejo declarado caso o problema fosse detectado no exame pré-natal.[21] Em outro caso que ganhou notoriedade, Corinne Parpalaix viu reconhecido o seu direito de proceder à inseminação artificial com o esperma de seu falecido marido, que o havia depositado em um banco de sêmen antes de se submeter a uma cirurgia de alto risco.[22]

Outra questão interessante, envolvendo inseminação artificial, foi julgada no Reino Unido. Natalie Evans, antes de ter seus ovários retirados em razão de um tumor, colheu óvulos e teve-os fecundados em laboratório com o sêmen de seu parceiro, Howard Johnson. Os embriões congelados permaneceram em uma clínica especializada. Após o rompimento da relação conjugal, a mulher desejou implantar em seu útero os embriões armazenados, ao que se opôs o antigo parceiro. Diante disso, a clínica recusou-se a fornecer o material, saindo-se vencedora na demanda que lhe foi proposta.[23] No Canadá, em meio ao complexo debate

---

[19] *Planned Parenthood v. Casey*. 505 U.S. 833 (1992). A decisão mantida foi *Roe v. Wade*, 410 U.S. 113 (1973), que foi o primeiro grande precedente na matéria.

[20] *Lawrence v Texas*. 539 U.S. 558 (2003).

[21] Decisão disponível em: <http://www.courdecassation.fr/publications_cour_26/bulletin_information_cour_cassation_27/bulletins_information_2000_1245/no_526_1362/>. Sobre o tema, v. Olivier Cayla et Yan Thomas, *Du droit de ne pas naître* — A propos de l'Affaire Perruche, 2002. Em lingual portuguesa, v. Gabriel Gualano de Godoy, *Acórdão Perruche e o direito de não nascer*. Dissertação de mestrado apresentada ao Programa de Pós-Graduação da Universidade Federal do Paraná. Disponível em: <http://dspace.c3sl.ufpr.br/dspace/bitstream/1884/12026/1/nao_nascer_FINAL.pdf>. Acesso em: 27 nov. 2010.

[22] *Affaire Parpalaix*, Tribunal de Grande Instance de Créteil, 1º ago. 1984.

[23] *Evans v. Amicus Healthcare Ltd.*, EWCA Civ. 727. A decisão da England and Wales Court of Appeal (Civil Division) encontra-se disponível em: <http://www.bailii.org/ew/cases/

acerca da descriminalização de drogas leves, a Suprema Corte rejeitou a tese de que o uso de maconha constituiria a escolha de um estilo de vida, alegando que a proibição protegia grupos vulneráveis, incluindo adolescentes e mulheres grávidas.[24] A mesma Corte considerou legítima a proibição de comunicação para fins de prostituição,[25] a exemplo da Suprema Corte da África do Sul.[26] Em sentido diverso pronunciou-se a Corte Constitucional da Colômbia, como se comenta mais à frente. A Corte Europeia de Direitos Humanos considerou que o Reino Unido violou o direito de uma mulher transexual ao negar reconhecimento legal a sua operação de mudança de sexo.[27] Há julgados nos mais distintos países, incluindo Espanha, Israel, Argentina e muitos outros. No entanto, as decisões referidas já são suficientemente representativas e não é o caso de se proceder a um levantamento exaustivo. O último registro relevante a fazer é que muitas decisões se referem a julgados de tribunais de outros países, dando uma dimensão verdadeiramente transnacional ao discurso da dignidade humana.[28]

2.3 Críticas à utilização da dignidade da pessoa humana no Direito

Como intuitivo, a noção de dignidade humana varia no tempo e no espaço, sofrendo o impacto da história e da cultura de cada povo, bem como de circunstâncias políticas e ideológicas. Em razão da plasticidade e da ambiguidade do discurso da dignidade, muitos autores já

EWCA/Civ/2004/727.html>. Acesso em: 27 nov. 2010. A decisão foi confirmada pela Corte Europeia de Direitos Humanos. V. *Evans v. United Kingdom*. Disponível em: <http://cmiskp.echr.coe.int/tkp197/view.asp?item=1&portal=hbkm&action=html&highlight=Evans%20%7C%20v.%20%7C%20United%20%7C%20Kingdom&sessionid=62771276&skin=hudoc-en>. Acesso em: 27 nov. 2010.

[24] *R. v. Malmo-Levine; R. v. Caine* [2003] 3 S.C.R. 571, 2003 SCC 74. A Corte rejeitou a arguição de inconstitucionalidade da criminalização da maconha.

[25] *Reference re ss. 193 & 195.1(1)(c) of Criminal Code (Canada)*, (the Prostitution Reference), [1990] 1 S.C.R. 1123. Para comentários sobre esta decisão e a anterior, v. R. James Fyfe, Dignity as theory: competing conceptions of human dignity at the Supreme Court of Canada, *Saskatchewan Law Review* 70:1, 2007, p. 5-6.

[26] *State v. Jordan and Others* (Sex Workers Education and Advocacy Task Force and Others as Amici Curiae (CCT31/01) [2002] ZACC 22; 2002 (6) SA 642; 2002 (11) BCLR 1117 (9 October 2002). V. decisão em: <http://www.saflii.org/za/cases/ZACC/2002/22.html>.

[27] V. CEDH, *Goodwin v. the United Kingdom*, julgado em 11 jul. 2002. Disponível em: <http://www.pfc.org.uk/node/350>. Acesso em: 27 nov. 2010.

[28] Decisões americanas, canadenses, sul-africanas, colombianas, brasileiras e de diversos outros países invocam os precedentes de tribunais superiores ou cortes constitucionais de outras jurisdições, como argumento doutrinário, naturalmente, e não jurisprudencial.

sustentaram a *inutilidade* do conceito,[29] referido como ilusório e retórico.[30] Outros estudiosos apontam os riscos de utilização da dignidade em nome de uma moral religiosa[31] ou paternalista.[32] Nos Estados Unidos, já foi criticada como sendo manifestação de um constitucionalismo de valores, comunitarista e com aspectos socialistas, sobretudo por admitir direitos sociais, que geram prestações positivas, como trabalho, planos de saúde ou meio-ambiente saudável. Tal tradição europeia, alega-se, seria incompatível com o constitucionalismo americano, fundado na liberdade individual e na proteção dos direitos.[33] As críticas são relevantes e merecem ser enfrentadas com seriedade científica. Na sequência desse trabalho, procura-se demonstrar, com exemplos onde cabível, que o conceito é valioso e, em certos casos, necessário; que é possível dar à dignidade um sentido não religioso e harmonioso com a autonomia individual; e que tal sentido é não apenas compatível, mas, em certa medida, indispensável à argumentação jurídica em qualquer democracia constitucional.

3 Natureza jurídica, conteúdo mínimo e critérios de aplicação

3.1 Natureza jurídica da dignidade humana

A dignidade humana tem seu berço secular na filosofia. Constitui, assim, em primeiro lugar, um *valor*, que é conceito axiológico,[34] ligado à ideia de bom, justo, virtuoso. Nessa condição, ela se situa ao lado de outros valores centrais para o Direito, como justiça, segurança e solidariedade.[35] É nesse plano ético que a dignidade se torna, para

---

[29] Ruth Macklin, Dignity is a useless concept, *British Medical Journal* 327:1419, 2003.
[30] R. James Fyfe, Dignity as theory: competing conceptions of human dignity at the Supreme Court of Canada, *Saskatchewan Law Review* 70:1, 2007, p. 24, 27.
[31] Véronique Gimeno-Cabrera, *Le traitment jurisprudentiel du príncipe de dignité de la personne humaine dans la jurisprudence du Conseil Constitutionnel Français et du Tribunal Constitutionnel Espagnol*, 2004, p. 143.
[32] Susanne Baer, Dignity, liberty, equality: a fundamental rights triangle of constitutionalism, *University of Toronto Law Journal* 59:417, 2009, p. 418.
[33] Neomi Rao, On the use and abuse of dignity in constitutional law, *Columbia Journal of European Law* 14:201, 2007-2008, p. 212, 221.
[34] Citando von Wright, Robert Alexy registra que os conceitos práticos dividem-se em três categorias: axiológicos, deontológicos e antropológicos. Os conceitos axiológicos têm por base a ideia de *bom*. Os deontológicos, a de *dever ser*. Já os conceitos antropológicos estão associados a noções como vontade, interesse e necessidade. V. Robert Alexy, *Teoria dos direitos fundamentais*, 2008, p. 145-6.
[35] V. Ricardo Lobo Torres, *Tratado de direito constitucional, financeiro e tributário*: valores e princípios constitucionais tributários, 2005, p. 41.

muitos autores, a justificação moral dos direitos humanos e dos direitos fundamentais.[36] [37] Em plano diverso, já com o batismo da política, ela passa a integrar documentos internacionais e constitucionais, vindo a ser considerada um dos principais fundamentos dos Estados democráticos. Em um primeiro momento, contudo, sua concretização foi vista como tarefa exclusiva dos Poderes Legislativo e Executivo. Somente nas décadas finais do século XX é que a dignidade se aproxima do Direito, tornando-se um conceito jurídico, deontológico — expressão de um dever-ser normativo, e não apenas moral ou político. E, como consequência, sindicável perante o Poder Judiciário. Ao viajar da filosofia para o Direito, a dignidade humana, sem deixar de ser um valor moral fundamental,[38] ganha também *status* de *princípio jurídico*.[39]

Em sua trajetória rumo ao Direito, a dignidade beneficiou-se do advento de uma cultura jurídica pós-positivista. A locução identifica a reaproximação entre o Direito e a ética, tornando o ordenamento jurídico permeável aos valores morais.[40] Ao longo do tempo, consolidou-se a convicção de que nos *casos difíceis*, para os quais não há resposta pré-pronta no direito posto, a construção da solução constitucionalmente adequada precisa recorrer a elementos extrajurídicos, como a filosofia moral e a filosofia política.[41] E, entre eles, avulta em importância a dignidade humana. Portanto, antes mesmo de ingressar no universo jurídico,

---

[36] V. Jürgen Habermas, The concept of human dignity and the realistic utopia of human rights, *Metaphilosophy* 41:464, 2010, p. 466. É o que prevê, igualmente, a Constituição da Saxônia, de 1989.

[37] A doutrina tem convencionado a utilização da locução "direitos fundamentais" para os direitos humanos positivados em determinado sistema constitucional, ao passo que a expressão "direitos humanos" tem sido empregada para identificar posições jurídicas decorrentes de documentos internacionais, sem vínculo com qualquer ordenamento interno específico e com pretensão de validade universal. V. por todos, Ingo Wolfgang Sarlet, *A eficácia dos direitos fundamentais*: uma teoria geral dos direitos fundamentais na perspectiva constitucional, 2009, p. 29.

[38] Sobre o caráter suprapositivo da dignidade humana, v., entre muitos, José Afonso da Silva, A dignidade da pessoa humana como valor supremo da democracia, *Revista de Direito Administrativo* 212:89, 1998, p. 91; e Francisco Fernández Segado, La dignité de la personne en tant que valeur suprême de l'ordre juridique espagnol et en tant que source de tous les droits. *In: Die Ordnung der Freiheit*: Festschrift fur Christian Starck zum siebzigsten Geburtstag, 2007, p. 742.

[39] É bem de ver que, embora valor e princípio sejam categorias distintas no plano teórico, como apontado, eles estão intimamente relacionados e não se diferenciam de maneira relevante do ponto de vista prático, bastando que se reconheça a comunicação entre os planos axiológico e deontológico, isto é, entre a moral e o Direito.

[40] Sobre o pós-positivismo como uma terceira via entre as concepções positivista e jusnaturalista, e sobre a entronização dos valores na argumentação jurídica, v. Luís Roberto Barroso, *Curso de direito constitucional contemporâneo*, 2010, p. 247-50.

[41] Sobre a ideia de leitura moral da Constituição, v. Ronald Dworkin, *Freedom's Law*: the moral reading of the American constitution, 1996, p. 7-12.

positivada em textos normativos ou consagrada pela jurisprudência,[42] a dignidade já desempenhava papel relevante, vista como valor pré e extrajurídico,[43] capaz de influenciar o processo interpretativo. É fora de dúvida, todavia, que sua materialização em documentos constitucionais e internacionais sacramentou o processo de juridicização da dignidade, afastando o argumento de que o Judiciário estaria criando normas sem legitimidade democrática para tanto.[44]

A dignidade humana, então, é um valor fundamental que se viu convertido em princípio jurídico de estatura constitucional, seja por sua positivação em norma expressa seja por sua aceitação como um mandamento jurídico extraído do sistema.[45] Serve, assim, tanto como justificação moral quanto como fundamento normativo para os direitos fundamentais. Não é o caso de se aprofundar o debate acerca da distinção qualitativa entre princípios e regras. Adota-se aqui a elaboração teórica que se tornou dominante em diferentes países, inclusive no Brasil.[46] Princípios são normas jurídicas que não se aplicam na modalidade tudo ou nada, como as regras, possuindo uma dimensão de peso ou importância, a ser determinada diante dos elementos do caso concreto.[47] São eles mandados de otimização, devendo sua realização se dar na maior medida possível, levando-se em conta outros princípios, bem como a realidade fática subjacente.[48] Vale dizer: princípios estão sujeitos à ponderação[49] e à proporcionalidade,[50] e sua pretensão normativa pode ceder, conforme as circunstâncias, a elementos contrapostos.

---

[42] Este foi o caso da França, por exemplo, onde o princípio da dignidade da pessoa humana foi "descoberto" pelo Conselho Constitucional, em decisão proferida em 27 de julho de 1994. V. Decisão nº 94-343-344 DC. *In*: L.Favoreu e L.Philip, *Les grandes décisions Du Conseil Constitutionnel*, 2003, p. 852 *et seq*.

[43] V., por muitos, Ingo Wolfgang Sarlet, *Dignidade da pessoa humana e direitos fundamentais*, 2010, p. 50: "[A] dignidade evidentemente não existe apenas onde é reconhecida pelo Direito e na medida que este a reconhece".

[44] Este argumento foi utilizado pelo juiz da Suprema Corte americana Antonin Scalia, em debate com o autor deste artigo na Universidade de Brasília (UnB), em maio de 2009. Sua posição é contrária ao uso da dignidade humana na interpretação constitucional nos Estados Unidos, pois ela não consta do texto ou de suas emendas.

[45] Sobre a dimensão moral e jurídica da dignidade, v., entre muitos, Jeremy Waldron, Digntity, rank, and rights: The 2009 Tanner Lectures at UC Berckley. *Public Law & Legal Theory Research Paper Series, Working Paper* n. 09-50, September 2009, p. 1.

[46] Para uma visão crítica da posição dominante na literatura nacional, v., por todos, Humberto Ávila, *Teoria dos princípios*, 2009. Em meio a outros aspectos, Humberto sustenta que uma mesma norma pode funcionar tanto como princípio quanto como regra, e que também as regras estão sujeitas a ponderação.

[47] V. Ronald Dworkin, *Taking rights seriously*, 1978, p. 22-28.

[48] V. Robert Alexy, *Teoría de los derechos fundamentales*, 1997, p. 86.

[49] Na literatura nacional mais recente, v. Ana Paula de Barcellos, *Ponderação, racionalidade e atividade jurisdicional*, 2005.

[50] Sobre o conceito de proporcionalidade, na literatura mais recente, v. David M. Beatty, *The ultimate rule of law*, 2004; e Mark Tushnet, Comparative constitutional law. *In*: Mathias Reimann & Reinhard Zimmermann, *The Oxford handbook of comparative law*, p. 1249-52, 2006.

A identificação da dignidade humana como um princípio jurídico produz consequências relevantes no que diz respeito à determinação de seu conteúdo e estrutura normativa, seu modo de aplicação e seu papel no sistema constitucional. Princípios são normas jurídicas com certa carga axiológica, que consagram valores ou indicam fins a serem realizados, sem explicitar comportamentos específicos. Sua aplicação poderá se dar por subsunção, mediante extração de uma regra concreta de seu enunciado abstrato, mas também mediante ponderação, em caso de colisão com outras normas de igual hierarquia. Além disso, seu papel no sistema jurídico difere do das regras, na medida em que eles se irradiam por outras normas, condicionando seu sentido e alcance. Para fins didáticos, é possível sistematizar as modalidades de eficácia dos princípios em geral, e da dignidade da pessoa humana em particular, em três grandes categorias: direta, interpretativa e negativa.

Pela eficácia *direta*, um princípio incide sobre a realidade à semelhança de uma regra. Embora tenha por traço característico a vagueza, todo princípio terá um núcleo, do qual se poderá extrair um comando concreto.[51] Para citar dois exemplos na jurisprudência do STF dos último anos: do princípio da moralidade (e da impessoalidade), a Corte extraiu a regra da vedação do nepotismo;[52] do princípio democrático, deduziu que o parlamentar que mude de partido após o pleito perde o cargo.[53] Do princípio da dignidade humana, em acepção compartilhada em diferentes partes do mundo, retiram-se regras específicas e objetivas, como as que vedam a tortura, o trabalho escravo ou as penas cruéis. Em muitos sistemas, inclusive o brasileiro, há normas expressas interditando tais condutas, o que significa que o princípio da dignidade humana foi densificado pelo constituinte ou pelo legislador. Nesses casos, como intuitivo, o intérprete aplicará a regra específica, sem necessidade de recondução ao valor ou princípio mais elevado. Mas, por exemplo, à falta de uma norma específica que discipline a revista íntima em presídio, será possível extrair da dignidade humana a exigência de que mulheres não sejam revistadas por agentes penitenciários masculinos.

---

[51] Sobre este ponto, com reflexão analítica acerca do fato de que princípios têm um núcleo essencial de sentido, com natureza de regra, v. Ana Paula de Barcellos, *A eficácia jurídica dos princípios*: o princípio da dignidade da pessoa humana, 2008, p. 67-70.
[52] STF. *DJ*, 18 dez. 2009, ADC nº 12/DF, Rel. Min. Carlos Britto; STF. *DJ*, 24 out. 2008, RE nº 579.951/RN, Rel. Min. Ricardo Lewandowski. V., tb., Súmula Vinculante nº 13.
[53] STF. *DJ*, 17 out. 2008, MS nº 26.602/DF, Rel. Min. Eros Grau; STF. *DJ*, 19 dez. 2008, MS nº 26.603/DF, Rel. Min. Celso de Mello; e STF. *DJ*, 3 out. 2008, MS nº 26.604/DF, Relª. Minª. Cármen Lúcia.

A eficácia *interpretativa* dos princípios constitucionais significa que os valores e fins neles abrigados condicionam o sentido e o alcance das normas jurídicas em geral. A dignidade, assim, será critério para valoração de situações e atribuição de pesos em casos que envolvam ponderação. Por exemplo: o mínimo existencial desfruta de precedência *prima facie* diante de outros interesses;[54] algemas devem ser utilizadas apenas em situações que envolvam risco, e não abusivamente;[55] a liberdade de expressão, como regra, não deve ser cerceada previamente.[56] Merece registro, nesse tópico, o papel *integrativo* desempenhado pelos princípios constitucionais, que permite à dignidade ser fonte de direitos não enumerados e critério de preenchimento de lacunas normativas. Como o direito de privacidade ou a liberdade de orientação sexual, onde não tenham previsão expressa.[57] No Brasil, direta ou indiretamente, a dignidade esteve subjacente a inúmeras decisões "criativas", em temas como fornecimento gratuito de medicamentos fora das hipóteses previstas na normatização própria,[58] não compulsoriedade do exame de DNA em investigação de paternidade,[59] bem como em hipóteses de redesignação sexual.[60]

A eficácia *negativa*, por fim, implica na paralisação da aplicação de qualquer norma ou ato jurídico que seja incompatível com o princípio constitucional em questão. Dela pode resultar a declaração de inconstitucionalidade do ato, seja em ação direta ou em controle incidental. Por vezes, um princípio constitucional pode apenas paralisar a incidência da norma em uma situação específica, porque naquela hipótese concreta se produziria uma consequência inaceitável pela Constituição.[61] Pois bem: a dignidade da pessoa humana foi um dos fundamentos

---

[54] STJ. *DJ*, 29 abr. 2010, REsp nº 1.185.474/SC, Rel. Min. Humberto Martins.
[55] STF. Súmula Vinculante nº 11.
[56] STF. *Informativo STF nº 598*, 30 ago. a 3 set. 2010, ADI nº 4451/DF, Rel. Min. Carlos Britto.
[57] Nos Estados Unidos, por exemplo, o reconhecimento do direito de privacidade, à falta de norma constitucional expressa, se deu em sede jurisprudencial, no caso *Griswold v. Connecticut*, julgado em 1965; e somente com a decisão em *Lawrence v. Texas*, de 2004, deixou de ser legítima a criminalização das relações homossexuais. Diversos países, nos últimos anos, legalizaram as uniões e casamentos homoafetivos, como, por exemplo, Dinamarca, Noruega, Suécia, Reino Unido, França, Bélgica, Alemanha e Portugal, em meio a muitos outros.
[58] STF. *DJE*, 30 abr. 2010, STA nº 424/SC, Rel. Min. Gilmar Mendes (Presidente).
[59] STF. *RTJ*, 165:902, HC nº 71.373/RS, Rel. Min. Marco Aurélio.
[60] STJ. *DJ*, 18 nov. 2009, REsp. nº 1008398, Relª. Minª. Nancy Andrighi.
[61] Na ADPF nº 54, em que se pede o reconhecimento do direito de as mulheres interromperem a gestação no caso de fetos anencefálicos, este é um dos fundamentos. Pede-se ao STF, não que declare a inconstitucionalidade dos artigos do Código Penal que criminalizam o aborto, mas que reconheça que eles não devem incidir nessa hipótese, pois obrigar uma mulher a levar a termo uma gestação inviável viola a dignidade da pessoa humana.

para a mudança jurisprudencial do STF em tema de prisão por dívida, passando-se a considerar ilegítima sua aplicação no caso do depositário infiel.[62] Foi ela, igualmente, um dos argumentos centrais pelos quais se negou aplicação, em inúmeros precedentes, a dispositivo da Lei de Entorpecentes que proibia, peremptoriamente, a liberdade provisória.[63] Não apenas atos estatais, mas também condutas privadas podem ser consideradas violadoras da dignidade humana e, consequentemente, ilícitas. Em uma das raras ocasiões em que se dispôs a limitar a liberdade de expressão, o STF considerou ilegítima a manifestação de ódio racial e religioso.[64]

Três observações finais relevantes. A primeira: a dignidade da pessoa humana é parte do conteúdo dos direitos materialmente fundamentais, mas não se confunde com qualquer deles.[65] Nem tampouco é a dignidade um direito fundamental em si, ponderável com os demais.[66] Justamente ao contrário, ela é o parâmetro da ponderação, em caso de concorrência entre direitos fundamentais, como se explorará mais adiante. Em segundo lugar, embora seja qualificada como um valor ou princípio fundamental, a dignidade da pessoa humana não tem caráter absoluto.[67] É certo que ela deverá ter precedência na maior parte das situações em que entre em rota de colisão com outros princípios,[68] mas, em determinados contextos, aspectos especialmente relevantes da dignidade poderão ser sacrificados em prol de outros valores individuais

---

[62] O entendimento que ao final prevaleceu é o de que o Pacto de São José da Costa Rica, tratado sobre direitos humanos, tem estatura supralegal e prevalece sobre a legislação interna brasileira que a autorizava. No âmbito do STF, a dignidade humana foi invocada pelo Ministro Ilmar Galvão, relator do RE nº 349.703/RS, ao justificar sua mudança de opinião. No STJ, esteve igualmente presente no voto do relator, Min. Luiz Fux, no HC nº 123.755-SP. Sobre o tema, v. o comentário de Carmen Tiburcio, Os tratados internacionais no Brasil: a prisão civil nos casos de alienação fiduciária e depósito, *Revista de Direito do Estado* 12:421, 2008.

[63] STF. *DJ*, 09 abr. 2010, HC nº 100.953/RS, Relª. Minª. Ellen Gracie. No mesmo sentido, v.: STF. *DJ*, 30 abr. 2010, HC nº 100.872/MG, Rel. Min. Eros Grau; STF. *DJ*, 30 abr. 2010, HC nº 98.966/SC, Rel. Min. Eros Grau; STF. *DJ*, 14 maio 2010, HC nº 97.579/MT, Rel. Min. Eros Grau; STF. Rel. Min. 12 fev. 2010, HC nº 101.505/SC, Rel. Min. Eros Grau.

[64] Trata-se do caso *Ellwanger*, em que o STF decidiu que a liberdade de expressão não protege a incitação de racismo antissemita. *DJ*, 19 mar. 2003, HC nº 82.424/RS, Rel. p/ o acórdão Min. Maurício Corrêa.

[65] Imaginando os direitos fundamentais como uma circunferência, a dignidade estará mais perto do núcleo do que das extremidades.

[66] Dominique Rousseau, *Les libertés individuelles et la dignité de la personne humaine*, 1998. Em sentido contrário, v. Krystian Complak, Cinco teses sobre a dignidade da pessoa humana como conceito jurídico, *Revista da ESMEC* 21:107, 2008, p. 117.

[67] Em sentido contrário, há decisões do Tribunal Constitucional Federal Alemão. V. Donald P. Kommers, *The constitutional jurisprudence of the Federal Republic of Germany*, 1997, p. 32.

[68] Robert Alexy, *Teoría de los derechos fundamentales*, 1997, p. 105-109.

ou sociais, como na pena de prisão, na expulsão do estrangeiro ou na proibição de certas formas de expressão. Uma última anotação: a dignidade da pessoa humana, conforme assinalado acima, se aplica tanto nas relações entre indivíduo e Estado como nas relações privadas.[69]

3.2 Conteúdo mínimo da ideia de dignidade humana

3.2.1 Nota preliminar: a influência do pensamento kantiano[70]

Immanuel Kant (1724-1804) foi um dos mais influentes filósofos do Iluminismo e seu pensamento se irradiou pelos séculos subsequentes,[71] sendo ainda hoje referência central na filosofia moral e jurídica, inclusive e especialmente na temática da dignidade humana.[72] A filosofia kantiana foi integralmente construída sobre as noções de razão e de dever, e sobre a capacidade do indivíduo de dominar suas paixões e de identificar, dentro de si, a conduta correta a ser seguida.[73] Sem embargo de sua influência dominante, tal visão sofreu a crítica de contemporâneos e de pósteros, que apontavam ora para os limites da razão — em contraste com os sentimentos, as emoções e os desejos —[74]

---

[69] Sobre o tema, v. decisão do Tribunal Constitucional Federal Alemão no caso *Lüth*. *In*: Donald P. Kommers, *The constitutional jurisprudence of the Federal Republic of Germany*, 1997, p. 361-68. Em língua portuguesa, v. Daniel Sarmento, *Direitos fundamentais e relações privadas*, 2004, p. 141 *et seq.*; Jane Reis Gonçalves Pereira (*Direitos fundamentais e* interpretação *constitucional*: uma contribuição ao estudo das restrições aos direitos fundamentais na perspectiva da teoria dos princípios, p. 416 *et seq.*); e Wilson Steinmetz (*A vinculação dos particulares a direitos fundamentais*, 2004, p. 105 *et seq.*). V. tb., em espanhol, Juan Maria Bilbao Ubillos (*La eficácia de los derechos fundamentales frente a particulares*, 1997), em inglês, v. Mark Tushnet (*Comparative constitutional law*. *In*: Mathias Reimann & Reinhard Zimmermann, *The Oxford handbook of comparative law*, p. 1252-53, 2006).

[70] V. Immanuel Kant (*Fundamentação da metafísica dos costumes*, 2004), Peter Singer (Ed.) (*Ethics*, 1994, p. 113-17), Ted Honderich (Ed.) (*The Oxford companion to philosophy*, 1995, p. 435-39), Roger Scruton (*Kant: a very short introduction*, 2001), Bruce Waller (*Consider ethics*, 2005, 18-46).

[71] Segundo o *Oxford companion to philosophy* (1993, p. 434), Kant é "provavelmente o maior filósofo europeu moderno".

[72] Autores utilizam a expressão "virada kantiana" para se referirem à renovada influência de Kant no debate jurídico contemporâneo. V., *e.g.*, Ricardo Lobo Torres (A cidadania multidimensional na era dos direitos. *In*: Ricardo Lobo Torres, *Teoria dos direitos fundamentais*, 1999, p. 249), onde faz referência, igualmente, a Otfried Hoffe, *Kategorische Rechtsprinzipien. Ein Kontrapunkt der Moderne*, 1990, p. 135.

[73] A ética kantiana encontra-se desenvolvida, sobretudo, em sua obra *Fundamentação da metafísica dos costumes*, publicada em 1785. Utiliza-se aqui a tradução portuguesa feita por Paulo Quintela, edição de 2004.

[74] V. David Hume (*A treatise of human nature*, 1738). Hume foi contemporâneo de Kant, mas baseou sua filosofia em pressupostos diametralmente opostos, defendendo a primazia dos sentimentos e emoções sobre a razão. Quanto ao ponto, v. Bruce N. Waller, *Consider ethics*, 2005, p. 32-44.

ora para o papel desempenhado pela comunidade em que o indivíduo está inserido na determinação de seus valores éticos.[75] É certo que não se deve subestimar o poder da razão e a capacidade de o indivíduo se orientar por uma racionalidade prática. Mas não existe uma razão plenamente objetiva, livre da subjetividade e dos diferentes pontos de observação. Ademais, a vontade e a conduta das pessoas são indissociáveis de múltiplos aspectos da condição humana, tanto os da afetividade e da solidariedade quanto os que estão ligados às ambições de poder e riqueza.

Sem prejuízo do registro feito acima, as formulações de Kant acerca de temas como imperativo categórico, autonomia e dignidade continuam a ser ponto obrigatório de passagem no debate da matéria. Aliás, curiosamente, algumas das ideias do grande filósofo desprenderam-se do sistema de pensamento kantiano e adquiriram significado próprio, por vezes contrastantes com as visões do seu formulador.[76] Confira-se uma síntese sumária — e arriscada, naturalmente — de seus conceitos essenciais. A Física expressa as leis da natureza e descreve as coisas tal como acontecem. A Ética, por sua vez, tem por objeto a vontade do homem, e prescreve leis destinadas a reger condutas.[77] Estas leis exprimem um dever-ser, um imperativo, que pode ser hipotético ou categórico.[78] O *imperativo categórico*, que diz respeito a condutas necessárias e boas em si mesmas — independentemente do resultado que venham a produzir —, pode ser assim enunciado: *age de tal modo que a máxima da tua vontade (i.e., o princípio que a inspira e move) possa*

---

[75] Este era o caso de Hegel, cuja obra clássica *Elementos de filosofia do Direito*, publicada em 1822, em sua parte II, é largamente dedicada a combater aspectos da ética kantiana. Para Hegel, a moralidade do dever, de Kant, era excessivamente abstrata e sem conteúdo, e precisava ser reconciliada com os padrões éticos da comunidade. Sobre o ponto, v. duas obras de Peter Singer: *Ethics*, 1994, p. 113-17; e *Hegel*: a very short history, 2001, p. 39-48.

[76] De fato, algumas invocações contemporâneas da dignidade como fundamento contra a pena de morte ou para o direito de participação política contrastam com posições pessoais de Kant, que era favorável à pena capital e à larga restrição ao sufrágio popular (dele excluindo todos os que não fossem "independentes", como empregados e mulheres). V. R. James Fyfe (Dignity as theory: competing conceptions of human dignity at the Supreme Court of Canadá, *Saskatchewan Law Review* 70:1, 2007, p. 9), quanto ao primeiro ponto e Roger Scruton (*Kant*: a very short introduction, 2001, p. 121), quanto ao segundo.

[77] Immanuel Kant, *Fundamentação da metafísica dos costumes*, 2004, p. 13. Kant se reporta à "velha filosofia grega", que se dividia em Física, Ética e Lógica.

[78] O imperativo *hipotético* identifica uma ação que é necessária para se alcançar determinado fim. O imperativo *categórico* expressa uma ação que é necessária em si, sem relação com qualquer outro fim. V. Immanuel Kant (*Fundamentação da metafísica dos costumes*, 2004, p. 50): "No caso de a ação ser apenas boa como meio para *qualquer outra coisa*, o imperativo é *hipotético*; se a ação é representada como boa *em si*, por conseguinte como necessária numa vontade em si conforme à razão como princípio dessa vontade, então o imperativo é *categórico*".

se transformar em uma lei universal.⁷⁹ Em lugar de apresentar um catálogo de virtudes específicas, uma lista do que fazer e do que não fazer, Kant concebeu uma fórmula, uma *forma* de determinar a ação ética.⁸⁰ Os dois outros conceitos imprescindíveis são os de autonomia e dignidade. A *autonomia* expressa a vontade livre, a capacidade do indivíduo de se autodeterminar, em conformidade com a representação de certas leis. Note-se bem aqui, todavia, a singularidade da filosofia kantiana: a lei referida não é uma imposição externa (heterônoma), mas a que cada indivíduo dá a si mesmo. O indivíduo é compreendido como um ser moral, no qual o dever deve suplantar os instintos e os interesses. A moralidade, a conduta ética consiste em não se afastar do imperativo categórico, isto é, não praticar ações senão de acordo com uma máxima que possa desejar seja uma lei universal.⁸¹ A *dignidade*, na visão kantiana, tem por fundamento a autonomia.⁸² Em um mundo no qual todos pautem a sua conduta pelo imperativo categórico — no "reino dos fins", como escreveu —, tudo tem um *preço* ou uma *dignidade*. As coisas que têm preço podem ser substituídas por outras equivalentes. Mas quando uma coisa está acima de todo o preço, e não pode ser substituída por outra equivalente, ela tem *dignidade*.⁸³ Tal é a situação singular da pessoa humana. Portanto, as coisas têm preço, mas as pessoas têm dignidade. Como consectário desse raciocínio, é possível formular uma outra enunciação do imperativo categórico: *toda*

---

⁷⁹ Nas palavras literais do autor: "O imperativo categórico é portanto só um único, que é este: *Age apenas segundo uma máxima tal que possas ao mesmo tempo querer que ela se torne lei universal*". V. Immanuel Kant (*Fundamentação da metafísica dos costumes*, 2004, p. 59). A imagem aqui relevante é a de todo indivíduo como um "legislador universal", isto é, com capacidade de estabelecer, pelo uso da razão prática, a regra de conduta ética extensível a todas as pessoas.

⁸⁰ V. Marilena Chauí (*Convite à filosofia*, 1999, p. 346): "O dever (em Kant) não é um catálogo de virtudes nem uma lista de 'faça isto' e 'não faça aquilo'. O dever é uma *forma* que deve valer para toda e qualquer ação moral". Há quem veja no imperativo categórico kantiano a versão laica da *regra de ouro*, de fundo religioso: "Faz aos outros o que desejas que te façam". A *regra de prata* envolveria pequena inversão na atuação do sujeito: "Não faças aos outros o que não desejas que lhe seja feito". Já a *regra de bronze*, ou lei de talião, incapaz de romper o ciclo de violência quando ela se instaure, é: "Faz aos outros o que te fazem". Sobre o ponto, v. Maria Celina Bodin de Moraes (O conceito de dignidade humana: substrato axiológico e conteúdo normativo". *In*: Ingo Wolfgang Sarlet (Org.), *Constituição, direitos fundamentais e direito privado*, 2003, p. 139).

⁸¹ V. Immanuel Kant, *Fundamentação da metafísica dos costumes*, 2004, p. 67, 75-76.

⁸² V. Immanuel Kant, *Fundamentação da metafísica dos costumes*, 2004, p. 79.

⁸³ V. Immanuel Kant, *Fundamentação da metafísica dos costumes*, 2004, p. 77: "No reino dos fins tudo tem ou um *preço* ou uma *dignidade*. Quando uma coisa tem um preço, pode-se por em vez dela qualquer outra como equivalente; mas quando uma coisa está acima de todo o preço, e portanto não permite equivalente, então ela tem dignidade".

pessoa, todo ser racional existe como um fim em si mesmo, e não como meio para o uso arbitrário pela vontade alheia.[84] O tratamento contemporâneo da dignidade da pessoa humana incorporou e refinou boa parte das ideias expostas acima que, condensadas em uma única proposição, podem ser assim enunciadas: a conduta ética consiste em agir inspirado por uma máxima que possa ser convertida em lei universal; todo homem é um fim em si mesmo, não devendo ser funcionalizado a projetos alheios; as pessoas humanas não têm preço nem podem ser substituídas, possuindo um valor absoluto, ao qual se dá o nome de dignidade.

3.2.2 Plasticidade e universalidade

Atores jurídicos, sobretudo na tradição romano-germânica, são ávidos por definições abrangentes e detalhadas. Tal ambição, todavia, no que diz respeito à dignidade humana, é impossível de se realizar. A dignidade deve ser pensada como um conceito aberto, plástico, plural. Revivificada no mundo do segundo pós-guerra, foi ela a ideia unificadora da reação contra o nazismo e tudo o que ele representava. Pouco a pouco, consolidou-se o consenso de ser ela o grande fundamento dos direitos humanos,[85] ideia-símbolo do valor inerente da pessoa humana e da igualdade de todos, inclusive de homens e mulheres.[86] A verdade, porém, para bem e para mal, é que a dignidade humana, no mundo contemporâneo, passou a ser invocada em cenários distintos e complexos, que vão da bioética à proteção do meio ambiente, passando pela liberdade sexual, de trabalho e de expressão. Além disso, a pretensão

---

[84] Este princípio do indivíduo como fim em si mesmo "é a condição suprema que limita a liberdade das ações de cada homem". Na formulação mais analítica do autor: "Os seres cuja existência depende, não em verdade da nossa vontade, mas da natureza, têm contudo, se são seres irracionais, apenas um valor relativo como meios e por isso se chamam *coisas*, ao passo que os seres racionais se chamam *pessoas*, porque a sua natureza os distingue já como fins em si mesmos, quer dizer como algo que não pode ser empregado como simples meio e que, por conseguinte, limita nessa medida todo o arbítrio". V. Immanuel Kant, *Fundamentação da metafísica dos costumes*, 2004, p. 68, 71.

[85] Nesse sentido existem diversos documentos internacionais, entre os quais, exemplificativamente, a Declaração de Vienna, produto da Conferência Mundial sobre Direitos Humanos, de 1993, na qual se inscreveu que "todos os direitos humanos têm origem na dignidade e valor inerente à pessoa humana". V. íntegra da declaração em: <http://www.dhnet.org.br/direitos/anthist/viena/viena.html>.

[86] É certo, por outro lado, que nunca qualquer documento jurídico internacional ou doméstico procurou explicitar o seu significado, que foi deixado à "compreensão intuitiva" dos intérpretes. V. Oscar Schachter, Editorial comment: Human dignity as a normative concept, *International Journal of Comparative Law*, 1983, p. 849.

de produzir um conceito transnacional de dignidade precisa lidar com circunstâncias históricas, religiosas e políticas de diferentes países, dificultando a construção de uma concepção unitária.

Nada obstante, na medida em que a dignidade humana se tornou uma categoria jurídica, é preciso dotá-la de conteúdos mínimos, que deem unidade e objetividade à sua interpretação e aplicação. Do contrário, ela se transformaria em uma embalagem para qualquer produto, um mero artifício retórico, sujeito a manipulações diversas. A primeira tarefa que se impõe é afastá-la de doutrinas abrangentes,[87] totalizadoras, que expressem uma visão unitária do mundo, como as religiões ou as ideologias cerradas. A perdição da ideia de dignidade seria sua utilização para legitimar posições moralistas ou perfeccionistas, com sua intolerância e seu autoritarismo. Como consequência, na determinação dos conteúdos mínimos da dignidade, deve-se fazer uma opção, em primeiro lugar, pela *laicidade*. O foco, portanto, não pode ser uma visão judaica, cristã, muçulmana, hindu ou confucionista. Salvo, naturalmente, quanto aos pontos em que todas as grandes religiões compartilhem valores comuns.[88]

Em segundo lugar, a dignidade deve ser delineada com o máximo de *neutralidade política* possível, com elementos que possam ser compartilhados por liberais, conservadores ou socialistas.[89] Por certo, é importante, em relação a múltiplas implicações da dignidade, a existência de um regime democrático. Por fim, o ideal é que esses conteúdos básicos da dignidade sejam *universalizáveis*, multiculturais, de modo a poderem ser compartilhados e desejados por toda a família humana.

---

[87] Sobre o ponto, v. o pensamento de John Rawls, desenvolvido em obras como: *Justice as fairness*: a restatement, 2001, p. 89 *et seq.*, *O direito dos povos*, 2004, p. 173 *et seq.*, e *Political liberalism*, 2005, p. xiii-xxxiv. Conceito essencial ao pensamento de Rawls é o de *razão pública*, do qual exclui as denominadas *doutrinas abrangentes*. Nas sociedades democráticas, cuja característica básica é o pluralismo razoável, não pode prevalecer qualquer doutrina religiosa ou filosófica que traga em si a pretensão de conter toda a verdade ou todo o direito. Isso não impede, todavia, que pessoas que compartilhem tais doutrinas possam chegar a determinados consensos acerca de uma concepção política de justiça (*overlapping consensus*). Tais consensos, afirma Jack Donelly, Human dignity and human rights, <http://www.udhr60.ch/research.html>, 2009, p. 6, materializaram-se nos direitos desenvolvidos na Declaração Universal de Direitos Humanos. No mesmo sentido, no tocante ao consenso sobreposto, v. Jürgen Habermas (The concept of human dignity and the realistic utopia of human rights, *Metaphilosophy* 41:464, 2010, p. 467).

[88] V. Jack Donelly, Human dignity and human rights, <http://www.udhr60.ch/research.html>, 2009, p. 7. Segundo este autor, pessoas aderentes a doutrinas abrangentes como cristianismo, islamismo, budismo, assim como kantianos, utilitaristas e pragmáticos, em meio a muitos outros, vieram a endossar os direitos humanos como sua concepção política de justiça.

[89] Sobre as complexidades envolvendo a ideia de neutralidade, seus limites e possibilidades, v. Luís Roberto Barroso, *Interpretação e aplicação da Constituição*, 2009, p. 288 *et seq*.

Aqui, será inevitável algum grau de ambição civilizatória, para reformar práticas e costumes de violência, opressão sexual e tirania. Conquistas a serem feitas, naturalmente, no plano das ideias e do espírito, com paciência e perseverança. Sem o envio de tropas.

Para tais propósitos — definir conteúdos laicos, politicamente neutros e universalizáveis —, há um manancial de documentos internacionais que podem servir de base, a começar pela Declaração Universal dos Direitos Humanos (DUDH). Note-se o emprego do termo *universal*, e não internacional. Trata-se de documento aprovado pela Assembleia Geral das Nações Unidas, em 10.12.1948, por 48 votos a zero, com oito abstenções. Nela se condensa o que passou a ser considerado como o mínimo ético a ser assegurado para a preservação da dignidade humana.[90] Seu conteúdo foi densificado em outros atos internacionais, indiscutivelmente vinculantes do ponto de vista jurídico — ao contrario da DUDH, tradicionalmente vista como um documento meramente programático, *soft Law* —, como o Pacto Internacional dos Direitos Civis e Políticos[91] e o Pacto Internacional dos Direitos Econômicos, Sociais e Culturais,[92] ambos de 16.12.1966. A eles se somam outros tratados e convenções internacionais da ONU,[93] bem como documentos regionais relevantes, americanos,[94] europeus[95] e africanos.[96]

3.2.3 Três elementos essenciais à dignidade humana

A dignidade, como assinalado, é um conceito cujo sentido e alcance sofrem influências históricas, religiosas e políticas, sendo suscetível

---

[90] V. breve comentário à DUDH e anotações a diversos documentos internacionais em Flávia Piovesan (Coord. geral), *Código de Direito Internacional dos Direitos Humanos Anotado*, 2008, p. 16 *et seq*.
[91] O pacto foi ratificado pelo Brasil em 24.01.1992 e em outubro de 2010 contava com 166 ratificações. V. <http://treaties.un.org/Pages/ViewDetails.aspx?src=TREATY&mtdsg_no=IV-4&chapter=4&lang=en>.
[92] O pacto foi ratificado pelo Brasil em 24.01.1992 e em outubro de 2010 contava com 160 ratificações. V. <http://treaties.un.org/Pages/ViewDetails.aspx?src=TREATY&mtdsg_no=IV-3&chapter=4&lang=en>.
[93] Como, por exemplo, a Convenção para Prevenção e Repressão do Crime de Genocídio (1948), Convenção contra a Tortura e outros Tratamentos ou Penas Cruéis, Desumanos ou Degradantes (1984), Convenção sobre a Eliminação de Todas as Formas de Discriminação Contra a Mulher (1979), Convenção sobre a Eliminação de Todas as formas de Discriminação Racial (1985), Convenção sobre os Direitos das Crianças (1989), Convenção Internacional sobre a Proteção dos Direitos de Todos os Trabalhadores Migrantes e seus Familiares (1990).
[94] V. Convenção Americana sobre Direitos Humanos (1969) – Pacto de San Jose da Costa Rica. Ratificada pelo Brasil em 25.09.1992.
[95] V. Convenção Europeia de Direitos Humanos, de 1950, revisada com o Protocolo nº 11, de 1º.11.1998.
[96] V. Carta Africana de Direitos Humanos e dos Povos – Carta de Banjul, 1979, adotada em 27.07.1981.

de variação nas diferentes jurisdições. Nada obstante, a ambição do presente estudo é a de dar a ela um sentido mínimo universalizável, aplicável a qualquer ser humano, onde quer que se encontre. Um esforço em busca de um conteúdo humanista, transnacional e transcultural.[97] Ao longo do texto, ficou clara a conexão estreita entre a dignidade da pessoa humana e os direitos humanos (ou fundamentais). Em verdade, dignidade humana e direitos humanos são duas faces de uma só moeda, ou, na imagem corrente, as duas faces de Jano: uma, voltada para a filosofia, expressa os valores morais que singularizam todas as pessoas, tornando-as merecedoras de igual respeito e consideração; a outra, voltada para o Direito, traduz posições jurídicas titularizadas pelos indivíduos, tuteladas por normas coercitivas e pela atuação judicial. Em suma: a moral sob a forma de Direito.[98] Confiram-se, a seguir, aspectos dos três conteúdos essenciais da dignidade: valor intrínseco, autonomia e valor social da pessoa humana.

3.2.3.1 Valor intrínseco da pessoa humana

No plano filosófico, trata-se do elemento ontológico da dignidade, ligado à natureza do ser, ao que é comum e inerente a todos os seres humanos.[99] O valor intrínseco ou inerente da pessoa humana é reconhecido por múltiplos autores[100] e em diferentes documentos internacionais.[101] Trata-se da afirmação de sua posição especial no mundo, que a distingue dos outros seres vivos e das coisas. Um valor

---

[97] Cristopher McGrudden (Human dignity and judicial interpretation of human rights, *The European Journal of International Law* 19:655, 2008, p. 723), observou a necessidade e a importância de se desenvolver uma concepção de dignidade humana que seja "transnacional, transcultural, não-ideológica, humanista, não-positivista, individualista-embora-comunitarista".

[98] Veja-se, nesse sentido, inspirada passagem de Jürgen Habermas (The concept of human dignity and the realistic utopia of human rights, *Metaphilosophy* 41:464, 2010, p. 470): "Em razão da *promessa moral* de igual respeito por todos dever ser descontada em *moeda legal*, os direitos humanos exibem uma face de Janus, voltada simultaneamente para a moralidade e para o Direito. Nada obstante seu *conteúdo* exclusivamente moral, eles têm a *forma* de um direito subjetivo exigível".

[99] A ontologia é um ramo da metafísica que estuda os caracteres fundamentais do ser, o que todo ser tem e não pode deixar de ter. Nela se incluem questões como a natureza da existência e a estrutura da realidade. V. Nicola Abbagnano (*Dicionário de filosofia*, 1998, p. 662) e Ted Honderich (*The Oxford companion to philosophy*, 1995, p. 634).

[100] V., por todos, Cristopher McGrudden, Human dignity and judicial interpretation of human rights, *The European Journal of International Law* 19:655, 2008, p. 679.

[101] V., *e.g.*, a Carta da ONU, de 1945, em seu preâmbulo, que reafirma "a fé nos direitos fundamentais do homem, na dignidade e no *valor do ser humano*". A referência é reproduzida na Declaração Universal dos Direitos Humanos, da ONU, de 1948, e na Declaração de Viena, de 1993, elaborada durante a Conferência Mundial sobre Direitos Humanos.

que não tem preço.[102] A inteligência, a sensibilidade e a comunicação (pela palavra, pela arte, por gestos, pelo olhar ou por expressões fisionômicas) são atributos únicos que servem de justificação para esta condição singular. Trata-se de um valor objetivo, que independe das circunstâncias pessoais de cada um,[103] embora se venha dando crescente importância aos sentimentos de autovalor e de autorrespeito que resulta do reconhecimento social. Do valor intrínseco da pessoa humana decorre um postulado antiutilitarista e outro antiautoritário. O primeiro se manifesta no imperativo categórico kantiano do homem como um fim em si mesmo, e não como um meio para a realização de metas coletivas ou de projetos sociais de outros;[104] o segundo, na ideia de que é o Estado que existe para o indivíduo, e não o contrário.[105] É por ter o valor intrínseco da pessoa humana como conteúdo essencial que a dignidade não depende de concessão, não pode ser retirada e não é perdida mesmo diante da conduta individual indigna do seu titular. Ela independe até mesmo da própria razão, estando presente em bebês recém-nascidos e em pessoas senis ou com qualquer grau de incapacidade mental.[106]

No plano jurídico, o valor intrínseco da pessoa humana impõe a inviolabilidade de sua dignidade e está na origem de uma série de direitos fundamentais. O primeiro deles, em uma ordem natural, é o *direito à vida*.[107] Em torno dele se estabelecem debates de grande complexidade

---

[102] V. Immanuel Kant (*Fundamentação da metafísica dos costumes*, 2004, p. 77) e, tb., Stephen Darwall (*The second-person standpoint*: morality, respect and accountability, 2006, p. 119): "(a) worth that has no price".

[103] V. Ronald Dworkin (*Is democracy possible here*: principles for a new political debate, 2006, p. 9-10): "Toda vida humana tem um tipo especial de valor objetivo. [...] O sucesso ou fracasso de qualquer vida humana é importante em si [...]. Todos deveríamos lamentar uma vida desperdiçada como algo ruim em si, seja nossa própria vida ou a de qualquer outra pessoa" (texto ligeiramente editado).

[104] Rememore-se, ainda uma vez, Immanuel Kant (*Fundamentação da metafísica dos costumes*, 2004, p. 69): "Age de tal maneira que uses a humanidade, tanto na tua pessoa como na pessoa de qualquer outro, sempre e simultaneamente como fim e nunca simplesmente como meio".

[105] Vejam-se, por todos, Jorge Reis Novais (*Os princípios constitucionais estruturantes da República Portuguesa*, 2004, p. 52) e Ingo Wolfgang Sarlet (*Dignidade da pessoa humana e direitos fundamentais*, 2010, p. 76).

[106] Por essa razão, não se está aqui de acordo com a afirmação contida em Kant de que a dignidade tem por fundamento a autonomia. V. Immanuel Kant (*Fundamentação da metafísica dos costumes*, 2004, p. 79).

[107] Vejam-se, a propósito do direito à vida, os seguintes documentos internacionais: Declaração Universal dos Direitos Humanos (DUDH), 1948, art. III; Pacto Internacional dos Direitos Civis e Políticos (Pacto ONU), 1961, art. 6º, onde há a admissão da pena de morte; Convenção Americana sobre Direitos Humanos (Convenção Americana), 1969, art. 4º, onde tampouco há a proscrição da pena de morte; Carta Europeia de Direitos Fundamentais (Carta Europeia), 2000, art. 2º, que expressamente proíbe a pena de morte; Carta Africana dos Direitos Humanos e dos Povos (Carta Africana), 1979, art. 4º, sem referência à pena de morte. A Carta Europeia foi republicada no *Jornal Oficial da União Europeia*, 30 mar. 2010.

jurídica e moral, como a pena de morte, o aborto e a morte digna. Em segundo lugar, o *direito à igualdade*.[108] Todas as pessoas têm o mesmo valor intrínseco e, portanto, merecem igual respeito e consideração, independente de raça, cor, sexo, religião, origem nacional ou social ou qualquer outra condição. Aqui se inclui o tratamento não discriminatório na lei e perante a lei (igualdade formal), bem como o respeito à diversidade e à identidade de grupos sociais minoritários, como condição para a dignidade individual (igualdade como reconhecimento).[109] Do valor intrínseco resulta, também, o *direito à integridade física*,[110] aí incluídos a proibição da tortura, do trabalho escravo ou forçado, as penas cruéis e o tráfico de pessoas. Em torno desse direito se desenvolvem discussões e controvérsias envolvendo prisão perpétua, técnicas de interrogatório e regime prisional. E, igualmente, algumas questões situadas no âmbito da bioética, compreendendo pesquisas clínicas, eugenia, comércio de órgãos e clonagem humana. E, por fim, o *direito à integridade moral ou psíquica*,[111] domínio no qual estão abrangidos o direito de ser reconhecido como pessoa, assim como os direitos ao nome, à privacidade, à honra e à imagem.[112] É também em razão do valor intrínseco que em diversas situações se protege a pessoa contra si mesma, para impedir condutas autorreferentes lesivas à sua dignidade.

3.2.3.2 Autonomia da vontade

A autonomia é o elemento ético da dignidade, ligado à razão e ao exercício da vontade na conformidade de determinadas normas.[113] A

---

[108] V. DUDH, arts. II e VII; Pacto ONU, arts. 26 e 27; Convenção Americana, art. 24; Carta Europeia, art. 20-23; e Carta Africana, art. 3º.

[109] Sobre o tema, em língua portuguesa, v. Charles Taylor (A política do reconhecimento. *In*: *Argumentos filosóficos*, 2000) e Axel Honneth (Reconhecimento ou redistribuição?: a mudança de perspectivas na ordem moral da sociedade. *In*: Jessé Souza e Patrícia Mattos (Org.), *Teoria crítica no século XXI*, 2007). Para uma perspectiva diversa, v. Nancy Fraser (Reconhecimento sem ética? *In*: Jessé Souza e Patrícia Mattos (Org.), *Teoria crítica no século XXI*, 2007).

[110] V. DUDH, arts. IV e V; Pacto ONU, arts. 7º e 8º; Convenção americana, arts. 5º e 6º; Carta Europeia, arts. 3º a 5º; Carta Africana, arts. 4º e 5º.

[111] V. DUDH, arts. VI e XII; Pacto ONU, arts. 16 e 17; Convenção Americana, arts. 11 e 18; Carta Europeia, art. 3º; Carta Africana, art. 4º.

[112] Para um diálogo transnacional pleno, as categorias aqui utilizadas — direito à vida, à igualdade e à integridade física e psíquica — precisam ser harmonizadas com o tratamento dado pela jurisprudência dos Estados Unidos aos direitos fundamentais, com remissão às doutrinas subjacentes às diferentes emendas que compõem o *Bill of Rights*. Sobre esta concepção americana e sua relação com a dignidade, v. Maxine D. Goodman, Human dignity in Supreme Court constitutional jurisprudence, *Nebraska Law Review* 84:740, 2005-2006.

[113] Relembre-se que na concepção kantiana, estas seriam normas que o próprio indivíduo se imporia. No mundo jurídico, porém, como intuitivo, as normas são heterônomas, ditadas sobretudo pelo Estado.

dignidade como autonomia envolve, em primeiro lugar, a capacidade de *autodeterminação*, o direito do indivíduo de decidir os rumos da própria vida e de desenvolver livremente sua personalidade. Significa o poder de fazer valorações morais e escolhas existenciais sem imposições externas indevidas. Decisões sobre religião, vida afetiva, trabalho, ideologia e outras opções personalíssimas não podem ser subtraídas do indivíduo sem violar sua dignidade. Por trás da ideia de autonomia está a de *pessoa*, de um ser moral consciente, dotado de vontade, livre e responsável.[114] Ademais, a autodeterminação pressupõe determinadas *condições* pessoais e sociais para o seu exercício, para a adequada representação da realidade, que incluem informação e ausência de privações essenciais.

Na sua dimensão jurídica, a autonomia, como elemento da dignidade, é a principal ideia subjacente às declarações de direitos em geral, tanto as internacionais quanto as do constitucionalismo doméstico. A autonomia tem uma dimensão privada e outra pública. No plano dos *direitos individuais*, a dignidade se manifesta, sobretudo, como *autonomia privada*, presente no conteúdo essencial da *liberdade*, no direito de autodeterminação sem interferências externas ilegítimas. É preciso que estejam presentes, todavia, as condições para a autodeterminação, as possibilidades objetivas de decisão e escolha, o que traz para esse domínio, também, o direito à *igualdade*, em sua dimensão material,[115] ponto que será retomado logo abaixo. No plano dos *direitos políticos*, a dignidade se expressa como *autonomia pública*, identificando o direito de cada um participar no processo democrático. Entendida a democracia como uma parceria de todos em um projeto de autogoverno,[116] cada pessoa tem o direito de participar politicamente e de influenciar o processo de tomada de decisões, não apenas do ponto de vista eleitoral, mas também através do debate público e da organização social.

Por fim, a dignidade está subjacente aos direitos sociais materialmente fundamentais, em cujo âmbito merece destaque o conceito de *mínimo existencial*.[117] Para ser livre, igual e capaz de exercer sua cidadania,

---

[114] Marilena Chauí (*Convite à filosofia*, 1999, p. 337-38), onde assinalou: "Para que haja conduta ética é preciso que exista o agente consciente, isto é, aquele que conhece a diferença entre bem e mal, certo e errado, permitido e proibido, virtude e vicio. A consciência moral não só conhece tais diferenças, mas também reconhece-se como capaz de julgar o valor dos atos e das condutas e de agir em conformidade com os valores morais, sendo por isso responsável por suas ações e seus sentimentos e pelas consequências do que faz e sente".

[115] Trata-se, aqui, de aspecto relevante da igualdade *material*. A igualdade *formal* e a igualdade como *reconhecimento* situam-se no âmbito do valor intrínseco.

[116] Ronald Dworkin, *Is democracy possible here*, 2006, p. xii.

[117] A ideia de mínimo existencial foi cunhada na jurisprudência do Tribunal Constitucional Federal Alemão, em decisões diversas. V., *e.g.*, *BVerfGE* 40:121, 1975 (*In*: Jürgen Schwabe,

todo indivíduo precisa ter satisfeitas as necessidades indispensáveis à sua existência física e psíquica. Vale dizer: tem direito a determinadas prestações e utilidades elementares.[118] O direito ao mínimo existencial não é, como regra, referido expressamente em documentos constitucionais ou internacionais,[119] mas sua estatura constitucional tem sido amplamente reconhecida.[120] E nem poderia ser diferente. O mínimo existencial constitui o núcleo essencial dos direitos fundamentais em geral e seu conteúdo corresponde às pré-condições para o exercício dos direitos individuais e políticos, da autonomia privada e pública.[121] Não é possível captar esse conteúdo em um elenco exaustivo, até porque ele variará no tempo e no espaço. Mas, utilizando a Constituição brasileira como parâmetro, é possível incluir no seu âmbito, como já

Cincuenta años de jurisprudencia del Tribunal Constitucional Federal Alemã, 2003, p. 349-500); e BVerfGE 33:303 (In: Donald P. Kommers, The constitutional jurisprudence of the Federal Republic of Germany, 1997, p. 282). No Brasil, o tema foi desenvolvido especialmente por Ricardo Lobo Torres, que consolidou seus diversos escritos em O direito ao mínimo existencial (2009). Também dedicaram atenção ao tema, em meio a muitos outros, Ana Paula de Barcellos (A eficácia jurídica dos princípios constitucionais: o princípio da dignidade da pessoa humana, p. 223 et seq.), Ingo Wolfgang Sarlet (A eficácia dos direitos fundamentais: uma teoria geral dos direitos fundamentais na perspectiva constitucional, 2009, p. 299 et seq.) e Eurico Bitencourt Neto (O direito ao mínimo para uma existência digna, 2010). Na doutrina estrangeira, o conceito é utilizado, igualmente, por John Rawls (Political liberalism, 2005, p. 228-9), que se refere a mínimo social ("social minimum"); e por Jürgen Habermas (Direito e democracia: entre facticidade e validade, 1997, v. 1, p. 160), que utiliza a expressão "direitos fundamentais a condições de vida", na medida em que necessários ao desfrute, em igualdade de chances, dos demais direitos fundamentais.

[118] Esse direito pode ser satisfeito quer pelo atendimento individual, quer pela oferta de serviços públicos adequados.

[119] Observe-se, todavia, que Constituições como a do Canadá, por exemplo, fazem menção à "promoção de igualdade de oportunidades para o bem-estar dos canadenses" (art. 36). Já a Declaração Universal dos Direitos Humanos, de 1948, prevê, em seu art. XXV, 1: "Toda pessoa tem direito a um padrão de vida capaz de assegurar a si e a sua família saúde e bem-estar, inclusive alimentação, vestuário, habitação, cuidados médicos e os serviços sociais indispensáveis, e direito à segurança em caso de desemprego, doença, invalidez, viuvez, velhice ou outros casos de perda dos meios de subsistência fora de seu controle". O Pacto Internacional dos Direitos Econômicos, Sociais e Culturais, de 1966, proclama "o direito de todas as pessoas a um nível de vida suficiente para si e para as suas famílias, incluindo alimentação, vestuário e alojamento suficientes, bem como a um melhoramento constante das suas condições de existência" (art. 11.1) e, também, "o direito fundamental de toda pessoa de estar protegida contra a fome" (art. 11.2).

[120] V. STF. RTJ, 200:191, ADPF nº 45/DF, Rel. Min. Celso de Mello. Em celebrada decisão monocrática, o relator afirmou a necessidade da preservação, em favor dos indivíduos, da integridade e da intangibilidade do mínimo existencial, que não fica ao "arbítrio estatal".

[121] Além disso, o discurso ético e jurídico contemporâneo incorporou a noção de mínimo ecológico como parte do mínimo existencial. V. Ricardo Lobo Torres, O direito ao mínimo existencial, 2009, p. 11.

feito na doutrina,[122] o direito à educação básica,[123] à saúde essencial,[124] à assistência aos desamparados[125] e ao acesso à justiça.[126] Por integrar o núcleo essencial dos direitos fundamentais, o mínimo existencial tem eficácia direta e imediata, operando tal qual uma regra, não dependendo de prévio desenvolvimento pelo legislador. Na jurisprudência de diversos países é possível encontrar decisões fundadas na autonomia como conteúdo da dignidade. No julgamento do caso *Rodriguez*, a Suprema Corte canadense fez expressa menção à "habilidade individual de fazer escolhas autônomas", embora, no caso concreto, tenha impedido o suicídio assistido.[127] Na Suprema Corte americana, o mesmo conceito foi invocado em decisões como *Lawrence v. Texas*, a propósito da legitimidade das relações

---

[122] A nomenclatura adotada é baseada em Ana Paula de Barcellos (*A eficácia jurídica dos princípios constitucionais*: o princípio da dignidade da pessoa humana, 2008, p. 289 *et seq*.), que inclui no mínimo existencial os direitos à educação fundamental, à saúde básica, à assistência aos necessitados e ao acesso à justiça. Já os conteúdos por mim propostos são em alguma medida mais amplos, como se expõe nas notas a seguir.

[123] Em lugar de educação *fundamental*, faz-se referência à educação *básica*, que inclui a educação infantil, o ensino fundamental e o médio. O próprio texto constitucional passou a prever, apos a EC nº 59, de 11.11.2009, que deu nova redação ao art. 208, I, "educação básica obrigatória e gratuita dos quatro aos dezessete anos de idade".

[124] No conceito de saúde essencial estão incluídos acesso à água potável e ao esgotamento sanitário (*i.e.* o saneamento básico — CF, art. 23, IX), atendimento materno-infantil (CF, art. 227, §1º), ações de medicina preventiva (CF, art. 198, II), ações de prevenção epidemiológica (CF, art. 200, II) e algumas prestações de medicina curativa, em interpretação razoável do art. 196 da Constituição, que assegura o "direito à saúde".

[125] A assistência aos desamparados inclui alimentação, abrigo, vestuário, renda mínima, aspectos da previdência social e lazer. A Lei nº 10.835, de 8.01.2004, instituiu a "renda básica da cidadania", programa ainda não implementado de maneira abrangente. A Lei nº 10.836, de 9.01.2004, criou o "programa bolsa família".

[126] O acesso à justiça, como intuitivo, é instrumental à obtenção das prestações correspondentes ao mínimo existencial quando não tenham sido entregues espontaneamente.

[127] Canadá. *Rodriguez v. British Columbia (Attorney General), [1993] 3 S.C.R 519*. Data: 30 de setembro de 1993. Disponível em: <http://scc.lexum.umontreal.ca/en/1993/1993rcs3-519/1993rcs3-519.html>. Acesso em: maio de 2006. Com efeito, a Corte validou a distinção feita pela legislação canadense entre recusa de tratamento — reconhecida como direito do paciente — e o suicídio assistido, que é proibido. Por 5 votos a 4, negou o direito de uma mulher com esclerose lateral — enfermidade degenerativa irreversível — de controlar o modo e o momento da própria morte, com assistência de um profissional de medicina. A decisão restou lavrado: "O que a revisão precedente demonstra é que o Canadá e outras democracias ocidentais reconhecem e aplicam o princípio da santidade da vida como um princípio geral que é sujeito a limitadas e estreitas exceções em situações nas quais as noções de autonomia pessoal e dignidade devem prevalecer. Todavia, essas mesmas sociedades *continuam a traçar distinções entre formas ativas e passivas de intervenção no processo de morrer*, e, com pouquíssimas exceções, proíbem o suicídio assistido em situações semelhantes à da apelante. A tarefa então se torna a de identificar as razões sobre as quais essas diferenças são baseadas e determinar se elas são suportáveis constitucionalmente".

homoafetivas.[128] Na mesma linha da dignidade como autonomia foi a decisão da Corte Constitucional da Colômbia ao decidir pela inconstitucionalidade da proibição da eutanásia. O julgado fez expressa menção a uma perspectiva secular e pluralista, que deve respeitar a autonomia moral do indivíduo.[129] A mesma Corte, ao julgar o caso *Lais versus Pandemo*, reconheceu não apenas a licitude da prostituição voluntária, como expressão da autodeterminação individual, como assegurou aos *trabalhadores do sexo* direitos trabalhistas.[130]

3.2.3.3 Valor comunitário

O terceiro e último conteúdo — a dignidade como *valor comunitário*, também referida como dignidade como heteronomia — abriga o seu elemento social. O indivíduo em relação ao grupo. Ela traduz uma concepção ligada a valores compartilhados pela comunidade, segundo seus padrões civilizatórios ou seus ideais de *vida boa*.[131] O que está em questão não são escolhas individuais, mas as responsabilidades e deveres a elas associados.[132] Como intuitivo, o conceito de dignidade

---

[128] Estados Unidos. *Lawrence v. Texas*, 539 U.S. 558 (2003). Em *Lawrence*, reverteu-se a decisão da década de 1980, proferida no caso *Bowers v. Harwick*, na qual havia sido considerada constitucional lei que criminalizava as relações sexuais entre pessoas do mesmo sexo. Firmou-se, assim, o entendimento de que conduta sexual íntima era parte da liberdade protegida pela cláusula do devido processo legal substantivo, nos termos da 14ª Emenda.

[129] Colômbia. *Sentencia C-239/97. Demanda de Inconstitucionalidad contra el artículo 326 del decreto 100 de 1980 – Código Penal.* Magistrado Ponente: dr. Carlos Gaiviria Diaz. 20 de mayo de 1997. Disponível em: <http://www.ramajudicial.gov.co/csj_portal/jsp/frames/index.jsp?idsitio=6&ruta=../jurisprudencia/consulta.jsp>. Acesso em: jan. 2011. "En Colombia, a la luz de la Constitución de 1991, es preciso resolver esta cuestión desde una perspectiva secular y pluralista, que respete la autonomía moral del individuo y las libertades y derechos que inspiran nuestro ordenamiento superior. La decisión, entonces, no puede darse al margen de los postulados superiores. El artículo 1 de la Constitución, por ejemplo, establece que el Estado colombiano está fundado en el respeto a la dignidad de la persona humana; esto significa que, *como valor supremo, la dignidad irradia el conjunto de derechos fundamentales reconocidos, los cuales encuentran en el libre desarrollo de la personalidad su máxima expresión.* [...] Este principio atiende necesariamente a la superación de la persona, respetando en todo momento su autonomía e identidad".

[130] Colômbia. *Sentencia T-62910*. Acción de tutela instaurada por LAIS contra el Bar Discoteca PANDEMO. Magistrado Ponente: Dr. Juan Carlos Heao Pérez. V. <http://www.corteconstitucional.gov.co/RELATORIA/2010/T-629-10.htm>. Acesso em: novembro de 2010.

[131] V. Letícia de Campos Velho Martel, *Direitos fundamentais indisponíveis*: os limites e os padrões do consentimento para a autolimitação do direito fundamental à vida. Mimeografado. Tese de doutorado aprovada no âmbito do Programa de Pós-Graduação da Faculdade de Direito da Universidade do Estado do Rio de Janeiro, 2010, p. 172-3.

[132] Essa dualidade dignidade como autonomia e como heteronomia, isto é, como fundamento de direitos ou como restrição a comportamentos individuais, encontra-se presente em diversos autores. Merece destaque a obra de Deryck Beyleveld e Roger Brownsword *Human dignity in bioethics and biolaw*, 2004, p. 29.

como valor comunitário funciona muito mais como uma constrição externa à liberdade individual do que como um meio de promovê-la. Em outras palavras: a dignidade, por essa vertente, não tem na liberdade seu componente central, mas, ao revés, é a dignidade que molda o conteúdo e o limite da liberdade.[133] A dignidade como valor comunitário destina-se a promover objetivos diversos, entre os quais se destacam: a) a proteção do próprio indivíduo contra atos autorreferentes; b) a proteção de direitos de terceiros; e c) a proteção de valores sociais, inclusive a solidariedade.[134] É aqui que se situa a dimensão ecológica da dignidade, que tem sido objeto de crescente interesse, abrangendo diferentes aspectos da proteção ambiental e dos animais não humanos.[135] Em relação à dignidade como valor comunitário, é preciso ter especial cuidado para alguns graves riscos envolvidos, que incluem: a) o emprego da expressão como um rótulo justificador de políticas paternalistas;[136] b) o enfraquecimento de direitos fundamentais em seu embate com as "razões de Estado";[137] e c) problemas práticos e institucionais na definição dos valores compartilhados pela comunidade, com os perigos do moralismo e da tirania da maioria.[138]

---

[133] V. Letícia de Campos Velho Martel (*Direitos fundamentais indisponíveis*: os limites e os padrões do consentimento para a autolimitação do direito fundamental à vida. Mimeografado, 2010). V. tb. Oscar Vieira Vilhena (*Direitos fundamentais*: uma leitura da jurisprudência do STF, 2006, p. 365).

[134] A solidariedade tem uma dimensão social, isto é, interna a determinado grupo; outra internacional, que envolve a relação entre Estados soberanos; e, por fim, intergeracional, abrangendo as obrigações de uma geração para com outra. Sobre o ponto, v. Fábio Konder Comparato, *A afirmação histórica dos direitos humanos*, 2001, p. 39.

[135] Sobre o tema, v. Ingo Wofgang Sarlet e Tiago Fensterseifer, Algumas notas sobre a dimensão ecológica da dignidade da pessoa humana e sobre a dignidade da vida em geral. Disponível em: <http://www.direitopublico.idp.edu.br/index.php/direitopublico/article/viewFile/383/269>. Os autores citam passagem do suíço Peter Saladin, na qual enuncia três princípios éticos para o tratamento da questão ambiental: "a) *princípio da solidariedade* (justiça intrageracional); b) *princípio do respeito humano pelo ambiente não humano* (justice interspecies); e c) *princípio da responsabilidade para com as futuras gerações* (justice intergeracional)" (p. 16). V., tb., Fábio Corrêa Souza de Oliveira e Daniel Braga Lourenço, *Em prol do direito dos animais*: inventário, titularidade e categorias, 2010. Mimeografado. Texto gentilmente cedido pelos autores.

[136] Sobre paternalismo, v. Joel Feinberg (Legal paternalism. In: Rolf Sartorius (Ed.), *Paternalism*, 1987, p. 3-18), Gerald Dworkin (Paternalism: some second thoughts. In: Rolf Sartorius (Ed.), *Paternalism*, 1987, p. 105-112), Manuel Atienza (Discutamos sobre paternalismo, *Doxa*: *Cuadernos de Filosofia del Derecho*, 5:203, 1988, p. 203).

[137] A dignidade como valor comunitário, imposto heteronomamente, é frequentemente associada a um conceito jurídicos indeterminados, como ordem pública, interesse público, moralidade pública, portas pelas quais ingressam, em concepções autoritárias ou não plurais, as razões de Estado. Como observou Letícia Martel em *Direitos fundamentais indisponíveis*: os limites e os padrões do consentimento para a autolimitação do direito fundamental à vida, 2010, p. 174: "[O]s objetivos que amparam o conceito de dignidade como heteronomia são similares aos do paternalismo, aos do moralismo jurídico e aos do perfeccionismo...".

[138] A expressão *tirania da maioria* é utilizada tanto por John Stuart Mill (*Da liberdade*) como por Alexis de Tocqueville (*Democracia na America*). V. Norberto Bobbio, *Liberalismo e democracia*, 1988, p. 55 *et seq*.

No tocante à proteção do indivíduo em face de si mesmo, de suas próprias decisões, existem exemplos emblemáticos na jurisprudência mundial, como a já referida proibição da atividade de entretenimento conhecida como arremesso de anão (França),[139] a criminalização da violência física em relações sexuais sadomasoquistas consentidas (Reino Unido)[140] ou no caso dos chamados *peep shows* (Alemanha).[141] Ainda que seja possível discutir o acerto dessas decisões concretas, elas chamam a atenção para a possibilidade teórica de se legitimar restrições à liberdade com fundamento na proteção à dignidade do próprio sujeito, definida com base em valores socialmente compartilhados. Da mesma forma, em algumas circunstâncias será legítima a restrição à autonomia privada para proteção dos direitos de terceiros ou para a imposição de determinados valores sociais. Isso vale para situações como defesa da

---

[139] França. V. decisão do Conselho de Estado francês, caso *Commune de Morsang-sur-Orge*, de 27 out. 1995. Disponível em: <http://arianeinternet.conseil-etat.fr/arianeinternet/ViewRoot.asp? View=Html&DMode=Html&PushDirectUrl=1&Item=3&fond=DCE&texte=Morsang%2Dsu r%2DOrge&Page=1&querytype=simple&NbEltPerPages=5&Pluriels=True>;comcomentário em: <http://www.conseil-etat.fr/cde/fr/presentation-des-grands-arrets/27-octobre-1995-com mune-de-morsang-sur-orge.html>. Ambos os acessos em: 14 de nov. 2010. O Prefeito da cidade de Morsang-sur-Orge interditou a atividade conhecida como *lancer de nain* (arremesso de anão), atração existente em algumas casas noturnas da região metropolitana de Paris. Consistia ela em transformar um anão em projétil, sendo arremessado de um lado para outro de uma discoteca. A casa noturna, tendo como litisconsorte o próprio deficiente físico, recorreu da decisão para o tribunal administrativo, que anulou o ato do Prefeito, por "excès de pouvoir". O Conselho de Estado, todavia, em sua qualidade de mais alta instância administrativa francesa, reformou a decisão, assentando que "o respeito à dignidade da pessoa humana é um dos componentes da ordem pública; que a autoridade investida do poder de polícia municipal pode, mesmo na ausência de circunstâncias locais particulares, interditar uma atração atentatória à dignidade da pessoa humana).

[140] Reino Unido. Câmara dos Lordes. *R.v. Brown. [1993] All ER 75.* Disponível em: <http://www.parliament.the-stationery-office.com/pa/ld199798/ldjudgmt/jd970724/brown01. htm>. Acesso em: dez. 2008. A decisão foi confirmada pela Corte Europeia de Direitos Humanos (CEDH). V. *Laskey, Jaggard and Brown v. United Kingdom*, 1997. Disponível em: <http://cmiskp.echr.coe.int/tkp197/view.asp?item=1&portal=hbkm&action=html&highli ght=Laskey%2C%20I%20Jaggard%20I%20Brown%20I%20v.%20I%20United%20I%20 Kingdom&sessionid=25693996&skin=hudoc-en>. Acesso em: dez. 2008. O caso envolveu vídeos que foram encontrados casualmente e que continham filmagens de relações sexuais grupais homossexuais com fortes componente sadomasoquistas. V. Letícia Martel, *Direitos fundamentais indisponíveis*: os limites e os padrões do consentimento para a autolimitação do direito fundamental à vida, 2010, p. 175-6.

[141] Alemanha. V. BVerwGE 64:274, 1981 *apud* Deryck Beyleveld e Roger Brownsword (*Human dignity in bioethics and biolaw*, 2004, p. 34). V., tb., Letícia Martel (*Direitos fundamentais indisponíveis*: os limites e os padrões do consentimento para a autolimitação do direito fundamental à vida, 2010, p. 177), que assim define *peep shows*: "[S]ao apresentações nas quais mulheres aparecem engaioladas e sujeitam-se às vontades dos espectadores, que podem *dirigir* seus movimentos e suas performances. De regra, não podem tocá-las".

vida, repressão à pedofilia ou cerceamento da liberdade de expressão em casos de calúnia ou *hate speech*.[142] A imposição coercitiva de valores sociais — em geral, pelo legislador; eventualmente, pelo juiz —, em nome dessa dimensão comunitária da dignidade, nunca será uma providência banal, exigindo fundamentação racional consistente. Em qualquer caso, deverá levar seriamente em conta: a) a existência ou não de um direito fundamental em questão; b) a existência de consenso social forte em relação ao tema; e c) a existência de risco efetivo para o direito de outras pessoas. A dignidade de um indivíduo jamais poderá ser suprimida, seja por ação própria ou de terceiros. Mas aspectos relevantes da dignidade poderão ser paralisados em determinadas situações. É o que ocorre, por exemplo, nos casos de prisão legítima de um condenado criminalmente.

3.3 O uso da dignidade humana pela jurisprudência brasileira

No Brasil, como regra geral, a invocação da dignidade humana pela jurisprudência tem se dado como mero reforço argumentativo de algum outro fundamento ou como ornamento retórico. Existe uma forte razão para que seja assim. É que com o grau de abrangência e de detalhamento da Constituição brasileira, inclusive no seu longo elenco de direitos fundamentais,[143] muitas das situações que em outras jurisdições envolvem a necessidade de utilização do princípio mais abstrato da dignidade humana, entre nós já se encontram previstas em regras específicas de maior densidade jurídica. Diante disso, a dignidade acaba sendo citada apenas em reforço. No constitucionalismo brasileiro, seu principal âmbito de incidência se dará em situações de *ambiguidade de linguagem* — como parâmetro para escolha de uma

---

[142] Sobre a proibição dos discursos do ódio para a proteção da dignidade humana, há decisões de tribunais diversos, incluindo a Suprema Corte de Israel, a Comissão Europeia de Direitos Humanos, as Supremas Cortes do Canadá e da África do Sul, bem como o Tribunal Constitucional da Hungria. V. levantamento em Cristopher McGrudden, Human dignity and judicial interpretation of human rights, *The European Journal of International Law* 19:655, 2008, p. 699 *et seq*. No Brasil, um dos fundamentos utilizados pelo STF para a proibição dos discursos do ódio foi justamente a dignidade humana. V. STF. *DJ*, 19 mar. 2003, HC nº 82.424/RS, Rel. p/ acórdão Min. Moreira Alves. Sobre o tema da liberdade de expressão nesse contexto e para uma análise comparativa entre Estados Unidos e Europa, v. Guy E. Carmy, Dignity – The enemy from within: A theoretical and comparative analysis of human dignity as a free speech justification, *University of Pennsylvania Journal of Constitutional Law* 9:957, 2006-2007.

[143] O art. 5º da Constituição de 1988, dedicado aos direitos individuais, contém 78 incisos.

solução e não de outra, em função da que melhor realize a dignidade —, de *lacuna normativa* — para integração da ordem jurídica em situações, por exemplo, como a das uniões homoafetivas —, de *colisões de normas constitucionais e direitos fundamentais* — como, por exemplo, entre liberdade de expressão, de um lado, e direito ao reconhecimento e à não discriminação, de outro[144] — e nas de *desacordo moral razoável*, como elemento argumentativo da construção justa. No item final se procura fazer essa demonstração.

A referência à dignidade humana, na jurisprudência do Supremo Tribunal Federal, é especialmente abundante em matéria penal e processual penal. Em diversos julgados está expressa ou implícita a não aceitação da instrumentalização do acusado ou do preso aos interesses do Estado na persecução penal. O indivíduo não pode ser uma engrenagem do processo penal, decorrendo, de sua dignidade, uma série de direitos e garantias. Daí a existência de decisões assegurando aos que são sujeitos passivos em procedimentos criminais o direito a) à não autoincriminação,[145] b) à presunção de inocência,[146] c) à ampla defesa,[147] d) contra o excesso de prazo em prisão preventiva,[148] e) ao livramento condicional,[149] f) às saídas temporárias do preso,[150] g) à não utilização injustificada de algemas,[151] h) à aplicação do princípio da insignificância[152] e i) ao cumprimento de pena em prisão domiciliar.[153] A ideia kantiana do *fim-em-si* foi utilizada em acórdão em que se discutiu a competência para julgamento de crime de redução de pessoas à condição análoga à de escravo.[154]

Existem, igualmente, precedentes do STF relacionados à manutenção da integridade física e moral dos indivíduos,[155] ao tratamento

---

[144] Um critério decisivo, aqui, há de ser a vulnerabilidade do grupo afetado pelo radicalismo verbal. A expressão "branco safado", por exemplo, tem um impacto diverso da de "negro safado", em razão do histórico de opressão e discriminação que assinala a trajetória dos afrodescendentes no Brasil.
[145] STF. *DJ*, 16 fev. 2001, HC nº 79.812/SP, Rel. Min. Celso de Mello.
[146] STF. *DJ*, 17 out. 2008, HC nº 93.782/RS, Rel. Min. Ricardo Lewandowski.
[147] STF. *DJ*, 20 out. 2006, HC nº 85.327/SP, Rel. Min. Gilmar Mendes; STF, *DJ* 2 fev. 2010, HC nº 86.000/PE, Rel. Min. Gilmar Mendes; STF, *DJ* 27 maio 2005, HC nº 84.768/PE, Relª. Minª. Ellen Gracie; STF, *DJ*, 22 set. 2009, HC nº 89.176/PR, Rel. Min. Gilmar Mendes.
[148] STF. *DJ*, 30 abr. 2010, HC nº 98.579/SP, Rel. p/ acórdão Min. Celso de Mello.
[149] STF. *DJ*, 04 dez. 2009, HC nº 99.652/RS, Rel. Min. Carlos Britto.
[150] STF. *DJ*, 20 maio 2010, HC nº 98.067/RS, Rel. Min. Marco Aurélio.
[151] STF. *DJ*, 19.dez. 2008, HC nº 91952/SP, Rel. Min. Marco Aurélio.
[152] STF. *DJ*, 05 set. 2008, HC nº 90.125/RS, Rel. p/ acórdão Min. Eros Grau.
[153] STF. *DJ*, 04 jun. 2004, HC nº 83.358/SP, Rel. Min. Carlos Britto.
[154] STF. *DJ*, 19 dez. 2008, RE nº 398.041/PA, Rel. Min. Joaquim Barbosa.
[155] STF. *DJ*, 22 nov. 1996, HC nº 71.373/RS, Rel. Min. Francisco Rezek, Rel. p/ acórdão Min. Marco Aurélio. O caso trata da questão da realização compulsória de exame de DNA

diferenciado devido a portadores de deficiência[156] e à proibição da tortura e de tratamento desumano, degradante ou cruel.[157] O princípio da dignidade humana também foi invocado em decisões como a da não recepção da Lei de Imprensa pela Constituição de 1988[158] e na relativa à demarcação da reserva indígena Raposa Serra do Sol.[159] No controvertido tema do direito à saúde, sobretudo quando envolvidos procedimentos médicos e medicamentos não oferecidos no âmbito do Sistema Único de Saúde (SUS), a dignidade humana também costuma ser invocada como argumento último, que encerra a discussão.[160] A circunstância de que o orçamento da saúde é finito e que, portanto, em muitas situações, destinar os recursos ao atendimento de uma pretensão judicial é retirá-los de outros destinatários, agrega complexidade ao debate. Com frequência, a ponderação adequada a se fazer envolve a vida, a saúde e a dignidade de uns *versus* a vida, a saúde e a dignidade de outros.[161] A dignidade humana foi igualmente invocada em relação ao direito à educação, para fins de matrícula de uma criança na pré-escola.[162] E, ainda, como fundamento limitador da liberdade de expressão, mantendo-se a condenação de Senador que ofendera a honra de um juiz.[163]

Dois casos julgados em 2011 colocam em questão o tema da banalização do uso da dignidade humana como fundamento de decidir. O primeiro deles envolve a "briga de galo".[164] Em ação direta de inconstitucionalidade, de relatoria do Min. Celso de Mello, discutiu-se a constitucionalidade da lei do Estado do Rio de Janeiro[165] que permite a exposição e competição entre aves combatentes, notoriamente a briga de galo. A ADIn foi julgada procedente e a lei foi declarada inconstitucional sob o fundamento de que o texto legal caracteriza prática criminosa,

---

para fins de comprovação de paternidade. Por maioria, o STF entendeu que a realização forçada de exames invade a privacidade, a intimidade e a integridade física individuais, protegidas pela dignidade.
[156] STF. *DJ*, 17.out. 2008, ADI nº 2649/DF, Relª. Minª. Cármen Lúcia.
[157] STF. *DJ*, 10 ago. 2001, HC nº 70.389, Rel. Min. Celso de Mello.
[158] STF. *DJ*, 05 nov. 2009, ADPF nº 130/DF, Rel. Min. Carlos Britto.
[159] STF. *DJ*, 25 set. 2009, Pet nº 3.388/RR, Rel. Min. Carlos Britto.
[160] STF. *DJ*, 26 abr. 2010, STA nº 316/SC, Rel. Min. Gilmar Mendes (presidente).
[161] Sobre o tema, v. Luís Roberto Barroso, Da falta de efetividade à judicialização excessiva: direito à saúde, fornecimento gratuito de medicamentos e parâmetros para a atuação judicial, *Interesse Público* 46:31, 2007.
[162] STF. *DJ*, 14 set. 2011, ARE nº 639.337 AgR/SP, Rel. Min. Celso de Mello.
[163] STF. *DJ*, 30 ago. 2011, AO nº 1.390/PB, Rel. Min. Dias Toffoli.
[164] STF. *DJ*, 13 out. 2011, ADI nº 1.856/RJ, Rel. Min. Celso de Mello.
[165] Lei nº 2.895/98.

tipificada em legislação ambiental, além de atentar contra a Constituição, que proíbe a submissão de animais a atos de crueldade, em seu artigo 225, *caput* e §1º, VII,[166] e prega o direito fundamental à preservação da integridade do meio ambiente. Em discussão no plenário, no entanto, o Ministro Cezar Peluso, com a aprovação de dois outros Ministros, defendeu que o caso em questão relaciona-se também com o princípio da dignidade da pessoa humana, uma vez que a lei estadual estimularia a prática de atos degradantes, por sua irracionalidade, à figura humana. Com o respeito devido e merecido, proibir a briga de galo com base no princípio da dignidade da pessoa humana afigura-se um uso alargado em demasia do princípio.[167] O que poderia ter sido suscitado, isso sim, seria o reconhecimento de dignidade aos animais. Uma dignidade que, naturalmente, não é humana nem deve ser aferida por seu reflexo sobre as pessoas humanas, mas pelo fato de os animais, como seres vivos, terem uma dignidade intrínseca e própria.

O tema foi explicitamente debatido em um outro caso, envolvendo a desconsideração de coisa julgada, em caso de investigação de paternidade.[168] De fato, uma ação de investigação de paternidade fora julgada improcedente, por falta de provas, não tendo sido realizada, na ocasião, exame de DNA, em razão da hipossuficiência do autor. Posteriormente, viabilizada a realização do exame, nova ação foi proposta, tendo o tribunal *a quo* extinto o processo, em razão da coisa julgada material. O STF reconheceu repercussão geral na matéria e, por maioria, entendeu ser caso de relativização da coisa julgada, em favor do direito fundamental à busca da identidade genética. Em seu voto, todavia, o relator, Min. Dias Toffoli, criticou o "abuso retórico" da invocação da dignidade humana que, segundo ele, precisaria ser salva "de si mesma".[169] Em linha diversa, o Ministro Luiz Fux afirmou

---

[166] CF, art 225, *caput* e §1º, VII: "Todos têm direito ao meio ambiente ecologicamente equilibrado, bem de uso comum do povo e essencial à sadia qualidade de vida, impondo-se ao Poder Público e à coletividade o dever de defendê-lo e preservá-lo para as presentes e futuras gerações. §1º Para assegurar a efetividade desse direito, incumbe ao Poder Público: VII - proteger a fauna e a flora, vedadas, na forma da lei, as práticas que coloquem em risco sua função ecológica, provoquem a extinção de espécies ou submetam os animais a crueldade."

[167] Sobre o ponto, no mesmo sentido, v. Marcelo Neves, *Entre Hidra e Hércules: princípios e regras constitucionais como diferença paradoxal do sistema jurídico*, 2012 (no prelo).

[168] STF. DJ, 16 dez. 2011, RE nº 363.889/DF, Rel. Min. Dias Toffoli.

[169] "[C]onsidero haver certo abuso retórico em sua invocação [da dignidade humana] nas decisões pretorianas, o que influencia certas doutrinas, especialmente do Direito Privado, transformando a conspícua dignidade humana, [...] em verdadeira panaceia de todos os males. Dito de outro modo, se para tudo se há de fazer emprego desse princípio, em última análise, ele para nada servirá. [...] Creio que é necessário salvar a dignidade da pessoa humana de si mesma...".

ser a "imbricação" entre o direito fundamental à identidade genética e o "núcleo do princípio da dignidade humana" o fundamento para se acolher o pedido. Pessoalmente, embora considere pertinente a advertência do Ministro Dias Toffoli, penso que a importância da coisa julgada como garantia constitucional, veiculada sob a forma de regra (cuja ponderação, portanto, é atípica), exige a presença — como na hipótese — de uma força axiológica superior para que se admita seja excepcionada. Tal é o caso do princípio da dignidade da pessoa humana.

Também no Superior Tribunal de Justiça têm se multiplicado as referências à dignidade da pessoa humana em decisões as mais variadas. Há precedentes em quase todas as áreas do direito, envolvendo a) mínimo existencial,[170] b) restrição ao direito de propriedade,[171] c) uso de algemas,[172] d) crime de racismo,[173] e) tortura,[174] f) vedação do trabalho escravo,[175] g) direito de moradia,[176] h) direito à saúde,[177] i) aposentadoria de servidor público por invalidez,[178] j) vedação do corte de energia elétrica para serviços públicos essenciais,[179] k) dívidas de alimentos,[180] l) adoção,[181] m) investigação de paternidade,[182] n) disputa de guarda de menor,[183] o) direito ao nome,[184] p) uniões homoafetivas,[185] q) redesignação sexual[186] e r) proteção aos portadores de deficiência física,[187] em meio a muitos outros.

A dignidade humana também encontra espaço considerável na jurisprudência dos Tribunais Superiores da Justiça da União. Ainda em matéria criminal, a dignidade foi mencionada pelo Superior Tribunal

---

[170] STJ. DJ, 16 set. 2009, REsp nº 1.041.197/MS, Rel. Min. Humberto Martins.
[171] STJ. DJ, 4 fev. 2010, IF nº 92/MT, Rel. Min. Fernando Gonçalves.
[172] STJ. DJ, 29 mar. 2010, HC nº 119.285/PR, Relª. Minª. Laurita Vaz.
[173] STJ. DJ, 08 jun. 2009, REsp nº 911.183/SC, Rel. p/ acórdão Min. Jorge Mussi.
[174] STJ. DJ, 05 nov. 2009, REsp nº 1.104.731/RS, Rel. Min. Herman Benjamin.
[175] STJ. DJ, 1º jul. 2009, MS nº 14.017/DF, Rel. Min. Herman Benjamin.
[176] STJ. DJ, 21 nov. 2008, REsp nº 980.300/PE, Rel. Min. Mauro Campbell Marques.
[177] STJ. DJ, 08 mar. 2010, HC nº 51.324/ES, Rel. Min. Arnaldo Esteves Lima.
[178] STJ. DJ, 29 mar. 2010, REsp nº 942.530/RS, Rel. Min. Jorge Mussi.
[179] STJ. DJ, 03 ago. 2009, EREsp/RJ nº 845.982, Rel. Min. Luiz Fux.
[180] STJ. DJ, 05 ago. 2008, RHC nº 23.552/RJ, Rel. Min. Massami Uyeda.
[181] STJ. DJ, 29 out. 2008, REsp nº 1.068.483/RO, Rel. Min. Francisco Falcão.
[182] STJ. DJ, 09 dez. 2008, AgRg no AgRg no Ag nº 951.174/RJ, Rel. Min. Carlos Fernando Mathias.
[183] STJ. DJ, 15 mar. 2010, CC nº 108.442/SC, Rel. Min. Nancy Andrighi.
[184] STJ. DJ, 04 ago. 2009, REsp nº 964.836/BA, Relª. Minª. Nancy Andrighi.
[185] STJ. DJ, 23 fev. 2010, REsp nº 1.026.981/RJ, Relª. Minª. Nancy Andrighi.
[186] STJ. DJ, 18 nov. 2009, REsp nº 1.008.398/SP, Relª. Minª. Nancy Andrighi.
[187] STJ. DJ, 13 out.2010, REsp nº 578085/SP, Rel. Min. Arnaldo Esteves Lima.

Militar em situações relacionadas a) à aplicação da pena;[188] b) à inadmissibilidade de denúncia genérica;[189] c) à submissão a tratamento médico sem consentimento;[190] e d) à inadmissibilidade das vedações genéricas à concessão de liberdade provisória.[191] Além disso, o STM já destacou que a dignidade humana é um dos valores condensados nos princípios da hierarquia e disciplina militares.[192] Na jurisprudência do Tribunal Superior Eleitoral, a dignidade humana foi utilizada como a) limite à liberdade de expressão nas propagandas eleitorais;[193] b) fundamento para proibir a realização coletiva do teste de alfabetização;[194] e, antes da Lei Complementar nº 135/2010,[195] como c) valor último a ser tutelado pela presunção de inocência em matéria de registro de candidatura de pessoas condenadas.[196] A dignidade é objeto de menções ainda mais frequentes pelo Tribunal Superior do Trabalho, havendo precedentes relacionados a a) mitigação dos efeitos da nulidade do contrato de trabalho celebrado sem concurso público com ente da Administração indireta;[197] b) colisão entre a intimidade do credor e o direito do

---

[188] STM. *DJ*, 13 mar. 2007, Apelfo nº 2006.01.050302, Rel. Min. Marcus Herndl (no caso, decidiu-se pela aplicação do art. 71 do Código Penal, em vez do art. 80 do Código Penal Militar, considerado mais gravoso).

[189] STM. *DJ*, 1º dez. 2008, Rcrimfo nº 2008.01.007552-1, Relª. Minª. Maria Elizabeth Guimarães Teixeira Rocha.

[190] STM. *DJ*, 10 nov. 2009, HC nº 2008.01.034595-7, Rel. Min. Flávio Flores da Cunha Bierrenbach.

[191] STM. *DJ*, 12 maio 2009, HC nº 2008.01.034520-5, Rel. Min. Sergio Ernesto Alves Conforto (considerando inválida a vedação *ex lege*, sem motivação, à concessão de liberdade provisória).

[192] STM. *DJ*, 18 dez. 2009, Apelfo nº 2009.01.051387-6, Rel. Min. Flávio Flores da Cunha Bierrenbach.

[193] TSE. *DJ*, 25 ago. 2010, Rp nº 240991/DF, Relª. p/ acórdão Minª. Cármen Lúcia Antunes Rocha.

[194] TSE. *DJ*, 31 ago. 2004, RESPE nº 21920/MG, Rel. Min. Carlos Eduardo Caputo Bastos; TSE, *DJ*, 17 set. 2004, RCL nº 318/CE, Rel. Min. Luis Carlos Lopes Madeira (a realização coletiva exporia o interessado a situação constrangedora).

[195] A Lei Complementar nº 135, de 4 de junho de 2010, alterou a Lei Complementar nº 64/90 para considerar inelegíveis para qualquer cargo por 8 anos também os que forem condenados por decisão proferida por órgão judicial colegiado em certos crimes, elencados pela lei (LC nº 64/90, art. 1º, I, *e*).

[196] TSE. *DJ*, 04 jul. 2008, CTA nº 1621/PB: "Só o trânsito em julgado de uma sentença condenatória, seja pelo cometimento de crime, seja pela prática de improbidade administrativa, pode impedir o acesso a cargos eletivos. Dir-se-á que o povo continuará a ser enganado por estelionatários eleitorais. A resposta é a de que a lei está de acordo com os melhores princípios que tutelam a dignidade humana; a falha está na respectiva aplicação" (extraído do voto do Ministro Ari Pargendler).

[197] Essa é a razão de ser da Súmula nº 363/TST — nesse sentido, v. TST, *DJ*, 09 maio 2003, RR nº 2368600-83.2002.5.11.0900, Rel. Des. Antônio José de Barros Levenhagen.

trabalhador à remuneração devida;[198] c) revista de funcionários;[199] d) dispensa discriminatória de empregado portador de HIV;[200] e) isonomia do empregado doméstico em relação aos demais em matéria de férias;[201] f) dano moral por declarações racistas feitas por empregador a empregado;[202] g) vedação à remuneração do trabalhador efetuada exclusivamente com cestas básicas;[203] h) impossibilidade supressão, por acordo coletivo, de horário de pausa para alimentação e descanso;[204] i) responsabilização subsidiária da Administração Pública em caso de terceirização de mão de obra, quando o contratante não cumpre com encargos trabalhistas;[205] j) impenhorabilidade de bem de família;[206] k) redução progressiva e posterior supressão de carga horária de professor;[207] e l) incorporação de gratificação por cargo de confiança exercido por muitos anos.[208]

---

[198] TST. *DJ*, 24 fev. 2006, ROMS nº 9185800-80.2003.5.02.0900, Rel. Min. José Simpliciano Fontes de F. Fernandes (admitiu a quebra do sigilo fiscal de sócio de empresa que não informara os bens de que dispunha para saldar a dívida da empresa, após desconsideração da personalidade jurídica dessa última).

[199] TST. *DJ*, 15 out. 2004, RR nº 660481-47.2000.5.01.5555, Rel. Min. José Antônio Pancotti: "Indiscutível a garantia de o empregador, no exercício do poder de direção e mando, fiscalizar seus empregados [...]. A fiscalização deve dar-se, porém, mediante métodos razoáveis, de modo a não expor a pessoa do empregado a uma situação vexatória e humilhante, não submetendo o trabalhador ao ridículo, nem à violação de sua intimidade (CF/88, art. 5º, X)".

[200] TST. *DJ*, 03 jun. 2005, RR nº 396800-41.2001.5.12.0028, Rel. Min. Gelson de Azevedo.

[201] TST. *DJ*, 24 fev. 2006, RR nº 637060-43.2000.5.22.5555, Rel. Min. Lelio Bentes Corrêa. Em sua redação original, a Lei nº 5.859/72 garantia aos empregados domésticos um período de 20 (vinte) dias úteis de férias, enquanto os demais empregados, em geral, faziam jus a 30 (trinta) dias corridos de férias (CLT, art. 130, I). No caso, embora o recurso de revista não tenha sido conhecido no ponto, o Tribunal destacou que "a legislação que disciplina as férias do empregado doméstico já não mais encontra respaldo na ordem constitucional inaugurada em 05.10.1988, porquanto não se coaduna com os princípios da dignidade da pessoa humana e dos valores sociais do trabalho, tampouco com a finalidade social do instituto". Mais recentemente, a Lei nº 11.324/06 alterou a redação do art. 3º da Lei nº 5.859/72 para conferir aos empregados domésticos o direito a 30 (trinta) dias de férias remuneradas.

[202] TST. *DJ*, 26 jun. 2005, RR nº 101100-94.2001.5.04.0561, Rel. Min. João Oreste Dalazen.

[203] TST. *DJ*, 23 nov. 2007, RR nº 153200-42.2002.5.04.0221, Rel. Min. Carlos Alberto Reis de Paula.

[204] TST. *DJ*, 13 set. 2002, RR nº 452564-72.1998.5.03.5555, Rel. Min. Walmir Oliveira da Costa.

[205] TST. *DJ*, 22 out. 2004, AIRR nº 9375900-35.2003.5.04.0900, Rel. Des. Conv. José Antônio Pancotti. O tema também é objeto da Súmula nº 331/TST, IV. Nada obstante, em recente julgado, o STF considerou constitucional o art. 71, §1º, da Lei nº 8.666/93, entendendo que a simples inadimplência do contratado não transferiria à Administração a responsabilidade pelo pagamento dos encargos, embora eventual omissão na obrigação de fiscalizar as obrigações do contratado pudesse gerar essa responsabilidade (STF, *Inf.* 610, ADC nº 16/DF, Rel. Min. Cezar Peluso).

[206] TST. *DJ*, 12 mar. 2004, RR nº 120640-61.2003.5.02.0902, Relª. Minª. Maria Cristina Irigoyen Peduzzi.

[207] TST. *DJ*, 28 out. 2004, AIRR nº 4789200-05.2002.5.01.0900, Rel. Des. José Antônio Pancotti: "Extrapola os limites de simples justa causa para resilição contratual, para alçar a lesão ofensiva à dignidade e à honra da pessoa do cidadão trabalhador, se o empregado professor dos

Do exame do amplo conjunto jurisprudencial aqui registrado, verifica-se que raramente a dignidade é o fundamento central do argumento e, menos ainda, tem o seu conteúdo explorado ou explicitado. No item que se segue, procura-se utilizar a dignidade e seu conteúdo como o efetivo fio condutor da decisão, em casos verdadeiramente difíceis.

3.4 A dignidade como parâmetro para a solução de casos difíceis

A utilização dos conteúdos mínimos da dignidade — valor intrínseco, autonomia e valor comunitário — não elimina de maneira absoluta a subjetividade do intérprete. Mas pode ajudar a estruturar o raciocínio e a dar-lhe maior transparência, sobretudo em disputas judiciais envolvendo colisões de direitos ou desacordos morais. A explicitação de cada um dos conteúdos da dignidade envolvidos na hipótese, bem como a justificação das escolhas feitas em cada etapa coíbem o voluntarismo e permitem um maior controle do raciocínio lógico desenvolvido pelo autor da decisão, inclusive para verificar se seus argumentos são laicos, politicamente neutros e universalizáveis. Confira-se o exercício feito abaixo, levando em conta três questões controvertidas submetidas à jurisdição constitucional no Brasil.

a) *Uniões homoafetivas*
Os interesses em jogo envolvem, de um lado, duas pessoas do mesmo sexo que desejam manter uma relação afetiva e sexual estável; e, de outro, uma concepção tradicional de sociedade que só admite relações dessa natureza entre pessoas de sexos diferentes. Pois bem: no plano da dignidade como *valor intrínseco*, o direito de igual respeito e consideração pesaria a favor do reconhecimento da legitimidade de tais uniões. Não há qualquer aspecto envolvendo o valor intrínseco de uma terceira pessoa que pudesse ser contraposto nas circunstâncias. No plano da *autonomia*, duas pessoas maiores e capazes estão exercendo sua liberdade existencial no tocante a seus afetos e à sua sexualidade. Não há, tampouco, afronta à autonomia de terceiros. No plano do *valor comunitário*, deve-se admitir que há, em diversos setores da sociedade, algum grau de reprovabilidade às condutas e relações homoafetivas.

---

cursos de graduação, pós-graduação e mestrado de uma instituição de ensino sofre gradativa redução da carga horária até a supressão das horas aulas, ficando impedido de trabalhar, sem pré-aviso, para afinal informar que necessitava de enxugar o quadro de professores".
[208] TST. *DJ*, 23 mar. 2001, RR nº 392441-61.1997.5.06.5555, Rel. Min. Walmir Oliveira da Costa.

Porém: a) na hipótese, há direito fundamental em jogo, e eles devem funcionar como trunfos contra a vontade da maioria, se este for o caso;[209] b) as relações homoafetivas são hoje aceitas com naturalidade por setores amplos e representativos da sociedade, não se podendo falar em consenso social forte na matéria; e c) não há risco efetivo para o direito de terceiros. Como consequência, tais relações não devem ser criminalizadas e devem receber o tratamento cível adequado.[210]

b) *Pesquisas com células-tronco embrionárias*
Nos procedimentos de fertilização *in vitro*, método de reprodução assistida destinado a superar a infertilidade conjugal, é comum que sejam produzidos embriões excedentes, que não serão utilizados e poderiam, em tese, permanecer congelados indefinidamente. Embriões humanos possuem células-tronco, que têm como uma de suas características essenciais a possibilidade de se converterem em todos os tecidos e órgãos humanos, representando uma extraordinária fronteira para a chamada medicina restaurativa. No Brasil, como em outras partes do mundo, permite-se que estes embriões, quando congelados há mais de três anos, sejam destinados à pesquisa científica, se os genitores — *i.e.*, os doadores do material genético — assim concordarem. Legislações com esse teor têm tido sua constitucionalidade questionada, sob o fundamento de que embrião é vida potencial e que deve ter sua existência e dignidade preservadas. Os interesses em jogo, aqui, são os do embrião, dos genitores, dos pesquisadores e os da sociedade em geral, pelo avanço da medicina. Abaixo o exame do tema, tendo em conta cada um dos conteúdos da dignidade.

No plano do *valor intrínseco*, alguém poderia cogitar que o embrião é uma vida potencial, merecedora de proteção. Essa premissa pode ser questionada com razoabilidade pela afirmação de que um embrião congelado em um tubo de ensaio e sem perspectiva de ser implantado em um útero materno sequer constitui vida potencial. No plano da *autonomia*, poder-se-ia especular sobre o *desejo* do embrião de não ser destruído, embora lhe fosse impossível exigir o implante em um útero materno. Sua *vontade*, portanto, não mudaria sua condição de potência sem perspectiva de realização. De outra parte, há o direito

---

[209] Ronald Dworkin, *Taking rights seriously*, 1977, p. xi.
[210] Sobre o tema, v. Maria Berenice Dias, *União homoafetiva*: o preconceito e a justiça, 2009; Roger Raupp Rios, *A homossexualidade no direito*, 2001; Luís Roberto Barroso, Diferentes, mas iguais: o reconhecimento jurídico das relações homoafetivas no Brasil, *Revista de Direito do Estado* 5:167, 2007.

dos genitores de escolherem o destino do material genético que forneceram. Por fim, há o direito do cientista de exercer sua liberdade de pesquisa. No plano do *valor comunitário*, é frágil a tese de que o embrião congelado há mais de três anos, sem perspectiva real de vir a se tornar uma vida, tem um direito fundamental a não ser destruído. Ao contrário, o sentimento social dominante no particular é o do interesse na pesquisa científica. E, no tocante aos terceiros, seus interesses — e não, propriamente, direitos — se realizam muito mais intensamente pela perspectiva da pesquisa científica de trazer cura e salvar vidas. Portanto, sem negar algum grau de dignidade ao embrião — que, por exemplo, não poderá ser comercializado, como expressamente dispõe a lei brasileira —, afigura-se legítima a opção do legislador em permitir as pesquisas com células-tronco embrionárias, mesmo que resultem na destruição do embrião congelado há mais de três anos.[211]

c) *Interrupção da gestação de fetos anencefálicos*
A anencefalia consiste em uma má-formação fetal congênita, por defeito do fechamento do tubo neural durante a gestação. Conhecida como "ausência de cérebro", trata-se de anomalia incompatível com a vida extrauterina, sendo irreversível e fatal na totalidade dos casos. Aproximadamente 65% (sessenta e cinco porcento) dos fetos anencefálicos deixam de respirar ainda no período intrauterino. Nas hipóteses em que a gestação chega a termo, o desfecho se dá, como regra geral, minutos após o parto. Em alguns casos, ele se dará após algumas horas. Há relatos de situações excepcionais em que se passaram alguns dias até a cessação de toda função vital. Com os meios tecnológicos à disposição, o diagnóstico de anencefalia é totalmente seguro, sendo feito mediante ecografia a partir do terceiro trimestre de gestação. Em ação constitucional ajuizada perante o Supremo Tribunal Federal, a Confederação Nacional dos Trabalhadores na Saúde pede que seja reconhecido, nessa hipótese, o direito de interrupção da gestação, por vontade exclusiva da gestante, afastando-se, portanto, os dispositivos do Código Penal que punem a mulher e o médico pela realização de aborto. A seguir, a análise de cada um dos conteúdos da dignidade humana envolvidos na questão.

---

[211] Para a discussão doutrinária desse tema, v. Luís Roberto Barroso, A fé na ciência: constitucionalidade e legitimidade das pesquisas com células-tronco embrionárias. *In*: Gilmar Ferreira Mendes, Paulo Gustavo Gonet Branco e André Rufino do Vale, *A jurisprudência do STF nos 20 anos da Constituição*, 2010, p. 220-232. V., tb., acórdão do STF na matéria: *Informativo STF nº 508*, 26 a 30 maio 2008, ADI nº 3.510/DF, Rel. Min. Carlos Britto.

No plano do *valor intrínseco*, é possível afirmar que enquanto se encontra no útero materno, o feto conserva, em número expressivo de casos, as funções vitais, com o coração batendo e todos os órgãos se formando. Constitui, portanto, *vida* potencial. Pode-se contrapor a esse argumento a circunstância de que no direito brasileiro a determinação do óbito se dá pela morte encefálica. E como o feto anencefálico não chega a ter vida cerebral, não há vida a proteger, em sentido jurídico. Em favor do direito à interrupção da gestação neste caso, pode-se invocar, ainda, o direito à integridade física e psicológica da mulher. Com efeito, ela se sujeitará a todas as transformações físicas e psíquicas pelas quais passa uma gestante preparando-se, neste caso, todavia, para receber o filho que não irá ter. Um imenso sofrimento inútil. Afigura-se, assim, no plano do valor intrínseco, que os elementos em favor da legitimidade do direito à interrupção da gestação são mais consistentes.

No plano da *autonomia*, poder-se-ia invocar a *vontade* do feto de permanecer no útero materno e aguardar o desfecho natural, sem intervenção externa. A ele se contraporia o direito da mãe, que assim desejasse, a não ter o seu corpo funcionalizado por uma gestação indesejada e inviável. Trata-se de uma liberdade existencial no tocante a seus direitos reprodutivos. No plano do *valor comunitário*, pode-se admitir, argumentativamente, a existência de deveres de proteção em relação um direito fundamental do feto e outro da mãe, como referido acima. Todavia, se nem mesmo no tocante à criminalização do aborto existe consenso social forte — boa parte dos países desenvolvidos e democráticos admitem a sua prática até um determinado ponto da gravidez —, menos ainda haverá nas hipóteses de inviabilidade fetal. Não há direitos de terceiros afetados, mas tão somente os da mulher e os do feto. Havendo desacordo moral razoável na matéria, o papel do Estado não é escolher um dos lados, mas permitir que cada um viva a sua autonomia da vontade. De forma tal que as mulheres que desejem levar a gestação a termo possam fazê-lo, e as que não desejem, possam interrompê-la.[212]

---

[212] Sobre o tema, v. Luís Roberto Barroso, memorial com razões finais. (Disponível em: <http://www.luisrobertobarroso.com.br/wp-content/themes/LRB/pdf/anencefalicos_razoes_finais.pdf>) e manifestação sobre audiência pública (<http://www.luisrobertobarroso.com.br/wp-content/themes/LRB/pdf/anencefalicos_manifestacao_sobre_audiencia_publica.pdf>).

4 Conclusão

4.1 Síntese das ideias centrais

Ao final dessa longa exposição, é possível organizar didaticamente algumas das principais ideias expostas, levando em conta o papel da ideia da dignidade humana no mundo contemporâneo, sua natureza jurídica, seus conteúdos mínimos e o modo como ela serve para estruturar o raciocínio jurídico na resolução de problemas reais.

1. Após a Segunda Guerra Mundial, a dignidade da pessoa humana se tornou um dos grandes consensos éticos mundiais, servindo de fundamento para o advento de uma cultura fundada na centralidade dos direitos humanos e dos direitos fundamentais. Progressivamente, ela foi incorporada às declarações internacionais de direitos e às Constituições democráticas, contribuindo para a formação crescente de uma massa crítica de jurisprudência e para um direito transnacional, em que diferentes países se beneficiam da experiência de outros.

2. A dignidade da pessoa humana é um valor moral que, absorvido pela política, tornou-se um valor fundamental dos Estados democráticos em geral. Na sequência histórica, tal valor foi progressivamente absorvido pelo Direito, até passar a ser reconhecido como um princípio jurídico. De sua natureza de princípio jurídico decorrem três tipos de eficácia, isto é, de efeitos capazes de influenciar decisivamente a solução de casos concretos. A eficácia *direta* significa a possibilidade de se extrair uma regra do núcleo essencial do princípio, permitindo a sua aplicação mediante subsunção. A eficácia *interpretativa* significa que as normas jurídicas devem ter o seu sentido e alcance determinados da maneira que melhor realize a dignidade humana, que servirá, ademais, como critério de ponderação na hipótese de colisão de normas. Por fim, a eficácia *negativa* paralisa, em caráter geral ou particular, a incidência de regra jurídica que seja incompatível — ou produza, no caso concreto, resultado incompatível — com a dignidade humana.

3. São conteúdos mínimos da dignidade o valor intrínseco da pessoa humana, a autonomia da vontade e o valor comunitário. O *valor intrínseco* é o elemento ontológico da dignidade, traço distintivo da condição humana, do qual decorre que todas as pessoas são um fim em si mesmas, e não meios para a realização de metas coletivas ou propósitos de terceiros. A inteligência, a sensibilidade e a capacidade de comunicação são atributos

únicos que servem de justificação para essa condição singular. Do valor intrínseco decorrem direitos fundamentais como o direito à vida, à igualdade e à integridade física e psíquica.
4. A *autonomia da vontade* é o elemento ético da dignidade humana, associado à capacidade de autodeterminação do indivíduo, ao seu direito de fazer escolhas existenciais básicas. Ínsita na autonomia está a capacidade de fazer valorações morais e de cada um pautar sua conduta por normas que possam ser universalizadas. A autonomia tem uma dimensão privada, subjacente aos direitos e liberdades individuais, e uma dimensão pública, sobre a qual se apoiam os direitos políticos, isto é, o direito de participar do processo eleitoral e do debate público. Condição do exercício adequado da autonomia pública e privada é o mínimo existencial, isto é, a satisfação das necessidades vitais básicas.
5. O *valor comunitário* é o elemento social da dignidade humana, identificando a relação entre o indivíduo e o grupo. Nesta acepção, ela está ligada a valores compartilhados pela comunidade, assim como às responsabilidades e deveres de cada um. Vale dizer: a dignidade como valor comunitário funciona como um limite às escolhas individuais. Também referida como dignidade como heteronomia, ela se destina a promover objetivos sociais diversos, entre os quais a proteção do indivíduo em relação a atos que possa praticar capazes de afetar a ele próprio (condutas autorreferentes), a proteção de direitos de outras pessoas e a proteção de valores sociais, dos ideais de *vida boa* de determinada comunidade. Para minimizar os riscos do moralismo e da tirania da maioria, a imposição de valores comunitários deverá levar em conta a) a existência ou não de um direito fundamental em jogo, b) a existência de consenso social forte em relação à questão e c) a existência de risco efetivo para direitos de terceiros.
6. A identificação da dignidade como um princípio jurídico e a determinação de seus conteúdos mínimos pode servir, entre outras coisas, e em primeiro lugar, para unificar a utilização da expressão no âmbito doméstico e internacional. Facilita-se, assim, o seu emprego no discurso transnacional, pela uniformização, mediante convenção terminológica, das ideias que estão abrigadas na noção de dignidade humana. Em segundo lugar, ela contribui para estruturar o itinerário argumentativo na solução de casos difíceis, permitindo que se identifique cada

um dos elementos relevantes, agrupando-os de acordo com cada conteúdo associado à dignidade. Isso poderá dar maior transparência ao processo decisório, possibilitando um controle social mais eficiente.

4.2 Epílogo: iguais, nobres e deuses

Em sua origem histórica, a ideia de dignidade, *dignitas*, esteve associada à de *status*, posição social ou a determinadas funções públicas Dela decorriam certos deveres de tratamento.[213] Dignidade, portanto, tinha uma conotação aristocrática ou de poder, identificando a condição superior de certas pessoas ou dos ocupantes de determinados cargos. Ao longo dos séculos, como se relatou aqui, a dignidade incorporou-se à teoria dos direitos fundamentais, democratizou-se e assumiu uma dimensão igualitária. Já agora é possível aspirar — com alguma dose de visionarismo — que a ideia de dignidade volte ao seu sentido original, com ligeira alteração. Dignidade passaria a significar a posição mais elevada, merecedora de distinção, respeito e máximo de direitos reconhecida à generalidade das pessoas.[214] Vale dizer: no futuro, todos serão nobres. E como o desejo é ilimitado, mais à frente ainda, vão querer ser deuses.[215]

---

[213] Stéphanie Hennette-Vauchez, *La dignité de la personne humaine*: recherche sur un processus de juridicisation, 2005, p. 24.

[214] Esta é a tese de Jeremy Waldron: a noção moderna de igualdade deve significar uma equalização de posições, pela qual se procura atribuir a toda pessoa humana alguma coisa da dignidade, *rank* e expectativa de respeito que eram anteriormente dedicados aos nobres. V. Jeremy Waldron. Dignity, rank, and rights: The 2009 Tanner Lectures at UC Berckley. Public Law & Legal Theory Research Paper Series, *Working Paper* n. 09-50, September 2009. Waldron atribui o crédito da ideia a Gregory Vlastos, Justice and equality. *In*: Jeremy Waldron (Ed.), *Theories of rights*, 1984, p. 41.

[215] A referência a "deuses" foi feita por Roberto Mangabeira Unger, em troca de ideias sobre o tema.

PARTE II

ALGUNS MARCOS DE UMA NOVA PRÁTICA CONSTITUCIONAL

CAPÍTULO 1

ANENCEFALIA
O DIREITO À INTERRUPÇÃO DA GESTAÇÃO DE FETOS INVIÁVEIS

1 Introdução

1.1 Antecedentes

Em meados de março de 2004, atendi no escritório do Rio de Janeiro a Professora Débora Diniz, doutora em antropologia e diretora da ANIS (Instituto de Bioética, Direitos Humanos e Gênero), organização não governamental voltada para a defesa dos direitos das mulheres. Débora veio acompanhada da Dra. Dafne Horovitz, médica e geneticista do Instituto Fernandes Figueira (centro de referência materno-infantil da Fiocruz), e do Procurador da República Daniel Sarmento, que até pouco tempo era o Procurador Regional dos Direitos do Cidadão. A ANIS e os diversos parceiros que aglutinou ao longo dos anos estavam mobilizados pelo mesmo objetivo: ajudar milhares de mulheres que vivem o drama de gerar fetos anencefálicos, má-formação conhecida como "ausência de cérebro", que os torna incompatíveis com a vida extrauterina. Naquele momento, o quadro jurídico na matéria estava marcado pela insegurança e pela incerteza. De fato, as gestantes que desejavam abreviar seu sofrimento físico e psíquico tinham que requerer autorização judicial para a antecipação do parto, sujeitando-se a deferimento ou não do pedido. Havia decisões desencontradas sobre o tema e as requerentes ficavam muitas vezes à mercê da convicção religiosa de promotores e juízes. Em muitos casos, a decisão acerca do pedido vinha tarde demais, quando o parto já havia se consumado.

Àquela altura, todas as pessoas engajadas nesse esforço estavam frustradas pelo desfecho do episódio envolvendo a jovem gestante Gabriela de Oliveira Cordeiro, que após percorrer todas as instâncias do Poder Judiciário — juízo de 1º grau em Teresópolis, Tribunal de Justiça do Estado do Rio e Superior Tribunal de Justiça —[1] obtendo decisões conflitantes, teve seu caso levado ao Supremo Tribunal Federal (HC nº 84.025-6/RJ). No entanto, lamentavelmente, antes que o julgamento ocorresse, a gravidez chegou a termo e o feto anencefálico, sete minutos após o parto, morreu. O Ministro Joaquim Barbosa, relator sorteado para o processo, chegou a elaborar o seu voto, favorável à interrupção da gestação. Mas o caso já estava encerrado.

1.2 Estratégia

A fórmula em vigor, pela qual cada gestante precisava individualmente ir à Justiça solicitar autorização, era evidentemente insatisfatória. Era preciso imaginar um mecanismo pelo qual se pudesse ingressar diretamente perante o Supremo Tribunal Federal (STF) e obter uma decisão geral, válida nacionalmente e aplicável a todos os casos. Para tal fim existem as ações diretas. Mas havia uma dificuldade processual: o direito de propor ação direta é limitado, pela Constituição, a um conjunto de pessoas e órgãos previstos no seu art. 103, que incluem as entidades de classe de âmbito nacional e as confederações sindicais. A ANIS não era nem uma coisa nem outra. Assim, foi preciso pesquisar na jurisprudência do STF todas as entidades e confederações que já tinham sido admitidas como legitimadas e cujo objeto de atuação tivesse relação com a causa. Optamos por procurar alguma entidade cujo direito de propositura já tivesse sido reconhecido pelo STF, para minimizarmos os riscos de uma saída processual. Chegamos, então, à Confederação Nacional dos Trabalhadores na Saúde (CNTS). Batemos à porta da CNTS e propusemos uma parceria estratégica para a ação. A pedido deles, organizamos um seminário para expor o mérito da nossa causa. Na sequência, a CNTS convocou uma assembleia geral, na qual as federações que a integram decidiram encampar a ideia, diante de seu caráter humanitário e do interesse específico dos profissionais de saúde na solução da questão.

---

[1] A decisão do STJ fora desfavorável ao pedido da gestante, entendendo ser impossível autorizar a interrupção da gestação na hipótese, à falta de previsão legal. *DJ*, 22 mar. 2004, HC nº 32.159-RJ, Quinta Turma, Rel. Min. Laurita Vaz.

1.3 A ação proposta

Como assinalado acima, era preciso propor uma ação direta perante o STF que possibilitasse uma decisão em tese, de âmbito nacional e vinculante para todos os órgãos do Judiciário e para a Administração Pública. As hipóteses mais típicas de ações diretas são a ação direta de inconstitucionalidade (ADIn) e a ação declaratória de constitucionalidade (ADC). Nenhuma das duas se ajustava com perfeição às nossas necessidades. Todavia, uma lei de 1999 havia regulamentado uma outra ação, prevista na Constituição, e cujas possibilidades não haviam sido integralmente testadas: a denominada *arguição de descumprimento de preceito fundamental* (ADPF). Fizemos um estudo procurando demonstrar o seu cabimento nas circunstâncias, mas, por segurança, apresentamos um pedido alternativo de recebimento como ADIn. O pedido, em sua essência, era o de que se interpretassem conforme a Constituição as disposições do Código Penal relativas a aborto, para o fim de declarar que elas não incidiam em caso de feto anencefálico. Junto com a petição inicial, requeremos a admissão da ANIS como *amicus curiae*. Participaram comigo da concepção da estratégia e da elaboração das peças relevantes Ana Paula de Barcellos, Karin Basilio Khalili e Nelson Nascimento Diz. Também mantivemos um diálogo permanente com a Professora Débora Diniz. A ação foi ajuizada em 17 de junho de 2004, transformando-se na ADPF nº 54, distribuída ao Ministro Marco Aurélio.

2 Principais argumentos e questões debatidas

Ao longo do processo foram debatidas inúmeras questões fáticas e jurídicas acerca do tema, tendo inclusive sido realizada uma audiência pública. Entre as questões jurídicas levadas à discussão encontravam-se o próprio cabimento da ADPF, os fundamentos de mérito do pedido e uma complexa questão institucional acerca da propriedade de a matéria ser decidida pelo STF (em lugar do Congresso Nacional). A seguir, uma síntese de todos esses temas, desenvolvida a partir do exame da petição inicial, do memorial sobre a questão de ordem suscitada pelo Procurador-Geral da República (relativa ao cabimento da ADPF) e das razões finais apresentadas, inclusive comentando as constatações feitas em audiência pública.

2.1 As motivações para o ajuizamento da ação

No Brasil, como em outras partes do mundo, é recorrente o debate acerca da questão do aborto e de sua criminalização, com a torrente de opiniões polarizadas que costuma acompanhá-lo. O Código Penal de 1940, como se sabe, tipificou o aborto na categoria dos crimes contra a vida. Esta visão, nos dias atuais, está longe de ser pacífica. A diversidade de concepções acerca do momento em que tem início a vida tem alçado este tema à deliberação de parlamentos e cortes constitucionais de diversos países, como Estados Unidos,[2] Canadá,[3] Portugal,[4] Espanha,[5] França[6] e Alemanha,[7] entre outros. Na ação proposta, todavia, passou-se ao largo dessa relevante discussão, com todas as suas implicações filosóficas, religiosas e sociais. A argumentação desenvolvida na petição inicial, portanto, não questionou o tratamento dado ao aborto pelo direito positivo brasileiro em vigor, posição que — como se alertou na ocasião — não devia ser compreendida como concordância ou tomada de posição na matéria.

---

[2] *Roe v. Wade*, 410 U.S. 113 (1973) e, mais recentemente, *Planned Parenthood of Southwestern Pennsylvania v. Casey* 505 U.S. 833 (1992). Nos Estados Unidos, reconhece-se à mulher o direito constitucional amplo para realizar aborto no primeiro trimestre de gravidez. Em relação ao segundo e ao terceiro trimestres, as restrições instituídas por leis estaduais podem ser progressivamente mais severas.

[3] *Morgentaler Smoling and Scott v. The Queen* (1988). No julgamento desse caso, a Suprema Corte canadense reconheceu às mulheres o direito fundamental à prática do aborto. Esta nota e as quatro subsequentes beneficiam-se de pesquisa desenvolvida pelo Doutor e Procurador da República Daniel Sarmento, gentilmente cedida ao signatário do presente.

[4] O Tribunal Constitucional português reconheceu a constitucionalidade de lei que permitia o aborto em circunstâncias específicas, entre elas o risco à saúde física ou psíquica da gestante, feto com doença grave e incurável, gravidez resultante de estupro e outras situações de estado de necessidade da gestante (Acórdão nº 25/84).

[5] A Corte Constitucional espanhola considerou inconstitucional lei que autorizava o aborto em casos de estupro, anomalias do feto e riscos à saúde física e mental da mãe porque a lei não exigia prévio diagnóstico médico nos casos de má-formação fetal e risco à saúde da gestante.

[6] Em 1975, foi editada lei francesa permitindo o aborto, a pedido da mulher, até a 10ª semana de gestação, quando a gestante afirmasse que a gravidez lhe causa angústia grave, ou a qualquer momento, por motivos terapêuticos. A norma foi submetida ao controle de constitucionalidade (antes de editada) e ao controle de convencionalidade (após sua edição), tendo sido considerada compatível tanto com a Constituição francesa quanto com a Convenção Europeia dos Direitos Humanos. Hoje, outra norma cuida da matéria, mantendo a possibilidade relativamente ampla de aborto na França.

[7] Na Alemanha, após uma posição inicial restritiva, materializada na decisão conhecida como "Aborto I" (1975), a Corte Constitucional, em decisão referida como "Aborto II" (1993), entendeu que uma lei que proibisse em regra o aborto, sem criminalizar a conduta da gestante, seria válida, desde que adotasse outras medidas para proteção do feto. Registrou, contudo, que o direito do feto à vida, embora tenha valor elevado, não se estende a ponto de eliminar todos os direitos fundamentais da gestante, havendo casos em que deve ser permitida a realização do aborto.

O processo objetivo instaurado pretendeu cuidar, na verdade, de hipótese muito mais simples. A antecipação terapêutica do parto de fetos anencefálicos situa-se no domínio da medicina e do senso comum, sem suscitar quaisquer das escolhas morais envolvidas na interrupção voluntária da gravidez viável.[8] Nada obstante, o pronunciamento do Supremo Tribunal Federal tornou-se indispensável na matéria, que tem profundo alcance humanitário, para libertá-la de visões idiossincráticas causadoras de dramático sofrimento às gestantes e de ameaças e obstáculos à atuação dos profissionais de saúde.

A *anencefalia* é definida na literatura médica como a má-formação fetal congênita por defeito do fechamento do tubo neural durante a gestação, de modo que o feto não apresenta os hemisférios cerebrais e o córtex, havendo apenas resíduo do tronco encefálico.[9] Conhecida vulgarmente como "ausência de cérebro", a anomalia importa na inexistência de todas as funções superiores do sistema nervoso central — responsável pela consciência, cognição, vida relacional, comunicação, afetividade e emotividade. Restam apenas algumas funções inferiores que controlam parcialmente a respiração, as funções vasomotoras e a medula espinhal.[10] Como é intuitivo, a anencefalia é incompatível com a vida extrauterina, sendo fatal em 100% dos casos. Não há controvérsia sobre o tema na literatura científica ou na experiência médica.

Nos últimos anos, milhares de mulheres engravidaram de fetos anencefálicos. Muitas delas, provavelmente a maioria, tinham por opção não levar a gestação a termo. Todavia, à vista do entendimento dominante, essas mulheres não podiam tomar essa decisão por seu livre-arbítrio, em conjunto com o médico que lhes dá assistência. Ao contrário, tem-se entendido que a interrupção da gestação, nesse caso, depende de prévia autorização judicial.

O procedimento judicial exigível para obtê-la, como é de conhecimento geral, envolve inúmeras complexidades. Em primeiro lugar, notadamente para as mulheres mais humildes, o acesso a um advogado ou mesmo a um defensor público pode ser extremamente difícil, quando não impossível. Em segundo lugar, como é notório, a obtenção

---

[8] Inexiste qualquer proximidade entre a pretensão aqui veiculada e o denominado aborto *eugênico*, cujo fundamento é eventual deficiência grave de que seja o feto portador. Nessa última hipótese, pressupõe-se a viabilidade da vida extrauterina do ser nascido, o que não é o caso em relação à anencefalia.
[9] Richard E. Behrman, Robert M. Kliegman e Hal B. Jenson, *Nelson/Tratado de Pediatria*, Ed. Guanabara Koogan, 2002, p. 1777.
[10] Debora Diniz e Diaulas Costa Ribeiro, *Aborto por anomalia fetal*, 2003, p. 101.

da autorização judicial torna-se uma batalha em diferentes instâncias, com decisões que variam de juiz para juiz e de tribunal para tribunal. Sem mencionar que grupos religiosos fomentam a impetração de *habeas corpus* que tornam ainda mais árduo e demorado o processo.[11]

Diante desse quadro, foi ajuizada uma arguição de descumprimento de preceito fundamental. Cumprindo as exigências legais, foram apontados:

a) como preceitos fundamentais violados: o art. 1º, IV (princípio da dignidade da pessoa humana), o art. 5º, II (princípio da legalidade, liberdade e autonomia da vontade) e os arts. 6º, *caput*, e 196 (direito à saúde), todos da Constituição Federal; e
b) como ato do Poder Público causador da lesão a tais preceitos: o conjunto normativo representado pelos arts. 124, 126, *caput*, e 128, I e II, do Código Penal (Decreto-Lei nº 2.848, de 07.12.1940),[12] que tipificam o crime de aborto, sem contemplarem, expressamente, como exceção à incidência de tais normas, a hipótese de interrupção da gestação de feto anencefálico.

O pedido formulado, como se registrou, foi no sentido da interpretação conforme a Constituição de tais dispositivos do Código Penal, para o fim de declarar que eles não incidem no caso de antecipação terapêutica do parto de feto anencefálico. Como consequência, deveria ser reconhecido o direito subjetivo da gestante de se submeter a tal procedimento, sem a necessidade de prévia obtenção de autorização judicial.

2.2 Fundamentos jurídicos do pedido

Os argumentos que serviram como causa de pedir, expostos na peça de instauração da ação, podem ser sistematizados em três

---

[11] Foi este o caso do HC nº 84.025-6/RJ, que chegou a ser distribuído ao STF. O parto, no entanto, ocorreu antes que a Corte pudesse ter se manifestado.
[12] Os dispositivos do Código Penal referidos têm a seguinte dicção:
"Aborto provocado pela gestante ou com seu consentimento
Art. 124. Provocar aborto em si mesma ou consentir que outrem lho provoque:
Pena – detenção, de 1 (um) a 3 (três) anos".
"Aborto provocado por terceiro
Art. 126. Provocar aborto com o consentimento da gestante:
Pena – reclusão, de 1 (um) a 4 (quatro) anos."
"Art. 128. Não se pune o aborto praticado por médico:
Aborto necessário
I - se não há outro meio de salvar a vida da gestante;
Aborto no caso de gravidez resultante de estupro
II - se a gravidez resulta de estupro e o aborto é precedido de consentimento da gestante ou, quando incapaz, de seu representante legal."

proposições diversas, cada uma delas suficiente em si para legitimar a interrupção da gestação na situação aqui versada. São eles: (i) atipicidade do fato; (ii) interpretação evolutiva do Código Penal; e (iii) prevalência do princípio constitucional da dignidade da pessoa humana e do direito fundamental à saúde. Veja-se o breve desenvolvimento de cada um deles.

2.2.1 Antecipação terapêutica do parto não é aborto. Atipicidade da conduta

O aborto é descrito pela doutrina especializada como "a interrupção da gravidez com a consequente morte do feto (produto da concepção)".[13] Vale dizer: a morte deve ser resultado direto dos meios abortivos, sendo imprescindível tanto a comprovação da relação causal como a potencialidade de vida extrauterina do feto. Não é o que ocorre na antecipação do parto de um feto anencefálico. Com efeito, a morte do feto nesses casos decorre da má-formação congênita, sendo certa e inevitável ainda que decorridos os nove meses normais de gestação. Falta à hipótese o suporte fático exigido pelo tipo penal.

Essa linha de entendimento decorre, de maneira inexorável, do próprio conceito jurídico de morte adotado no Direito brasileiro. De fato, a Lei nº 9.347, de 04.02.97, permite a retirada de órgãos destinados a transplante após o diagnóstico de "morte encefálica" do doador.[14] Portanto, o indivíduo é considerado morto quando o seu cérebro deixa de ter atividade. Ora bem: o feto anencefálico sequer chega a ter início de atividade cerebral, pois não apresenta os hemisférios cerebrais e o córtex, havendo apenas resíduo do tronco encefálico. Tragicamente, não chega a tornar-se um ser vivo, em sentido técnico.[15]

A interrupção da gestação, nessa hipótese, é fato atípico. Em nome do princípio geral da legalidade e do princípio específico da reserva penal, não pode ser vedado ou punido.

---

[13] Damásio E. de Jesus, *Código Penal anotado*, 2002, p. 424.
[14] Assim prevê a Lei nº 9.347, de 04.02.97, que dispõe sobre a remoção de órgãos, tecidos e partes do corpo humano para fins de transplante e tratamento: "Art. 3º A retirada *post mortem* de tecidos, órgãos ou partes do corpo humano destinados a transplante ou tratamento deverá ser precedida de diagnóstico de morte encefálica, constatada por dois médicos não participantes das equipes de remoção e transplante, mediante a utilização de critérios clínicos e tecnológicos definidos por resolução do Conselho Federal de Medicina".
[15] Esta valoração é estritamente jurídica e não inibe uma compreensão diversa no plano espiritual ou religioso.

2.2.2 Ainda que se considerasse a antecipação terapêutica como aborto, ela não seria punível. Interpretação evolutiva do Código Penal

A petição inicial pretendeu demonstrar — como visto acima — que a antecipação terapêutica do parto, quando se trate de feto anencefálico, não configura aborto. Todavia, ainda que assim se quisesse qualificá-la, demonstrou-se que não deveria ser punida, por um conjunto de razões, a seguir expostas. O Código Penal tipifica o aborto provocado pela gestante ou por terceiro nos arts. 124 a 126. Mas não pune o aborto dito *necessário*, se não há outro meio de salvar a vida da gestante, nem tampouco o aborto desejado pela mulher, em caso de gravidez resultante de estupro. Pois bem: a hipótese em exame na ação proposta só não foi expressamente abrigada no art. 128 do Código Penal como excludente de punibilidade porque em 1940, quando editada sua Parte Especial, a tecnologia existente não possibilitava o diagnóstico preciso de anomalias fetais incompatíveis com a vida. Não é difícil demonstrar o ponto.

O Código Penal exclui a punibilidade do aborto no caso de gravidez decorrente de estupro. Na sua valoração de fatores como a potencialidade de vida do feto e o sofrimento da mãe, vítima de uma violência, o legislador fez uma ponderação moral e permitiu a cessação da gestação. No caso aqui estudado, a ponderação é mais simples e envolve escolha moral menos drástica: o imenso sofrimento da mãe, de um lado, e a ausência de potencialidade de vida, do outro lado. Parece claro que o Código Penal, havendo autorizado o *mais*, somente não fez referência ao *menos* porque não era possível vislumbrar esta possibilidade no momento em que foi elaborado.

Deve-se aplicar aqui, no entanto, uma interpretação evolutiva do Direito. A norma jurídica, uma vez posta em vigor, liberta-se da vontade subjetiva que a criou e passa a ter uma existência objetiva e autônoma. É isso que permite sua adaptação a novas situações, ainda que não antecipadas pelo legislador, mas compreendidas na ordem de valores que o inspirou e nas possibilidades e limites oferecidos pelo texto normativo. Afigura-se fora de dúvida que a antecipação de parto defendida na ação aqui descrita situa-se no âmbito lógico das excludentes de punibilidade criadas pelo Código, por ser muito menos grave do que a que vale para o aborto em caso de estupro.

2.2.3 O princípio constitucional da dignidade da pessoa humana e o direito fundamental à saúde paralisam a incidência das normas do Código Penal na hipótese

A dignidade da pessoa humana é o valor e o princípio que move o processo civilizatório em múltiplas dimensões. Na *religião*, ela se manifesta em um dos postulados da civilização judaico-cristã, que é o respeito ao próximo. Todos são igualmente dignos perante Deus. Na *filosofia*, é a dignidade que informa o *imperativo categórico* kantiano, dando origem às proposições éticas superadoras do utilitarismo: a) uma pessoa deve agir como se a máxima de sua conduta pudesse se transformar em uma lei universal; b) cada indivíduo deve ser tratado como um fim em si mesmo, e não como um meio para a realização de metas coletivas ou de outras metas individuais. As coisas têm preço; as pessoas têm dignidade.

No plano *jurídico*, a dignidade da pessoa humana figura, desde o final da 2ª Guerra Mundial, em quase todos os documentos internacionais relevantes, a começar pela Declaração Universal dos Direitos Humanos (1948). No direito constitucional, está referida em Constituições como a italiana (1947), a alemã (1949), a portuguesa (1976) e a espanhola (1978). Na Constituição brasileira de 1988, o princípio está inscrito no art. 1º, III, como um dos fundamentos da República. A dignidade da pessoa humana está na origem dos direitos materialmente fundamentais e representa o núcleo essencial de cada um deles, individuais, políticos e sociais.

O princípio da dignidade da pessoa humana expressa um conjunto de valores civilizatórios incorporados ao patrimônio da humanidade. Uma das suas manifestações concretas se dá pela via dos chamados *direitos da personalidade*, que são direitos reconhecidos a todos os seres humanos e oponíveis aos demais indivíduos e ao Estado. Tais direitos se apresentam em dois grupos: (i) *direitos à integridade física*, englobando o direito à vida, o direito ao próprio corpo e o direito ao cadáver; e (ii) *direitos à integridade moral e psicológica*, rubrica na qual inserem os direitos à honra, à liberdade, à vida privada, à intimidade, à imagem, entre outros.

Pois bem: obrigar uma mulher a levar até o final a gestação de um feto anencefálico, sem viabilidade de vida extrauterina, viola as duas dimensões da dignidade referidas acima. Do ponto de vista da integridade física, a gestante será obrigada a passar cerca de seis meses — o diagnóstico é feito no terceiro mês — sofrendo as transformações de seu corpo, preparando-se para a chegada do filho que ela não vai ter. No tocante à integridade psicológica, é impossível exagerar o sofrimento de uma pessoa que dorme e acorda, todos os dias, por 180 (cento e oitenta) dias (isto é, desde o momento em que o diagnóstico é possível até o final da gravidez), com a certeza de que o parto, para ela, não será uma celebração da vida, mas um adiado ritual de morte. Ao final de tudo, não haverá um berço, mas um pequeno caixão. Em síntese: impor à mulher o prolongamento de um sofrimento inútil e indesejado viola sua dignidade.

No tocante ao direito à saúde, como se veio a confirmar em audiência pública realizada no STF especificamente para o caso aqui relatado, a posição da classe médica em geral é a de que a gestação de um feto anencefálico envolve riscos maiores para a gestante, no plano físico. No plano psíquico, também foram realçadas as severas consequências psicológicas adversas de uma gravidez forçada nessas circunstâncias.

2.3 Do pedido formulado. Interpretação conforme a Constituição

A técnica da interpretação conforme a Constituição, desenvolvida pela doutrina moderna[16] e amplamente acolhida pelo STF,[17] consiste na escolha de uma linha de interpretação para determinada norma legal, em meio a outras que o texto comportaria. Por essa via, dá-se a expressa exclusão de um dos sentidos possíveis da norma, por produzir um resultado que contravém a Constituição, e a afirmação de outro sentido, compatível com a Lei Maior, dentro dos limites e possibilidades oferecidos pelo texto.

Foi esse, precisamente, o pedido principal formulado na petição inicial, aqui transcrito na sua literalidade:

> Por todo o exposto, a CNTS requer seja julgado procedente o presente pedido para o fim de que essa Eg. Corte, procedendo à interpretação

---

[16] O princípio da interpretação conforme a Constituição tem sua trajetória e especialmente o seu desenvolvimento recente ligados à jurisprudência do Tribunal Constitucional Federal alemão, onde sua importância é crescente. V. Konrad Hesse (*La interpretación constitucional*, in Escritos de derecho constitucional, 1983, p. 53). V. tb., entre muitos outros, Jorge Miranda (*Manual de direito constitucional*, 1983, t. II., p. 232 et seq.), Gilmar Ferreira Mendes (*Controle de constitucionalidade*, 1990, p. 284 et seq.), Eduardo García de Enterría (*La Constituición como norma y el Tribunal Constitucional*, 1991, p. 95) J.J. Gomes Canotilho (*Direito constitucional*, 1991, p. 236) e Luís Roberto Barroso (*Interpretação e aplicação da Constituição*, 2003, p. 189).

[17] V. sobre o tema, ilustrativamente, STF. Rep. nº 1.417-7, Rel. Min. Moreira Alves, *Cadernos de Direito Constitucional e Ciência Política* nº 1, p. 314. No mesmo sentido: RTJ nº 139/624; RTJ nº 144/146.

conforme a Constituição dos arts. 124, 126 e 128, I e II, do Código Penal (Decreto-lei n° 2.848/40), declare inconstitucional, com eficácia erga omnes e efeito vinculante, a interpretação de tais dispositivos como impeditivos da antecipação terapêutica do parto em casos de gravidez de feto anencefálico, diagnosticados por médico habilitado, reconhecendo-se o direito subjetivo da gestante de se submeter a tal procedimento sem a necessidade de apresentação prévia de autorização judicial ou qualquer outra forma de permissão específica do Estado.

2.4 Conclusão

A argumentação apresentada foi complementada por um registro acerca de como a interrupção da gestação, em caso de anencefalia, é tratada pelos demais países do mundo. De acordo com dados da Sociedade Brasileira para o Progresso da Ciência, estudo feito em 41 países em cinco continentes revelou que a quase totalidade dos países desenvolvidos permitem a interrupção da gestação em casos de anencefalia (IWASSO, 2004). A interrupção é permitida na Europa continental, inclusive Portugal, Espanha e Itália, na Europa oriental, Canadá, China, Cuba, Japão, Índia, Estados Unidos, Rússia, Israel e nos países da Ásia. Desde 2003, também a Argentina permite a interrupção da gravidez em casos de fetos com malformações irreversíveis. Proíbem a interrupção os países islâmicos, os africanos (salvo África do Sul) e os da América do Sul (exceto Argentina e Uruguai).

Estes foram os fundamentos pelos quais se postulou o acolhimento do pedido formulado. Às razões fáticas e jurídicas apresentadas, soma-se, igualmente, um elemento moral que não pode ser deixado de lado. A gestação de um feto anencefálico traz para a mulher um imenso sofrimento, que envolve medo, perda e frustração. A decisão existencial de como lidar com essa dor deve, evidentemente, caber à mulher, e não ao Estado. Imaginar que o Poder Público possa utilizar seu aparato institucional e punitivo contra uma mulher nessa situação violaria todos os limites humanitários e civilizatórios que devem estar presentes uma sociedade plural e democrática.

3 Questão de ordem suscitada pelo Procurador-Geral da República: descabimento da ADPF e inadequação de solução judicial para a matéria

Ajuizada a ação e encaminhado o processo ao Procurador-Geral da República, suscitou ele, a título de questão de ordem, três linhas de impugnação ao pedido: a) a de ser o Poder Legislativo, e não o Judiciário, a instância própria para deliberação da matéria; b) a impropriedade da utilização da técnica da interpretação conforme a Constituição para criação de uma hipótese nova de não punição do aborto; e c) o descabimento da arguição de descumprimento de preceito fundamental nesse caso. Os três pontos foram analiticamente rebatidos, nos termos reproduzidos a seguir.

3.1 Fundamento e legitimidade da atuação do Supremo Tribunal Federal na matéria

3.1.1 Legitimidade da jurisdição constitucional[18]

Em sentido amplo, a jurisdição constitucional envolve a interpretação e aplicação da Constituição, tendo como uma de suas principais expressões o controle de constitucionalidade das leis e atos normativos. No Brasil, esta possibilidade vem desde a primeira Constituição republicana (controle incidental e difuso), tendo sido ampliada após a Emenda Constitucional nº 16/65 (controle principal e concentrado). A existência de fundamento normativo expresso, aliada a outras circunstâncias, adiou o debate no país acerca da legitimidade do desempenho pela corte constitucional de um papel normalmente referido como *contramajoritário*:[19] órgãos e agentes públicos não eleitos têm o poder de afastar ou conformar normas e políticas públicas elaboradas por representantes escolhidos pela vontade popular.

Ao longo dos últimos dois séculos, impuseram-se doutrinariamente duas grandes linhas de justificação desse papel das supremas cortes/tribunais constitucionais. A primeira, mais tradicional, assenta raízes na soberania popular e na separação de Poderes: a Constituição,

---

[18] Esta não é a sede própria para aprofundar o debate doutrinário que tem mobilizado, de longa data, os principais constitucionalistas do mundo, e que mais recentemente vem se desenvolvendo no Brasil. Sobre o tema, vejam-se: Hamilton, Madison e Jay, *The federalist papers*, 1981 (a publicação original foi entre 1787 e 1788), especialmente o Federalista n. 78; John Marshall, voto em *Marbury v. Madison* [5 U.S. (1 Cranch)], 1803; Hans Kelsen, *Quién debe ser el defensor de la Constitución*, 1931; Carl Schmitt, *La defensa de la constitución*, 1931; John Hart Ely, *Democracy and distrust*, 1980; Alexander Bickel, *The least dangerous branch*, 1986; Ronald Dworkin, *A matter of principle*, 1985; John Rawls, *A theory of justice*, 1999; Jürgen Habermas, *Direito e democracia*: entre facticidade e validade, 1989; Bruce Ackerman, *We the people*: foundations, 1993; Carlos Santiago Nino, *La Constitución de la democracia deliberativa*, 1997. Na literatura nacional mais recente, vejam-se: Gustavo Binenbojm (*A nova jurisdição constitucional brasileira*, 2004), Cláudio de Souza Pereira Neto (*Jurisdição constitucional, democracia e racionalidade prática*, 2002), José Adércio Leite Sampaio (*A Constituição reinventada pela jurisdição constitucional*, 2002), Bianca Stamato Fernandes (*Jurisdição constitucional*, 2004).

[19] A expressão "dificuldade contra-majoritária" (*the counter-majoritarian difficulty*) foi cunhada por Alexander Bickel (*The least dangerous branch*, 1986, p. 16, cuja 1. ed. é de 1962).

expressão maior da vontade do povo, deve prevalecer sobre as leis, manifestação das maiorias parlamentares. Cabe assim ao Judiciário, no desempenho de sua função de aplicar o Direito, afirmar tal supremacia, negando validade à lei inconstitucional. A segunda, que lida com a realidade mais complexa da nova interpretação jurídica,[20] procura legitimar o desempenho do controle de constitucionalidade em outro fundamento: a preservação das condições essenciais de funcionamento do Estado democrático. Ao juiz constitucional cabe assegurar determinados valores substantivos e a observância dos procedimentos adequados de participação e deliberação.[21]

A propósito do tema versado na ADPF nº 54, e confirmando a tese desenvolvida nos parágrafos e notas anteriores, é bem de ver que as principais cortes constitucionais do mundo — Estados Unidos, Alemanha, Canadá, França, Portugal etc. — já lidaram com questões afetas à interrupção da gravidez em hipóteses muito mais abrangentes do que aquela aqui versada. E a Suprema Corte da Argentina, em decisão histórica juntada à petição inicial, pronunciou-se especificamente sobre a legitimidade da antecipação do parto de fetos anencefálicos.

3.1.2 Inexistência de dificuldade contramajoritária

O papel de preeminência exercido pelo supremo tribunal/corte constitucional na sustentação e equilíbrio do Estado constitucional moderno neutralizou, em intensidade relevante, a crítica relativa à denominada dificuldade contramajoritária. O ideal democrático não se reduz ao princípio majoritário, cabendo ao órgão maior da jurisdição constitucional a função de árbitro do jogo e garantidor dos direitos fundamentais. Instigante que seja este debate, a verdade é que na questão discutida na ADPF nº 54 não se coloca qualquer dificuldade dessa natureza. A pretensão veiculada pela autora — tanto no pedido

---

[20] No atual estágio da dogmática jurídica reconhece-se que, em múltiplas situações, o juiz não é apenas "a boca que pronuncia as palavras da lei", na expressão de Montesquieu. Hipóteses há em que o intérprete é coparticipante do processo de criação do Direito, integrando o conteúdo da norma com valorações próprias e escolhas fundamentadas, notadamente quando se trate da aplicação de cláusulas gerais e princípios. Sobre o tema, v. Luís Roberto Barroso e Ana Paula de Barcellos, O começo da história: a nova interpretação constitucional e o papel dos princípios no direito brasileiro, *Revista Forense* 371:175.

[21] A jurisdição constitucional legitimou-se, historicamente, pelo inestimável serviço prestado às duas ideias centrais que se fundiram para criar o moderno Estado democrático de direito: constitucionalismo (*i.e.*, poder limitado e respeito aos direitos fundamentais) e democracia (soberania popular e governo da maioria). O papel da corte constitucional é assegurar que todos estes elementos convivam em harmonia, cabendo-lhe, ademais, a atribuição delicada de estancar a vontade da maioria quando atropele o procedimento democrático ou vulnere direitos fundamentais da minoria.

principal como no alternativo — não consiste na declaração de inconstitucionalidade de qualquer norma em vigor, a ser retirada do sistema. Vale dizer: não há qualquer grau de superposição entre Poderes. Pede-se tão somente que o Supremo Tribunal Federal determine o sentido e alcance de normas constitucionais e infraconstitucionais, pronunciando uma interpretação harmonizadora, singelamente dedutível do sistema como um todo.

3.1.3 A hipótese não é de atuação como legislador positivo

O tipo de preocupação subjacente à terminologia *legislador positivo*, que remonta ao debate entre Kelsen e Carl Schmitt a propósito de quem deveria ser o guardião da Constituição, tem sido amplamente revisitado pela moderna teoria constitucional.[22] Não era o caso, todavia, de se fazer na ação aqui descrita o desvio da discussão, à vista de sua inaplicabilidade à hipótese. Não se pedia nem se esperava que o Supremo Tribunal Federal atuasse como legislador positivo no processo objetivo aqui examinado, criando uma norma até então inexistente. A pretensão formulada pela autora da ação pode ser enquadrada em uma de duas categorias: (i) a da aplicação direta e imediata do texto constitucional; ou (ii) a da aplicação do direito infraconstitucional em harmonia com a Constituição. Em nenhuma das duas situações pretendia-se que o STF inovasse originariamente na ordem jurídica, mas apenas que extraísse do sistema a disciplina imposta à matéria.

3.1.4 Força normativa da Constituição e aplicabilidade direta e imediata de suas normas[23]

Uma das grandes mudanças de paradigma ocorridas na ciência jurídica ao longo do século XX foi o reconhecimento de força normativa às normas constitucionais.[24] Entre nós, este processo só se consumou

---

[22] V. a propósito, Bianca Stamato Fernandes, *Jurisdição constitucional*, 2004, p. 97.
[23] Konrad Hesse, *A força normativa da Constituição*, trad. Gilmar Ferreira Mendes, 1991; Eduardo García de Enterría, *La Constitución como norma y el Tribunal Constitucional*, 1991.
[24] Superou-se, assim, o modelo no qual a Constituição era vista como um documento essencialmente político, um convite à atuação dos Poderes Públicos. A concretização de suas propostas ficava invariavelmente condicionada à liberdade de conformação do legislador ou à discricionariedade do administrador. Ao Judiciário não se reconhecia qualquer papel relevante na realização do conteúdo da Constituição. O fenômeno da normatividade da Constituição consolida-se, em países como Alemanha e Itália, no curso da década de 50,

após a vigência da Constituição de 1988, com o impulso dado pela doutrina brasileira da efetividade.[25] Investidas do atributo próprio das normas jurídicas — a imperatividade —, as normas constitucionais passam a tutelar, direta e imediatamente, as situações que contemplam, podendo ser invocadas tanto pelos cidadãos quanto pelos Poderes Públicos. O constituinte houve por bem explicitar este entendimento, na dicção expressa do art. 5º, §1º: "As normas definidoras dos direitos e garantias fundamentais têm aplicação imediata".

Como consequência, as normas constitucionais que consagram os preceitos fundamentais da dignidade da pessoa humana, da legalidade, da liberdade e da autonomia da vontade, bem como do direito à saúde, protegem de maneira direta e imediata as situações abrangidas por elas. Eventual ausência de intermediação do legislador ordinário — ainda que fosse esta necessária, o que não é o caso — não teria o condão de barrar sua aplicação pelo Judiciário na concretização daqueles valores e bens jurídicos.

3.1.5 Centralidade da Constituição e constitucionalização do direito infraconstitucional[26]

Nas últimas duas décadas, a normatividade e a efetividade acima apreciadas, aliadas ao desenvolvimento de uma nova dogmática da

---

ao passo que em outros, como a Espanha, somente após a redemocratização trazida pela Constituição de 1978. Sobre o caso espanhol, v. Eduardo García de Enterría, *La Constitución Española de 1978 como pacto social y como norma jurídica*, 2003.

[25] Sobre eficácia das normas constitucionais, v. Vezio Crisafulli (*La Costituzione e le sue disposizioni di principio*, 1952), J. H. Meirelles Teixeira (*Curso de direito constitucional*, 1991, texto revisto e atualizado por Maria Garcia), José Afonso da Silva (*Aplicabilidade das normas constitucionais*, 1998) Celso Antonio Bandeira de Mello (Eficácia das normas constitucionais sobre justiça social, *Revista de Direito Público* n. 57-58, 1981), Celso Ribeiro Bastos e Carlos Ayres Britto (*Interpretação e aplicabilidade das normas constitucionais*, 1982), Eros Roberto Grau (*A constituinte e a constituição que teremos*, 1985). Mais especificamente sobre a questão da efetividade, v. Luís Roberto Barroso (*O direito constitucional e a efetividade de suas normas*, 2003, e a *Doutrina brasileira da efetividade*, artigo em homenagem ao Professor Paulo Bonavides, ainda não publicado): "Para realizar este objetivo, o movimento pela efetividade promoveu, com sucesso, três mudanças de paradigma na teoria e na prática do direito constitucional no país. No plano *jurídico*, atribuiu normatividade plena à Constituição, que passou a ter aplicabilidade direta e imediata, tornando-se fonte de direitos e obrigações. Do ponto de vista *científico* ou *dogmático*, reconheceu ao direito constitucional um objeto próprio e autônomo, estremando-o do discurso puramente político ou sociológico. E, por fim, sob o aspecto *institucional*, contribuiu para a ascensão do Poder Judiciário no Brasil, dando-lhe um papel mais destacado na concretização dos valores e dos direitos constitucionais".

[26] Luís Roberto Barroso (*Interpretação e aplicação da Constituição*, 2003), Ana Paula de Barcellos (*A eficácia jurídica dos princípios: o princípio da dignidade da pessoa humana*, 2002), Daniel Sarmento (*Direitos fundamentais e relações privadas*, 2004).

interpretação constitucional, redefiniram o papel da Constituição na ordem jurídica brasileira. Neste novo cenário, o Código Civil (e os microssistemas que se formaram em torno dele, em áreas como direito do consumidor, criança e adolescente, locações, alimentos, divórcio, entre outras) perdeu pouco a pouco sua posição de preeminência. Progressivamente, foi se consumando no Brasil um fenômeno anteriormente verificado na Alemanha, após a Segunda Guerra: a passagem da Lei Fundamental para o centro do sistema. À supremacia até então meramente formal, agregou-se uma valia material e axiológica à Constituição, potencializada pela abertura do sistema jurídico e pela normatividade de seus princípios.[27]

A Constituição passa a ser, assim, não apenas um sistema em si — com a sua ordem, unidade e harmonia — mas também um modo de olhar e interpretar todos os demais ramos do Direito. Este fenômeno de *constitucionalização do direito infraconstitucional*, também apelidado de *filtragem constitucional*, consiste em que toda a ordem jurídica deve ser lida e apreendida sob a lente da Constituição, de modo a realizar os valores nela consagrados. A constitucionalização do direito em geral — civil, penal, processual, administrativo — não identifica apenas a inclusão na Lei Maior de normas próprias de outros domínios, mas, sobretudo, a reinterpretação de seus institutos sob uma ótica constitucional.[28]

À luz de tais premissas, toda interpretação jurídica é também interpretação constitucional. Qualquer operação de realização do direito envolve a aplicação direta ou indireta da Constituição. Direta, quando uma pretensão se fundar em uma norma constitucional; e indireta quando se fundar em uma norma infraconstitucional, por duas razões:

---

[27] V. Pietro Perlingieri (*Perfis do direito civil*, 1997, p. 6): "O Código Civil certamente perdeu a centralidade de outrora. O papel unificador do sistema, tanto nos seus aspectos mais tradicionalmente civilísticos quanto naqueles de relevância publicista, é desempenhado de maneira cada vez mais incisiva pelo Texto Constitucional". Vejam-se também: Maria Celina B. M. (A caminho de um direito civil constitucional, *Revista de Direito Civil* 65:21), Luiz Edson Fachin (*Teoria crítica do direito civil*, 2000), Gustavo Tepedino (*O Código Civil, os chamados microssistemas e a Constituição*: premissas para uma reforma legislativa. *In*: Gustavo Tepedino (Org.), *Problemas de direito civil-constitucional*, 2001) e Judith Martins-Costa (Org.) (*A reconstrução do direito privado*, 2002).

[28] J.J. Gomes Canotilho e Vital Moreira (*Fundamentos da Constituição*, 1991, p. 45): "A principal manifestação da preeminência normativa da Constituição consiste em que toda a ordem jurídica deve ser *lida à luz dela* e passada pelo seu crivo". V. também, Paulo Ricardo Schier (*Filtragem constitucional*, 1999; Riccardo Guastini, La "onstitucionalización" del ordenamiento jurídico: el caso italiano. *In*: Miguel Carbonell (Org.), *Neoconstitucionalismo*, 2003, p. 49): "Un ordenamiento jurídico constitucionalizado se caracteriza por una Constitución extremadamente invasora, entrometida (pervasiva, invadente), capaz de condicionar tanto la legislación como la jurisprudencia y el estilo doctrinal, la acción de los actores políticos, así como las relaciones sociales".

a) antes de aplicar a norma, o intérprete deverá verificar se ela é compatível com a Constituição, porque, se não for, não poderá fazê-la incidir; e b) ao aplicar a norma, deverá orientar seu sentido e alcance à realização dos fins constitucionais. É disso, precisamente, que cuidava a ADPF ajuizada. Requereu-se ao Supremo Tribunal Federal que procedesse à leitura do Código Penal à luz da Constituição, interpretando-o de modo a realizar os preceitos fundamentais nela inscritos, impedindo uma desajustada interpretação retrospectiva.[29] O intérprete constitucional deve ser passageiro do futuro e não prisioneiro do passado.[30]

3.1.6 Democracia deliberativa e razão pública[31]

Por fim, e apenas para ampliar a justificação do argumento, cabia fazer breve referência a dois conceitos presentes no debate atual da teoria democrática e da filosofia constitucional. Na configuração moderna do Estado e da sociedade, a ideia de democracia já não se reduz à prerrogativa popular de eleger representantes, nem tampouco às manifestações das instâncias formais do processo majoritário. Na *democracia deliberativa*, o debate público amplo, realizado em contexto de livre circulação de ideias e de informações, e observado o respeito aos direitos fundamentais, desempenha uma função racionalizadora e legitimadora de determinadas decisões políticas.

Nesse ambiente, o tribunal constitucional deve ser o intérprete da *razão pública*, dela se valendo para justificar suas decisões. O uso da razão

---

[29] A interpretação retrospectiva é uma das patologias crônicas da hermenêutica constitucional brasileira, pela qual se procura interpretar o texto novo de maneira a que ele não inove nada, mas, ao revés, fique tão parecido quanto possível com o antigo. Com argúcia e espírito, José Carlos Barbosa Moreira estigmatiza a equivocidade dessa postura: "Põe-se ênfase nas semelhanças, corre-se um véu sobre as diferenças e conclui-se que, à luz daquelas, e a despeito destas, a disciplina da matéria, afinal de contas, mudou pouco, se é que na verdade mudou. É um tipo de interpretação [...] em que o olhar do intérprete dirige-se antes ao passado que ao presente, e a imagem que ele capta é menos a representação da realidade que uma sombra fantasmagórica" (O Poder Judiciário e a efetividade da nova Constituição, *Revista Forense* 304:151, 1988, p. 152).

[30] Veja-se, a propósito, o pertinente comentário de Peter Häberle, *Hermenêutica constitucional*: a sociedade aberta dos intérpretes da Constituição: contribuição para a interpretação pluralista e "procedimental" da Constituição, 1997 (trad. Gilmar Ferreira Mendes): "Diferentemente das leis pós-constitucionais, as leis pré-constitucionais não devem ser consideradas como interpretação constitucional do legislador. Assim, elas reclamam não só um tratamento processual diferenciado, como também exigem um exame mais rigoroso quanto ao seu conteúdo".

[31] John Rawls (*A theory of justice*, 1999), Jürgen Habermas (*Direito e democracia*: entre facticidade e validade, 1989), Carlos Santiago Nino (*La Constitución de la democracia deliberativa*, 1997), Gisele Citadino (*Pluralismo, direito e justiça distributiva*, 1999) e Cláudio de Souza Pereira Neto (*Teoria constitucional e democracia deliberativa*, 2004, tese de doutoramento, no prelo).

pública importa em afastar dogmas religiosos ou ideológicos — cuja validade é aceita apenas pelo grupo dos seus seguidores — e utilizar argumentos que sejam reconhecidos como legítimos por todos os grupos sociais dispostos a um debate franco,[32] ainda que não concordem quanto ao resultado obtido em concreto. O contrário seria privilegiar as opções de determinados segmentos sociais em detrimento das de outros, desconsiderando que o pluralismo é não apenas um fato social inegável, mas também um dos fundamentos expressos da República Federativa do Brasil, consagrado no art. 1º, inciso IV, da Constituição.

3.2 Possibilidade jurídica do pedido: propriedade da utilização da técnica da interpretação conforme a Constituição

3.2.1 Declarar inconstitucional uma incidência normativa não é legislar positivamente

O pedido formulado na ADPF nº 54 era para que o Supremo Tribunal Federal, procedendo à interpretação conforme a Constituição do conjunto normativo formado pelos arts. 124, 126, *caput*, e 128, I e II, do Código Penal, declarasse sua não aplicação — sob pena de inconstitucionalidade — à seguinte hipótese: antecipação do parto de feto anencefálico por decisão da gestante. Em outros termos: pedia-se que o STF pronunciasse a inconstitucionalidade de uma determinada incidência dos dispositivos referidos, produzindo como resultado uma *declaração de inconstitucionalidade parcial sem redução do texto*.[33]

O que cumpria examinar, na questão de ordem instaurada, era se o pedido que se acaba de descrever era juridicamente possível. Isto é: se ele podia ser atendido pelo STF, se ele estava dentro das possibilidades da técnica da interpretação conforme a Constituição ou se ele transformaria o STF, indevidamente, em legislador positivo. Tratava-se de investigar, portanto, se, para atender ao pedido formulado, o STF

---

[32] Nesse ponto deve-se destacar que a tese defendida na ADPF nº 54 tem o apoio amplo e consistente da opinião pública e de órgão e entidades públicos e da sociedade civil, entre os quais: o Conselho de Defesa dos Direitos da Pessoa Humana, do Ministério da Justiça (CDDPH-MJ), a Secretaria Especial de Políticas para as Mulheres, subordinada diretamente à Presidência da República; a Ordem dos Advogados do Brasil – Conselho Federal (OAB), o Conselho Federal de Medicina (CFM) e a FEBRASGO (Federação Brasileira de Ginecologia e Obstetrícia). A visão contrária é defendida, em espectro muito reduzido, por pessoas e entidades — respeitáveis e representativas — que se baseiam em concepções religiosas e dogmáticas.

[33] Gilmar Ferreira Mendes, *Jurisdição constitucional*, 1999, p. 204, 5.

estaria elaborando norma nova e invadindo a competência do Legislativo. O ponto, na verdade, não envolvia maiores complexidades. O controle de constitucionalidade, como consignado anteriormente, é uma modalidade de interpretação e aplicação da Constituição. Independentemente de outras especulações, há consenso de que cabe ao Judiciário pronunciar a invalidade dos enunciados normativos incompatíveis com o texto constitucional, paralisando-lhes a eficácia. De outra parte, na linha do conhecimento convencional, a ele não caberia inovar na ordem jurídica, criando comando até então inexistente. Em outras palavras: o Judiciário estaria autorizado a invalidar um ato do Legislativo, mas não a substituí-lo por um ato de vontade própria.[34]

Pois bem. As modernas técnicas de interpretação constitucional — como é o caso da interpretação conforme a Constituição — continuam vinculadas a esse pressuposto, ao qual agregam um elemento adicional inexorável. A interpretação jurídica dificilmente é unívoca, seja porque um mesmo enunciado, ao incidir sobre diferentes circunstâncias de fato, pode produzir normas diversas,[35] seja porque, mesmo em tese, um enunciado pode admitir várias interpretações. Inicie-se por essa segunda possibilidade.

Não é incomum que um enunciado abstrato admita várias interpretações, algumas inconstitucionais e outras válidas. Ao invés de declarar a invalidade do enunciado como um todo, a Corte Constitucional pode declarar inconstitucionais apenas uma ou algumas das interpretações possíveis, salvando assim o dispositivo. Trata-se, como já se tornou corrente, de um esforço de conciliação entre a presunção

---

[34] Nesse sentido, v. STF. Rp nº 1.417-DF, *DJ*, 15 abr. 88, Rel. Min. Moreira Alves: "Ao declarar a inconstitucionalidade de uma lei em tese, o STF — em sua função de Corte Constitucional — atua como legislador negativo, mas não tem o poder de agir como legislador positivo, para criar norma jurídica diversa da instituída pelo Poder Legislativo". Essa linha de entendimento já não subsiste com a singeleza com que foi enunciada. Porém, não é relevante para a hipótese aqui versada o aprofundamento da reflexão sobre este tema.

[35] A doutrina mais moderna tem traçado uma distinção entre enunciado normativo e norma, baseada na premissa de que não há interpretação em abstrato. *Enunciado normativo* é o texto, o relato contido no dispositivo constitucional ou legal. *Norma*, por sua vez, é o produto da aplicação do enunciado a uma determinada situação, isto é, a concretização do enunciado. De um mesmo enunciado é possível extrair diversas normas. Por exemplo: do enunciado do art. 5º, LXIII da Constituição — o *preso* tem direito de permanecer calado — extraem-se normas diversas, inclusive as que asseguram o direito à não autoincriminação ao *interrogado* em geral (STF. *DJU*, 14 dez. 01, HC nº 80.949, Rel. Min. Sepúlveda Pertence) e até ao *depoente em CPI* (STF. *DJU*, 16 fev. 01, HC nº 79.812, Rel. Min. Celso de Mello). Sobre o tema, v. Karl Larenz (*Metodologia da ciência do direito*, 1969, p. 270 *et seq.*), Friedrich Müller (*Métodos de trabalho do direito constitucional*, Revista da Faculdade de Direito da UFRGS, Edição especial comemorativa dos 50 anos da Lei Fundamental da República Federal da Alemanha, 1999, p. 45 *et seq.*), Riccardo Guastini (*Distinguendo*. Studi di Teoria e Metateoria del Diritto, 1996, p. 82/3) e Humberto Ávila (*Teoria dos princípios*, 2003, p. 13).

de constitucionalidade das leis e a supremacia da Constituição. Note-se que ao fixar uma interpretação *conforme* a Constituição, e excluir as demais, a Corte Constitucional procede a um *minus* em relação ao que está autorizada a fazer, já que poderia declarar a invalidade total do dispositivo. Essa, portanto, é uma primeira aplicação da interpretação *conforme a Constituição*: fixar, relativamente a um enunciado, uma interpretação possível e que o torne compatível com a Carta, excluindo as demais possibilidades interpretativas.

A técnica da interpretação conforme a Constituição pode produzir, no entanto, um segundo tipo de resultado: trata-se da declaração de inconstitucionalidade parcial sem redução do texto. A hipótese é ainda mais simples que a anterior. Como se sabe, um mesmo dispositivo, ao incidir sobre circunstâncias diferentes, pode produzir normas diversas; e é perfeitamente possível que uma ou alguma delas se mostrem inconstitucionais por conta de suas características particulares. Ora, por meio da *interpretação conforme*, no lugar de declarar inconstitucional o dispositivo como um todo, bastará reduzir sua aparente abrangência para o fim de excluir aquela hipótese de sua incidência.

É bem de ver que nem a técnica nem os resultados da interpretação conforme a Constituição são novidade para a experiência do Supremo Tribunal Federal. Em várias ocasiões, a Corte já se utilizou dessa ferramenta hermenêutica, valendo referir como exemplo o julgamento da ADIn nº 1.946/DF, na qual foi apreciada, entre outros pontos, a constitucionalidade do teto criado pela EC nº 20/98 para os benefícios pagos pela Previdência Social. Naquela oportunidade, o STF entendeu que, embora a imposição do teto fosse válida para a generalidade dos casos, ela seria inconstitucional caso aplicada a um benefício específico: a licença maternidade. Nessa linha, o Plenário conferiu interpretação conforme a Constituição ao dispositivo para declarar que a inovação da EC nº 20/98 era constitucional uma vez que não incidisse sobre a licença maternidade.[36]

A aplicação de tais ideias à discussão travada na ADPF nº 54 é intuitiva. Nela não se pretendia que o STF editasse qualquer norma nova, mas apenas que declarasse a inconstitucionalidade de uma determinada

---

[36] STF. ADIn nº 1.946/DF, Rel. Min. Sydney Sanches, *DJ*, 16 maio 03: "Reiteradas as considerações feitas nos votos, então proferidos, e nessa manifestação do Ministério Público Federal, a Ação Direta de Inconstitucionalidade é julgada procedente, em parte, para se dar, ao art. 14 da Emenda Constitucional nº 20, de 15.12.1998, interpretação conforme à Constituição, excluindo-se sua aplicação ao salário da licença gestante, a que se refere o art. 7º, inciso XVIII, da Constituição Federal".

incidência dos enunciados referidos no Código Penal.[37] Sobre esse tema, há ainda um aspecto importante a observar.

3.2.2 A existência de projeto de lei pretendendo modificar dispositivo impugnado perante o STF não impede a Corte de declarar sua inconstitucionalidade total ou parcial

Retome-se por um instante o exemplo da ADIn nº 1.946/DF mencionada acima. Imagine-se que, antes de examinado o seu mérito pelo STF, estivesse em tramitação no Congresso Nacional proposta de emenda constitucional cujo objeto fosse esclarecer que o teto imposto aos benefícios previdenciários não se deveria aplicar à licença maternidade. Essa circunstância impediria o STF de considerar a referida incidência da EC nº 20/98 inconstitucional? Naturalmente que não.

Na verdade, a existência ou não de projeto de lei pretendendo revogar ou alterar dispositivos impugnados perante o STF não tem o condão de impedir que a Corte pronuncie a sua inconstitucionalidade e nem transforma o STF, por isso, em *legislador positivo* nessas hipóteses. Se fosse assim, bastaria a apresentação de um projeto de lei, por um único parlamentar, para obstruir a competência constitucional do Supremo Tribunal Federal. O argumento evidentemente não se sustenta.

Na realidade, o fato de a constitucionalidade de uma lei — ou mesmo de uma incidência específica dela, como é o caso aqui — estar em discussão perante o STF não impede que as Casas Legislativas debatam alterações nesse mesmo diploma ou mesmo sua revogação. Por outro lado, até que se ultimem, os trabalhos do Legislativo não interferem na competência do STF para declarar a invalidade, total ou parcial, de enunciados vigentes.

Aplicando-se tais premissas à ADPF nº 54: o fato de existir projeto de lei pretendendo explicitar a não aplicação das disposições do Código Penal sobre aborto às hipóteses de antecipação do parto de fato anencefálico não interfere com a competência e legitimidade do STF para decidir se essa incidência normativa é constitucional ou não. Ou seja: nem o pedido formulado na ADPF pretende que o Supremo Tribunal Federal crie qualquer norma nova, nem o fato de a questão ter

---

[37] Com efeito, não se pretende criar uma nova exceção a ser acrescida ao elenco do art. 128 (aborto em caso de estupro ou de risco de vida da gestante), mas simplesmente que se reconheça que os enunciados dos arts. 124 e 126 (que criminalizam a gestante e o terceiro na hipótese de aborto consentido) não se aplicam à antecipação de parto do feto anencefálico.

sido ou estar sendo discutida no Congresso Nacional retira da Corte a possibilidade de pronunciar-se a respeito.

3.3 Atendimento dos requisitos constitucionais e legais de cabimento da ADPF[38]

O objeto da ADPF, nos termos do art. 102, §1º, da Constituição[39] e do art. 1º da Lei nº 9.882/99,[40] é evitar ou reparar lesão a preceito fundamental resultante de ato do Poder Público. Os dois requisitos principais estavam claramente presentes na hipótese:
(i) há preceitos constitucionais fundamentais sendo lesionados — a dignidade, a liberdade e a saúde da gestante; e
(ii) a lesão em tela resulta de ato do Poder Público, que pode ser descrito como o conjunto normativo extraído dos arts. 124, 126, *caput*, e 128, I e II, do Código Penal, ou mais propriamente, na interpretação inadequada que múltiplas decisões têm dado a tais dispositivos.

Nos termos do art. 11 da Lei nº 9.882/99,[41] a decisão a ser proferida em ADPF poderá envolver a declaração de inconstitucionalidade de lei ou ato normativo. Como referido, o pedido envolve menos do que isso, já que apenas se requer a declaração de inconstitucionalidade *parcial*, sem redução do texto, dos dispositivos do Código Penal já referidos.

A Lei nº 9.882/99 adicionou aos dois requisitos acima um terceiro: a inexistência de outro meio eficaz de sanar a lesividade (art. 4º, §1º).[42]

---

[38] André Ramos Tavares e Walter Claudius Rothenburg (Org.) (*Argüição de descumprimento de preceito fundamental*: análises à luz da Lei n° 9.882/99, 2001), Gilmar Ferreira Mendes: "Argüição de descumprimento de preceito fundamental" e "Argüição de descumprimento de preceito fundamental: demonstração de inexistência de outro meio eficaz". Disponível em: <http://www.jusnavigandi.com.br>; Carlos Mário da Silva Velloso (A argüição de descumprimento de preceito fundamental, *Fórum Administrativo*, 24:1849, 2003), Luís Roberto Barroso (*O controle de constitucionalidade no direito brasileiro*, 2004).

[39] CF/88, art. 102, §1º: "A argüição de descumprimento de preceito fundamental, decorrente desta Constituição, será apreciada pelo Supremo Tribunal Federal, na forma da lei."

[40] Lei nº 9.882/99, art. 1º: "A argüição prevista no §1° do art. 102 da Constituição Federal será proposta perante o Supremo Tribunal Federal, e terá por objeto evitar ou reparar lesão a preceito fundamental, resultante de ato do Poder Público."

[41] Lei nº 9.882/99, art. 11: "Ao declarar a inconstitucionalidade de lei ou ato normativo, no processo de argüição de descumprimento de preceito fundamental, e tendo em vista razões de segurança jurídica ou de excepcional interesse social, poderá o Supremo Tribunal Federal, por maioria de dois terços de seus membros, restringir os efeitos daquela declaração ou decidir que ela só tenha eficácia a partir de seu trânsito em julgado ou de outro momento que venha a ser fixado."

[42] Lei nº 9.882/99, art. 4º, §1º: "Não será admitida argüição de descumprimento de preceito fundamental quando houver qualquer outro meio eficaz de sanar a lesividade."

Outro meio eficaz, como já tem entendido o STF, corresponde a outro processo objetivo no qual se possa decidir a questão em caráter *erga omnes* e vinculante. Ocorre que, na linha da jurisprudência pacífica acerca da impugnação de legislação editada antes da edição da Carta de 1988, não caberia ação direta de inconstitucionalidade para examinar a validade de incidência de dispositivos do Código Penal.[43] Tampouco seria hipótese de ação declaratória de constitucionalidade ou de qualquer outro processo objetivo.

E há ainda uma questão adicional da maior relevância. Além de não haver outro meio objetivo de sanar a lesão, muito dificilmente o tema discutido nesta ADPF poderia chegar ao STF por via de um processo subjetivo, ainda que para produzir efeito apenas entre as partes. Como a prática já demonstrou, a demora inerente aos trâmites processuais normalmente privará a Corte da oportunidade de examinar o assunto antes do desfecho trágico da gestação, com todo o sofrimento que ele trará, inclusive o ônus de submeter-se a gestante à operação de cesariana, de registrar o natimorto, comunicar oficialmente seu óbito e enterrá-lo.[44]

Note-se, em desfecho, que a autora requereu, alternativamente e por eventualidade, que na hipótese de se entender pelo descabimento da ADPF, fosse o pedido recebido como de ação direta de inconstitucionalidade (ADIn), no qual se procederia à interpretação conforme a Constituição dos dispositivos do Código Penal impugnados. A jurisprudência tradicional do STF, relativamente ao não cabimento de ADIn em face do direito pré-constitucional, não seria de se aplicar. É que a lógica que move essa linha de entendimento é a de que a lei anterior incompatível com a Constituição terá sido por ela revogada, sendo descabida a ação direta de inconstitucionalidade, que se destina a retirá-la do sistema. Esse raciocínio, naturalmente, não se aplica ao pedido de interpretação conforme, em que a norma permanece em vigor, apenas com a exclusão de uma ou mais incidências.

---

[43] STF. *DJU*, 21 nov. 97, Rel. Min. Paulo Brossard. É bem de ver que esse entendimento não foi concebido tendo em conta a técnica da interpretação conforme a Constituição, como se observará mais adiante.

[44] Foi o que ocorreu recentemente no HC nº 84.025-6/RJ, de que era relator o Ministro Joaquim Barbosa. Discutia-se no caso, precisamente, pedido de antecipação do parto de feto anencefálico. Seria a primeira vez que o STF teria oportunidade de apreciar a questão. Lamentavelmente, porém, antes que o julgamento pudesse acontecer, a gravidez chegou a termo e o feto anencefálico morreu sete minutos após o parto.

4 Decisão sobre o pedido cautelar

Na última sessão antes do recesso de julho, o Ministro Marco Aurélio levou a plenário, em mesa, sua decisão liminar, para ser submetida à ratificação do Plenário. Em razão de outros processos com precedência, a ADPF nº 54 não foi chamada. Diante disso, o Relator, no mesmo dia 31 de julho, "em substituição ao Colegiado" e "de modo precário e efêmero", concedeu a medida cautelar requerida. A decisão foi no sentido de reconhecer o direito das gestantes portadoras de fetos anecefálicos de se submeterem à antecipação terapêutica do parto, uma vez atestada em laudo médico a anomalia. O Ministro determinou ainda o sobrestamento dos processos e decisões não transitadas em julgado sobre a matéria, "diante da relevância do pedido e do risco de manter-se com plena eficácia o ambiente de desencontros em pronunciamentos judiciais até aqui notados". Eis o excerto conclusivo da decisão cautelar proferida:

> Diante de uma deformação irreversível do feto, há de se lançar mão dos avanços médicos tecnológicos, postos à disposição da humanidade não para simples inserção, no dia-a-dia, de sentimentos mórbidos, mas, justamente, para fazê-los cessar. No caso da anencefalia, a ciência médica atua com margem de certeza igual a 100%. Dados merecedores da maior confiança evidenciam que fetos anencefálicos morrem no período intra-uterino em mais de 50% dos casos. Quando se chega ao final da gestação, a sobrevida é diminuta, não ultrapassando período que possa ser tido como razoável, sendo nenhuma a chance de afastarem-se, na sobrevida, os efeitos da deficiência. Então, manter-se a gestação resulta em impor à mulher, à respectiva família, danos à integridade moral e psicológica, além dos riscos físicos reconhecidos no âmbito da medicina. Como registrado na inicial, a gestante convive diuturnamente com a triste realidade e a lembrança ininterrupta do feto, dentro de si, que nunca poderá se tornar um ser vivo. Se assim é - e ninguém ousa contestar -, trata-se de situação concreta que foge à glosa própria ao aborto - que conflita com a dignidade humana, a legalidade, a liberdade e a autonomia de vontade. [...]

> Há, sim, de formalizar-se medida acauteladora e esta não pode ficar limitada a mera suspensão de todo e qualquer procedimento judicial hoje existente. Há de viabilizar, embora de modo precário e efêmero, a concretude maior da Carta da República, presentes os valores em foco. Daí o acolhimento do pleito formulado para, diante da relevância do pedido e do risco de manter-se com plena eficácia o ambiente de desencontros em pronunciamentos judiciais até aqui notados, ter-se não só o sobrestamento dos processos e decisões não transitadas em julgado, como também o reconhecimento do direito constitucional da gestante

de submeter-se à operação terapêutica de parto de fetos anencefálicos, a partir de laudo médico atestando a deformidade, a anomalia que atingiu o feto. É como decido na espécie.

5 Ao Plenário para o crivo pertinente.

Na volta do recesso, no dia 2 de agosto de 2004, o Presidente do STF, Ministro Nelson Jobim, afirmou que seria conveniente que a matéria objeto da ADPF nº 54 fosse julgada em caráter definitivo. Propôs, assim, que em lugar de se submeter a medida liminar à ratificação do Plenário, fosse o processo encaminhado de pronto ao Procurador-Geral da República para parecer. No retorno dos autos, far-se-ia o julgamento final. Diante disso, com respaldo do Plenário, o Ministro Marco Aurélio deixou de submeter sua decisão a referendo.

6 Julgamento da questão de ordem e cassação da liminar

Em parecer datado de 18 de agosto de 2004, o Procurador-Geral da República da época, Cláudio Fonteles, opôs-se ao cabimento da ADPF e sustentou a inadequação da interpretação conforme a Constituição na hipótese. Para ele, o STF não poderia atuar como legislador positivo, criando uma nova hipótese de não culpabilidade do aborto. No mérito, sustentou "a primazia do direito à vida". Diante de tal manifestação, foi designada uma sessão do STF para o dia 20 de outubro de 2004, com o propósito de deliberar acerca da questão de ordem suscitada — cabimento ou não da ação. Iniciado o julgamento, com o voto do Ministro Marco Aurélio resolvendo a questão de ordem no sentido de assentar a adequação da ação proposta, pediu vista o Ministro Carlos Ayres Britto. Em seguida, o Ministro Eros Grau propôs a revogação da liminar. Após deliberação, o Tribunal referendou a primeira parte da liminar concedida, relativa ao sobrestamento dos processos e decisões não transitadas em julgado. Porém, revogou, por 7 votos a 4, a segunda parte da liminar, que reconhecia o direito constitucional da gestante de se submeter à antecipação terapêutica do parto, em caso de fetos anencefálicos.

Em 28 de abril de 2005, o julgamento da questão de ordem foi retomado, com a leitura do voto favorável do Ministro Carlos Ayres Britto. Em deliberação final, o Tribunal, também por 7 votos a 4, entendeu admissível a arguição de preceito fundamental. Votaram com a maioria, pela continuação da ação, o Relator, Ministro Marco Aurélio, e os Ministros Carlos Ayres Britto, Joaquim Barbosa, Gilmar Mendes, Nelson Jobim, Celso de Mello e Sepúlveda Pertence. Votaram vencidos, na questão de ordem, os Ministros Eros Grau, Cezar Peluso, Ellen Gracie e Carlos Mário Velloso.

7 A audiência pública

A audiência pública convocada pelo Ministro Marco Aurélio desde o despacho liminar foi realizada em quatro sessões, no período entre 26 de agosto e 16 de setembro de 2008, sob a presidência do Relator. Tal circunstância permitiu a manifestação de representantes de diferentes segmentos da sociedade brasileira. Revezaram-se na tribuna professores e profissionais eminentes, bem como as instituições e autoridades identificadas a seguir:

a) *entidades religiosas*: Conferência Nacional dos Bispos do Brasil (CNBB); a Igreja Universal; Associação Nacional Pró-Vida e Pró-Família; Católicas pelo Direito de Decidir; e Associação Médico-Espírita do Brasil;

b) *entidades médicas e científicas*: Conselho Federal de Medicina; Federação Brasileira de Ginecologia e Obstetrícia; Sociedade Brasileira de Medicina Fetal; Sociedade Brasileira de Genética Clínica; Sociedade Brasileira para o Progresso da Ciência; e Associação Brasileira de Psiquiatria;

c) *entidades da sociedade civil*: Instituto de Bioética, Direitos Humanos e Gênero (ANIS); Escola de Gente; Rede Nacional Feminista de Saúde, Direitos Sexuais e Direitos Reprodutivos;

d) *Ministros de Estado*: José Gomes Temporão (Saúde) e Nilcéa Freire (Mulher).

Ao final dos trabalhos, com base nos depoimentos prestados pelos representantes das principais entidades científicas e médicas do país, foi possível confirmar os argumentos centrais da ação proposta. De fato, restou demonstrado, em relação à anencefalia, que o diagnóstico é totalmente seguro e que ela é sempre letal; que acarreta uma gravidez de maior risco para a gestante; que no estágio atual não há possibilidade de transplante de órgãos de um feto anencefálico; que a interrupção da gestação, nessa hipótese, não constitui aborto; e que anencefalia não se confunde com deficiência, sendo totalmente impertinente qualquer referência a eugenia.

É certo que, ao longo das audiências públicas, alguns poucos participantes manifestaram-se contrariamente a essas constatações. O número reduzido de pessoas que tinham visão divergente não diminui sua legitimidade nem o respeito e consideração que devem merecer. Mas não terá escapado à percepção de qualquer observador atento que tais posições estavam mais ligadas a convicções religiosas ou filosóficas do que a evidências científicas ou médicas. É perfeitamente legítimo que instituições, associações e entidades que professem essas convicções defendam seu ponto de vista. Mas o Estado, que deve ser laico e plural, nos termos da Constituição, não pode emprestar seu poder nem suas instituições, sobretudo as de natureza penal, para impor uma visão moral única de mundo, notadamente quando ela não tem o amparo da ciência.

7.1 Das teses que foram comprovadas[45]

Enunciam-se, a seguir, cinco teses que foram chanceladas pelas autoridades médicas e científicas presentes, fazendo a remissão, em relação a cada uma delas, ao pronunciamento respectivo.

Tese 1: *O diagnóstico de anencefalia é feito com 100% (cem por cento) de certeza, sendo irreversível e letal na totalidade dos casos. A rede pública de saúde tem plenas condições de fazer este diagnóstico, assim como de realizar o procedimento médico de antecipação do parto, caso seja esta a vontade da gestante.*

Todas as associações científicas e médicas presentes à audiência pública confirmaram a tese de que o diagnóstico de anencefalia é seguro, não havendo condições clínicas de tratamento ou cura para a má-formação. Trata-se de patologia letal na totalidade dos casos. Essa posição foi sustentada pela Sociedade Brasileira para o Progresso da Ciência, pelo Conselho Federal de Medicina, pela Federação Brasileira de Ginecologia e Obstetrícia, pela Sociedade Brasileira de Medicina Fetal e pela Associação Brasileira de Psiquiatria.[46] [47] A afirmação foi

---

[45] Os comentários técnicos e referências bibliográficas constantes deste tópico, extraídos de memorial apresentado ao STF, tiveram a consultoria da Professora Debora Diniz, da Universidade de Brasília (UnB) e do Instituto de Bioética, Direitos Humanos e Gênero (ANIS).
[46] A Sociedade Brasileira para o Progresso da Ciência congrega 200.000 (duzentos mil) cientistas. O Conselho Federal de Medicina tem 300.000 (trezentos mil) médicos registrados. A Federação Brasileira de Ginecologia e Obstetrícia representa 22.000 (vinte e dois mil) médicos ginecologistas e obstetras. A Sociedade Brasileira de Medicina Fetal conta com 200 (duzentos) médicos associados. A Sociedade Brasileira de Genética Médica reúne mais de cento e sessenta (160) médicos geneticistas. E, por fim, a Associação Brasileira de Psiquiatria é integrada por 5.700 (cinco mil e setecentos) médicos psiquiatras.
[47] Todas a sociedades científicas presentes, convocadas para a audiência pública, deixaram claro que o caso da menina Marcela de Jesus, que viveu um ano e oito meses, não era de anencefalia, tendo em vista possuir ela resíduos de cérebro.

endossada pelo Ministro da Saúde, José Gomes Temporão, com base em posições oficiais da Organização Mundial de Saúde sobre a matéria. Segundo o Presidente da Sociedade Brasileira de Medicina Fetal, Heverton Neves Pettersen, o diagnóstico pode ser feito com segurança com o aparelho de ultrassom, recurso disponível em todos os hospitais públicos das capitais brasileiras.[48] Foram exibidas por ele imagens demonstrando como foi estabelecida a padronização dos sinais clínicos do feto para a realização do diagnóstico do primeiro trimestre da gestação.[49] Nesse domínio, segundo o médico e deputado federal à época, hoje falecido, José Aristodemo Pinotti, há duas certezas diagnósticas: "óbito fetal e anencefalia". Isso indica o quanto os critérios diagnósticos avançaram na última década com os recursos por imagem.[50]

Tese 2: *A gestação de um feto anencefálico é de maior risco para a mulher, em especial no que diz respeito a hipertensão, acúmulo de líquido amniótico, pré-eclampsia. Além disso, impor à mulher levar a gestação a termo pode ser gravoso à sua saúde mental.*

O tema dos agravos à saúde da mulher grávida, no caso de feto anencefálico, foi tratado pelo representante da Federação Brasileira de Ginecologia e Obstetrícia, Jorge Andalaft Neto. Ele organizou os agravos em blocos de riscos, de acordo com os dados da Organização Mundial da Saúde: 1. aumento da morbidade; 2. aumento dos riscos durante a gestação; 3. aumento dos riscos obstétricos no parto e pósparto; 4. consequências psicológicas severas (WHO, 2007). Os dados internacionais foram cotejados aos resultados obtidos em uma pesquisa conduzida pela Universidade Federal de São Paulo com setenta e oito (78) mulheres grávidas de fetos incompatíveis com a vida: variações do líquido amniótico em cinquenta por cento (50%) dos casos; hipertensão

---

[48] A informação foi igualmente prestada pelo Ministro da Saúde, que apresentou, ainda, os dados estatísticos e o comentário a seguir reproduzidos. Em 2007, foram realizadas 2.500.000 (dois milhões e quinhentas mil) ecografias na rede pública de saúde, de acordo com dados do DATASUS, em um universo de 2.100.000 (dois milhões e cem mil) partos. Existem 20.000 (vinte mil) equipamentos de ultrassom nos serviços públicos de saúde, o que demonstra que o Brasil possui "um recurso diagnóstico seguro, acessível e com possível cobertura universal pelo sistema público de saúde".

[49] Esses critérios foram estabelecidos na literatura médica em final dos anos 1990 (Chatzipapas, Whitlow e Economides, 1999; Johnson *et al.*, 1997).

[50] Referências bibliográficas: Brasil. *Indicadores e Dados Básicos do Brasil 2007 (IDB-2007)*. Brasília, 2007, Chatzipapas IK, Whitlow BJ, Economides DL. The "Mickey Mouse" sign and the diagnosis of anencephaly in early pregnancy. *Ultrasound Obstet Gynecol*. 1999, 13:196-9, Johnson SP, Sebire NJ, Snijders RJ, Tunkel S, Nicolaides KH. Ultrasound screening for anencephaly at 10-14 weeks of gestation *Ultrasound Obstet Gynecol*. 1997; 9:14-6.

e diabetes em nove por cento (9,3%) dos casos; parto prematuro em cinquenta e oito por cento (58%) das mulheres; gravidez prolongada em vinte e dois por cento (22%); deslocamento placentário em sete por cento (7%); óbito uterino em sete por cento (7%); necessidade de as mulheres receberem transfusão sanguínea em quatro por cento (4,8%) dos casos. Somente dois por cento (2,8%) das mulheres não apresentaram intercorrências (PANIGASSI, 2008).

O representante da Sociedade Brasileira para o Progresso da Ciência, Thomaz Gollop, apresentou estatísticas semelhantes: casos de polihidrâmnio (aumento do líquido amniótico) ocorre em cinquenta por cento (50%) dos casos; gravidez prolongada em dezoito por cento (18%) dos casos; anomalias na posição do feto que complicam o parto em vinte e cinco por cento (25%) dos casos (WALLENBURG & WLADIMIROFF, 1977; ROMERO et al., 1995). Outras complicações são ainda: o risco de deslocamento de placenta e rotura prematura da bolsa d'água é três vezes maior que em gestações de fetos sem anencefalia. Diante das morbidades e riscos, a maioria das gestantes opta pela antecipação do parto, mas, segundo o representante da Federação Brasileira de Ginecologia e Obstetrícia, Jorge Andalaft Neto, "frente aos obstáculos, muitas desistem de buscar uma autorização judicial".[51] O próprio Dr. Gollop, assim como o Dr. Talvane de Moraes, da Associação Brasileira de Psicanálise, afirmaram haver consequências psicológicas adversas em se forçar a mulher a prosseguir a gestação nesse caso.

Tese 3: *No Brasil não há registro de transplante de órgãos de um anencéfalo para uma criança viva. O feto com anencefalia não é um doador de órgãos potencial, pois apresenta múltiplas malformações associadas que aumentam o índice de rejeição dos órgãos pelo receptor.*

Não há registro de doação ou transplante de órgãos de fetos anencefálicos no Brasil. Os órgãos de um feto com anencefalia não são considerados aptos à doação, pois, como regra geral, a anencefalia vem acompanhada de uma série de malformações no feto. Segundo Salmo Raskin, Presidente da Sociedade Brasileira de Genética Médica, um

---

[51] Referências bibliográficas: AP Panigassi, C Simioni, LMM Nardozza, AR Abrahão. Complicações obstétricas em gestações com feto portador de anomalia incompatível com a sobrevida neonatal. In: *Anais do XIII Congresso Paulista de Obstetrícia e Ginecologia*. São Paulo, 2008, p. 37, World Health Organization. *Managing complications in pregnancy and childbirth*: A guide for midwives and doctors, 2007, H.C. Wallenburg & J.W. Wladimiroff, The amniotic fluid: polyhydramnios and oligohydramnios. *J Perinat Med.* 5(6):233-43, 1977, Rojas N. Romero et al. Anencefalia. *Fronteras med.* 122:31, 1995.

estudo conduzido no Brasil com quatrocentos e cinquenta e um (451) casos de fetos com defeito do tubo neural, entre eles vários com anencefalia, mostrou que trinta e sete por cento (37,2%) dos fetos apresentam outras malformações associadas (MIZUKAMI *et al.*, 2007). Alguns dos diagnósticos mais comuns são: defeitos costovertebrais, fendas orais, malformações cardíacas, renais e da parede abdominal.

A revisão da literatura médica internacional registra que a associação da anencefalia a outras malformações varia de vinte por cento (20%) a quarenta e um por cento (41%) dos casos (BOTTO *et al.*, 1999; DAVID *et al.*, 1983; DAVID & NIXON, 1976). Em casos como esses, não se recomenda a doação de órgãos, dado o alto índice de rejeição e a má qualidade dos órgãos. Para o Presidente da Sociedade Brasileira de Genética Médica, "essa é uma questão científica que [parte de uma] questão ética". Além disso, em razão de a anencefalia também estar associada a síndromes genéticas ou cromossômicas, os fetos vão a óbito rapidamente, impedindo o diagnóstico para a retirada dos órgãos. A anencefalia apresenta uma incidência de 0,3-1 caso para cada 1.000 nascidos vivos e destes 95% evoluem para óbito na primeira semana após o parto (CASELLA, 2003). Mesmo em casos raros em que possa haver sobrevida do feto após o parto (em geral duas ou três semanas), os órgãos já estão lesionados pela hipóxia, afirmou o Presidente da Sociedade Brasileira de Genética Médica (CASELLA, 2003). Por isso, "manter a vida do anencéfalo artificialmente para a retirada dos órgãos é facilmente questionável eticamente", segundo ele.

Os órgãos dos fetos anencefálicos são menores, pois, nas palavras do Presidente da Sociedade Brasileira de Genética Médica, Salmo Rasnik, "cerca de oitenta por cento (80%) dos anencefálicos nascem com retardo de crescimento intrauterino" (FERNANDEZ, 2005). Esse fato impossibilita o uso para doação nos casos excepcionais de sobrevida. Ainda nesses casos, sustenta Rasnik, "os fetos anencefálicos não podem ser doadores de órgãos", pois há ainda casos de alterações íntimas dos tecidos do corpo que não podem ser detectadas por um diagnóstico imediato após o parto. Por fim, o transplante em recém-nascidos não é realizado antes do sétimo dia de vida e praticamente não há registros médicos internacionais de sobrevida a esse período.[52]

---

[52] Referências bibliográficas: Aguiar, Marcos J.B. *et al.* Defeitos de fechamento do tubo neural e fatores associados em recém-nascidos vivos e natimortos. *J. Pediatr.* (Rio J.), Porto Alegre, v. 79, n. 2, Apr. 2003. Disponível em: <http://www.scielo.br/scielo.php?script=sci_arttext&pid=S0021-75572003000200007&lng=en&nrm=iso>. Acesso em: 26 mar. 2009. DOI: 10.1590/S0021-75572003000200007; Botto, LD *et al.* Medical Progress: Neural-Tube Defects. *N*

Tese 4: *A interrupção da gestação neste caso deve ser tratada como antecipação terapêutica do parto e não como aborto, por inexistir potencialidade de vida. A definição jurídica do final da vida é a morte encefálica. O feto anencéfalo não tem vida encefálica.*

A antecipação terapêutica do parto foi uma categoria médica proposta pela Arguição de Descumprimento de Preceito Fundamental nº 54, porém extensamente discutida com associações médicas e científicas sobre sua pertinência e adequação clínica. Em 2004, o Conselho Federal de Medicina propôs uma Resolução sobre transplante de órgãos de fetos com anencefalia, em que adotou a categoria "antecipação terapêutica de parto" para o procedimento médico de interrupção da gestação nesses casos (CFM, 2004). Segundo o Dr. José Aristodemo Pinotti, "aborto, claramente, é a interrupção de uma potencialidade de vida. Um feto anencéfalo não tem cérebro, não tem potencialidade de vida".

A ausência de potencialidade de vida do feto anencefálico é atestada pelo representante da Sociedade Brasileira para o Progresso da Ciência, Thomaz Rafael Gollop, onde se comprova a ausência de atividade cortical, pois "ele tem uma linha isoelétrica, o que vemos em morte cerebral. Isso é morte cerebral, rigorosamente igual (PENNA, 2005). O anencéfalo é um morto cerebral, que tem batimento cardíaco e respiração". Essa é exatamente a definição de morte para a lei brasileira de doação e transplante de órgãos (BRASIL, 1997). Os sinais de reatividade infraespinal, ou seja, respiração e batimento cardíaco não excluem o diagnóstico de morte cerebral também de acordo com Resolução do Conselho Federal de Medicina sobre essa matéria (CFM, 1997).

Para o Presidente da Sociedade Brasileira de Medicina Fetal, Heverton Neves Pettersen, o feto anencefálico apresenta uma situação ainda mais rigorosa de morte cerebral, por isso, o mais preciso seria denominá-lo como "natimorto cerebral", uma categoria médica também adotada pelo Conselho Federal de Medicina (CFM, 2004). A mesma tese

---

Engl J Med. Nov. 11; 341(20): 1509-19, 1999; Casella, Erasmo. Morte Encefálica e Neonatos como Doadores de Órgãos. *Pediatria*. São Paulo. 2003, 25(4): 184-190; David J. T *et al*. Congenital malformations associated with anencephaly in the Fylde peninsula of Lancashire. *J Med Genet*: 20:338-341, 1983; David, J. T & Nixon, A. Congenital malformations associated with anencephaly and iniencephaly. *J Med Genet*. 13:263-265, 1976; Mizukami A, Sakata MT, Cavalcanti DP. Programa de Genética Perinatal, *Depto. de Genética Médica*, FCM, UNICAMP, Campinas, SP, Brasil, 2007; Fernandez, Ricardo Ramires *et al*. Anencefalia: um estudo epidemiológico de treze anos na cidade de Pelotas. *Ciênc. saúde coletiva*, Rio de Janeiro, v. 10, n.1,mar.2005.Disponívelem:<http://www.scielo.br/scielo.php?script=sci_arttext&pid=S1413-81232005000100025&lng=pt&nrm=iso>. Acesso em: 26 mar. 2009. DOI: 10.1590/S1413-81232005000100025.

foi apresentada pelo representante da Associação Brasileira de Psiquiatria, Talvane Marins de Moraes, e pelo Ministro da Saúde, José Gomes Temporão que resumiu: "um recém-nascido com anencefalia, que sobreviva ao parto, é detentor de todas as proteções jurídicas cabíveis aos recém-natos no País. Entretanto, por não possuir o córtex cerebral, é considerado um natimorto cerebral" (CUNNINGHAM, 2000).[53]

Tese 5: *Anencefalia não se confunde com deficiência. Não há crianças ou adultos com anencefalia. Deficiência é uma expressão da diversidade humana em nossa sociedade.*

O conceito de deficiência proposto pela Convenção sobre os Direitos das Pessoas com Deficiência da Organização das Nações Unidas, documento ratificado pelo Brasil em 2008 e em vigor pelo Decreto Legislativo nº 186, pressupõe que haja presença de vida para se falar de pessoa com deficiência (BRASIL, 2007). Segundo Cláudia Werneck, presidente da associação pelos direitos das pessoas com deficiência Escola de Gente, "a Convenção se utiliza de palavras e expressões como 'interação entre pessoas' e 'plena e efetiva participação'. Desse modo, para um ser humano poder ser considerado uma pessoa com deficiência é indispensável que desenvolva uma relação com o ambiente". Esse não é o caso de um feto com anencefalia que não irá sobreviver ao parto. A vida fora do útero exerce uma função mediadora para que alguém seja considerado "pessoa com deficiência" e, consequente, pessoa titular de todo e qualquer direito.

As pessoas com deficiência reclamam o direito a estar no mundo, ou seja, condições sociais e éticas de inclusão social. A anencefalia não pode ser considerada um caso de deficiência e, segundo a presidente da associação pelos direitos das pessoas com deficiência Escola de Gente, "não pode sequer ser feito o questionamento de que se trata de uma negação do direito à vida e, portanto, não se trata de um caso de

---

[53] Referências bibliográficas: V. Lei nº 9.434, de 4 de fevereiro de 1997: dispõe sobre a remoção de órgãos, tecidos e partes do corpo humano para fins de transplante e tratamento, e legislação correlata; Resolução nº 1.480, de 08 de agosto de 1997, do Conselho Federal de Medicina: "A morte encefálica será caracterizada através da realização de exames clínicos e complementares durante intervalos de tempo variáveis, próprios para determinadas faixas etárias. Revoga-se a Resolução CFM nº 1.346/91". Resolução nº 1.752, de 8 de setembro de 2004, do Conselho Federal de Medicina. Autorização ética do uso de órgãos e/ou tecidos de anencéfalos para transplante, mediante autorização prévia dos pais. F. Gary Cunningham *et al.*, *Tratado de Obstetrícia de Williams*, 2000. Maria Lúcia Fernandes Penna, Anencefalia e morte cerebral (neurológica), *Physis* 15, 2005. Disponível em: <http://www.scielo.br/scielo.php?script=sci_arttext&pid=S0103-73312005000100006&lng=pt&nrm=iso>. Acesso em: 26 mar. 2009. DOI: 10.1590/S0103-73312005000100006.

discriminação em função de deficiência". A antecipação terapêutica do parto não é um ato de discriminação com base na deficiência, um argumento também sustentado pela representante da ANIS: Instituto de Bioética, Direitos Humanos e Gênero, Debora Diniz (DINIZ, 2008).[54]

7.2 Conclusão

Além do exame de todas as teses médico-científicas identificadas acima, a audiência pública permitiu, também, que se tomasse o depoimento de mulheres que fizeram a antecipação terapêutica do parto e que se mostraram felizes com a sua escolha; e de mulheres que não interromperam a gestação e que, igualmente, se sentiam felizes com a sua escolha. Essa era a real pretensão da ação: assegurar a cada mulher o direito de viver as suas escolhas, os seus valores, as suas crenças. Esta posição foi endossada expressamente pela Ministra Nilcéa Freire, Secretária Especial de Políticas para as Mulheres. Em conclusão: a anencefalia causa imenso sofrimento à mulher que desejava ter um filho. A decisão de como lidar com essa dor deve ser da mulher, e não do Estado.

8 Resultado
8.1 Um argumento de última hora

O julgamento foi finalmente marcado para 12 de abril de 2012. Àquela altura, com as diversas mudanças na composição do Supremo Tribunal Federal e com o aprofundamento do debate na sociedade, particularmente por meio da imprensa, o quadro se tornara bastante mais favorável. Salvo o caso de convicções religiosas mais fervorosas e tradicionais, nem católicos nem evangélicos, em sua grande maioria, defendiam a ideia de que o Estado poderia obrigar uma mulher a levar a termo uma gestação na qual o feto não tinha perspectiva de vida extrauterina. O que de início parecia implausível havia se tornado o senso comum. Diante disso, as ambições se tornaram um pouco mais largas. Assim, às três teses jurídicas defendidas até então — atipicidade do fato, interpretação evolutiva e integridade física e psíquica da mulher —, foi acrescentada mais uma, apresentada em memorial

---

[54] Referências bibliográficas: Brasil. Convenção sobre os Direitos das Pessoas com Deficiência e Protocolo Facultativo à Convenção sobre os Direitos das Pessoas com Deficiência. Brasília: Coordenadoria Nacional para Integração da Pessoa Portadora de Deficiência/CORDE, 2007; Diniz, Debora. *O que é deficiência*, 2008.

distribuído aos Ministros após designado o julgamento. Tratava-se do argumento, corrente em todo o mundo democrático e desenvolvido, dos *direitos reprodutivos da mulher* ou da *liberdade reprodutiva da mulher*. Como havia decidido sutentá-lo da tribuna, e para não surpreender os Ministros com sua introdução de última hora, enviei um carta de duas páginas a cada um, expondo o novo fundamento. Transcrevo abaixo a parte substantiva do documento.

Uma mulher não pode ser tratada como um útero a serviço da sociedade. Enquanto o feto não tiver viabilidade de vida extrauterina — por qualquer razão —, será uma violação da sua autonomia da vontade obrigá-la a levar a gestação a termo. Ela estaria sendo instrumentalizada para a satisfação de projetos ou visões de mundo que não são os seus. Por igual, como apenas as mulheres engravidam, o seu direito de igualdade em relação aos homens somente se realiza se ela tiver o direito de escolha. É somente dela o ônus pleno da gestação; quase sempre é dela, também, o ônus de criar os filhos que nascem em situações anormais ou instáveis. Deve ser dela a decisão.

Como é de conhecimento geral, a interferência do Estado sobre os direitos reprodutivos das mulheres não tem sido apenas autoritária, mas também cruelmente seletiva. A criminalização do aborto no Brasil é causa de um problema extremamente grave de saúde pública e de uma discriminação adicional contra as mulheres pobres.[55] De acordo com o Ministério da Saúde, dia sim, dia não morre uma mulher em consequência de aborto clandestino. As mulheres da classe média têm opções que vão de medicamentos a clínicas aparelhadas. As mulheres pobres lesionam-se, mutilam-se e morrem. Segundo a Organização Mundial da Saúde, a criminalização não diminui o número de abortos; apenas impede que eles sejam feitos de maneira segura.[56] Em países como o Brasil, quem é realmente a favor da vida deve ser contra a criminalização.

---

[55] Recentemente foi divulgado o resultado de uma pesquisa abrangente realizada pela ANIS (Instituto de Bioética, Direitos Humanos e Gênero) e pela Universidade de Brasília em todas as capitais do país e envolvendo mulheres de todas as faixas de renda e escolaridade. Entre inúmeros dados alarmantes, a pesquisa aponta que cerca de uma em cada cinco mulheres residentes nos centros urbanos terá realizado pelo menos um aborto durante seu período fértil. Desse contingente, mais da metade terá precisado de internação hospitalar em razão de complicações decorrentes do procedimento. V. Debora Diniz e Marcelo Medeiros, Aborto no Brasil: uma pesquisa domiciliar com técnica de urna, *Ciência & Saúde Coletiva*, v. 15, p. 959-966, 2010. Dados disponíveis em: <http://www.scielo.br/pdf/csc/v15s1/002.pdf>.

[56] V. Susan A. Cohen, *New Data on Abortion Incidence, Safety Illuminate Key Aspects of Worldwide Abortion Debate*, 10 GUTTMACHER POLICY REVIEW. Disponível em: <http://www.guttmacher.org/pubs/gpr/10/4/gpr100402.html>.

É próprio acrescentar um comentário final. Ninguém defende que o aborto seja uma coisa boa ou mesmo indiferente do ponto de vista moral. Não por acaso, esse é um tema controvertido em todo o mundo e a posição contrária ao aborto é perfeitamente legítima em uma sociedade aberta e pluralista. O que está em discussão é o direito-poder do Estado de criminalizar uma opção que pode e deve estar à disposição da gestante, enquanto o feto não tiver viabilidade fora do útero materno. Nenhum país democrático e desenvolvido do mundo criminaliza o aborto até a 12ª semana de gestação, do Canadá à França, dos Estados Unidos à Espanha, da Alemanha ao Japão. A superação do modelo punitivo não impede que a sociedade civil e o Estado adotem práticas e políticas públicas para desestimular o aborto e amparar as mulheres, inclusive para que possam levar a gravidez até o fim caso seja essa a sua vontade.[57] O que é incompatível com o sistema de direitos fundamentais é criminalização do aborto enquanto o feto seja ainda inviável, por qualquer razão.

No Brasil, Fernando Henrique Cardoso, Lula e Dilma Roussef — presidentes que mudaram o patamar da política no país — não conseguiram avançar a agenda da descriminalização, apesar de apoiá-la. Esse é um custo político que os partidos em geral não querem enfrentar. Enquanto isso, continuamos atrasados, na companhia embaraçosa do mundo subdesenvolvido. E as mulheres continuam morrendo apenas para que se mantenha a hipocrisia de um tipo penal que só vale para os pobres e cuja sanção efetiva é a realização do procedimento em condições primitivas, muitas vezes por meio de raspagem com instrumentos perfurantes. Não haveria presídio para todas essas mulheres. Em muitos casos, a pena é de morte.[58]

Embora, no geral, tenha prevalecido a tese minimalista de que a interrupção da gestação no caso de anencefalia não constitui aborto, diversos Ministros fizeram menção expressa aos direitos reprodutivos da mulher. Dessa forma, pela primeira vez, esta ideia essencial para a emancipação feminina chegou ao Supremo Tribunal Federal e ao debate público judicial.

---

[57] Como se sabe, foi essa a solução adotada pelo Tribunal Constitucional alemão no chamado Caso Aborto II, no qual se reconheceu a validade da descriminalização acompanhada da criação de mecanismos destinados a aconselhar e amparar as mulheres envolvidas. V. BVerfGE 88, 203, julgamento em 28 maio 1993.

[58] Segundo dados do Sistema Único de Saúde, a cirurgia mais realizada no Brasil é a curetagem para limpar o útero após o aborto, geralmente por ter sido realizado de forma inadequada. As complicações decorrentes do aborto clandestino estão entre as maiores causas de morte no país. Entre outras fontes, v. <http://oglobo.globo.com/politica/curetagem-a-cirurgia-mais-realizada-no-brasil-segundo-ministerio-da-saude-foram-feitos-31-2978665>.

8.2 O julgamento[59]

O julgamento realizou-se nos dias 12 e 13 de abril de 2012, tendo prevalecido a posição do Relator, Ministro Marco Aurélio, pela procedência do pedido formulado na ação. Votaram pela improcedência do pedido os Ministros Cezar Peluso e Ricardo Lewandowski. Os Ministros Celso de Mello e Gilmar Mendes votaram, igualmente, pela procedência, mas propunham regras específicas quanto ao diagnóstico da anencefalia. O resultado do julgamento foi assim proclamado:

> O Tribunal, por maioria e nos termos do voto do Relator, julgou procedente a ação para declarar a inconstitucionalidade da interpretação segundo a qual a interrupção da gravidez de feto anencéfalo é conduta tipificada nos artigos 124, 126, 128, incisos I e II, todos do Código Penal, contra os votos dos Senhores Ministros Gilmar Mendes e Celso de Mello que, julgando-a procedente, acrescentavam condições de diagnóstico de anencefalia especificadas pelo Ministro Celso de Mello; e contra os votos dos Senhores Ministros Ricardo Lewandowski e Cezar Peluso (Presidente), que a julgavam improcedente. Impedido o Senhor Ministro Dias Toffoli. Plenário, 12.04.2012.

Em seu voto condutor, escreveu o Ministro Marco Aurélio:

> Está em jogo o direito da mulher de autodeterminar-se, de escolher, de agir de acordo com a própria vontade num caso de absoluta inviabilidade de vida extrauterina. Estão em jogo, em última análise, a privacidade, a autonomia e a dignidade humana dessas mulheres. Hão de ser respeitadas tanto as que optem por prosseguir com a gravidez — por sentirem-se mais felizes assim ou por qualquer outro motivo que não nos cumpre perquirir — quanto as que prefiram interromper a gravidez, para pôr fim ou, ao menos, minimizar um estado de sofrimento. [...]
>
> Os tempos atuais, realço, requerem empatia, aceitação, humanidade e solidariedade para com essas mulheres. Pelo que ouvimos ou lemos nos depoimentos prestados na audiência pública, somente aquela que vive tamanha situação de angústia é capaz de mensurar o sofrimento a que se submete. Atuar com sapiência e justiça, calcados na Constituição da República e desprovidos de qualquer dogma ou paradigma moral e religioso, obriga-nos a garantir, sim, o direito da mulher de manifestar-se livremente, sem o temor de tornar-se ré em eventual ação por crime de aborto.

---

[59] Foram feitas, no total, três sustentações orais no caso da anencefalia. A primeira, em defesa do cabimento da ADPF. A segunda, em defesa da manutenção da liminar. Disponível em: <http://www.luisrobertobarroso.com.br/?page_id=46>. E a terceira por ocasião do julgamento final. Disponível em: <http://www.youtube.com/watch?v=plUKobkpBB4>.

Ante o exposto, julgo procedente o pedido formulado na inicial,para declarar a inconstitucionalidade da interpretação segundo a qual a interrupção da gravidez de feto anencéfalo é conduta tipificada nos artigos 124, 126, 128, incisos I e II, do Código Penal brasileiro.

9 O que ninguém ficou sabendo

Como mencionei ao início, a iniciativa da propositura da ação foi da ANIS, uma entidade voltada para a defesa dos interesses das mulheres, em uma perspectiva, naturalmente, feminista. Das primeiras vezes em que me desloquei do Rio a Brasília para tratar do caso, a Professora Debora Diniz, gentilmente, mandava uma colaboradora sua extremamente simpática me apanhar no aeroporto. Sucede, no entanto, que minha motorista *ad hoc* confirmava todos os estereótipos sobre mulheres ao volante. O trajeto do aeroporto até o tribunal era uma espécie de *rally* e cada cruzamento uma roleta russa. Depois de haver escapado com vida em duas situações em que vi o dedo da Providência, passei a declinar da carona e a andar de táxi. Gostei muito do motorista, que me atendeu e, por um bom tempo, sempre que ia a Brasília o contratava pelo dia. Boa praça, bem informado e politicamente engajado, só o abandonei quando a quantidade de dinheiro que me pedia emprestado a cada visita que eu fazia à capital começou a me ameaçar de insolvência.

CAPÍTULO 2

NEPOTISMO

ILEGITIMIDADE DA NOMEAÇÃO DE PARENTES PARA CARGOS PÚBLICOS EM COMISSÃO

1 Introdução

1.1 Antecedentes

A pessoa por trás da discussão sobre nepotismo no Poder Judiciário, perante o Supremo Tribunal Federal, foi o então Presidente da Associação dos Magistrados Brasileiros (AMB), Rodrigo Collaço. Nós havíamos nos conhecido quando eu fora dar uma palestra em Blumenau, onde fomos apresentados por outro juiz catarinense, Francisco José Rodrigues de Oliveira Neto. *Chicão*, como era conhecido, e eu frequentávamos um grupo de professores que se reunia uma vez por ano, organizado por Jacinto de Miranda Coutinho, do Paraná. Quando Rodrigo se tornou Presidente da AMB, procurou-me no escritório do Rio para discutir a questão da recém-editada Resolução nº 7, de 2005, do Conselho Nacional de Justiça (CNJ), que vedava a prática de nepotismo e disciplinava a nomeação de parentes de magistrados para cargos de direção e assessoramento nos tribunais.

Pouco tempo antes, uma associação de magistrados estaduais havia me consultado sobre a possibilidade de impugnar a resolução, alegando sua inconstitucionalidade. Como não tinha conforto com a tese, não havia aceito atuar. Rodrigo, no entanto, subvertendo a lógica corporativa tradicional, estava do lado oposto: desejava defender a decisão do CNJ. Este foi o ponto alto da virada institucional das associações de classe de magistrados, que passaram a defender teses que elevavam moralmente a magistratura e aumentavam seu prestígio junto à população, em lugar de proveitos mais imediatos. Ao final do nosso encontro, eu já havia aceito patrocinar a causa.

1.2 Estratégia

Quando o CNJ editou a resolução interditando a nomeação de parentes até o 3º grau de magistrados e servidores para cargos em comissão e funções gratificadas, boa parte dos Tribunais de Justiça estaduais insurgiu-se contra a medida. Havia uma longa tradição de nomeação da parentada para aqueles cargos. E, do ponto de vista jurídico, havia um argumento contrário que era não apenas plausível, como correspondia, mesmo, ao conhecimento convencional: o de que a restrição estava sendo introduzida por resolução, ato normativo secundário, e não mediante lei. Alguns juristas de primeira linha sustentavam essa tese. Em razão disso, os Tribunais descumpriam, generalizadamente, a nova orientação. A AMB desejava propor uma ação que pudesse produzir uma decisão de âmbito nacional afirmando a validade da resolução do CNJ. Em um primeiro momento, hesitei em optar pela medida que seria a mais óbvia na hipótese, a ação declaratória de constitucionalidade (ADC). Criada em 1993, a ADC era vista por muitos — inclusive alguns Ministros do STF recém-nomeados — como um instrumento autoritário, destinado a defender interesses do governo, sobretudo em matéria tributária, saltando as instâncias ordinárias. Mas, tecnicamente, esta era a ação cabível e optamos por propô-la. Uma ADC do bem.

1.3 A ação proposta

A ação foi protocolizada no dia 2 de fevereiro de 2006, com uma cópia entregue em mãos ao Presidente do STF, à época o Ministro Nelson Jobim. A AMB convocara a imprensa e procurava dar o máximo de visibilidade possível à iniciativa, com o propósito de conquistar a opinião pública e atenuar a reação corporativa que viria. O Presidente da Corte nutria discreta, mas clara simpatia pela ação. A causa, de fato, era moralmente boa, mas enfrentava dificuldades jurídicas. No âmbito da Justiça Federal, havia leis que proibiam o nepotismo, na linha do que veio a fazer a resolução do CNJ. Em alguns Estados existiam, igualmente, leis no mesmo sentido. Vale dizer: a comunidade jurídica sempre percebera a matéria como devendo ser tratada por lei. Ato administrativo ou decisão judicial não deveriam poder impor a restrição, de acordo com a concepção dominante.

A tese central sustentada na ADC contrariava essa visão tradicional, sendo colhida no cerne do neoconstitucionalismo: os princípios constitucionais devem ser direta e imediatamente aplicáveis, ao menos no seu núcleo mínimo de sentido, independentemente da atuação do legislador e, eventualmente, mesmo contra ela. Assim sendo, a proibição do nepotismo decorreria diretamente da Constituição, com base em princípios como os da moralidade e da impessoalidade. A ação foi distribuída ao Ministro Carlos Ayres Britto, passando a ser identificada como Ação Declaratória de Constitucionalidade nº 12. A seguir, os argumentos nela apresentados, em síntese feita a partir da sua enunciação na petição inicial da ação.

2 Principais argumentos e questões debatidas

2.1 Síntese das ideias desenvolvidas

A ação declaratória de constitucionalidade proposta pela AMB tinha por objeto a defesa da constitucionalidade da Resolução nº 7, de 14.11.2005, do Conselho Nacional de Justiça (CNJ), que "disciplina o exercício de cargos, empregos e funções por parentes, cônjuges e companheiros de magistrados e de servidores investidos em cargos de direção e assessoramento, no âmbito dos órgãos do Poder Judiciário e dá outras providências". Ao longo da peça inicial produzida, a autora da ação procurou desenvolver e demonstrar os seguintes argumentos:

a) o CNJ tem competência constitucional para zelar pela observância do art. 37 da Constituição e apreciar a validade de atos administrativos praticados pelos órgãos do Poder Judiciário (CF, art. 103-B, §4º, II);

b) a vedação ao nepotismo é regra constitucional que decorre do núcleo dos princípios da impessoalidade e da moralidade administrativas;

c) o Poder Público está vinculado não apenas à legalidade formal, mas à *juridicidade*, conceito mais abrangente que inclui a Constituição;

d) a Resolução nº 7/05 do CNJ não afeta o equilíbrio entre os Poderes, por não subordinar um Poder a outro, nem o princípio federativo, por não subordinar um ente estatal a outro;

e) a Resolução nº 7 do CNJ não encontra óbice em eventuais direitos de terceiros contratados pela Administração e não há qualquer violação a direitos de servidores.

2.2 Breve histórico e conteúdo da Resolução nº 7/05 do CNJ

A Emenda Constitucional nº 45, de 08.12.2004, criou o Conselho Nacional de Justiça, atribuindo-lhe competência para o "controle da atuação administrativa e financeira do Poder Judiciário e do cumprimento dos deveres funcionais dos juízes" (CF, art. 103-B, §4º). Desde a primeira hora, a ideia da criação de um órgão de controle social do funcionamento da Justiça, integrado, ainda que minoritariamente, por pessoas externas à magistratura, enfrentou aguerrida resistência. No plano político, a matéria foi superada pela deliberação majoritária qualificada do Congresso Nacional, que, atuando como poder constituinte derivado, aprovou a EC nº 45/04. No plano jurídico, travou-se a última batalha na ADIn nº 3.367/DF, na qual o Supremo Tribunal Federal considerou que a configuração dada ao CNJ é compatível com os princípios da separação de Poderes e da forma federativa de Estado (CF, art. 60, §4º, I e III).

Compete ao CNJ, nos termos do art. 103-B, §4º, II, da Constituição, "zelar pela observância do art. 37 da Carta e apreciar, de ofício ou mediante provocação, a legalidade dos atos administrativos praticados por membros ou órgãos do Poder Judiciário". O art. 37 da Constituição, como se sabe, enuncia em seu *caput* princípios regedores da atividade administrativa, entre os quais os da moralidade e da impessoalidade, e em diversos de seus incisos regula o acesso aos cargos, empregos e funções públicas, estabelecendo a regra geral do concurso público. O mesmo artigo 37 admite, porém, a necessidade eventual de cargos em comissão e funções de confiança, cujo acesso não se dará por meio do concurso público.

No exercício de sua competência constitucional, o CNJ editou a Resolução nº 7, de 14.11.2005, que cuida basicamente da nomeação de parentes, cônjuges e companheiros de magistrados e de servidores para cargos de direção e assessoramento na administração do Poder Judiciário e da contratação, sem licitação, de empresas das quais sejam sócios parentes, cônjuges e companheiros dos agentes públicos referidos. Três são os propósitos principais da resolução:

(i) explicitar, de modo não exaustivo, condutas que caracterizam nepotismo no âmbito da atividade administrativa do Poder Judiciário. Entre elas vale destacar, *e.g.*, o provimento de cargos comissionados e funções de confiança por cônjuge, companheiro ou parente até o terceiro grau, inclusive, dos juízes ou membros dos Tribunais respectivos, e a contratação, sem licitação, de empresa da qual sejam sócios cônjuges,

CAPÍTULO 2
NEPOTISMO – ILEGITIMIDADE DA NOMEAÇÃO DE PARENTES PARA CARGOS PÚBLICOS EM COMISSÃO | 373

companheiros ou parentes até o terceiro grau dos agentes públicos em questão;[1]

(ii) descrever o nepotismo como prática ilícita e, *a fortiori*, vedá-lo no âmbito dos órgãos do Poder Judiciário;[2] e

(iii) assinalar prazo para a exoneração dos atuais ocupantes de cargos de provimento em comissão e funções gratificadas que se encontrem nas situações vedadas pela Resolução.[3]

A Resolução, no entanto, passou a sofrer impugnação por parte de membros e de órgãos do Poder Judiciário, seja por meio de providências judiciais diretas, que buscavam impedir sua aplicação, tanto em abstrato como em concreto, seja por meio da omissão em dar-lhe cumprimento. Daí a necessidade de se propor uma ação para o fim específico de ver declarada a constitucionalidade do ato do CNJ. A AMB justificou a legitimidade da sua atuação no "aprimoramento ético e institucional do Poder Judiciário brasileiro", tendo em vista que a Resolução vinha sendo "questionada e desafiada em diversos pontos do país". Tendo em vista o caráter polêmico da ADC, abriu-se um tópico específico para demonstrar a pertinência da sua utilização, em que foram defendidos os argumentos apresentados no próximo item.

2.3 Cabimento da ação declaratória de constitucionalidade na hipótese

2.3.1 Existência de um ato normativo federal

Podem ser objeto de ação declaratória de constitucionalidade, nos termos do art. 102, I, *a*, da Constituição, lei ou ato normativo federal. O STF já pacificou o entendimento de que *atos normativos*, para o fim de cabimento de ADIn ou ADC, são aqueles que, independentemente do invólucro formal que os veicula, têm como fundamento direto de validade a Constituição, sem intermediação de outro ato normativo.[4] Este é exatamente o caso da Resolução nº 7/05 do CNJ.

A Constituição de 1988 consagrou diversas normas — tanto princípios, como regras — que deveriam, por sua simples incidência, inviabilizar práticas de favorecimento pessoal fundado em laços familiares e/ou afetivos, tradicionalmente identificadas pelo rótulo geral

---

[1] Resolução nº 7/05 do CNJ, arts. 2º e 3º.
[2] Resolução nº 7/05 do CNJ, art. 1º.
[3] V. Resolução nº 7/05 do CNJ, art. 5º.
[4] V., exemplificativamente, STF. *RTJ 137*:574, MC na ADI nº 519/MT, Rel. Min. Moreira Alves.

de "nepotismo". A Resolução limitou-se, como se verá, a declarar tais vedações, dando execução, *e.g.*, aos princípios da impessoalidade e da moralidade administrativa (CF/88, art. 37, *caput*). Ela não se destina a regulamentar qualquer outro ato normativo que a tenha antecedido, que não a própria Constituição; tanto é assim que um dos argumentos invocados contra a resolução é justamente o de que estaria "inovando" na ordem jurídica, sem lei. A inconsistência desse argumento será examinada adiante. Mas é fora de dúvida que a Resolução nº 7/05 do CNJ é ato normativo federal, nos termos exigidos pelo art. 102, I, *a*, da Constituição, sendo cabível, portanto, a ADC.

2.3.2 Relevante controvérsia judicial e outros elementos

Como se sabe, e de forma simples, a Ação Declaratória de Constitucionalidade deve ser admitida nas situações em que uma lei ou ato normativo federal tenham quebrada a presunção de constitucionalidade que lhes é própria. Em relação à Resolução nº 7/05, esse fato era notório. Veja-se que, nos termos da Lei nº 9.868/98, art. 14, III, o meio pelo qual se pode demonstrar essa circunstância é a indicação da existência de controvérsia judicial relevante sobre o tema. No caso específico discutido na ADC nº 12, havia mais que isso: além de decisões conflitantes, outros elementos contribuíam para quebrar a presunção de constitucionalidade da norma e esvaziar sua eficácia inteiramente. É que, estando a execução da Resolução a cargo dos tribunais, a absoluta omissão de muitos deles em dar-lhe qualquer cumprimento compunha o quadro que não só justificava como exigia a propositura da ADC.

Com efeito, alguns Tribunais afirmavam aplicar a Resolução com rigor,[5] ao passo que outros declaravam que não pretendiam aplicá-la.[6] Mandados de segurança vinham sendo impetrados pelo país afora contra a aplicação do ato do CNJ, com diversas liminares concedidas em Estados como Rio de Janeiro, Minas Gerais e Mato Grosso do Sul.

---

[5] Conforme declaração do Presidente do Tribunal de Justiça do Rio de Janeiro, cerca de 90 servidores serão exonerados em decorrência da aplicação da Resolução nº 7/05 do CNJ. V. reportagem *TJ do Rio vai exonerar cerca de 90 parentes de juízes*, disponível na internet, através da página eletrônica: <http://conjur.estadao.com.br/static/text/38956,1>. Acesso em: 27 jan. 2006.

[6] Segundo a reportagem *TJ da Bahia silencia sobre fim do nepotismo* (Correio da Bahia), o Presidente eleito do TJBA já declarou que não aplicará a medida, tendo preferido analisar a questão *"caso a caso"*. Reportagem disponível na internet, através da página eletrônica: <http://www.correiodabahia.com.br/2006/01/10/noticia.asp?link=not000126097.xml>. Acesso em: 27 jan. 2006.

No próprio STF existiam duas ações diretas de inconstitucionalidade pretendendo ver declarada a invalidade da Resolução: a primeira (a ADIn nº 3.627, Rel. Min. Peluso), não foi conhecida, e a segunda — a ADIn nº 3.632 — encontrava-se pendente de apreciação quando da propositura da ADC nº 12. Inúmeros mandados de segurança aguardavam julgamento pela Corte, documentando a ampla e relevante controvérsia judicial e a quebra da presunção de constitucionalidade da Resolução, justificando o cabimento da ação proposta.

2.4 Resumo dos principais argumentos invocados contra a Resolução

Os diferentes argumentos veiculados contra a Resolução, seja nas ações subjetivas referidas acima, seja nas ADIns, podem ser sistematizados e agrupados em quatro grandes temas, resumidos abaixo. Procurou-se catalogar todos eles, independentemente do grau de plausibilidade de cada um. É interessante destacar que nenhum desses argumentos envolvia o conteúdo material da resolução. Ninguém, até onde se sabe, sequer tentou sustentar a validade em tese das práticas de nepotismo vedadas pela Resolução ou sua compatibilidade com a Constituição. Confira-se.

Em primeiro lugar, questionava-se a competência do CNJ para, por meio de ato próprio, proibir as práticas de nepotismo descritas na Resolução nº 7/05. Para alguns, apenas lei formal — isto é: ato editado pelo Poder Legislativo — poderia tratar da matéria. Havia quem sustentasse, inclusive, à vista da existência de Proposta de Emenda Constitucional tratando explicitamente do tema (PEC nº 334/1996, de autoria do Deputado Aldo Arantes e outros), que apenas emenda constitucional poderia dispor sobre o assunto. Paralelamente a essa impugnação geral, argumentava-se que a Resolução estaria legislando sobre direito civil. Isso porque o Código Civil descreve como parente por afinidade, além dos ascendentes e descendentes do cônjuge, apenas seus irmãos (art. 1.595, §1º), ao passo que a Resolução faz referência a "parente colateral de terceiro grau".

Em segundo lugar, afirmava-se que a Resolução nº 7/05 afrontaria a separação de Poderes, já que produziria uma subordinação do Poder Judiciário a um órgão de outro Poder — o CNJ —, violando com isso a autonomia dos Tribunais. *Em terceiro lugar*, alegava-se que a Resolução violaria a Federação, e isso por duas razões: (i) ela invadiria a competência dos Estados-membros de disporem sobre a organização e estruturação de sua Administração Pública; e (ii) ela produziria a subordinação hierárquica dos Tribunais estaduais ao CNJ, órgão não estadual. Por fim, e *em quarto lugar*, a Resolução restringiria direitos dos servidores públicos e de terceiros, titulares de contratos, em particular criando nova modalidade de rescisão contratual em favor do Poder Público, não contida nos contratos já celebrados com a Administração. Expostos os argumentos contrários, serão descritos, a seguir, os argumentos que demonstram a sua improcedência, com a afirmação da constitucionalidade da Resolução nº 7/05 do CNJ, e que foram desenvolvidos na petição inicial da ADC proposta.

2.5 Constitucionalidade da Resolução nº 7/05 do CNJ

2.5.1 Competência constitucional do Conselho Nacional de Justiça

> **Tese**: *O CNJ tem o poder-dever de zelar pela observância do art. 37 da Constituição e apreciar a validade de atos administrativos praticados pelos órgãos do Poder Judiciário (CF, art. 103-B, §4º, II).*

Na ADIn nº 3.367/DF, o STF definiu a constitucionalidade da criação do CNJ — bem como de suas competências —, tendo em conta sobretudo os princípios da separação de Poderes e da forma federativa de Estado (CF, art. 60, §4º, I e III). Na realidade, parte dos argumentos suscitados contra a Resolução nº 7/05 são mera reprodução daqueles já examinados e rejeitados pela Corte naquele julgamento. O que importa aqui é destacar que as competências do CNJ, ao menos em abstrato, são válidas e esse ponto não é objeto de discussão. O art. 103-B, §4º, II da Constituição, conferiu ao CNJ duas competências gerais, ainda que relacionadas, *verbis*:

> II. **[i]** zelar pela observância do art. 37 e **[ii]** apreciar, de ofício ou mediante provocação, a legalidade dos atos administrativos praticados por membros ou órgãos do Poder Judiciário, podendo desconstituí-los, revê-los ou fixar prazo para que se adotem as providências necessárias ao exato cumprimento da lei, sem prejuízo da competência do Tribunal de Contas da União;

Nos termos da segunda competência referida no dispositivo, o CNJ deve apreciar a legalidade — ou, mais precisamente, a juridicidade — dos atos administrativos praticados por órgãos do Poder Judiciário, podendo inclusive desconstituí-los. Assim, se o CNJ considerar, *e.g.*, que a nomeação de um parente de Desembargador para determinado cargo em comissão, no âmbito de um Tribunal, viola os princípios da impessoalidade, da moralidade e regras que regulam o acesso a cargos públicos — todos do art. 37 —, ele poderá declarar a invalidade desse ato e desconstituí-lo.

Pois bem. Se cabe ao Conselho proceder a tal avaliação diante dos casos concretos, ele pode também antecipar, de forma pública e em caráter geral e abstrato, aquilo que considera e considerará inválido. Como registra Sergio Ferraz, "aquilo que o administrador pode ordenar ou proibir em um caso isolado, pode ordenar ou proibir em forma geral, para todos os demais casos similares".[7] Na realidade, o Conselho não apenas *pode* veicular norma geral na qual antecipa sua apreciação acerca da validade de atos administrativos frequentemente observados; é *conveniente* e *desejável* que ele o faça, já que essa providência confere à sua atuação maior previsibilidade e oferece aos destinatários de seu controle maior segurança jurídica e convicção de um tratamento isonômico.[8]

Havia, entretanto, mais que isso. Compete ao CNJ, também, *zelar pela observância do art. 37 da Constituição*. Assim, ao lado do controle geral de legalidade, o constituinte previu, igualmente, a fiscalização dos atos administrativos praticados pelo Judiciário à luz de um parâmetro constitucional específico: os princípios e regras do art. 37. Em seus *consideranda*, a Resolução nº 7/05 deixa claro seu fundamento e propósito: dar cumprimento ao disposto no artigo 103-B, §4º, II, da Constituição Federal, adequando a administração do Judiciário aos parâmetros erigidos pelo artigo 37, *caput*, da Carta.

Ora, se o CNJ não está autorizado a identificar as condutas administrativas que considera violadoras do art. 37, como poderá *zelar por seu cumprimento*? É fora de dúvida que, ao atribuir ao CNJ tal poder-dever, a Constituição conferiu-lhe também os meios lícitos para desincumbir-se dele. Essa lógica está longe de ser nova e, a rigor, fundamenta toda

---

[7] Sergio Ferraz, Regulamento. In: *Três estudos de direito*, 1977, p. 107. V. tb. Diogenes Gasparini, *Poder regulamentar*, 1982, p. 23: "Aceitou-se, sem contestação e por muito tempo, o princípio segundo o qual cabe à Administração Pública, valendo-se de normas abstratas, gerais e impessoais, disciplinar para o futuro a outorga de autorizações ou o estabelecimento de proibições, pelo simples fato de poder, no presente, autorizar ou proibir atuações por meio de soluções particulares ou individuais".

[8] V., por todos, Almiro do Couto e Silva, Princípios da legalidade da Administração Pública e da segurança jurídica no Estado de Direito contemporâneo, *Revista de Direito Público* 84:46, 1987, p. 46 *et seq.*

a atuação regulamentar da Administração: quem determina os fins, concede igualmente os meios.⁹ Nesse contexto, o argumento invocado contra a Resolução confunde-se, em boa medida, com o que já havia sido sustentado contra as próprias competências do Conselho e rejeitado por esse Eg. STF. A afirmação de que apenas a lei formal poderia proibir práticas de nepotismo com fundamento nos princípios do art. 37 já não é compatível com o texto constitucional: ele expressamente atribuiu tal competência ao CNJ. É claro que a normatização do CNJ deverá, ela própria, ser razoável e estar em harmonia com a Constituição. Mas esta será uma questão de mérito e não de competência.

Na realidade, e como se verá nos tópicos seguintes, essa espécie de argumento, além de irreconciliável com o texto constitucional vigente, encontra-se inteiramente ultrapassada pela moderna dogmática constitucional, que confere eficácia aos princípios da Constituição — sobretudo ao seu sentido nuclear — e vincula todo o Poder Público não apenas à legalidade, mas à juridicidade constitucional de forma mais ampla. Em suma: a Resolução nº 7/05 foi expedida com fundamento direto em duas competências atribuídas constitucionalmente ao CNJ: zelar pelo cumprimento do art. 37 e realizar o controle da juridicidade dos atos administrativos do Poder Judiciário. Sob esse aspecto, portanto, não é passível de qualquer tipo de censura.

2.5.2 A vedação ao nepotismo como mandamento constitucional

> Tese: *Eficácia jurídica dos princípios constitucionais. Vedação ao nepotismo é regra constitucional que decorre do núcleo dos princípios da impessoalidade e da moralidade administrativas.*

---

9   A tese tem como grande precedente histórico a decisão da Suprema Corte americana em *McCulloch v. Maryland*, 17 U.S. 316 (1819). Na literatura nacional, v. sobre o tema, *e.g.*, Alexandre Santos de Aragão, Princípio da legalidade e poder regulamentar no Estado contemporâneo, *Boletim de Direito Administrativo* 5:370, maio 2002, p. 380: "Se, por exemplo, a Constituição estabelece que a Administração Pública deve prestar determinado serviço público (fim), não teria sentido que ela, independentemente da existência de lei ordinária, não pudesse regulamentar a sua prestação (meio). Nestas circunstâncias só alcançarão os seus propósitos se estas (regulamentares) forem admitidas. Com isto, não estamos 'forçando' o conteúdo da Constituição, mas apenas aplicando o vetusto princípio dos *implied powers*, por Marshall concebido nos seguintes termos: 'legítimo o fim e, dentro da esfera da Constituição, todos os meios que sejam convenientes, que plenamente se adaptem a este fim e que não estejam proibidos, mas que sejam compatíveis com a letra e o espírito da Constituição, são constitucionais'".

Como se tornou corrente no direito contemporâneo, as normas jurídicas podem ser classificadas, quanto à sua estrutura, em regras ou princípios. Afora outras sutilezas teóricas,[10] as normas-princípio são aquelas que indicam fins a serem alcançados, ou valores a serem preservados. As regras, por sua vez, limitam-se a descrever condutas determinadas.[11] As Constituições em geral, e a brasileira em particular, empregam as duas modalidades de normas: regras e princípios.

Por conta da característica que se acaba de enunciar, a estrutura dos princípios é composta de duas partes, que a doutrina convencionou denominar de *núcleo* e *área não nuclear*. O *núcleo* corresponde ao conjunto de efeitos determinados que decorrem logicamente do princípio. Exatamente porque se trata de condutas determinadas, esse núcleo do princípio tem a mesma estrutura das regras e funciona como elas. Para além desse núcleo, porém, os efeitos dos princípios podem tornar-se indeterminados. É o que acontece, *e.g.*, com a dignidade da pessoa humana, cuja definição, a partir de um determinado conteúdo essencial, pode variar em função das concepções políticas, filosóficas, ideológicas e religiosas do intérprete.[12] Nessa *área não nuclear*, os princípios indicam um sentido geral e demarcam um espaço dentro do qual as maiorias políticas poderão legitimamente fazer suas escolhas.

Após a breve nota teórica, cabia apenas aplicá-la aos princípios da moralidade e da impessoalidade, ambos expressos no *caput* do art. 37 da Constituição. O princípio da moralidade, como se sabe, impõe aos agentes públicos o dever geral de boa administração, do qual decorrem, entre outros, os imperativos de honestidade, atuação vinculada ao interesse público e boa-fé.[13] Isso porque os agentes públicos administram

---

[10] V., entre outros, Humberto Ávila, *Teoria dos princípios*, 2003.
[11] Sobre o assunto, v. Ronald Dworkin (*Taking rights seriously*, 1997), Robert Alexy (*Teoría de los derechos fundamentales*, 1997), J.J. Gomes Canotilho (*Direito constitucional e teoria da Constituição*, 1998) e Paulo Bonavides (*Curso de direito constitucional*, 2000).
[12] Ana Paula de Barcellos, *A eficácia jurídica dos princípios constitucionais*: o princípio da dignidade da pessoa humana, 2002, p. 103 *et seq.*
[13] V., por todos, Diogo de Figueiredo Moreira Neto (Moralidade administrativa: do conceito à efetivação, *Revista de Direito Administrativo* 190:1, 1992, p. 8 *et seq.*), Caio Tácito (Moralidade administrativa, *Revista de Direito Administrativo* 218:1, 1999, p. 9 *et seq.*) e Maria Sylvia Zanella Di Pietro (*Direito Administrativo*, 2002, p. 78 *et seq.*). Em sede jurisprudencial, merece destaque a posição do STF, na ADIn nº 2.661/MA, com relatoria do Min. Celso de Mello: "O princípio da moralidade administrativa — enquanto valor constitucional revestido de caráter ético-jurídico — condiciona a legitimidade e a validade dos atos estatais. [...] Impõe-se ressaltar, por necessário, que a possibilidade jurídica de fiscalização jurisdicional dos atos estatais, mesmo daqueles de caráter discricionário, desde que praticados em inobservância do interesse público ou com desrespeito aos princípios que condicionam a atividade do Estado, tem sido reconhecida pela jurisprudência dos Tribunais (RDA 89/134), notadamente a deste Supremo Tribunal Federal (RTJ 153/1022-1032, 1030, Rel. Min. Marco Aurélio)".

bens que não são seus, devendo, como agentes delegados que são, atuar em nome, por conta e a bem do interesse público. A impessoalidade, por sua vez, tem um de seus fundamentos no princípio da isonomia e exige que a Administração Pública trate todos os indivíduos de maneira uniforme, sem atribuir privilégios ou desencadear perseguições. O tratamento desigual justifica-se apenas diante da existência de uma distinção de fato entre as pessoas ou situações, distinção essa que exija, tendo em conta os parâmetros da razoabilidade/proporcionalidade,[14] o tratamento desigual.

Pois bem. Do núcleo dos princípios da moralidade e da impessoalidade extraem-se determinadas regras de forma imediata, sendo que uma delas é, sem dúvida, a que veda o favorecimento pessoal no acesso a cargos públicos e na celebração de contratos, isto é: as práticas de nepotismo. A rigor, esse comando é instrumentalizado pelas técnicas do concurso público e da licitação. Note-se que o fato de a Constituição haver considerado a técnica do concurso inconveniente na hipótese dos cargos em comissão não afasta a incidência da regra que veda o favorecimento pessoal ou familiar nesse contexto. Desse modo, a Resolução nº 7/05 do CNJ limitou-se a declarar uma obrigação que decorre diretamente do texto constitucional. Averbe-se, a propósito, que o argumento de que haveria uma quebra da isonomia em desfavor do parente não resiste ao contraste com os antecedentes históricos e com as regras de experiência.

Exatamente nessa linha, aliás, já se manifestou esse Eg. STF, ao rejeitar o pedido cautelar formulado na ADIn nº 1.521-4/RS. Nele se pretendia suspender dispositivos da Constituição do Rio Grande do Sul que veiculavam normas genéricas antinepotismo. Ao justificar a validade, ao menos em sede cautelar, dos dispositivos, o Ministro Marco Aurélio, Relator da ADIn, fez as seguintes considerações:

> Com a Emenda Constitucional nº 12 à Carta do Rio Grande do Sul, rendeu-se homenagem aos princípios da legalidade, da impessoalidade, da moralidade, da isonomia e do concurso público obrigatório, em sua acepção maior. Enfim, atuou-se na preservação da própria *res* pública.[15]

A afirmação que se acaba de fazer — isto é: que o conteúdo nuclear dos princípios da impessoalidade e da moralidade proíbe as práticas de nepotismo — não decorre apenas do sentido lógico de tais

---

[14] V., sobre o tema da razoabilidade/proporcionalidade, entre outros, Luís Roberto Barroso, *Interpretação e aplicação da Constituição*, 2004, p. 218 et seq.
[15] STF. *DJU*, 12 mar. 1997, ADIn nº 1.521-4-RS, Rel. Min. Marco Aurélio.

princípios e da interpretação do sistema constitucional. A percepção social acerca do tema reforça essa mesma conclusão.[16] Com efeito, a sociedade, por diferentes canais, entre os quais a Ordem dos Advogados do Brasil (OAB) e a própria AMB, haviam manifestado amplo repúdio ao nepotismo no âmbito do Poder Público, considerando tais práticas violações diretas dos princípios referidos.[17] Os próprios detratores da Resolução nº 7/05 do CNJ não atacavam o seu mérito nem negavam que as condutas nelas descritas representam violação dos princípios constitucionais em questão.

Sintomaticamente, há diversos atos normativos, legais e infralegais, veiculando comandos equivalentes aos contidos na Resolução nº 7/05, o que reflete o amplo consenso a que se chegou na matéria. O STF, por exemplo, editou a Resolução nº 246, de 18.12.2002, cujo artigo 7º veda práticas dessa natureza no âmbito da Corte.[18] Na mesma linha dispõe o art. 357, parágrafo único, do Regimento Interno do STF.[19] Normas similares constam do art. 177, inciso VIII, da Lei nº 8.112/90 — aplicável aos servidores públicos federais da União —,[20] do art. 10 da Lei nº 9.421/96 — aplicável aos órgãos do Judiciário federal —,[21] da Portaria nº 428, do Ministério Público da União (MPU)[22] e do art. 22 da Lei nº 9.953/00 — também aplicável ao MPU.[23]

---

[16] Sobre o papel dos agentes sociais na interpretação constitucional, v. Peter Häberle, *Hermenêutica constitucional. A sociedade aberta dos intérpretes da Constituição*, 1997, trad. Gilmar Ferreira Mendes.

[17] Uma pesquisa realizada em 2005 pela Associação de Magistrados Brasileiro (AMB), sob a coordenação da professora Maria Tereza Sadek, dá conta de que 67,9% dos magistrados, ou seja, expressiva maioria, são contrários à contratação de parentes.

[18] Resolução nº 246 do STF, art. 7º: "É vedado ao servidor do Supremo Tribunal Federal: I - usar cargo ou função, facilidades, amizades, tempo, posição e influências para obter favorecimento para si ou para outrem; [...] XVIII - manter sob sua subordinação hierárquica cônjuge ou parente, em linha reta ou colateral, até o 3º grau".

[19] Regimento Interno do STF, art. 357, parágrafo único: "Não pode ser designado Assessor, Assistente Judiciário ou Auxiliar, na forma deste artigo, cônjuge ou parente, em linha reta ou colateral, até o terceiro grau, inclusive, de qualquer dos Ministros em atividade".

[20] Lei nº 8.112/90, art. 117, inciso VIII: "Ao servidor é proibido: [...] VIII - manter sob sua chefia imediata, em cargo ou função de confiança, cônjuge, companheiro ou parente até o segundo grau civil;".

[21] Lei nº 9.421/96: "Art. 10. No âmbito da jurisdição de cada Tribunal ou Juízo é vedada a nomeação ou designação, para os Cargos em Comissão e para as Funções Comissionadas de que trata o art. 9º, de cônjuge, companheiro ou parente até o terceiro grau, inclusive, dos respectivos membros ou juízes vinculados, salvo se de servidor ocupante de cargo de provimento efetivo das Carreiras Judiciárias, caso em que a vedação é restrita à nomeação ou designação para servir junto ao Magistrado determinante da incompatibilidade".

[22] A ementa da Portaria nº 428 traz o seguinte enunciado: "É vedada a nomeação para cargos em comissão (DAS) de cônjuge, companheiro ou **parente** até o terceiro grau de qualquer membro ou servidor em atividade, salvo se já em exercício no Ministério Público Federal".

[23] Lei nº 9.953/00, art. 22: "No âmbito do Ministério Público da União é vedada a nomeação ou designação, para os Cargos em Comissão e para as Funções Comissionadas de que

Note-se que o fato de existirem leis veiculando normas similares às da Resolução nº 7/05 não significa que leis formais fossem indispensáveis para tanto e muito menos que *apenas* leis formais pudessem tratar do assunto. Em primeiro lugar, porque a vedação do nepotismo decorre diretamente da Constituição. Em qualquer caso, e apenas por eventualidade, ainda que, por absurdo, nenhum outro órgão ou entidade pudesse explicitar tais regras e exigi-las dos agentes públicos seus subordinados, o CNJ poderia, por força das competências específicas que lhe foram atribuídas pela Constituição, como já referido.

Em resumo: a prática de nepotismo, sob a forma das condutas descritas na Resolução nº 7/05, não se tornou ilícita por conta da Resolução. A Resolução limitou-se a explicitar, de modo declarativo, o que já resultava da normatividade da Constituição. A ilicitude de tais práticas decorre diretamente do núcleo dos princípios da moralidade e da impessoalidade.

2.5.3 Inocorrência de violação ao princípio da legalidade: vinculação direta da Administração às normas constitucionais

Tese: O Poder Público está vinculado não apenas à legalidade formal, mas à juridicidade, conceito mais abrangente que inclui a Constituição.

Um terceiro argumento reforça a validade da Resolução nº 7/05 do CNJ e afasta definitivamente a argumentação que procura infirmá-la. Durante muito tempo, imaginou-se que a ação administrativa estava vinculada de forma direta e inescapável à lei formal. Isto é: sua ação apenas poderia ser desencadeada por uma ordem ou autorização específicas do Poder Legislativo. Há muito, porém, já não é mais assim.

A crise da legalidade formal, a ascensão normativa da Constituição e as transformações do Estado contemporâneo deram nova feição à ação administrativa. A Constituição, como se sabe, atribui competências de forma direta ao agente público, bem como estabelece parâmetros a serem por ele observados. O Estado social contemporâneo é um agente ativo, que presta serviços e regula atividades, vinculando-se à realização de

---

trata o art. 13, de cônjuge, companheiro, ou parente até o terceiro grau, inclusive, dos respectivos membros, salvo a de servidor ocupante de cargo de provimento efetivo da Carreira de Apoio Técnico-Administrativo, caso em que a vedação é restrita à nomeação ou designação para servir junto ao membro determinante da incompatibilidade".

fins definidos pelo texto constitucional. A lei formal, incapaz de atender com presteza às demandas desses novos Estado e Sociedade, deixou de ser a única fonte de atos normativos ou a única intermediária entre a Constituição e os atos concretos de execução, sendo muitas vezes, ela mesma, fonte de delegação de poderes normativos para instâncias administrativas.[24]

Nesse contexto, a vinculação específica do administrador à lei formal deu lugar a fenômeno diverso. A vinculação da Administração Pública passou a se dar em relação a um bloco mais amplo de *juridicidade*, que congrega não apenas as leis formais, mas também, e sobretudo, a Constituição.[25] Assim, mesmo na ausência de ordem ou autorização específica de lei formal, a Administração poderá estar obrigada a agir por conta de imposições diretamente extraídas do texto constitucional. É certo que, no âmbito de sua competência, o desenvolvimento que a lei formal venha a dar a determinada disposição constitucional terá preferência sobre aquele por acaso consolidado no âmbito da Administração. A ausência de lei, porém, não interfere com o dever da Administração de dar cumprimento à Constituição.

Um exemplo do que se acaba de descrever é, justamente, a vinculação direta aos princípios da Administração, previstos no art. 37 da Carta. A Constituição não só dirige tais comandos diretamente aos agentes públicos, como determina que os Tribunais de Contas levem a cabo um controle que, além da legalidade, avalia também a legitimidade — não poderá ser legítimo o que viole a impessoalidade ou a moralidade — e a economicidade dos atos daqueles que administram recursos públicos (art. 70, *caput*).

A ausência de lei específica detalhando o sentido de cada um desses princípios não isenta o agente público de observá-los e, menos ainda, de dar cumprimento ao seu conteúdo essencial. No caso, é bem de ver, há inclusive lei formal dispondo nesse sentido: o art. 11 da Lei nº 8.429/92,[26] como se sabe, identifica e pune como ato de improbidade ações ou omissões que violem os princípios da administração pública.

---

[24] V. Patrícia Baptista, *Transformações do direito administrativo*, 2003, p. 98-103. V. tb. Clèmerson Merlin Clève, *Atividade legislativa do Poder Executivo*, 2000, p. 45-54.

[25] Paulo Otero (*Legalidade e Administração Pública*: o sentido da vinculação administrativa à juridicidade, 2003; Patrícia Baptista, *Transformações do direito administrativo*, 2003, p. 108), Fabrício M. Motta (A origem e a significação do ato administrativo no Estado de Direito, *Fórum Administrativo* 12:144, 2002, p. 146) e João Batista Gomes Moreira (A nova concepção do princípio da legalidade no controle da Administração Pública, *Interesse Público* 21:81, 2003), Gustavo Binenbojm (*Uma teoria do direito administrativo*, 2006, p. 125 *et seq.*).

[26] Lei nº 8.429/02: "Art. 11. Constitui ato de improbidade administrativa que atenta contra os princípios da administração pública qualquer ação ou omissão que viole os deveres de honestidade, imparcialidade, legalidade, e lealdade às instituições, e notadamente".

O que se acaba de expor pode ser resumido na forma abaixo. A Administração não está vinculada apenas à lei formal, mas a um bloco mais abrangente de juridicidade que inclui, em seu ápice, a Constituição. A ausência de lei formal não autoriza a Administração a ignorar deveres que decorrem do núcleo de princípios constitucionais. Assim, independentemente da competência específica atribuída pela Constituição ao CNJ para zelar pelo cumprimento do art. 37, o fato é que todos os agentes públicos estão diretamente vinculados ao seu conteúdo o que, por si só, justificaria a edição da Resolução nº 7/05 do CNJ.

Antes de examinar os outros conjuntos de argumentos apresentados por aqueles que procuravam impugnar a Resolução, vale fazer um registro sobre a alegação de que ela teria invadido a competência da União para legislar sobre direito civil, especificamente sobre a definição de relações de parentesco, um dos argumentos suscitados por aqueles que impugnavam a Resolução.

O argumento seria o seguinte. O Código Civil define como parente por afinidade os ascendentes, descendentes e irmãos do cônjuge ou companheiro, ao passo que a Resolução, e o Enunciado Normativo nº 1 do CNJ, que alterou a redação da Resolução, fazem referência ao parentesco por afinidade, alcançando o colateral de terceiro grau. Como essa relação de parentesco não existe no direito civil, a Resolução estaria dispondo sobre normas de família. Estas as normas pertinentes.

Código Civil, art. 1.595, §1º. O parentesco por afinidade limita-se aos ascendentes, aos descendentes e aos irmãos do cônjuge ou companheiro.

Enunciado Administrativo nº 1 do CNJ: A) As vedações constantes dos arts. 2º e 3º da Resolução nº 07, de 18 de outubro de 2005, abrangem o parentesco natural e civil, na linha reta e colateral, até o terceiro grau, inclusive, e o *parentesco por afinidade, na linha reta ou colateral, alcançando ainda o parente colateral de terceiro grau, do cônjuge ou companheiro dos membros e juízes vinculados ao Tribunal.*[27] (itálico acrescentado)

A alegação, com a vênia devida aos seus defensores, veiculava uma total impropriedade. A Resolução não se ocupa de dispor sobre direito de família nem terá criado, por evidente, novas relações familiares. Seu propósito é apenas fazer incidir sobre os atos administrativos de que se ocupa os princípios da moralidade e da impessoalidade. Para isso, procurou identificar aqueles indivíduos que, de acordo com

---

[27] O citado Enunciado Administrativo alterou parcialmente o disposto na Resolução nº 7/05.

as regras de experiência, são mais frequentemente alvo de tratamento favorecido por parte de agentes públicos, por conta de relações de afeto pessoal. Nada mais que isso.

2.5.4 Ausência de violação à separação dos Poderes e ao princípio federativo

Tese: *A Resolução nº 7/05 do CNJ não afeta o equilíbrio entre os Poderes, por não subordinar um Poder a outro, nem tampouco o princípio federativo, por não subordinar um ente estatal a outro.*

Os dois pontos referidos neste tópico já foram enfrentados e superados pelo Supremo Tribunal Federal no julgamento da ADIn nº 3.367/DF. Por tais razões, ambas as questões foram apresentadas de maneira objetiva, com remessa ao acórdão e ao estudo referidos. O conteúdo nuclear e histórico do *princípio da separação de Poderes* pode ser descrito nos seguintes termos: as funções estatais devem ser divididas e atribuídas a órgãos diversos (divisão de funções) e devem existir mecanismos de controle recíproco entre eles, de modo a proteger os indivíduos contra o abuso potencial de um poder absoluto (controle recíproco ou *cheks and balances*).[28] Para os fins da ADC ora analisada, merecia ênfase a divisão de funções, que envolve, em formulação que já se tornou clássica, a especialização funcional e a necessidade de independência orgânica, de modo que cada poder não dependa dos demais, seja para existir, seja para desenvolver as suas atividades.[29]

---

[28] Nuno Piçarra, *A separação dos Poderes como doutrina e princípio constitucional* – Um contributo para o estudo das suas origens e evolução, 1989, p. 26: "Na sua dimensão orgânico-funcional, o princípio da separação dos Poderes deve continuar a ser encarado como princípio de moderação, racionalização e limitação do poder político-estadual no interesse da liberdade. Tal constitui seguramente o seu núcleo intangível".

[29] A especialização funcional inclui a titularidade, por cada Poder, de determinadas competências privativas que, no caso do Judiciário, correspondem ao exercício da função jurisdicional. A independência orgânica demanda, na conformação da experiência presidencialista brasileira atual, três requisitos: (i) uma mesma pessoa não poderá ser membro de mais de um Poder ao mesmo tempo, (ii) um Poder não pode destituir os integrantes de outro por força de uma decisão exclusivamente política; e (iii) a cada Poder são atribuídas, além de suas funções típicas ou privativas, outras funções (chamadas normalmente de atípicas), como reforço de sua independência frente aos demais Poderes. No caso do Judiciário, essas funções atípicas têm em geral natureza administrativa e relacionam-se com a gestão interna de seus serviços e pessoal, daí a expressão "autogoverno" dos tribunais. Sobre o tema, vejam-se José Afonso da Silva (*Curso de direito constitucional positivo*, 2001, p. 113) e Antonio Carlos de Araújo Cintra, Ada Pellegrini Grinover e Cândido Rangel Dinamarco (*Teoria geral do processo*, 2005, p. 172).

Feita essa breve nota teórica, é singela a tarefa de demonstrar a inexistência de violação ao princípio da separação de Poderes. Em primeiro lugar, o Conselho Nacional de Justiça é órgão do próprio Judiciário,[30] composto por magistrados, membros do Ministério Público e cidadãos, que não pertencem a outros Poderes nem a estes representam.[31] O ponto foi examinado de forma específica pelo Ministro Cezar Peluso, Relator da ADIn nº 3.367/DF:

> Sob o prisma constitucional brasileiro do sistema da separação dos Poderes, não se vê a priori como possa ofendê-lo a criação do Conselho Nacional de Justiça. À luz da estrutura que lhe deu a Emenda Constitucional nº 45/2004, trata-se de órgão próprio do Poder Judiciário (art. 92, I-A), composto, na maioria, por membros desse mesmo Poder (art. 103-B), nomeados sem interferência direta dos outros Poderes, dos quais o Legislativo apenas indica, fora de seus quadros e, pois, sem laivos de representação orgânica, dois dos quinze membros.[32]

Em segundo lugar, as decisões do Conselho estão sujeitas a controle judicial pelo órgão de cúpula do Poder do Judiciário, que é o Supremo Tribunal Federal,[33] como aliás bem o demonstra a ação ora analisada. Por fim, e já ingressando no mérito da Resolução, é difícil imaginar como a proibição de nomear parentes de magistrados para cargos em comissão ou de contratá-los temporariamente ou ainda de contratar, sem licitação, empresas das quais parentes de magistrados sejam sócios poderia afetar a autonomia dos Tribunais. Os Tribunais estão livres para, afora os parentes em questão, e observados os parâmetros constitucionais e legais, nomearem e contratarem quem entenderem por bem. Por certo continuarão a existir no mercado de trabalho inúmeras pessoas e empresas capacitadas a prestarem serviços aos Tribunais. O

---

[30] CF/88, art. 92 (com a redação da EC nº 45/04): "São órgãos do Poder Judiciário: [...] I-A - o Conselho Nacional de Justiça".

[31] De acordo com o art. 103-B, da Carta Federal, compõem o CNJ: um Ministro do STF, um do STJ, um do TST, um desembargador de Tribunal de Justiça, cinco juízes (um estadual, um federal, um de TRF, um de TRT, e um do trabalho), dois membros do Ministério Público (um da União, um estadual), dois advogados e dois cidadãos indicados pelo Poder Legislativo.

[32] STF. DJU, 25 abr. 2005, ADIn nº 3.367/DF, Rel. Min. Cezar Peluso (trecho do voto do relator).

[33] A própria EC nº 45/04 dispôs a respeito, atribuindo competência ao STF para conhecer das eventuais demandas que venham a ser propostas contra atos do Conselho. V. CF/88, art. 102: "Compete ao Supremo Tribunal Federal: I - processar e julgar, originariamente: [...] r) as ações contra o Conselho Nacional de Justiça e contra o Conselho Nacional do Ministério Público" (alínea acrescentada pela EC nº 45/04).

argumento de violação à separação de poderes, como se vê, simplesmente não se sustentava.

Melhor sorte não encontra a alegação de violação do *princípio federativo*. A Federação é uma forma de divisão espacial do poder, que fica repartido em dois níveis autônomos: o central e o federado.[34] Da soma dos dois surge o ente dito *nacional*. O princípio federativo compreende dois conteúdos essenciais: a *autonomia* dos entes central e locais — descrita como o governo próprio dentro de um círculo prétraçado de competências definido pelo constituinte originário —[35] e a *participação* deles na formação da vontade do ente nacional. De acordo com a técnica tradicional adotada pelo sistema brasileiro, os entes federados participam da formação da vontade manifestada pelos órgãos do ente nacional por meio do Senado Federal.[36]

Feita a nota teórica sumária, não é difícil demonstrar a compatibilidade da Resolução com o sistema federativo brasileiro. De fato, não há bom substrato jurídico no argumento de que se estaria submetendo os tribunais estaduais a um órgão não estadual; nem tampouco na alegação de que estariam sendo usurpadas competências das Assembleias Legislativas ou dos Governadores para disporem sobre a organização da administração estadual. É que, como referido acima, convivem em um Estado Federal o ente central (a União), os entes federados (os Estados) e o ente nacional (a República Federativa). Como consequência, existem órgãos e normas federais, estaduais e nacionais.

Veja-se, então, que, na estruturação do Poder Judiciário, a Constituição previu a existência de tribunais estaduais, de tribunais federais e de tribunais nacionais (como os Tribunais Superiores, CF, art. 92, §2º). Mais que isso: existem na matéria normas *constitucionais* de âmbito nacional — como o art. 37 e o art. 93 — e normas *legais* de âmbito nacional — como a Lei Orgânica da Magistratura (Lei Complementar nº 35/79).

Pois bem: o Conselho Nacional de Justiça é um órgão *nacional* integrante da estrutura do Judiciário — tanto assim que dele fazem

---

[34] No Brasil, além da autonomia dos Estados, a Constituição reconhece, também, a dos Municípios. A questão não é relevante para os fins aqui visados, à vista do fato de que os Municípios não têm Poder Judiciário.

[35] A autonomia, como é corrente, realiza-se nas ideias de *auto-organização* — o poder de elaborar sua própria Constituição e sua organização básica —, *autogoverno* — capacidade de exercer o poder por órgãos próprios, cujos ocupantes são escolhidos no âmbito do próprio ente — e *autoadministração* — faculdade de dar execução a suas próprias normas e prestar os serviços de sua competência.

[36] Também se insere nesse arranjo institucional a possibilidade de as Assembleias Legislativas estaduais apresentarem proposta de emenda constitucional (CF, art. 60, III), competência que, na prática, não adquiriu expressão.

parte membros de órgãos judiciários estaduais e federais (da União) —, e não um órgão do ente central ou dos entes locais. O argumento da subordinação de órgãos estaduais a um órgão do ente central, como se vê, também não se sustentava. Ademais, e como já referido, os princípios do art. 37 da Constituição não estão associados ao ente central ou aos entes locais: eles são normas nacionais que se aplicam indistintamente a todos os agentes públicos. Não se cuida aqui de organização administrativa estadual nem de qualquer competência das Assembleias Legislativas dos Estados. O ponto também foi abordado pelo Ministro Cezar Peluso no julgamento da ADIn nº 3.367/DF, *verbis*:

> Nesse diagrama constitucional, nunca se ouviu sustentar que as particularidades concretas da organização da estrutura judiciária violassem o pacto federativo. E não se ouviu, porque perceptível sua natureza nacional e unitária, embora decomposta e ramificada, por exigências de racionalização, em múltiplos órgãos [...] Não se descobre, pois, sob esse ângulo, por que a instituição do Conselho Nacional de Justiça não se ajustaria à organização constitucional do Poder. [...] o Conselho reúne as características palpáveis de órgão federal, enquanto representativo do Estado unitário, formado pela associação das unidades federadas, mas não, de órgão da União. O Conselho não é concebido nem estruturado como órgão da União, e, sim, do Poder Judiciário nacional.[37]

Em suma: a Resolução nº 7/05 não produz qualquer esvaziamento da autonomia atribuída aos entes federados ou restrição a sua participação na formação da vontade nacional, elementos essenciais do princípio da forma federativa de Estado. Também aqui, não havia consistência na alegação.

2.5.5 Inexistência de direitos fundamentais oponíveis à Resolução

> Tese: *A Resolução nº 7 do CNJ não encontra óbice em eventuais direitos de terceiros contratados pela Administração e não há qualquer violação a direitos de servidores.*

O último grupo de argumentos lançados contra a Resolução nº 7/05 do CNJ envolvia a suposta restrição que ela produziria sobre

---

[37] STF. *DJU*, 25 abr. 2005, ADIn nº 3.367/DF, Rel. Min. Cezar Peluso (trecho do voto do relator).

direitos de servidores, nomeados ou contratados em desacordo com seus termos, e de titulares de contratos firmados sem licitação por órgãos do Judiciário com empresas cujos sócios sejam cônjuges, companheiros ou parentes, e.g., de membros dos Tribunais. Nenhum dos dois argumentos resiste a uma análise isenta.

Há quem sustente que apenas a lei formal poderia restringir ou limitar direitos fundamentais. Esse entendimento, porém, enfrenta dois óbices principais que o condenam à superação. Em *primeiro lugar*, os direitos fundamentais têm de conviver tanto com outros direitos, como com outros bens jurídicos que tenham fundamento constitucional. Ou seja, e como já se tornou corrente: não há direitos absolutos.[38] Daí falar-se em limites imanentes dos direitos e, ainda, na necessidade eventual de ponderá-los com o restante do sistema constitucional.[39] Em *segundo lugar*, e como já se referiu, muitas normas constitucionais vinculam a Administração Pública de forma direta — em particular aquelas que tenham natureza de regra, como é o caso do núcleo dos princípios — cuja implementação poderá impor restrições a direitos. Nessas hipóteses, sem prejuízo da eventual preferência da lei formal, a ausência desta não afasta o dever da Administração de dar cumprimento ao texto constitucional.[40]

Seja como for, e feita essa observação teórica, cabe perguntar: de que direito, fundamental ou não, se estaria tratando aqui? Do direito de nomear parentes para cargos em comissão? Ou de ser nomeado, nessas circunstâncias? Do direito de contratar, sem concurso e sem licitação, parente ou empresa da qual parentes sejam sócios? A questão certamente não se coloca no plano dos direitos fundamentais. Não se deve ignorar

---

[38] STF. *DJU*, 12 maio 2000, MS nº 23.452/RJ, Rel. Min. Celso de Mello: "Os direitos e garantias individuais não têm caráter absoluto. Não há, no sistema constitucional brasileiro, direitos ou garantias que se revistam de caráter absoluto".

[39] José Carlos Vieira de Andrade, *Os direitos fundamentais na Constituição portuguesa de 1976*, 1998, p. 215 *et seq.*

[40] Há amplo material sobre o tema da restrição de direitos fundamentais, v., entre outros, Wilson Antônio Steinmetz (*Colisão de direitos fundamentais e princípio da proporcionalidade*, 2001), Pedro Serna e Fernando Toller (*La interpretación constitucional de los derechos fundamentales*: Una alternativa a los conflictos de derechos, 2000), Juan Cianciardo (*El conflictivismo en los derechos fundamentales*, 2000), José Carlos Vieira de Andrade (*Os direitos fundamentais na Constituição portuguesa de 1976*, 1998), Jorge Reis Novais (*As restrições aos direitos fundamentais não expressamente autorizadas pela Constituição*, 2003), Robert Alexy (Colisão de direitos fundamentais e realização de direitos fundamentais no estado de direito democrático, *Revista de Direito Administrativo* 217:67-9, 1999), Luís Roberto Barroso (*A nova interpretação constitucional:* ponderação, direitos fundamentais e relações privadas, 2003) e Jane Reis (*A interpretação constitucional dos direitos fundamentais:* uma contribuição ao estudo das restrições aos direitos fundamentais na perspectiva da teoria dos princípios, 2006).

o fato de que podem existir situações jurídicas consolidadas, a exigir exame específico. No geral, porém, o ponto é realmente simples. Sob a ótica da Administração, não há dúvida, atos praticados com violação aos princípios da impessoalidade e da moralidade — sejam nomeações, sejam contratos — são inválidos e não só podem como devem ser assim declarados pela Administração.

Quanto aos servidores públicos, há amplo consenso doutrinário[41] e jurisprudencial[42] no sentido de que não têm eles direito adquirido a regime jurídico. Isso significa que, dentro de certos limites, as condições de sua relação com o ente ou entidade estatal podem ser alterados, se isso for necessário para realizar o interesse público. O registro é feito, apenas, para conferir sistematicidade teórica à exposição. Isso porque, como se sabe, a Resolução cuida exclusivamente da nomeação de cargos em comissão ou funções gratificadas e de contratados por tempo determinado para atender a necessidade temporária de excepcional interesse público sem submissão a processo seletivo.

Em ambos os casos, ao contrário do que se passa com servidores efetivos, o vínculo que une tais indivíduos à Administração é absolutamente precário.[43] No caso dos cargos em comissão, a base da nomeação é a confiança, que pode extinguir-se a qualquer momento e sem vinculação a qualquer ato específico. A própria Constituição prevê que eles são de livre nomeação e exoneração (CF, art. 37, II). Os chamados "servidores temporários", contratados por tempo determinado para atender a necessidade temporária de excepcional interesse público, do mesmo modo, não têm direito à manutenção do seu vínculo com a Administração.[44] Ou seja: sequer havia direitos subjetivos que estivessem sendo restringidos.

---

[41] V., por todos, Celso Antônio Bandeira de Mello (*Curso de Direito Administrativo*, 2003, p. 235): "[...] no liame de função pública, composto sob a égide estatutária, o Estado, ressalvadas as pertinentes normas constitucionais impeditivas, deterá o poder de alterar legislativamente o regime jurídico de seus servidores, inexistindo a garantia de que continuarão sempre disciplinados pelas disposições vigentes quando de seu ingresso"; e Hely Lopes Meirelles, *Direito Administrativo brasileiro*, 1993, p. 366: "Os direitos do titular do cargo restringem-se ao seu exercício, às prerrogativas da função e aos vencimentos e vantagens decorrentes da investidura, sem que o servidor tenha propriedade do lugar que ocupa, visto que o cargo é inapropriável pelo servidor. Daí por que a Administração pode suprimir, transformar e alterar os cargos públicos ou serviços independentemente da aquiescência de seu titular, uma vez que o servidor não tem direito adquirido à imutabilidade de suas atribuições, nem à continuidade de suas funções originárias".

[42] V. STF. *DJU*, 14 out. 2005, ADIn nº 2.349/ES, Rel. Min. Eros Grau, STF, *DJU*, 30 set. 2005, AgR no RE nº 403.922/RS, Rel.ª Min.ª Ellen Gracie, STF, *DJU*, 26 ago. 2005, AgR no RE nº 287.261/MG, Rel.ª Min.ª Ellen Gracie, entre outros.

[43] Marçal Justen Filho (*Curso de direito administrativo*, 2005, p. 594): "Em princípio, a investidura do indivíduo no cargo em comissão apresenta cunho de precariedade e temporariedade".

[44] Diogo de Figueiredo Moreira Neto, *Curso de direito administrativo*, 2005, p. 335.

A solução não é substancialmente diferente no que diz respeito aos contratos administrativos. Também quanto a eles, a Administração Pública tem o poder-dever de rever seus próprios atos que se mostrem ilegais. Assim, se ajustes foram firmados, e.g., para favorecer determinado indivíduo, em violação aos princípios da moralidade ou da impessoalidade, eles são inválidos e assim devem ser declarados. No caso de contratos, é certo que a Administração deverá garantir aos interessados o direito de se manifestarem antes da rescisão e é até possível, em situações específicas, que terceiros de boa-fé tenham direito a algum tipo de reparação. Nenhuma dessas circunstâncias, porém, impede que a Administração desfaça atos ilegais que haja praticado.[45]

Em suma: se a nomeação para um cargo em comissão, ou a contratação temporária de um agente público ou ainda a celebração de um contrato administrativo violaram os princípios constitucionais da impessoalidade ou da moralidade, tais atos são inválidos, como declarou a Resolução nº 7/05, e devem ser desfeitos. Não havia quaisquer direitos que se oponham a tal comando.

Pelo conjunto de fundamentos aqui apresentados, pediu-se ao Supremo Tribunal Federal que declarasse a validade da Resolução nº 7/05 do CNJ. Para um Poder cuja legitimidade repousa, em boa medida, na capacidade de avaliar imparcialmente argumentos e de decidir racionalmente, poucas coisas podem ser mais destrutivas do que ser associado à leniência com práticas de nepotismo.

3 Resultado[46]

A Ação Declaratória de Constitucionalidade nº 12 teve o seu pedido cautelar levado a julgamento em 16 de fevereiro de 2006. A medida liminar foi concedida por maioria ampla, tendo havido apenas um voto contrário. Da ementa do voto favorável do Ministro-Relator, Carlos Ayres Britto, constou a seguinte passagem:

> O ato normativo que se faz de objeto desta ação declaratória densifica apropriadamente os quatro citados princípios do art. 37 da Constituição Federal, razão por que não há antinomia de conteúdos na comparação

---

[45] Marçal Justen Filho, *Curso de direito administrativo*, 2005, p. 374 *et seq.*
[46] Foram feitas duas sustentações orais no caso do nepotismo. A primeira, por ocasião da decisão na medida cautelar, disponível em: <http://www.luisrobertobarroso.com.br/?page_id=46>. A segunda, por ocasião do julgamento final. Disponível em: <http://www.luisrobertobarroso.com.br/?page_id=46>.

dos comandos que se veiculam pelos dois modelos normativos: o constitucional e o infraconstitucional. Logo, o Conselho Nacional de Justiça fez adequado uso da competência que lhe conferiu a Carta de Outubro, após a Emenda 45/04. Noutro giro, os condicionamentos impostos pela Resolução em foco não atentam contra a liberdade de nomeação e exoneração dos cargos em comissão e funções de confiança (incisos II e V do art. 37). Isto porque a interpretação dos mencionados incisos não pode se desapegar dos princípios que se veiculam pelo *caput* do mesmo art. 37. Donde o juízo de que as restrições constantes do ato normativo do CNJ são, no rigor dos termos, as mesmas restrições já impostas pela Constituição de 1988, dedutíveis dos republicanos princípios da impessoalidade, da eficiência, da igualdade e da moralidade. É dizer: o que já era constitucionalmente proibido permanece com essa tipificação, porém, agora, mais expletivamente positivado.

Em 20 de agosto de 2008, deu-se o julgamento definitivo da causa, tendo sido confirmada a decisão liminar. Da ementa do acórdão em que se materializou a decisão definitiva constou o seguinte:

> 1. Os condicionamentos impostos pela Resolução nº 07/05, do CNJ, não atentam contra a liberdade de prover e desprover cargos em comissão e funções de confiança. As restrições constantes do ato resolutivo são, no rigor dos termos, as mesmas já impostas pela *Constituição* de 1988, dedutíveis dos republicanos princípios da impessoalidade, da eficiência, da igualdade e da moralidade.
>
> 2. Improcedência das alegações de desrespeito ao princípio da separação dos Poderes e ao princípio federativo. O CNJ não é órgão estranho ao Poder Judiciário (art. 92, *CF*) e não está a submeter esse Poder à autoridade de nenhum dos outros dois. O Poder Judiciário tem uma singular compostura de âmbito nacional, perfeitamente compatibilizada com o caráter estadualizado de uma parte dele. Ademais, o art. 125 da Lei Magna defere aos Estados a competência de organizar a sua própria Justiça, mas não é menos certo que esse mesmo art. 125, *caput*, junge essa organização aos princípios "estabelecidos" por ela, *Carta Maior*, neles incluídos os constantes do art. 37, cabeça.

No dia seguinte, em 21 de agosto de 2008, como desdobramento desse julgamento, por iniciativa do Ministro Ricardo Lewandowski, foi aprovada a Súmula Vinculante nº 13, explicitando que a vedação do nepotismo se estende aos três Poderes. A Súmula aprovada tem a seguinte redação:

Súmula Vinculante nº 13

A nomeação de cônjuge, companheiro ou parente em linha reta, colateral ou por afinidade, até o terceiro grau, inclusive, da autoridade nomeante ou de servidor da mesma pessoa jurídica, investido em cargo de direção, chefia ou assessoramento, para o exercício de cargo em comissão ou de confiança, ou, ainda, de função gratificada na Administração Pública direta e indireta, em qualquer dos Poderes da União, dos Estados, do Distrito Federal e dos municípios, compreendido o ajuste mediante designações recíprocas, viola a Constituição Federal.

4 O que ninguém ficou sabendo

Causas que mexem com o imaginário popular e com interesses particulares despertam sentimentos e reações diversos. Na sequência do julgamento sobre nepotismo, vivi duas situações opostas. Na primeira, fui despachar com um desembargador de primeira linha uma questão afeta a processo no qual atuava como advogado. Encerrada a parte estritamente profissional da conversa, ao levar-me à porta, Sua Excelência me disse: "Eu não posso deixar de lhe agradecer. Até dias atrás, minha mulher trabalhava aqui no gabinete e montava guarda nessa mesa aqui da entrada. Bom, agora estou livre desse — digamos assim — controle externo da magistratura". Mais ou menos pela mesma época, fiz uma palestra em evento organizado por um tribunal estadual. Durante o almoço, uma jovem extremamente simpática com todos olhava para mim, no entanto, de cara amarrada. Tentando superar a situação, dirigi-me a ela e perguntei: "O que você faz?". A resposta veio em tom cortante: "Até a semana passada eu trabalhava com a Desembargadora Fulana de Tal, que é minha mãe. Agora, graças ao senhor, estou desempregada!". Altos e baixos da vida.

CAPÍTULO 3

PESQUISAS COM CÉLULAS-TRONCO EMBRIONÁRIAS
CONSTITUCIONALIDADE E LEGITIMIDADE MORAL DA LEGISLAÇÃO AUTORIZADORA

1 Introdução
1.1 Antecedentes

Numa tarde rotineira de junho de 2005, um antigo colega da Faculdade de Direito da UERJ, que agora era diretor-jurídico de uma grande empresa sediada em São Paulo, telefonou-me depois de muito tempo. "Fui encarregado de te pedir ajuda para um caso muito importante. Essa é a parte boa. A ruim, é que o trabalho tem que ser *pro-bono*, pois o pessoal não tem grana". Todo advogado já ouviu esse discurso alguma vez na vida. De banqueiros a industriais, passando por confederações sindicais e associações de classe, todos se apresentam com uma causa justa e recursos parcos. Mas dessa vez era para valer. Quando meu amigo acabou de descrever a questão, eu já tinha aceito a causa. Uma das mais bonitas e interessantes em que atuei nesses muitos anos de chuvas e trovoadas, vitórias e derrotas, tristezas e alegrias. Mais alegrias que tristezas, felizmente. Foi assim que tomei contato, pela primeira vez, com o tema das pesquisas com células-tronco embrionárias. Apaixonei-me por ele imediatamente e, em pouco tempo, já falava com intimidade de questões relacionadas à fertilização *in vitro* e sabia a diferença entre células *totipotentes*, *pluripotentes* e *oligopotentes*.

1.2 Estratégia

Para entender melhor a questão do ponto de vista humano, científico e político marquei uma reunião inicial com um grupo de cientistas e de representantes de pessoas portadoras de deficiência, à época reunidos em uma entidade denominada Movitae (Movimento em Prol da Vida). À frente dos pesquisadores estava Mayana Zatz, professora de Genética Humana e Médica da Universidade de São Paulo, além de militante da causa. Mas inúmeros outros estudiosos se dedicavam às pesquisas. Alguns eu viria a conhecer ao longo do processo. O grupo vivia um misto de aflição e frustração. É que durante muitos meses, eles haviam se empenhado pela aprovação, no Congresso Nacional, das pesquisas com células-tronco embrionárias. E finalmente haviam conseguido realizar seu objetivo, com a inclusão do art. 5º da Lei de Biossegurança (Lei nº 11.105, de 24.03.2005). Sucede, no entanto, que tal dispositivo vinha de ter sua constitucionalidade impugnada pelo então Procurador-Geral da República, Cláudio Fonteles (ADIn nº 3.510/DF).

Fonteles e eu havíamos convivido brevemente no Conselho de Defesa dos Direitos da Pessoa Humana e éramos amigos, embora sem intimidade. Eu apreciava sua visão progressista do mundo e o jeito carioca de ser, apesar de vascaíno. Mas em questões que repercutiam em certos dogmas religiosos, nosso Procurador-Geral era conservador. Aquela era a segunda vez que nossos caminhos se cruzavam em pouco tempo: também éramos *ex-adversos* na ADPF nº 54, na qual se discutia a interrupção da gestação de fetos anencefálicos.

As partes do processo eram o Procurador-Geral da República, como autor da ação, e como requeridos o Congresso Nacional e o Presidente da República, responsáveis pela lei que se estava questionando. A única forma de o Movitae participar da discussão, com apresentação de razões escritas e sustentação oral, era postulando ingresso como *amicus curiae*. A lei permite que entidades com representatividade adequada sejam admitidas nos processos perante o Supremo Tribunal Federal para apresentarem seus pontos de vista.

1.3 O memorial de *amicus curiae* apresentado

Começamos, assim, a trabalhar na causa, preparando um memorial em defesa das pesquisas. Havia muitos aspectos a serem considerados, a começar pelo tema da Bioética, com o qual tínhamos menos familiaridade. Na distribuição interna dos trabalhos, a coordenação da pesquisa ficou com o Cláudio Pereira de Souza Neto, que acabara de defender sua tese de doutorado sobre democracia deliberativa, na UERJ. Em pouco tempo, já tínhamos livros, artigos, atos internacionais e leis do mundo inteiro sobre o tema. Em seguida, reunimos material sobre teoria constitucional, na qual se discutia o papel das supremas cortes em matérias como essa. Em 23.09.2005, depois de debatermos diversas versões prévias, fechei finalmente o texto e apresentamos o memorial em defesa das pesquisas. O tema era interdisciplinar e o memorial procurou tratá-lo em suas múltiplas dimensões, a saber: *técnica*, com a demonstração da importância das pesquisas com células-tronco embrionárias; *ética*, com as reflexões sobre o certo e o justo na matéria; *jurídica*, com o exame das normas constitucionais e legais aplicáveis; e *institucional*, com a demarcação do papel de cada um dos Poderes na definição do regime jurídico aplicável ao tema. O relator do caso foi o Ministro Carlos Ayres Britto. Para uma questão como essa, não haveria outro melhor. Em 09.12.2005, ele deferiu o ingresso do MOVITAE como *amicus curiae*.

2 Principais argumentos e questões debatidas

2.1 A autorização legal para as pesquisas e a arguição de inconstitucionalidade pelo Procurador-Geral da República

2.1.1 O dispositivo impugnado e os fundamentos da impugnação

O objeto central da controvérsia era o art. 5º da Lei nº 11.105, de 24.03.2005. Conhecida como *Lei de Biossegurança*, esse diploma legal cuida de matérias diversas, sendo que a parte impugnada dispõe, especificamente, sobre a utilização, para fins de pesquisa e terapia, de células-tronco obtidas de embriões humanos, produzidos mediante fertilização *in vitro*, e que não foram transferidos para o útero materno. Os dispositivos legais questionados tinham a seguinte redação:

> Art. 5º É permitida, para fins de pesquisa e terapia, a utilização de células-tronco embrionárias obtidas de embriões humanos produzidos por fertilização *in vitro* e não utilizados no respectivo procedimento, atendidas as seguintes condições:
> I - sejam embriões inviáveis; ou
> II - sejam embriões congelados há 3 (três) anos ou mais, na data da publicação desta Lei, ou que, já congelados na data da publicação desta Lei, depois de completarem 3 (três) anos, contados a partir da data de congelamento.

§1º Em qualquer caso, é necessário o consentimento dos genitores.

§2º Instituições de pesquisa e serviços de saúde que realizem pesquisa ou terapia com células-tronco embrionárias humanas deverão submeter seus projetos à apreciação e aprovação dos respectivos comitês de ética em pesquisa.

§3º É vedada a comercialização do material biológico a que se refere este artigo e sua prática implica o crime tipificado no art. 15 da Lei nº 9.434, de 4 de fevereiro de 1997.

A tese central sustentada na ação movida pelo Procurador-Geral da República era a de que "a vida humana acontece na, e a partir da, fecundação". Fundado em tal premissa, alegava que os dispositivos legais impugnados violariam dois preceitos da Constituição da República: o art. 5º, *caput*, que consagra o *direito à vida*; e o art. 1º, III, que enuncia como um dos fundamentos do Estado brasileiro o *princípio da dignidade da pessoa humana*. Os argumentos desenvolvidos na peça inicial podiam ser resumidos em uma proposição: o embrião é um ser humano cuja vida e dignidade seriam violadas pela realização das pesquisas que as disposições legais impugnadas autorizavam.

Antes de prosseguir, cumpre expor, de maneira objetiva, o sistema introduzido pela Lei nº 11.105/05, em sua unidade e harmonia. A Lei permite a realização de pesquisas com células extraídas de embriões, mas exige que:

a) os embriões tenham resultado de tratamentos de fertilização *in vitro* (art. 5º, *caput*);

b) os embriões sejam inviáveis (art. 5º, I) ou que não tenham sido implantados no respectivo procedimento de fertilização, estando congelados há mais de três anos (art. 5º, II);

c) os genitores deem seu consentimento (art. 5º, §1º);

d) a pesquisa seja aprovada pelo comitê de ética da instituição (art. 5º, §2º).

Além disso, a Lei nº 11.105/05, proíbe:

a) a comercialização de embriões, células ou tecidos (art. 5º, §3º, e Lei nº 9.434/97, art. 15);[1]

b) a clonagem humana (art. 6º, IV);[2] e

---

[1] Lei nº 9.434/97: "Art. 15. Comprar ou vender tecidos, órgãos ou partes do corpo humano: Pena – reclusão, de três a oito anos, e multa, de 200 a 360 dias-multa.
Parágrafo único. Incorre na mesma pena quem promove, intermedeia, facilita ou aufere qualquer vantagem com a transação".

[2] Lei nº 11.105/2005: "Art. 6º Fica proibido: [...] IV - clonagem humana". A clonagem humana pode ser reprodutiva ou terapêutica. Na *clonagem reprodutiva*, transfere-se o núcleo de uma

c) a engenharia genética em célula germinal humana, zigoto humano e embrião humano (art. 6º, III).[3]

O ponto de vista exposto pelo autor da ação era respeitável, como são as múltiplas visões de mundo em uma sociedade pluralista, e foi enfrentado com seriedade científica e filosófica. Ao longo do presente texto são percorridos os argumentos jurídicos e biológicos que foram oferecidos para infirmar a tese em que se baseava o argumento da inconstitucionalidade da lei. Procurou-se demonstrar, também, que a disciplina da matéria pela legislação atacada caracterizou-se pela prudência e pela moderação e que, em lugar de violar a vida e a dignidade humana, o tratamento dado ao tema promove esses valores de maneira adequada.

2.2 A questão do ponto de vista técnico e doutrinário

2.2.1 Fertilização *in vitro*

A fertilização *in vitro* é um método de reprodução assistida, destinado em geral a superar a infertilidade conjugal, utilizado com sucesso desde 1978.[4] Ela permite que os espermatozóides fecundem os óvulos em laboratório, fora do corpo da mulher, quando este processo não possa ser realizado no seu lugar natural, que é a trompa de falópio. A prática médica consolidada é a de se retirarem diversos óvulos para serem fecundados simultaneamente, evitando-se a necessidade de submeter a mulher a sucessivos procedimentos de estimulação da ovulação e aspiração folicular a cada tentativa de fecundação e desenvolvimento do embrião.

Muitos dos embriões obtidos se revelam inviáveis. Quando, todavia, se realiza com êxito a fase de fecundação e desenvolvimento inicial,

---

célula adulta para um óvulo, do qual se retirou o núcleo. Esta célula começa a se replicar dando origem a um embrião, o qual, implantado em um útero, pode se desenvolver gerando um ser geneticamente idêntico ao doador. Na *clonagem terapêutica*, o processo é o mesmo até a formação do embrião. Quando este se forma, são extraídas células-tronco, que, cultivadas, podem constituir um tecido capaz de ser transplantado para o doador. A grande vantagem dessa técnica é evitar a rejeição, se as células-tronco forem reintroduzidas na mesma pessoa que doou o núcleo da célula adulta. Sobre o tema, v. Mayana Zatz, Clonagem humana: contras e prós, *Parcerias Estratégicas* 16:133, 2002.

[3] Lei nº 11.105/05: "Art. 6º Fica proibido: [...] III - engenharia genética em célula germinal humana, zigoto humano e embrião humano".
[4] O primeiro "bebê de proveta" do mundo, nascido em 05.07.98, foi Louise Joy Brown, que concretizou a possibilidade da concepção de um ser humano *in vitro*. V. Heloisa Helena Barboza, Proteção jurídica do embrião humano. *In*: Carlos Maria Romeo Casabona e Juliane Fernandes Queiroz, *Biotecnologia e suas implicações ético-jurídicas*, 2005, p. 248.

o embrião é transferido para o útero, onde deverá continuar seu ciclo de formação, até adquirir capacidade de implantação no endométrio, que é a camada interna do útero da mulher (nidação). As possibilidades de êxito na obtenção da gravidez aumentam em função do número de embriões transferidos. No entanto, para limitar os riscos da gravidez múltipla, a recomendação é a de transferência de dois embriões, sendo comum que se chegue a três. Os embriões excedentes são congelados.[5]

2.2.2 Importância das pesquisas com células-tronco embrionárias

As características que singularizam as células-tronco em relação às demais células são a) a capacidade de se diferenciarem, *i.e.*, de se converterem em distintos tecidos no organismo e b) a propriedade de autorreplicação, isto é, a capacidade que têm de produzirem cópias idênticas de si mesmas. Todavia, tais características não se manifestam com a mesma intensidade em todas as células-tronco. Estas podem ser classificadas em: a) *totipotentes*, as quais possuem a capacidade de se diferenciar em qualquer dos 216 tecidos que compõem o corpo humano; b) *pluripotentes* ou *multipotentes*, que podem se diferenciar em quase todos os tecidos, menos na placenta e nos anexos embrionários; c) *oligopotentes*, que são capazes de se diferenciar em poucos tecidos; ou d) *unipotentes*, que só conseguem se diferenciar em um único tecido.

As totipotentes e as pluripotentes somente são encontradas nos embriões (por isso são chamadas de *embrionárias*). Tais células podem ser extraídas até três semanas após a fecundação (aproximadamente 14 dias).[6] É essa capacidade de se diferenciar em todas as células do organismo humano que faz com que as células-tronco embrionárias se tornem necessárias para a pesquisa médica.[7] Como as células-tronco

---

[5] Raquel de Lima Leite Soares Alvarenga, Considerações sobre o congelamento de embriões. *In*: Carlos Maria Romeo Casabona e Juliane Fernandes Queiroz, *Biotecnologia e suas implicações ético-jurídicas*, 2005, p. 232 *et seq*.

[6] Com a fecundação, tem origem um zigoto, formado por uma única célula. Esta se divide em duas, que se dividem em quatro, e assim ocorre sucessivamente até que se forme o feto. As células totipotentes são as que têm lugar nas primeiras fases desse processo contínuo de divisão celular (até o momento em que 16 células se dividem em 32), enquanto as pluripotentes somente surgem na fase de blastocisto (que se inicia quando as 32 células se dividem em 64). No blastocisto, as células internas são pluripotentes, enquanto as externas se destinam a produzir a placenta e as membranas embrionárias.

[7] As outras duas características das células-tronco embrionárias que as tornam especialmente importantes para a pesquisa são a maior facilidade para isolá-las e a maior possibilidade de induzir o processo de diferenciação celular em laboratório. Sobre a importância das pesquisas com células-tronco embrionárias, v. Sell S. (Ed.), *Stem Cells Handbook*, 2004.

adultas são apenas oligopotentes[8] ou unipotentes,[9] o seu potencial para a pesquisa é significativamente menor, embora também sejam dotadas de importância.[10] Entre as patologias cuja cura pode resultar das pesquisas com células embrionárias, podem ser citadas, por exemplo, as atrofias espinhais progressivas, as distrofias musculares, as ataxias, a esclerose lateral amiotrófica, a esclerose múltipla, as neuropatias e as doenças de neurônio motor, a diabetes, o mal de Parkinson, síndromes diversas (como as mucopolisacaridoses ou outros erros inatos do metabolismo etc.). Todas elas constituem doenças graves, que causam grande sofrimento a seus portadores. Tragicamente, estas patologias atingem parte considerável da população mundial. No Brasil, entre 10 a 15 milhões de pessoas têm diabetes;[11] 3%-5% da população têm doenças genéticas que podem ser congênitas ou ter início na infância ou na idade adulta;[12] surgem entre 8.000 e 10.000 novos casos de lesão medular por ano (paraplegia ou tetraplegia).[13]

O debate de ideias nessa matéria pode se travar em diferentes níveis de abstração e complexidade, indo da fé à filosofia metafísica. Mas não pode desconsiderar o sofrimento real e concreto das pessoas portadoras dessas e de outras doenças, que precisam de solidariedade e empenho por parte do Estado, da sociedade e da comunidade científica.

2.2.3 Bioética, biodireito e Constituição

O Direito e a Ética desenvolveram, nas últimas décadas, uma trajetória de aproximação. Superando a separação ideológica que fora imposta pelo positivismo jurídico, renovou-se a relação entre o sistema de normas e o sistema de valores da sociedade. Esta *virada kantiana*[14]

---

[8] Esse é o caso, por exemplo, das células do trato intestinal.
[9] Esse é o caso, por exemplo, das células do tecido cerebral adulto e da próstata.
[10] Sell S. (Ed.), *Stem Cells Handbook*, 2004.
[11] Fonte: Ministério da Saúde e Assoc. de Diabetes Juvenil.
[12] Nardi, *Doenças genéticas*: gênicas, cromossômicas, complexas, p. 209-226.
[13] Fonte: Organização Mundial de Saúde.
[14] A expressão se deve à influência do pensamento de Kant e às duas formulações do *imperativo categórico*, proposições éticas superadoras do utilitarismo: a) uma pessoa deve agir como se a máxima da sua conduta pudesse se transformar em uma lei universal; b) cada indivíduo deve ser tratado como um fim em si mesmo, e não como um meio para realização de metas coletivas ou de outras metas individuais. V. Immanuel Kant, *Fundamentación de la metafísica de las costumbres*, 1951. V. tb. Ted Honderich (Ed.) (*The Oxford companion to Philosophy*, 1995, p. 589), Ricardo Lobo Torres (*Tratado de direito constitucional financeiro e tributário*: Valores e princípios constitucionais tributários, 2005) e Ricardo Terra (*Kant e o direito*, 2005).

abriu caminho para a filosofia do direito da quadra atual, identificada como *pós-positivismo*.[15] Direito e Ética enfrentam os desafios dos avanços tecnológicos e das ciências biológicas, que deram ao homem o poder de interferir em processos antes privativos da natureza. O *biodireito* é um subsistema jurídico em desenvolvimento acelerado, voltado para o estudo e disciplina dos fenômenos resultantes da biotecnologia e da biomedicina, como a reprodução assistida, a clonagem terapêutica e reprodutiva, a mudança de sexo, as pesquisas com células-tronco embrionárias. A Lei nº 11.105/05 representa um esforço meritório de trazer a justiça, a segurança jurídica e a busca pelo bem-estar social para este domínio. A *bioética*, por sua vez, tem por objeto a demarcação das possibilidades e limites dos progressos científicos nesses domínios, à luz da filosofia moral, dos valores a serem preservados por cada sociedade e pela humanidade em geral.[16] Os princípios éticos básicos da pesquisa científica são (i) a autonomia, (ii) a beneficência e (iii) a justiça.[17]

O encontro ente o Direito e a Ética se dá, em primeiro lugar, na Constituição, onde os valores morais se convertem em princípios jurídicos. A partir daí se irradiam pelo sistema normativo, condicionando a interpretação e a aplicação de todo o direito infraconstitucional.[18] As

---

[15] A expressão pós-positivismo abriga um conjunto difuso de ideias, que incluem a volta dos valores ao Direito, a formulação de uma teoria da justiça e o desenvolvimento de uma teoria dos direitos fundamentais, edificada sobre o fundamento da dignidade humana. Autores pioneiros nesse debate foram: John Rawls (*A theory of justice*, 1971), Ronald Dworkin (*Taking rights seriously*, 1977), Robert Alexy (*Teoria de los derechos fundamentales*, 1993), Paulo Bonavides (*Curso de direito constitucional*, 2004). V. Albert Calsamiglia (Postpositivismo, *Doxa* 21:209, 1998, p. 209): "Denominaré postpositivistas a las teorías contemporáneas que ponen el acento en los problemas de la indeterminación del derecho y las relaciones entre el derecho, la moral y la política".

[16] Sobre esta temática, v. Heloisa Helena Barbosa e Vicente de Paulo Barreto (Org.), *Temas de biodireito e bioética*, 2001 e, dos mesmos autores e também Jussara M. L. de Meirelles, *Novos temas de biodireito e bioética*, 2003.

[17] Na sequência do Tribunal de Nuremberg foi elaborado o Código de Nuremberg (1947), estabelecendo padrões éticos para a experimentação com seres humanos. Sucedeu-o a Declaração de Helsinki, aprovada pela Assembleia Médica Mundial em 1964, contendo "recomendações para orientar os médicos na investigação biomédica em seres humanos". E, por fim, foi elaborado o Relatório Belmont, de 1978, redigido por uma comissão do Congresso norte-americano. Nele foram lançados os princípios da bioética. O princípio da *autonomia* ou do *respeito pelas pessoas* envolve dois requisitos morais distintos: o de reconhecer a livre-determinação de cada pessoa e o de proteger aqueles que possuem autonomia reduzida. O princípio da *beneficência* se expressa em duas regras complementares: a) não causar dano e b) maximizar benefícios. O princípio da *justiça* envolve a questão complexa de se determinar quem deve receber os benefícios da pesquisa e quem deve financiar seus custos. Sobre o tema, inclusive com a versão traduzida para o português do Relatório Belmont, v. Darlei Dall'Agnol, *Bioética*, 2005.

[18] Sobre o tema, v. Luís Roberto Barroso, Neoconstitucionalismo e constitucionalização do Direito, *Revista de Direito Administrativo* 240, 2005.

leis editadas pelo Congresso Nacional, por sua vez, expressam a vontade majoritária da sociedade em relação à disciplina da matéria que contêm. Cabe ao Supremo Tribunal Federal o papel relevante e delicado de encontrar o ponto de equilíbrio entre (i) a determinação de sentido dos valores inscritos na Constituição e o (ii) respeito ao processo político majoritário.

Expostos os conceitos técnicos e doutrinários subjacentes à discussão empreendida na ação, passa-se à demonstração das teses jurídicas desenvolvidas: a inexistência da violação do direito à vida e a inexistência de violação ao princípio da dignidade humana.

2.3 A questão do ponto de vista ético
2.3.1 O debate sobre o início da vida

Como se pretende demonstrar mais à frente, o art. 5º da Lei nº 11.105/05 não viola o direito à vida e nem a dignidade humana, por diversas razões. É preciso admitir, no entanto, que inexiste consenso científico ou filosófico acerca do momento em que tem início a vida. O reconhecimento ou não de uma linha divisória moralmente significativa entre óvulo fertilizado e pessoa humana é uma das grandes questões do debate ético contemporâneo. Há inúmeras concepções acerca do tema.[19]

Sem nenhuma pretensão de exaustividade, é possível enunciar algumas posições que têm sido defendidas no plano teórico, segundo as quais a vida humana se inicia: (i) com a fecundação; (ii) com a nidação;[20] (iii) quando o feto passa a ter capacidade de existir sem a mãe (entre a 24ª e a 26ª semanas da gestação);[21] (iv) quando da *formação do sistema nervoso central* (SNC).[22] Há até mesmo quem defenda que a vida humana se inicia quando passam a existir *indicadores morais*.[23] Não há necessidade nem conveniência de se prosseguir na enumeração das

---

[19] Para um inventário das diversas propostas, v. Tania Salem, As novas tecnologias reprodutivas: O estatuto do embrião e a noção de pessoa, *Mana* 3(1), 1997, p. 80. V. tb. Paul Singer, *Vida ética*, p. 186 *et seq*.

[20] Essa posição lança mão do argumento de que só há potencial de vida quando o embrião se fixa no útero materno, já que o embrião não pode se desenvolver fora dele.

[21] Deste critério se utilizam a Suprema Corte norte-americana, quando dispõe sobre o aborto, e o Comitê Nacional de Ética Francês, quando distingue entre "pessoa humana potencial" e "pessoa humana *tout court*".

[22] O dado fundamental, para essa perspectiva, é a capacidade neurológica de sentir dor ou prazer.

[23] Para os que depositam confiança nesta linha de pensamento, o que distingue a pessoa de todo o restante do mundo natural é a razão, a capacidade de fazer escolhas e a moral.

diferentes perspectivas debatidas no campo da bioética.[24] O ponto que se pretende aqui demonstrar é o da existência do que a filosofia moderna denomina de *desacordo moral razoável*.[25]

Cumpre especular acerca da postura ética ideal em situações como esta. O senso moral de cada um envolve elementos diversos,[26] que incluem: a) a consciência de si, a definição dos próprios valores e da própria conduta; e b) a percepção do outro, o respeito pelos valores do próximo e a tolerância com sua conduta. Não se trata de pregar, naturalmente, um relativismo moral, mas de reconhecer a inadequação do dogmatismo onde a vida democrática exige pluralismo e diversidade. Em situações como essa, o papel do Estado deve ser o de assegurar o exercício da autonomia privada, de respeitar a valoração ética de cada um, sem a imposição externa de condutas imperativas.

Foi exatamente isso o que fez a Lei nº 11.105/05 ao exigir, em qualquer caso de pesquisa com células tronco, o "consentimento dos genitores".[27] Após amplo debate, por deliberação majoritária expressiva, o Congresso Nacional assegurou o direito de cada um decidir, de acordo com seus valores pessoais. Como natural, também os médicos e pesquisadores irão decidir de maneira autônoma, de acordo com sua consciência.

2.3.2 Outras indagações

A Lei de Biossegurança, do mesmo passo que permitiu as pesquisas com células-tronco embrionárias, vedou de maneira inequívoca linhas de atuação eticamente condenadas pela comunidade científica internacional. De fato, nela se proibiu, expressamente, a *clonagem humana*, punida com pena de reclusão e multa.[28] Também o risco da

---

[24] Aqui é pertinente a advertência de José Afonso da Silva (*Curso de direito constitucional positivo*, 2001, p. 200): "Não intentaremos dar uma definição disto que se chama vida, porque é aqui que se corre o grave risco de ingressar no campo da metafísica supra-real, que não nos levará a nada".

[25] O desacordo moral razoável é aquele que tem lugar diante da ausência de consenso entre posições racionalmente defensáveis. Sobre o tema, v. Amy Gutmann e Dennis Thompson (*Democracy and disagreement*, 1997), Jeremy Waldron (*Law and disagreement*, 1999), John Rawls (*Liberalismo político*, 2000).

[26] Sobre as condições a serem preenchidas pelo sujeito ético ou moral, v. Marilena Chauí, *Convite à filosofia*, 1999, p. 337 *et seq*.

[27] Rememore-se a letra expressa do §1º do art. 5º da Lei: "Em qualquer caso, é necessário o consentimento dos genitores".

[28] Lei nº 11.105/05: Art. 6º: "Fica proibido: [...] IV - clonagem humana". Art. 26: "Realizar clonagem humana: Pena – reclusão, de 2 (dois) a 5 (cinco) anos, e multa".

prática de *eugenia* é afastado, pela interdição e tipificação como crime da engenharia genética em seres humanos.²⁹ E, por fim, a lei neutralizou o temor de se criar um mercado de embriões e tecidos humanos — a "industrialização da vida" —, ao proibir e criminalizar a *comercialização de material biológico*.³⁰ O risco de transgressão existirá com ou sem regulamentação da matéria, mas a existência de lei tem a virtude de demarcar adequadamente a fronteira entre o lícito e o ilícito.

Acrescente-se, em desfecho, que as opções éticas e normativas feitas pela legislação brasileira correspondem àquelas que têm recebido o apoio expressivo da comunidade internacional. Em setembro de 2003, as academias de ciências de 63 países, inclusive a do Brasil, firmaram documento no qual assumem posição contrária à clonagem reprodutiva, mas favorável às pesquisas com células-tronco embrionárias. O documento é representativo do pensamento dominante nos meios acadêmicos e científicos da maior parte do mundo.

2.4 A questão do ponto de vista jurídico

2.4.1 Inexistência de violação do direito à vida

O argumento contrário à utilização de células-tronco em pesquisas e tratamentos médicos é alimentado, no mais das vezes, por um sentimento religioso. Funda-se ele no pressuposto de que a vida teria início com a fecundação, fazendo a equiparação entre embrião e pessoa humana.³¹ Como consequência, sua destruição para a realização

---

[29] Lei nº 11.105/05: "Art. 6º Fica proibido: [...] III - engenharia genética em célula germinal humana, zigoto humano e embrião humano". "Art. 25. Praticar engenharia genética em célula germinal humana ou embrião humano: Pena – reclusão, de 1(um) a 4 (quatro) anos, e multa".

[30] Lei nº 11.105/05, art. 5º, §3º: "É vedada a comercialização do material biológico a que se refere este artigo e sua prática implica o crime tipificado no art. 15 da Lei nº 9.434, de 4 de fevereiro de 1997". Lei nº 9.434/97, art. 15: "Comprar ou vender tecidos, órgãos ou partes do corpo humano: Pena – reclusão, de três a oito anos, e multa, de 200 a 360 dias-multa. Parágrafo único. Incorre na mesma pena quem promove, intermedeia, facilita ou aufere qualquer vantagem com a transação". A comercialização de embriões já era vedada pela Resolução nº 1.358/92, do Conselho Federal de Medicina, que determinava em IV(1): "A doação [de gametas ou de pré-embriões] nunca terá caráter lucrativo ou comercial".

[31] Essa é a posição defendida pela *Congregazione per la Dottrina della Fede*. No documento intitulado *Il rispetto della vita umana nascente e la dignità della procreazione*, de 1987, tal posição é afirmada: "Assim, o fruto da geração humana, a partir do primeiro momento de sua existência, isto é, a partir do momento em que o zigoto é formado, exige o respeito incondicional que é moralmente devido ao ser humano em sua totalidade corporal e espiritual. O ser humano deve ser respeitado e tratado como uma pessoa a partir do momento da concepção; e então, a partir do mesmo momento, seus direitos como uma pessoa devem ser reconhecidos, entre

de pesquisas e para o tratamento de outras pessoas representaria uma violação da vida. Não se deve, em nenhuma hipótese, desmerecer a crença sincera de qualquer pessoa ou doutrina.[32] Mas no espaço público de um Estado laico, hão de prevalecer as razões do Direito e da Ciência.

A Constituição da República assegura a inviolabilidade do direito à vida (art. 5º, *caput*). O Código Civil de 2002, reproduzindo normas do Código de 1916, assim dispôs:

> Art. 1º Toda pessoa é capaz de direitos e deveres na ordem civil.
>
> Art. 2º A personalidade civil da pessoa começa do nascimento com vida; mas a lei põe a salvo, desde a concepção, os direitos do nascituro.

Portanto, é a partir do nascimento com vida que surge a *pessoa humana*, com aptidão para tornar-se sujeito de direitos e deveres. Nada obstante, a lei resguarda, desde a concepção, os direitos do *nascituro*. Semanticamente, nascituro é o ser humano já concebido, cujo nascimento se espera como *fato certo*.[33] Os civilistas chamam a atenção, no entanto, para o fato de que este ser deverá estar em desenvolvimento *no útero da mãe*.[34] Note-se que o novo Código Civil, embora tenha sido promulgado em 2002, resultou de projeto de lei que foi discutido em um período no qual não era possível separar o embrião do corpo da mulher. Esta possibilidade só surgiu quando do advento da técnica

---

os quais, em primeiro lugar, o direito inviolável de todo ser humano inocente à vida. Esta lembrança doutrinária provê o critério fundamental para a solução de vários problemas levantados pelo desenvolvimento das ciências biomédicas neste campo: como o embrião deve ser tratado como uma pessoa, deve também ser defendido em sua integridade, cuidado e protegido, à máxima extensão possível, da mesma forma que qualquer outro ser humano no que se refere à assistência médica". Após fixar esse critério geral, a Congregação se pronuncia especificamente acerca da impossibilidade da experimentação com embriões: "No que se refere à experimentação, e pressupondo a distinção geral entre aquela com propósitos que não sejam diretamente terapêuticos e aquela que é claramente terapêutica para o próprio sujeito, no caso em tela deve-se distinguir também entre a experimentação realizada em embriões que ainda estão vivos e a experimentação realizada em embriões mortos. Se eles estão vivos, viáveis ou não, devem ser respeitados como todas as pessoas humanas; a experimentação não diretamente terapêutica é ilícita".

[32] Eça de Queiroz (*A correspondência de Fradique Mendes*, 1900, data da 1, ed., p. 11): "Todo culto sincero, porém, tem uma beleza essencial, independente dos merecimentos do Deus para quem se evola".

[33] *Dicionário Houaiss* (2001): "diz-se de ou o ser humano já concebido, cujo nascimento é dado como certo". *Novo dicionário Aurélio* (1986): "o ser humano já concebido, cujo nascimento se espera como fato futuro certo".

[34] Sílvio Rodrigues (*Direito civil*, 2001, p. 36): "Nascituro é o ser já concebido, mas que ainda se encontra no ventre materno". V. tb. Maria Helena Diniz (*Dicionário jurídico*, 1998, p. 334), De Plácido e Silva (*Vocabulário jurídico*, 2004, p. 942, edição revista e atualizada por Nagib Slaibi Filho).

da fertilização *in vitro*. Aparentemente, circunstâncias da tramitação legislativa do projeto já não permitiram *reabrir* o texto para tratamento específico do ponto.

Como consequência das premissas assentadas acima, o embrião resultante da fertilização *in vitro*, conservado em laboratório: a) não é uma pessoa, haja vista não ter *nascido*; b) não é tampouco um *nascituro*, em razão de não haver sido transferido para o útero materno. As normas e categorias tradicionais do direito civil não se aplicam à fecundação extracorporal. Vale dizer: até o advento da Lei nº 11.105/05, não havia qualquer disciplina jurídica específica para esta entidade: embrião produzido em laboratório, mediante processo de reprodução assistida.[35] Foi precisamente a lei aqui impugnada que instituiu normas limitadoras das pesquisas genéticas e protetivas do embrião.

Em suma: embrião resultante de fertilização *in vitro*, sem haver sido transferido para o útero materno, não é nem pessoa nem nascituro.

O argumento que se vem de expor decorre natural e logicamente do Direito vigente no país, pelo menos desde o Código Civil de 1916. E, no plano filosófico, ele só é incompatível com uma única das posições expostas anteriormente a propósito do início da vida: a que crê que ela exista desde o primeiro momento da fecundação. E, no caso presente, com um elemento a mais: o de considerar indiferente que a fecundação tenha sido extra-corporal e que o embrião não tenha sido sequer transferido para o útero materno. Com as demais concepções acerca do início da vida, a tese aqui desenvolvida convive em plena harmonia.

De fato, os embriões só podem ser congelados (i) no estágio do zigoto unicelular, (ii) clivados (2 a 8 células) ou (iii) em blastocisto (a partir do 5º dia do desenvolvimento *in vitro*)[36] e nunca depois do 14º dia.[37] Vale dizer: a extração das células-tronco ocorre (i) antes do início da formação do sistema nervoso, quando o embrião é apenas

---

[35] Heloísa Helena Barboza (Proteção jurídica do embrião humano. *In*: Carlos Maria Romeo Casabona e Juliane Fernandes Queiroz, *Biotecnologia e suas implicações ético-jurídicas*, 2005, p. 249, 257): "Havendo fertilização *in vitro*, distingue-se, nestes termos, o *embrião* do *nascituro*, entendendo-se esse último como o ser já em gestação que, ao que se sabe até a presente data, só pode ocorrer no útero da mulher. [...] Por conseguinte, não há atualmente no Direito brasileiro (este texto é anterior à Lei nº 11.105/2005), disciplina legal quanto ao embrião humano, na medida em que, pelas razões expostas, tanto o Código Civil de 1916, quanto o de 2002, contém dispositivos que parecem aplicáveis apenas ao nascituro, ou seja, ao ser concebido e já em gestação no útero de uma mulher".

[36] Raquel de Lima Leite Soares Alvarenga, Considerações sobre o congelamento de embriões. *In*: Carlos Maria Romeo Casabona e Juliane Fernandes Queiroz, *Biotecnologia e suas implicações ético-jurídicas*, 2005, p. 241.

[37] A partir daí as células, antes multipotentes, começam a se diferenciar e a se converter em oligopotentes, dando causa à formação da placa neural e de outros tecidos.

um conjunto de células não diferenciadas; (ii) antes da *nidação*, *i.e.*, da fixação do embrião no útero; (iii) antes de qualquer viabilidade de vida extra-uterina e, até mesmo, antes que se possa considerá-lo um ser individualizado.[38] A equiparação do embrião a um ser humano, em sua totalidade corporal e espiritual, não é compatível com o direito brasileiro que já se encontrava em vigor antes mesmo da Lei de Biossegurança. A Lei de Transplante de órgãos, por exemplo, somente autoriza o procedimento respectivo após o diagnóstico de morte encefálica, momento a partir do qual cessa a atividade nervosa.[39] Se a vida humana se extingue, para a legislação vigente, quando o sistema nervoso pára de funcionar, o início da vida teria lugar apenas quando este se formasse, ou, pelo menos, começasse a se formar. E isso ocorre por volta do 14º dia após a fecundação, com a formação da chamada "placa neural".[40] Essa foi, também, a posição adotada pelo Tribunal Constitucional Federal alemão.[41]

---

[38] A embriologia tem, por vezes, caracterizado esse estágio de desenvolvimento com a expressão "pré-embrião". Cuida-se de termo cunhado em meados dos anos 1980 para designar o período que compreende as etapas estabelecidas entre a fecundação e os 14 (quatorze) primeiros dias de gestação. O que leva a que não se use a palavra "embrião"? Enumeram-se quatro razões para isso: (i) durante esse período, o ser não é capaz de sentir prazer ou dor, devido ao fato de não se ter formado, ainda, o sistema nervoso central; (ii) é altíssimo o número de insucessos no desenvolvimento embrionário, normalmente pela dificuldade de fixação no útero; (iii) até os 14 (quatorze) dias ainda é possível que se dividam as células em dois grupos, formando gêmeos — uma identidade do embrião, portanto, como algo único e singular só poderia ser afirmada depois desse período; (iv) a implantação do embrião no útero somente se completa por volta do 13º dia de gestação, quando, então, passa a possuir o potencial de se tornar uma pessoa. V. Tania Salem (As novas tecnologias reprodutivas: O estatuto do embrião e a noção de pessoa, *Mana* 3(1): 81-3, 1997).

[39] Lei nº 9.434/97, art. 3º: "A retirada *post mortem* de tecidos, órgãos ou partes do corpo humano destinados a transplante ou tratamento deverá ser precedida de diagnóstico de morte encefálica, constatada e registrada por dois médicos não participantes das equipes de remoção e transplante, mediante a utilização de critérios clínicos e tecnológicos definidos por resolução do Conselho Federal de Medicina".

[40] Keith L. Moore, T. V. N. Persaud (*Embriologia clínica*, 1994, p. 357): "O sistema nervoso desenvolve-se a partir de uma área espessada [...] do ectoderma embrionário, denominada placa neural, que aparece na terceira semana". No mesmo sentido, de acordo com Conselho Federal de Medicina, "um pré-embrião em estágio de oito células sem desenvolvimento da placa neural não pode ser considerado um ser humano. É uma expectativa potencial de vida. Assim como são expectativas de vida os gametas masculinos e femininos, isoladamente" (CFM, Processo Consulta nº 1.698/96, Rel. Cons. Antônio Henrique Pedrosa Neto, aprovado na Sessão Plenária do dia 11 set. 1996).

[41] V. BverGE 39:I, 1995: "Vida, no sentido de existência em desenvolvimento de um indivíduo humano, começa, de acordo com reconhecidas descobertas biológico-fisiológicas, no décimo quarto dia depois da concepção (implantação, individualização). O processo de desenvolvimento que então tem início é contínuo, não se manifestando uma clara definição, nem se permitindo qualquer delimitação precisa entre as várias fases de desenvolvimento da vida humana" (*In*: Donald P. Kommers, *The constitutional jurisprudence of the Federal Republic of Germany*, 1997, p. 337).

2.4.2 Inexistência de violação à dignidade da pessoa humana

Não sendo o embrião uma pessoa, não há que se falar, em rigor, em *dignidade humana* (CF, art. 1º, III). Não se deve desprezar, todavia, o fato de se tratar de um ser humano em potencial. E muito embora possa permanecer indefinidamente como uma mera potencialidade, não deve ser instrumentalizado.[42] O tratamento dado à matéria pela Lei nº 11.105/05 supera, sem margem de controvérsia, esta objeção, haja vista que somente permite a utilização de embriões fecundados *in vitro* para fins reprodutivos e que não têm a possibilidade de se tornarem seres humanos, porque inviáveis ou não utilizados no processo de fertilização.

De fato, a noção de potencialidade se traduz como a qualidade do que ainda não é, mas que pode vir a ser, dadas determinadas *condições*. Tais condições podem ser *internas* ou *externas*. No caso, as condições internas são as características próprias do embrião, a sua constituição genética; as externas são as relativas à implantação em um útero preparado para recebê-lo.[43] A lei brasileira garante que apenas os embriões que não exibam esse potencial sejam utilizados em pesquisas. De fato, de acordo com o inciso I do art. 5º, podem ser utilizadas as células oriundas de *embriões inviáveis*, ou seja, de embriões que não poderiam ser implantados no útero por não apresentarem as condições internas necessárias ao seu desenvolvimento posterior.

---

[42] Heloísa Helena Barboza, Proteção jurídica do embrião humano. *In*: Carlos Maria Romeo Casabona e Juliane Fernandes Queiroz, *Biotecnologia e suas implicações ético-jurídicas*, 2005, p. 266 e 268: "Por outro lado, se é certo que o concebido não é 'coisa', atribuir ao embrião pré-implantatório natureza de pessoa ou personalidade seria uma demasia, visto que poderá permanecer indefinidamente como uma potencialidade. [...] No momento, parece que o mais razoável, à luz do princípio da dignidade da pessoa humana, seja conferir ao embrião humano uma 'tutela particular', desvinculada dos conceitos existentes, mas que impeça, de modo eficaz, sua instrumentalização, dando-lhe, enfim, proteção jurídica condizente, se não com a condição de indivíduo pertencente à espécie humana, com o respeito devido a um ser que não pode ser coisificado". No mesmo sentido, Antonio Junqueira de Azevedo, Caracterização da dignidade da pessoa humana, *RT* 707:11, 2002, p. 21: "[D]o embrião pré-implantatório, resultante de processos de fecundação assistida, ou até mesmo de clonagem, constituído artificialmente e que ainda está fora do ventre materno, por não estar integrado no fluxo vital contínuo da natureza humana, é difícil dizer que se trata de 'pessoa humana'. É verdade que, por se tratar da vida em geral e especialmente da vida humana potencial, nenhuma atividade gratuitamente destruidora é moralmente admissível, mas, no nosso entendimento, aí já não se trata do princípio da intangibilidade da vida humana; trata-se de proteção, menos forte, à vida em geral. Dentro desses parâmetros, isto é, sob o ângulo da intangibilidade da vida humana, a própria clonagem terapêutica, como admitida pelo Parlamento Europeu e pelo governo inglês, não é condenável do ponto de vista ético e jurídico".

[43] V. Katrien Devolder, Human embryonic stem cell research: why the discardedcreated-distinction cannot be based on the potentiality argument, *Bioethics* 19(2): 167, 2005, p. 176-177.

Já de acordo com o inciso II, poderão ainda ser usados embriões *com três anos ou mais de congelamento*. Observe-se que os embriões congelados são aqueles que não foram implantados no útero materno.[44] São embriões que não puderam ser utilizados no tratamento reprodutivo; que foram congelados para garantir que, tendo o tratamento anterior falhado, pudessem vir a ser implantados; e que foram doados para a pesquisa por seus genitores. Não possuem, portanto, as condições externas: são embriões que nunca serão implantados, que não chegarão à nidação e ao desenvolvimento posterior.

A Lei de Biossegurança permite, "para fins de pesquisa e terapia, a utilização de células-tronco embrionárias obtidas de embriões humanos produzidos por fertilização *in vitro*". Observe-se que as células-tronco devem ser extraídas de embriões oriundos de tratamento reprodutivo (art. 5º, *caput*, da Lei nº 11.105/05). A lei brasileira não permite que sejam utilizadas células-tronco extraídas de embriões produzidos exclusivamente para pesquisas.[45]

Esse requisito tem uma consequência ético-jurídica importante: afastar a objeção antiutilitarista, apoiada no núcleo essencial do princípio da dignidade humana, segundo a qual a utilização de embriões em pesquisas significaria tratá-los como meios para a realização das finalidades de outrem.[46] De fato, somente podem ser utilizados em pesquisas os embriões que foram produzidos com o objetivo de serem implantados em um útero materno e de se tornarem, no futuro, seres humanos.[47] Originalmente, a finalidade perseguida era a reprodução.

---

[44] Relembre-se, como já assinalado, que a técnica de fertilização *in vitro* produz um número de embriões maior do que o que pode ser efetivamente implantado no útero materno. Feita a fecundação, o médico seleciona, então, os embriões que possuem as características necessárias ao posterior desenvolvimento do feto. Os embriões não implantados são então congelados em condições criogênicas para o caso de a tentativa anterior de implantação não prosperar.

[45] No tocante a esse aspecto, a legislação brasileira segue a tendência internacional. Dos países que permitem pesquisas com células-tronco, o Reino Unido é a exceção que merece nota, por permitir também pesquisas com embriões criados apenas com a finalidade de serem utilizados em pesquisas.

[46] Trata-se de um conceito de dignidade humana inspirado em uma das formulações do imperativo categórico kantiano, pela qual cada indivíduo deve ser tratado como um fim em si mesmo, e não como um meio para realização de metas coletivas ou de outras metas individuais. Sobre o conceito de dignidade da pessoa humana, v. Ana Paula de Barcellos (*A eficácia jurídica dos princípios constitucionais*: o princípio da dignidade da pessoa humana, 2001), Ingo Wolfgang Sarlet (*Dignidade da pessoa humana e direitos fundamentais na Constituição Federal de 1988*, 2002), Maria Celina Bodin de Moraes (*Danos à pessoa humana*, 2002). Sobre a relação do princípio com o debate sobre a possibilidade de pesquisas com células-tronco embrionárias, ver Fuat S. Oduncu (Stem cell research in Germany: Ethics of healing vs. human dignity, *Medicine, Health Care and Philosophy* 6:12, 2003).

[47] O Conselho Federal de Medicina esclarece, em parecer, como se dá esse processo de reprodução assistida: a) estimula-se quimicamente a ovulação e, então, colhe-se número

Contudo, como a implantação não ocorreu, não há razões para que suas células não sejam utilizadas para promover a vida e a saúde de pessoas que sofrem de graves patologias.[48] Além disso, de acordo com o §2º, as "Instituições de pesquisa e serviços de saúde que realizem pesquisa ou terapia com células-tronco embrionárias humanas deverão submeter seus projetos à apreciação e aprovação dos respectivos comitês de ética em pesquisa". Trata-se de dispositivo que garante que as células não sejam utilizadas de forma irresponsável ou caprichosa. Ainda que sejam cumpridos todos os requisitos legais acima enumerados, ou seja, ainda que se trate de embrião inviável ou congelado há mais de três anos, e ainda que os genitores tenham proferido a autorização, a aprovação do comitê de ética da respectiva instituição será exigida, para zelar por uma prática de pesquisa ética e consequente.[49]

Note-se, por fim, que uma adesão estrita à tese da inconstitucionalidade da pesquisa com células-tronco implicaria também negar a possibilidade da própria fertilização *in vitro*, a não ser que se sustentasse a necessidade de que todos os embriões fecundados fossem implantados, o que não é possível.[50] Contudo, mesmo aqueles que são contra a própria fecundação *in vitro* ainda têm boas razões para apoiar a possibilidade das pesquisas com células-tronco dos embriões já produzidos: se os embriões não virão, de qualquer forma, a se tornar seres humanos, não haveria

---

indeterminado de óvulos; b) estes, em contato com espermatozóides, são fertilizados e se desenvolvem *in vitro* até o momento em que possuem 8 (oito) células; c) nesta etapa, selecionam-se os pré-embriões que serão levados ao útero; os restantes, são criopreservados (de acordo com a Resolução CFM nº 1.358/92). A criopreservação, conforme salienta o Conselho, tem o objetivo de permitir, "em caso de insucesso ou desejo de nova gravidez, novas tentativas de transferência sem necessidade de novos procedimentos de indução ovulatória, coleta de óvulos e nova fertilização *in vitro*" (CFM, Processo Consulta nº 1.698/96, Rel. Cons. Antônio Henrique Pedrosa Neto, aprovado na Sessão Plenária do dia 11 set. 1996). Fica patente, portanto, a finalidade a que serve a preservação por processo criogênico: a reprodução.

[48] No entanto, de acordo com o §1º do citado artigo, para que o embrião possa ser utilizado, é ainda necessário o consentimento dos genitores. Se os genitores, por razões de consciência, consideram que o embrião que produziram não deva fornecer células para a realização de pesquisas, podem não autorizar o seu uso. A Lei lhes garante essa possibilidade, demonstrando respeito e consideração pelo credo religioso ou filosófico por eles professado.

[49] Os comitês de ética em pesquisa (CEPs) estão regulados pela Resolução nº 196/96 do Conselho Nacional de Saúde.

[50] V. Deryck Beyleveld (Shaun D. Pattison, Embryo research in the UK: is harmonization in the EU needed or possible? *In*: Minou Bernadette Friele (Ed.), *Embryo experimentation in Europe*: bio-medical, legal and philosophical aspects, 2001, p. 67). Há ainda quem seja contrário à fertilização *in vitro* mesmo se todos os embriões fertilizados fossem implantados. Essa é a posição defendida pela *Congregazione per la Dottrina della Fede*. *In*: *Il rispetto della vita umana nascente e la dignità della procreazione*, 1987.

por que deixar de atribuir à sua curta existência um sentido nobre, que é o de promover a vida e a saúde de outras pessoas.[51]

2.4.3 A questão em outros países

As pesquisas com células-tronco são permitidas em grande número de países. Nos *Estados Unidos*, permite-se a produção de novas linhagens — i.e., a replicação em outras células — a partir de uma célula-tronco embrionária. Já a possibilidade de clonagem terapêutica varia entre os Estados.[52] No *Reino Unido*, permite-se a produção de novas linhagens, assim como a clonagem terapêutica. Permite-se, ainda, a própria fecundação *in vitro* com o propósito direto de utilizar os embriões em pesquisas.[53] Na *União Europeia*, permite-se a produção de novas linhagens a partir de embriões remanescentes de FIV, nos países em que a prática for legal.[54]

Na *Suécia*, na *China* e em *Israel* permite-se a produção de novas linhagens, assim como a clonagem terapêutica. Em *Cingapura*, permite-se a produção de novas linhagens, assim como a clonagem terapêutica, desde que os embriões sejam destruídos em até 14 dias. Na *Austrália*, permite-se a produção de novas linhagens, sob certas condições, mas

---

[51] Sobre a questão da *vedação do desperdício* [*avoidance of waste*], v. Katrien Devolder, Human embryonic stem cell research: why the discardedcreated-distinction cannot be based on the potentiality argument, *Bioethics* 19(2):167, 2005, p. 173, em passagem na qual resume a posição do governo americano relativamente a esse ponto: "Se estes [embriões excedentes congelados] serão destruídos de qualquer forma, não deveriam ser usados para um bem maior, para pesquisas que têm o potencial de salvar e melhorar outras vidas?' Muitos argumentam que gerar embriões excedentes é um 'efeito colateral' do processo procriativo e que deveríamos permitir que casais os doassem para bons propósitos em vez de jogar fora o seu potencial. Isso não altera a sua disposição final. A ideia subjacente é que, sendo coisas iguais, é melhor fazer algo de bom do que não fazer nada de bom, e que, por conseguinte, deve ser melhor fazer bom uso de algo do que permitir que seja descartado [*wasted*]".

[52] Um detalhe particular do sistema norte-americano é proibir o financiamento das pesquisas com recursos federais. V. Alexander Morgan Capron, Stem cells: ethics, law and politics, *Biotechnology Law Report* 5:678, 2001.

[53] Tais possibilidades encontram-se reguladas pelo *Human Fertilization and Embryology Act*, de 1990. Sobre o sistema inglês, ver Deryck Beyleveld; Shaun D. Pattison, Embryo research in the UK: is harmonization in the EU needed or possible? *In*: Minou Bernadette Friele (Ed.), *Embryo experimentation in Europe*: bio-medical, legal and philosophical aspects, 2001.

[54] V. Carlos M Romeo-Casabona (Embryonic stem cell research and therapy: the need for a common european legal framework, *Bioethics*, v. 16, n. 6, 2002; Minou Bernadette Friele (Ed.), *Embryo experimentation in Europe*: bio-medical, legal and philosophical aspects, 2001), G. de Wert, R.L.P. Berghmans, G.J. Boer, S. Andersen, B. Brambati, A.S. Carvalho, K. Dierickx, S. Elliston, P. Nunez, W. Osswald and M. Vicari (Ethical guidance on human embryonic and fetal tissue transplantation: A European overview, *Medicine, Health Care and Philosophy* 5:79, 2002).

a clonagem terapêutica é proibida. Na *Espanha*, permite-se a pesquisa. Contudo, a produção de embriões especificamente com essa finalidade não é permitida.[55] Como se vê, a legislação brasileira se harmoniza com a tendência legislativa internacional, exibindo, inclusive, em relação a ela, um viés mais moderado.[56]

2.5 A questão do ponto de vista institucional

2.5.1 Princípio majoritário, jurisdição constitucional e razão pública

A Constituição de um Estado democrático tem duas funções principais. Em *primeiro lugar*, compete a ela veicular consensos mínimos, essenciais para a dignidade das pessoas e para o funcionamento do regime democrático, e que não podem ser afetados por maiorias políticas ocasionais (ou exigem para isso um procedimento especialmente complexo). Esses consensos elementares, embora possam variar em função das circunstâncias políticas, sociais e históricas de cada país,[57] envolvem a garantia de direitos fundamentais, a separação e a organização dos poderes constituídos e a fixação de determinados fins de natureza política ou valorativa.

Em *segundo lugar*, cabe à Constituição garantir o espaço próprio do pluralismo político, assegurando o funcionamento adequado dos mecanismos democráticos. A participação popular, os meios de comunicação social, a opinião pública, as demandas dos grupos de pressão e dos movimentos sociais imprimem à política e à legislação uma dinâmica própria e exigem representatividade e legitimidade corrente do poder. Há um conjunto de decisões que não podem ser subtraídas dos órgãos eleitos pelo povo a cada momento histórico. A Constituição

---

[55] Embora minoritários, há também países que proíbem as pesquisas. Na *Alemanha*, não se permite a produção de linhagens novas a partir de embriões fecundados naquele País. No entanto, estranhamente, permite-se a importação de embriões com essa finalidade. Em *Portugal*, proíbe-se a pesquisa, salvo quando para beneficiar o embrião.

[56] Lembre-se que a adesão estrita à tese de que a vida humana ocorre desde a concepção leva à conclusão de que aqueles que pesquisam com células-tronco embrionárias são homicidas, e que aqueles Estados em que tais pesquisas são realizadas praticam genocídio. Ninguém no contexto contemporâneo estaria disposto a aceitar esses corolários. V. Deryck Beyleveld; Shaun D. Pattison, Embryo research in the UK: is harmonization in the EU needed or possible? *In*: Minou Bernadette Friele (Ed.), *Embryo experimentation in Europe*: bio-medical, legal and philosophical aspects, 2001, p. 69.

[57] V. J.J. Gomes Canotilho, Rever ou romper com a Constituição dirigente? Defesa de um constitucionalismo moralmente reflexivo, *RT-CDCCP* 15:7, 1996.

não pode, não deve, nem tem a pretensão de suprimir a deliberação legislativa majoritária.[58] A *jurisdição constitucional* envolve a interpretação e a aplicação da Constituição por juízes e tribunais, tendo como uma de suas principais manifestações o controle de constitucionalidade. No desempenho desse papel relevante e delicado — inclusive por seu caráter *contramajoritário* —,[59] o tribunal constitucional, o Supremo Tribunal Federal, pode declarar a invalidade e paralisar a eficácia de atos normativos que atentem contra a Constituição. Sua missão é a de resguardar o processo democrático e promover os valores constitucionais. No entanto, em nome da legitimidade democrática, tal atuação não pode desbordar para o exercício de preferências políticas, devendo conter-se nos limites da realização dos princípios constitucionais.

A suprema corte atua como intérprete da *razão pública*, impondo o respeito aos consensos mínimos consubstanciados na Constituição, mas respeitando a deliberação política majoritária legítima.[60] Pois bem: no caso específico, a manifestação do Congresso Nacional foi inequívoca, mediante votação expressiva na Câmara dos Deputados (85% dos parlamentares presentes votaram favoravelmente) e no Senado Federal (53 votos favoráveis contra 2).[61] O debate na sociedade e nos meios de comunicação tem sido amplo e significativo.[62]

---

[58] No sentido do texto, v. Ana Paula de Barcellos, *Ponderação, racionalidade e atividade jurisdicional*, 2005.

[59] A expressão, cunhada por Alexander Bickel (*The least dangerous branch*, 1986, p. 16), designa a circunstância de os órgãos do Judiciário, cujos agentes não são eleitos, poderem invalidar atos do Legislativo, cujos agentes são eleitos pelo povo e representam a vontade majoritária.

[60] O uso da razão pública importa em afastar dogmas religiosos ou ideológicos — cuja validade é aceita apenas pelo grupo dos seus seguidores — e utilizar argumentos que sejam reconhecidos como legítimos por todos os grupos sociais dispostos a um debate franco, ainda que não concordem quanto ao resultado obtido em concreto. O contrário seria privilegiar as opções de determinados segmentos sociais em detrimento das de outros, desconsiderando que o pluralismo é não apenas um fato social inegável, mas também um dos fundamentos expressos da República Federativa do Brasil, consagrado no art. 1º, inciso IV, da Constituição. Sobre esta temática, v. especialmente a obra de John Rawls, notadamente: *Uma teoria de justiça, Liberalismo político* e *Direito dos povos*. Na literatura nacional, v. Cláudio Pereira de Souza Neto, *Teoria constitucional e democracia deliberativa*, 2005; e Nythamar de Oliveira, *Rawls*, 2005.

[61] Registre-se aqui a pertinência do parâmetro proposto por Peter Häberle, *Hermenêutica constitucional: a sociedade aberta dos intérpretes da Constituição*, trad. Gilmar Ferreira Mendes, 1997, segundo o qual quanto mais efetiva for a participação na aprovação da lei, menos intenso deve ser o controle de constitucionalidade.

[62] Entre os inúmeros artigos e reportagens publicados sobre o tema na imprensa nacional de grande circulação, podem ser mencionados, por exemplo, os seguintes: "Embrião clonado não é organismo", diz cientista autorizado a clonar embriões humanos na Grã-Bretanha, *O Estado de S.Paulo*, 14 fev. 2005; ONU negocia para tentar alternativa a tratado sobre clonagem,

A conclusão que se extrai de todos esses elementos afigura-se simples. A questão em discussão, sobretudo se levada para o plano do momento de início da vida, envolve um profundo *desacordo moral* na sociedade. Logo, não se está diante de matéria que possa figurar na categoria dos *consensos mínimos*. Nesse ambiente, o Congresso Nacional, expressando a vontade política majoritária da sociedade, regulou o tema, de uma maneira que respeita o pluralismo político, isto é, a autonomia de cada um. De fato, ao exigir o prévio consentimento dos genitores para a realização de pesquisas com células-tronco, a lei assegurou o direito de cada um agir de acordo com sua ética pessoal. Por todas essas razões, não se justificava nem seria legítima a atuação contramajoritária do Supremo Tribunal Federal.

3 Audiência pública, julgamento e resultado

3.1 Audiência pública

Em 20.04.2007, sob a presidência do Relator, Ministro Carlos Ayres Britto, realizou-se a primeira audiência pública da história do

---

Reuters, 14 fev. 2005; O medo do retrocesso, *Época*, 21 fev. 2005; Projetos polêmicos serão levados para Severino, *O Globo*, 27 fev. 2005; A vida humana segundo a razão, *O Estado de S.Paulo*, 02 mar. 2005; Severino garante isenção na votação da Biossegurança, *Jornal da Câmara*, 02.03.2005; Uma batalha da luz, *Veja*, 02 mar. 2005; Câmara aprova pesquisa de células tronco, *Agora SP*, 03 mar. 2005; Câmara aprova pesquisa de células tronco de embriões, *Diário de SP*, 03 mar. 2005; Câmara libera transgênicos e pesquisa com célula tronco, *Zero Hora*, 03 mar. 2005; Conseguiremos recuperar o tempo perdido?, *Folha de S.Paulo*, 03 mar. 2005; Câmara aprova Lei de Biossegurança, *Valor Econômico*, 03 mar. 2005; Deputados liberam uso de células tronco, *Jornal do Brasil*, 03 mar. 2005; Frutos daqui a 5 anos, *Correio Braziliense*, 04 mar. 2005; Resultados de células tronco vão demorar, *O Estado de S.Paulo*, 04 mar. 2005; Na fila da esperança, *Correio Braziliense*, 06 mar. 2005; O triunfo da razão, *Época*, 07 mar. 2005; Verdade sobre células tronco embrionárias, *Folha de S.Paulo*, 08 mar. 2005; Ciência, graças a Deus, *Veja*, 09 mar. 2005; Esperança redobrada, *Correio Braziliense*, 10 mar. 2005; A revolução a espera de uma política, *Valor Econômico*, 11 mar. 2005; Mais Darwin, menos Santo Tomás, *O Estado de S.Paulo*, 03 abr. 2005; Ministérios liberam R$11 milhões para células tronco, *O Estado de S.Paulo*, 20 abr. 2005; Cientistas criam óvulos a partir de células tronco, *O Estado de S.Paulo*, 05 maio 2005; Célula tronco adulta age como embrionária, *O Estado de S.Paulo*, 08 maio 2005; USP recebe células tronco de embriões humanos, *O Estado de S.Paulo*, 22 jun. 2005; As células tronco e as patentes no Brasil, *Valor Econômico*, 27 jun. 2005; Quem tem medo das células tronco?, *Folha de S.Paulo*, 27 jun. 2005; O caminho das células tronco, *Folha de S.Paulo*, 09 jul. 2005; Britânicos criam células tronco nervosas, *Zero Hora*, 17 ago. 2005; Cientistas criam células tronco do sistema nervoso, *O Globo*, 17 ago. 2005; CNBB cobra veto a leis que atentem contra a vida, *O Estado de S.Paulo*, 17 ago. 2005; Igreja pressiona Lula e Congresso, *Correio Braziliense*, 17 ago. 2005; Nova descoberta na saúde, *Jornal Nacional*, 22 ago. 2005; Cientistas criam célula pulmonar em laboratório, *Folha de S.Paulo*, 24 ago. 2005; Feto só atinge dor no 7º mês de gestação, *Folha de S.Paulo*, 24 ago. 2005; Chave da cura, *Discovery Magazine*, abr. 2005; Células tronco embrionárias: aprovação de projeto traz esperança de reabilitação, *Revista Plenário*, jun./jul. 2005; Raupp quer Lei de Biossegurança aprovada na Câmara, *Revista Plenário*, jun./jul. 2005.

Supremo Tribunal Federal, precisamente para reunir informações científicas que permitissem à Corte decidir acerca da constitucionalidade das pesquisas com células-tronco embrionárias. O MOVITAE indicou alguns dos mais expressivos pesquisadores na matéria, cientistas reconhecidos em todo o Brasil, que incluíam, além da própria Mayana, Stevens Rehen, Antonio Carlos Campos de Carvalho, Lygia da Veiga Pereira, Luiz Eugenio Araújo de Moraes Mello, Patrícia Pranke e Júlio César Voltarelli, em meio a muitos outros. Diante da dificuldade de reunir tanta gente de diferentes partes do país, fizemos uma longa conferência telefônica, preparatória da audiência, na qual se definiu a abordagem a ser feita por cada um durante a audiência.

A essa altura, outros parceiros haviam se juntado à defesa das pesquisas, com destaque para o Instituto de Bioética, Gênero e Direitos Humanos (Anis), fundado pela Professora Debora Diniz.[63] Ficou combinado que Mayana abriria a exposição e Debora faria o encerramento. A apresentação dos cientistas e professores que defendiam a validade e a necessidade das pesquisas foi primorosa e antológica. O tempo — duas horas, se não me falha a memória — era para ser dividido por todos os que integravam o nosso grupo. De modo que se um falasse mais do que lhe cabia, outro expositor teria de falar menos. Todos ficaram rigorosamente dentro do seu tempo, em um exemplo de disciplina e humildade. A seriedade, o conhecimento técnico e o idealismo daquelas pessoas eram uma bela imagem para a causa.

3.2 Julgamento e resultado[64]

O julgamento foi cindido em duas partes. Na sessão de 05.03.2008, foi lido o relatório e foram feitas as sustentações orais. Em seguida, votou o Ministro-Relator, Carlos Ayres Britto. Após o voto, pediu vista o Ministro Carlos Alberto Menezes Direito. Embora faça parte da rotina da vida do tribunal, e seja um direito legítimo de qualquer Ministro, o pedido foi incompreendido e tratado com injusta rispidez pela imprensa em geral. O julgamento foi retomado em 28.05.2008 e concluído em 29.05.2008. Embora a divulgação do resultado do julgamento pela

---

[63] A ANIS e Debora já eram meus conhecidos e parceiros desde a ADPF nº 54. Foi a pedido da ANIS que se concebeu a ação que veio a ser proposta pela Confederação Nacional dos Trabalhadores na Saúde (CNTS), tendo por objeto a constitucionalidade da antecipação de parto no caso de feto anencefálico.

[64] A sustentação oral feita na ocasião encontra-se disponível em: <http://www.luisrobertobarroso.com.br/?page_id=46>.

imprensa tenha feito menção a uma vitória por 6 votos a 5, foram três as linhas de votação seguidas pelos Ministros.

A corrente majoritária foi liderada pelo Ministro-Relator, Carlos Ayres Britto, acompanhado pelos Ministros Cármen Lúcia, Joaquim Barbosa, Ellen Gracie, Marco Aurélio e Celso de Mello, julgando o pedido integralmente improcedente. No seu voto, o relator destacou alguns pontos, como os que se seguem: (i) as células-tronco embrionárias oferecem maior contribuição em relação às demais, por se tratarem de células pluripotentes; (ii) o bem jurídico vida, constitucionalmente protegido, refere-se à pessoa nativiva; (iii) não há obrigação de que sejam aproveitados todos os embriões obtidos por fertilização artificial, em respeito ao planejamento familiar e aos princípios da dignidade da pessoa humana e da paternidade responsável; (iv) os direitos à livre expressão da atividade científica e à saúde (que também é dever do Estado), bem como o §4º do art. 199 da CF/88, contribuem para afirmar a constitucionalidade da lei; e (v) já se admitiu que a lei ordinária considere finda a vida com a morte encefálica (Lei nº 9.434/97), sendo que o embrião objeto das normas impugnadas é incapaz de vida encefálica. E, em desfecho, lavrou o Ministro Carlos Ayres Britto:

> 70. É assim ao influxo desse olhar pós-positivista sobre o Direito brasileiro, olhar conciliatório do nosso Ordenamento com os imperativos de ética humanista e justiça material, que chego à fase da definitiva prolação do meu voto. Fazendo-o, acresço às três sínteses anteriores estes dois outros fundamentos constitucionais do direito à saúde e à livre expressão da atividade científica para julgar, como de fato julgo, totalmente improcedente a presente ação direta de inconstitucionalidade. Não sem antes pedir todas as vênias deste mundo aos que pensam diferentemente, seja por convicção jurídica, ética, ou filosófica, seja por artigo de fé. É como voto.

A segunda corrente foi inaugurada pelo Ministro Carlos Alberto Menezes de Direito, tendo sido seguida, igualmente, pelos Ministros Enrique Ricardo Lewandowski e Eros Roberto Grau. A ideia central a esta posição é de que, no caso dos embriões congelados, não é aceitável sua destruição para a realização da pesquisa. Como, no estado da arte atual, não é possível desenvolver pesquisas com células-tronco embrionárias sem a destruição do embrião, esta posição significava, em última análise, a não admissão das pesquisas. Como até a data de elaboração do presente artigo, ainda não havia sido publicado o voto do Ministro Direito, utiliza-se, sobre o ponto, passagem da parte dispositiva do voto do Ministro Lewandowski, na qual se lê:

Em face de todo o exposto [...], julgo procedente em parte a presente ação direta de inconstitucionalidade para, sem redução de texto, conferir a seguinte interpretação aos dispositivos abaixo discriminados, com exclusão de qualquer outra:

(iii) inc. II do art. 5º: as pesquisas com embriões humanos congelados são admitidas desde que não sejam destruídos nem tenham o seu potencial de desenvolvimento comprometido.

Por fim, a terceira posição foi defendida pelos Ministros Cezar Peluso e Gilmar Ferreira Mendes. Ambos se alinharam a uma interpretação conforme a Constituição do artigo impugnado para exigir, com caráter de decisão aditiva, a prévia submissão das pesquisas com células-tronco embrionárias a um órgão central de controle — um "Comitê Central de Ética" —, subordinado ao Ministério da Saúde. Nas palavras constantes do fecho do voto do Ministro Gilmar Mendes:

Assim, julgo improcedente a ação, para declarar a constitucionalidade do art. 5º, seus incisos e parágrafos, da Lei nº 11.105/2005, desde que seja interpretado no sentido de que a permissão da pesquisa e terapia com células-tronco embrionárias, obtidas de embriões humanos produzidos por fertilização *in vitro*, deve ser condicionada à prévia autorização e aprovação por Comitê (Órgão) Central de Ética e Pesquisa, vinculado ao Ministério da Saúde.

Portanto, a votação, em rigor, foi de seis votos favoráveis à pesquisa, sem qualquer limitação aos termos da lei; dois votos favoráveis à pesquisa, mas com a exigência de sua prévia aprovação por um comitê central de ética; e três votos no sentido de não admissão das pesquisas que importassem na destruição do embrião, o que significa, no estágio contemporâneo, a sua proibição.

3.3 Epílogo

Em seu voto contrário às pesquisas — *rectius*: a favor, desde que sejam realizadas sem a destruição do embrião, o que não é possível nas condições atuais — o Ministro Eros Grau fez uma observação interessante: a de que este processo contrapunha a fé na religião, de um lado, e a fé na ciência, de outro. Tinha razão. Todavia, a fé religiosa é um espaço da vida privada e o papel do Estado em relação a ela é simplesmente o de não interferir com a liberdade de crença de cada um. Já em relação à ciência — sem recair no extremo de um conhecimento pretensamente amoral —, o papel do Estado é constitucionalmente previsto: o Poder Público deve promover e incentivar o desenvolvimento científico, a pesquisa e a capacitação tecnológicas (CF, art. 218).

Passado pouco mais de um ano do julgamento, colhi o depoimento de dois dos principais pesquisadores com células-tronco embrionárias do país sobre as consequências da decisão do Supremo Tribunal Federal:

O julgamento das pesquisas com células-tronco embrionárias foi uma vitória para a democracia ao discutir um grande dilema moral contemporâneo. Do ponto de vista da comunidade científica, foi muito importante pois fez com que a sociedade brasileira passasse a reconhecer um pouco mais a importância da pesquisa biomédica para o progresso da medicina. Em termos práticos, a autorização da continuidade das pesquisas permitiu a criação da primeira linhagem de células-tronco embrionárias humanas (2008), além de favorecer a geração de células humanas de pluripotência induzida (2009) em nosso país. Ferramentas essenciais ao avanço dos estudos sobre terapia celular no Brasil. (Stevens Rehen)

O reconhecimento da constitucionalidade da lei teve ampla repercussão dentro e fora do Brasil e nos colocou em um patamar de respeitabilidade internacional no mundo científico. O benefício imediato foi a liberação de novos recursos para a realização das pesquisas com células-tronco pelos órgãos de fomento e o estabelecimento de parcerias e colaborações com laboratórios internacionais de excelência.

Um ano após a aprovação definitiva das pesquisas com células tronco embrionárias podemos afirmar que estamos caminhando junto com o primeiro mundo e podemos tranquilizar a nossa população de que ela não necessita ir ao exterior buscar tratamentos que poderiam não ter sido permitidos no Brasil. Mas os resultados das pesquisas nem sempre acontecem na mesma velocidade que se almeja. Às vezes são necessários anos de investimento para poder obter resultados. O que podemos afirmar é que foi plantada uma semente que poderá dar belos frutos. (Mayana Zatz)

Em seu belo voto favorável às pesquisas, a Ministra Cármen Lúcia sintetizou um sentimento que unia pesquisadores, pacientes e advogados: as pesquisas com células-tronco embrionárias não produziam a certeza de resultados favoráveis. Mas a não pesquisa produzia a certeza da ausência de resultados. Calha aqui, com precisão, a frase feliz do navegador Amir Klink: "O maior naufrágio é não partir".

4 O que ninguém ficou sabendo

A atividade jurídica, com seus ritos e estilos, é mais um espaço de racionalidade do que de grandes emoções. Mas quando o Ministro

Marco Aurélio Mello proferiu o sexto e decisivo voto em favor das pesquisas, sem qualquer limitação, minha vontade era a de vibrar como alguém que comemora um gol. De sair abraçando aquelas pessoas em cadeiras de rodas que enchiam de humanidade aquele complexo debate jurídico. Em seguida ao seu voto, veio o intervalo. O julgamento já estava definido e a missão cumprida. Os votos que faltavam já não poderiam mudar o resultado. Corri para o aeroporto e ainda consegui pegar o avião que partia de Brasília para Lisboa, onde tinha um compromisso acadêmico na manhã seguinte, marcado de longa data, na Universidade Clássica de Lisboa. Meu anfitrião era um queridíssimo professor português, a quem contei empolgado o resultado do julgamento. Muito religioso, recebeu sem qualquer entusiasmo a notícia.

Durante o julgamento, um longo voto contrário às pesquisas com células-tronco embrionárias citava repetidamente passagens de Aristóteles, grande filósofo que viveu no século IV a.C. Sentada ao meu lado na primeira fila do plenário do STF, e inconformada com o que considerava um uso indevido do grande pensador grego, a Professora Mayana Zatz comentou ao meu ouvido: "Aristóteles não entendia nada de fertilização *in vitro*".

CAPÍTULO 4

UNIÕES HOMOAFETIVAS
RECONHECIMENTO JURÍDICO DAS UNIÕES ESTÁVEIS ENTRE PARCEIROS DO MESMO SEXO

1 Introdução
1.1 Antecedentes

Em 2007, quando o Procurador-Geral da República era o Dr. Antônio Fernando de Souza, um grupo de Procuradores da República desejava instá-lo a propor uma ação constitucional tendo por objeto o reconhecimento jurídico das uniões homoafetivas. Fui procurado, em nome desse grupo, pelo Daniel Sarmento, que fora meu aluno na graduação e na pós-graduação, e que desenvolvia uma carreira acadêmica de sucesso junto a nós, na Universidade do Estado do Rio de Janeiro (UERJ). O pedido era no sentido de que eu elaborasse um estudo que pudesse servir de fundamento para a propositura da ação perante o Supremo Tribunal Federal. Em essência, o que se pretendia é que as uniões estáveis entre pessoas do mesmo sexo passassem a estar sujeitas ao mesmo regime jurídico das uniões estáveis convencionais, entre casais do mesmo sexo. Na época, o Procurador-Geral da República optou por não propor a ação. O estudo que elaborei foi publicado como artigo acadêmico em diversas revistas jurídicas.[1]

---

[1] V. Luís Roberto Barroso, Diferentes, mas iguais: o reconhecimento jurídico das relações homoafetivas no Brasil, *Revista de Direito do Estado* 5:167, 2007.

Algum tempo depois, a Procuradora-Geral do Estado do Rio de Janeiro, Lucia Lea Guimarães Tavares, me procurou e me disse que o Governador do Estado, Sergio Cabral, havia sido informado da existência do estudo e, como o Procurador-Geral da República não havia proposto a ação, ele gostaria de fazê-lo. Indagou-me ela, então, se eu poderia adaptar meu texto, convertendo-o em uma ação a ser ajuizada pelo Governador do Rio. Aceitei prontamente a tarefa.

1.2 Estratégia

A propositura da ação pelo Governador envolvia uma complexidade. O Procurador-Geral da República possui o que se denomina de *legitimação universal* para apresentar ações diretas perante o STF. Vale dizer: ele pode questionar qualquer lei ou suscitar qualquer questão, independentemente do tema e de quem sejam as pessoas afetadas. Já o Governador do Estado, embora também figure no elenco do art. 103 da Constituição — que identifica quem possui o direito de propositura de ações diretas perante o STF —, tem uma *legitimação especial*. Isso significa que ele precisa demonstrar que a questão a ser discutida tem uma repercussão específica e particular no âmbito do Estado, para enquadrar-se no que o STF denomina de *pertinência temática*. Diante disso, para justificar a atuação do Governador do Estado, foi preciso identificar uma questão tipicamente estadual envolvida. Nessa busca, localizei o Decreto-Lei estadual nº 220, de 18.07.1975 — o Estatuto dos Servidores Civis do Estado do Rio de Janeiro —, que continha dispositivos que previam o direito a licença do servidor em caso de doença de pessoa da família ou para acompanhar o cônjuge em missão de trabalho, além de alguns benefícios previdenciários para os familiares do servidor. Aí estava o gancho: o Governador precisava determinar se cônjuge e pessoa da família incluíam ou não os parceiros em uniões homoafetivas. Estava justificado o seu interesse.

1.3 A ação proposta

A opção, mais uma vez, foi por uma Arguição de Descumprimento de Preceito Fundamental. A razão principal é que os dispositivos da legislação estadual cuja interpretação conforme a Constituição se pediria eram anteriores à Carta de 1988, o que, ao menos em princípio, inviabilizava a propositura de ação direta de inconstitucionalidade. De todo modo, para a eventualidade de o STF não aceitar a ADPF —

cujos requisitos ainda continuam um tanto misteriosos —, pedi que a ação fosse alternativamente recebida como ação direta de inconstitucionalidade, para o fim de se interpretar conforme a Constituição o art. 1.723, que disciplina as uniões estáveis, determinando-se que sua incidência se estendia às uniões homoafetivas. A ação foi ajuizada em fevereiro de 2008 e foi identificada como ADPF nº 132. Posteriormente, durante o período em que foi interinamente Procuradora-Geral da República, a Dra. Deborah Duprat propôs, ela própria, uma nova ação, com o mesmo pedido. Sua iniciativa se justificava porque na ação do Governador, como exposto, a tese da equiparação entre união estável e união homoafetiva só valeria no âmbito do Estado do Rio de Janeiro. Ajuizada durante o recesso, foi distribuída ao então Presidente, Ministro Gilmar Mendes, que não a recebeu como ADPF, mas como ação direta de inconstitucionalidade (ADI nº 142).

As duas ações tiveram seu julgamento conjunto iniciado em 4 de maio de 2011. Durante o primeiro semestre de 2011 eu estava fora do Brasil, fazendo um período sabático como *Visiting Scholar* na Universidade de Harvard, nos Estados Unidos. No entanto, eu havia me comprometido com a Procuradora-Geral do Estado que viria para o julgamento, caso ele fosse marcado para o período em que me encontrava fora. E assim fiz, tendo voado de Boston para Brasília para participar da sessão, que se estendeu, também, pelo dia 5 de maio.

2 Principais argumentos e questões debatidas

2.1 Síntese das ideias que fundamentaram a ação

2.1.1 As relações homoafetivas e o Direito

Nas últimas décadas, culminando um processo de superação do preconceito e da discriminação, inúmeras pessoas passaram a viver a plenitude de sua orientação sexual e, como desdobramento, assumiram publicamente relações homoafetivas. No Brasil e no mundo, milhões de pessoas do mesmo sexo convivem em parcerias contínuas e duradouras, caracterizadas pelo afeto e pelo projeto de vida em comum. A aceitação social e o reconhecimento jurídico desse fato são relativamente recentes e, consequentemente, existem incertezas acerca do modo como o Direito deve lidar com o tema.

Nesse ambiente, é natural que se coloque, com premência, o tema do regime jurídico das uniões homoafetivas. De fato, tais parcerias existem e continuarão a existir, independentemente do reconhecimento jurídico positivo do Estado. Se o Direito se mantém indiferente, de tal atitude emergirá uma indesejável situação de insegurança. Porém, mais do que isso, a indiferença do Estado é apenas aparente e revela, na verdade, um juízo de desvalor. Tendo havido — como houve — uma decisão estatal de dar reconhecimento jurídico às relações afetivas informais (isto é, independentemente do casamento), a não extensão desse regime às uniões homoafetivas traduz menor consideração a esses indivíduos. Tal desequiparação é inconstitucional por uma série de motivos.

2.1.2 Fundamentos filosóficos

A ação proposta se assentou sobre dois fundamentos filosóficos. O primeiro deles é que o homossexualismo é um fato da vida. Seja ele considerado uma condição inata ou adquirida, decorra de causas genéticas ou sociais, a orientação sexual de uma pessoa não é uma escolha livre, uma opção entre diferentes possibilidades. Deve-se destacar, ademais, que o homossexualismo — e as uniões afetivas entre pessoas do mesmo sexo que dele decorrem — não viola qualquer norma jurídica, nem é capaz, por si só, de afetar a vida de terceiros. Salvo, naturalmente, quando esses terceiros tenham a pretensão de ditar um modo de vida "correto" — o seu modo de vida — para os outros indivíduos.

O segundo fundamento filosófico da ação proposta consistiu no reconhecimento de que o papel do Estado e do Direito, em uma sociedade democrática, é o de assegurar o desenvolvimento da personalidade de todos os indivíduos, permitindo que cada um realize os seus projetos pessoais lícitos. O Poder Público não pode nem deve praticar ou chancelar o preconceito e a discriminação, cabendo-lhe, ao revés, enfrentá-los com firmeza, provendo apoio e segurança para os grupos vulneráveis. Às instituições políticas e jurídicas toca a missão de acolher — e não de rejeitar — aqueles que são vítimas de preconceito e intolerância.

2.1.3 Fundamentos jurídicos

A ação proposta foi desenvolvida em torno de duas teses centrais. A primeira é a de que um conjunto de princípios constitucionais impõe a inclusão das uniões homoafetivas no regime jurídico da união estável, por se tratar de uma espécie em relação ao gênero. A segunda tese é a de que, ainda quando não fosse uma consequência imediata do texto constitucional, a equiparação de regimes jurídicos decorreria de uma regra de hermenêutica: na lacuna da lei, deve-se integrar a ordem jurídica mediante o emprego da analogia. Como as características essenciais da união estável previstas no Código Civil estão presentes nas uniões estáveis entre pessoas do mesmo sexo, o tratamento jurídico deve ser o mesmo, sob pena de se produzir discriminação inconstitucional. Os princípios em questão são o da igualdade, da liberdade, da dignidade da pessoa humana e da segurança jurídica. A analogia, por sua vez, impõe a extensão, a uma hipótese não prevista no ordenamento, da norma aplicável à situação mais próxima. Pois bem: a situação que melhor se equipara à da união afetiva não é, por certo, a *sociedade de fato*, em que *duas ou mais* pessoas empreendem esforços para fins comuns, geralmente de natureza econômica. A analogia adequada, como se constata singelamente, é a da união estável, situação em que duas pessoas compartilham um projeto de vida comum, baseado no afeto. Chega-se aqui ao conceito-chave no equacionamento do tema: é sobretudo a *afetividade*, não a sexualidade ou o interesse econômico, que singulariza as relações homoafetivas e que merece a tutela do Direito.

2.2 Direito de propositura e cabimento da ADPF

2.2.1 Legitimação ativa e pertinência temática

Um capítulo da petição inicial foi destinado à demonstração da legitimação ativa e da pertinência temática. As ideias desenvolvidas — e já adiantadas brevemente na apresentação da estratégia adotada no caso — foram as seguintes. Nos termos do art. 2º, I, da Lei nº 9.882/99, a legitimação ativa para a ADPF recai sobre os que têm direito de propor ação direta de inconstitucionalidade, constantes do elenco do art. 103 da Constituição Federal.[2] Nesse rol, estão incluídos os Governadores de Estado.

Quanto à pertinência temática, afirmou-se que no Estado do Rio de Janeiro existe grande número de servidores que são partes em uniões homoafetivas estáveis. Diante disso, colocam-se para o Governador do Estado e para a Administração Pública questões relevantes relativamente às normas sobre licenças por motivo de doença de *pessoa da família*

---

[2] CF, art. 103: "Pode propor a ação direta de inconstitucionalidade: I - o Presidente da República; II - a Mesa do Senado Federal; III - a Mesa da Câmara dos Deputados; IV - a Mesa de Assembléia Legislativa; V - o Governador de Estado; VI - o Procurador-Geral da República; VII - o Conselho Federal da Ordem dos Advogados do Brasil; VIII - partido político com representação no Congresso Nacional; IX - confederação sindical ou entidade de classe com âmbito nacional".

ou para acompanhamento de *cônjuge*, bem como sobre previdência[3] e assistência social. A indefinição jurídica acerca da aplicabilidade de tais normas aos parceiros de uniões homoafetivas sujeitava o Governador, como chefe da Administração Pública, a consequências jurídicas perante o Tribunal de Contas do Estado, o Ministério Público e a Justiça estaduais, seja qual fosse a linha interpretativa pela qual viesse a optar.

Ademais, após a Constituição de 1988 e a legislação subsequente, que expandiram de forma importante o sistema jurisdicional de controle de constitucionalidade no país, parece impróprio que o Chefe do Executivo Estadual adote determinada interpretação que se apresenta controversa sem levar a questão, pelos meios próprios, ao Supremo Tribunal Federal.

De parte isto — que já seria suficiente —, existem milhares de parcerias afetivas unindo pessoas do mesmo sexo no Estado do Rio de Janeiro. É natural e legítimo, assim, que o Governador do Estado, agente público eleito, represente também os interesses dessa parcela da coletividade. Note-se que as demandas relacionadas com a matéria aqui discutida deságuam perante o Poder Judiciário do Estado, que tem produzido decisões divergentes. A pacificação do tema pelo Supremo Tribunal Federal, portanto, teria — como de fato teve — impacto positivo sobre pessoas domiciliadas no Estado e sobre as instituições estaduais.

Caracterizadas a legitimação ativa e a pertinência temática, era preciso demonstrar, também, a presença dos requisitos de cabimento da ADPF.

2.2.2 Cabimento da ADPF

A Lei nº 9.882, de 03.12.99, que dispôs sobre o processo e julgamento da arguição de descumprimento de preceito fundamental,[4] contemplou duas modalidades possíveis para o instrumento: a arguição autônoma e a incidental. A arguição a ser proposta era de natureza *autônoma*, cuja matriz se encontra no *caput* do art. 1º da lei específica, *in verbis*:

---

[3] Especificamente no tocante a direitos previdenciários, a matéria veio a ser regulada pela Lei estadual nº 5.034/2007.
[4] Anteriormente à promulgação desse diploma legal, a posição do Supremo Tribunal Federal era pela não autoaplicabilidade da medida. V. *DJU*, 31 maio 1996, AgReg na Pet nº 1.140, Rel. Min. Sydney Sanches.

Art. 1º A argüição prevista no §1º do art. 102 da Constituição Federal será proposta perante o Supremo Tribunal Federal, e terá por objeto evitar ou reparar lesão a preceito fundamental, resultante de ato do Poder Público.

A ADPF autônoma constitui uma ação, análoga às ações diretas já instituídas na Constituição, por via da qual se suscita a jurisdição constitucional abstrata e concentrada do Supremo Tribunal Federal. Tem por singularidade, todavia, o parâmetro de controle mais restrito — não é qualquer norma constitucional, mas apenas preceito fundamental — e o objeto do controle mais amplo, compreendendo os atos do Poder Público em geral, e não apenas os de cunho normativo. São três os pressupostos de cabimento da arguição autônoma: (i) a ameaça ou violação a preceito fundamental; (ii) um ato do Poder Público capaz de provocar a lesão; (iii) a inexistência de qualquer outro meio eficaz de sanar a lesividade.

(i) *Ameaça ou violação a preceito fundamental*
Nem a Constituição nem a lei cuidaram de precisar o sentido e o alcance da locução "preceito fundamental". Nada obstante, há substancial consenso na doutrina de que nessa categoria hão de figurar os fundamentos e objetivos da República, assim como as decisões políticas fundamentais, objeto do Título I da Constituição (arts. 1º a 4º). Também os direitos fundamentais se incluem nessa tipificação, compreendendo, genericamente, os individuais, coletivos, políticos e sociais (art. 5º *et seq.*). Devem-se acrescentar, ainda, as normas que se abrigam nas cláusulas pétreas (art. 60, §4º) ou delas decorrem diretamente. E, por fim, os princípios constitucionais *sensíveis* (art. 34, VII), cuja violação justifica a decretação de intervenção federal.

Conforme será aprofundado a seguir, na questão posta na ação aqui retratada os preceitos fundamentais vulnerados são: o princípio da dignidade da pessoa humana (art. 1º, IV), um dos fundamentos da República; os direitos fundamentais à igualdade e à liberdade (art. 5º, *caput*), reforçados pela enunciação de que um dos objetivos fundamentais do Estado brasileiro é a promoção de uma sociedade livre e sem preconceitos (art. 3º, IV); e o princípio da segurança jurídica (art. 5º, *caput*, entendido, também, como corolário imediato do Estado de direito).[5]

---

[5] Nesse sentido, a título de exemplo, v. STF, *DJU*, 5 nov. 2004, MS nº 22.357/DF, Rel. Min. Gilmar Mendes: "Transcurso de mais de dez anos desde a concessão da liminar no mandado de

(ii) *Ato do Poder Público*

Como decorre do relato explícito do art. 1º da Lei nº 9.882/99, os atos que podem ser objeto de ADPF autônoma são os emanados do Poder Público, aí incluídos os de natureza normativa, administrativa e judicial. Na hipótese aqui versada, como apontado inicialmente, os atos do Poder Público violadores dos preceitos fundamentais em questão são de ordem normativa e judicial. Os atos normativos consubstanciam-se no art. 19, II e V e no art. 33 (incluindo seus dez incisos e seu parágrafo único), todos do Decreto-Lei nº 220/75 (Estatuto dos Servidores Civis do Estado do Rio de Janeiro), que têm a seguinte dicção:

> Art. 19. Conceder-se-á licença:
>
> [...]
>
> II - por motivo de doença em pessoa da família, com vencimento e vantagens integrais nos primeiros 12 (doze) meses; e, com dois terços, por outros 12 (doze) meses, no máximo;
>
> [...]
>
> V - sem vencimento, para acompanhar o cônjuge eleito para o Congresso Nacional ou mandado servir em outras localidades se militar, servidor público ou com vínculo empregatício em empresa estadual ou particular; (Redação dada pela Lei nº 800/1984).
>
> Art. 33. O Poder Executivo disciplinará a previdência e a assistência ao funcionário e à sua família, compreendendo:
>
> I - salário-família;
>
> II - auxílio-doença;
>
> III - assistência médica, farmacêutica, dentária e hospitalar;
>
> IV - financiamento imobiliário;
>
> V - auxílio-moradia;
>
> VI - auxílio para a educação dos dependentes;
>
> VII - tratamento por acidente em serviço, doença profissional ou internação compulsória para tratamento psiquiátrico;
>
> VIII - auxílio-funeral, com base no vencimento, remuneração ou provento;
>
> IX - pensão em caso de morte por acidente em serviço ou doença profissional;

---

segurança. 5. Obrigatoriedade da observância do princípio da segurança jurídica enquanto subprincípio do Estado de Direito. Necessidade de estabilidade das situações criadas administrativamente. 6. Princípio da confiança como elemento do princípio da segurança jurídica. Presença de um componente de ética jurídica e sua aplicação nas relações jurídicas de direito público".

X - plano de seguro compulsório para complementação de proventos e pensões.

Parágrafo único - A família do funcionário constitui-se dos dependentes que, necessária e comprovadamente, vivam a suas expensas.

Os dispositivos transcritos conferem direitos aos familiares de servidores públicos — como assistência médica e auxílio-funeral — ou mesmo aos próprios servidores em razão de eventos que ocorram aos membros de sua família. Nesse segundo caso, encontra-se, por exemplo, a licença concedida ao servidor pela doença de familiar. Tornou-se pacífico que tais direitos devem ser estendidos aos servidores que mantêm uniões estáveis heterossexuais. Porém, existe incerteza se podem ser aplicados às uniões homoafetivas. O autor da ação aqui retratada entende que sim, mas a tese não é pacífica.

Os atos de natureza judicial que motivaram a propositura da ADPF eram representados pelo conjunto de decisões proferidas pelo Tribunal de Justiça do Estado do Rio de Janeiro que, predominantemente, vinham negando equiparação entre as uniões homoafetivas e as uniões estáveis convencionais. De fato, inúmeros acórdãos haviam negado a possibilidade de se atribuir o *status* de entidade familiar a essas uniões. Confiram-se, exemplificativamente:

> RELACIONAMENTO ENTRE HOMENS HOMOSSEXUAIS. UNIÃO ESTÁVEL. COMPANHEIRO FALECIDO. PLEITO OBJETIVANDO A HABILITAÇÃO COMO PENSIONISTA. REGIME DE PREVIDÊNCIA COMPLEMENTAR. AUSÊNCIA DA DEVIDA INSCRIÇÃO COMO DEPENDENTE. DESCABIMENTO. RECURSO PROVIDO. Ainda que evidenciada, por longo tempo, a relação homossexual entre dois homens, a ela não se aplicam as disposições da Lei nº 8.971/94, sob alegação de existência de união estável. Sobretudo porque, a Carta Magna, em seu artigo 226, estabelece que a família, base da sociedade, tem especial proteção do Estado, consignando no parágrafo 3º que para efeito da proteção do Estado, é reconhecida a união estável entre o homem e a mulher como entidade familiar, devendo a lei facilitar sua conversão em casamento. Esse preceito constitucional, pois, tem por escopo a união entre pessoas do sexo oposto e não elementos do mesmo sexo. Por outro lado, ausente comprovação da inscrição do autor como dependente do associado junto à ré para fins de recebimento do benefício ora pretendido (pensionamento post mortem), sendo certo, ademais, que não se confunde com aquele contratado às fls. 29 (proposta de pecúlio), mostra-se de rigor a improcedência do pedido.[6]

---

[6] TJRJ. j. 19 jun. 2007, AC nº 2006.001.59677, Rel. Des. Antonio Eduardo Duarte.

Ação declaratória. Busca de reconhecimento de união estável entre homossexuais. Sentença de improcedência. Nem a Constituição Federal de 1988, nem a Lei 8.971/94, protegem a pretensão rebatida pela decisão apelada. O conceito de família não se estende a união entre pessoas do mesmo sexo. Não demonstrado o esforço comum, também não há que se falar em divisão de patrimônio ou de habilitação no inventário de um dos companheiros, falecido. Precedentes. Desprovimento do recurso.[7]

Embora houvesse decisões esporádicas em sentido diverso, o fato é que o entendimento jurisprudencial majoritário violava direitos fundamentais das pessoas envolvidas, razão pela qual o autor pediu ao Supremo Tribunal Federal que reconhecesse este fato e superasse esta orientação.

(iii) *Inexistência de outro meio eficaz de sanar a lesividade (subsidiariedade da ADPF)*

A exigência de "inexistir outro meio capaz de sanar a lesividade" não decorre da matriz constitucional do instituto, tendo sido imposta pelo art. 4º, §1º, da Lei nº 9.882/99. Como se sabe, a doutrina e a jurisprudência do Supremo Tribunal Federal têm construído o entendimento de que a verificação da subsidiariedade em cada caso depende da *eficácia* do "outro meio" referido na lei, isto é, da espécie de solução que as outras medidas possíveis na hipótese sejam capazes de produzir.[8] O *outro meio* deve proporcionar resultados semelhantes aos que podem ser obtidos com a ADPF.

Ora, a decisão na ADPF é dotada de caráter vinculante e eficácia contra todos, elementos que, como regra, não podem ser obtidos por meio de ações de natureza subjetiva. Ademais, caso se pretendesse vedar o emprego da ADPF sempre que cabível alguma espécie de recurso ou ação de natureza subjetiva, o papel da nova ação seria totalmente marginal e seu propósito não seria cumprido. É por esse fundamento, tendo em vista a natureza objetiva da ADPF, que o exame de sua subsidiariedade deve levar em consideração os demais processos objetivos já consolidados no sistema constitucional. Esse é o entendimento que tem prevalecido no STF.[9]

No caso aqui apresentado, a impugnação se voltava, em primeiro lugar, contra lei estadual anterior à Constituição de 1988. Na linha

---

[7] TJRJ. j. 9 mar. 2006, AC nº 2005.001.28033, Rel. Des. Renato Simoni. No mesmo sentido, v. TJRJ. j. 28 nov. 2007, AC nº 2007.001.44569, Rel. Des. Henrique Carlos de Andrade Figueira (decisão em anexo, doc. nº 4).
[8] V., *e.g.*, STF. *DJU*, 28 set. 2001, ADPF nº 17, Rel. Min. Celso de Mello.
[9] *DJU*, 02 dez. 2002, p. 70, ADPF nº 33-5, Rel. Min. Gilmar Mendes.

da tradicional jurisprudência da Corte, trata-se de objeto insuscetível de impugnação por outra ação objetiva, sendo certo que apenas um mecanismo como a ADPF seria capaz de afastar a lesão em caráter geral, pondo fim ao estado de inconstitucionalidade decorrente da discriminação contra casais homossexuais. Da mesma forma, inexistia qualquer ação objetiva que pudesse ser instaurada contra a linha jurisprudencial que prevalecia na justiça estadual, em violação dos preceitos fundamentais aqui destacados.

3 Os preceitos fundamentais violados e a solução imposta pela ordem jurídica

3.1 Preceitos fundamentais violados

Como foi referido, os atos do Poder Público — notadamente as decisões judiciais — que negavam reconhecimento jurídico às uniões entre pessoas do mesmo sexo violavam de forma direta um conjunto significativo de preceitos fundamentais, que incluíam: a dignidade da pessoa humana, o princípio da igualdade, o direito à liberdade, do qual decorre a proteção à autonomia privada, bem como o princípio da segurança jurídica. Confira-se uma exposição objetiva de cada uma das violações.

a) *Princípio da igualdade*

A Constituição Federal de 1988 consagra o princípio da igualdade e condena de forma expressa todas as formas de preconceito e discriminação. A menção a tais valores vem desde o preâmbulo da Carta, que enuncia o propósito de se constituir uma "sociedade fraterna, pluralista e sem preconceitos". O art. 3º renova a intenção e lhe confere inquestionável normatividade, enunciando serem objetivos fundamentais da República "construir uma sociedade livre, justa e solidária" e "promover o bem de todos, sem preconceitos de origem, raça, sexo, cor, idade e quaisquer outras formas de discriminação". O *caput* do art. 5º reafirma que "todos são iguais perante a lei, sem distinção de qualquer natureza". O constituinte incluiu, ainda, menções expressas de rejeição ao racismo[10] e à discriminação contras as mulheres.[11]

---

[10] CF/88, art. 5º, XLII: "a prática do racismo constitui crime inafiançável e imprescritível, sujeito à pena de reclusão, nos termos da lei".

[11] CF/88, art. 5º, I: "homens e mulheres são iguais em direitos e obrigações, nos termos desta Constituição".

Tal conjunto normativo é explícito e inequívoco: a Constituição proíbe todas as formas de preconceito e discriminação, binômio no qual hão de estar abrangidos o menosprezo ou a desequiparação fundada na orientação sexual das pessoas.[12] Embora tais considerações já fossem suficientes para evidenciar o evidente vício de inconstitucionalidade decorrente do não reconhecimento de efeitos jurídicos às uniões homoafetivas, duas observações complementares são importantes.

Em primeiro lugar, é fato que a jurisprudência do STF reconhece de maneira pacífica a possibilidade de aplicação direta do princípio da igualdade para afastar práticas discriminatórias, ainda quando não haja legislação infraconstitucional dispondo sobre determinada questão específica. E isso até mesmo para impor aos particulares um dever de não discriminação,[13] superando eventuais considerações sobre a autonomia privada das partes envolvidas. Com muito mais razão, não deveria a Corte hesitar em coibir discriminação praticada pelo próprio Poder Público, a quem se reconhece não apenas a obrigação de se abster de violar direitos fundamentais, mas também um dever positivo de atuar na sua proteção e promoção.[14]

Em segundo lugar, impõe-se constatar que a ofensa ao princípio da igualdade, na hipótese, ocorre de forma direta, afetando seu núcleo essencial. Com efeito, embora o referido princípio envolva diversas sutilezas e complexidades, o ato impugnado ofende o seu conteúdo mais tradicional e elementar, relacionado à chamada igualdade formal. Em termos simples, cuida-se da proibição de que a ordem jurídica confira tratamento diferenciado a pessoas e situações substancialmente iguais. Tal comando não se dirige apenas ao legislador, exigindo também que os intérpretes, ao atribuir sentido e alcance às leis, evitem a produção de efeitos discriminatórios *in concreto*. Em certas situações, respeitado

---

[12] Nesse sentido, v. José Afonso da Silva, *Comentário contextual à Constituição*, 2005, p. 48.

[13] A jurisprudência do STF fornece o seguinte exemplo: "[...] I - Ao recorrente, por não ser francês, não obstante trabalhar para a empresa francesa, no Brasil, não foi aplicado o Estatuto do Pessoal da Empresa, que concede vantagens aos empregados, cuja aplicabilidade seria restrita ao empregado de nacionalidade francesa. Ofensa ao princípio da igualdade: CF, 1967, art. 153, §1º; CF, 1988, art. 5º, *caput*. II - A discriminação que se baseia em atributo, qualidade, nota intrínseca ou extrínseca do indivíduo, como o sexo, a raça, a nacionalidade, o credo religioso, etc., é inconstitucional [...]" (STF, *DJU*, 19 dez. 1997, RE nº 161.243/DF, Rel. Min. Carlos Velloso). Na doutrina, acerca da eficácia privada dos direitos fundamentais, v. Daniel Sarmento, *Direitos fundamentais e relações privadas*, 2004.

[14] Sobre o chamado dever de proteção, v. Gilmar Ferreira Mendes, Inocêncio Mártires Coelho e Paulo Gustavo Gonet Branco, *Curso de direito constitucional*, 2007, p. 257: "Outra importante conseqüência da dimensão objetiva dos direitos fundamentais está em ensejar um dever de proteção pelo Estado dos direitos fundamentais contra agressões dos próprios Poderes Públicos, provindas de particulares ou de outros Estados".

o limite semântico dos enunciados normativos, eles deverão proceder inclusive de forma *corretiva*, realizando a interpretação das leis conforme a Constituição, exatamente o que se pede na presenta ação. Isso não significa que toda e qualquer desequiparação seja inválida. Pelo contrário, legislar nada mais é do que classificar e distinguir pessoas e fatos, com base nos mais variados critérios. Aliás, a própria Constituição institui distinções com base em múltiplos fatores. O que o princípio da isonomia impõe é que o fundamento da desequiparação seja razoável e o fim por ela visado seja legítimo.[15] Nesse ponto, vale notar que certos critérios são considerados especialmente suspeitos pela ordem constitucional, como aqueles baseados na origem, no gênero e na cor da pele (art. 3º, IV). No item gênero, por certo, está implícita a orientação sexual. No caso de uma classificação suspeita, agrava-se o ônus argumentativo de quem vai sustentá-la.

De qualquer forma, porém, não seria necessário elencar razões para impedir o tratamento diferenciado. A lógica é exatamente a inversa. Onde não exista motivo legítimo a exigir distinção, a regra há de ser o tratamento igualitário. Com a ressalva de que, em um Estado democrático e pluralista, tais motivos devem ser amparados por argumentos de razão pública e não por visões de mundo particulares, de ordem religiosa ou moral. Ainda quando endossadas por numerosos adeptos ou mesmo pela maioria, fato é que tais concepções não são obrigatórias e não podem, portanto, ser impostas pelo Poder Público.

No caso em exame, nenhum princípio ou valor protegidos pela Constituição são promovidos por meio do não reconhecimento das uniões afetivas desenvolvidas entre pessoas do mesmo sexo. Ao contrário, o que se produz é uma violação direta ao propósito constitucional de se instituir uma sociedade pluralista e refratária ao preconceito. Não por acaso, os principais argumentos invocados para tentar defender a desequiparação pecam pela incoerência,[16] ingressam no terreno da

---

[15] Luís Roberto Barroso, Razoabilidade e isonomia no direito brasileiro. *In*: *Temas de direito constitucional*, 2006. 1. ed. 1999, p. 161.

[16] É o caso, por exemplo, do argumento de que as uniões homoafetivas não devem ser reconhecidas pela impossibilidade de procriação. Ora, há muito se cristalizou o entendimento de que o elemento central das uniões estáveis e do próprio conceito de família são a afetividade e o propósito de se construir uma convivência voltada ao respeito e apoio mútuos. Interpretado com coerência, o argumento da impossibilidade de procriação deveria servir para negar reconhecimento também às uniões formadas por casais estéreis ou mesmo àqueles que simplesmente não queiram ter filhos. A rigor, serviria até para negar *status* familiar às chamadas famílias monoparentais. Isso vai de encontro a todo o desenvolvimento teórico experimentado pelo direito de família sob o influxo da Constituição de 1988, caracterizado pela prevalência da afetividade em detrimento das estruturas rigidamente hierarquizadas e voltadas à mera reprodução de padrões tradicionais.

simples intolerância[17] ou são embasados por concepções religiosas.[18] Certamente respeitáveis, mas insuscetíveis de imposição coativa em um Estado laico.

Nesses termos, a violação ao princípio da igualdade é verdadeiramente manifesta, não havendo um único argumento defensável no espaço público capaz de justificar a desequiparação jurídica entre as uniões afetivas com base na orientação sexual dos envolvidos.

b) *Direito à liberdade, do qual decorre a autonomia privada*

Um Estado democrático de direito deve não apenas assegurar formalmente aos indivíduos um direito de escolha entre diferentes projetos de vida lícitos, como também propiciar condições objetivas para que estas escolhas possam se concretizar.[19] A liberdade, em sua feição geral, é pressuposto para o desenvolvimento da personalidade. No entanto, certas manifestações da liberdade guardam conexão ainda mais estreita com a formação e o desenvolvimento da personalidade, merecendo proteção reforçada.[20] É o caso, por exemplo, da liberdade religiosa, de pensamento e de expressão. E também da liberdade de escolher as pessoas com quem manter relações de afeto e companheirismo. De maneira plena, com todas as consequências normalmente atribuídas a esse *status*. E não de forma clandestina.

Do princípio da liberdade decorre a autonomia privada de cada um. Não reconhecer a um indivíduo a possibilidade de viver sua orientação sexual em todos os seus desdobramentos significa privá-lo de uma

---

[17] É o caso de estigmas tradicionais como as ideias de que os homossexuais seriam por natureza promíscuos ou indignos de confiança.
[18] Nesse domínio, destacam-se os argumentos de desrespeito a um suposto padrão "normal" de moralidade ou aos valores cristãos. A ordem jurídica conta com normas e instrumentos para coibir condutas prejudiciais a terceiros. Saindo desse campo, é preciso reconhecer que o estabelecimento de *standards* de moralidade já justificou, ao longo da história, variadas formas de exclusão social e política, valendo-se do discurso médico, religioso ou da repressão direta do poder. Quanto aos valores cristãos, tal discussão certamente é pertinente no âmbito interno das confissões religiosas, que são livres para manifestar suas crenças e convicções de maneira pacífica. Não se trata, contudo, de argumento capaz de justificar práticas discriminatórias por parte de um Estado laico.
[19] Registre-se que para um indivíduo de orientação homossexual, a escolha não é entre estabelecer relações com pessoas do mesmo sexo ou de sexo diferente, mas entre absterse de sua orientação sexual ou vivê-la clandestinamente. As pessoas devem ter liberdades individuais que não podem ser cerceadas pela maioria, pela imposição de sua própria moral. Sobre o tema, v. Ronald Dworkin, *Sovereign virtue*, 2000, p. 453 *et seq.*
[20] Daniel Sarmento, *Direitos fundamentais e relações privadas*, 2004, p. 241: "Em relação às liberdades existenciais, como a privacidade, as liberdades de comunicação e expressão, de religião, de associação e de profissão, dentre tantas outras, existe uma proteção constitucional reforçada, porque sob o prisma da Constituição, estes direitos são indispensáveis para a vida humana com dignidade. Tais liberdades não são meros instrumentos para a promoção de objetivos coletivos, por mais valiosos que sejam".

das dimensões que dão sentido a sua existência. Tal como assinalado, a exclusão das relações homoafetivas do regime da união estável não daria causa, simplesmente, a uma lacuna, a um espaço não regulado pelo Direito. Esta seria, na verdade, uma forma comissiva de embaraçar o exercício da liberdade e o desenvolvimento da personalidade de um número expressivo de pessoas, depreciando a qualidade dos seus projetos de vida e dos seus afetos. Isto é: fazendo com que sejam menos livres para viver as suas escolhas.

A autonomia privada pode certamente ser limitada, mas não caprichosamente. O princípio da razoabilidade ou proporcionalidade, largamente empregado pelo STF, exige que a imposição de restrições seja justificada pela promoção de outros bens jurídicos de mesma hierarquia, igualmente tutelados pela ordem jurídica. No caso, por se tratar da dimensão existencial da autonomia privada, apenas razões de especial relevância — como a necessidade de conciliação com o núcleo de outro direito fundamental — poderiam justificar uma ponderação para o fim de compatibilizar os interesses em conflito.

Ocorre, porém, que o não reconhecimento das uniões estáveis entre pessoas do mesmo sexo não promove nenhum bem jurídico que mereça proteção em um ambiente republicano. Ao contrário, atende apenas a determinadas concepções particulares, que podem até ser majoritárias, mas que não se impõem como juridicamente vinculantes em uma sociedade democrática e pluralista, regida por uma Constituição que condena toda e qualquer forma de preconceito. Esta seria uma forma de *perfeccionismo* ou autoritarismo moral,[21] próprio dos regimes totalitários, que não se limitam a organizar e promover a convivência pacífica, tendo a pretensão de moldar *indivíduos adequados*.[22] Em suma, o que se perde em liberdade não reverte em favor de qualquer outro princípio constitucionalmente protegido.

---

[21] Carlos Santiago Nino (*Ética y derechos humanos*, 2005, p. 205): "La concepción opuesta al principio de autonomía tal como lo he presentado se suele denominar 'perfeccionismo'. Esta concepción sostiene que lo que es bueno para un individuo o lo que satisface sus intereses es independiente de sus propios deseos o de su elección de forma de vida y que el Estado pude, a través de distintos medios, dar preferencia a aquellos intereses y planes de vida que son objetivamente mejores".

[22] Reinhold Zippelius (*Teoria geral do Estado*, 1997, p. 370-1): "O moderno Estado totalitário, que intervém em todos os sectores da vida e para o qual servem como exemplo a Rússia estalinista e a Alemanha nazi, reclama realizar as suas idéias políticas, econômicas e sociais mesmo na esfera privada [...]. No moderno Estado totalitário pretende-se subordinar aos objetivos de Estado e colocar ao seu serviço não só a economia, o mercado de trabalho e a actividade profissional, mas também a vida social, os tempos livres, a família, todas as convicções e toda a cultura e os costumes do povo".

c) *Princípio da dignidade da pessoa humana*

É impossível deixar de reconhecer que a questão aqui tratada envolve uma reflexão acerca da dignidade humana.[23] Entre as múltiplas possibilidades de sentido da ideia de dignidade, duas delas são reconhecidas pelo conhecimento convencional: i) ninguém pode ser tratado como meio, devendo cada indivíduo ser considerado sempre como fim em si mesmo;[24] e ii) todos os projetos pessoais e coletivos de vida, quando razoáveis, são dignos de igual respeito e consideração, são merecedores de igual "reconhecimento".[25] A não atribuição de reconhecimento à união entre pessoas do mesmo sexo viola simultaneamente essas duas dimensões nucleares da dignidade humana.

Em primeiro lugar, tal exclusão funcionaliza as relações afetivas a um projeto determinado de sociedade, que é majoritário, por certo, mas não juridicamente obrigatório. As relações afetivas são vistas como meio para a realização de um modelo idealizado, estruturado à imagem e semelhança de concepções morais ou religiosas particulares. O indivíduo é tratado, então, como meio para a realização de um projeto de sociedade. Só é reconhecido na medida em que se molda ao papel social que lhe é designado pela tradição: o papel de membro da família heterossexual, dedicada à reprodução e à criação dos filhos.

Em segundo lugar, a discriminação das uniões homoafetivas equivale a não atribuir igual respeito a uma identidade individual, a se afirmar que determinado estilo de vida não merece ser tratado com a mesma dignidade e consideração atribuída aos demais. A ideia de *igual respeito e consideração* se traduz no conceito de "reconhecimento", que deve ser atribuído às identidades particulares, ainda quando sejam minoritárias. O não reconhecimento se converte em desconforto, levando muitos indivíduos a negarem sua própria identidade à custa

---

[23] Ana Carla Harmatiuk Matos (*União de pessoas do mesmo sexo*: aspectos jurídicos e sociais, 2004, p. 148): "Há de se conhecer a dignidade existente na união homoafetiva. O conteúdo abarcado pelo valor da pessoa humana informa poder cada pessoa exercer livremente sua personalidade, segundo seus desejos de foro íntimo. A sexualidade está dentro do campo da subjetividade, representando uma fundamental perspectiva do livre desenvolvimento da personalidade, e partilhar a cotidianidade da vida em parcerias estáveis e duradouras parece ser um aspecto primordial da experiência humana".

[24] Esta é, como se sabe, uma das máximas do *imperativo categórico* kantiano, proposições éticas superadoras do utilitarismo. V. Immanuel Kant, *Fundamentación de la metafísica de las costumbres*, 1951. V. tb. Ted Honderich (Ed.), *The Oxford companion to Philosophy*, 1995, p. 589; Ricardo Lobo Torres, *Tratado de direito constitucional financeiro e tributário*: valores e princípios constitucionais tributários, 2005; e Ricardo Terra, *Kant e o Direito*, 2005.

[25] V. Charles Taylor, A política do reconhecimento. In: *Argumentos filosóficos*, 2000; José Reinaldo de Lima Lopes, O direito ao reconhecimento de gays e lésbicas. In: Celio Golin; Fernando Altair Pocahy e Roger Raupp Rios (Org.), *A Justiça e os direitos de gays e lésbicas*, 2003.

de grande sofrimento pessoal. A distinção ora em exame, ao não atribuir igual respeito às relações homoafetivas, perpetua a dramática exclusão e estigmatização a que os homossexuais têm sido submetidos ao longo da história, caracterizando uma verdadeira política oficial de discriminação. Cuida-se, portanto, de patente violação à dignidade da pessoa humana.

d) *Princípio da segurança jurídica*

O princípio da segurança jurídica envolve a tutela de valores como a previsibilidade das condutas, a estabilidade das relações jurídicas e a proteção da confiança, indispensáveis à paz de espírito e, por extensão, à paz social. A importância da segurança jurídica é reconhecida de maneira enfática pela jurisprudência do Supremo Tribunal Federal, justificando até mesmo que, em certas circunstâncias, sejam preservados os efeitos de atos inconstitucionais ou se lhes conceda alguma sobrevida, a despeito da gravidade do vício que ostentam. Não é preciso sequer chegar perto desses extremos para constatar que a exclusão das relações homoafetivas do regime jurídico da união estável, sem que exista um regime específico similar, é inequivocamente geradora de insegurança jurídica. A demonstração do argumento é simples.

As uniões entre pessoas do mesmo sexo são lícitas e continuarão a existir, ainda que persistam as dúvidas a respeito do seu enquadramento jurídico. Esse quadro de incerteza — alimentado por manifestações díspares do Poder Público, inclusive decisões judiciais conflitantes — afeta o princípio da segurança jurídica, tanto do ponto de vista das relações entre os parceiros quanto das relações com terceiros. Vale dizer: criam-se problemas para as pessoas diretamente envolvidas e para a sociedade.

Os primeiros afetados são, por certo, os partícipes das relações homoafetivas. O desenvolvimento de um projeto de vida comum tende a produzir reflexos existenciais e patrimoniais. Diante disso, é natural que as partes queiram ter previsibilidade em temas envolvendo herança, partilha de bens, deveres de assistência recíproca e alimentos, entre outros. Todos esses aspectos encontram-se equacionados no tratamento que o Código Civil dá às uniões estáveis.[26] Sua extensão às relações homoafetivas teria o condão de superar a insegurança jurídica na matéria.

Da mesma forma, a indefinição sobre o regime aplicável afeta também terceiros que estabeleçam relações estatutárias ou mesmo

---

[26] Código Civil, art. 1.725: "Na união estável, salvo contrato escrito entre os companheiros, aplica-se às relações patrimoniais, no que couber, o regime da comunhão parcial de bens".

negociais com algum dos envolvidos na parceria homoafetiva.[27] O primeiro grupo identifica exatamente a relação entre o Estado e os servidores públicos, que envolve uma série de direitos atribuídos aos servidores e seus familiares, como o direito a licenças — por motivo de doença do companheiro ou para acompanhá-lo em caso de transferência — o direito à inclusão do companheiro no plano de saúde funcional, ao auxílio-funeral, ao auxílio-doença, entre muitos outros. Tais direitos já são reconhecidos aos servidores que mantêm uniões afetivas heterossexuais estáveis, de modo que a única discussão aqui diz respeito à legitimidade de se discriminar indivíduos com base em sua orientação sexual.

No plano negocial, lembre-se que, como regra, pessoas que vivem em união estável necessitam de anuência do companheiro, por exemplo, para alienar bens e conceder garantia. Dúvida haverá, também, sobre a responsabilidade patrimonial por dívidas individuais ou dívidas comuns aos companheiros. Há incertezas jurídicas, portanto, quanto a formalidades e quanto a aspectos de direito material envolvendo as relações entre parceiros homoafetivos e terceiros. Ainda que essas relações não sejam diretamente afetadas pela definição do regime jurídico dos servidores, é certo que este tende a ser tomado como elemento indicativo e, de qualquer forma, a ordem jurídica deve guardar coerência interna.

Nesse sentido, é necessário dar verdadeiro enquadramento jurídico às uniões afetivas entre pessoas do mesmo sexo. É perfeitamente possível interpretar o direito posto de forma a se obter esse resultado e não se vislumbra nenhum outro valor de estatura constitucional que aponte em sentido oposto. Também por esse motivo, portanto, impunha-se o acolhimento da ADPF. Após essas considerações sobre o conteúdo dos preceitos fundamentais violados na hipótese, a petição inicial aprofundou-se na discussão a respeito das soluções possíveis à luz da ordem constitucional.

3.2 A solução imposta diretamente pela aplicação adequada dos referidos preceitos fundamentais: inclusão das uniões homoafetivas no regime jurídico da união estável

Os preceitos fundamentais descritos na ação ora relatada são dotados de inegável densidade normativa e devem ser aplicados

---

[27] Sobre o tema, vejam-se Hélio Borghi, *União estável & casamento – aspectos polêmicos*, 2003, p. 60, e Zeno Veloso, *União estável*, 1997, p. 86-7. Vale notar que os autores tratam da união estável heterossexual. No entanto, uma vez reconhecidas as uniões homoafetivas, a mesma lógica lhes seria aplicável.

diretamente ao caso, determinando que as relações homoafetivas sejam submetidas ao regime jurídico da união estável. A aplicação direta de princípios constitucionais não suscita maior controvérsia, sendo admitida pela jurisprudência do STF. Em relação ao princípio da igualdade, como foi mencionado, há inclusive precedente de aplicação direta às relações privadas, a despeito da inexistência de legislação infraconstitucional específica. Com muito mais razão, tal princípio deve ser imposto ao próprio Poder Público, impedindo que promova a desequiparação entre indivíduos com base em critérios irrazoáveis.

A partir dessa conclusão, tornava-se necessário conferir aos dispositivos indigitados do Estatuto dos Servidores Públicos Civis do Estado do Rio de Janeiro interpretação conforme à Constituição para reconhecer que os direitos ali previstos deveriam ser aplicados também às uniões entre pessoas do mesmo sexo. Do mesmo modo, cabia ao STF declarar que, à luz da ordem constitucional e legal em vigor, as uniões homoafetivas deveriam receber, por parte da jurisprudência, o mesmo tratamento jurídico das uniões estáveis convencionais, sob pena de se produzirem reiteradas violações a preceitos fundamentais.

Há apenas uma última observação a fazer: a conclusão a que se acaba de chegar não é afetada pelo art. 226, §3º, da Constituição, que protege expressamente a união estável entre homem e mulher.[28] Como se sabe, esse dispositivo teve como propósito afastar definitivamente qualquer discriminação contra as companheiras, consolidando uma longa evolução que teve início, sintomaticamente, em decisões judiciais. Não faria nenhum sentido realizar uma interpretação a *contrario sensu* do referido artigo, de modo a expandir seu sentido e convertê-lo em norma de exclusão, ou seja, exatamente o oposto de seu propósito original. Tal interpretação seria claramente incompatível com os preceitos fundamentais referidos, devendo ser rechaçada.

3.3 Uma solução alternativa: reconhecimento da existência de uma lacuna normativa, a ser integrada por analogia

Direito tem a pretensão de regular todas as situações relevantes para o convívio social, ainda quando não haja norma específica. Para tanto, são previstos métodos de integração da ordem jurídica, como

---

[28] CF/88, art. 226, §3º: "Para efeito da proteção do Estado, é reconhecida a união estável entre o homem e a mulher como entidade familiar, devendo a lei facilitar sua conversão em casamento".

a analogia e o recurso aos costumes e princípios gerais do Direito. O ponto não é controverso e dispensa comentários adicionais.

Diante disso, sustentou-se que ainda que o STF entendesse impossível a aplicação direta dos preceitos fundamentais referidos para regular as relações homoafetivas, o fato inegável é que havia uma situação de fato a exigir tratamento jurídico. Como referido, a existência de uma orientação homossexual, que é indiscutivelmente lícita, produz como consequência inevitável o surgimento de uniões afetivas entre pessoas do mesmo sexo, que são, portanto, igualmente lícitas. No âmbito de tais uniões ou, pelo menos, sob a sua constância, relações existenciais e patrimoniais são travadas, com repercussão para os envolvidos e mesmo para terceiros. Seria no mínimo anacrônico fingir que tal situação não existe, mantendo os casais homossexuais e os indivíduos que com eles estabelecem relações em um verdadeiro limbo jurídico.

A aplicação dos métodos de integração ao caso é natural e intuitiva. O conhecimento convencional registra que a analogia consiste na aplicação de uma norma jurídica concebida para dada situação de fato a uma outra situação semelhante, que não foi prevista pelo legislador. Para que a analogia seja cabível, é necessário que as duas situações apresentem os mesmos elementos essenciais, que terão motivado determinado tratamento jurídico. É exatamente essa a hipótese que estava em discussão.

Com efeito, os elementos essenciais da união estável são identificados pelo próprio Código Civil e estão presentes tanto nas uniões heterossexuais, quanto nas uniões homoafetivas: convivência pacífica e duradoura, movida pelo intuito de constituir entidade familiar. Como se sabe, a doutrina e jurisprudência contemporâneas destacam que a família deve servir de ambiente adequado para o desenvolvimento de seus membros, apresentando como traços característicos a comunhão de vida e assistência mútua entre os envolvidos, emocional e prática.

Pois bem. Parece impossível negar a presença de tais elementos nas uniões entre pessoas do mesmo sexo sem incorrer em preconceito contra os próprios indivíduos homossexuais. Seria como afirmar que essas pessoas não seriam capazes de estabelecer vínculos afetivos e de confiança. Como afirmar, em síntese, que seriam incapazes de amor e companheirismo. Nenhum argumento de razão pública embasaria assertivas como essas.

Por tudo isso, nada mais natural do que estender o regime jurídico da união estável, previsto no art. 1.723, do Código Civil, às uniões entre pessoas do mesmo sexo. Veja-se que não se trata aqui de mera interpretação de lei, mas sim da interpretação da legislação ordinária à luz dos princípios constitucionais, atividade que o STF tem desenvolvido em diversas oportunidades. Vale o registro, aliás, de que tal solução já foi acolhida em diversas decisões judiciais. A título de exemplo, confira-se a seguinte ementa de acórdão do TRF da 4ª Região:

> A exclusão dos benefícios previdenciários, em razão da orientação sexual, além de discriminatória, retira da proteção estatal pessoas que, por imperativo constitucional, deveriam encontrar-se por ela abrangidas. Ventilar-se a possibilidade de desrespeito ou prejuízo a alguém, em função de sua orientação sexual, seria dispensar tratamento indigno ao ser humano. Não se pode, simplesmente, ignorar a condição pessoal do indivíduo, legitimamente constitutiva de sua identidade pessoal (na qual, sem sombra de dúvida, se inclui a orientação sexual), como se tal aspecto não tivesse relação com a dignidade humana. As noções de casamento e amor vêm mudando ao longo da história ocidental, assumindo contornos e formas de manifestação e institucionalização plurívocos e multifacetados, que num movimento de transformação permanente colocam homens e mulheres em face de distintas possibilidades de materialização das trocas afetivas e sexuais. A aceitação das uniões homossexuais é um fenômeno mundial — em alguns países de forma mais implícita — com o alargamento da compreensão do conceito de família dentro das regras já existentes; em outros de maneira explícita, com a modificação do ordenamento jurídico feita de modo a abarcar legalmente a união afetiva entre pessoas do mesmo sexo. O Poder Judiciário não pode se fechar às transformações sociais, que, pela sua própria dinâmica, muitas vezes se antecipam às modificações legislativas. Uma vez reconhecida, numa interpretação dos princípios norteadores da constituição pátria, a união entre homossexuais como possível de ser abarcada dentro do conceito de entidade familiar e afastados quaisquer impedimentos de natureza atuarial, deve a relação da Previdência para com os casais de mesmo sexo dar-se nos mesmos moldes das uniões estáveis entre heterossexuais, devendo ser exigido dos primeiros o mesmo que se exige dos segundos para fins de comprovação do vínculo afetivo e dependência econômica presumida entre os casais (art. 16, I, da Lei nº 8.213/91), quando do processamento dos pedidos de pensão por morte e auxílio reclusão.[29]

4 Dos pedidos formulados

Com base nos argumentos expostos até aqui, foram apresentados, na ADPF ajuizada, pedidos de natureza cautelar, principal e subsidiário, que vão descritos a seguir.

---

[29] TRF 4ª Reg., DJU, 10 ago. 2005, AC nº 2000.71.00.009347-0, Rel. João Batista Pinto Silveira.

4.1 Pedido cautelar

Ao encaminhar o pedido de concessão da liminar, assentou-se que a presença do *fumus boni iuris* — na verdade, do bom direito — foi demonstrada ao longo da exposição. Já o *periculum in mora*, argumentou-se, manifestava-se (i) nos riscos para o Governador e para a Administração Pública que se veem quotidianamente obrigados a tomar decisões que podem gerar impugnações judiciais e, mais que isso, procedimentos sancionatórios e (ii) na frustração de direitos fundamentais de parceiros em relações jurídicas homoafetivas, que estão sujeitos, inclusive, ao trânsito em julgado dos pronunciamentos judiciais respectivos. Por tais razões, pediu-se ao Tribunal que declarasse, em sede de liminar, a validade das decisões administrativas que equiparavam as uniões homoafetivas às uniões estáveis e que suspendesse o andamento dos processos e os efeitos das decisões judiciais que houvessem se pronunciado em sentido contrário.

4.2 Pedido principal

Como pedido principal, requereu-se que a Corte declarasse que o regime jurídico da união estável deveria se aplicar, também, às relações homoafetivas, seja como decorrência direta dos preceitos fundamentais aqui explicitados — igualdade, liberdade, dignidade e segurança jurídica — seja pela aplicação analógica do art. 1.723 do Código Civil, interpretado conforme a Constituição. Como consequência, pediu-se que o Tribunal:

a) interpretasse conforme a Constituição a legislação estadual referida — art. 19, II e V e art. 33, do Decreto-Lei nº 220/75 —, assegurando os benefícios nela previstos aos parceiros de uniões homoafetivas estáveis;

b) declarasse que as decisões judiciais que negam a equiparação jurídica referida violam preceitos fundamentais.

4.3 Pedido subsidiário

Por fim, subsidiariamente e por eventualidade, caso o Tribunal entendesse pelo descabimento da ADPF na hipótese, requereu o autor fosse a ação recebida como ação direta de inconstitucionalidade, uma vez que o que se pretendia era a interpretação conforme a Constituição (i) dos arts. 19, II e V, e 33 do Decreto-Lei nº 220/75 (Estatuto dos Servidores Públicos Civis do Estado do Rio de Janeiro) e, bem assim,

(ii) do art. 1.723 do Código Civil, para o fim de determinar que este dispositivo não fosse interpretado de modo a impedir a aplicação do regime jurídico da união estável às uniões homoafetivas, impondo-se, ao revés, sua aplicação extensiva, sob pena de inconstitucionalidade.

No tocante às normas da legislação estadual pré-constitucional, enfatizou-se que a lógica dominante na Corte, reiterada na ADIn nº 2, é a de que lei anterior à Constituição e com ela incompatível estaria revogada. Consequentemente, não seria de se admitir sua impugnação por meio de ação direta de inconstitucionalidade, cujo propósito é, em última análise, retirar a norma do sistema. Se a norma já não está em vigor, não haveria sentido em declarar sua inconstitucionalidade. Esse tipo de raciocínio, todavia, não é válido quando o pedido na ação direta é o de interpretação conforme a Constituição. É que, nesse caso, não se postula a retirada da norma do sistema jurídico nem se afirma que ela seja inconstitucional no seu relato abstrato. A norma permanece em vigor, com a interpretação que lhe venha a dar a Corte.

5 Resultado[30]

Nos dias 4 e 5 de maio de 2011, a ADPF nº 132 e a ADI nº 142 foram julgadas em conjunto, perante um plenário lotado de militantes da causa. Para uma certa surpresa geral, formou-se uma imprevista unanimidade. É certo que a linguagem corporal, presente em um ou outro voto — uns três, talvez — evidenciava algum grau de desconforto, quando não contrariedade. Bom, mas isso não fica registrado na ata. Na ementa do acórdão, escrito com o cuidado e a sensibilidade costumeiras, o Ministro Carlos Ayres Britto consignou:

> PROIBIÇÃO DE DISCRIMINAÇÃO DAS PESSOAS EM RAZÃO DO SEXO, SEJA NO PLANO DA DICOTOMIA HOMEM/MULHER (GÊNERO), SEJA NO PLANO DA ORIENTAÇÃO SEXUAL DE CADA QUAL DELES. A PROIBIÇÃO DO PRECONCEITO COMO CAPÍTULO DO CONSTITUCIONALISMO FRATERNAL. HOMENAGEM AO PLURALISMO COMO VALOR SÓCIO-POLÍTICO-CULTURAL. LIBERDADE PARA DISPOR DA PRÓPRIA SEXUALIDADE, INSERIDA NA CATEGORIA DOS DIREITOS FUNDAMENTAIS DO INDIVÍDUO, EXPRESSÃO QUE É DA AUTONOMIA DE VONTADE. DIREITO À INTIMIDADE E À VIDA PRIVADA. CLÁUSULA PÉTREA. O sexo

---

[30] A sustentação oral feita na ocasião encontra-se disponível em: <http://www.youtube.com/watch?v=ECIWP1c9-Vg>.

das pessoas, salvo disposição constitucional expressa ou implícita em sentido contrário, não se presta como fator de desigualação jurídica. Proibição de preconceito, à luz do inciso IV do art. 3º da Constituição Federal, por colidir frontalmente com o objetivo constitucional de "promover o bem de todos". [...] Reconhecimento do direito à preferência sexual como direta emanação do princípio da "dignidade da pessoa humana": direito a auto-estima no mais elevado ponto da consciência do indivíduo. Direito à busca da felicidade. Salto normativo da proibição do preconceito para a proclamação do direito à liberdade sexual. O concreto uso da sexualidade faz parte da autonomia da vontade das pessoas naturais. Empírico uso da sexualidade nos planos da intimidade e da privacidade constitucionalmente tuteladas. Autonomia da vontade. Cláusula pétrea.

Como consequência de tais premissas, assim concluiu o voto, acolhendo o pedido formulado:

No mérito, julgo procedentes as duas ações em causa. Pelo que dou ao art. 1.723 do Código Civil interpretação conforme à Constituição para dele excluir qualquer significado que impeça o reconhecimento da união contínua, pública e duradoura entre pessoas do mesmo sexo como "entidade familiar", entendida esta como sinônimo perfeito de "família". Reconhecimento que é de ser feito segundo as mesmas regras e com as mesmas consequências da união estável heteroafetiva.

6 O que ninguém ficou sabendo

Pouco após a propositura da ação, foi apresentado um pedido de desistência do seu seguimento. O pedido não veio da Procuradora-Geral do Estado nem muito menos de mim. E, de certo, não foi formulado por alguém do ramo, pois é pacífica a jurisprudência do Supremo Tribunal Federal, até aqui, que não cabe pedido de desistência em ações objetivas. Uma vez apresentadas, o autor não tem a disponibilidade de sua continuidade ou não, que passa a ser uma questão de interesse público. O que houve de surpreendente foi o fato de o pedido ter sido feito em nome do Governador, com utilização indevida e não autorizada de sua senha para peticionamento eletrônico! Nunca se apurou quem praticou a ousadia.

Quando o Relator, Min. Carlos Ayres Britto, lia com vibração o seu voto, repleto de imagens e símbolos, Toni Reis, Presidente da Associação Brasileira de Lésbicas, Gays, Bissexuais, Travestis e Transexuais (ABGLT), sentado ao meu lado, comentou em tom eufórico: "Nossa, esse cara entende mesmo da coisa".

CAPÍTULO 5

O CASO CESARE BATTISTI
CONTRA A PERSEGUIÇÃO POLÍTICA E A RETALIAÇÃO HISTÓRICA

1 Introdução

1.1 Antecedentes

Em fevereiro de 2009, recebi em meu escritório de Brasília a escritora francesa Fred Vargas, conhecida autora de romances policiais em seu país. Vinha acompanhada de Monica Franco, que havia sido secretária do Conselho de Defesa dos Direitos da Pessoa Humana, órgão do Ministério da Justiça (depois remanejado para a Presidência da República), durante os cinco anos em que lá estive. A Sra. Vargas era amiga e, de certa forma, protetora do ex-militante da esquerda italiana Cesare Battisti, a quem havia conhecido ao tempo em que ele vivera na França, como uma espécie de abrigado político do Governo de François Mitterrand. Relatou-me ela, com detalhes, fatos que eu já havia lido genericamente na imprensa: que existia um requerimento de extradição formulado pela República Italiana contra Cesare Battisti, em tramitação perante o Supremo Tribunal Federal; e que o Ministro da Justiça, Tarso Genro, havia concedido ao extraditando refúgio político.

Segundo a lei, quando o refúgio é concedido, o pedido de extradição deve ser extinto. Todavia, o Relator do processo de extradição, Ministro Cezar Peluso, não havia determinado a extinção do processo e, menos ainda, determinado a soltura do extraditando. Pelo contrário, por atos processuais e declarações, Sua Excelência deixava entrever o entendimento de que não considerava válido o refúgio concedido e que pretendia continuar com o processo de extradição. A questão havia se tornado um *imbroglio* político, com ações processuais e políticas por parte do Governo da Itália. No plano processual, com efeito, a República Italiana ingressou com um mandado de segurança contra o ato de concessão do refúgio, sendo representada, no processo, pelo ilustre advogado brasiliense Nabor Bulhões. No plano político, autoridades italianas, parlamentares e mesmo o seu embaixador faziam gestões vigorosas para que não prevalecesse a decisão do Ministro da Justiça.

O advogado de Cesare Battisti até aquele momento era Luiz Eduardo Greenhalgh, a quem eu conhecia, sem intimidade. Como era próprio, e seguindo o Código de Ética, a primeira coisa que disse à Sra. Fred Vargas foi que eu nada poderia fazer sem que houvesse um pedido de Greenhalgh para que eu atuasse. Em segundo lugar, após o contato de Greenhalgh, eu precisaria ler o processo para saber se tinha conforto moral em ingressar na causa. Poucos dias depois, recebi a visita de Luiz Eduardo Greenhalgh, solicitando minha atuação conjunta com ele perante o Supremo Tribunal Federal. Recebido o substabelecimento, fui examinar os dezoito volumes do processo, com a ajuda de Eduardo Mendonça. Eduardo havia se mudado recentemente do Rio para Brasília para trabalhar comigo. Ele havia sido meu aluno de graduação, de mestrado e, naquele momento, desenvolvia sua tese de doutorado, também sob minha orientação. Como outros profissionais do escritório, dividia sua vida entre a academia e a advocacia. Eduardo teve a *caridade* de percorrer os dezoito volumes e neles marcar tudo que era relevante eu ler. E, de fato, ao final da leitura, tanto eu como ele não tínhamos nenhuma dúvida do lado em que queríamos estar. O processo era uma pequena antologia de barbaridades jurídicas. Transmiti à Sra. Vargas e ao Greenhalgh minha aceitação em defender Cesare Battisti.

1.2 Estratégia

Nossa estratégia envolvia três movimentos. O primeiro consistia em entender adequadamente os fatos e recontá-los com base em elementos objetivos, desfazendo, onde cabível, a versão do governo da Itália. O segundo envolvia a defesa técnica da decisão concessiva do refúgio, tomada pelo Ministro da Justiça e impugnada pela República Italiana, por via de mandado de segurança. O terceiro compreendia a defesa no processo de extradição. De fato, como era previsível o risco de o refúgio vir a ser invalidado, era preciso apresentar, desde logo, as razões pelas quais a extradição não devia ser concedida.

Logo após haver aceito o caso, veio a Semana Santa. Minha mulher e eu havíamos programado, de longa data, passar em Paris um raro e ansiado período de lazer. Bom: de fato, fomos para Paris. Lazer, nem tanto. Passei boa parte do tempo enfurnado na maravilhosa Biblioteque François Mitterrand, lendo e tentando compreender melhor os chamados *anos de chumbo* na Itália. Reuni boa quantidade de material e comecei a arrumar as minhas ideias para a defesa. Minha primeira constatação, ao folhear livros e periódicos, foi a de que a Itália, de fato, conseguiu não sucumbir a uma ditadura naquele período conturbado. Mas a democracia italiana, durante os anos de chumbo, foi mais truculenta do que a ditadura brasileira, considerados o número de mortes, as acusações de tortura e, sobretudo, o draconiano sistema de prisões provisórias. Havia muitos textos em italiano e para entendê-los e traduzi-los, quando necessário, utilizamos um estagiário do Rio, Bernardo Bianchi. Bernardo estudava direito na PUC mas, na verdade, gostava mesmo era de ciência política — à qual acabou se dedicando, pouco mais à frente, indo para a *Science Po* em Paris. Ele se entregou à tarefa com grande empenho.

Apurados os fatos e alinhavadas as teses jurídicas que iríamos sustentar, começamos a preparar os textos. Ana Paula de Barcellos, como de costume, coordenava as pesquisas, que foram centralizadas no escritório do Rio. Ana começou sua carreira como minha estagiária, em 1994, e ao longo dos anos tornou-se minha sócia e principal parceira profissional. A parte relativa à extradição contou com a colaboração valiosa da Carmen Tiburcio, nossa sócia da área internacional, que ajudou a desenvolver as teses sobre refúgio, asilo e linhas de defesa na extradição. Carmen e eu havíamos sido colegas de Faculdade e éramos amigos queridos desde então. Ela é Professora de Direito Internacional Privado na UERJ, uma espécie de sucessora do nosso mestre querido, Jacob Dolinger. Até o Nelson Diz, meu sócio mais velho, parceiro querido — alma direitista, mas sem fel — ajudou na construção do argumento. No geral, como advogado do diabo, o que é sempre bom em casos como esses.

1.3 A defesa apresentada

Em 4 de maio de 2009, concluímos as três peças que havíamos planejado apresentar: a descrição dos fatos, a defesa do ato de concessão de refúgio e a defesa no processo de extradição. Pedi audiência ao Relator do processo, Ministro Cezar Peluso, e entreguei os três memoriais em mãos. Na sequência, despachei com todos os demais Ministros (dois deles indicaram assessores). Onde eu passava, o advogado da República Italiana já havia estado, acompanhado do Embaixador daquele país. A exceção foi o Ministro Joaquim Barbosa, que recebeu a mim, ao meu *ex-adverso* e ao embaixador em audiência conjunta. Nabor falou primeiro, com a verve de sempre, por um longo período. Quando a palavra veio para mim, não resisti à *boutade*: "Ministro: vou ser bem mais breve, pois meu direito é melhor". Após despachar com todos — menos com o Ministro Carlos Alberto Direito, que já estava doente e infelizmente não voltaria mais ao tribunal —, fiz minha própria contabilidade interna. O relator e os Ministros Gilmar Mendes, Ricardo Lewandowski e Ellen Gracie eram contra o refúgio e a favor da extradição. Os Ministros Marco Aurélio, Joaquim Barbosa, Eros Grau e Cármen Lúcia votariam com a defesa. Como intuitivo, ninguém antecipa sua posição ou diz claramente o que está pensando. Mas com o tempo de advocacia no STF, é possível — embora com grande margem de erro — fazer essas avaliações. Às vezes são completamente equivocadas. Mas não nesse caso. O voto de desempate seria o do Min. Carlos Ayres Britto. Eu o conhecia desde o início da minha vida acadêmica, iniciada em 1982, e éramos amigos queridos, embora com a cerimônia própria, a partir da sua ida para o Tribunal. Carlos é uma pessoa transparente mesmo quando não fala nada. E ele não parecia estar do nosso lado. Além do mais, estava na presidência do Tribunal Superior Eleitoral, o que diminuía, naturalmente, sua capacidade de ler o material e formar opiniões próprias. Tal fato, como natural, aumenta o poder do relator, que domina as entranhas do processo, e em quem os demais, muitas vezes, acabam se fiando.

2 Principais argumentos e questões debatidas

2.1 Relato objetivo dos fatos

2.1.1 Os anos de chumbo na Itália

Do final dos anos 60 até os anos 80 do século passado, a Itália foi abalada por profunda turbulência política, que envolveu ações armadas de extrema-direita e de extrema-esquerda, assim como reações contundentes por parte do Estado. Foi uma fase marcada por atentados em locais públicos — com dezenas de vítimas —, sequestros de personalidades públicas, homicídios, roubos a bancos e estabelecimentos comerciais, em meio a inúmeras outras ações ousadas e violentas. Um dos marcos iniciais do período foi o atentado da Praça Fontana, em dezembro de 1969, com 16 mortos e muitas dezenas de feridos.[1] O ponto culminante desse processo histórico foi o sequestro e morte do líder democrata-cristão Aldo Moro, em maio de 1978. Embora a violência tenha começado a declinar a partir daí, ainda houve episódios graves e sangrentos nos anos 80.[2] Mais de 14.000 atos de violência foram cometidos no período.[3]

O Estado, por sua vez, passou a atuar de maneira extremamente dura, tanto no plano policial como no judicial. Mais de 150 pessoas foram mortas pela Polícia em uma década e milhares foram encarceradas. A legislação de emergência aumentou a discricionariedade judicial, diminuiu garantias individuais e, sobretudo, passou a permitir longos períodos de prisão preventiva e provisória, sem julgamento e mesmo sem acusação. A legislação que beneficiava "arrependidos" e "colaboradores da justiça" estimulou um amplo mercado de "delações premiadas", no qual mais de 400 ativistas se beneficiaram de sentenças "lenientes", denunciando ex-companheiros, às vezes por justo fundamento, outras apenas para transferir culpas próprias ou proteger terceiros. Observadores isentos são unânimes em afirmar que, a despeito das boas intenções, o devido processo legal e a justiça foram sucessivas vezes ofendidos. A Anistia Internacional denunciou inúmeros abusos processuais e episódios de tortura.[4]

2.1.2 Prisão e condenação de Cesare Battisti por participação em organização subversiva. Exílio na França

Em 1976, Cesare Battisti, com pouco mais de 20 anos, ingressou na organização Proletários Armados pelo Comunismo (PAC), que tinha

---

[1] Inúmeras pessoas foram acusadas e mantidas presas por muitos anos pelo crime, mas jamais se chegou aos culpados.
[2] De que são exemplos o atentado à estação de trem em Bolonha (1980), com 85 mortos e mais de 200 feridos; o sequestro de um general comandante da OTAN (1981), que depois veio a ser resgatado por tropas policiais; o ataque a um trem que ia de Florença para Roma, provocando 16 mortes e mais de 200 feridos (1984), em meio a outros episódios.
[3] Frederik Spotts e Theodor Wieser (*Italy*: A Difficult Democracy. A Survey of Italian Politics, Cambrigde University Press, 1988, p. 184): "Entre 1969 e 1983, mais de 14.000 atos de violência foram cometidos por terroristas de esquerda e de direita, causando a morte de 409 pessoas e ferimentos em 1.366".
[4] As fontes de análise e de informações deste parágrafo e do anterior encontram-se em: *The New Encyclopaedia Britannica* (Macropedia, v. 22, 2002, p. 242), *Wikipedia*, verbete "Years of Lead (Italy)", Relatórios da Anistia Internacional a partir de 1981 (o de 1983 encontra-se junto aos autos da extradição e do mandado de segurança); e Frederik Spotts e Theodor Wieser, *Italy*: A Difficult Democracy. A Survey of Italian Politics, Cambridge University Press, 1988, p. 162-165.

entre seus membros fundadores Arrigo Cavallina e Pietro Mutti. Em 1979, foi preso junto com outros antigos membros do PAC.[5] Instaurou-se um processo coletivo no qual 23 réus foram acusados de mais de 120 condutas típicas, todas relacionadas à sua militância política. Cesare Battisti participou do processo, foi defendido por advogado e condenado a 13 anos de reclusão e 5 meses de arresto, por participação em associação subversiva, aquisição e posse ilegais de armas, tendo sido acusado também pelos delitos de falsificação de documentos, uso de documentos falsos e falsa declaração sobre qualidade pessoal própria ou de terceiro. Observação relevante: a decisão foi de 1981 e não foi juntada pela República Italiana, embora instada a fazê-lo. Os quatro homicídios de que o PAC era acusado já haviam ocorrido, entre 1978 e 1979. Cesare Battisti não foi sequer cogitado como autor ou participante de qualquer deles.

Pois bem: no mesmo processo, outros membros da organização foram condenados por um dos homicídios (o do joalheiro Torregiani), por sentença definitiva. Enfatize-se bem: Battisti não apenas não foi acusado em relação a qualquer dos homicídios, como tampouco de qualquer ato de violência. A decisão de primeiro grau foi confirmada pelo Tribunal de Apelação — salvo por leve redução da pena, que passou a ser de 12 anos e 10 meses de prisão — e transitou em julgado em 1983. O Estado requerente não informou estes fatos no pedido de extradição.

Cesare Battisti cumpria pena em prisão destinada a autores de crimes políticos que não estiveram envolvidos em ações que causaram morte. De lá evadiu-se, em 1981, indo inicialmente para a França, por alguns meses, e depois para o México. Mais à frente, em 1990, retornou para a França, onde passou a se beneficiar da denominada "Doutrina Mitterand". Como é sabido e encontrava-se documentado nos autos, o então Presidente da França concedeu abrigo a ativistas políticos italianos que houvessem renunciado à luta armada. Ali, Battisti viveu quatorze anos, trabalhando como zelador e escritor, tornando-se pessoa reconhecida e estimada na comunidade intelectual francesa. Sua primeira filha nasceu no México, em 1984, e a segunda em Paris, em 1995.

---

[5] Como se assinala mais à frente, Battisti afirma ter deixado a organização em 1978, pouco após a morte de Aldo Moro.

2.1.3 Reviravolta nos fatos e nas condenações: "Arrependidos" já condenados por participação nos homicídios fazem "delação premiada" contra Battisti. Julgado *in absentia* e à revelia, ele é responsabilizado pelos quatro homicídios

Em 1982, foi preso na Itália um dos líderes do PAC, Pietro Mutti, que era acusado, juntamente com outros militantes, de participação nos homicídios referidos acima. Com base na recém-aprovada "Lei dos Arrependidos", Mutti torna-se *colaborador da justiça* e beneficiário da *delação premiada*. Em seguida, passa a acusar Cesare Battisti, que se encontrava fora do alcance da justiça italiana, vivendo na França, pela prática material ou intelectual dos quatro homicídios imputados aos membros da organização que se encontravam presos. Tal delação é a única prova relevante contra ele. Pois bem: a partir daí, Cesare Battisti, que havia sido condenado exclusivamente pelos crimes não violentos referidos acima, e cujo nome jamais havia sido associado à autoria dos homicídios, passa a ser acusado por todos eles.

Em resumo: um dos líderes da organização, preso e acusado, transferiu *todas* as culpas possíveis para o militante foragido. Procedimento padrão em qualquer movimento político dessa natureza. Mutti obteve, assim, todos os benefícios da delação premiada e, embora fosse acusado de participação nos homicídios de Santoro e Sabbadin, acabou condenado a apenas nove anos de prisão. Cesare Battisti, por sua vez, que jamais havia tido seu nome associado a qualquer dos homicídios nas investigações realizadas pela polícia e pela magistratura de instrução, foi novamente julgado, dessa vez *in absentia*, no contexto de uma espécie de revisão criminal. Foi condenado à revelia pelos quatro homicídios, por decisão de 13.12.1988, confirmada em segundo grau em 16.12.1990 e 31.03.1993.

Registre-se que a decisão condenatória tratou os homicídios e diversos outros tipos penais como uma unidade factual e jurídica. Ou seja: Cesare Battisti foi condenado à prisão perpétua, com isolamento solar de seis meses, pelos quatro homicídios e, conjuntamente, pelos crimes a eles diretamente relacionados, que incluíam subversão da ordem do Estado, associação subversiva, insurreição armada e apologia à subversão. A decisão sequer discrimina a pena atribuída a cada delito, afirmando estarem "unificados todos os crimes pelo vínculo de continuidade". Note-se bem: a decisão não apenas não faz qualquer distinção entre crimes políticos e crimes comuns, como trata todos os delitos em bloco, dentro do contexto da criminalidade política do período.

Com base na sentença condenatória, a Itália requereu à França a extradição de Battisti. O pedido foi negado por decisão da Corte de Apelação de Paris, em 29 de maio de 1991. O fundamento apresentado para a recusa era puramente processual — os mandados de prisão baseavam-se em decisões que foram substituídas por outras —, mas refletia a posição política da França na matéria. Tanto que a Itália não reapresentou o pedido de extradição, complementando a documentação. A França ainda concederia visto de permanência a Battisti, em 1997, acolhendo mais à frente seu pedido de naturalização. Somente doze anos depois, em 3 de janeiro de 2003, é que a Itália veio a formular novo pedido de extradição à França, já agora sob a presidência de Jacques Chirac.

O pedido veio a ser deferido pelo Conselho de Estado, em instância final, em 18 de março de 2005. A discussão central no processo não foi a autoria ou não dos homicídios, nem tampouco a natureza política ou comum dos crimes imputados. O debate se deu acerca da possibilidade de se apreciar um segundo pedido de extradição e acerca da violação ao direito de defesa no processo italiano. A Corte francesa entendeu que Cesare Battisti tinha conhecimento da ação contra ele na Itália e que poderia ter retornado e se defendido, se assim desejasse. A Corte Europeia de Direitos Humanos, em decisão de 12 de setembro de 2006, entendeu, na mesma linha, que Battisti teria renunciado ao direito de comparecer e defender-se perante a justiça italiana. Enfatize-se bem: este foi o único ponto objeto de deliberação pela Corte.

2.1.4 Fuga para o Brasil e prisão de Cesare Battisti. Os procedimentos em curso no Supremo Tribunal Federal

Cesare Battisti refugiou-se no Brasil, a partir de setembro de 2004. Em 18 de março de 2007, ele foi preso preventivamente, no Rio de Janeiro, para fins de extradição. A prisão se deu às vésperas das eleições presidenciais na França, e contou com o auxílio da Polícia francesa (não italiana!). Políticos e jornais franceses denunciaram a prisão como uma manobra política para influenciar o pleito francês. Inúmeros intelectuais franceses — à frente Bernard-Henri Lévy e Fred Vargas — e brasileiros — à frente o compositor e escritor Chico Buarque de Holanda — se manifestaram contrários à perseguição política de décadas a Cesare Battisti. E também o Grupo *Tortura Nunca Mais*. Políticos e professores brasileiros, como Eduardo Suplicy,⁶ Fernando Gabeira, Chico Alencar, Dalmo Dallari, José Afonso da Silva e Nilo Batista, pronunciaram-se publicamente contra a prisão, destacando o caráter de *refugiado político* de Battisti e a tradição brasileira de acolhimento de pessoas perseguidas. Em 24 de abril de 2007, o pedido de extradição foi formalizado por Nota Verbal apresentada pela Embaixada da Itália. O requerimento não veio instruído pela íntegra da decisão da justiça italiana, mas apenas por fragmentos dela. Foram excluídas passagens que se referem expressamente à condenação por crimes políticos puros. A requerente também não fez menção ao fato de que os homicídios foram praticados como ações políticas, reivindicadas por diversos grupos armados, e de que a sentença julgou todas as ações criminosas em bloco, tratando os quatro homicídios, as respectivas reivindicações e outros atos de *subversão* como parte integrante de uma unidade factual e jurídica. Igualmente não menciona que a condenação também se deu em bloco, por um amplo conjunto de delitos, o que torna artificial o pedido de extradição por apenas alguns deles. Tampouco foi informado que houvera um julgamento anterior, com outras pessoas condenadas. E que o processo foi reaberto com base em delação premiada de um dos acusados.

Em 12 de fevereiro de 2008, o Presidente do Conselho de Ministros italiano, Romano Prodi, mandou uma carta pessoal ao Presidente Luiz Inácio Lula da Silva dizendo da importância para "o Governo e a opinião pública da Itália" que a extradição fosse deferida pelo Supremo Tribunal Federal. Em 27 de junho de 2008, Cesare Battisti, por intermédio do ilustre advogado Luiz Eduardo Greenhalgh, solicitou refúgio político ao CONARE (Comitê Nacional para os refugiados). Em 28 de novembro de 2008, o pedido foi indeferido, por 3 votos a 2. Em 13 de janeiro de 2009, o Ministro de Estado da Justiça deu provimento ao recurso e reconheceu a condição de refugiado a Cesare Battisti, nos termos do art. 1º, I, da Lei nº 9.474, de 22.07.1997. O ato foi publicamente endossado pelo Presidente da República em mais de uma ocasião.⁷

---

⁶ *O Globo Online*, 29 jan. 2009 ("Caso Battisti: Suplicy diz que 'decisão brasileira' deve ser respeitada"); e *Estadão Online*, 15 jan. 2009 ("Suplicy defende asilo a Battisti; Sarkozy conversou com Lula").

⁷ *Folha Online*, 15 jan. 2009 ("Italianos podem não gostar, mas terão de respeitar refúgio a Battisti, diz Lula").

2.1.5 A reação da Itália

Após a divulgação da decisão do Ministro da Justiça, a República Italiana manifestou intensa inconformidade, em várias instâncias, mediante declarações de autoridades do primeiro escalão e de diversos parlamentares. O Presidente da República, Giorgio Napolitano, expressou "profundo estupor e pesar", em carta enviada ao Presidente Lula.[8] O Ministério das Relações Exteriores da Itália convocou o embaixador brasileiro em Roma para expressar "sua queixa e surpresa",[9] assim como convocou o embaixador italiano em Brasília, forma grave de protesto político na linguagem diplomática.[10] O Ministro da Justiça da Itália, Angelino Alfano, acenou com a possibilidade de dificultar o ingresso do Brasil no G-8.[11] O Ministro da Defesa italiano, Ignazio La Russa, declarou que a decisão "coloca em risco a amizade entre a Itália e o Brasil"[12] e ameaçou "se acorrentar à porta da embaixada brasileira em Roma".[13] Juntamente com seu partido, a Aliança Nacional (Alleanza Nazionale), lançou uma campanha com abaixo-assinado pela internet pela extradição de Cesare Battisti.[14]

O ex-Presidente da República, Francesco Cossiga, afirmou que "o Ministro da Justiça (do Brasil) disse umas cretinices" e que o Presidente Lula era um "populista católico", do tipo chamado na Itália de "catocomunistas".[15] O Ministro italiano para Assuntos Europeus considerou "vergonhosa" a decisão do Governo brasileiro.[16] O Vice-Prefeito de Milão propôs um boicote aos produtos brasileiros, "como forma de pressionar o Brasil a reconsiderar a decisão".[17] Já o Vice-Presidente da

---

[8] V. Paíque Duque dos Santos e Paulo René da Silva Santarém, O Supremo Tribunal Federal e o caso Cesare Battisti. In: Constituição e Democracia, n. 30, p. 7, mar. 2009, Publicação da Faculdade de Direito da Universidade de Brasília.
[9] Folha Online, 15 jan. 2009 ("Itália estuda questionar concessão de asilo a Cesare Battisti no Supremo").
[10] Globo Online, 27 jan. 2009 ("Após caso Battisti, Itália convoca embaixador no Brasil para consultas").
[11] Idem.
[12] Folha Online, 15 jan. 2009 ("Italianos podem não gostar, mas terão de respeitar refúgio a Battisti, diz Lula").
[13] Revista Veja, Edição 2096, 21 jan. 2009 (Carta ao Leitor: "Tarso pode estar certo").
[14] V. sítio: <http://www.ignaziolarussa.it>, acesso em 23.04.2009. V. tb. <http://www.gasparri.it>,<http://www.alleanzanazionale.it>, all'indirizzo <www.firmiamo.it/estradizionebattisti>.
[15] Folha Online, 16 jan. 2009 ("Para senador italiano, Tarso disse 'umas cretinices' para conceder asilo").
[16] Globo Online, 27 jan. 2009 ("Após caso Battisti, Itália convoca embaixador no Brasil para consultas").
[17] Folha Online, 15 jan. 2009, ("Italianos podem não gostar, mas terão de respeitar refúgio a Battisti, diz Lula").

Comissão das Relações Exteriores do Senado da Itália, Senador Sergio Divina, defendeu o "boicote turístico ao Brasil", em repúdio à decisão do Governo brasileiro.[18] Ainda no *front* parlamentar, o Deputado Ettore Pirovano, da base de apoio ao Governo do Primeiro-Ministro Berslusconi, pontificou:

> Não me parece que o Brasil seja conhecido por seus juristas, mas sim por suas dançarinas. Portanto, antes de pretender nos dar lições de Direito, o ministro da Justiça brasileiro faria bem se pensasse nisso não uma, mas mil vezes.[19]

Em Milão, italianos descontentes com a decisão foram às ruas, marchando em passeata até o consulado brasileiro, à frente o Ministro da Defesa, Ignazio La Russa.[20] No mandado de segurança que impetrou contra a decisão concessiva de refúgio, a República Italiana, por seu ilustre advogado — e a referência é sincera e não protocolar —, afirma que o ato do Ministro da Justiça do Brasil baseia-se em "alegações falsas", "diz muitas inverdades", "distorce o objeto da extradição", procede a uma "construção cerebrina" e age com "manifesto desvio de poder" e também com "patente desvio de finalidade", invocando motivos "inexistentes ou falsos". Pede, assim, que o Supremo Tribunal Federal invalide o ato do Ministro da Justiça, publicamente endossado pelo Presidente da República.

A República da Itália afirma, no pedido de extradição, que Cesare Battisti praticou *crimes comuns*, não crimes políticos. Empenhados em dar execução a uma decisão por *crime comum*, manifestaram-se o atual Presidente da República e um ex-Presidente, diversos Ministros de Estado e dezenas de parlamentares. Existem na Itália, como nos Estados em geral, alguns milhares de mandados judiciais de condenação por crimes comuns a serem cumpridos. Existem dezenas de foragidos da Justiça italiana pelo mundo afora, condenados por crime comum. Ao que se sabe, nenhum outro acusado por *crime comum* despertou tanta atenção de Chefes de Estado, Ministros de Governo e membros do Senado e da Câmara, ainda mais passados trinta anos dos seus supostos crimes.

---

[18] *Folha Online*, 16 jan. 2009 ("Senador italiano defende 'boicote turístico' ao Brasil após asilo a terrorista").

[19] *Último Segundo*, IG, 30 jan. 2009 ("Caso Battisti: 'O Brasil é conhecido por suas dançarinas, e não por seus juristas', diz deputado").

[20] *Estadão Online*, 08 fev. 2009 ("Italianos protestam contra asilo brasileiro a Battisti").

2.1.6 A versão de Cesare Battisti: três complementos

2.1.6.1 Abandono da luta armada

Cesare Battisti afirma ter rejeitado a ideia de luta armada após o assassinato do ex-Primeiro Ministro Aldo Moro pelas Brigadas Vermelhas, em 1978, e de ter abandonado o PAC após o assassinato de Santoro, um mês depois. Por esse relato, ele sequer faria parte do grupo por ocasião dos homicídios de Torregiani, Sabaddin e Campagna. Alguns elementos objetivos conferem plausibilidade à versão de Battisti. Em primeiro lugar, o atentado contra Moro chocou o país e desencadeou uma onda de repressão particularmente intensa. É fato histórico que esse evento marca o ponto culminante e o início do retrocesso da luta armada na Itália, com a dissolução da maioria dos grupos revolucionários. Em segundo lugar, passados mais de trinta anos desde o último fato de que foi acusado, Battisti jamais se envolveu nas agitações políticas que ainda continuaram na Itália, nem tampouco praticou qualquer tipo de conduta antissocial nos países em que viveu.

2.1.6.2 Julgamento *in absentia*. Não constituição de advogados. Réu indefeso

Há um conjunto impressionante de elementos que dão credibilidade à afirmação de Cesare Battisti de que não apenas foi julgado *in absentia*, como também que foi condenado sem jamais haver constituído advogado de defesa. Perícia realizada na França dá plena verossimilhança à tese de que as procurações outorgadas aos advogados italianos no segundo processo — o que resultou na sua condenação pelos homicídios — foram "fabricadas" sobre papéis em branco firmados por Battisti (v. doc. fls. 2005-2011). Os papéis foram deixados com a organização, àquela altura já desbaratada, e foram preenchidos mediante cópia decalcada da procuração que ele efetivamente outorgara por ocasião do primeiro processo.[21] Ademais, o advogado que teria "representado" Battisti firmou documento declarando que jamais se avistou ou conversou com seu cliente, tornando impossível uma defesa consistente, tendo em vista que a delação premiada apresentava nova versão sobre fatos.[22] Importante assinalar que não houve pronunciamento nem da

---

[21] Uma terceira procuração, de 1990, foi datilografada sobre uma das folhas assinadas em branco. Vale dizer: duas foram decalcadas e uma datilografada.

[22] Na carta do advogado Giuseppe Pelazza lê-se em seu último parágrafo: "Portanto, todas as fases processuais "de mérito", concernentes à reconstituição dos fatos homicidiários de que o

justiça francesa nem da Corte Europeia de Direitos Humanos sobre esse ponto.[23]

2.1.6.3 Ambiente de perseguição política e riscos para o requerente

O risco de perseguição a Cesare Battisti não estaria limitado à execução de condenação política à prisão perpétua, produzida no ambiente e com os vícios procedimentais já descritos. O retorno de Battisti à Itália o colocaria ao alcance de forças políticas diversas, cujo ódio ou ressentimento contra ele são manifestos. Em 2005, a imprensa de diversos países noticiou a existência de um plano para sequestrá-lo na França, organizado por uma associação de extrema-direita denominada DSSA, descrita como uma espécie de *polícia paralela*. O sequestro de Battisti era denominado *Operação Porco Vermelho*.

2.1.7 Conclusão

À luz dos fatos objetivos aqui narrados, todos documentados nos autos, era possível assentar, com margem de segurança:
  a) Cesare Battisti foi levado a julgamento em um primeiro processo na Itália em 1981. Os homicídios imputados ao PAC (Proletários Armados pelo Comunismo) já haviam ocorrido fazia vários anos, mas Battisti não foi sequer acusado de qualquer deles. Foi condenado tão somente por participação em organização subversiva e por ações subversivas, sem

---

senhor Battisti foi acusado pelo "arrependido" Pietro Mutti, que deu declarações a partir dos primeiros meses de 1982, se deram na impossibilidade de uma efetiva defesa, que não pode — como é claro — prescindir da presença (ou quanto menos de uma profícua relação com o defensor) do imputado, essencial no que se refere ao interrogatório dos "arrependidos", dos co-imputados, das testemunhas".

[23] O laudo da perícia grafológica atestou que: (i) as assinaturas das procurações não foram produzidas no mesmo momento em que o restante do texto; (ii) a data aposta às procurações era suspeita, não correspondendo exatamente ao padrão de escrita do restante do texto; (iii) o padrão de escrita no primeiro envelope não corresponde ao padrão do texto. Em segundo lugar, o texto é idêntico nos dois documentos, mudando apenas a data. A comparação linha a linha revela que a grafia, a disposição das palavras e o espaçamento entre elas é rigorosamente igual. Não há nenhuma chance de que dois textos, produzidos com intervalo de cerca de três meses (entre maio e julho de 1982), pudessem apresentar tamanha coincidência. Fica claro, portanto, que ocorreu uma espécie de "decalque" ou cópia mediante transparência, que usou como modelo a única procuração de fato outorgada por Battisti, quando do primeiro processo.

imputação de qualquer ato de violência concretizado contra qualquer pessoa.

b) Em 1982, quando Battisti já estava abrigado no México, um dos líderes da organização, acusado pelos homicídios, tornou-se "arrependido" e "colaborador da justiça". A partir daí, denunciou Cesare Battisti, militante que estava fora do alcance da Justiça italiana, pela prática dos quatro homicídios de que a organização era acusada.

c) Do México, Cesare Battisti foi para a França, onde viveu por quatorze anos como zelador e escritor, tendo recebido abrigo político, visto de permanência e naturalização, protegido pela "Doutrina Mitterrand". Em 1991, a França negou sua extradição à Itália. Bem mais de uma década depois, em outro cenário político, tanto na Itália como na França, novo pedido de extradição foi formulado e deferido, em 2005.

d) Cesare Battisti refugiou-se no Brasil e teve sua condição de refugiado reconhecida por ato do Ministro da Justiça, endossado publicamente pelo Presidente da República, em janeiro de 2009. A Imprensa internacional divulgou a existência de um plano para sequestrá-lo, concebido por organização de extrema-direita, logo após sua fuga da França. Este fato e, sobretudo, a reação exacerbada de autoridades italianas do primeiro escalão — em tom totalmente diverso do que foi reservado para a França quando recusou a extradição —, confirmam o temor de perseguição política que serviu de fundamento à decisão do Ministro da Justiça.

e) Passados mais de trinta anos do último fato imputado a Cesare Battisti pela Justiça italiana, jamais teve ele qualquer envolvimento com prática antissocial em qualquer dos países em que viveu. Pelo contrário, tem atividade produtiva, família, filhos e uma carreira literária de razoável sucesso, sendo seus livros editados por uma das principais editoras francesas. Nada menos do que três centenas de intelectuais franceses pedem pelo fim da perseguição empreendida contra ele.

Estes os fatos relevantes sobre os quais se assentaram a defesa do refúgio dado pelo governo brasileiro e a defesa no processo de extradição.

2.2 A defesa do ato concessivo de refúgio

A República Italiana questionou judicialmente o ato de concessão de refúgio concedido pelo Ministro da Justiça, por via do Mandado de Segurança nº 27.875. A seguir, os argumentos sustentados em favor da manutenção do ato do governo brasileiro. Por convenção, a República Italiana será também referida como *impetrante* e Cesare Battisti como *requerente*.

2.2.1 Descrição da hipótese

2.2.1.1 A impetração e seu argumento central

Em 27 de junho de 2008, Cesare Battisti formulou pedido para que fosse reconhecida sua condição de refugiado, nos termos do art. 1º da Lei nº 9.474/97, que define mecanismos para a implementação do Estatuto dos Refugiados de 1951.[24] O pedido foi acolhido pelo Ministro de Estado da Justiça, em sede de recurso, por decisão cuidadosamente motivada. Inconformada, a República Italiana impetrou mandado de segurança, alegando que o ato de soberania praticado pela autoridade legalmente competente — e endossado em mais de uma ocasião pelo Presidente da República — incorreria nas seguintes ilegalidades: (i) teria se fundado em motivos inexistentes e/ou falsos; (ii) violaria a competência do Supremo Tribunal Federal (STF) para apreciar pedido de extradição em curso (Extradição nº 1.085-Itália); e (iii) violaria o princípio da impessoalidade, pois representaria mero ato de vontade da autoridade coatora. Não tinha razão a impetrante.

Cumpre fazer dois registros iniciais. Em primeiro lugar, é de se notar que os argumentos (i) e (iii), identificados acima, se superpõem e podem ser enunciados em uma única proposição: a de que, em razão da ausência de motivos reais para a decisão tomada, ela teria consistido em mero ato de vontade da autoridade coatora, violando, desse modo, o princípio da impessoalidade. Quanto à suposta violação à competência do STF para decidir a extradição, é a própria Lei nº 9.474/97, no seu art. 33, que prevê de forma expressa que a concessão do refúgio produz a extinção da extradição eventualmente em curso,[25] na linha, aliás,

---

[24] Lei nº 9.474/97, art. 1º: "Será reconhecido como refugiado todo indivíduo que: I - devido a fundados temores de perseguição por motivos de raça, religião, nacionalidade, grupo social ou opiniões políticas encontre-se fora de seu país de nacionalidade e não possa ou não queira acolher-se à proteção de tal país".

[25] Lei nº 9.474/97, art. 33: "O reconhecimento da condição de refugiado obstará o seguimento de qualquer pedido de extradição baseado nos fatos que fundamentaram a concessão

dos padrões internacionais sobre a matéria.[26] [27] Ou seja: a extinção da extradição na hipótese não decorre de qualquer manobra ou artifício impróprio associado ao ato coator. Ao contrário, a concomitância dos procedimentos é comum e, por isso mesmo, expressamente regulada pelo direito internacional,[28] comparado[29] e pelo legislador brasileiro.

Nesse contexto, portanto, o argumento da impetração que subsistia era o da inexistência ou falsidade dos motivos que embasaram o ato apontado como coator. Como se demonstrou, porém, — e a tese defensiva será apresentada adiante — a decisão se baseava em um amplo conjunto de fatos objetivos, constantes dos próprios autos, tanto da extradição quanto do mandado de segurança

2.2.1.2 Fundamentos da decisão do Ministro da Justiça

Tendo em vista a tese central das razões apresentadas pela República Italiana, afigurava-se relevante identificar os fundamentos da

---

de refúgio". A propósito, a constitucionalidade desse dispositivo legal foi expressamente reconhecida pela Corte, como será destacado adiante. V. STF. *DJE*, 17 ago. 2007, Ext. nº 1.008-Colômbia, Rel. p/ o acórdão Min. Sepúlveda Pertence.

[26] Em documento recente, o Alto Comissariado das Nações Unidas para a Proteção de Refugiados (UNHCR) manifestou expressamente o entendimento de que a concessão de refúgio pela autoridade competente deve impedir a concessão de extradição. Nesse sentido, v. UNHCR, *Guidance note on extradition and international refugee protection*, 2008, p. 22: "Quando um pedido de extradição é formulado pelo país de origem de um refugiado que foi reconhecido pelo Estado requerido como refugiado em conformidade com a Convenção de 1951, a determinação do *status* de refugiado pelas autoridades que concederam o asilo deve, na visão do Alto Comissariado das Nações Unidas para Refugiados, vincular os órgãos estatais e instituições que lidam com o pedido de extradição. Nesses casos, as autoridades que concederam o asilo do Estado requerido reconheceram a existência do medo de perseguição do extraditando com relação ao Estado requerente".

[27] De forma sintomática, o Alto Comissariado das Nações Unidas para a Proteção de Refugiados (UNHCR) manifestou preocupação com a possibilidade de que o STF venha a deferir a extradição do refugiado Cesare Battisti, o que consideraria um retrocesso na política brasileira para os refugiados, bem como um precedente perigoso para a prática internacional acerca do tema. Portal *Globo.com (G1)*, 02 maio 2009 ("Caso Battisti: ONU teme retrocesso em refúgios no País").

[28] V. art. IV da Convenção sobre Asilo Territorial de 1954, ratificada pelo Brasil e internalizada pelo Decreto nº 55.929/65. No mesmo sentido, v. decisão da Corte Europeia de Direitos Humanos determinando à Rússia a suspensão de uma extradição de indivíduos provenientes do Uzbequistão para esse país pois tinham *status* de refugiados concedido pelo UNHCR (Ismoilov and others v. Russia – Application 2947/06) e decisão da Comissão Interamericana de Direitos Humanos, em 27.10.1999 que concedeu medida cautelar a um peruano, residente na Argentina, cuja extradição estava sendo requerida pelo Peru, na pendência de pedido de refúgio (<http://www.cidh.org/medidas/1999.sp.htm>).

[29] V. exemplificativamente Lei do Reino Unido sobre Extradição de 2003, section 121 e Lei portuguesa sobre asilo, nº 70/93, art. 6.

decisão do Ministro da Justiça, para verificar se de fato eram inexistentes ou falsos. Ao lançar os olhos sobre eles, qualquer observador isento iria constatar que a impetração era profundamente injusta, assim no tom como no conteúdo. Quase todos os pontos suscitados na decisão eram objetivamente comprovados; e os poucos que envolvem valoração política eram dotados de plena razoabilidade. Confira-se a enunciação esquemática das razões de decidir adotadas:
a) a Itália é um Estado democrático de direito que precisou reagir a um conjunto de movimentos políticos, ações armadas e mobilizações sociais que pretendiam, mediante o emprego de ações violentas, a instalação de um novo regime político-social (itens 12 e 13);
b) ao reagir à atuação das organizações revolucionárias, durante os "anos de chumbo", o Estado italiano editou legislação de exceção, que reduziu as prerrogativas de defesa dos acusados de subversão e/ou ações violentas (item 14);
c) situações de extrema tensão social e política, como as vividas pela Itália, levam ao funcionamento de aparatos ilegais e/ou paralelos ao Estado, comandados por justiceiros "de fato", configurando, por vezes, forte crise de legalidade (item 15);
d) é público e notório que os mecanismos de funcionamento da exceção operaram, na Itália, também fora das regras da própria excepcionalidade prevista em lei (item 17);
e) determinadas medidas adotadas pela Itália nos "anos de chumbo" ressoam ainda hoje nas organizações internacionais que lidam com direitos humanos, como se verifica do relatório da Anistia Internacional e do Comitê Europeu para Prevenção da Tortura (item 20);
f) diversos países, inclusive não europeus, levando em conta os fatores referidos anteriormente, recusaram a extradição de ativistas italianos e/ou os abrigaram em seus territórios (item 20);[30]

---

[30] De fato, o Reino Unido negou a extradição de Roberto Fiore e Massimo Morsello, fundadores do grupo neofascista Forza Nuova (<http://en.wikipedia.org/wiki/Roberto_Fiore> e <http://en.wikipedia.org/wiki/Massimo_Morsello>). O Japão recusou a extradição de Delfo Zorzi, considerado o inspirador de atentados de extrema-direita em Milão e na Brescia (<http://it.wikipedia.org/wiki/Delfo_Zorzi>). A Nicarágua negou mais de uma vez a extradição de Alessio Casimirri, militante das Brigadas Vermelhas acusado de participação no sequestro de Aldo Moro (<http://it.wikipedia.org/wiki/Alessio_Casimirri>). Sem falar nos muitos ativistas que se abrigaram na França, por mais de uma década, durante a vigência da *Doutrina Miterrand*, incluindo o próprio Cesare Battisti e Marina Petrella.

g) outros evadidos da Itália por motivos políticos vinculados à situação do país na década de 70 e início dos anos 80 não foram extraditados pelo Supremo Tribunal Federal (item 21);
h) a legislação de exceção italiana permitiu que se fizessem ao requerente acusações sobrepostas, com procedimentos e tipos penais singulares desenvolvidos pelo Estado requerente (item 23);
i) as acusações feitas contra o requerente fundamentaram-se, precipuamente, em uma testemunha de acusação implicada pelos próprios fatos delituosos, qual seja, o delator premiado Pietro Mutti (item 24);
j) a despeito da alegação de que as acusações ao requerente dizem respeito à violação da lei comum, é de se notar que a própria decisão sobre os homicídios afirma ter agido ele com a finalidade de "subverter a ordem do Estado", "subverter as instituições e a fazer com que o proletariado tomasse o poder" e produzir "subversão violenta do sistema econômico e social do próprio país" (itens 8 e 26);
k) é fato irrefutável a participação política do requerente, o seu envolvimento político insurreicional e a pretensão de instituir um poder soberano "fora do ordenamento". A natureza política da atuação do requerente é confirmada por carta do ex-Primeiro-Ministro e ex-Presidente Francesco Cossiga (itens 28 e 30);
l) o requerente esteve abrigado em solo francês, durante o Governo de François Mitterrand, tendo sido acolhido juntamente com vários militantes da extrema-esquerda italiana na mesma situação (itens 30 e 31);
m) a situação do requerente foi alterada durante o Governo Jacques Chirac, que mudou a política de abrigo aos militantes italianos. A extradição do requerente, que havia sido negada anteriormente pela França, veio a ser concedida, no contexto de mudanças políticas naquele país (item 34);
n) o refúgio, como instrumento de proteção internacional da pessoa humana, tem caráter humanitário, aplicando-se a ele o princípio *in dubio pro reo*: na dúvida, a decisão de reconhecimento deverá inclinar-se a favor do solicitante do refúgio (item 39);
o) merece destaque o fato de que o requerente renunciou à luta armada, constituiu família, teve duas filhas e vive pacificamente como escritor há muitos anos (itens 31, 32 e 33);

p) o pedido de extradição é para cumprimento de prisão perpétua (item 6).

Diante de tudo isso, concluiu o Ministro da Justiça, de maneira inequívoca, mas elegante, insuscetível de representar qualquer tipo de afronta, por padrões normais de susceptibilidade diplomática:

43. Concluo entendendo, também, que o contexto em que ocorreram os delitos de homicídio imputados ao recorrente, as condições nas quais se desenrolaram os seus processos, a sua potencial impossibilidade de ampla defesa face à radicalização da situação política na Itália, no mínimo, geram uma profunda dúvida sobre se o recorrente teve direito ao devido processo legal.

44. Por conseqüência, há dúvida razoável sobre os fatos que, segundo o Recorrente, fundamentam seu temor de perseguição.

45. Ante o exposto, dou provimento ao recurso para reconhecer a condição de refugiado político a Cesare Battisti, nos termos do art. 1º, inc. I, da Lei nº 9.474/97.

Na visão da impetrante, República Italiana, os motivos alinhados acima seriam "inexistentes ou falsos", constituindo "manifesto desvio de poder", basicamente por três razões: (i) a Itália era, e é, uma democracia e, a seu juízo, tal argumento inviabilizaria que se pudesse cogitar de temor de perseguição política; (ii) os crimes imputados ao refugiado seriam comuns e não guardariam relação com sua atividade política; e (iii) o processo que resultou na condenação do requerente teria sido proferido por tribunais regulares, com garantia do devido processo legal, e não teria sofrido contaminação política.

Nada obstante, e como se verá, ainda que o mandado de segurança fosse cabível, a verdade é que: (i) a circunstância de a Itália ser um Estado democrático não estava em debate nem repercute da forma como supunha a impetrante sobre a avaliação a cargo do Ministro de Estado para fins de concessão de refúgio; (ii) a afirmação de que os crimes indicados acima e, sobretudo, a condenação que se queria executar não teriam vinculação política simplesmente não corresponde aos fatos incontroversos que constam dos autos; e (iii) os fatos envolvendo o processo que resultou na condenação do requerente e o pedido de extradição — as leis de exceção, os julgamentos coletivos, a delação premiada como fundamento de nova condenação, o julgamento à revelia por júri popular e a tentativa de isolar determinados tipos penais do conjunto que integram, para fins de extradição — são reais e estão registrados objetivamente nos autos.

A impetrante, naturalmente, era livre para discordar politicamente da avaliação feita pelo Ministro de Estado da Justiça a respeito dos fatos descritos e sugerir uma visão alternativa acerca deles. Negar sua existência, porém, não parecia razoável. Tampouco se podia afirmar que quem fizesse um juízo diferente incorre em "desvio de poder ou de finalidade". É próprio do regime democrático que se reconheça o pluralismo e a possibilidade de diferentes valorações razoáveis sobre um mesmo tema ou conjunto de fatos. Em matéria submetida à soberania do Brasil, a valoração razoável que deve prevalecer é aquela realizada pela autoridade brasileira competente. Seja como for, sequer seria próprio chegar a esse nível de análise, como foi demonstrado.

2.2.2 Descabimento do mandado de segurança

2.2.2.1 Inexistência, mesmo em tese, de direito líquido e certo

O mandado de segurança, nos termos constitucionais, tem por objeto a tutela de direito líquido e certo contra ato ilegal ou abusivo de autoridade pública. Como é corrente, titular de um direito líquido e certo é a pessoa física ou jurídica a quem o ordenamento jurídico confere o poder de exigir determinada ação ou abstenção. Ao direito líquido e certo do impetrante do mandado de segurança há de corresponder, portanto, um dever jurídico por parte da autoridade pública. Ainda no campo conceitual, não custa lembrar que o mandado de segurança não se presta ao controle abstrato de legalidade dos atos praticados por agentes públicos. Para manejar o remédio constitucional em questão, é preciso que se pretenda defender um direito próprio.[31]

Ora bem: um Estado estrangeiro não tem direito — menos ainda líquido e certo —[32] a que o Estado brasileiro negue refúgio a indivíduo que se encontra em seu território, submetido a sua soberania. Nenhum dispositivo da Constituição, das leis ou de ato internacional reconhece semelhante posição jurídica. A postulação da República Italiana pode

---

[31] Como se sabe, a substituição processual para a defesa de direito alheio depende de expressa previsão legal, mas o ponto sequer é pertinente aqui. Sobre a necessidade de que o impetrante postule a tutela de direito próprio, a título de exemplo, v. STF. *DJU*, 24 ago. 2001, AgRg no MS nº 23.800/MS, Rel. Min. Maurício Corrêa.

[32] Carlos Alberto Menezes Direito (*Manual do Mandado de Segurança*, 1999, p. 67): "Claro que a locução direito *líquido e certo* impõe a prova pré-constituída, e que tal prova seja insuscetível de alta indagação. O mandado de segurança só é idôneo se o direito pleiteado for escoimado de qualquer dúvida razoável".

ser veiculada no plano das relações políticas entre os países e deve ser dirigida ao Poder Executivo: não se trata, porém, de um direito subjetivo sindicável perante o Poder Judiciário. Como se sabe, cabe ao Executivo conduzir a política externa e decidir sobre a concessão de refúgio, a naturalização e a autorização para ingresso ou saída de pessoas do território nacional, veiculando, nesse contexto, as decisões soberanas da República Federativa do Brasil.[33] É nessa mesma linha, aliás, que o Presidente da República sequer está obrigado a encaminhar pedido de extradição ao Supremo Tribunal Federal.[34] Como é do conhecimento convencional, a fase judicial da extradição funciona como garantia de que a medida é juridicamente viável, mas não substitui a decisão política sobre a entrega do indivíduo, que é privativa do Presidente.[35]

Negada pela autoridade competente brasileira determinada postulação política formulada por Estado estrangeiro, nada há que ele

---

[33] Nesse sentido, confira-se a seguinte passagem de voto do Ministro Sepúlveda Pertence na Ext. nº 1.008-Colômbia (*DJE*, 17 ago. 2007): "Embora eu reconheça, sem subterfúgios, que o juízo final, na espécie, é do Executivo, e que a lei veio viabilizar, na pendência do processo de extradição, o deferimento do refúgio, que o Governo poderia ter concedido antes e, aí, nem sequer encaminhar um eventual pedido de extradição para julgamento do Supremo. Mas, isso pode ocorrer também se já instaurado o processo". O mesmo raciocínio já foi explicitado ou indicado por diversos outros Ministros. Para um outro registro analítico, veja-se o voto do Ministro Néri da Silveira na Ext-QO 785-México (*DJU*, 14 nov. 2003).

[34] No caso do ex-presidente Paraguaio Alfredo Stroessner, *e.g.*, o pedido de extradição foi feito pelo Paraguai em 1983 e jamais foi enviado ao STF pelo governo brasileiro, que havia lhe concedido asilo político. Na já referida Ext. nº 1.008-Colômbia, o ponto foi destacado de forma explícita pelos Ministros Celso de Mello e Sepúlveda Pertence, com a citação de precedente real. Veja-se a seguinte passagem de voto do Ministro Celso de Mello: "E há um aspecto lembrado pelo Ministro Sepúlveda Pertence: o próprio encaminhamento, ao Supremo Tribunal Federal, do pedido de extradição dirigido ao Governo do Brasil por um estado estrangeiro, mesmo naqueles casos em que haja um tratado de extradição, é um ato sujeito à discrição governamental — lembro recentemente, dois anos atrás, o que houve".

[35] Esta posição é largamente dominante na doutrina, como registra o Parecer do Professor José Afonso da Silva, elaborado a pedido do Conselho Federal da Ordem dos Advogados do Brasil, no qual examina a concessão de refúgio a Cesare Battisti e conclui por sua validade: "Mas a extradição, em si, é ato administrativo, sujeita ao controle prévio de legalidade pelo Supremo Tribunal Federal, mas não é o Judiciário que a concede, ainda que muitas vezes o lê (leia) nas decisões judiciais favoráveis, que concedem a extradição. Isso, na verdade, só significa que a extradição é constitucional e legalmente viável" (v. a íntegra em <http://www.migalhas.com.br/mostra_noticia.aspx?cod=82706>). No mesmo sentido, v. Hildebrando Acioly e Geraldo Eulálio do Nascimento e Silva (*Manual de Direito Internacional Público*, 1996, p. 358-9), Carmen Tiburcio e Luís Roberto Barroso (Algumas questões sobre a extradição no direito brasileiro, *In*: Carmen Tiburcio, *Temas de direito internacional*, 2006, p. 212-13) e Celso de Albuquerque Mello (*Direito Penal e Direito Internacional*, 1978, p. 60-1). E, também, Pedro Lenza (*Direito constitucional esquematizado*, 2008, p. 675), Uadi Lamego Bulos (*Curso de direito constitucional*, 2007, p. 519-20) e Alexandre de Moraes (*Direito constitucional*, 2005, p. 86). Em sentido diverso, v. Francisco Rezek (*Direito Internacional Público*. Curso Elementar, 1991, p. 203), entendendo que uma vez enviado o pedido ao STF, assume o Executivo o compromisso de extraditar, caso o Judiciário o autorize.

possa exigir em face do Poder Judiciário. As decisões políticas soberanas proferidas pela autoridade competente nessas matérias haverão de ser respeitadas pelos demais Estados, assim como ao Brasil cabe respeitar decisões de soberanias estrangeiras das quais eventualmente discorde politicamente. Em suma: inexistia qualquer direito líquido e certo da impetrante a ser tutelado, o que conduzia ao descabimento do mandado de segurança impetrado.

2.2.2.2 Impossibilidade de discussão de questões de fato

Mesmo que fosse possível superar o óbice apontado acima, havia ainda uma segunda razão pela qual o mandado de segurança não poderia ser conhecido. A impetrante contestava os motivos em que se baseara o ato coator, nem sempre negando-os, mas procurando contrapor outros fatos diversos dos que foram invocados pela autoridade competente. Alegava, por exemplo, que a Itália era e é uma democracia — fato que não é controvertido e que foi afirmado pelo Ministro da Justiça em sua decisão —, e daí procura extrair, como consequência axiomática, que não se justificaria o temor de perseguição. A História, tragicamente, infirma tal conclusão.[36] Afirmava a impetrante, ainda, que os crimes supostamente comuns pelos quais o requerente teria sido condenado não teriam qualquer relação com sua atividade política e, por fim, que os processos que resultaram em sua condenação, além de não terem sofrido qualquer influência política, lhe teriam assegurado todas as garantias do devido processo legal.

Afora o equívoco nas consequências que a impetrante pretendia extrair dos fatos novos que alegava, a verdade é que a demonstração desses mesmos fatos demandaria instrução probatória, o que é inviável em sede de mandado de segurança.[37] Não era possível, naquela instância, debater se houve ou não contágio político, devido processo legal ou a natureza política ou comum dos crimes. De modo que, também por essa razão, o *writ* era descabido. Ou seja: ainda que a impetrante pudesse ter,

---

[36] Do julgamento de Sócrates ao não julgamento dos presos de Guantánamo, passando por Dred Scott, pelo Capitão Dreyfus e por Oscar Wilde, 2.500 anos de história provam que nem sempre é assim.
[37] STF. *DJU*, 16 fev. 2001, MS nº 23.652/DF, Rel. Min. Celso de Mello: "[...] o processo mandamental não comporta dilação probatória. — O processo de mandado de segurança qualifica-se como processo documental em cujo âmbito não se admite dilação probatória, pois a liquidez dos fatos, para evidenciar-se de maneira incontestável, exige prova pré-constituída, circunstância essa que afasta a discussão de matéria fática fundada em simples conjecturas ou em meras suposições ou inferências".

em tese, direito líquido e certo à não concessão de refúgio e pudesse confrontar as razões da autoridade coatora com outras, fundadas em outros fatos, que lhe parecessem mais adequados, a prova de tais fatos não poderia ser feita em sede de mandado de segurança.[38] Havia mais, no entanto.

2.2.3 Impropriedade jurídica da revisão do mérito da decisão

2.2.3.1 Discricionariedade, vinculação e mérito do ato administrativo

Com pequena variação, a doutrina reconhece cinco aspectos essenciais a serem considerados no ato administrativo: sujeito (competência), conteúdo (objeto), forma, motivo e finalidade.[39] Igualmente amplo é o consenso acerca da subsistência dos conceitos de vinculação e discricionariedade, a despeito da efervescência contemporânea sobre o sentido e alcance de tais ideias. Discricionariedade, de acordo com o conhecimento convencional, expressa uma margem de liberdade reconhecida ao agente público, dentro dos parâmetros fixados pela ordem jurídica, para valorar a conveniência e oportunidade de determinado ato, bem como para escolher entre soluções possíveis.[40]

Ainda na linha do pensamento tradicional, os atos administrativos terão aspectos vinculados e discricionários, variando o grau de cada um deles. Como regra, entende-se que a competência, a forma e a finalidade são elementos sempre vinculados. E que o objeto e o motivo são o espaço eventual da discricionariedade.[41] De todo modo, já não prevalece a ideia de que a discricionariedade seja exterior ao Direito nem de que

---

[38] Carlos Alberto Menezes Direito, *Manual do Mandado de Segurança*, 1999, p. 64: "Há na doutrina e na jurisprudência poucos desacertos com relação à matéria. O que o mandado de segurança exige é que o direito submetido ao julgamento dispense qualquer dilação probatória. O que há é a prova pré-constituída, presente no momento da impetração, de tal modo que o direito invocado pelo impetrante possa ser imediatamente protegido".
[39] V. M. Seabra Fagundes, *O Controle dos Atos Administrativos pelo Poder Judiciário*, 2005, p. 29 (atualiz. Gustavo Binenbojm); Hely Lopes Meirelles, *Direito Administrativo Brasileiro*, 2008, p. 151 *et seq.* (atualiz. Eurico de Andrade Azevedo e outros); Maria Sylvia Zanella Di Pietro (*Direito Administrativo*, 2007, p. 187-88), e Marçal Justen Filho (*Curso de direito administrativo*, 2009, p. 291).
[40] V. Celso Antônio Bandeira de Mello (*Curso de Direito Administrativo*, 2007, p. 142) e Maria Sylvia Zanella Di Pietro, *op. cit.*, p. 142.
[41] V. Hely Lopes Meirelles, *op. cit.*, p. 154; e M. Seabra Fagundes, *op. cit.*, p. 184.

o mérito do ato administrativo seja absolutamente insindicável.[42] Mas ainda vige, por certo, a convicção de que há um núcleo de apreciação e de escolha por parte da autoridade competente que deve ser preservado de interferência externa. Se assim não fosse, não haveria mais separação de Poderes.

2.2.3.2 Competência privativa do Executivo em matéria de relações internacionais

A exemplo da quase totalidade dos países democráticos, o Brasil tem por princípio fundamental e estruturante da República a separação de Poderes. Dele resulta a especialização funcional e a independência orgânica dos Poderes estatais. Para realizar tais propósitos, cada Poder tem um elenco de competências privativas, de garantias institucionais e de impedimentos. Pois bem: historicamente, no Brasil como em quase todo o mundo, a condução das relações internacionais é incluída no elenco de atribuições próprias do Poder Executivo. É o que decorre da letra expressa dos incisos VII e VIII do art. 84 da Constituição Federal.[43]

O Presidente da República, chefe do Poder Executivo, exerce suas funções auxiliado pelos Ministros de Estado (CF, art. 76), aos quais se atribuem diversas competências, por lei ou ato administrativo. Insere-se no âmbito de atribuições do Executivo a prática de atos de administração, atos de governo e atos de Estado, variando em grau ascendente o conteúdo político das decisões. A intensidade do controle judicial é inversamente proporcional à carga política do ato, sendo máxima quando se trate de ato administrativo vinculado e mínima em relação aos atos praticados em nome da soberania do Estado.[44]

Nessas hipóteses de elevado grau de conteúdo político na decisão do Executivo, que envolvem forte dose de legítima discricionariedade, a fiscalização do Judiciário recai, notadamente, sobre os aspectos vinculados do ato. Pois bem: no caso aqui analisado, o ato foi praticado pelo agente *competente*. De fato, a concessão de refúgio a um cidadão

---

[42] V. Germana de Oliveira Moraes, *Controle Jurisdicional da Administração Pública* (2004, p. 34), onde utiliza a expressão "discricionariedade justiciável".

[43] Constituição Federal: "Art. 84. Compete privativamente ao Presidente da República: VII - manter relações com Estados estrangeiros e acreditar seus representantes diplomáticos; VIII - celebrar tratados, convenções e atos internacionais, sujeitos a referendo do Congresso Nacional".

[44] Com efeito, a nomeação do primeiro colocado em um concurso público para a vaga a ser provida pode ser controlada e imposta pelo Judiciário. Já a decisão do Presidente da República de firmar ou não um tratado internacional refoge à fiscalização de juízes e tribunais.

estrangeiro envolve as relações internacionais do país e é típica decisão atribuída pela Constituição ao Poder Executivo. No plano infraconstitucional, a Lei nº 9.474/97 atribui ao Ministro de Estado da Justiça a decisão final na matéria (art. 31). Também são suas, a propósito, outras competências afins, como as relativas à expulsão de estrangeiro[45] e à naturalização.[46] Não custa lembrar que um Ministro de Estado é agente político diretamente nomeado pelo Presidente da República e demissível *ad nutum*, recebendo do chefe do Executivo orientação geral para as ações do Ministério.

Ainda no plano da competência, é de se registrar que a Lei nº 9.474/97 atribui ao CONARE a competência para decidir "em primeira instância" acerca da condição de refugiado do requerente (art. 12). Ao Ministro da Justiça, por sua vez, cabe o conhecimento do recurso contra o pronunciamento negativo daquele órgão colegiado e, consequentemente, a decisão final na matéria. Naturalmente, a exemplo do que se passa com as competências recursais dos tribunais, a decisão do órgão superior substitui a do órgão *a quo*. Por isso mesmo, não havia fundamento jurídico para se tratar a decisão do Ministro da Justiça como portadora de qualquer desvalia em relação à do CONARE.[47] É exatamente o contrário.

No tocante à *forma*, foi igualmente observado o devido processo legal, com o cumprimento das etapas previstas em lei para o reconhecimento da condição de refugiado (Lei nº 9.474/97, arts. 17 a 31). E, por fim, também a *finalidade* pública do ato é clara: a proteção dos direitos humanos (CF, art. 4º, II) e fundamentais (CF, art. 5º). O fato de alguém poder divergir da valoração da autoridade competente diz respeito ao mérito do ato, aos seus motivos. E o mérito, isto é, a conveniência, oportunidade e a solução escolhida, quando se trate de uma decisão essencialmente política, somente há de ser revisto quando se trate de situações teratológicas, de manifesta violação dos princípios constitucionais. Do contrário, estar-se-ia substituindo o juízo político do Poder competente pelo juízo político de outro Poder, criando-se uma "instância hegemônica", condenada pela jurisprudência do Supremo Tribunal Federal.[48] A isso se dedica o tópico seguinte.

---

[45] Decreto nº 3.347, de 05.05.2000.
[46] Lei nº 6.815, de 19.08.1980, art. 111.
[47] No mesmo sentido, se posicionou o parecer do Procurador-Geral da República, proferido nos autos do processo de extradição.
[48] V. STF. *DJU*, 12 maio 2000, MS nº 23.452/RJ, Rel. Min. Celso de Mello.

2.2.3.3 Limites do controle judicial na matéria

A existência de parâmetros jurídicos para a concessão de refúgio não afasta a natureza essencialmente política da decisão que aprecia o pedido.[49] Em um Estado de Direito, é natural que o exercício do poder seja regulado pela ordem jurídica e, portanto, que todas as decisões do Poder Público, inclusive as inerentes à soberania, sejam submetidas a determinadas exigências jurídicas. E, quanto a esses aspectos, sempre serão passíveis de revisão judicial. Isso não significa, porém, que não haja decisões reservadas de forma privativa pela Constituição aos diferentes Poderes ou que o Poder Judiciário esteja legitimado a rever o mérito de toda e qualquer decisão, substituindo-se aos agentes políticos de forma indiscriminada. Essa é a pacífica jurisprudência do Supremo Tribunal Federal.

Tome-se como exemplo a hipótese de julgamento do Chefe do Executivo por crime de responsabilidade, atribuído pela Constituição ao Poder Legislativo. O Plenário do STF já assentou a possibilidade de exercer controle sobre a observância das exigências constitucionais, legais e até regimentais relacionadas ao devido processo legal, mas não de rever o mérito do juízo que venha a ser proferido pelas Casas Legislativas.[50] Essa mesma lógica foi adotada pela Corte em mandado de segurança no qual se atacava decisão da Câmara dos Deputados que determinara a cassação de mandato parlamentar por quebra de decoro. A Corte reconheceu expressamente que não lhe cabia avaliar os fatos que haviam motivado a cassação, contentando-se com o seu enquadramento, em tese, a uma das hipóteses regimentais de quebra de decoro.[51]

---

[49] O ponto foi destacado explicitamente pelo Ministro Sepúlveda Pertence na Extradição nº 1.008, solicitada pela Colômbia (*DJE*, 17 ago. 2007): "O deferimento do refúgio é questão da competência política do Poder Executivo, condutor das relações internacionais do país". A natureza política da decisão foi destacada, igualmente de forma explícita, nos votos dos Ministros Joaquim Barbosa e Ricardo Lewandowski.
[50] STF. *DJU*, 07 abr. 1995, MS nº 23.689/DF, Rel. Min. Carlos Velloso (caso Collor).
[51] STF. *DJE*, 24 ago. 2007, MC no MS nº 25.579/DF, Rel. para o acórdão Min. Joaquim Barbosa: "Na hipótese dos autos, contudo, embora afastado do exercício do mandato parlamentar, o Impetrante foi acusado de haver usado de sua influência para levantar fundos junto a bancos 'com a finalidade de pagar parlamentares para que, na Câmara dos Deputados, votassem projetos em favor do Governo' (Representação nº 38/05, formulada pelo PTB). Tal imputação se adequa, em tese, ao que preceituado no art. 4º, inciso IV do Código de Ética e Decoro Parlamentar da Câmara dos Deputados que qualifica como suscetíveis de acarretar a perda do mandato os atos e procedimentos levados a efeito no intuito de 'fraudar, por qualquer meio ou forma, o regular andamento dos trabalhos legislativos para alterar o resultado de deliberação. Medida liminar indeferida".

O mesmo raciocínio aplica-se à hipótese aqui examinada. A decisão de concessão do refúgio valorou um conjunto de fatos incontroversos que situam o refugiado em um contexto político particularmente conturbado. O ato impugnado considerou relevante, *e.g.*, o fato de o refugiado haver sido condenado por crimes políticos puros (como associação subversiva, apologia e propaganda subversivas, desordem pública, incitação à subversão, etc.) e, no mesmo contexto, também pelos quatro homicídios referidos, reivindicados por grupos políticos radicais na ocasião, cuja autoria o suplicante nega. São fatos que constavam dos autos. A decisão impetrada levou em conta, ainda, a repercussão desses elementos sobre a persecução criminal desencadeada contra o refugiado e considerou relevante, *e.g.*, o fato de a condenação se basear substancialmente na delação premiada de indivíduo preso e também acusado pelos crimes.

Observe-se, ademais, um detalhe importante. Nos dois exemplos referidos acima — *impeachment* e cassação de mandato por quebra de decoro —, a decisão atribuída privativamente ao Poder Legislativo poderia — e, de fato, o fez — restringir diretamente direitos fundamentais de natureza política dos indivíduos envolvidos. Essa foi, aliás, a razão decisiva para esse STF cogitar da possibilidade de controle.[52] Ainda assim, a Corte entendeu que não lhe cabia rever o mérito da decisão tomada pelo Poder Legislativo, pois, na distribuição de competências próprias à separação de Poderes, a Constituição atribuiu tais deliberações de forma privativa a outro Poder. No caso aqui apresentado, diversamente, a decisão concessiva de refúgio não restringe direito fundamental de qualquer indivíduo, muito ao contrário. Sequer havia direitos subjetivos do impetrante em jogo, mas apenas interesse político do Estado requerente, legítimo como possa ser.[53] Ora, se a Corte entende que o respeito a decisões privativas dos outros Poderes é próprio mesmo

---

[52] Nesse sentido, registrando o ponto de forma explícita, v. STF. *DJE*, 24 ago. 2007, MC no MS nº 25.579/DF, Rel. para o acórdão Min. Joaquim Barbosa: "Na qualidade de guarda da Constituição, o Supremo Tribunal Federal tem a elevada responsabilidade de decidir acerca da juridicidade da ação dos demais Poderes do Estado. No exercício desse mister, deve esta Corte ter sempre em perspectiva a regra de auto-contenção que lhe impede de invadir a esfera reservada à decisão política dos dois outros Poderes, bem como o dever de não se demitir do importantíssimo encargo que a Constituição lhe atribui de garantir o acesso à jurisdição de todos aqueles cujos direitos individuais tenham sido lesados ou se achem ameaçados de lesão. À luz deste último imperativo, cumpre a esta Corte conhecer de impetração na qual se discute se os atos ministeriais do parlamentar licenciado se submetem à jurisdição censória da respectiva Câmara Legislativa, pois a matéria tem manifestante estatura constitucional, e não *interna corporis*".

[53] Ato exclusivamente político é, precisamente, aquele insuscetível de afetar direitos subjetivos.

quando haja restrição a direito fundamental, muito mais se haveria de entender nesse sentido quando a decisão privativa de outro Poder visar a proteger direito fundamental.[54] Como se vê, o ponto era simples. Diante dos fatos descritos, o Ministro de Estado da Justiça concluiu que a possibilidade de perseguição política era real e justificava a proteção da República Federativa do Brasil. Essa é uma típica competência política do Poder Executivo, explicitada pelo legislador brasileiro. O fato de a lei instituir procedimentos e requisitos não transfere o juízo acerca do mérito da questão para o Poder Judiciário.[55] Simplesmente não era o caso de a instância judicial reavaliar o amplo conjunto de elementos descrito acima e atrair para si decisão política inserida na esfera de atribuições de outro Poder. Essa é a jurisprudência antiga, consolidada e pacífica do Supremo Tribunal Federal, inexistindo qualquer razão para que fosse superada.

2.2.4 Validade da decisão impugnada no seu mérito: valoração razoável de elementos objetivos

2.2.4.1 A questão no plano do direito interno

Como se registrou no tópico anterior, a decisão do Ministro da Justiça é válida em todos os seus aspectos vinculados: competência, forma e finalidade. Ficou consignado, ademais, que, na linha da jurisprudência do próprio STF, não cabe à Corte rever o mérito da decisão que concede ou nega refúgio, tendo em conta a natureza política da competência. A menos que se estivesse diante de hipótese de irracionalidade ou de aberração jurídica, o que evidentemente não é o caso.[56]

---

[54] Sobre o parâmetro hermenêutico da interpretação da ordem jurídica em conformidade com os direitos fundamentais, v., em doutrina, Ana Paula de Barcellos, *Ponderação, Racionalidade e Atividade Jurisdicional*, 2006, p. 235 et seq. Na jurisprudência, v., por todos, STF. *DJU*, 28 fev. 2003, Ext. nº 811-Peru, Rel. Min. Celso de Mello.

[55] Sobre o ponto, v. Gustavo Binenbojm, *op. cit.*, p. 239, em passagem na qual procura sistematizar parâmetros de controle judicial dos atos do Poder Público: "III. Quanto maior o grau de *politicidade* da matéria, objeto de decisão por agente eleitoralmente legitimado (Chefe do Executivo e parlamentares, por exemplo), menos intenso deve ser o grau do controle judicial. Este parâmetro privilegia os valores de *legitimidade democrática* e *responsividade* na organização e funcionamento dos órgãos do Estado" (grifos no original).

[56] Nesse sentido, ressaltando a necessidade de que o Judiciário — especialmente o Tribunal Constitucional — se abstenha de invalidar ou desconstituir atos do Poder Executivo fundados em considerações razoáveis, ainda quando não correspondam à sua própria avaliação do que seria a decisão correta, v. Aharon Barak (*The judge in a democracy*, 2006, p. 248): "Quando o agente do Executivo exercita seu poder razoavelmente, opera no âmbito de sua autoridade e o juiz não deve intervir. Isso é verdadeiro ainda que o juiz, caso tivesse sido a

Discordância política, como intuitivo, não afeta a validade de um ato. De todo modo, também quanto ao mérito o ato é intacável juridicamente. O Estado impetrante sustentava que a concessão do refúgio seria um ato administrativo *inteiramente vinculado*: como já se viu, não é esse o caso.[57] De todo modo, ainda que assim fosse, a expressão "perseguição política" ou, mais analiticamente, "fundados temores de perseguição por motivos de opiniões políticas" (Lei nº 9.474/97, art. 1º, I) configuraria um *conceito jurídico indeterminado*.[58] Como natural, o emprego dessa técnica legislativa abre para o intérprete um espaço considerável — mas não ilimitado ou arbitrário — de valoração subjetiva. Um conceito jurídico indeterminado apresentará sempre uma zona de certeza positiva (onde não há dúvida do que ele seja) e outra de certeza negativa (onde não há dúvida do que ele não seja). Ambos os extremos são controláveis pelo Judiciário. Mas todo espaço intermediário é deferido à apreciação da autoridade legalmente competente.[59]

Portanto, ainda que a concessão de refúgio não fosse um ato essencialmente político quanto ao seu mérito — o que se admitiu apenas para argumentar, sem conceder —, não restava dúvida de que os requisitos instituídos pela lei não são de apreciação matemática, cabendo ao agente competente a preferência na valoração da matéria. Não há um instrumento de precisão capaz de medir e pesar a perseguição política,

---

ele conferida a autoridade executiva, a fosse exercer de outra forma razoável. Não há espaço para intervenção judicial se o exercício da autoridade executiva se situa dentro da zona de razoabilidade. A Corte deve se conter para não impor suas próprias preferências à sociedade na qual opera" (tradução livre).

[57] Não é o caso de se fazer aqui o desvio teórico para demonstrar que o moderno direito administrativo já não utiliza a terminologia ato vinculado e ato discricionário. O ponto já foi registrado no texto. Como anota Marçal Justen Filho (*op. cit.*, p. 159), "alguns aspectos de cada ato são vinculados ou discricionários, não o ato propriamente dito".

[58] Conceitos jurídicos indeterminados são expressões de sentido fluido, destinadas a lidar com situações nas quais o legislador não pôde ou não quis, no relato abstrato do enunciado normativo, especificar de forma detalhada suas hipóteses de incidência ou exaurir o comando a ser dele extraído. Daí a delegação feita ao intérprete para proceder a valoração em concreto de expressões como pluralismo político, calamidade pública ou interesse social. V. Luís Roberto Barroso, *Curso de Direito Constitucional Contemporâneo*, 2009, p. 312. V. tb. José Carlos Barbosa Moreira, "Regras de experiência e conceitos juridicamente indeterminados. In: Temas de Direito Processual, segunda série, 1988, p. 66 *et seq*. Sobre a distinção entre conceito jurídico indeterminado e discricionariedade, v. Eros Roberto Grau, *O Direito Posto e o Direito Pressuposto*, 2003, p. 203, e Andreas J. Krell, "A recepção das teorias alemãs sobre 'conceitos jurídicos indeterminados' e o controle de discricionariedade no Brasil, *Revista do Instituto de Hermenêutica Jurídica*, v. 1, 2004, p. 33 *et seq.*

[59] V. Gustavo Binenbojm (*op. cit.*, p. 315): "[Na *zona intermediária* ou *de penumbra*], não deve o magistrado pretender *definir* o que é o conceito, mas apenas verificar a *sustentabilidade* das razões da autoridade administrativa tendo em vista sua *possível* existência (ou inexistência)" (grifos no original).

nem tampouco se exige que ela seja expressamente declarada para que possa ser reconhecida. No caso, as circunstâncias excepcionais que embasam o temor de perseguição são manifestas, mas convém ter em mente que a simples dúvida já seria suficiente para justificar a concessão do refúgio.[60] Ainda mais em hipótese na qual se cuida da imposição de prisão perpétua, com período de isolamento solar, a ser cumprida em ambiente marcado por evidente ressentimento contra o refugiado.[61] Ou seja: apesar da insatisfação da impetrante com seu conteúdo, a decisão impugnada enquadrou adequadamente os fatos envolvendo Cesare Battisti na hipótese legal que autoriza a concessão de refúgio, diante de fundado temor de perseguição devido a razões políticas.

Em suma: no caso aqui apresentado, a decisão que a impetrante pretendeu atacar por meio de mandado de segurança valeu-se de um conjunto de fatos incontroversos — descritos acima — e fez uma valoração mais do que razoável acerca deles. Diante desses fundamentos — e nem seria o caso de se exigir tantos — resta claro que o enquadramento da situação sob exame no art. 1º, I, da Lei nº 9.474/97 não pode ser tido como irrazoável, muito menos desprovido de motivos reais. A rigor, uma revisão do mérito na hipótese apenas seria possível diante de situações extremas, absurdas e de clara irracionalidade. Não é preciso concordar com o mérito da decisão impugnada para constatar que ela sequer passa perto de tais limites negativos que admitiriam o controle judicial.

2.2.4.1.1 Inexistência de impedimento legal à concessão de refúgio

A Lei nº 9.474/97, no seu art. 3º, III, prevê que não se beneficiarão da condição de refugiado os indivíduos que "tenham cometido crime contra a humanidade, crime hediondo, participado de atos terroristas

---

[60] Liliana Lyra Jubilut (*O direito internacional dos refugiados*, 2007, p. 198): "É importante ressaltar que, enquanto o seu pedido não for analisado, a permanência do refugiado no Brasil é legal, e que em caso de dúvida quanto à procedência do pedido de refúgio deve-se concedê-lo".

[61] V. Relato objetivo dos fatos, itens 18 e 19. Um exemplo: em Milão, italianos descontentes com a decisão foram às ruas, marchando em passeata até o consulado brasileiro, à frente o Ministro da Defesa, Ignazio La Russa. *Estadão Online*, 08 fev. 2009 ("Italianos protestam contra asilo brasileiro a Battisti"). Outro exemplo emblemático: o mesmo Ministro da Defesa, ao comentar a possibilidade de Battisti vir a ser torturado, fez a seguinte declaração "jocosa": "Fazem crer aos brasileiros que se nos entregam [Battisti], torturá-lo-emos. Fá-lo-ia? Torturá-lo? Se nos entregarem...Não digo que não me agradaria, mas nos detenhamos. Não, estou brincando, não o faremos nunca".

ou tráfico de drogas". O requerente não se enquadrava em qualquer dessas previsões. Rememore-se que ele negava, peremptoriamente, desde sempre, a prática dos crimes de homicídio. Mais que isso, no primeiro julgamento, de 1981, quando estava presente e pôde se defender, não foi sequer acusado de qualquer deles. Somente a partir de 1982, após sua fuga e com base em delação premiada de um dos acusados de homicídio, é que Cesare Battisti se transformou, subitamente, no responsável pelos quatro homicídios.

A verdade é que, embora fizesse alegações vagas sobre "crimes hediondos", o Estado impetrante sequer se empenhava em demonstrar que os fatos imputados ao requerente se enquadrariam nessa categoria. As equiparações esparsas que faz são meras expressões retóricas, e não uma tentativa técnica de comprovação do argumento. Como se sabe, as hipóteses em que o homicídio será considerado crime hediondo no Brasil estão taxativamente previstas no art. 2º da Lei nº 8.072/90[62] e definitivamente não seriam pertinentes no caso. Ainda que não fosse assim, a figura do crime hediondo somente foi instituída pela Constituição de 1988 e regulamentada por lei em 1990. Assim, sequer seria possível enquadrar no conceito fatos típicos praticados antes desse marco, há mais de trinta anos.[63] Por tais razões cumulativas, a caracterização de crime hediondo sequer seria juridicamente viável. Em rigor, o registro que se considera próprio fazer quanto a este ponto é outro e, embora de natureza teórica, parece fundamental.

Não é incomum, pelo contrário, que a perseguição contra indivíduos tenha como veículo justamente a acusação de que eles teriam

---

[62] Lei nº 8.072/90, art. 1º: "São considerados hediondos os seguintes crimes, todos tipificados no Decreto-Lei nº 2.848, de 7 de dezembro de 1940 – Código Penal, consumados ou tentados: I - homicídio (art. 121), quando praticado em atividade típica de grupo de extermínio, ainda que cometido por um só agente, e homicídio qualificado (art. 121, §2º, I, II, III, IV e V); (Inciso incluído pela Lei nº 8.930, de 06.09.1994); II - latrocínio (art. 157, §3º, in fine); III - extorsão qualificada pela morte (art. 158, §2º); IV - extorsão mediante seqüestro e na forma qualificada (art. 159, caput, e §§1º, 2º e 3º); V - estupro (art. 213 e sua combinação com o art. 223, caput e parágrafo único); VI - atentado violento ao pudor (art. 214 e sua combinação com o art. 223, caput e parágrafo único); VII - epidemia com resultado morte (art. 267, §1º); VII-A - (VETADO); VII-B - falsificação, corrupção, adulteração ou alteração de produto destinado a fins terapêuticos ou medicinais (art. 273, caput e §1º, §1º-A e §1º-B, com a redação dada pela Lei nº 9.677, de 2 de julho de 1998). (Inciso incluído pela Lei nº 9.695, de 20.08.1998). Parágrafo único. Considera-se também hediondo o crime de genocídio previsto nos arts. 1º, 2º e 3º da Lei nº 2.889, de 1º de outubro de 1956, tentado ou consumado. (Parágrafo incluído pela Lei nº 8.930, de 06.09.1994)".

[63] Sobre a inviabilidade jurídica de se caracterizar como crime hediondo fato praticado antes da edição da Lei nº 8.072/90, a título de exemplo, v. STF. DJU, 16 jun. 1995, HC nº 72.106/SP, Rel. Min. Celso de Mello: "Impossibilidade jurídico-constitucional de outorgar eficácia retroativa ao art. 2., par. 1., da Lei 8.072/90, em relação a fatos delituosos ocorridos em momento anterior ao da vigência da lei dos crimes hediondos. Doutrina e precedentes".

perpetrado crimes hediondos ou contra a paz ou ainda se envolvido em atos terroristas, sobretudo tendo em conta a relativa abertura semântica de tais expressões. Com efeito, descrever as condutas que se deseja punir e proscrever valendo-se da qualificação mais grave disponível em determinado sistema jurídico é técnica tão antiga quanto as sociedades humanas: já foram alvo de severa punição, como se sabe, o "ateísmo e corrupção da juventude", a difusão de heresias, os crimes de lesa-majestade, a traição à revolução e ao partido, entre outras possibilidades. Nada obstante, a percepção do ponto é importante para demonstrar que, nesse contexto, não bastam as afirmações do Estado que deseja punir o indivíduo. A apreciação da existência ou não de alguma das vedações de que cuida o art. 3º, III, da Lei nº 9.474/97 haverá de ser feita levando-se em conta o mesmo contexto em que se avalia a presença da perseguição.

E, também no caso ora apresentado, a avaliação cabe preferencialmente ao Ministro de Estado da Justiça, que não vislumbrou tal impedimento.

2.2.4.1.2 Não interferência em competência do STF

Como já assinalado brevemente, a impetrante procurou caracterizar o ato impugnado como interferência indevida do Poder Executivo na competência do STF para julgar processos de extradição. A substância da impetração, nesse particular, pode ser assim resumida: acusa-se um Ministro de Estado de praticar ato da sua competência, em momento oportuno e com extensa fundamentação, apenas pelo fato de a lei atribuir a esse ato determinada consequência jurídica que não atende aos interesses da impetrante.

É o caso de reiterar que a decisão impugnada não é um subterfúgio de que a autoridade reclamada estaria se valendo para produzir efeitos no processo de extradição: as consequências que a decisão concessiva de refúgio produz sobre pedido de extradição pendente estão expressamente previstas em lei que o próprio STF já reconheceu como válida[64] —

---

[64] STF. DJE, 17 ago. 2007, Ext. nº 1.008-Colômbia, Rel. p/ o acórdão Min. Sepúlveda Pertence: "Questão de ordem. Reconhecimento do status de refugiado do extraditando, por decisão do comitê nacional para refugiados – CONARE: pertinência temática entre a motivação do deferimento do refúgio e o objeto do pedido de extradição: aplicação da Lei 9.474/97, art. 33 (Estatuto do Refugiado), cuja constitucionalidade é reconhecida: ausência de violação do princípio constitucional da separação dos poderes. 1. De acordo com o art. 33 da L. 9474/97, o reconhecimento administrativo da condição de refugiado, enquanto dure, é elisiva, por definição, da extradição que tenha implicações com os motivos do seu deferimento. 2. É válida a lei que reserva ao Poder Executivo — a quem incumbe, por atribuição constitucional, a competência para tomar decisões que tenham reflexos no plano das relações internacionais

não foram "criadas" pelo ato impugnado. As conjecturas da impetrante acerca de eventual motivação subjetiva da autoridade evidentemente são apenas isso mesmo: conjecturas. Elas não interferem com as competências do Poder Executivo, que decorrem da Constituição e foram explicitadas em lei, e nem alteram a circunstância de que a concessão de refúgio é uma prerrogativa inerente à soberania do Estado brasileiro.

2.2.4.1.3 Refúgio e asilo no direito brasileiro e internacional

Em sua petição inicial, empenhou-se a impetrante em descrever a figura do asilo como um ato de natureza puramente política, em contraste com o refúgio, supostamente um ato técnico. Com o respeito devido e merecido aos (poucos) que pensam dessa forma, a tese simplesmente não se sustenta. Os dois conceitos referem-se a instrumentos de proteção do indivíduo que sofre perseguição e recebem tratamento uniforme no direito internacional e comparado, sendo muitas vezes tratados como sinônimos.[65] Do ponto de vista do direito interno brasileiro, a distinção fundamental é que os dois institutos são regidos por legislação diversa, ainda que bastante similar,[66] sendo que a proteção concedida pelo refúgio abarca, inclusive, mais hipóteses do

---

do Estado — o poder privativo de conceder asilo ou refúgio. 3. A circunstância de o prejuízo do processo advir de ato de um outro Poder — desde que compreendido na esfera de sua competência — não significa invasão da área do Poder Judiciário".

[65] Vejam-se como exemplos os documentos elaborados pelo Alto Comissariado das Nações Unidos para Refugiados, *Guidance note on extradition and international refugee protection*, de abril de 2008 e *General conclusion on international protection*, 10 October 2008. Nº 108 (LIX) – On-line. UNHCR Refworld, disponível em: <http://www.unhcr.org/refworld/docid/490885f1789.html>, que tratam indistintamente dos asilados e refugiados. No mesmo sentido, v. também o relatório elaborado pelo Comitê Europeu sobre problemas criminais, *Summary of the replies to the questionnaire on the relationship between asylum procedures and extradition procedures*, Conselho da Europa, PC-OC (2009) 04, a Convenção sobre Asilo Territorial de 1954 e a Conclusão do Comitê Executivo do Alto Comissariado da ONU para Refugiados (nº 44 (XXXVII) 1986), aprovada pela Assembleia Geral da ONU em 04.12.1986 (Resolução nº 41/124). A própria Itália trata ambas as figuras indistintamente. V. Lei nº 189/02, art. 1-sexies.

[66] O asilo é instituto mais antigo do que o refúgio e pode ser *territorial* — quando concedido pelo Estado no qual o indivíduo se encontra, com base na Convenção de Caracas sobre Asilo Territorial de 1954, promulgada pelo Decreto nº 55.929/65 — ou *diplomático* — concedido pelo Embaixador, temporariamente para permitir a saída do asilado do país onde se encontra, com base na Convenção de Caracas sobre Asilo Diplomático de 1954, promulgada pelo Decreto nº 42.628/57. A condição de refugiado se baseia na Convenção da ONU sobre o Estatuto dos Refugiados de 1951, promulgada pelo Decreto nº 50.215/61, e no Protocolo de 1967, promulgado pelo Decreto nº 70.946/72, afora a Lei nº 9.474/97.

que aquela oferecida pelo asilo.[67] O principal ponto de aproximação consiste justamente na regra que impede o envio de indivíduo ao país em que sofre perseguição, que se aplica em ambos os casos.[68][69] Ou seja: as duas figuras, por força de disposições expressas da convenção e da lei, impedem a extradição. Ambas pressupõem, igualmente, avaliações de natureza marcadamente política.

2.2.4.2 A questão no plano do direito internacional

Coube registrar, de plano, que é totalmente impróprio compreender a concessão de refúgio como uma afronta à soberania do país estrangeiro: não se vislumbra perseguição apenas nas hipóteses em que o Estado está institucionalmente comprometido com ela. Com efeito, embora a perseguição seja, lamentavelmente, um fenômeno frequente, a adoção oficial de sua prática, por determinado Estado, é um fenômeno bem menos comum historicamente. A concessão de refúgio tampouco

---

[67] O *status* de refugiado é concedido em razão de efetiva perseguição ou de simples temor de perseguição por motivos de raça, religião, nacionalidade, grupo social ou opiniões políticas, enquanto que a condição de asilado exige a efetiva perseguição — não bastando o temor — por crenças, opiniões e filiação política ou delitos políticos.

[68] V. UN High Commisioner for Refugees, *General conclusion on international protection*, de outubro de 2008, *Guidance note on extradition and international refugee protection*, de abril de 2008, p. 22, 26 e a Conclusão do Comitê Executivo do Alto Comissariado da ONU para Refugiados (Nº 44 (XXXVII) 1986), aprovada pela Assembleia Geral da ONU em 04.12.1986 (Resolução nº 41/124), item (i). No mesmo sentido, v. também o relatório elaborado pelo Comitê Europeu sobre problemas criminais, *Summary of the replies to the questionnaire on the relationship between asylum procedures and extradition procedures*, Conselho da Europa, PC-OC (2009) 04, p. 2, nota 2, onde se constata que ao menos 10 países europeus não extraditam asilados/refugiados (Armênia, Áustria, República Tcheca, Hungria, Islândia, Lituânia, Polônia, Portugal, Eslováquia e Espanha).

[69] No tocante ao refúgio, a previsão consta da Lei nº 9.474/97, art. 33. No caso do asilo, o art. IV da Convenção sobre Asilo Territorial, em vigor no Brasil pelo Decreto nº 55.929/65, também proíbe a extradição do asilado nos seguintes termos: "A extradição não se aplica quando se trate de pessoas que segundo a classificação do Estado suplicado, sejam perseguidas por delitos políticos ou delitos comuns cometidos com fins políticos, nem quando a extradição for solicitada obedecendo a motivos predominantemente políticos". O STF chegou a apreciar dois pedidos de extradição em que o asilo havia sido concedido, sem prejuízo de reconhecer que a concessão de asilo deveria ser tomada como forte indício para a caracterização de extradição política disfarçada. Nos dois casos, a questão do asilo foi objeto de discussão por alguns ministros, mas não foi determinante para o desfecho do processo, já que a extradição restou indeferida por outros fundamentos: uma em razão de tribunal de exceção (Ext. nº 232-Cuba, 1961) e outra por inépcia do pedido (Ext. nº 524-Paraguai, 1989). Vale o registro de que essa linha de entendimento afasta-se da posição que prevalece de longa data no direito internacional e comparado. De qualquer forma, ambos os precedentes são anteriores à edição da Lei nº 9.747/97. Ainda quando se entenda que não tenham sido superados, é fato que a Corte reconheceu, na Ext. nº 1.008, a impossibilidade de extradição após a concessão de refúgio, nos termos da lei.

equivale a um juízo de condenação moral ou política das instituições, atuais ou pretéritas, do país estrangeiro. Fatores diversos, próprios da história de cada povo, podem acarretar desvios variados. De todo modo, nenhum Estado soberano pode ser privado da possibilidade de formar um juízo próprio, em cada caso. Mesmo os Estados democráticos estão sujeitos a circunstâncias que podem desencadear graves arbitrariedades.[70][71] A possibilidade já havia sido identificada pelo STF em processo de extradição, justamente para reconhecer que a condenação por tribunais regulares não significa necessariamente que tenha havido respeito a todas as garantias democráticas.[72] A admissão dessa possibilidade, a rigor, é que justifica a participação dos Estados nos atos internacionais que tratam do assunto e, por isso mesmo, o Alto Comissariado das Nações Unidas para Refugiados registra que a concessão de refúgio não pode ser considerada desrespeito ao Estado de origem do beneficiado.[73] Como se

---

[70] Tome-se o exemplo dos Estados Unidos da América, cujo direito constitucional, há muitas gerações, é tido como um modelo seguido mundialmente. A revista *Veja* de 29 abr. 2009 traz matéria intitulada "A vida depois da tortura", onde se lê: "Logo nos primeiros dias de seu mandato, Obama acabou com a tortura como método de interrogatório, fechou as prisões secretas da CIA e ordenou o fechamento do centro de detenção de Guantánamo no prazo de um ano". Tortura e prisões secretas!! Em editorial intitulado *The Torturers' Manifesto*, datado de 19 de abril de 2009, o jornal *New York Times* divulga e critica com contundência os memorandos do Departamento de Justiça sobre o interrogatório de presos.

[71] Nas notas de rodapé do presente texto há referências a diversos exemplos de perseguição por opinião política, pela raça, pela religião e por orientação sexual em Estados que são referências democráticas. A República Federativa do Brasil, sob o regime democrático da Constituição de 1988, já sofreu mais de uma condenação por parte da Corte Interamericana de Direitos Humanos, onde, de resto, pontificava um jurista brasileiro, o eminente Professor Cançado Trindade, hoje na Corte de Justiça da Haia. Vale mencionar, também, que diversos cidadãos brasileiros obtiveram a concessão de refúgio ou asilo no exterior, sem que se cogite de afronta à soberania brasileira. A título de exemplo, Bruno Daniel, irmão do ex-prefeito de Santo André, Celso Daniel, encontra-se refugiado na França desde o final de 2006 (<http://www.autresbresils.net/spip.php?article1481>), o que não impediu a celebração do "Ano da França no Brasil" em 2009. Além disso, há pelo menos seis casos de brasileiros que receberam asilo nos Estados Unidos por alegada perseguição em razão de sua orientação sexual (<http://www.wcl.american.edu/hrbrief/06/3immigration.cfm>).

[72] STF. *DJU*, 08 mar. 1991, Ext. nº 524, Rel. Min. Celso de Mello: "A noção de tribunal de exceção admite, para esse efeito, configuração conceitual mais ampla. Além de abranger órgãos estatais criados *ex post facto*, especialmente instituídos para o julgamento de determinadas pessoas ou de certas infrações penais, com evidente ofensa ao princípio da naturalidade do juízo, também compreende os tribunais regulares, desde que caracterizada, em tal hipótese, a supressão, em desfavor do réu, de qualquer das garantias inerentes ao devido processo legal. A possibilidade de privação, em juízo penal, do *due process of law*, nos múltiplos contornos em que se desenvolve esse princípio assegurador dos direitos e da própria liberdade do acusado — garantia de ampla defesa, garantia do contraditório, igualdade entre as partes perante o juiz natural e garantia de imparcialidade do magistrado processante — impede o válido deferimento do pedido extradicional".

[73] V. Flavia Piovesan (O direito de asilo e a proteção internacional dos refugiados, nota 22, *In*: Nadia de Araújo e Guilherme Assis de Almeida (Coord.), *O direito internacional dos*

vê, a sociedade internacional simplesmente não ratifica a alegação de desrespeito à soberania nos casos em que se conceda refúgio, notadamente quando haja histórico comprovado de conturbação política. Em precedente recente, aliás, o STF determinou a extinção do processo de extradição em que se pedia a entrega de cidadão colombiano, justamente por conta do refúgio concedido. Na ocasião, nem se cogitou de ofensa à soberania da Colômbia.[74]

Na mesma linha, os tratados bilaterais de extradição celebrados pelo Brasil — incluindo o tratado entre Brasil e Itália — preveem que o Estado requerido pode negar a entrega de indivíduo nos casos em que alegue "razões ponderáveis para supor que a pessoa reclamada será submetida a atos de perseguição e discriminação por motivo de raça, religião, sexo, nacionalidade, língua, opinião política, condição social ou pessoal; ou que sua situação possa ser agravada por um dos elementos antes mencionados". Note-se que a hipótese não se confunde com a negativa de entrega pela imputação de crime político, prevista em item diverso. Ou seja: independentemente das outras normas aplicáveis, e ainda que se estivesse diante de condenação por crimes comuns, o tratado entre Brasil e Itália já autoriza o Estado requerido a fazer a avaliação de que se cuida acima.

A rigor, o tratado apenas explicita uma prerrogativa decorrente do chamado princípio do *non refoulement*, ao qual se atribui natureza de direito internacional obrigatório (*jus cogens*). Tal princípio reconhece aos Estados soberanos a decisão sobre a proteção de pessoas que se encontrem em seu território, permitindo-lhes que façam um juízo sobre o risco de que o indivíduo venha a ser vítima de perseguição, ainda que no contexto de condenações penais regulares.[75] Por isso mesmo, a decisão

---

refugiados: uma perspectiva brasileira, 2001, p. 50): "De acordo com o Alto Comissariado das Nações Unidas para Refugiados: 'Na problemática dos refugiados, o interesse daquele que busca refúgio ou asilo como ser humano deve prevalecer sobre eventuais conflitos de interesses entre Estados'".

[74] STF. *DJU*, 17 ago. 2007, Ext. nº 1.008-Colômbia, Rel. p/ o acórdão Min. Sepúlveda Pertence.

[75] Carmen Tiburcio (*A condição jurídica do estrangeiro na Constituição Brasileira de 1988*, In: Daniel Sarmento, Daniela Ikawa e Flávia Piovesan (Coord.), *Igualdade, diferença e direitos humanos*, 2008, p. 747): "Além disso, a norma de *non-refoulement* para refugiados (isto é, eles não podem ser mandados de volta pra o país onde foram processados) tem sido citada como uma regra geral de direito internacional, tendo efeitos além da aplicabilidade da Convenção de Refugiados". No mesmo sentido, v. Thamy Pogrebinschi (O direito de asilo e a Constituinte de 1987-88, p. 341. In: Nádia de Araújo e Guilherme Assis de Almeida (Coord.), *O direito internacional dos refugiados*: uma perspectiva brasileira, 2001), José Francisco Siber Luz Filho (Non-refoulement: Breves considerações sobre o limite jurídico à saída compulsória do refugiado, p. 203 *et seq.*) e Flávia Piovesan, O direito de asilo e a proteção internacional dos refugiados, p. 341, todos em: Nádia de Araújo e Guilherme Assis de Almeida, *O direito internacional dos refugiados*: uma perspectiva brasileira, 2001, p. 203 *et seq.*

impugnada não se pronunciou — e nem seria o caso — sobre a natureza política do crime do ponto de vista técnico-jurídico, examinando apenas o contexto em que se deram os fatos e seu julgamento. O reconhecimento de fundado temor de perseguição política não pressupõe necessariamente que se acuse o indivíduo da prática de crimes, tampouco de que eventuais acusações ou condenações tenham natureza política, explícita ou velada. No entanto, é bastante comum que a perseguição se manifeste por meio desse tipo de imputação e, por isso mesmo, o direito internacional,[76] comparado[77] e a própria Lei nº 9.474/97 cuidaram da hipótese.

2.2.5 Conclusão

A seguir, em proposições objetivas, a síntese das razões pelas quais se pediu ao STF a manutenção do refúgio, com a rejeição do pedido do Estado impetrante da medida:

I - O mandado de segurança impetrado pela República Italiana não era cabível na hipótese:
1. pela inexistência, mesmo em tese, de direito líquido e certo por parte de Estado estrangeiro à denegação de refúgio a qualquer pessoa que se encontre em território nacional;
2. pela impossibilidade técnica, em mandado de segurança, de se rediscutirem fatos e, menos ainda, se forem fatos novos e dependentes de instrução probatória.

II - A Constituição reserva ao Poder Executivo a competência privativa para conduzir as relações internacionais da República, de que é exemplo a concessão de refúgio. A jurisprudência do Supremo Tribunal Federal é antiga, pacífica e reiterada no sentido de que o Poder Judiciário não deve sobrepor a sua própria valoração política àquela que foi feita pelo Poder competente.

III - A decisão de concessão de refúgio foi tomada pela autoridade competente, observando o procedimento legal. Trata-se, portanto, de ato formalmente válido. Além disso, no seu mérito, fez uma valoração dos fatos relevantes que é racional e razoável,

---

[76] V. art. 33 da Convenção da ONU relativa ao estatuto dos refugiados, de 1951, internalizada no Brasil pelo Decreto nº 50.215/61 e o art. 22.8 do Pacto de São José da Costa Rica, de 1969, internalizado pelo Decreto nº 678/92.
[77] V. como exemplo, art. 7.10 do Decreto-Lei nº 416/89 italiano sobre asilo, entrada e permanência de estrangeiros.

para concluir, em tom diplomático e respeitoso, que havia "dúvida razoável" acerca do risco de perseguição política. A discordância política em relação ao ato não é fundamento legítimo para invalidá-lo. Em precedente recente, que envolvia situação processual idêntica, a Corte sequer cogitou de discutir o mérito da decisão concessiva do refúgio.

Nada justificava, portanto, que o Supremo Tribunal Federal, afastando-se de sua própria jurisprudência, firmada e pacificada de longa data, viesse a tomar a decisão grave de anular uma decisão política do Ministro de Estado da Justiça, endossada pelo Presidente da República, em tema que envolve ato de soberania nacional e relações internacionais, tradicionalmente reservado à competência do Poder Executivo.

2.3 A defesa no processo de extradição

Como já registrado, Cesare Battisti veio para o Brasil em setembro de 2004, diante do novo pedido de extradição formulado pela Itália à França. Em 18 de março de 2007, foi preso preventivamente para fins de extradição. Em 13 de janeiro de 2009, a República Italiana formalizou o pedido de extradição, que se converteu no processo de Extradição nº 1.085. Em 13 de janeiro de 2009, teve sua condição de refugiado reconhecida pelo Ministro de Estado da Justiça. A seguir, uma síntese dos principais argumentos apresentados em defesa do extraditando, precedidos de uma breve nota prévia sobre a natureza do processo de extradição.

2.3.1 Nota prévia: extradição, proteção dos direitos fundamentais e competência para execução da decisão

À luz do direito brasileiro, nenhuma extradição pode ser concedida sem o prévio pronunciamento do Supremo Tribunal Federal.[78] Essa judicialização do procedimento, como amplamente reconhecido pela doutrina e pela jurisprudência, se faz em favor do extraditando,[79]

---

[78] CF/88, art. 102, I, *g*; e Lei nº 6.815, art. 83.
[79] Nesse sentido, v. o voto do Ministro Joaquim Barbosa na Ext. nº 1.008: "E mais: a judicialização do processo de extradição se faz em prol do extraditando. Ela é concebida como um instrumento de proteção do extraditando". V. STF. *DJE*, 17 ago. 2007, Ext. nº 1.008-Colômbia, Rel. p/ o acórdão Min. Sepúlveda Pertence.

de modo a assegurar a prevalência dos parâmetros maiores da Constituição brasileira.[80] O respeito aos direitos humanos (CF, art. 4º, II) e aos direitos individuais (CF, art. 5º, *caput*) do extraditando é o grande vetor a orientar as decisões nos processos de extradição passiva, como já assentado expressamente pela Corte.[81]

No caso concreto aqui apresentado, postulava-se a extradição do peticionário para cumprimento de prisão perpétua por fatos ocorridos há mais de trinta anos. Na sequência se passa a enunciar o conjunto impressionante de razões pelas quais a extradição devia ser desde logo extinta ou, por eventualidade, devia ser denegado o pedido nela formulado. Os argumentos são muitos e produzem certezas que se cumulam. De todo modo, à luz da orientação do STF, aqui relembrada, ainda que houvesse apenas dúvidas acerca do preenchimento dos requisitos necessários à sua concessão, a decisão preferencial haveria de ser a favor do extraditando.

Em desfecho da nota prévia, cumpriu consignar — porque muito relevante — que o processo de extradição se destina a verificar o cumprimento das normas constitucionais, legais e convencionais (no caso da existência de tratado de extradição com o país requerente) que disciplinam esse mecanismo de cooperação judiciária internacional. O STF desempenha, portanto, um controle sobre a legalidade e a procedência do pedido. Indeferida a extradição pela Corte, o extraditando não poderá ser entregue ao Estado estrangeiro. Deferida a extradição, todavia, a decisão política acerca de sua execução é do Presidente da República, que detém, nos termos da Constituição, competência privativa em matéria de relações internacionais (art. 84, VII e VIII). Cabe a ele, portanto, efetivar ou não a extradição. Essa é a posição quase unânime da doutrina nacional, entre internacionalistas, constitucionalistas e

---

[80] V. o voto do Ministro Francisco Rezek na Ext. nº 633: "É nossa a responsabilidade pelo extraditando e pela prevalência, no caso dele também, dos parâmetros maiores da Constituição brasileira e da lei que nos vincula" (V. STF. *DJU*, 06 abr. 2001, Ext. nº 633-China, Rel. Min. Celso de Mello).

[81] STF. *DJU*, 28 fev. 2003, Ext. nº 811-Peru, Rel. Min. Celso de Mello: "O respeito aos direitos humanos deve constituir vetor interpretativo a orientar o Supremo Tribunal Federal nos processos de extradição passiva. Cabe advertir que o dever de cooperação internacional na repressão às infrações penais comuns não exime o Supremo Tribunal Federal de velar pela intangibilidade dos direitos básicos da pessoa humana, fazendo prevalecer, sempre, as prerrogativas fundamentais do extraditando, que ostenta a condição indisponível de sujeito de direitos [...]".

penalistas,[82] Ministros do STF que já se manifestaram sobre o ponto[83] e que corresponde à prática internacional na matéria.[84]

2.3.2 Improcedência do pedido de extradição

Deixam-se de fora do presente texto algumas objeções processuais apresentadas contra o processo de extradição, que envolviam o dever de extinguir o processo por força do refúgio, a ausência de

---

[82] V. Celso de Albuquerque Mello (*Direito Penal e Direito Internacional*, 1978, p. 60-1 e *Curso de direito internacional público*, v. 2, 2004, p. 1038), Carmen Tiburcio e Luís Roberto Barroso (Algumas questões sobre a extradição no direito brasileiro, *In*: Carmen Tiburcio, *Temas de direito internacional*, 2006, p. 212-13) Gilda Maciel Correa Meyer Russomano (*A extradição no direito internacional e no direito brasileiro*, 1973, p. 165-6) Maurício Augusto Gomes (Aspectos da extradição no direito brasileiro, *Revista do Tribunais* 655: 259, 1990) Arthur Briggs (*Extradição*, 1919, p. 114), A. Darceau de Carvalho (*Situação Jurídica do Estrangeiro no Brasil*, 1976, p. 151), Anor Butler Maciel (*Extradição internacional*, 1957, p. 144), José Afonso da Silva, parecer elaborado para o Conselho Federal da Ordem dos Advogados do Brasil defendendo a validade da concessão de refúgio a Cesare Battisti (v. a íntegra em <http://www.migalhas.com.br/mostra_noticia.aspx?cod=82706>), Ronaldo Rebello de Brito Poletti (Das diferenças entre extradição, expulsão e deportação, *Revista dos Tribunais* 498: 267, 1977), Alexandre de Moraes (*Direito constitucional*, 2005, p. 86), Pedro Lenza (*Direito constitucional esquematizado*, 2008, p. 675), Uadi Lamego Bulos (*Curso de direito constitucional*, 2007, p. 519-20), José Frederico Marques (*Tratado de direito penal*, v. 1, 1964, p. 319-20) Bento de Faria (*Direito extradicional*, 1930, p. 92-3), José Roberto Barauna (A extradição no direito brasileiro, *Jurispenal do STF* 7: 13, 1973) Ana Carolina Sampaio Pinheiro de Castro (Permanência e crimes de estrangeiros na legislação brasileira, *Fórum de Direito Urbano e Ambiental* 9: 866). Em sentido diverso, em posição claramente minoritária, entendendo que a decisão do STF é final, v. Francisco Rezek (*Direito Internacional Público*. Curso Elementar, 1991, p. 203) e Mirtô Fraga (*O novo estatuto do estrangeiro comentado*, 1985, p. 292).

[83] Nesse sentido, v. STF. *DJU*, 20 dez. 1967, Ext. nº 272-Áustria, Rel. Min. Victor Nunes Leal: "O deferimento ou recusa da extradição é direito inerente à soberania. B) A efetivação, pelo governo, da entrega do extraditando, autorizada pelo Supremo Tribunal Federal, depende do direito internacional convencional". 1968. Na mesma linha, v. registros dos Ministros Sepúlveda Pertence e Celso de Mello na Extradição nº 1.008-Colômbia (*DJE*, 17 ago. 2007) e voto do Ministro Néri da Silveira na Extradição nº 785-México (*DJU*, 14 nov. 2003).

[84] Nos Estados Unidos, a última palavra é do Secretário de Estado: US Code, Title 18, Part II, chapter 209, sections 3184 e 3186. Aliás, em 29.08.1996, a US Court of Appels for the Second Circuit decidiu questão semelhante, no caso *Lo Duca v. US*. Na hipótese, a corte rejeitou o argumento de inconstitucionalidade do tratado de extradição Itália-EUA que determinava que o Secretário de Estado tem a decisão final após o pronunciamento judicial. A Corte entendeu que o dispositivo não viola a regra da separação de poderes. No Reino Unido, a decisão final também é do Secretário de Estado (Extradiction Act 2003, Part 2). Na França, a decisão é do Ministro da Justiça (André Huet e Renée Koering-Joulin, *Droit pénal international*, 2005, p. 453-456). Na Espanha, assim dispõe o art. 6º da Ley 4, de 1985, sobre extradição passiva: "Si la resolución firme del Tribunal denegare la extradición, dicha resolución será definitiva y no podrá conceder-se aquélla. La resolución del Tribunal declarando procedente la extradición no será vinculante para el Gobierno, que podrá denegarla en el ejercicio de la Soberanía Nacional, atendiendo al principio de reciprocidad o a razones de seguridad, orden público o demás intereses esenciales para España. Contra lo acordado por el Gobierno no cabrá recurso alguno".

documentos indispensáveis e a ausência de compromisso da Itália em comutar a pena. Apresentam-se, nesse tópico, três das razões de mérito que inviabilizam a procedência do pedido formulado, a saber: (i) os crimes pelos quais se pedia a extradição eram políticos; (ii) tais crimes não seriam puníveis no Brasil; (iii) o processo no qual a condenação foi produzida violou elementos essenciais do devido processo legal. Confiram-se os argumentos.

2.3.2.1 Natureza política dos crimes

Como se sabe, a Constituição de 1988 inclui, entre os direitos fundamentais, a garantia de que o estrangeiro não poderá ser extraditado por crime político ou de opinião.[85] Trata-se de previsão tradicional no Direito brasileiro, amplamente aceita nas democracias contemporâneas,[86] no direito internacional[87] e prevista de forma específica no tratado de extradição entre Brasil e Itália.[88] A fim de impedir a extradição política disfarçada — situações nas quais o Estado requerente procura disfarçar a natureza política da acusação ou da condenação imposta ao extraditando —[89] entende-se pacificamente que a avaliação acerca da natureza da infração penal (política ou comum) compete ao Estado requerido.[90] A matéria não é objeto de controvérsia no âmbito do STF, que reconhece a

---

[85] CF/88, art. 5º, LII: "não será concedida extradição de estrangeiro por crime político ou de opinião;".

[86] V. Survey of International Law, texto da ONU, citado por Gilda M. C. Meyer Russomano, *A Extradição no Direito Internacional e no Direito Brasileiro*, 3. ed., p. 85, 1981. Como exemplos de legislação internacional que vedam a extradição por crime político temos: o Código de Processo Penal francês de 1959, no seu art. 696-4; a Lei n° 144/99 de Portugal no seu artigo 7 e a Lei n° 4/85 da Espanha no seu artigo 4.

[87] No direito convencional, os tratados plurilaterais proíbem a extradição do agente de crime político. Como exemplos, o Código Bustamante (art. 355), o Acordo sobre extradição firmado no âmbito do Mercosul (art. 5º), a Convenção Europeia sobre extradição de 1957 (art. 3.1); e a Convenção Modelo da ONU sobre extradição. Tratados bilaterais sobre extradição também contêm a ressalva.

[88] Tratado de Extradição entre Brasil e Itália, artigo 3º, 1: "A extradição não será concedida: [...] *e*) se o fato pelo qual é pedida for considerado, pela Parte requerida, crime político;".

[89] A extradição política disfarçada é objeto de disciplina específica no Código Bustamante, em vigor no Brasil, cujo artigo 359 dispõe: "A extradição também não será concedida se a petição de entrega foi formulada, de fato, com o fim de se julgar ou castigar o acusado por um delito de caráter político".

[90] Na verdade, é apenas natural que o Estado requerente busque concretizar a aplicação das sentenças que haja produzido, a despeito de seu eventual contágio político. Cabe ao Estado requerido, em posição de neutralidade e distanciamento, verificar a viabilidade jurídica da extradição. Nisso não reside nenhuma afronta à soberania do Estado requerente. Nesse sentido, v. voto do Min. Francisco Rezek na Extradição nº 417-Argentina (*DJU*, 21 set. 1984, Rel. p/ o acórdão Min. Oscar Corrêa).

inadmissibilidade do pedido de extradição fundado em crime político, bem como a invalidade da extradição política disfarçada.[91]

A natureza política dos crimes imputados a Cesare Battisti podia ser constatada, singelamente, da simples leitura da decisão condenatória. Como informa a sentença, os quatro homicídios foram praticados como atos políticos[92] e julgados como delitos políticos, partes integrantes de uma ação política subversiva, que foi objeto de condenação.[93] Tanto assim que cada homicídio desencadeou, afora a condenação pelo próprio homicídio, também a condenação por vários outros crimes políticos puros, como, e.g., subversão da ordem do Estado, associação subversiva, insurreição armada, apologia à subversão, entre outros. A tentativa artificial do Estado requerente de isolar os quatro homicídios do contexto em que foram praticados e da própria sentença em que foram julgados,

---

[91] A título de exemplo, v. STF. *DJU*, 24 maio 2002, Ext. nº 794, Rel. Min. Maurício Corrêa. Sobre a questão, destacando que a extradição deverá ser negada também nas hipóteses em que a posição política do indivíduo seja capaz de influir desfavoravelmente no julgamento, v. José Paulo Sepúlveda Pertence, Liberdade e Direito de Asilo. *In*: *Anais da VIII Conferência Nacional da OAB*, 1980, p. 67: "Uma das formas mais odiosas de perseguição política é a que se esconde, particularmente nos períodos pós-revolucionários, sob a aparência legal dos processos forjados a propósito de delitos comuns, gerando, na esfera internacional, a preocupação com a chamada extradição política disfarçada (*'extradition politique déguisée'*). [...] Põe-se, assim, o problema da extradição política disfarçada, quando as circunstâncias demonstrem que a persecução formalmente desencadeada por imputação de delitos comuns dissimula o propósito de perseguir inimigos políticos ou, pelo menos, evidenciem que a posição política do extraditando, na conjuntura real do Estado requerente, influirá desfavoravelmente no seu julgamento".

[92] Tanto assim que a reivindicação de cada um dos homicídios foi criminalizada de forma autônoma, registrando-se expressamente que os atentados foram praticados para a "*subversão dos sistemas econômico-sociais*". A reivindicação dos quatro homicídios foi objeto de condenação e encontra-se documentada no processo. A título de exemplo, confira-se trecho referente ao homicídio Campagna: "[...] instigaram publicamente à comissão de crimes de associação subversiva constituída em bando armado, insurreição armada contra os poderes do Estado, guerra civil; porque, finalmente, fizeram propaganda no território do Estado para a subversão dos sistemas econômico-sociais do próprio Estado mediante a ideação, redação e divulgação de um documento que iniciava com as palavras 'era ou não um torturador?' — que aqui deve ser inteiramente citado — e reivindicando com a sigla 'Proletari Armati per il Comunismo' o homicídio do guarda de Polícia Campagna, Andrea, acontecido em Milão em 19.04.1979! A divulgação aconteceu abandonando em lugares públicos da cidade e até distribuindo cópias do próprio documento com a participação, ao menos numa ocasião, perto do restaurante 'La Clinica', de Anselmi Giovanni".

[93] Veja-se o seguinte trecho da sentença de condenação: "Se retém além do mais de poder unificar-se sob o vínculo da continuação, todos os crimes atribuídos a cada um dos imputados, sendo evidente que os mesmos foram crimes programados e cometidos na execução de um mesmo desenho criminoso. Tal desenho, como esclarecido nesta sentença, emerge, além de tudo, em maneira inequivocável nos panfletos reinvindicativos das primeiras ações cumpridas pelos PAC — em particular, vide aquela relativa aos atentados Fava e Rossanigo — ações das quais resulta com clareza o programa de ação da banda armada: um só desenho criminoso — antecipadamente determinado — que reconduz à uma unidade os danos, aos atentados, às várias ações delituosas que os P.A.C. se aprestavam a cumprir".

CAPÍTULO 5 | 489

na qual consta o expresso reconhecimento da sua conotação política, apenas transformava seu pedido em uma extradição política disfarçada. A inviabilidade do que pretendia o Estado requerente decorre ainda de uma outra razão.

O Estado requerente reconheceu que o extraditando foi condenado, na mesma sentença, por outras condutas típicas, incluindo crimes políticos puros,[94] mas afirmava que o pedido de extradição não se fundamentaria na condenação por tais crimes, o que, reconheceu, seria inadmissível. Ocorre que a sentença em questão aplicou a Battisti uma pena única — a prisão perpétua — pelo conjunto de delitos a ele imputados, e não apenas pelos homicídios. Com efeito, a sentença declara que Battisti seria *"responsável por todos os outros crimes que lhe foram atribuídos"*[95] e, por conta disso, o condena à prisão perpétua com isolamento solar por seis meses. Ou seja: sequer do ponto de vista formal seria possível pedir a extradição somente pelos quatro homicídios, uma vez que a pena a ser cumprida envolve necessariamente a punição pela prática de crimes políticos puros, hipótese que, independentemente de qualquer debate, é vedada de forma expressa pela Constituição Federal.[96]

---

[94] Vale transcrever reconhecimento literal, contido em uma das petições juntadas pelo Estado requerente, de que a sentença referia-se também a muitos outros delitos, incluindo crimes políticos puros: "Sim, é certo que as sentenças condenatórias que dão suporte ao presente pedido extradicional cuidam de muitas imputações nas quais efetivamente se configuram crimes políticos, posto que decorrentes de ações realizadas 'com a finalidade de subverter a ordem do Estado', como se lê nos itens transcritos pela defesa as fls. 2363/2372".

[95] O trecho que trata especificamente da condenação tem a seguinte dicção: "DECLARA: BATTISTI responsável de todos os outros crimes que lhe foram atribuídos, incluído *o* crime que consta no item 88) (na epigrafe 81) naquele do item 89) (na epígrafe 82) *e* unificados todos *esses* crimes pelo vinculo de continuidade, julgando ainda *a* continuidade entre *os* crimes objeto deste juízo e os julgados na Sentença em data 8 de Junho de 1983 pelo Tribunal do Júri de Apelação de Milão, que *se* tornou irrevogável, e tendo sido considerado mais grave *o* crime ao qual *se* refere *o* item 41) (na epígrafe 46) do presente decreto de citação. CONDENA: Na pena da prisão perpetua, com isolamento diurno por seis meses, incluída nessa pena a infligida pelos crimes já julgados".

[96] STF. *DJU*, 04 ago. 2006, Ext. nº 994-Itália, Rel. Min. Marco Aurélio: "EXTRADIÇÃO – CRIMES POLÍTICO E COMUM – CONTAMINAÇÃO. Uma vez constatado o entrelaçamento de crimes de natureza política e comum, impõe indeferir a extradição. Precedentes: Extradições nºs 493-0 e 694-1, relatadas pelos ministros Sepúlveda Pertence e Sydney Sanches, respectivamente". Ainda sobre a total inviabilidade de se extraditar indivíduo pela prática de crimes políticos, confira-se a seguinte passagem de voto do Min. Celso de Mello: "Reveste-se de tal e tamanha intensidade esse compromisso constitucional do estado Brasileiro — o de não conceder extradição por delitos políticos — que, se regra legal existisse em nosso ordenamento positivo, a descaracterizar a possibilidade jurídica de estender a qualquer fato o privilégio constitucional da não-extradição em matéria de criminalidade política, seria imediatamente repelida pela ordem normativa consubstanciada em nossa Constituição" (STF. *DJU*, 08 mar. 1991, Ext. nº 524, Rel. Min. Celso de Mello).

Sem surpresa, a aplicação ao caso dos três critérios tradicionalmente empregados pelo Supremo Tribunal Federal para a distinção entre crimes comuns e crimes políticos — motivação, finalidade e contexto político conturbado — produz uma mesma conclusão: os crimes em discussão eram, muito claramente, crimes políticos. Confira-se:

(i) A *motivação política* na hipótese era manifesta. A sentença estrangeira registra que os atos foram praticados como parte de uma estratégia organizada e publicamente assumida para a subversão da ordem vigente, por ser esta considerada iníqua.[97] Tanto assim que as ações foram objeto de reivindicação por diferentes grupos revolucionários. Não é preciso concordar com o objetivo ou os métodos empregados para reconhecer o ponto. Até porque, a norma que veda a extradição por crime político não visa a proteger apenas os indivíduos integrantes de movimentos politicamente vitoriosos ou aqueles que partilham dos valores dominantes em determinada época ou lugar.

(ii) A *finalidade política* era também incontestável. Jamais se cogitou que os atos pudessem ter sido praticados com qualquer perspectiva ou interesse de lucro, vantagem ou proveito pessoal. A própria sentença registra que as ações faziam parte da estratégia dos referidos grupos para alcançar o poder pela via revolucionária.[98] Ao todo, a sentença contém dezenas de menções à *subversão* ou ao ato de *subverter* a ordem do Estado, ou a ordem social e econômica. Na realidade, com sacrifício e risco pessoais, os ativistas tinham como objetivo declarado a substituição da ordem vigente por outra.[99]

---

[97] A motivação do ato foi empregada como elemento para a caracterização de crime político na Ext. nº 493-Argentina (*DJU*, 03 ago. 1990, Rel. Min. Sepúlveda Pertence). Confira-se a seguinte passagem do voto do Min. Celso de Mello: "Esse elemento subjetivo também ficou amplamente caracterizado, no caso presente. Consistiu, ele, na vontade e na necessidade de tornar efetivo um movimento de resistência democrática, que pudesse neutralizar a ação subversiva de militares insatisfeitos com a condução do processo político-institucional argentino. Dentro desse quadro, vejo configurada a natureza política dos fatos imputados ao extraditando, inobstante a lamentável perda de vidas humanas decorrentes da ação armada do Movimento Todos pela Pátria".

[98] "É próprio verdade que os crimes objetos do presente processo não constituem nunca o fruto de um mero interesse pessoal e egoístico e transcendem as necessidades pessoais do singular imputado. Mas é também verdade que, na base de todo o movimento político, que depois confluiu no terrorismo, existia o desejo de criar uma sociedade melhor e mais justa".

[99] A finalidade do ato foi empregada como elemento para afastar a caracterização de crime político na Ext. nº 347-Itália (*DJU*, 09 jun. 1978, Rel. Min. Djaci Falcão): "Nada nestes autos, por outro lado, demonstra ou sequer insinua na personalidade do extraditando o substrato psíquico dos delinquentes políticos, senão o puro intuito comercial do lucro [...]".

Entende-se hoje, felizmente, que mesmo os fins mais nobres não admitem o manejo de quaisquer meios: essa, porém, como se sabe, não era a convicção de muitos na época.

(iii) O *contexto político conturbado* no qual as ações estavam inseridas era igualmente notório.[100] Os *anos de chumbo* na Itália foram marcados pela radicalização de ambos os lados, ativistas revolucionários e Estado. A mentalidade era outra e as ações violentas tornaram-se uma forma extrema, porém corriqueira, de se intervir na condução da política. Como se sabe, o fenômeno não era localizado e chegou a haver paralelo na própria realidade brasileira. E, assim como no Brasil, o Poder Público italiano agiu e/ou reagiu de forma igualmente extrema, sendo notória a edição de legislação excepcional e a existência de fundadas denúncias sobre a prática de tortura e maus tratos nas prisões.[101]

Como se percebe, a aplicação dos critérios tradicionais levava à caracterização de crime político. E a verdade é que o extraditando foi e continuava sendo tratado na Itália como criminoso político, e não comum. Alguns fatores confirmavam essa conclusão. O primeiro era o caráter sazonal da mobilização do Estado requerente em relação ao tema. O extraditando viveu durante mais de 14 anos na França, beneficiando-se de abrigo político informal concedido aos ativistas italianos que assumissem o compromisso de abandonar a luta armada. Em 1991, a Itália solicitou sua extradição. O pedido foi negado por razões formais e só veio a ser renovado cerca de doze anos depois, em final de 2003. Como se sabe, o retardo nos pedidos de entrega também tem sido utilizado pelo STF como elemento indicador de criminalidade política,[102]

---

[100] A contextualização do ato em determinado ambiente de embate político foi empregada como elemento para a caracterização de crime político em diversas ocasiões, inclusive em relação a indivíduos envolvidos em atividades subversivas na Itália, no mesmo período. Nessa linha, v. Ext. nº 994 (*DJU*, 04 ago. 2006, Rel. Min. Marco Aurélio). Confira-se a seguinte passagem do voto do Ministro relator: "O pano de fundo, revelando-se a conexão, mostrou-se como sendo a atividade de um grupo de ação política, desaguando em práticas criminosas que, isoladamente, poderiam ser tido como comuns".

[101] Note-se que a Anistia Internacional elaborou diversos relatórios demonstrando preocupação com a legislação italiana do período de exceção, com a consequente redução dos direitos individuais e riscos de violação das regras do devido processo legal previsto na legislação europeia. V. *Rapport d'Amnesty International* de 1980, p. 279-281, *Rapport d'Amnesty International* de 1981, p. 304-305, *Rapport d'Amnesty International* de 1983, p. 262-263, *Rapport d'Amnesty International* de 1984, p. 291-292, *Rapport d'Amnesty International* de 1985, p. 273-274, *Rapport d'Amnesty International* de 1986, p. 290, *Rapport d'Amnesty International* de 1987 p. 300-301, *Rapport d'Amnesty International* de 1988, p. 206-207.

[102] O retardo no pedido de extradição foi empregado como elemento caracterizador de criminalidade política na já referida Extradição nº 994-Itália, na qual o STF negou a entrega de Pietro

cuja persecução fica naturalmente sujeita a variações nas circunstâncias político-partidárias.

Um segundo fator consistia no tratamento que as autoridades e a opinião pública da Itália e de outros países sempre deram ao tema. Battisti foi condenado como criminoso político, membro de organização subversiva, em sentença que contém dezenas de referências à *subversão*. Nos últimos trinta anos, foi tratado como refugiado político no México e na França, onde se tornou escritor e passou a narrar arbitrariedades ocorridas durante os *anos de chumbo*.[103] Mesmo a decisão francesa de extraditá-lo teve implicações políticas notórias, noticiadas pela mídia internacional. O recente empenho do Estado requerente também indica a forte conotação política do caso, muito mais intensa do que seria de se esperar caso se tratasse de criminoso comum. Até mesmo personalidades italianas absolutamente insuspeitas de favorecimento ao extraditando — como o ex-Primeiro Ministro Francesco Cossiga — deram declarações formais situando as condutas imputadas a Battisti e sua condenação no ambiente de uma criminalidade política que dominou a Itália na década de 1970.[104] Simplesmente não havia como isolar quatro ações praticadas no período e pretender que se pudesse ignorar seu contexto.

Apenas um último registro. O Estado requerente chegou mesmo a admitir que os crimes pelos quais o extraditando foi condenado têm conotação política mas afirmava que, como se trata de homicídios, o elemento "comum" haveria de preponderar. Embora não chegasse a fazer tal afirmação claramente, o argumento do Estado requerente pressupõe que crimes violentos, e homicídios em particular, jamais poderiam ser considerados crimes políticos. Esse, entretanto, não é o entendimento

---

Mancini, condenado por diversas ações violentas, incluindo homicídio, no mesmo contexto e inclusive pelo mesmo tribunal que condenou Cesare Battisti. Na Extradição nº 1.008, embora não se tenha chegado ao julgamento do mérito, alguns ministros também mencionaram o retardo no pedido de extradição como elemento que indicaria criminalidade política.

[103] Em livros como *Dernière Cartouches*, publicado em 2000 e *Le cargo sentimental*, de 2003.

[104] Francesco Cossiga — Primeiro-Ministro italiano no biênio 1979-80, Presidente do Senado entre 1983 e 1985, ano em que se tornou Presidente da República — escreveu carta a Cesare Battisti, da qual se extrai o seguinte trecho: "Os crimes que a subversão de esquerda e a eversão de direita cumpriram, são certamente crimes, mas não certamente 'crimes comuns', porém "crimes políticos. Deste meu escrito pode fazer o uso que deseja mesmo em sede judiciária". Na mesma linha, veja-se o seguinte trecho de entrevista concedida por Alberto Torregiani Filho, que ficou paraplégico em decorrência de um tiro disparado por seu próprio pai, vítima de um dos homicídios, na cena do atentado: "Foi um crime político, reivindicado por uma organização terrorista. Lutei minhas batalhas por 25 anos para que meu nome fosse colocado na lista das vítimas do terrorismo. Com a lei 206 tive até um pequeno ressarcimento em dinheiro, nada comparado a minha desgraça e a da minha família, mas sempre é um reconhecimento. E agora querem colocar tudo em discussão de novo?".

consolidado nacional e internacionalmente[105] sobre a matéria. Também o Brasil, ao tratar da matéria na legislação que anistiou crimes políticos e conexos, não ressalvou essa espécie de circunstância, como se verá. Essa igualmente não é a posição do Supremo Tribunal Federal sobre o ponto. De fato, a jurisprudência do STF registra vários casos nos quais o uso de violência nos crimes atribuídos ao extraditando não determinou a procedência do pedido.[106] Assim é que já negou três pedidos de extradição formulados pela República Italiana para a entrega de indivíduos condenados pela prática de atos criminosos — pela mesma Corte, aliás, que proferiu a decisão condenatória contra o ora peticionário — no contexto dos anos de chumbo. Um dos casos foi resolvido por conta de prescrição,[107] mas os outros dois se basearam justamente na constatação de que o ativismo extremo do período deve ser caracterizado como criminalidade política,[108] insuscetível de justificar o provimento de extradição. No caso mais recente, julgado em 2006, o extraditando também era acusado de homicídio e isso não serviu para descaracterizar a natureza política das infrações a ele imputadas.[109] Como se vê, em tais precedentes o STF decidiu situações praticamente idênticas à hipótese aqui em exame. Outros países, igualmente, têm se recusado

---

[105] A título de exemplo, v. *Secretary of State for the Home Department*, [2004] 7 May 2004 (UK Immigration Asylum Tribunal); *Refugee Review Tribunal*, RRT Reference N96/12101, 25 November 1996 (decisão administrativa australiana segundo a qual a participação em atos violentos e até atrozes não exclui por si só a proteção); *Moreno v. Canada*, 107 D.L.R. 4th 424 (1993) (decisão canadense que não excluiu a proteção de salvadorenho acusado de participar de tortura a prisioneiros); *Zacarias Osorio Cruz*, Immigration Appeal Board Decision, M88-20043X CLIC Notes 118.6 25, March 1988 (decisão canadense que não excluiu da proteção mexicano que participou de homicídios políticos).

[106] Além da referida Extradição nº 994-Itália, é possível destacar muitos outros exemplos. Com efeito, esse o STF já indeferiu extradição com base no óbice de crime político em diversas situações, ainda que envolvendo atos de atentado contra a vida ou a liberdade das pessoas: (1) Extradição nº 794 (Paraguai), em crimes de lesão corporal grave e homicídio doloso, (2) Extradição nº 162 (Bolívia), em crime de homicídio, (3) Extradição nº 493 (Argentina), em roubo de veículos, lesões corporais, privações de liberdade e homicídios, (4) Extradição nº 694 (Itália), em roubo de armas e dinheiro de instituição bancária e atentado em via pública (5) Extradição nº 232 (Cuba), em crime de homicídio. Ademais, na Extradição nº 1.008 (Colômbia), recentemente extinta em virtude da condição de refugiado do extraditando, alguns Ministros também se pronunciaram sobre o mérito e o caráter político das infrações imputadas ao extraditando, apesar de se tratar de homicídios.

[107] STF. *DJU*, 25 fev. 2004, Ext. nº 581-Itália, Rel. Min. Sepúlveda Pertence.

[108] STF. *DJU*, 22 ago. 1997, Ext. nº 691-Itália, Rel. Min. Sydney Sanches e *DJU*, 04 ago. 2006, Ext. nº 994-Itália, Rel. Min. Marco Aurélio.

[109] STF. *DJU*, 04 ago. 2006, Ext. nº 994-Itália, Rel. Min. Marco Aurélio: "Uma vez constatado o entrelaçamento de crimes de natureza política e comum, impõe indeferir a extradição. Precedentes: Extradições nºs 493-0 e 694-1, relatadas pelos ministros Sepúlveda Pertence e Sydney Sanches, respectivamente".

a extraditar ou concedido refúgio a ativistas italianos envolvidos em ações violentas relacionadas aos *anos de chumbo*.[110] Em suma: os crimes pelos quais o extraditando foi condenado têm natureza política, inviabilizando, portanto, a extradição. A mobilização particularmente intensa do Estado requerente para obter a extradição, passados trinta anos dos eventos, apenas corroborava a natureza política das infrações e da condenação perpétua que se pretende executar. Aliás, essas e outras razões foram ponderadas na decisão que concedeu refúgio ao peticionário.

2.3.2.2 Extinção da punibilidade pela anistia

O art. 77, II e VI da Lei nº 6.815/80 prevê que não se concederá a extradição se o fato que motivar o pedido não for considerado crime no Brasil (dupla incriminação) ou no Estado requerente e, igualmente, se estiver extinta a punibilidade. Quanto ao segundo inciso, embora a lei faça referência apenas à prescrição, entende-se que a mesma regra é aplicável também para os casos de indulto, perdão ou anistia.[111] A razão para tais exigências é simples: não se admite a extradição caso os atos de que o indivíduo está sendo acusado, ou pelos quais foi condenado, não sejam puníveis também no Brasil.[112] Nesse sentido, a jurisprudência

---

[110] A título de exemplo, o Reino Unido negou a extradição de Roberto Fiore e Massimo Morsello, fundadores do grupo neofascista Forza Nuova (<http://en.wikipedia.org/wiki/Roberto_Fiore> e <http://en.wikipedia.org/wiki/Massimo_Morsello>). O Japão recusou a extradição de Delfo Zorzi, considerado o inspirador de atentados de extrema-direita em Milão e na Brescia (<http://it.wikipedia.org/wiki/Delfo_Zorzi>). A Nicarágua negou mais de uma vez a extradição de Alessio Casimirri, militante das Brigadas Vermelhas acusado de participação no sequestro de Aldo Moro (<http://it.wikipedia.org/wiki/Alessio_Casimirri>). Sem falar nos muitos ativistas que se abrigaram na França, por mais de uma década, durante a vigência da *Doutrina Mitterrand*, incluindo o próprio Cesare Battisti e Marina Petrella.

[111] Arthur Gueiros Souza (*As novas tendências do direito extradicional*, p. 21), Carmen Tiburcio e Luís Roberto Barroso (Algumas questões sobre a extradição no direito brasileiro. *In*: Carmen Tiburcio, *Temas de Direito Internacional*, 2006, p. 248-9). No direito convencional, v. Tratado de Extradição entre Brasil e México, 1933, art. III.b, (ainda em vigor) que menciona expressamente a anistia no Estado requerido como impeditivo à extradição; nesse mesmo sentido o Tratado de Extradição entre Brasil e França, 2004, art. 4.f; o Tratado de Extradição entre Brasil e República da Coreia, 2002, art. 3.c; Tratado de Extradição entre Brasil e Argentina, art. III,b. e o Acordo de Extradição entre os Estados partes do Mercosul, 1998, art. 7º. Também o Segundo Protocolo Adicional à Convenção Europeia de Extradição, de 1978, impede a extradição no caso de anistia no Estado requerido.

[112] V. STF. *DJU*, 21 set. 1984, Ext. nº 417-Argentina, Rel. p/ o acórdão Min. Oscar Corrêa. Na ocasião, a Corte acabou concluindo que a anistia concedida pela República Argentina não alcançava os atos imputados ao extraditando, mas destacou ser essa uma causa de impedimento à extradição pela supressão da punibilidade no Estado requerente ou requerido. Nesse sentido, confira-se trecho do voto do Min. Francisco Rezek: "O fato que motiva o pedido, a partir

do STF destaca que, independentemente da reprovação penal que exista no Estado requerente, ainda que severa, os atos imputados ao extraditando — caso houvessem ocorrido no Brasil — devem igualmente ser passíveis de punição aqui.[113] Pois bem: a exigência da dupla incriminação não é atendida na hipótese aqui em tela.[114]

Como é notório, assim como a Itália, o Brasil também passou por período de radicalizações políticas e vivenciou o fenômeno da criminalidade política manejada por grupos que se valiam de meios extremos na tentativa de construir o que consideravam uma sociedade melhor. A reação do aparato repressivo foi igualmente truculenta e condenável em muitas situações. Ocorre que o Estado brasileiro tomou uma decisão política — em seguida transformada em jurídica — no sentido de anistiar ambos os lados da disputa. Diversos fatores justificaram essa decisão, incluindo a percepção de que o ambiente político radicalizado em que as ações foram praticadas diluía culpabilidades individuais ou ainda tornava inconveniente ou mesmo impossível a sua apuração isenta.

---

da anistia, não é mais um fato punível. Esta análise do inciso II do art. 77 da Lei nº 6.815/80 faz-se à luz não apenas da definição do tipo penal, mas também da punibilidade, no caso concreto. Este país não concederia a extradição de um menor, com 17 anos de idade, acusado de homicídio nos Estados Unidos da América ou na Argentina, apesar da circunstância de que, nas três ordens, a lei penal diz que 'matar alguém' é crime. Por que razão? Exatamente por força do inciso II do art. 77, verificando que aquele fato concreto é irreprimível em face da irresponsabilidade penal".

[113] Com base nesse raciocínio, a Corte já analisou a estrutura do tipo penal estrangeiro e, constatando seu caráter aberto, concluiu pela impossibilidade de se avaliar o requisito da dupla incriminação. V. STF. *DJU*, 06 abr. 2001, Ext. nº 633-China, Rel. Min. Celso de Mello: "A cláusula de tipificação penal, cujo conteúdo descritivo se revela precário e insuficiente, não permite que se observe o princípio da dupla incriminação, inviabilizando, em conseqüência, o acolhimento do pedido extradicional".

[114] Essa circunstância foi destacada em belo parecer do Professor Nilo Batista, produzido especificamente para o caso em exame, no qual reconheceu a impossibilidade de extradição do peticionário por conta da anistia concedida no Brasil. Vale a pena transcrever a essência da conclusão a que chega o estudo em relação ao ponto: "Tomado a sério, o que significa aplicado *in concreto*, o princípio da dupla incriminação proíbe a extradição de alguém cuja conduta, no país requerido, teve sua punibilidade (*rectius*, sua criminalidade) extinta pela anistia. Os delitos atribuídos a Cesare Battisti são anteriores à Lei nº 6.683, de 28 de agosto de 1979. Todos os indivíduos, brasileiros ou estrangeiros, que os praticaram até aquela data — e tivemos, conforme mencionado, inúmeros casos — foram anistiados. A Emenda Constitucional nº 26, de 27 de novembro de 1985, reeditou a mesma anistia, sem mencionar aquelas exceções que, de maneira tão confusa a ponto de questionar a própria validade do texto, a lei ordinária fizera. A rigor, a anistia significa que a nação brasileira, por seus representantes reunidos no Congresso Nacional, resolveu soberanamente suprimir a natureza infracional, a criminosidade de tais fatos (ou, pelo menos, torná-los impuníveis, extinguir sua punibilidade). [...] Os fatos pelos quais é solicitada a extradição de Cesare Battisti foram objeto de regular anistia, o que impõe de forma imperativa, pelo que há de emanação da soberania no princípio da dupla incriminação e pelo mal-estar ético que sua violação implicaria, seja ela indeferida".

Independentemente das razões subjacentes, o fato é que a Lei nº 6.683/79[115] e, posteriormente, a Emenda Constitucional nº 26/85[116] (que, inclusive, deixou de prever as exceções contidas no diploma legal) anistiaram os crimes políticos e crimes conexos a crimes políticos praticados entre 2 de setembro de 1961 e 15 de agosto de 1979, período que abrange os quatro homicídios pelos quais o extraditando foi condenado. Já sob a Constituição de 1988, o art. 8º do ADCT anistiou os atingidos por atos de exceção, institucionais ou complementares,[117] corroborando a decisão de extinguir a punibilidade das ações extremas praticadas pelos ativistas e por indivíduos ligados ao Poder Público. Ou seja: caso os atos pelos quais o extraditando foi condenado houvessem ocorrido no Brasil, eles não seriam puníveis. E, se é assim, inexiste a dupla incriminação e, portanto, inviável a extradição.

2.3.2.3 Violação do devido processo legal

O art. 77, VIII, da Lei nº 6.815/80 veda a extradição quando o processo envolvendo o extraditando houver sido conduzido, ou esteja sendo conduzido, por tribunal de exceção. O Tratado de extradição

---

[115] Lei nº 6.683/79, art. 1º: "É concedida anistia a todos quantos, no período compreendido entre 02 de setembro de 1961 e 15 de agosto de 1979, cometeram crimes políticos ou conexo com estes, crimes eleitorais, aos que tiveram seus direitos políticos suspensos e aos servidores da Administração Direta e Indireta, de fundações vinculadas ao poder público, aos Servidores dos Poderes Legislativo e Judiciário, aos Militares e aos dirigentes e representantes sindicais, punidos com fundamento em Atos Institucionais e Complementares (vetado). §1º Consideram-se conexos, para efeito deste artigo, os crimes de qualquer natureza relacionados com crimes políticos ou praticados por motivação política. §2º Excetuam-se dos benefícios da anistia os que foram condenados pela prática de crimes de terrorismo, assalto, seqüestro e atentado pessoal. [...]".

[116] A Emenda Constitucional nº 26/85 tratou da anistia em termos amplos, no seu art. 4º: "É concedida anistia a todos os servidores públicos civis da Administração direta e indireta e militares, punidos por atos de exceção, institucionais ou complementares. *§1º É concedida, igualmente, anistia aos autores de crimes políticos ou conexos, e aos dirigentes e representantes de organizações sindicais e estudantis, bem como aos servidores civis ou empregados que hajam sido demitidos ou dispensados por motivação exclusivamente política, com base em outros diplomas legais.* §2º A anistia abrange os que foram punidos ou processados pelos atos imputáveis previstos no "caput" deste artigo, praticados no período compreendido entre 2 de setembro de 1961 e 15 de agosto de 1979. [...]".

[117] CF/88, ADCT, art. 8º: "É concedida anistia aos que, no período de 18 de setembro de 1946 até a data da promulgação da Constituição, foram atingidos, em decorrência de motivação exclusivamente política, por atos de exceção, institucionais ou complementares, aos que foram abrangidos pelo Decreto Legislativo nº 18, de 15 de dezembro de 1961, e aos atingidos pelo Decreto-Lei nº 864, de 12 de setembro de 1969, asseguradas as promoções, na inatividade, ao cargo, emprego, posto ou graduação a que teriam direito se estivessem em serviço ativo, obedecidos os prazos de permanência em atividade previstos nas leis e regulamentos vigentes, respeitadas as características e peculiaridades das carreiras dos servidores públicos civis e militares e observados os respectivos regimes jurídicos. [...]".

entre Brasil e Itália contém a mesma previsão.[118] A jurisprudência do Supremo Tribunal Federal compreende tal óbice no sentido de que a extradição será inviável não apenas quando o tribunal estrangeiro tenha sido organizado *ex post facto*, mas também quando garantias essenciais do devido processo legal e do direito de defesa — assegurados como direitos fundamentais pela Carta de 1988 —[119] não houverem sido observadas.[120] O STF já reconheceu, inclusive, que circunstâncias excepcionais podem levar tribunais regularmente constituídos a proferir decisões incompatíveis com as exigências do devido processo legal.[121] Um aspecto importante da questão merece destaque.

Ao avaliar o respeito ao devido processo legal, o Supremo Tribunal Federal não procede a um novo julgamento do caso e nem considera que apenas o respeito a todas as regras brasileiras que disciplinam o processo criminal seria capaz de garantir ao réu o devido processo legal. Como é corrente, cada Estado regula a matéria como lhe parece

---

[118] Tratado de Extradição entre Brasil e Itália, artigo 3º, 1: "A extradição não será concedida: [...] c) se a pessoa reclamada tiver sido ou vier a ser submetida a julgamento por um tribunal de exceção na Parte requerente".

[119] CF/88, art. 5º: "[...] LIV - ninguém será privado da liberdade ou de seus bens sem o devido processo legal; LV - aos litigantes, em processo judicial ou administrativo, e aos acusados em geral são assegurados o contraditório e ampla defesa, com os meios e recursos a ela inerentes".

[120] Nesse sentido, a título de exemplo, v. STF. *DJU*, 06 abr. 2001, Ext. nº 633-China, Rel. Min. Celso de Mello: "O fato de o estrangeiro ostentar a condição jurídica de extraditando não basta para reduzi-lo a um estado de submissão incompatível com a essencial dignidade que lhe é inerente como pessoa humana e que lhe confere a titularidade de direitos fundamentais inalienáveis, entre os quais avulta, por sua insuperável importância, a garantia do *due process of law*. Em tema de direito extradicional, o Supremo Tribunal Federal não pode e nem deve revelar indiferença diante de transgressões ao regime das garantias processuais fundamentais. É que o Estado brasileiro — que deve obediência irrestrita à própria Constituição que lhe rege a vida institucional — assumiu, nos termos desse mesmo estatuto político, o gravíssimo dever de sempre conferir prevalência aos direitos humanos (art. 4º, II). [...] A possibilidade de ocorrer a privação, em juízo penal, do due process of law, nos múltiplos contornos em que se desenvolve esse princípio assegurador dos direitos e da própria liberdade do acusado — garantia de ampla defesa, garantia do contraditório, igualdade entre as partes perante o juiz natural e garantia de imparcialidade do magistrado processante — impede o válido deferimento do pedido extradicional (RTJ 134/56-58, Rel. Min. Celso de Mello)".

[121] STF. *DJU*, 08 mar. 1991, Ext. nº 524, Rel. Min. Celso de Mello: "A noção de tribunal de exceção admite, para esse efeito, configuração conceitual mais ampla. Além de abranger órgãos estatais criados *ex post facto*, especialmente instituídos para o julgamento de determinadas pessoas ou de certas infrações penais, com evidente ofensa ao princípio da naturalidade do juízo, também compreende os tribunais regulares, desde que caracterizada, em tal hipótese, a supressão, em desfavor do réu, de qualquer das garantias inerentes ao devido processo legal. A possibilidade de privação, em juízo penal, do *due process of law*, nos múltiplos contornos em que se desenvolve esse princípio assegurador dos direitos e da própria liberdade do acusado — garantia de ampla defesa, garantia do contraditório, igualdade entre as partes perante o juiz natural e garantia de imparcialidade do magistrado processante — impede o válido deferimento do pedido extradicional".

mais adequado, e as demais Soberanias devem respeito a tais opções. Isso não impede, porém, muito ao revés, que se reconheçam garantias básicas, elementares, inerentes ao devido processo legal e, em particular, ao direito de defesa. Pois bem: é para a defesa de tais garantias básicas — que, nos termos da Carta de 1988, se aplicam também aos estrangeiros — que atua o Supremo Tribunal Federal. E isso porque violaria a Constituição a entrega de estrangeiro para a execução de sentença que haja sido produzida em condições incompatíveis com tais garantias. Isso é justamente o que se verificava no caso aqui apresentado.

Já se descreveu o contexto no qual se deu o julgamento do peticionário em 1988: cuidou-se de julgamento coletivo perante Tribunal do Júri, no qual foram envolvidos 23 réus, inúmeros deles ausentes, por mais de 120 ações criminosas, todas descritas pela própria sentença condenatória como partes de um mesmo desenho criminoso orientado à subversão violenta da ordem social do Estado. Havia, entretanto, quatro fatos objetivos que, por si só e em seu conjunto, caracterizavam o desrespeito a garantias básicas associadas tradicionalmente — e não apenas pelo direito brasileiro — ao devido processo legal. Com efeito, tratou-se de (i) revisão criminal *in pejus*; (ii) de processo coletivo perante o Tribunal do Júri no qual o réu restou revel e foi condenado a prisão perpétua; (iii) de condenação fundada exclusivamente em depoimento obtido em programa de delação premiada; e (iv) de processo no qual o advogado indicado para defesa do réu não só jamais se encontrou com ele, como também era patrono de outros réus implicados nos mesmos fatos, em óbvio conflito de interesses. Confira-se.

Em primeiro lugar, a sentença condenatória de 1988 representou uma revisão criminal in pejus. Como já se referiu, embora o Estado requerente não tenha trazido tais informações aos autos, os mesmos fatos rejulgados em 1988 já haviam sido objeto de outro processo, cuja decisão transitou em julgado em 1983. É a própria sentença de 1988, aliás, que registra esta circunstância. Na ocasião, Cesare Battisti não foi acusado de ter participação nos atentados e foi condenado a pouco menos de 13 anos de reclusão, com o reconhecimento de que não havia participado de atos violentos que tivessem originado mortes. Como também registra a sentença de 1988, a revisão criminal foi motivada pelos depoimentos de Pietro Mutti, obtidos em programa de delação premiada.[122]

---

[122] "As declarações feitas por Pietro Mutti a partir de 05.02.1982 marcam uma viragem radical das investigações e levam a acusação dos atuais acusados como autores materiais ou coautores morais [...]".

Pois bem. O direito brasileiro não admite a revisão criminal em prejuízo do réu, mas apenas aquela que possa beneficiá-lo.[123] A rigor, mais que isso, a vedação à revisão *in pejus* é considerada um princípio geral ao qual se dá interpretação ampla, vedando-se qualquer forma de prejuízo ao acusado ou condenado, direto ou indireto, seja no recurso manejado pela própria defesa, seja na revisão criminal propriamente dita.[124] E não se trata de uma particularidade brasileira: o instituto da revisão criminal foi desenvolvido no contexto do esforço de proteção dos direitos humanos, de modo a evitar a consolidação definitiva de decisões que, injustamente, estivessem a restringir direitos dos acusados. Vários documentos internacionais — *e.g.*, Pacto Internacional de Direitos Civis e Políticos (ONU/1966) e Convenção Americana sobre Direitos Humanos (OEA/1969) —[125] cuidam do direito *do indivíduo* a reexame da decisão condenatória e a indenização por erro judicial. Na mesma linha, boa parte dos países veda de forma explícita a revisão criminal que possa prejudicar o réu.

---

[123] CPP: "Art. 626. Julgando procedente a revisão, o tribunal poderá alterar a classificação da infração, absolver o réu, modificar a pena ou anular o processo. Parágrafo único. De qualquer maneira, não poderá ser agravada a pena imposta pela decisão revista".

[124] A título de exemplo, v. STF. *DJU*, 09 abr. 1999, HC nº 75.907/RJ, Rel. Min. Sepúlveda Pertence: "*Reformatio in pejus* indireta: aplicação à hipótese de consumação da prescrição segundo a pena concretizada na sentença anulada, em recurso exclusivo da defesa, ainda que por incompetência absoluta da Justiça de que promanou"; e STJ. *DJE*, 17 dez. 2004, HC 35550/MG, Rel. Min. Arnaldo Esteves Limas: "Contudo, a decisão proferida na revisão criminal resultou, por vias transversas, numa *reformatio in pejus*, na medida em que, ao reconhecer a continuidade delitiva pleiteada pelo requerente, acabou por impor a ele um regime mais severo de cumprimento da pena, conseqüentemente, aumentada. [...] 5. Portanto, não há como negar que o acórdão impugnado impôs ao paciente um constrangimento ilegal, tendo em vista não ser admissível que o deferimento de um pedido de revisão criminal possa agravar a situação em concreto do requerente, mesmo que aparentemente seja mais benéfica a decisão revisada, embora ilusória".

[125] Pacto Internacional de Direitos Civis e Políticos, da ONU, 1966, internalizado no Brasil pelo Decreto nº 592/92: "Art. 14.6-8: Qualquer pessoa declarada culpada de crime terá o direito de fazer examinar por uma jurisdição superior a declaração de culpabilidade e a sentença, em conformidade com a lei. Quando uma condenação penal definitiva é ulteriormente anulada ou quando é concedido o indulto, porque um facto novo ou recentemente revelado prova concludentemente que se produziu um erro judiciário, a pessoa que cumpriu uma pena em virtude dessa condenação será indemnizada, em conformidade com a lei, a menos que se prove que a não revelação em tempo útil do facto desconhecido lhe é imputável no todo ou em parte. Ninguém pode ser julgado ou punido novamente por motivo de uma infracção pela qual já foi absolvido ou pela qual já foi condenado por sentença definitiva, em conformidade com a lei e o processo penal de cada país."; Pacto de São José da Costa Rica: "Art. 8.4. O acusado absolvido por sentença transitada em julgado não poderá ser submetido a novo processo pelos mesmos fatos"; e Art. 10. "Direito a indenização Toda pessoa tem direito de ser indenizada conforme a lei, no caso de haver sido condenada em sentença passada em julgado, por erro judiciário". O Estatuto de Roma, que criou o Tribunal Penal Internacional, internalizado pelo Decreto nº 4.388/02, assegura esse mesmo direito no art. 20.1.

No caso aqui apresentado, como já se descreveu, verificou-se revisão criminal que resultou em gravíssimo prejuízo ao acusado: a condenação inicial de 12 anos e dez meses de prisão transformou-se em prisão perpétua com período de isolamento solar. O ponto não é controvertido, sendo importante notar que o procedimento parece ter causado estranheza também na Itália. Tanto é assim, que a própria sentença se ocupou, de forma específica, de justificar o que fazia, criticando, antecipadamente, objeções que, imaginava, lhe seriam dirigidas, como o argumento de que se estaria violando o princípio do *ne bis in idem*.[126] Nessa linha, a decisão procurou se justificar invocando "exigências de justiça real e profunda, fundadas sobre o consenso geral dos cidadãos", o que é bastante revelador do contexto político no qual tudo se passou. Seja como for, e independentemente de outras considerações, o fato é que a sentença com fundamento na qual se pediu a extradição constituiu revisão criminal *in pejus* e que tal espécie de procedimento viola garantia essencial do devido processo legal, o que inviabiliza o pedido extradicional. Há mais que isso, no entanto.

A violação ao devido processo legal decorre também, em segundo lugar, de se tratar de processo coletivo perante o Tribunal do Júri no qual o réu restou revel e foi condenado à prisão perpétua. Há certa discussão no plano internacional sobre a validade da figura da revelia em processos criminais. No Brasil, o art. 366 do Código de Processo Penal determina que, em qualquer caso, o processo e a prescrição devem ser suspensos enquanto o réu estiver ausente;[127] em outros sistemas jurídicos, porém, admite-se a revelia em sede criminal, presentes determinadas circunstâncias.[128]

---

[126] Sentença italiana de 1988. Extradição nº 1.085: "Mesmo aqui a sentença vem modificada limitadamente sómente para una nova valutação unitária do tratamento sancionatório pela inteira continuação dos crimes continuados. [...] O discurso da precedente jurisprudência sobre a violação do art. 90 c.p.p. para o novo exame de um fato irrevocávelmente julgado (discurso que se concluía com o sacrifício do art. 81.c.p em favor do ne bis in idem) não tinha e não tem justificação. O julgado, na verdade, não vem modificado na sua autêntica de certeza jurídica, enquanto o fato — um crime já julgado não vem submetido a um novo julgamento, devendo operar únicamente uma unificação a nível da aplicação das várias penas (revalutação unitária do trattamento sancionatório pela inteira continuação). [...] A recuperação da exata aplicação do instituto da continuação responde, com já foi dito, a um desejo de justiça, e o único elemento significativo é aquele da identidade do desenho criminoso, que não pode não ser reconhecido sómente por ter transitado em julgado, de uma sentença relativa a um ou mais crimes cometidos na execução deste mesmo desenho".

[127] CPP, art. 366: "Se o acusado, citado por edital, não comparecer, nem constituir advogado, ficarão suspensos o processo e o curso do prazo prescricional, podendo o juiz determinar a produção antecipada das provas consideradas urgentes e, se for o caso, decretar prisão preventiva, nos termos do disposto no art. 312".

[128] A decisão da Corte Europeia de Direitos Humanos admitiu a revelia no julgamento de Battisti sob o argumento de que ele poderia ter conhecimento do processo em curso e teria

Nada obstante a controvérsia acerca da questão em geral, as opiniões se afinam quanto a um ponto em particular: não se admite a revelia em processos perante o Tribunal do Júri, sobretudo quando se tratar — como no caso — de julgamento coletivo.

Com efeito, a jurisprudência do STF[129] e a doutrina[130] reconhecem de forma pacífica que a presença do réu diante do Tribunal do Júri é indispensável à garantia do devido processo legal. Essa não é uma conclusão particular, válida apenas à luz da ordem jurídica brasileira. O fato de a condenação ter se produzido com o réu ausente consta como causa mandatória para a recusa de extradição no Tratado Tipo da ONU sobre a matéria, de 14 de dezembro de 1990.[131]

No contexto do caso aqui apresentado, a importância dessa garantia mostra toda a sua relevância: cuidou-se de decisão de júri popular convocado para apreciar, na esteira dos anos de chumbo, um conjunto de indivíduos acusados de atos violentos ligados à subversão, sendo que parte deles — entre os quais Cesare Battisti — sequer esteve presente para contar a sua versão da história ou interrogar as testemunhas. Sem surpresa, os ausentes foram condenados a penas substancialmente

---

renunciado tacitamente ao direito de comparecer em juízo. Esse foi, aliás, o objeto da decisão tantas vezes citada pelo Estado requerente. Vale dizer: a Corte não decidiu sobre nenhum dos demais impedimentos à extradição discutidos no presente processo.

[129] STF. *DJE*, 18 set. 2008, HC nº 93.174, Rel. Min. Carlos Britto: "Sendo inafiançável o crime de homicídio qualificado, a presença do réu é condição *sine qua non* para o julgamento perante o Tribunal do Júri (artigo 451 do Código de Processo Penal; HC 71.923, da relatoria do ministro Carlos Velloso) e STF. *DJU*, 14 dez. 2001, HC 80.794, Rel. Min. Sepúlveda Pertence: "Prisão por pronúncia: a revelia do acusado, desde o início do processo, justifica, por si só, a ordem de prisão contida na pronúncia, dada a necessidade de sua presença para que se realize o júri".

[130] Nesse sentido, com indicação de doutrina adicional, v. parecer do Professor José Afonso da Silva especificamente a respeito do caso do peticionário. Tratando especificamente do processo de extradição, v. Fazi Hassan Choukr, Suspensão do processo em face da revelia comentários à Lei 9.271, de 17 de junho de 1996, *Revista dos Tribunais* 23:43, 1998: "[...] o processo à revelia compromete a cooperação penal internacional, compreendido aí, sobretudo, o processo de extradição". No mesmo sentido, v. Ada Pelegrini Grinover, Fundamentos políticos do novo tratamento da revelia, *Boletim do Instituto Brasileiro de Ciências Criminais* 42:61, 1995. V., ainda, Damásio Evangelista de Jesus, Revelia e prescrição penal, *Revista dos Tribunais* 732:505, 1996: "Constitui princípio hoje mundialmente reconhecido que o réu tem direito à informação a respeito da acusação, seus motivos e conteúdo. Atualmente países como a Alemanha, Noruega, Suíça, Inglaterra, Áustria, Holanda, Canadá, Uruguai, Argentina e Chile, entre outros, não admitem o prosseguimento da ação penal contra réu revel citado por edital".

[131] Tratado Modelo da ONU em material de Extradição, art. 3: "Mandatory grounds for refusal Extradition shall not be granted in any of the following circumstances: [...] (g) If the judgement of the requesting State has been rendered in absentia, the convicted person has not had sufficient notice of the trial or the opportunity to arrange for his or her defence and he has not had or will not have the opportunity to have the case retried in his or her presence".

maiores que os presentes e, no caso de Battisti, à pena perpétua. O risco de um julgamento injusto nessas circunstâncias não precisa ser enfatizado. Também pelo que se acaba de expor, portanto, é possível afirmar que houve violação ao devido processo legal na hipótese, inviabilizando o pedido de extradição.

Em terceiro lugar, a nova condenação fundou-se exclusivamente em depoimento obtido em programa de delação premiada. A sentença de 1988, com fundamento na qual a extradição foi solicitada, registra que a reabertura dos processos concluídos em 1983 foi determinada pela delação premiada de Pietro Mutti, beneficiário da chamada *Lei dos Arrependidos*. Ao fim, Pietro Mutti acabou condenado a apenas oito anos de reclusão. Não apenas isso: o papel central das delações de Mutti é registrado pela própria sentença de 1988,[132] tendo funcionado como o único elemento probatório real para fundamentar a condenação do peticionário. A leitura da sentença revela ainda um persistente esforço argumentativo no sentido de minimizar contradições nas diferentes versões apresentadas pelo delator ao longo do tempo, justificar mudanças explícitas nas versões e superar lapsos, erros e inconsistências, de modo que os depoimentos produzidos no contexto da delação premiada pudessem ser tomados como expressão da realidade dos fatos.[133]

Não há necessidade de repudiar em tese o instituto da delação premiada — embora diversas autoridades no assunto o façam — para concluir que seu emprego como único ou mesmo principal elemento

---

[132] Sentença italiana de 1988. Extradição nº 1.085: "As declarações feitas por Pietro Mutti a partir de 05.02.1982 marcam uma viragem radical das investigações e levam a acusação dos atuais acusados como autores materiais ou coautores morais" [...].

[133] Sentença italiana de 1988. Extradição nº 1.085: "Na realidade, as testemunhas lembravam-se que era um 'jovem loiro', não alto, com as botas 'camperos' e com uma jaqueta de rena. Nós sabemos que estes eram os artigos de vestuário usados pelo Battisti aquele dia, e nós sabemos que as linhas somáticas, reassumidas no identikit, trazem a seus dados, como emergentes das fotografias descritivas anexas (das quais além disto emerge que o cabelo, se não loiros, era porém de cor castanha clara)".
Sentença italiana de 1988. Extradição nº 1.085: "Embora a defesa dos acusados chamados em cumplicidade seja de parecer diferente, na opinião do Tribunal trata-se de um detalhe completamente insignificante, do qual não é possível fazer derivar a inverosimilhança de toda a narração. O esclarecimento é possivelmente determinado por um erro de memória, absolutamente compreensível dada a enorme quantidade das declarações prestadas por este colaborador de justiça".
Sentença italiana de 1988. Extradição nº 1.085: "Pelo que diz respeito a possibilidade de aplicar o art. 81. c.p. entre o crime associativo e aqueles cometidos individualmente pelos associados, a Corte retém que nenhum obstáculo lógico ou jurídico impede a configuração da continuação, **sendo bem possível** — como já se viu — que os imputados já tivessem bem em mente, desde que constituíram a associação ou desde que a esta se associaram, a futura comissão de específicas e muito bem determinadas ações delituosas, que constituem os crimes — objetivo final da banda armada" (negrito acrescentado).

probatório contra réu em processo criminal é incompatível com qualquer conteúdo que se pretenda conferir à ideia de devido processo legal. O proveito pessoal do delator torna evidentemente suspeito o conteúdo de suas declarações de modo que, como registra com precisão o Ministro Menezes Direito, a delação premiada, se for aceita, só pode ser tomada como *notitia criminis*, e não como elemento de prova.[134] Isto é: admite-se que por meio da delação premiada o Estado obtenha informações que, na sequência, lhe caberá provar. A delação premiada, porém, não pode, ela mesma, consistir na prova contra o réu. Mais ainda para fundamentar condenação a pena perpétua, como se verificou no caso. A violação ao devido processo legal na hipótese era óbvia.

Por fim, em quarto lugar, o advogado indicado para defesa do réu não só jamais se encontrou ou falou com ele, como também foi o patrono de outros réus implicados nos mesmos fatos, em óbvio conflito de interesses. A violação ao devido processo legal na hipótese, ainda que não decorresse do que se narrou acima, decorreria de tal circunstância. Veja-se bem: o advogado indicado para defesa do ora peticionário — único elemento de defesa existente no processo, já que ele havia restado revel — jamais se encontrou com ele, como consta dos próprios autos,[135] de modo que nunca sequer teve ciência da versão do ora peticionário acerca dos fatos. Pior que isso: o advogado em questão foi também o patrono de outros réus implicados nos mesmos fatos no mesmo processo.[136] O conflito de interesses existente entre os diferentes "clientes" e suas defesas é evidente. Embora outras pessoas tenham sido acusadas e condenadas

---

[134] STF. *DJU*, 25 abr. 2008, HC nº 90.688/PR, Rel. Min. Ricardo Lewandowski. Veja-se trecho do voto do Min. Menezes Direito: "A minha convicção é que, em primeiro lugar, o acordo de delação premiada não é prova. Estou absolutamente convencido de que é apenas um caminho, um instrumento para que a pessoa possa colaborar com a investigação criminal, com o processo de apuração dos delitos. Ora se a delação premiada não é prova, evidentemente que não se pode, pelo menos na minha compreensão configurar a vedação do acesso do impetrante, relativamente ao acordo de delação premiada, como violação do princípio do contraditório e da ampla defesa".

[135] Na carta do advogado Giuseppe Pelazza lê-se em seu último parágrafo: "Portanto, todas as fases processuais 'de mérito', concernentes à reconstituição dos fatos homicidários de que o senhor Battisti foi acusado pelo 'arrependido' Pietro Mutti, que deu declarações a partir dos primeiros meses de 1982, se deram na impossibilidade de uma efetiva defesa, que não pode — como é claro — prescindir da presença (ou quanto menos de uma profícua relação com o defensor) do imputado, essencial no que se refere ao interrogatório dos 'arrependidos', dos co-imputados, das testemunhas".

[136] Os advogados Giusepe Pellaza e Gabrielle Fuga defenderam também os réus Luigi Bergamim, Adriano Carneluti e Enrica Miglioratti. Note-se que Bergamim chegou a ser acusado de participação nos quatro homicídios, mas acabou absolvido de dois deles (Torregiani e Sabbadin), por falta de provas. Pela participação nos homicídios Santoro e Campagna, Bergamin foi condenado a 27 anos de prisão.

pelos quatro homicídios, Cesare Battisti foi o único réu ao qual se impôs a pena de prisão perpétua.

Note-se bem. Ainda que alguém pretendesse considerar, *e.g.*, que a revelia em sede de Tribunal do Júri não viola o devido processo legal e o direito de defesa, tal conclusão dependeria logicamente de se argumentar que a existência de uma consistente defesa técnica realizada pelo advogado indicado para o réu revel supriria sua ausência no feito. Ora, nesse contexto, simplesmente não se poderá cogitar de qualquer garantia ao direito de defesa — elementar que seja — se, além de ausente, o réu foi "representado" por advogado que "representava" igualmente outros réus, com interesses conflitantes. Não há necessidade de prosseguir na demonstração. O desrespeito a garantias básicas do devido processo legal era bastante claro, decorria de diversos fundamentos e, por isso mesmo, inviabilizava o pedido de extradição formulado.

Com base nesse conjunto de razões, pediu-se o não acolhimento do pedido de extradição formulado pela República Italiana contra Cesare Battisti.

3 O primeiro julgamento[137]

Após concluir seu relatório e pedir dia para o julgamento, o Relator fez distribuir a todos os Ministros um CD com todas as peças que considerava importantes no processo. Não pareceu a S. Exa. ser o caso de juntar a defesa que eu elaborara e assinara. Isso não chegou a ser um problema, pois eu a entregara em mãos a todos os Ministros. Tampouco pareceu a S. Exa. ser o caso de incluir no CD o segundo parecer do Procurador-Geral da República, proferido após a concessão de refúgio, no qual pedia a extinção do processo de extradição. Ademais, foi incluída no CD a defesa que havia sido feita por Greenhalgh, lá atrás, que por um problema na hora da juntada, ficara ininteligível. É que a peça foi costurada aos autos com as páginas totalmente fora de ordem. Detectado o erro, foi junta uma nova versão, com a paginação correta. Do CD distribuído constou a versão ininteligível. Não me lembro, ao longo de toda minha vida, de jamais ter visto um julgamento tão politizado e movido por tantas paixões. Ao final da sessão plenária, minutos antes da proclamação do resultado, sob pressão intensa e sem precedentes para mudar seu voto, o Ministro Eros Grau verbalizou este sentimento, de maneira contundente:

---

[137] A sustentação oral feita por ocasião do primeiro julgamento encontra-se disponível em: <http://www.youtube.com/watch?v=ALaRB5OaUlk>.

Eu explicaria as minhas razões, se houvesse condições. Mas parece que não há condições no tribunal de um ouvir o outro, dada a paixão que tem presidido o julgamento desse caso que, para mim, não é diferente de qualquer outro, mas que tem que ser julgado racionalmente.

O primeiro julgamento se realizou em três sessões do Plenário do STF. A primeira se deu em 9 de setembro de 2009, havendo se encerrado com o pedido de vista do Ministro Marco Aurélio. Retomado o julgamento em 12 de novembro de 2009, configurou-se um empate de 4 votos a 4 em relação à invalidação do refúgio e autorização da extradição. Diante disso, suscitei da tribuna que o Presidente não deveria votar, fazendo uma analogia com o *habeas corpus*, em que o empate favorece a defesa. O Presidente à época, Ministro Gilmar Mendes, suspendeu o julgamento antes de se pronunciar. Ao trazer o processo na semana seguinte, em 18 de novembro de 2009, o Presidente proferiu o seu voto em favor da extradição. Assim, por 5 votos a 4, a extradição foi autorizada. Em seguida, o Tribunal deliberou, por 5 votos a 4, que a palavra final era do Presidente da República, por caber a ele a condução das relações internacionais do país. Da proclamação do resultado e da ata do julgamento constaram os seguintes termos:

> [O] Tribunal, por maioria, deferiu o pedido de extradição, vencidos a Senhora Ministra Carmen Lúcia e os Senhores Ministros Eros Grau, Joaquim Barbosa e Marco Aurélio. Por maioria, o Tribunal assentou o caráter discricionário do ato do Presidente da República de execução da extradição, vencidos os Senhores Ministros Relator, Ricardo Lewandowski, Ellen Gracie e o Presidente, Ministro Gilmar Mendes. Ausentes por haverem declarado suspeição na Extradição nº 1.085 os Senhores Ministros Celso de Mello e Dias Toffoli.

Em questão de ordem levada em mesa pelo Relator no último dia antes do recesso (16 de dezembro de 2009), a pedido da República Italiana e sem manifestação do extraditando — e, registre-se, contra a firme objeção do Ministro Marco Aurélio —, foi alterada a ata de proclamação da decisão, para retirada do *caráter discricionário* da decisão do Presidente da República. A ata passou a falar em não vinculação do Presidente da República, como se vê da transcrição abaixo:

> Suscitada pelo Relator questão de ordem no sentido de retificar a proclamação da decisão, quanto à vinculação do Presidente da República ao deferimento da extradição, o Tribunal, por maioria, acolheu-a, vencidos os Senhores Ministros Marco Aurélio e Carlos Britto. O Tribunal,

por unanimidade, retificou-a, para constar que, por maioria, o Tribunal reconheceu que a decisão de deferimento da extradição não vincula o Presidente da República, nos termos dos votos proferidos pelos Senhores Ministros.

4 A decisão do Presidente Lula

Como se viu acima, por deliberação apertada, o STF autorizou a extradição, mas afirmou que a decisão final quanto à entrega ou não do extraditando era do Presidente da República. Diante disso, a defesa preparou um novo memorial, encaminhado ao Presidente Lula, com as razões pelas quais Cesare Battisti não deveria ser entregue à Itália. Foi articulada, igualmente, uma carta ao Presidente, datada de 16 de abril de 2010, assinada por um grupo de professores de Direito, entre os quais eu próprio, e também Paulo Bonavides, José Afonso da Silva, Celso Antonio Bandeira de Mello, Dalmo Dallari e Nilo Batista, todos pedindo em favor da permanência de Cesare Battisti no Brasil. Despachei pessoalmente o memorial e a carta com o Advogado-Geral da União, Luís Inácio Adams, com o Ministro da Justiça, Luiz Paulo Barreto, com o Secretário da Presidência, Gilberto Carvalho, e com o Sub-Chefe de Assuntos Jurídicos da Casa Civil, Beto Vasconcellos. No último dia de seu mandato, em 31 de dezembro de 2010, o Presidente Luís Inácio Lula da Silva decidiu pela não entrega de Cesare Battisti à República Italiana. O despacho foi publicado em edição extraordinária do *Diário Oficial* dessa mesma data e sua parte conclusiva era bem lacônica: "Em face dos fundamentos (da manifestação da AGU), aprovo o parecer e nego a extradição". O parecer referido havia sido elaborado pelo Advogado-Geral da União substituto, que assim se pronunciou:

> 170. Opina-se, assim, pela não autorização da extradição de Cesare Battisti para a Itália, com base no permissivo da letra "f" do número 1 do art. 3 do Tratado de Extradição celebrado entre Brasil e Itália, porquanto, do modo como aqui argumentado, há ponderáveis razões para se supor que o extraditando seja submetido a agravamento de sua situação, por motivo de condição pessoal, dado seu passado, marcado por atividade política de intensidade relevante. Todos os elementos fáticos que envolvem a situação indicam que tais preocupações são absolutamente plausíveis, justificando-se a negativa da extradição, nos termos do Tratado celebrado entre Brasil e Itália.

5 Não cumprimento da decisão presidencial

Proferida a decisão do Presidente da República, Cesare Battisti deveria ter sido libertado imediatamente. Era o dia 1º de janeiro de 2011, nada estava funcionando, e a defesa achou razoável esperar um dia a mais. Como não houve ato de ofício do Relator do processo para sua soltura, em 3 de janeiro de 2011 foi apresentada petição nesse sentido. Surpreendentemente — ou, talvez, nem tanto — o Relator não se mostrava disposto a acatar a decisão presidencial. No dia 6 de janeiro, o Ministro Cezar Peluso rejeitou o pedido de soltura, manifestando veemente discordância em relação ao parecer da AGU e à decisão do Presidente Lula. Na mesma decisão, mandou redistribuir o processo ao Ministro Gilmar Mendes, novo Relator, o que significava adiar a decisão para fevereiro, quando se daria a volta do recesso. Pela primeira vez, desde o início do processo, fiz uma crítica dura, que me parecia pertinente e necessária, ante o descumprimento deliberado da decisão do Presidente da República e do próprio Supremo Tribunal Federal. A seguir a íntegra da nota, escrita em 6 de janeiro de 2011, de Cambridge, nos Estados Unidos, sede da Universidade de Harvard, onde me encontrava:

> A defesa de Cesare Battisti não tem interesse em discutir a decisão do Ministro Peluso pela imprensa mas, como é próprio, irá fazê-lo nos autos do processo, com o respeito devido e merecido. A manifestação do eminente Ministro Peluso, no entanto, viola a decisão do próprio Supremo Tribunal Federal, o princípio da separação de poderes e o Estado democrático de direito.
>
> O Excelentíssimo Senhor Presidente do STF votou vencido no tocante à competência do Presidente da República na matéria. Ainda uma vez, com o respeito devido e merecido, não pode, legitimamente, transformar sua posição pessoal em posição do Tribunal. Como qualquer observador poderá constatar da leitura dos votos, quatro Ministros do STF (Ministros Marco Aurélio, Carlos Ayres, Joaquim Barbosa e Carmen Lúcia) entenderam que o Presidente da República poderia decidir livremente. O quinto, Ministro Eros Grau, entendeu que, se o Presidente decidisse com base no art. 3, I, f, do Tratado, tal decisão não seria passível de revisão pelo Supremo. O Presidente da República fez exatamente o que lhe autorizou o Supremo Tribunal Federal, fundando-se em tal dispositivo e nas razões adiantadas pelo Ministro Grau.
>
> A manifestação do Presidente do Supremo, sempre com o devido e merecido respeito (afirmação que é sincera e não meramente protocolar), constitui uma espécie de golpe de Estado, disfunção da qual o país acreditava já ter se libertado. Não está em jogo o acerto ou desacerto político da decisão do Presidente da República, mas sua competência

para praticá-la. Trata-se de ato de soberania, praticado pela autoridade constitucionalmente competente, que está sendo descumprido e, pior que tudo, diante de manifestações em tom impróprio e ofensivo da República Italiana. De mais a mais, as declarações das autoridades italianas após a decisão do Presidente Lula, as passeatas e as sugestões publicadas na imprensa de que Cesare Battisti deveria ser seqüestrado no Brasil e levado à força para a Itália, apenas confirmam o acerto da decisão presidencial. Em uma democracia, deve-se respeitar as decisões judiciais e presidenciais, mesmo quando não se concorde com elas.

Na sequência, em atitude sem precedente nas relações entre países, a República Italiana ajuizou no Supremo Tribunal Federal uma Reclamação contra a decisão do Presidente da República, dizendo que ele violava a autoridade do Tribunal.

6 O segundo julgamento[138]

A defesa peticionou nos autos, demonstrando o descabimento da reclamação apresentada pela Itália, bem como que o Presidente Lula havia pautado sua decisão pelos parâmetros fixados pelo STF e que seu pronunciamento era irretocável. Também ao novo Relator, Ministro Gilmar Mendes, não pareceu ser o caso de dar cumprimento à decisão do Presidente da República e determinar a soltura de Cesare Battisti. Isso somente veio a ocorrer após um novo julgamento, realizado em junho de 2011. Em voto veemente contra o cabimento da reclamação apresentada pela Itália, assim como pela legitimidade do ato do Presidente da República, o Ministro Luiz Fux, recém-investido no cargo, conduziu o julgamento ao final determinado pela Constituição e pelas leis aplicáveis. O julgamento em favor da validade da decisão do Presidente da República se deu por maioria expressiva de 8 votos a 3, ficando vencidos apenas os Ministros Cezar Peluso, Gilmar Mendes e Ellen Gracie. Em longa ementa, o acórdão que encerrou o caso assim resume a questão:

> Reclamação. Petição avulsa em extradição. Pedido de relaxamento de prisão. Negativa, pelo Presidente da República, de entrega do extraditando ao país requerente. Fundamento em cláusula do tratado que permite a recusa à extradição por crimes políticos. Decisão prévia do Supremo Tribunal Federal conferindo ao Presidente da República a prerrogativa de

---

[138] A sustentação oral feita por ocasião do segundo julgamento encontra-se disponível em: <http://www.youtube.com/watch?v=FT3WMUHQUVc>.

decidir pela remessa do extraditando, observados os termos do tratado, mediante ato vinculado. Preliminar de não cabimento da reclamação ante a insindicabilidade do ato do presidente da república. Procedência. Ato de soberania nacional, exercida, no plano internacional, pelo Chefe de Estado. Arts. 1º, 4º, I, e 84, VII, da Constituição da República. Ato de entrega do extraditando inserido na competência indeclinável do Presidente da República. Lide entre Estado brasileiro e Estado estrangeiro. Incompetência do Supremo Tribunal Federal. Descumprimento do tratado, acaso existente, que deve ser apreciado pelo Tribunal Internacional de Haia. Papel do pretório excelso no processo de extradição. Sistema "belga" ou da "contenciosidade limitada". Limitação cognitiva no processo de extradição. Análise restrita apenas aos elementos formais. Decisão do Supremo Tribunal Federal que somente vincula o Presidente da República em caso de indeferimento da extradição. Ausência de executoriedade de eventual decisão que imponha ao Chefe de Estado o dever de extraditar. Princípio da separação dos poderes (art. 2º CRFB). Extradição como ato de soberania. Identificação do crime como político traduzida em ato igualmente político. Interpretação da cláusula do diploma internacional que permite a negativa de extradição "se a parte requerida tiver razões ponderáveis para supor que a pessoa reclamada será submetida a atos de perseguição". Capacidade institucional atribuída ao Chefe de Estado para proceder à valoração da cláusula permissiva do diploma internacional. Vedação à intervenção do judiciário na política externa brasileira. Art. 84, VII, da Constituição da República. Alegada vinculação do Presidente ao tratado. Graus de vinculação à juridicidade. Extradição como ato político-administrativo vinculado a conceitos jurídicos indeterminados. Non-refoulement. Respeito ao direito dos refugiados. Limitação humanística ao cumprimento do tratado de extradição (artigo III, 1, f). Independência nacional (art. 4º, I, CRFB). Relação jurídica de direito internacional, não interno. Consequências jurídicas do descumprimento que se restringem ao âmbito internacional. Doutrina. Precedentes. Reclamação não conhecida. Manutenção da decisão do Presidente da República. Deferimento do pedido de soltura do extraditando.

Uma curiosidade: certamente fruto de alguma negociação interna dos seus termos, a ementa do acórdão faz menção à hipótese de o Tribunal da Haia poder verificar o descumprimento ou não do tratado de extradição entre Brasil e Itália. No entanto, a matéria não foi objeto de qualquer discussão nem muito menos qualquer deliberação por parte dos Ministros. Fiz uma petição, da qual pedi apenas juntada, deixando consignado esse fato. Após o julgamento, a República Italiana manifestou sua intenção de levar a questão à Corte Internacional de Justiça, na Haia.

7 O que ninguém ficou sabendo

Nem tudo o que aconteceu, de bom e de ruim, eu posso contar ainda. Mas a condução do caso foi uma experiência de vida. A começar pelas visitas periódicas à Papuda. Por não ser um advogado criminal, idas a penitenciárias e delegacias nunca fizeram parte da minha rotina. Mas certamente faz parte de uma vida completa no Direito. E ali se tem a confirmação de que é possível conservar a dignidade, mesmo nas condições mais indignas. De parte isso, a convivência com a adorável escritora francesa Fred Vargas, sua irmã Jo e com um conjunto de pessoas idealistas e despojadas que apoiavam a causa trouxe-me particular proveito ao espírito. Entre essas pessoas, merece destaque a figura singular do Senador Eduardo Suplicy, um homem de bem e de espírito elevado, que vive em uma dimensão ligeiramente diferente das demais pessoas. O jornalista Mário Sergio Conti, na época diretor-geral da *Revista Piauí*, foi um interlocutor de primeira linha em diversos momentos importantes e, por mais de uma vez, prestou a mim e ao Cesare valiosa ajuda na relação com a imprensa. Na Papuda, o Delegado da Polícia Civil do Distrito Federal Márcio Marquez de Freitas e os agentes policiais Adelmo Rodrigues da Conceição Junior, Hélio Augusto de Oliveira Rezende, Ismar Santos Resende e Roberto Carlos Chagas Rodrigues, com extrema civilidade, tornaram nossa vida melhor e mais fácil.

Também foi uma experiência dura, mas um grande aprendizado, trabalhar em um caso com a totalidade da imprensa contra. Não era fácil contar a história real nem divulgar notícias favoráveis. Por exemplo: quando o Procurador-Geral da República, Dr. Antônio Fernando de Souza, após a concessão do refúgio, deu um parecer favorável, pedindo a extinção do processo de extradição, nenhum veículo fez do fato uma notícia importante. Como era. Diante da falta de espaço na parte noticiosa dos jornais e revistas, escrevi inúmeros artigos para a página de opinião de diversos jornais, como a *Folha de S.Paulo*, *O Globo*, *Correio Brasiliense*, Blog do Noblat, *Consultor Jurídico* e *Migalhas*. Merval Pereira, de *O Globo*, a despeito de sua posição pessoal contrária à causa, abriu espaço na coluna para a apresentação dos argumentos de defesa.

Com um importante jornalista, de um influente veículo, mantive o seguinte diálogo: "Cesare Battisti jamais foi acusado ou condenado por terrorismo. Sua qualificação como terrorista é errada e se insere na propaganda depreciativa da Itália". Respondeu-me ele: "Mas essa posição faz parte da linha editorial do nosso veículo". Um tanto perplexo, procurei argumentar: "Essa não é uma questão de linha editorial. É um fato. E fatos devem ser noticiados de maneira correta". De longa data acho isso: as pessoas têm direito a sua própria opinião, mas não aos próprios fatos. A esse propósito, e por justiça, registro que Felipe Recondo, do *Estado de S.Paulo*, fez a cobertura que separou, da maneira mais própria, o que era opinião do que era a divulgação de fatos. E Rodrigo Haidar, do *Consultor Jurídico*, é quem faz uma das melhores coberturas do Supremo Tribunal Federal da imprensa brasileira. Em anexo a esse texto, publico uma matéria dele sobre o caso. Narro três episódios a seguir.

7.1 Coautoria de artigo doutrinário é um perigo

No início dos anos 2000, Carmen Tiburcio — minha sócia e Professora-Adjunto de Direito Internacional Privado da UERJ, como já registrei — e eu escrevemos um artigo sobre extradição no direito brasileiro. Dividimos o texto em diferentes tópicos e cada um escreveu um conjunto deles. A certa altura, em passagem escrita por ela, Carmen afirma que quando há tratado de extradição celebrado com o Estado requerente, não há discricionariedade do Presidente da República para entrega ou não do extraditando, mas sim vinculação ao tratado. Pessoalmente, não acho isso. Ao menos não dessa forma abrangente. Mas o texto estava coassinado por mim e, na época em que foi escrito, esse ponto não me chamara a atenção Pois bem: no primeiro julgamento do caso, esta acabou sendo uma das discussões centrais.

Quando o Ministro Gilmar Mendes, a quem cabia desempatar, suspendeu a sessão e adiou o julgamento por uma semana — certamente para preparar com calma o seu voto — eu não tinha dúvida de que sua assessoria iria achar o meu texto, escrito em conjunto com Carmen. E usá-lo contra mim, naturalmente. Foi um susto. Era preciso tomar uma medida preventiva. Às pressas, escrevi um artigo de jornal, no qual noticiei a existência do artigo conjunto e expus minha verdadeira opinião. O tratado vincula o Presidente no plano internacional, mas não muda as suas competências constitucionais. A não observância do tratado pode até mesmo trazer alguma consequência na esfera internacional, mas não altera os poderes constitucionais do Presidente. Que poderá entregar ou não o extraditando, como melhor lhe aprouver. Pronto o artigo, foi uma dificuldade publicá-lo em cima da hora, já que era preciso que ele saísse antes do julgamento. Contei, para isso, com a ajuda providencial do Irineu Tamanini, que na época era o (excelente) assessor de imprensa do Conselho Federal da Ordem dos Advogados do Brasil. Saiu no Correio Brasiliense. No julgamento, o Ministro Gilmar de fato fez menção ao artigo doutrinário que eu coassinara, mas tal circunstância já havia sido atenuada pelo artigo do Correio.

7.2 Como era doce o meu francês

Em um certo momento, a escritora Fred Vargas me perguntou se eu poderia participar, por telefone, do Brasil, de um programa de rádio francês. A opinião pública francesa tinha certo peso na questão, sobretudo pelo boato, recorrente — que nós não confirmávamos nem desmentíamos — de que a primeira-dama Carla Bruni apoiava a permanência de Cesare Battisti no Brasil. Meu francês é suficiente para ler textos, fazer palestras preparadas previamente e pedir comida em restaurante. Não para um debate ao vivo; e menos ainda em uma rádio, via telefone. Propus, então, o seguinte: a jornalista me mandaria as perguntas com antecedência, e aí eu responderia no ar. Mas ela não poderia mudar o que seria perguntado. Veio a concordância e pus-me a me preparar para a entrevista. Rascunhei as respostas, o texto foi revisto por um antigo estagiário (Lucas Hermeto) e treinei o *improviso* com minha professora de francês de longa data (Sylvie Souvestre). No dia fatídico, havia um grupo de debatedores no estúdio — todos contra! — e eu, falando por telefone.

Após a terceira ou quarta resposta, um debatedor enfezado lá do estúdio entrou no ar e disse: "Esse sujeito fala francês muito bem, eu não concordo com nada do que ele está falando e não vou ouvir calado". E soltou o verbo, dizendo um punhado de coisas ruins, a maior parte das quais eu não entendi. Quando a palavra voltou para mim, disse pausadamente (já tinha me preparado para a hipótese!): "A vida não é feita de certezas absolutas e a verdade não tem dono. Eu respeito o ponto de vista do jornalista que acaba de se me manifestar, mas ele não corresponde ao meu modo de ver a questão. Permitam-me, assim, concluir o que dizia...". E voltei para o meu texto ensaiado, rezando para aquilo acabar logo.

7.3 O que se faz com um alvará de soltura?

Era meia-noite do dia 8 de maio de 2011. Após sair do Plenário do STF e ter falado com a imprensa sobre a decisão favorável, saboreava alguns minutos de paz e felicidade, tendo ao meu lado o Eduardo Mendonça e a Renata Saraiva, advogados do escritório de Brasília, que trabalharam comigo passo a passo no caso. Vindo não sei exatamente de onde, o jornalista Felipe Seligman, da *Folha de S.Paulo*, me entregou uma via do alvará de soltura, que havia obtido na Presidência do Tribunal. Emocionado e perplexo, perguntei na roda que se formara: "Alguém sabe o que fazer com isso?". A pergunta não era retórica. Rodrigo Haidar conta esse episódio em um saboroso artigo que publico como anexo desse texto. Depois de apurar como funcionava a burocracia de tirar alguém da penitenciária, rumei em direção à Papuda, para dar a notícia ao Cesare, pessoalmente. Luiz Eduardo Greenhalgh estava lá na porta, com o filho, me aguardando. Dei-lhe um abraço e combinamos que ele sairia com Cesare da penitenciária. A partir dali, ele voltaria a cuidar sozinho dos interesses de Cesare.

Entrei no presídio e aguardei pelo Cesare na sala da direção, onde eu costumava recebê-lo. Vinha feliz, emocionado. Mostrei a ele a cópia da ordem de soltura, demos um longo abraço e fiz a ele duas recomendações finais. A primeira: sem entrevistas, em um primeiro momento. Melhor se recompor, rever os amigos, as filhas, sair da tensão. Mais adiante, se quisesse, aí sim falaria com a imprensa, com calma, após algumas semanas. "Não se deixe tratar como uma celebridade eventual. Você é um homem sofrido e com história". A segunda: não comentar nada sobre o STF, as diferentes fases do processo e o sofrimento que viveu. "Olhar para frente, sem ressentimentos". Não comentar, seja para elogiar ou criticar. Cesare cumpriu a palavra. Aliás, cumpriu-a todas as vezes em que se comprometeu comigo. Estive brevemente com ele no lançamento do seu livro *Ao pé do muro*. A dedicatória dele dizia: "Para Luís Roberto Barroso, sem quem esse dia não teria chegado".

Matéria do *Consultor Jurídico*, do jornalista Rodrigo Haidar

Notícias – 10 junho 2011 – Palavra da defesa
O advogado que garantiu a liberdade de Battisti
Por Rodrigo Haidar

Dia 8 de junho de 2011. Às 22h, na parte de trás do prédio que abriga o plenário do Supremo Tribunal Federal, o advogado *Luís Roberto Barroso* sacode vagarosamente uma cópia do alvará de soltura de Cesare Battisti que lhe chegou às mãos, com um sorriso que não lhe cabia no rosto, e pergunta, para si mesmo, e para os advogados de sua equipe que o cercam: "E agora? Como se tira uma pessoa da cadeia?". Certamente, um problema bem menos angustiante do que a equipe enfrentou nos últimos meses.

A vida do advogado às vezes parece uma montanha russa. O trabalho de equipe é fundamental, mas as principais decisões são solitárias. Todo profissional é familiarizado com frustrações e os mais experientes sabem o quanto é importante dosar a emoção na hora da vitória. O caso que Barroso acaba de enfrentar, contudo, permite a exceção.

Seis horas antes, Barroso ocupara a tribuna do Supremo em defesa da liberdade do italiano, ex-integrante de grupos de extrema-esquerda nos anos 1970 na Itália, preso há quatro anos no Brasil por conta de pedido de extradição feito pelo governo daquele país. Pela primeira vez, tinha subido nervoso à tribuna que ocupa com frequência.

"Raramente me exalto e dificilmente fico nervoso. Este foi um dos poucos dias da minha vida que me senti como um corredor de Fórmula 1, que chega à última volta com chances de ganhar, mas morrendo de medo de bater. Era essa a sensação", afirmou o advogado à revista *Consultor Jurídico*. Barroso ganhou a corrida, sem cobrar um centavo pelo trabalho. Foi a estrela do processo. Sem seu empenho, provavelmente Battisti estaria, a esta altura, num avião com destino à Itália.

A defesa do caso Battisti foi um ponto fora da curva na carreira de Luís Roberto Barroso. O advogado nunca havia trabalhado em um processo que envolve questões criminais e não deve voltar a fazê-lo. "Embora tenha sido uma experiência pessoal, humana e profissional extraordinária, eu acho que este caso basta", afirmou. Daí sua dúvida sobre o procedimento diante do alvará de soltura.

Habituado a lidar com teses judiciais abstratas, em que não é necessário olhar nos olhos dos milhares de pessoas que são afetadas pelas decisões, o advogado teve de mudar sua rotina e se preparar para a batalha em um terreno ainda desconhecido por ele. Não era o primeiro caso polêmico que assumia no Supremo, mas era uma novidade sob todos os ângulos.

O advogado atuou no processo que se transformou na Súmula Vinculante que vedou o nepotismo nos três poderes da República, participou como *amicus curiae* da ação que legitimou as pesquisas com células-tronco embrionárias e liderou a ação na qual o tribunal equiparou a união homoafetiva à união estável entre casais convencionais. Saiu vitorioso em todos os casos. Está à frente, também, da ação que pede que as gestantes possam interromper a gravidez em casos de fetos anencéfalos.

Nada foi tão avassalador em termos pessoais quanto a defesa de Battisti: "A intensidade das paixões que ele mobilizou eu não sou capaz de identificar a origem. Nem a discussão da anencefalia ou do nepotismo, em que muita gente foi afetada, causou tamanha reação. Esse foi o único caso em que eu recebi muitos insultos, *e-mails* e mensagens de pessoas dizendo coisas horrorosas".

O que não quer dizer que se arrependa. "Não tive qualquer dúvida. Tive alguns sofrimentos pessoais, porque, muitas vezes, as pessoas se convencem tanto de suas próprias razões que acham que não precisam se comportar bem. Mas faria tudo novamente", garante.

Luís Roberto Barroso nunca havia colocado os pés em um presídio, mas passou a ir ao Complexo Penitenciário da Papuda, em Brasília, com regularidade. "Nas primeiras vezes, não sabia nem como me comportar. Visitava o Cesare pelo menos uma vez por mês. Às vezes, duas." Para um advogado que vivia em um mundo mais de ideias do que de gente, foi um show de vida real.

Em 13 de abril de 2009, pouco mais de dois anos antes de conseguir a liberdade do italiano, o advogado assumiu sua defesa ao lado do colega Luiz Eduardo Greenhalgh. Na nota em que anunciou a entrada no processo de extradição que tramitou no Supremo, Barroso afirmou que "viola as tradições jurídicas e humanitárias brasileiras o encarceramento perpétuo de uma pessoa não perigosa e de longa data ressocializada, tendo se passado mais de 30 anos dos episódios que deram causa à condenação criminal".

Começava aí seu trabalho, que terminou na madrugada de quinta-feira (9/6) quando entregou a Cesare Battisti, na Papuda, seu alvará de soltura. Agora, o caso de Battisti está de volta às mãos de Greenhalgh.

Causa bonita. Barroso assumiu a defesa de Cesare Battisti a pedido da escritora francesa Fred Vargas. No começo de 2009, o advogado recebeu uma ligação da escritora que lhe contou o caso e pediu sua intervenção. O pedido foi feito pouco depois de o então ministro da Justiça, Tarso Genro, ter concedido refúgio ao italiano, em janeiro daquele ano. Na ocasião, se vislumbrava um longo caminho a ser percorrido. O ministro Cezar Peluso, relator da ação, já havia sinalizado não ser simpático à causa de Battisti.

A primeira condição de Barroso foi que sua entrada no processo tivesse a concordância de Greenhalgh, o colega que, até ali, cuidava sozinho da ação. Tratava-se de uma questão ética. "Um advogado não entra na causa de outro, salvo por pedido ou convite do próprio advogado. Ou quando ele é destituído, o que não era o caso."

Depois da ligação de Greenhalgh o convidando para atuar, recebeu o substabelecimento e foi estudar os 18 volumes da ação, que continha todos os detalhes dos processos em que Battisti foi condenado por quatro homicídios entre os anos de 1977 e 1979.

Sua equipe fez a leitura de todas as peças e uma seleção do que achava relevante que o próprio Barroso estudasse. "Quando acabei de ler o processo, já não tinha nenhuma dúvida de que lado eu queria estar nessa briga. Teria de defender o Cesare", disse. Barroso se convenceu que as ações contra Battisti não seguiram o devido processo legal e que seu direito à ampla defesa fora desrespeitado.

O primeiro obstáculo foi vencer a desconfiança dos próprios familiares. Ouviu do pai, da sogra, da mulher e dos amigos próximos a mesma pergunta: "Por que você aceitou esse caso?". Não foi diferente com seus clientes: "Barroso, um velho comunista?". As explicações iniciais foram uma preparação singela perto do que viria mais à frente.

"O senso comum é todo o contra o Cesare porque é pragmático. O senso comum questiona por que o Brasil tem de se indispor com a Itália para defender um sujeito não tem nada a ver com o país. Não quer saber se é um cidadão que teve direitos fundamentais desrespeitados. Como disse, é pragmático", opina Barroso.

Por que, então, embarcar nessa aventura? "A causa era bonita", justifica. O advogado viu beleza no fato de defender "um velho comunista, que faz parte do lado derrotado da história, e que a Itália, 30 anos depois, veio perseguir no Brasil". Acima de tudo, Barroso acreditou em Battisti. "O Cesare me olha nos olhos e diz: 'Não participei de nenhum desses homicídios'. Eu acredito no que ele me diz. Mas, independentemente da minha certeza subjetiva, a leitura do processo traz muitas dúvidas objetivas", explica.

Para abraçar a causa, Barroso somou a crença nas palavras do italiano às falhas dos processos que geraram sua condenação na Itália. De acordo com o advogado, não havia provas suficientes para embasar as condenações pelos homicídios.

"Não havia armas apreendidas, perícias, nada. Apenas testemunhos que se contradiziam. Cesare foi levado a julgamento junto com outros membros dos PAC (Proletários Armados pelo Comunismo) e não foi sequer acusado de cometer os assassinatos. Foi condenado por subversão. Depois, quando ele já estava na França, um dos líderes do grupo, Pietro Mutti, acusado pelos homicídios, colocou a culpa em Cesare e foi beneficiado pela delação premiada", conta Barroso.

E completa: "Julgado pela segunda vez à revelia, dez anos depois, com a defesa feita por um advogado que nunca falou com ele e que foi constituído pelos membros do grupo que estavam se livrando graças à delação, foi condenado", afirma Barroso. O advogado cita as mesmas contradições nos processos italianos que o próprio Battisti apontou em entrevista exclusiva concedida à *ConJur* antes do julgamento pelo Supremo. Esses foram os fatos que o convenceram, aliados à palavra de seu mais famoso cliente.

Como todo bom advogado sabe, quando o juiz começa seu voto elogiando a sustentação oral, é porque votará contra os interesses do advogado. Ao falar da Itália, Barroso usa do mesmo expediente. Frisa que respeita o país e suas instituições, para, então, fazer as ressalvas. Como crer que na Itália, uma pujante democracia já naquela época, não foi respeitado o devido processo legal? "Provavelmente, a democracia italiana era mais truculenta do que a ditadura brasileira", justifica.

Estratégia de defesa. Convencido de que a causa era justa e valia à pena, Barroso passou a estudar sua estratégia, bolar as teses e se debruçar sobre a jurisprudência do STF que dizia respeito ao tema. Foram vários *brainstorms* e *conference calls* com suas equipes dos escritórios do Rio de Janeiro e de Brasília.

A primeira tese, que inicialmente aparentava ser a mais segura, estava à mão: quando o governo concede refúgio a um preso, o processo de extradição contra ele é arquivado pelo Supremo. Três anos antes de o advogado assumir a causa, a Corte tinha decidido exatamente isso no processo do colombiano Padre Medina, integrante das Farc, as Forças Armadas Revolucionárias da Colômbia.

O advogado iniciou o périplo pelos gabinetes dos ministros do Supremo, como é praxe. Foi recebido pessoalmente por sete dos nove ministros que votaram no caso — nos gabinetes de Ellen Gracie e Gilmar Mendes foi atendido por assessores. "Muito bem atendido", ressaltou. Entregou memoriais e defendeu suas razões.

Nos encontros, percebeu, mesmo antes do julgamento, que a tese de que o refúgio faz arquivar o processo de extradição corria riscos. "Não faço prognósticos. Mas, evidentemente, faço uma contabilidade íntima. Como os ministros não dão pistas, você passar a fazer leitura corporal, facial, e com base no que conhece da Corte, faz suas apostas."

Barroso tinha para si que o placar, contrário ou favorável, seria apertado. Isso fez com que lançasse mão de outros argumentos técnicos que, na sua avaliação, davam conforto jurídico à defesa. O prazo de prescrição dos crimes, a anistia brasileira e as razões ponderáveis do refúgio eram três deles.

O advogado tinha ciência de que a discussão sobre o caráter político dos crimes seria polêmica. "Não é uma questão banal a qualificação do que seja um crime político, mas a qualificação do que seja devido processo legal é razoavelmente simples", sustenta. E este foi outro ponto técnico que usou em sua defesa. Consistia em demonstrar que seu cliente foi julgado uma segunda vez, com base em delação premiada dos membros do PAC e defendido por um advogado indicado pela organização. "Em qualquer lugar do mundo se acenderia uma luz amarela, de que ali não houve devido processo legal."

O receio de Barroso se confirmou e sua primeira tese foi derrubada pelo Supremo em novembro de 2009. Por cinco votos a quatro, os ministros decidiram que o ato de refúgio do ministro da Justiça é sujeito ao controle judicial. Em consequência, acolheram o pedido de extradição do governo italiano. O advogado insistia — e ainda insiste — que se trata de um ato político, discricionário: "Com o respeito devido e merecido, o Supremo errou".

Barroso ressalva que mesmo o ato político tem de ser plausível. Ou seja, se o ministro da Justiça concede refúgio a um estrangeiro com o argumento de que seres de Marte invadiram o Brasil e tentaram abduzi-lo, o ato pode ser anulado. Por motivos óbvios. "Mas o ato embasado no fato de que, no clima que vivia a Itália no início da década de 1980, não era possível assegurar as garantias de um acusado de extrema-esquerda ao devido processo legal, é bastante plausível", diz o advogado ao defender o ato do atual governador do Rio Grande do Sul, Tarso Genro.

A virada. A possibilidade, que veio a se confirmar, de perder na discussão sobre a tese de que o refúgio não poderia ser anulado pelo Supremo, fez com que Luís Roberto Barroso, antes do julgamento, se dedicasse a uma nova frente de batalha. O advogado trabalhou para manter a jurisprudência da Corte de que a última palavra em extradição é do presidente da República.

Havia o receio de que o tribunal mudaria sua posição tradicional também nesse quesito. Assim, no julgamento de 2009, eram duas as preocupações da defesa. Não perder por um placar muito elástico na extradição e resguardar a competência do presidente da República para que ele pudesse ratificar, com base em outros fundamentos, a posição do ministro Tarso Genro.

Nesse ponto, Barroso venceu. Pelo mesmo placar de cinco a quatro, o STF manteve a competência presidencial e abriu o caminho para a vitória final do advogado na última quarta-feira (08.06). Um placar elástico pela nulidade do refúgio e em favor da extradição colocaria o presidente em uma situação politicamente difícil para negar a entrega de Battisti diante do Supremo.

Efetivamente, o ex-presidente Luiz Inácio Lula da Silva mudou seus fundamentos ao decidir não entregar Battisti para a Itália. Tarso fundou sua decisão do refúgio na falta de devido processo legal na Justiça italiana. Lula se baseou na animosidade demonstrada pelos italianos em relação a Battisti.

O êxito se deveu também à mudança de foco da defesa no curso do processo. Quando Barroso sentiu que não seria capaz de mudar a percepção pública sobre Battisti, partiu para a batalha em torno da autonomia do chefe de Estado para conduzir suas relações internacionais. Nesta autonomia, incluem-se decisões sobre extradição.

"As pessoas já tinham a sua opinião formada e nós não tínhamos espaço na imprensa para reconstruir a imagem do Cesare. A tal ponto que quando saiu o parecer do Procurador-Geral da República da época, Antonio Fernando de Souza, segundo o qual a concessão de refúgio extinguia o processo de extradição, nós não conseguimos que isso fosse noticiado em nenhum órgão da grande imprensa", lembra Barroso. Mais do que isso. O advogado explicou para mais de um jornalista importante que tratar Battisti como terrorista era incorreto pelo fato de que ele nunca havia sido acusado ou condenado por terrorismo nos processos italianos. Ouvia como resposta que o termo seria usado por conta da linha editorial do órgão. Barroso lamenta: "Desculpe-me, mas isso não é uma questão de linha editorial. Isso é um fato. É ou não é. No caso, não é".

De qualquer forma, depois de ganhar no quesito competência do presidente da República, o advogado foi a campo. Sem muitos contatos políticos, marcou audiências com autoridades do Planalto pelos meios convencionais e, exatamente como fez com os ministros do Supremo, defendeu suas convicções e entregou memoriais com sua versão e defesa do caso. Falou com o então chefe de gabinete de Lula, Gilberto Carvalho, com o ministro da Justiça Luís Paulo Barreto e com o advogado-geral da União, Luís Inácio Adams.

A tarefa não foi simples. Barroso teve como adversário Nabor Bulhões, um dos mais respeitados advogados do país, em defesa da Itália, além de dois ministros aposentados do Supremo Tribunal Federal: Carlos Velloso, que emitiu parecer em favor da extradição, e Francisco Rezek, que deu declarações públicas em apoio ao pleito italiano.

Depois da passagem pelos gabinetes, a defesa de Battisti, e o próprio, tiveram um longo período para exercitar a virtude da paciência. O trabalho estava feito e era necessário apenas esperar. Mais de um ano depois da primeira decisão do STF sobre o caso, no último dia de seu segundo mandato, em 31 de dezembro de 2010, o presidente Lula decidiu não entregar Battisti à Itália.

Luís Roberto Barroso logo entrou com pedido de liberdade no Supremo. Com o ato de Lula e a decisão da Corte que mantinha sua competência, a defesa alegou que restava apenas libertar Cesare Battisti. Não foi o que entendeu o presidente do Supremo, ministro Cezar Peluso. A Corte ainda analisaria se o presidente havia cumprido os limites do tratado de extradição firmado entre Brasil e Itália.

O governo italiano também recorreu pedindo que Battisti não fosse solto até nova manifestação do STF e alegou que Lula havia descumprido a decisão do tribunal. Ganhou a primeira e perdeu a segunda.

Battisti ficou preso até o novo julgamento, na última quarta-feira, cinco meses depois do ato de Lula. Mas os ministros decidiram, por seis votos a três, que é legal o ato do ex-presidente, que negou a extradição de Battisti pedida pelo governo da Itália. Mais: que o governo italiano sequer poderia ter contestado o ato, por uma questão de soberania nacional. Ou seja, um Estado estrangeiro não pode contestar, no Supremo, um ato do chefe do Poder Executivo brasileiro na condução da política internacional.

O Supremo também fixou que, depois que a Corte determina a extradição, a decisão de entregar ou não o cidadão que o Estado estrangeiro pede ao Brasil é discricionária. Ou seja, cabe apenas ao presidente da República decidir e o Judiciário não pode rever a decisão. Exatamente a tese que Barroso abraçou logo após perder o debate sobre o refúgio.

Para o bem da verdade, Barroso teve um bom reforço em seu trabalho. Os dois pareceres da Procuradoria-Geral da República que vieram ao encontro de sua tese e os quatro advogados de sua equipe que se dedicaram com afinco ao caso, principalmente no último semestre, por conta de sua estadia na Universidade de Harvard, nos Estados Unidos, como professor visitante. Em seu blog, o advogado faz referência aos profissionais: Eduardo Mendonça, Renata Saraiva e Carmen Tiburcio, que trabalharam sob a coordenação de Ana Paula de Barcellos.

Contato pessoal. Paralelamente à batalha jurídica, coube a Barroso também o papel de conselheiro de Cesare Battisti. Depois de conversar com o italiano pela primeira vez e aceitar defendê-lo, sua orientação inicial foi que ele parasse de escrever cartas para as mais variadas pessoas, como sempre fazia. Também pediu que não concedesse entrevistas.

A ideia era fazer uma defesa técnica e evitar discussões pela imprensa. A parte das entrevistas foi simples de cumprir. O difícil para Battisti, preso, era parar de escrever as cartas. Barroso sugeriu: "Continue a escrever, mas mande as cartas para mim". Foi o que ele fez. Com isso, o advogado guarda uma rica e histórica correspondência.

No final de 2009, quando Battisti decidiu fazer greve de fome, Luís Roberto Barroso foi até a Papuda tentar demovê-lo da ideia. Foi franco. "Não posso viver sua vida e tenho de respeitar suas decisões, mas se você tivesse me perguntado, teria dito que não deveria fazer isso", disse-lhe o advogado.

Dias depois, o presidente Lula declarou que não se sentia pressionado pela greve de fome. Barroso voltou ao presídio. "Cesare, a única pessoa que pode decidir seu destino não se comoverá com essa greve de fome. Pense bem antes de continuar com isso", aconselhou.

O advogado recebeu, depois, a notícia de que Battisti havia encerrado seu protesto. Para se certificar, foi até a Papuda com uma caixa de biscoitos caseiros, feitos por sua sogra. Perguntou se ele tinha, de fato, encerrado a greve de fome. Ao receber a resposta afirmativa, Barroso emendou, para se certificar da decisão: "Então, prove um desses biscoitos." Battisti provou.

Os dois últimos conselhos de Barroso a Battisti foram dados já na madrugada de quinta-feira (9/6), pouco antes de o italiano deixar o presídio de carro junto com Luiz Eduardo Greenhalgh. Primeiro, pediu que ele espere um pouco antes de dar entrevistas, que se recomponha, retome sua vida, reveja sua família e, só então, fale. Segundo, que não critique qualquer das decisões do Supremo Tribunal Federal sobre o seu caso. "Olhe para frente e não cultive ressentimentos."

Barroso faz questão de destacar que nutre grande respeito e admiração por todos os ministros do Supremo, inclusive por Cezar Peluso, Ellen Gracie e Gilmar Mendes, que votaram contra suas teses. "Mesmo quando me vi no dever de criticar o presidente do Supremo porque ele decidiu não libertar o Cesare, fiz a contragosto, porque achei que ele acabou por fazer prevalecer sua posição, que era vencida no julgamento. Mas, às vezes, as pessoas estão em lados opostos", disse.

Apesar da obsessão por procurar limitar seus argumentos ao campo técnico-jurídico em suas ações, Barroso confessa que escolhe as boas causas também com o coração: "Hoje, mais do que quando eu era mais jovem e a vida mais difícil, posso escolher com algum conforto de que lado eu quero estar".

Para ele, o advogado não deve fazer juízos morais. Se o profissional se comporta eticamente e dentro da lei, não importa qual é a acusação contra o seu cliente. Mas, como qualquer pessoa, pode fazer juízos políticos internos para escolher seu campo de batalha.

Se no lugar de Cesare Battisti estivesse um agente das ditaduras latino-americanas acusado de tortura, nas mesmas condições, com o argumento de que foi condenado sem o devido processo legal, o advogado Luís Roberto Barroso o defenderia? "Acho que meu coração não bateria por ele. O que não significa que o direito dele não fosse necessariamente um bom direito. Mas gosto muito de uma frase do Julio Cortázar: 'Eu sei onde tenho o coração e por quem ele bate'."

Rodrigo Haidar é correspondente da revista *Consultor Jurídico* em Brasília.

Revista *Consultor Jurídico*, 10 de junho de 2011.

Esta obra foi composta em fonte Palatino Linotype, corpo 10
e impressa em papel Offset 75g (miolo) e Supremo 250g (capa)
pela Gráfica Laser Plus, em Belo Horizonte/MG.